吉林2016统计年鉴

JILIN

STATISTICAL YEARBOOK 2016

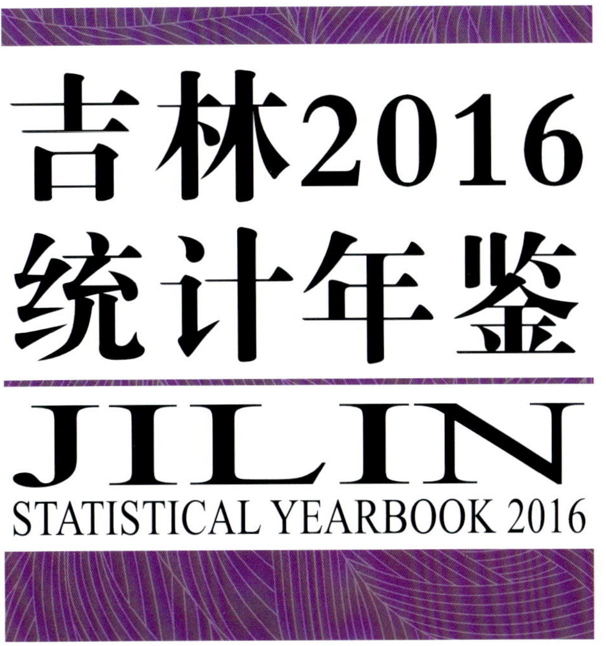

吉林省统计局 国家统计局吉林调查总队 编

COMPILED BY JILIN STATISTICAL BUREAU
SURVEY OFFICE OF THE NATIONAL BUREAU OF STATISTICS IN JILIN

（总第30期 No.30）

图书在版编目（CIP）数据

吉林统计年鉴. 2016：汉英对照 / 吉林省统计局 国家统计局吉林调查总队编. -- 北京 ：中国统计出版社，2016.9

ISBN 978-7-5037-7899-5

Ⅰ. ①吉…

Ⅱ. ①吉… ②国…

Ⅲ. ①统计资料－吉林－2016－年鉴－汉、英

Ⅳ. ①C832.34-54

中国版本图书馆CIP数据核字(2016)第192264号

吉林统计年鉴－2016

作　　者 / 吉林省统计局　国家统计局吉林调查总队

责任编辑 / 佘竞雄

责任校对 / 孙　臻

装帧设计 / 刘伟祥

出版发行 / 中国统计出版社

地　　址 / 北京市丰台区西三环南路甲6号　邮政编码/100073

电　　话 / 邮购（010）63376909　书店（010）68783171

网　　址 / http://www.zgtjcbs.com

印　　刷 / 长春科普快速印刷有限公司

经　　销 / 新华书店

开　　本 / 890mm×1240mm　1/16

字　　数 / 1300千字

印　　张 / 41

印　　数 / 1-800册

版　　别 / 2016年9月第1版

版　　次 / 2016年9月第1次印刷

定　　价 / 350.00元

本书附同版本CD-ROM一张，光盘内容以书面文字为准。

如有印装差错，由本社发行部调换。

《吉林统计年鉴2016》
编委会和编辑部

JILIN STATISTICAL YEARBOOK 2016
EDITORIAL BOARD AND EDITORIAL STAFF

编委会

EDITORIAL BOARD

编辑部

EDITORIAL DEPARTMENT

编 者 说 明 *PREFACE*

一、《吉林统计年鉴—2016》(中英文对照)是一部全面反映吉林省经济和社会发展情况的资料性年刊。本书收录了全省、各市(州)和县(市)2015年经济和社会各方面大量的统计数据。

二、全书内容分为19个部分，即1.综合；2.国民经济核算；3.人口；4.就业人员和工资；5.固定资产投资；6.对外经济贸易和旅游业；7.能源生产和消费；8.财政、金融和保险；9.价格指数；10.人民生活；11.城市公用事业和环境保护；12.农业；13.工业；14.建筑业；15.运输和邮电；16.批发零售贸易和餐饮业；17.教育、科技和文化事业；18.体育、卫生和其他事业；19.市（州）和县（市）概况。附录：1.企业“一套表”；2.主要统计指标解释。

三、资料中所使用的度量衡单位均采用国际统一标准计量单位。

四、本年鉴中部分数据合计数或相对数由于单位取舍不同而产生计算误差,均未作机械调整。

五、本年鉴中所使用的价值量指标，除已注明外，均按当年价格计算，发展速度按可比价格计算。

六、本年鉴中的符号使用说明：“空格”表示该项指标数据不详或无该项数据；“#”表示其中的主要项。

七、本书的编辑出版，得到省直有关部门的大力支持，我们对此表示诚挚的谢意！

《吉林统计年鉴》编辑部

二○一六年九月二十八日

I. Jilin statistical yearbook 2016 is annual statistics publication, which cover very comprehensive data series for 2015 and some selected data series for historically important years in whole province, cities (pretecture) and counties and therefore, reflects various aspects of social and economic development.

II. The Contentis Divided into 19 parts, i. e. l. Synthesis; 2. National Economic Accounting; 3. Population; 4. Employment and Wage; 5. Investment in Fixed Assets; 6. Foreign Economy Trade and Tourism; 7. Production and Consumption of Energy. 8. Public Finance, Banking and Insurance; 9. Price Indices; 10. People's Livelihood; 11. Urban public utilities and Environment; 12. Agriculture; 13. Industry; 14. Construction; 15. Transportation and Postal ; 16. Wholesale, Retail trade and Catering services; 17. Education, Technology and Culture; 18. Sports, Public Health and others; 19. General survey of city (State) and county (City) . In the appendices listed: 1. The Companies “A Table”; 2. Expla natory notes on Main statistical indicators.

III. The units of measurement used in this book are internationally standard measurement units.

IV. In year-book some data total numbers or relative number because of units choosen differential Causing generating calculation error, no mechanical adjust.

V. The value indicators used in this book are at current price except notes have made and growth rate is calculated by constant price.

VI. Explanatory notes for notations used in this book: “blank” indicated that the index data not available or no dale. “# ”of which: major item.

VII. The publication and editor of yearbook got strong support of the department of province, total cities, prefectures, counties (district) government and some enterprises and related institutions, We make sincerely appreciation !

Editorial department of《Jilin statistical Yearbook》

September 28，2016

地区生产总值和人均生产总值

Gross Regional Product and Per Capita GDP

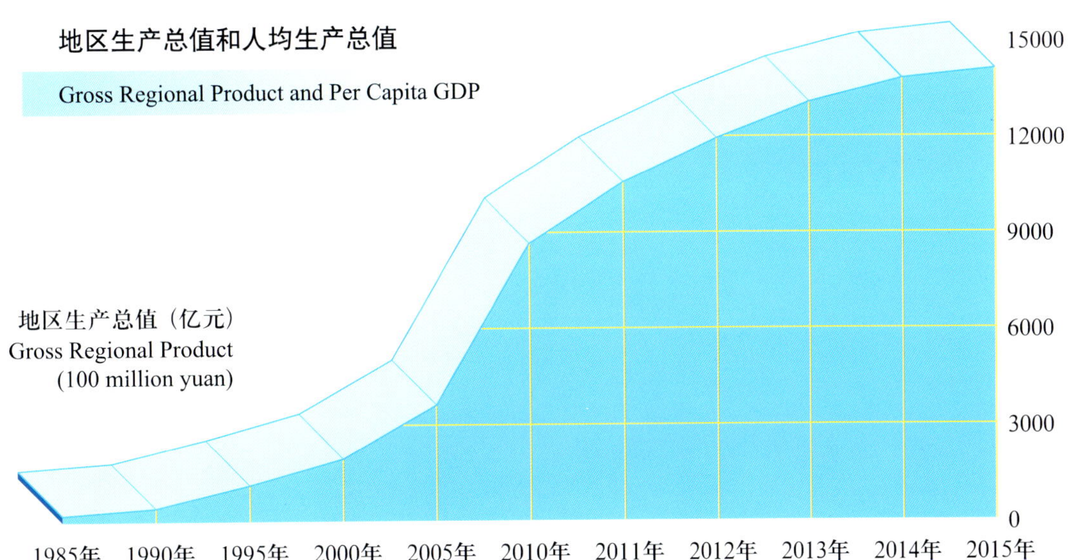

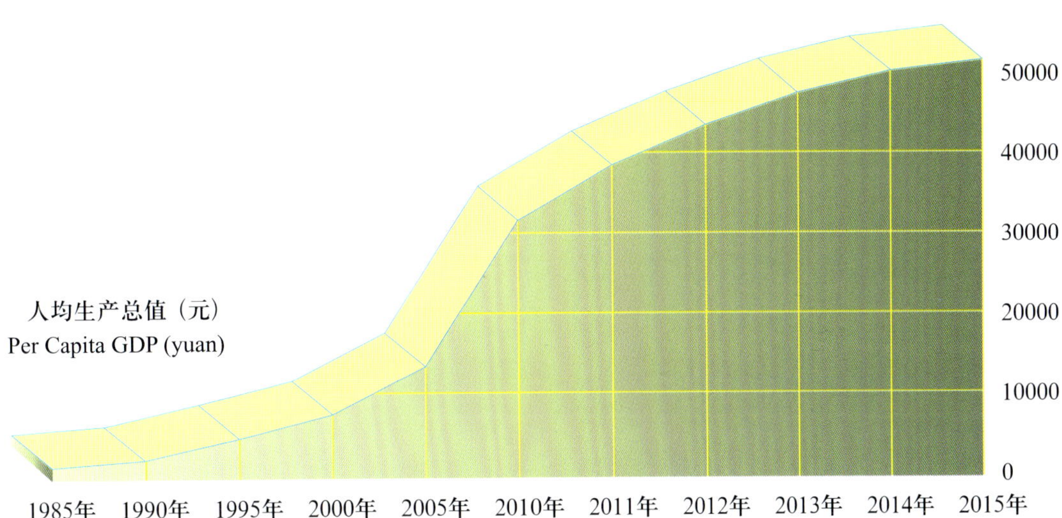

地区生产总值三次产业构成（%）

Gross Regional Product Constitutes by Three Industries (%)

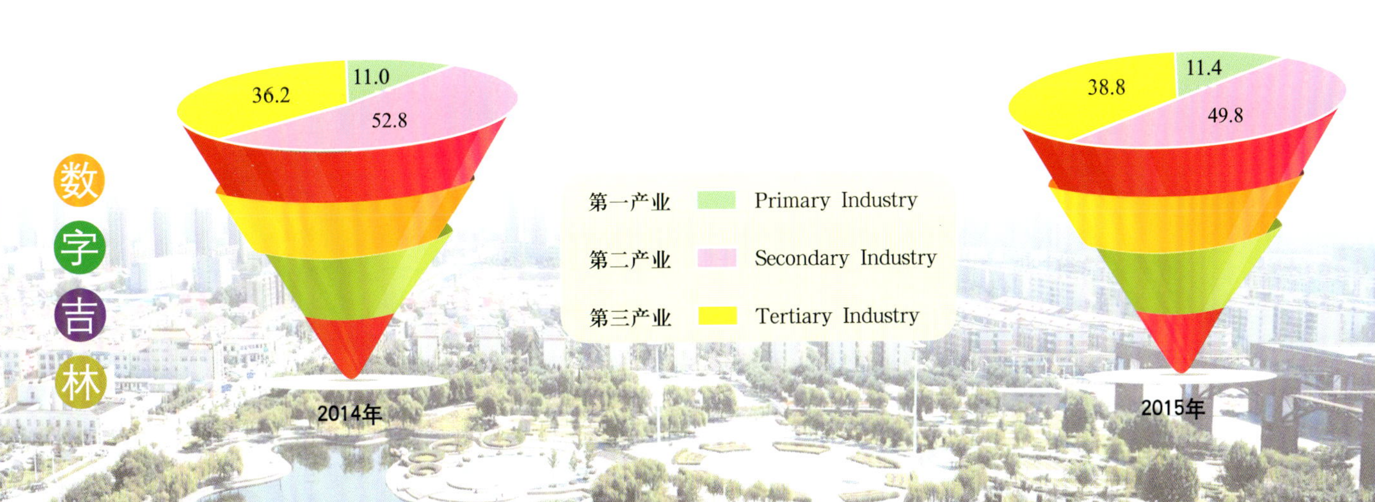

人口总数按性别分（万人）

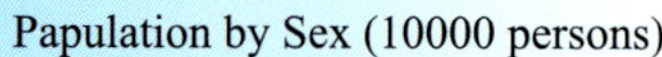

Papulation by Sex (10000 persons)

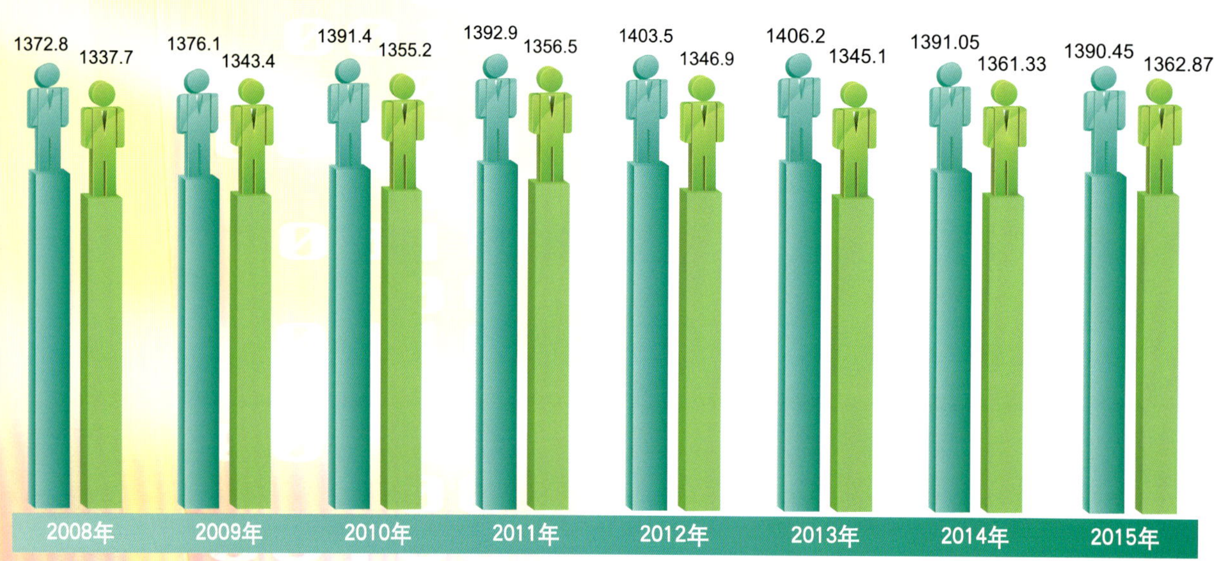

自然增长人口及人口自然增长率

Natural Growth Population and Natural Growth Rate

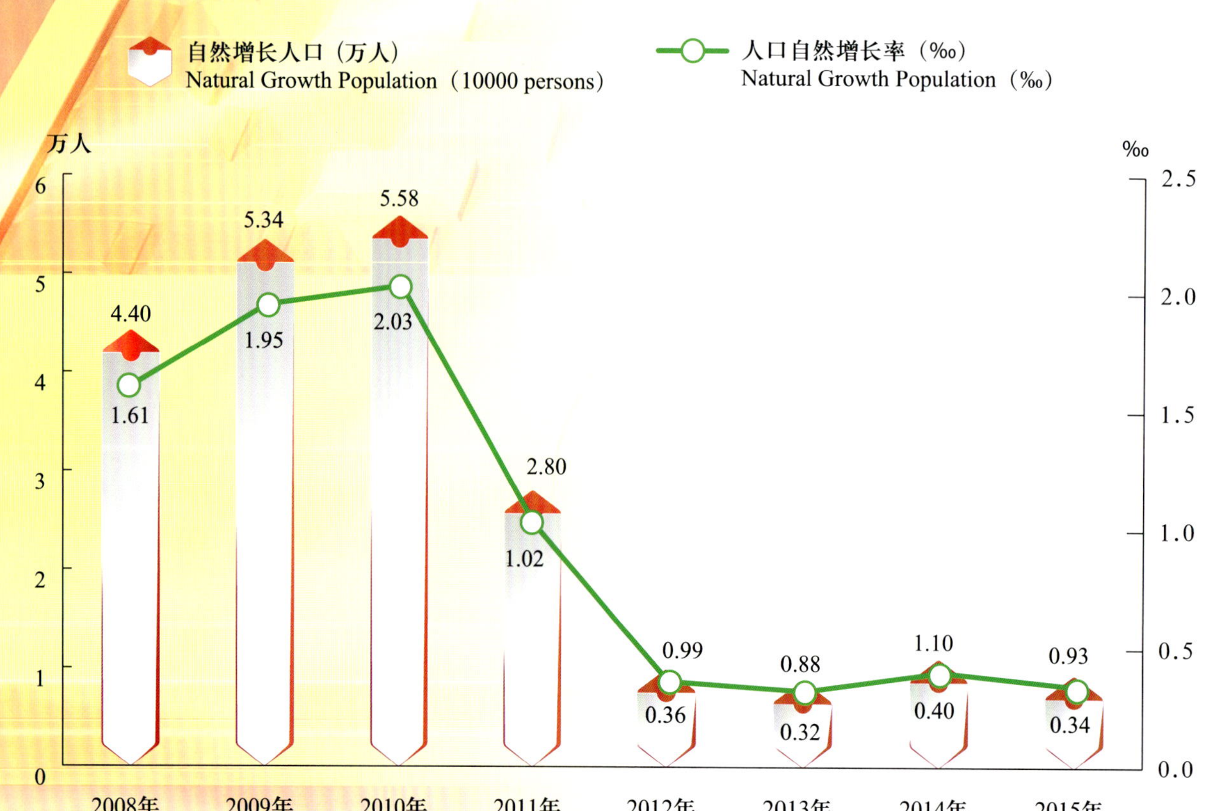

全部就业人员数及按三次产业分就业人员数（万人）

Total Number of Employed Persons and Number of Employed Persons by Three Industries (10000 persons)

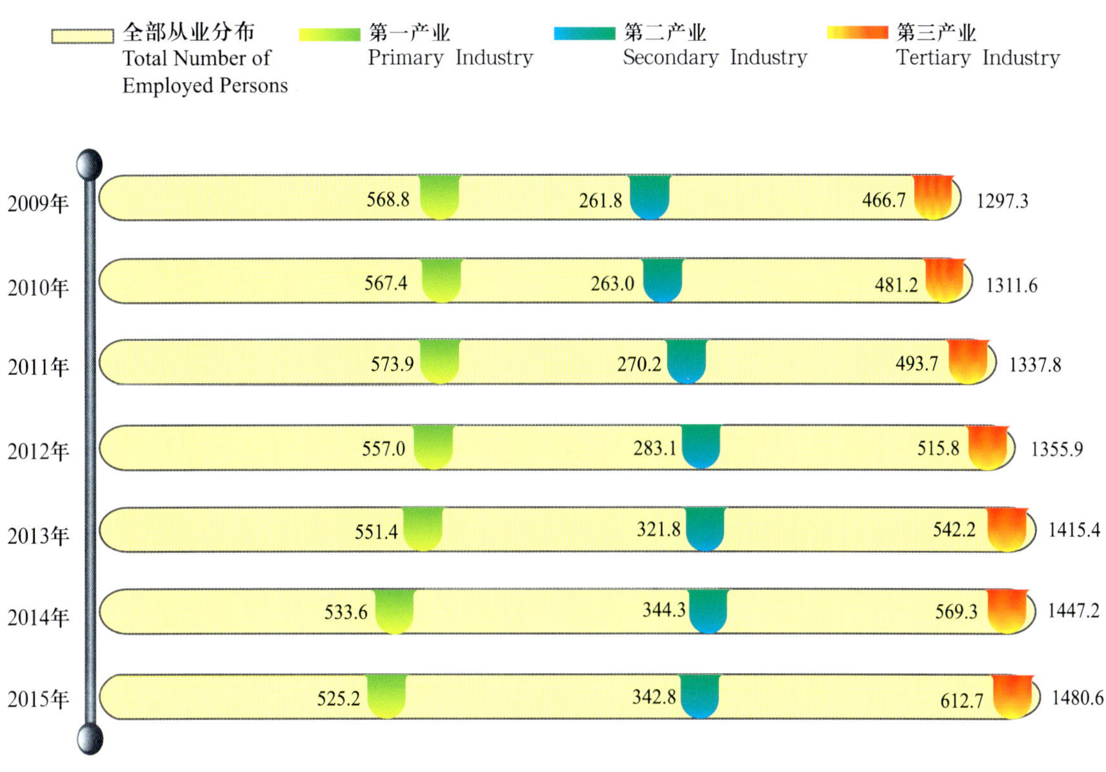

从业人员平均工资（元）

Average Wage of Staff (yuan)

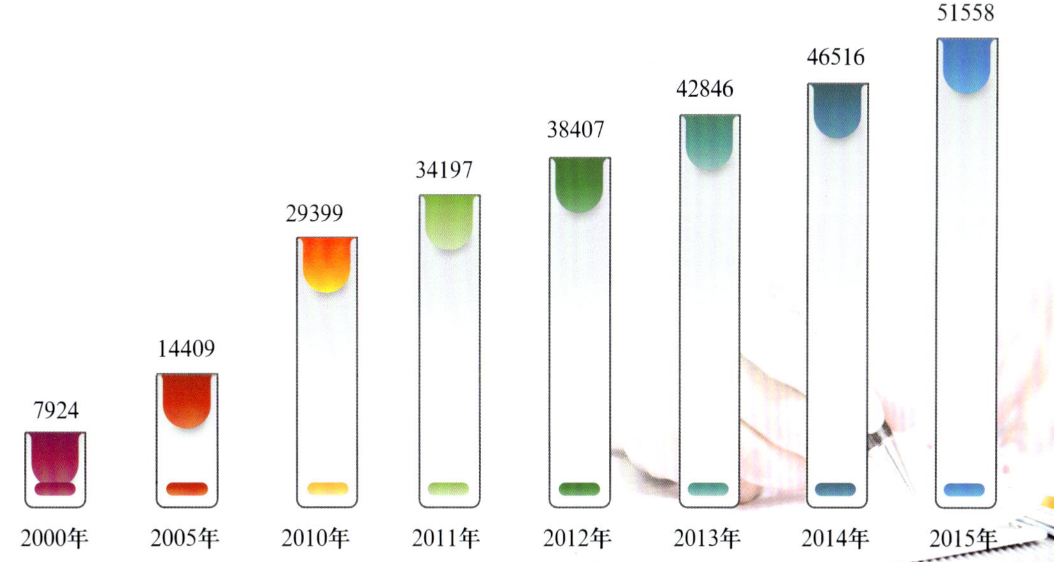

全社会固定资产投资（亿元）

Total Investment in Fixed Assets
in the Whole Country (100 million yuan)

实际销售商品房面积（万平方米）

Areas of Commercial Buildings Actually Sold (10000 Sq.m)

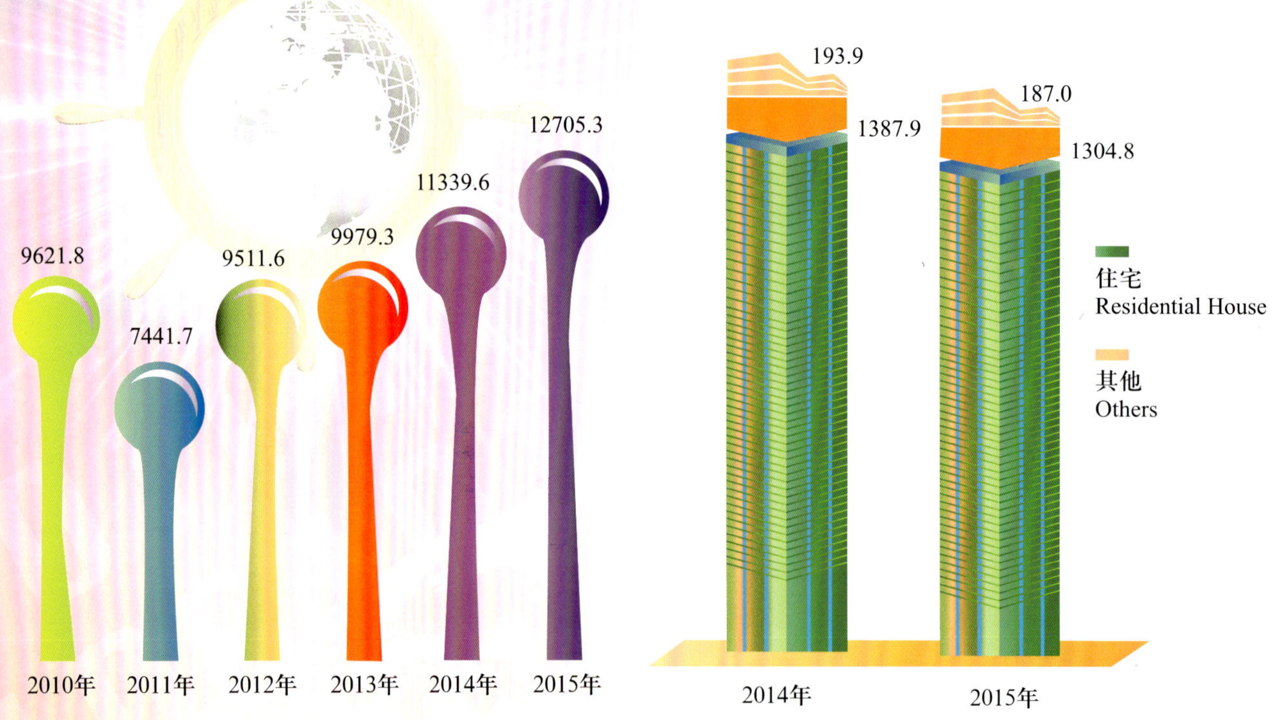

国有经济固定资产投资额（亿元）

Total Investment in Fixed Assest of Stateowned Units (100 million yuan)

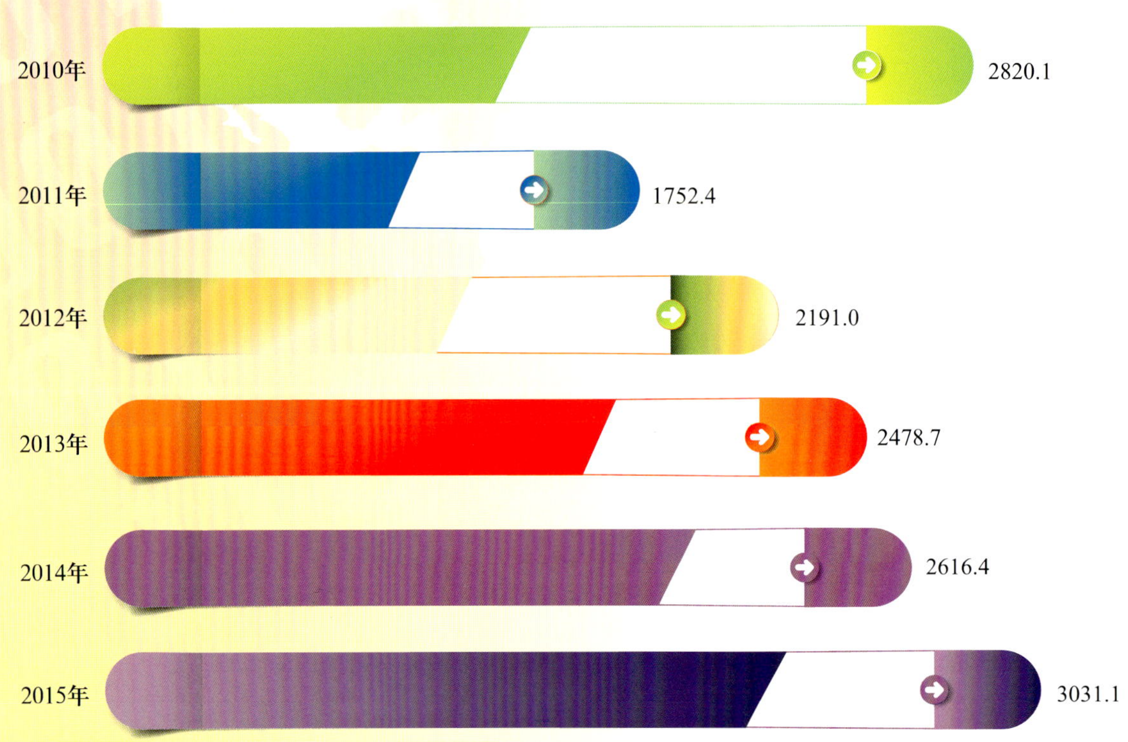

占能源生产总量的比重（%）

As Percentage of Total Energy Production (%)

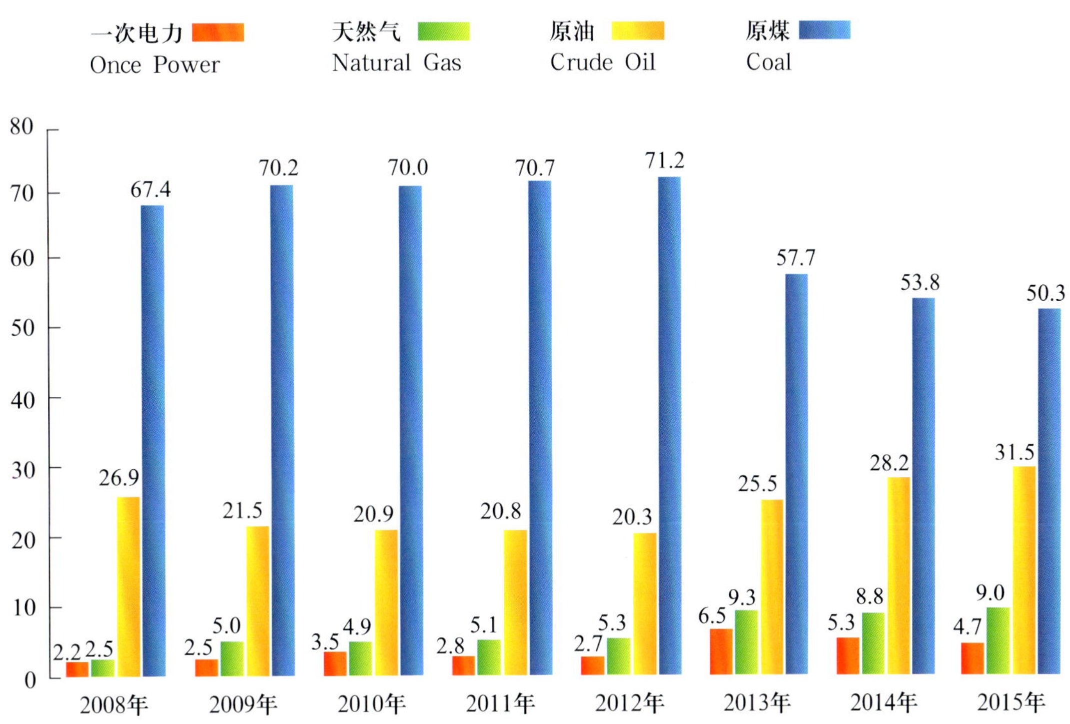

占能源消费总量的比重（%）

As Percentage of Total Energy Consumption (%)

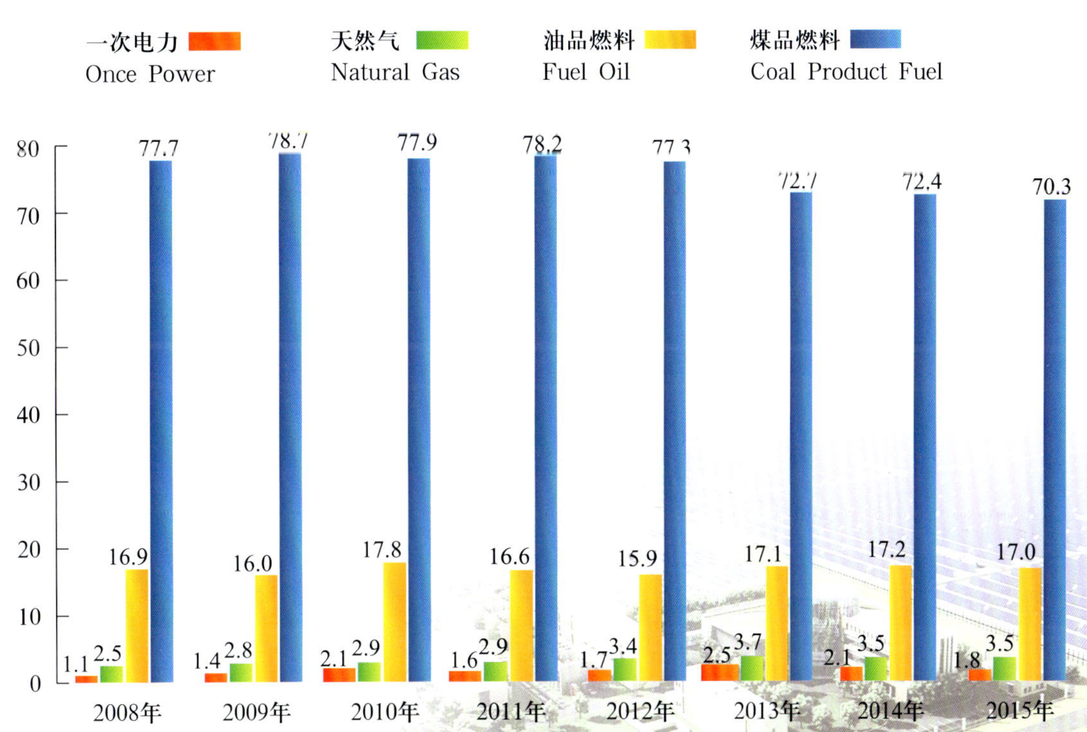

地方财政收入（亿元）

Local Revenue（100 million yuan）

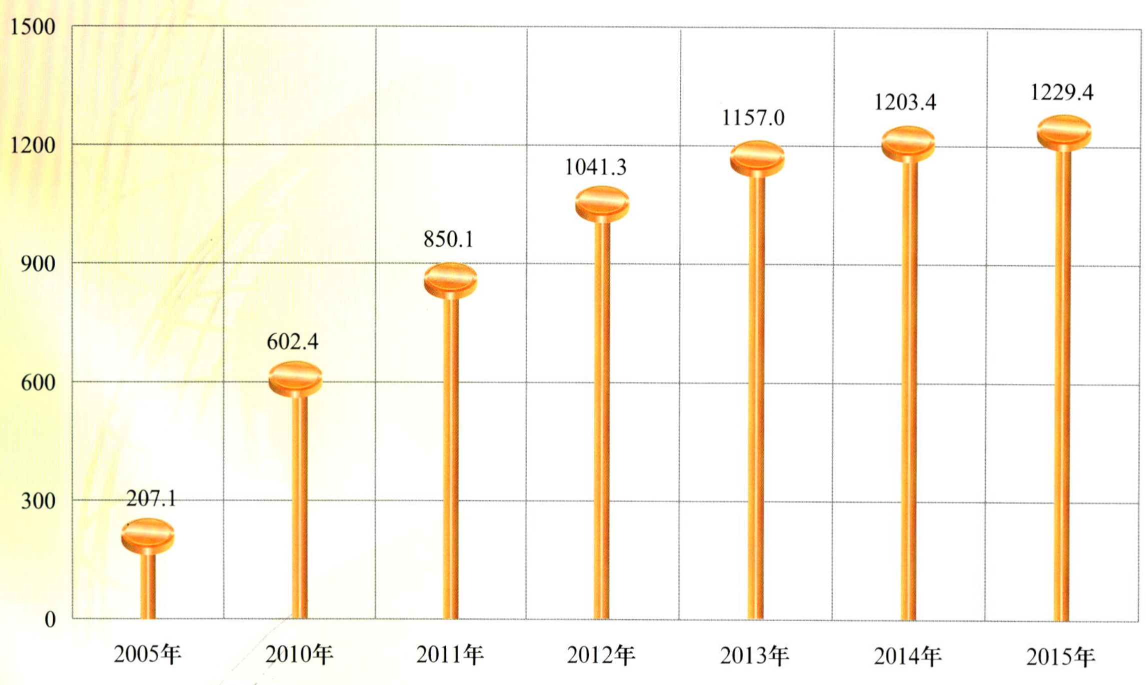

教育支出占地方财政支出的比重（%）

Expenditure for Education Proportion of Financial Expenditure (%)

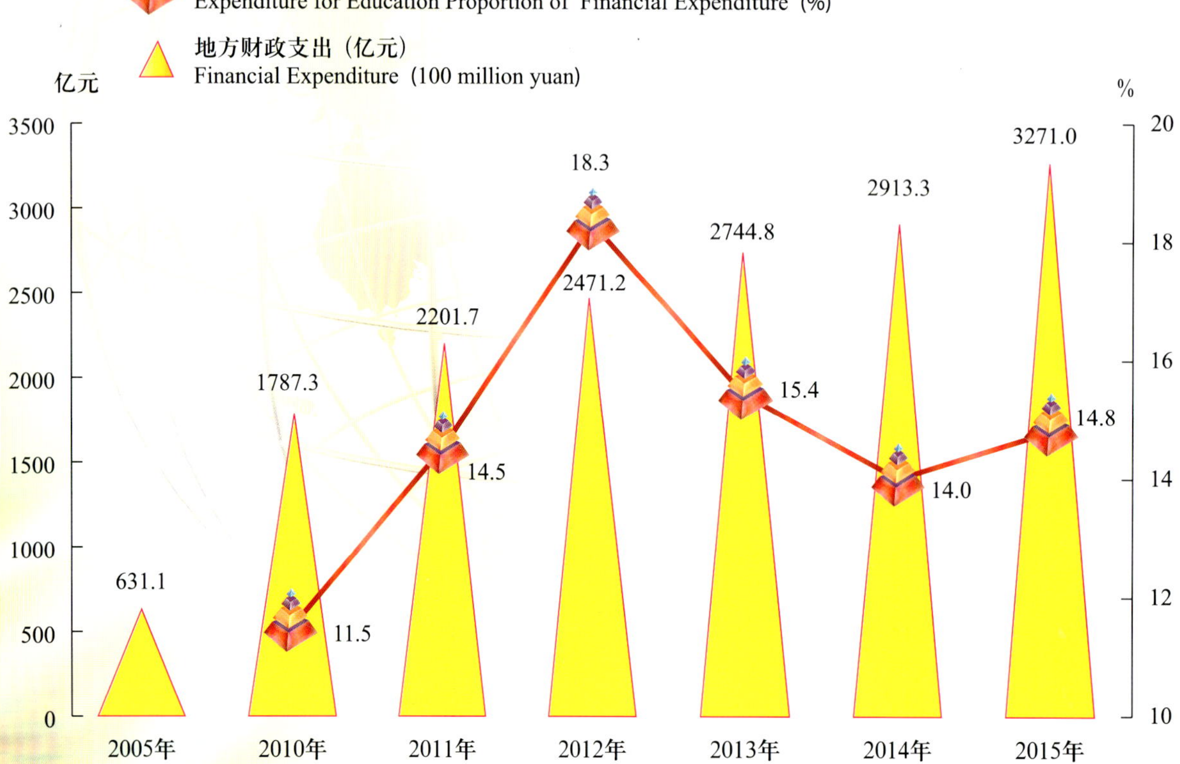

城镇居民家庭人均消费结构（%）

Per Capita Consumption Structure of Urban Households (%)

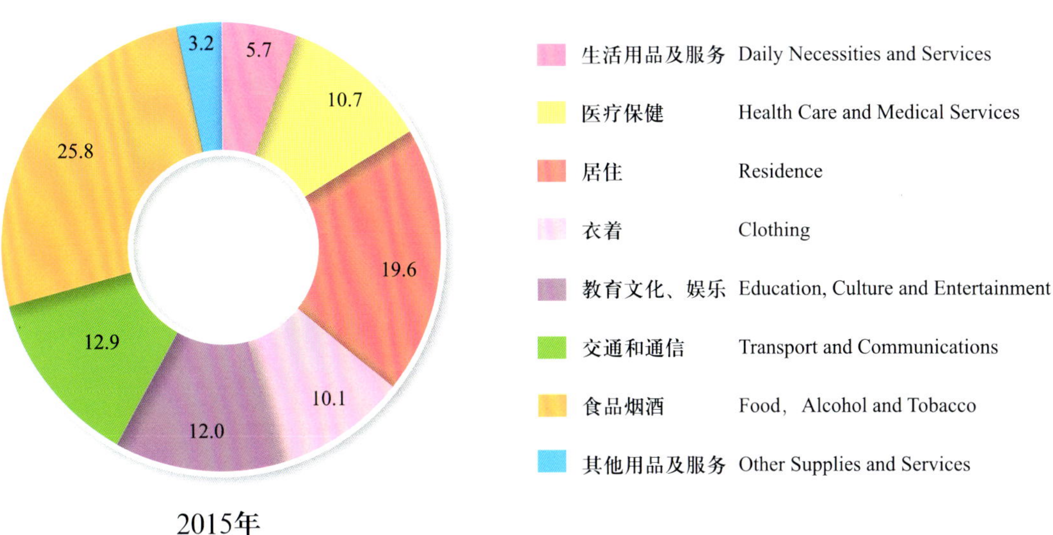

农村居民家庭人均生活消费结构（%）

Per Capita Consumption of Rural Households Living Structure (%)

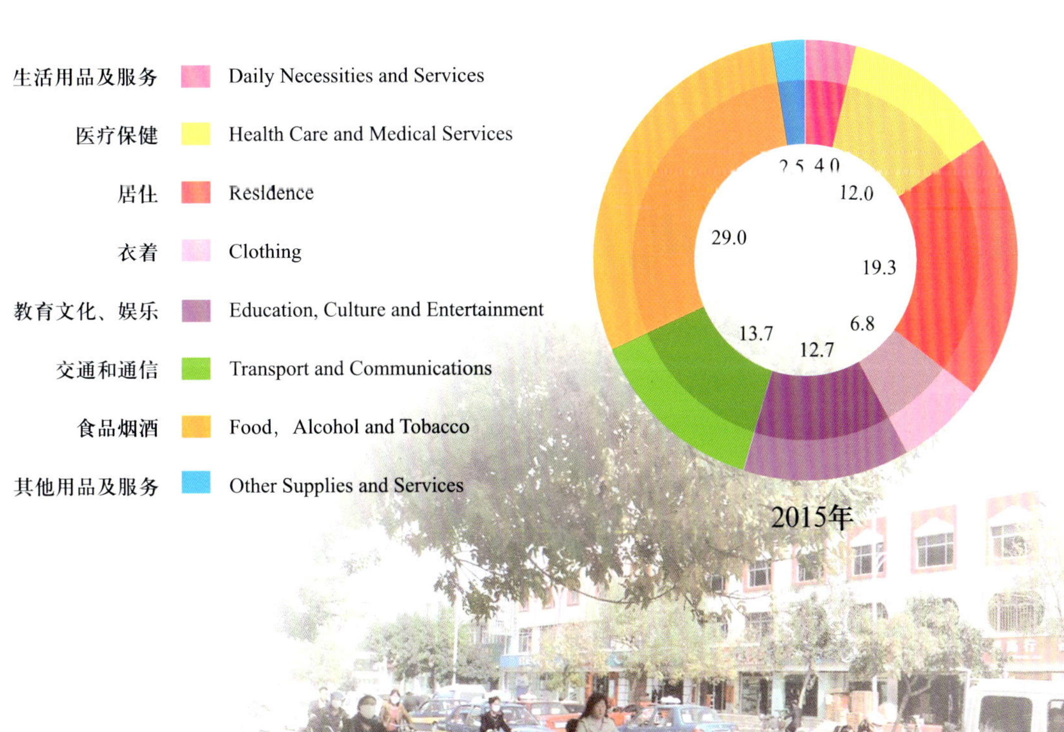

城镇居民人均可支配收入（元）

Annual Per Capita Disposable Income of Urban Households (yuan)

农村居民人均可支配收入（元）

Annual Per Capital Disposable Income of Rural Households (yuan)

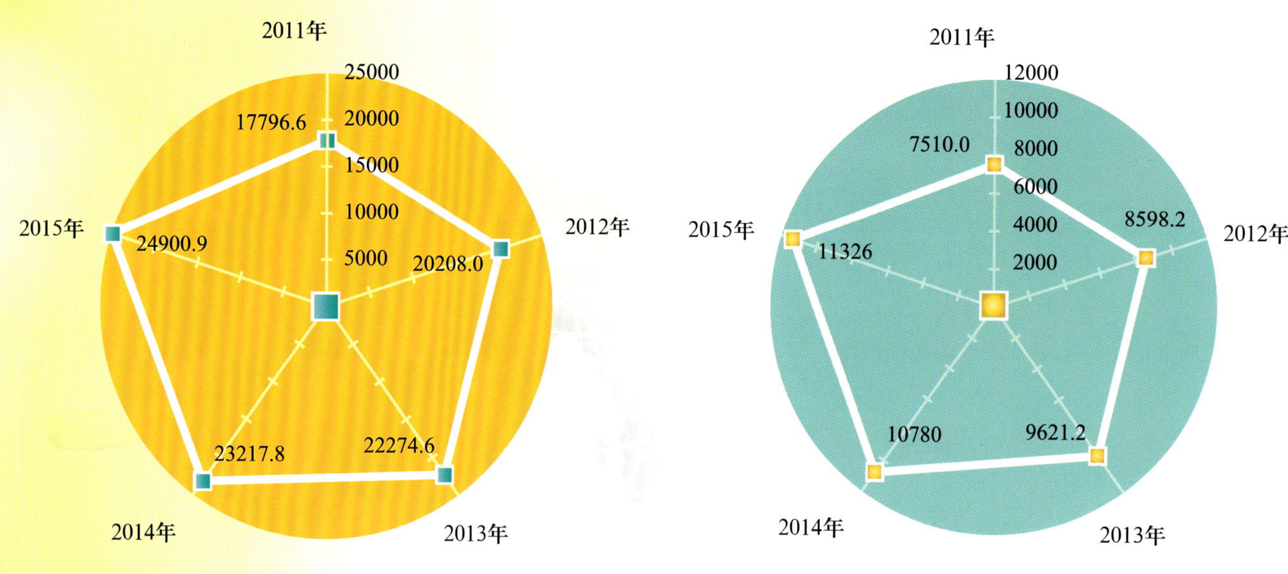

城镇居民恩格尔系数（%）

Engel's Coefficient of Urban Households (%)

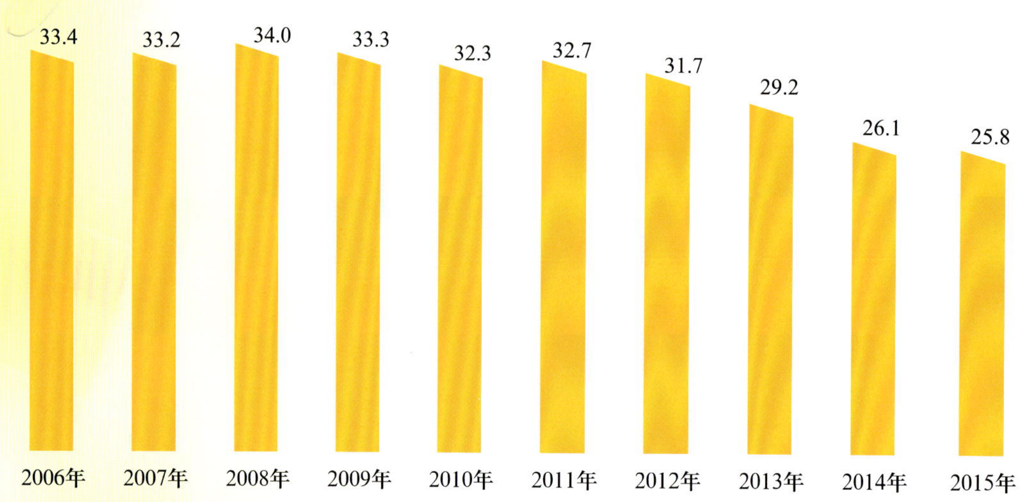

农村居民恩格尔系数（%）

Engel's Coefficient of Rural Households (%)

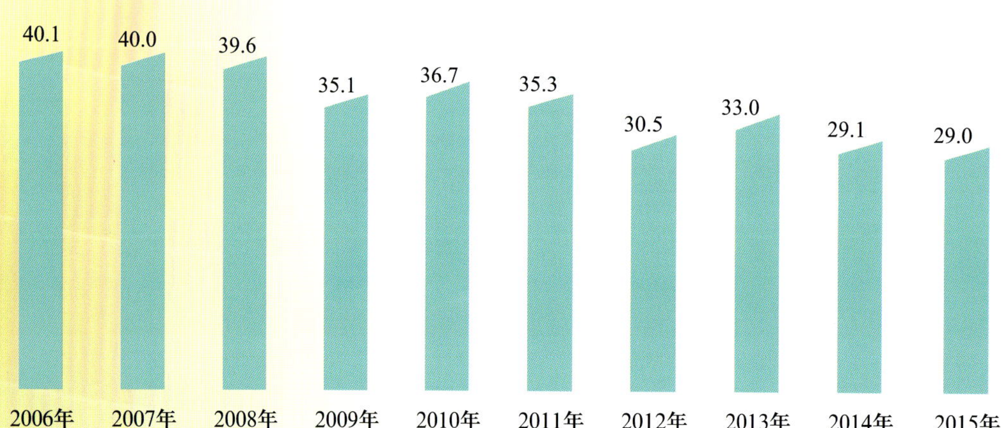

城镇居民人均居住面积（平方米）

Per Capita Living Space of Urban Horseholds (Sq.m)

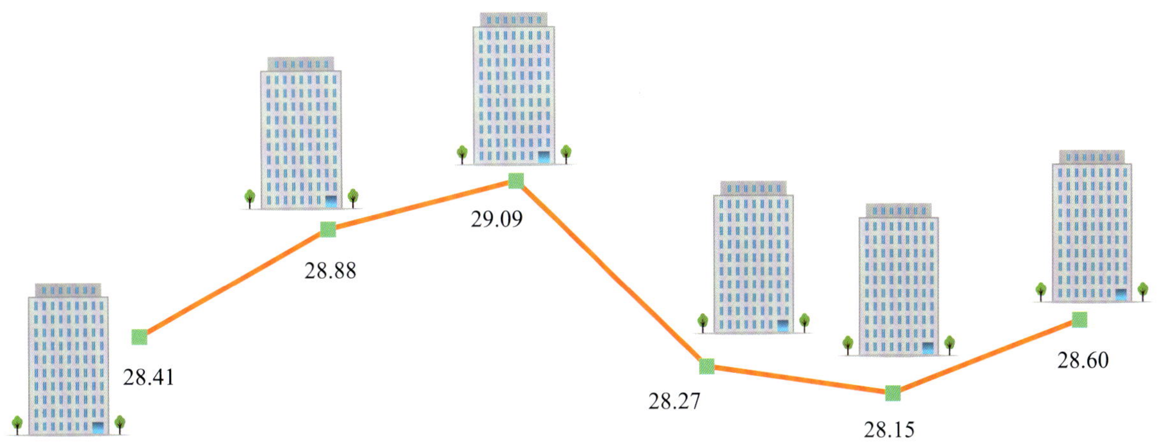

注：2007年以后为总建筑面积。 Note: After 2007 the total Construction area.

农村居民人均居住面积（平方米）

Per Capita Living Space of Rural Households (Sq.m)

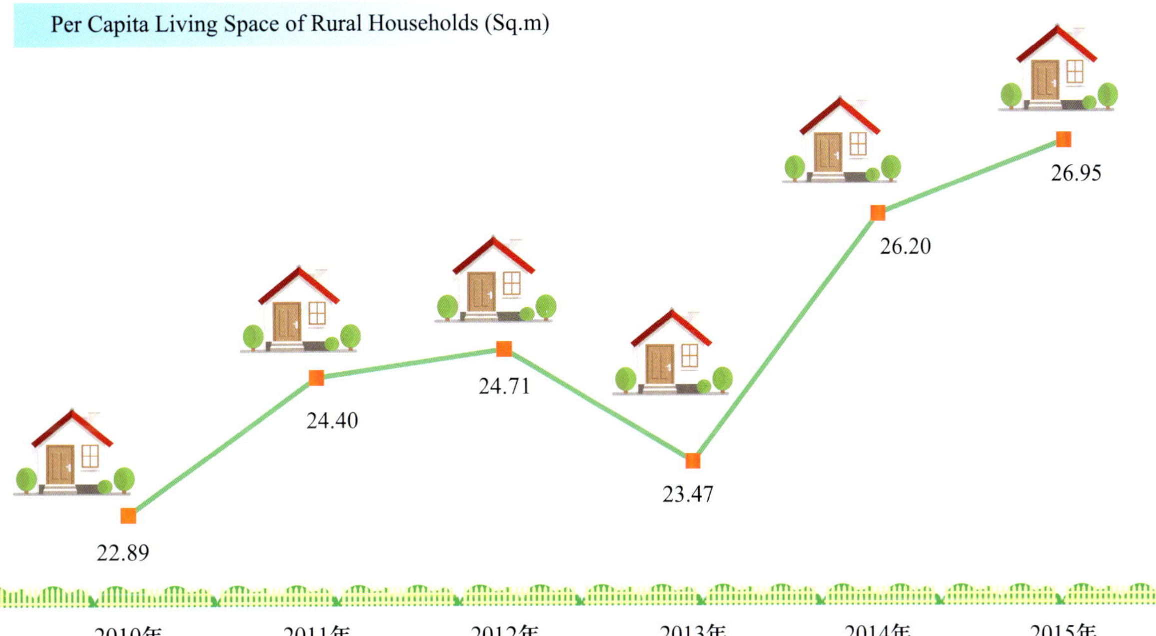

规模以上工业企业个数（个）

Number of Industrial Enterprises above Designated Size (unit)

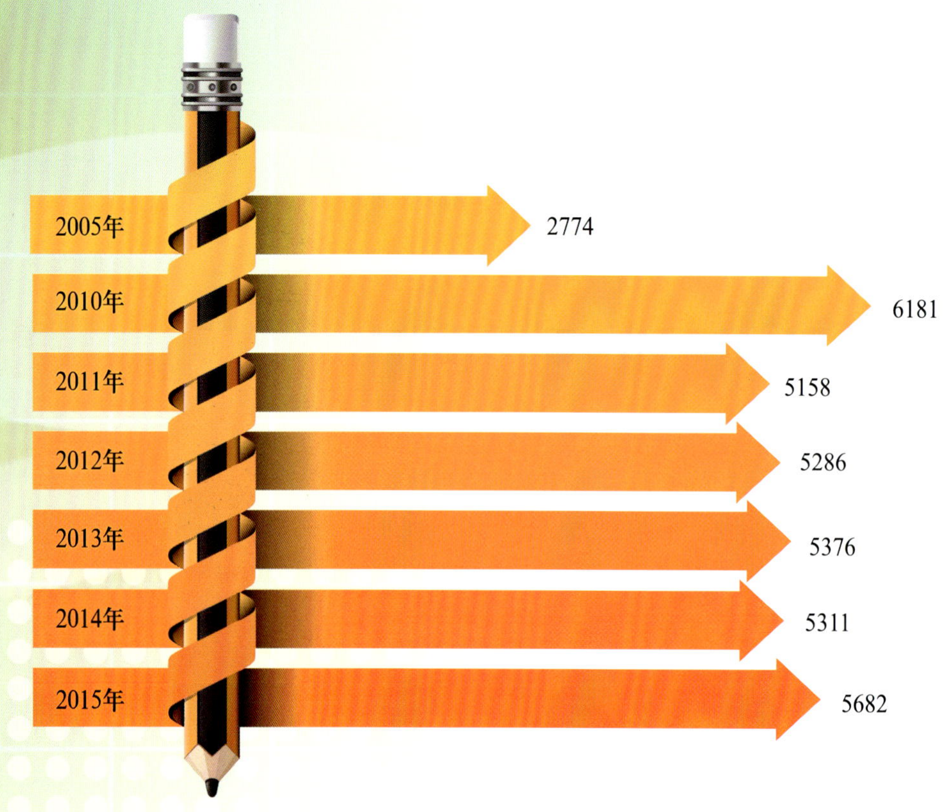

规模以上工业企业产值（亿元）

Output Value of Industrial Enterprises above Designated Size (100 million yuan)

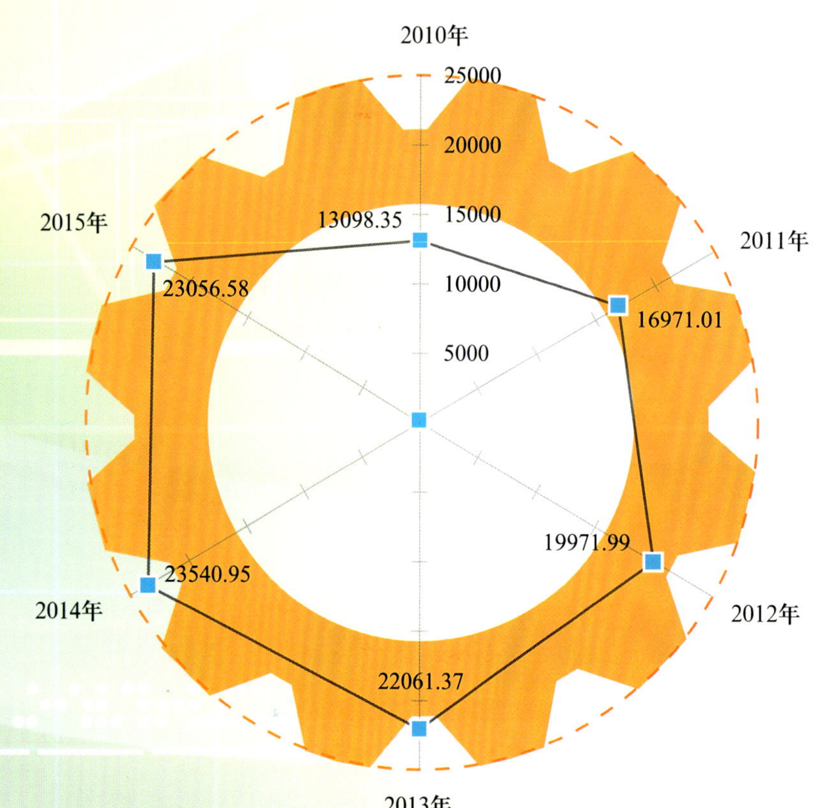

城市园林绿化覆盖面积（公顷）

Park and Green Areas Covered in City (ha)

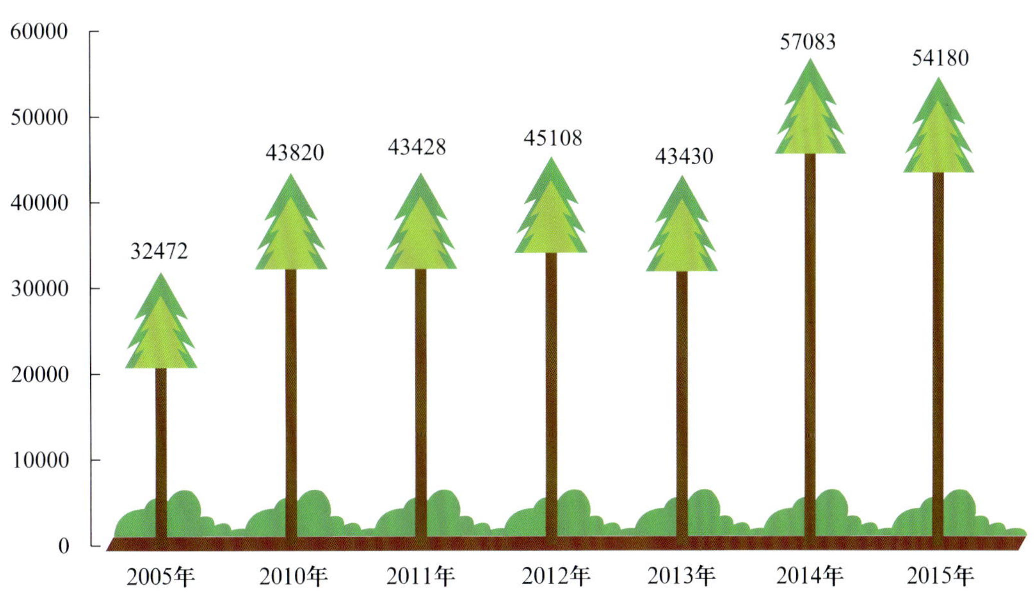

城市自来水普及率（%）

Percentage of Population with Accesing to Tap Water in City (%)

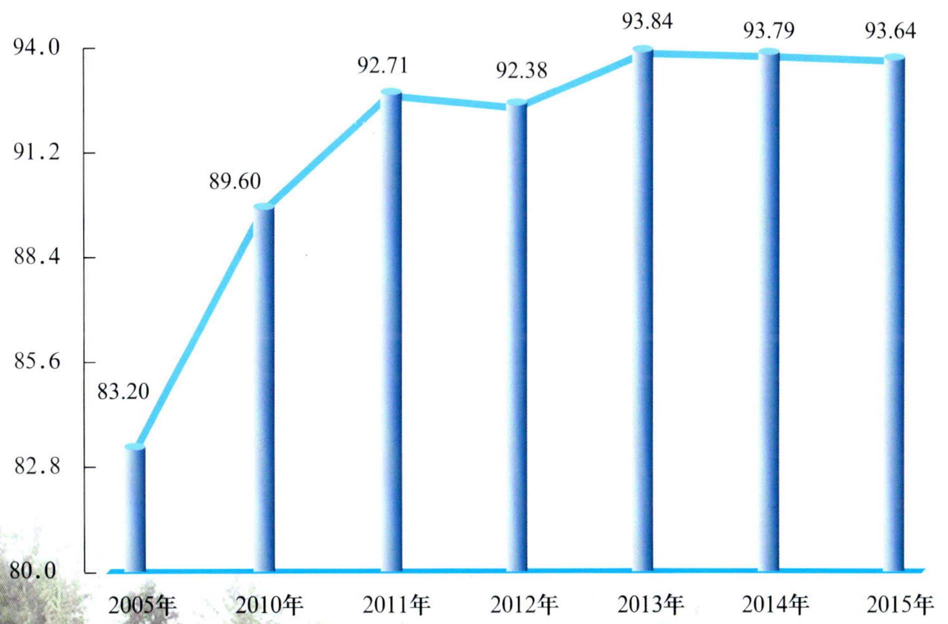

主要农作物产量（万吨）

Output of Major Farm Crops（Output 10000 tons）

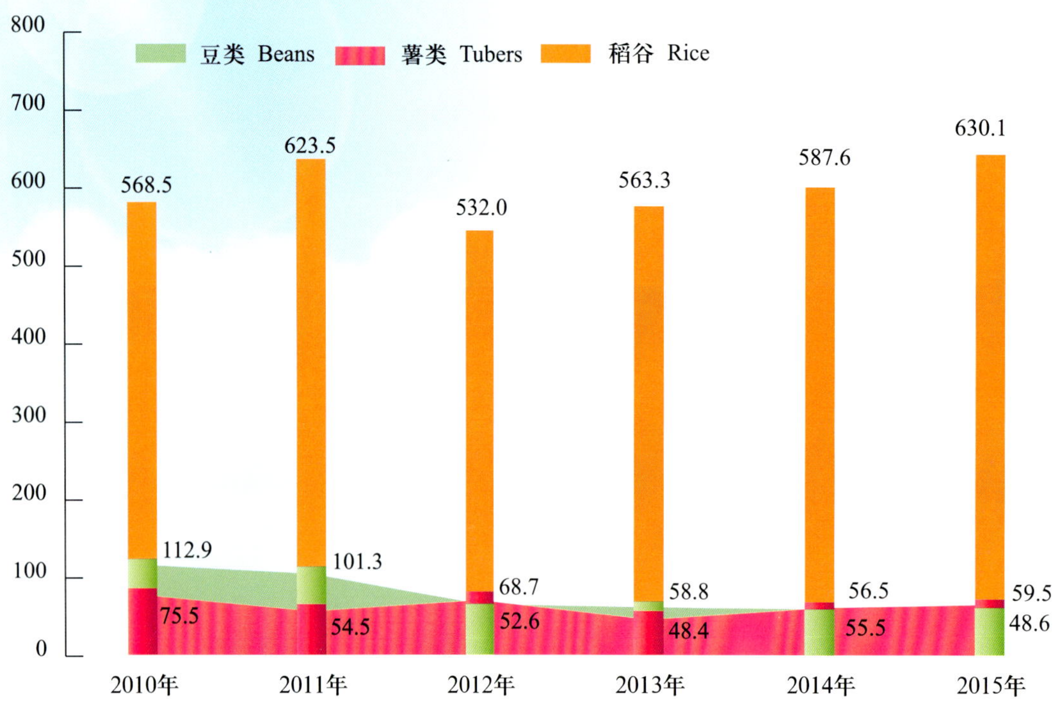

主要畜产品产量（万吨）

Output of Major Livestock Production（Output 10000 tons）

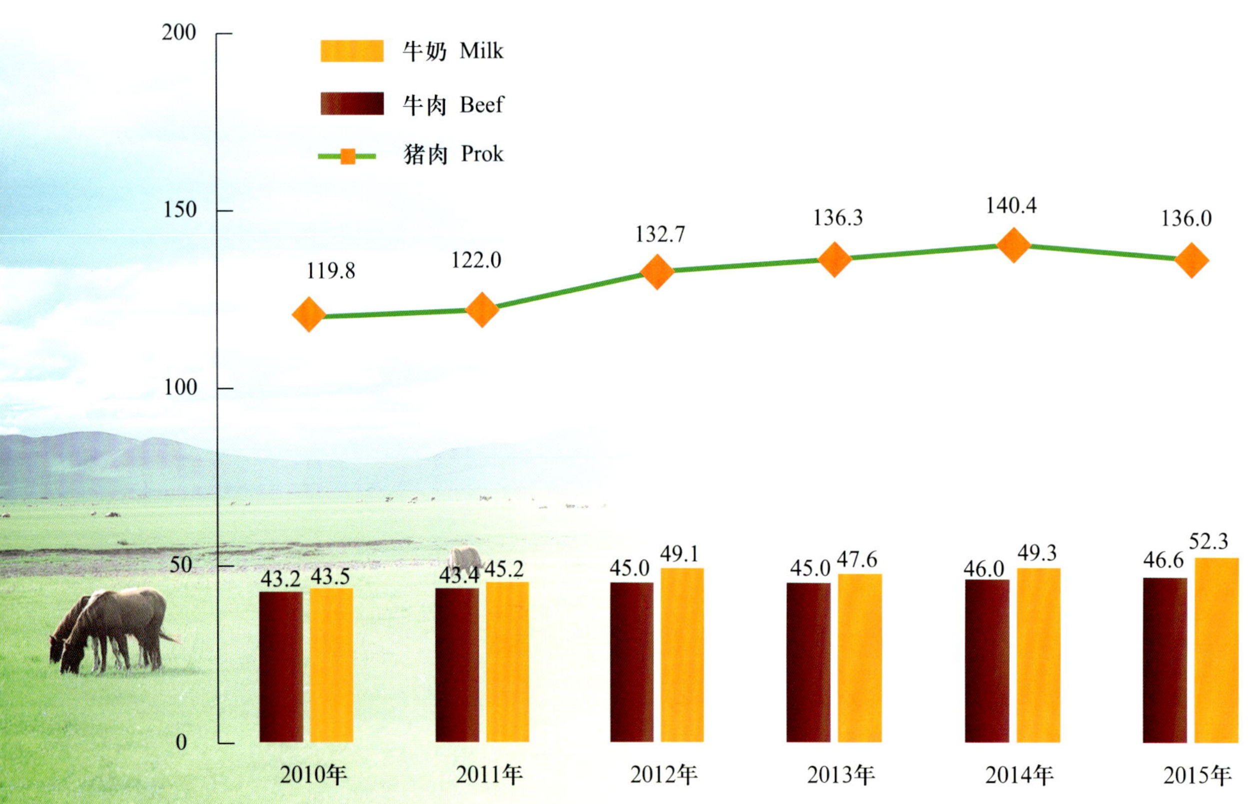

畜牧业产值占农、林、牧、渔业的比重（%）

Output Value of Animal Husbandry and its Proportion of Agriculture, Forestry, Animal Husbandry and Fishery (%)

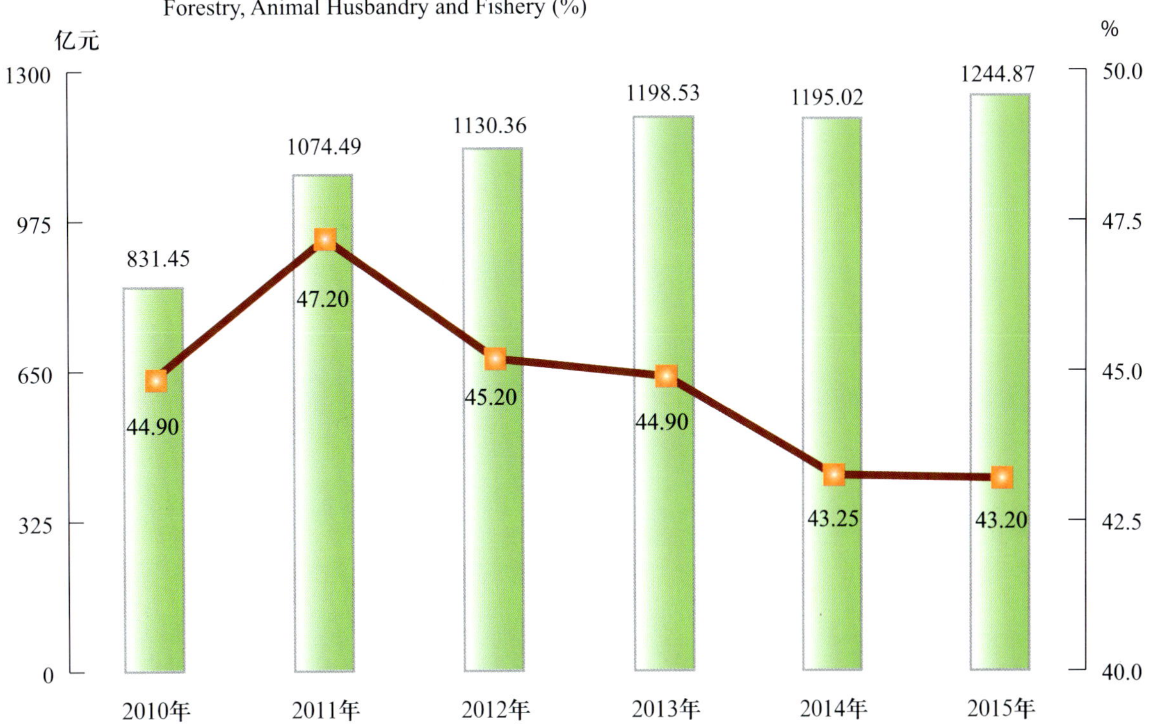

粮食产量（万吨）

Output of Grain (10000 tons)

客运量和货运量

Passenger Traffic and Freight Traffic

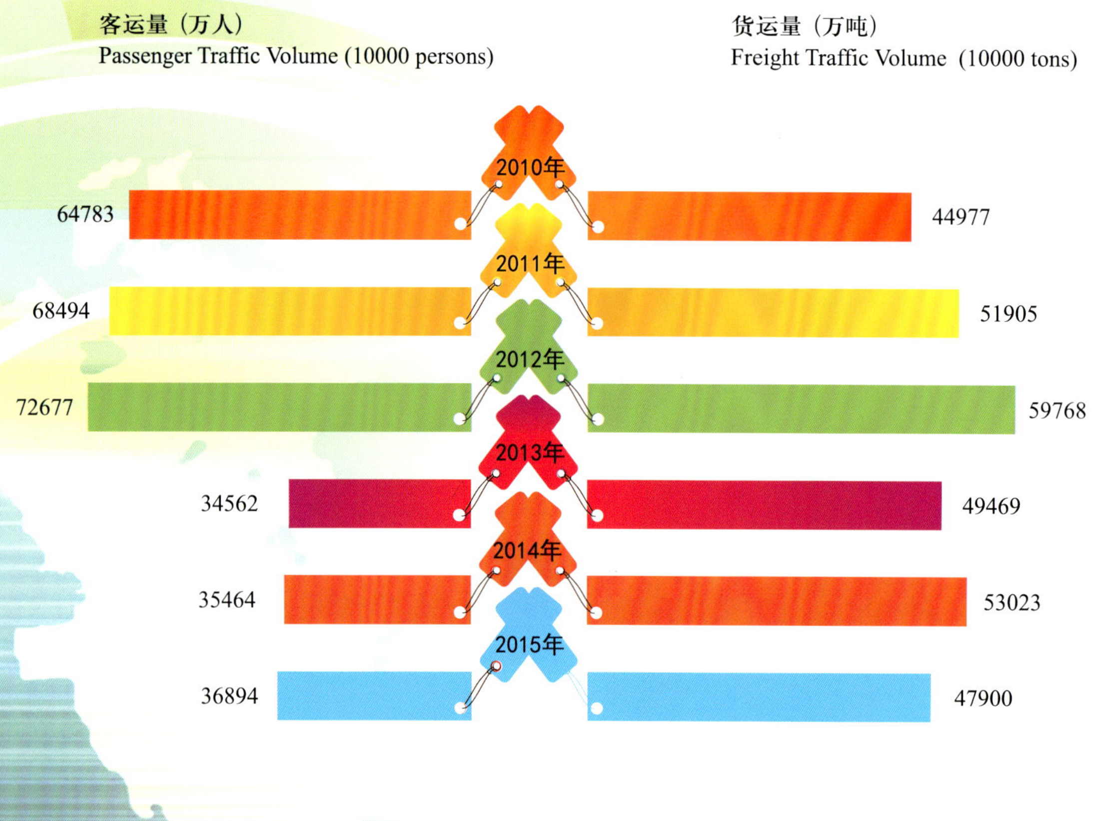

邮电业务总量（亿元）

Business Volume of Post and Telecommunications (100 million yuan)

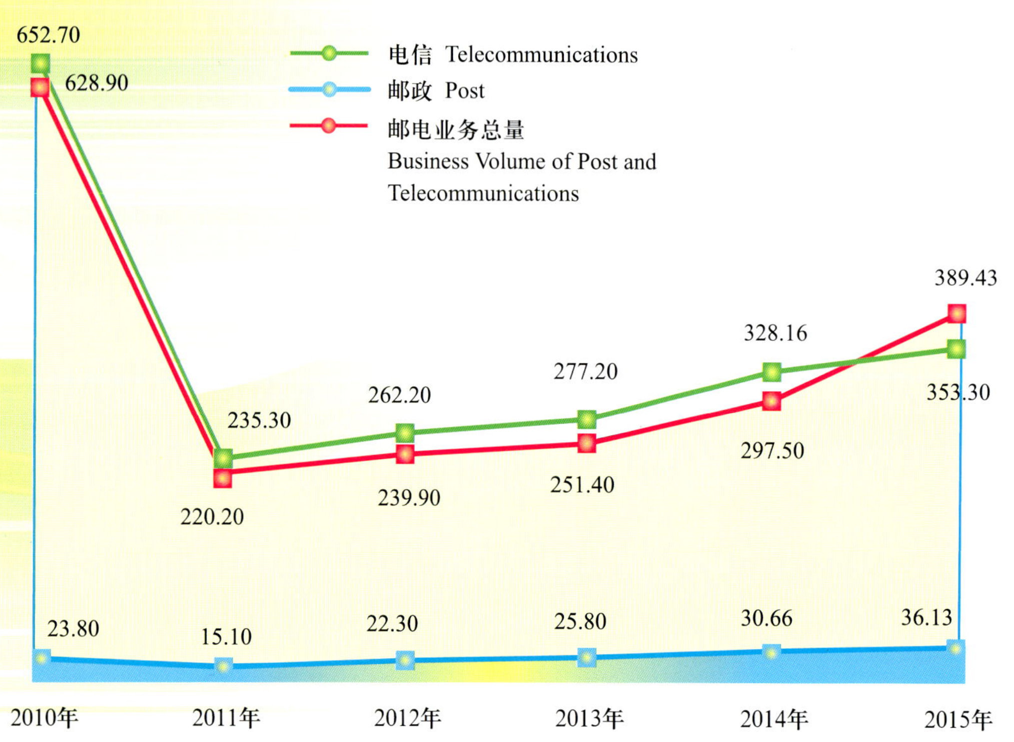

建筑业企业增加值（亿元）

Total Values added of Construction Enterprises（100 million yuan）

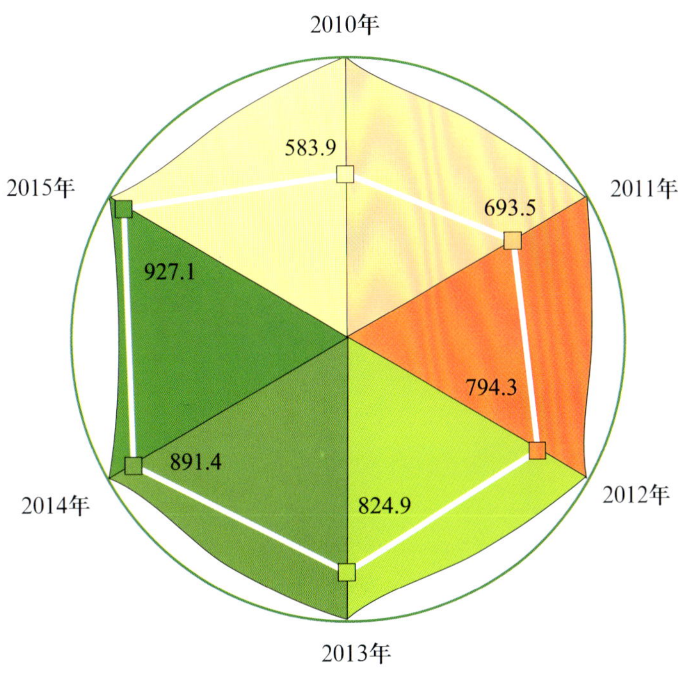

建筑业企业房屋竣工价值（亿元）

The Cost of Building Construction（100 million yuan）

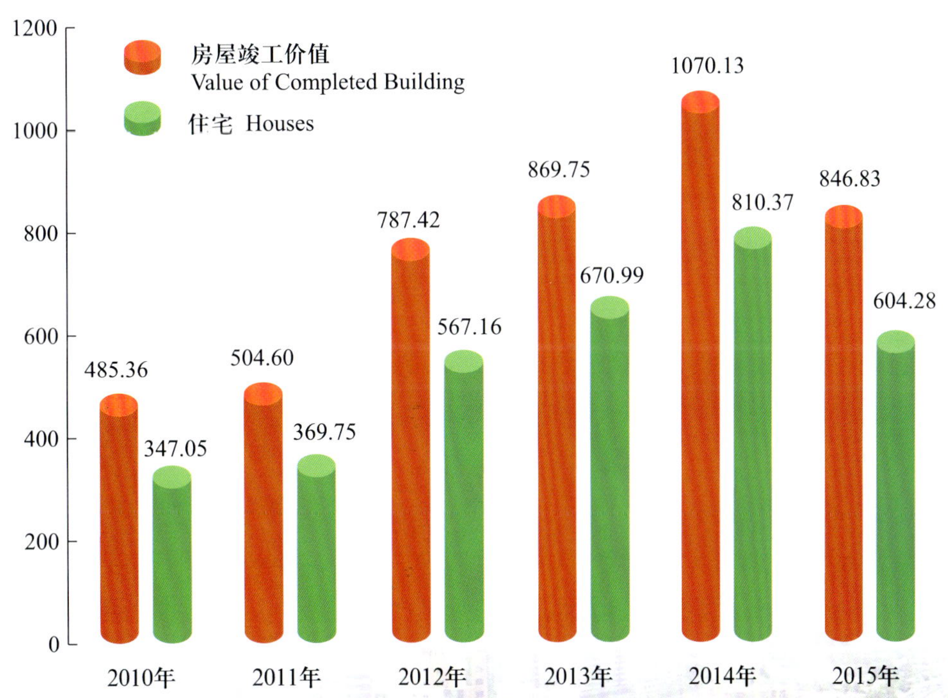

社会消费品零售总额（亿元）

Retail Sales of Social Consumer Goods (100 million yuan)

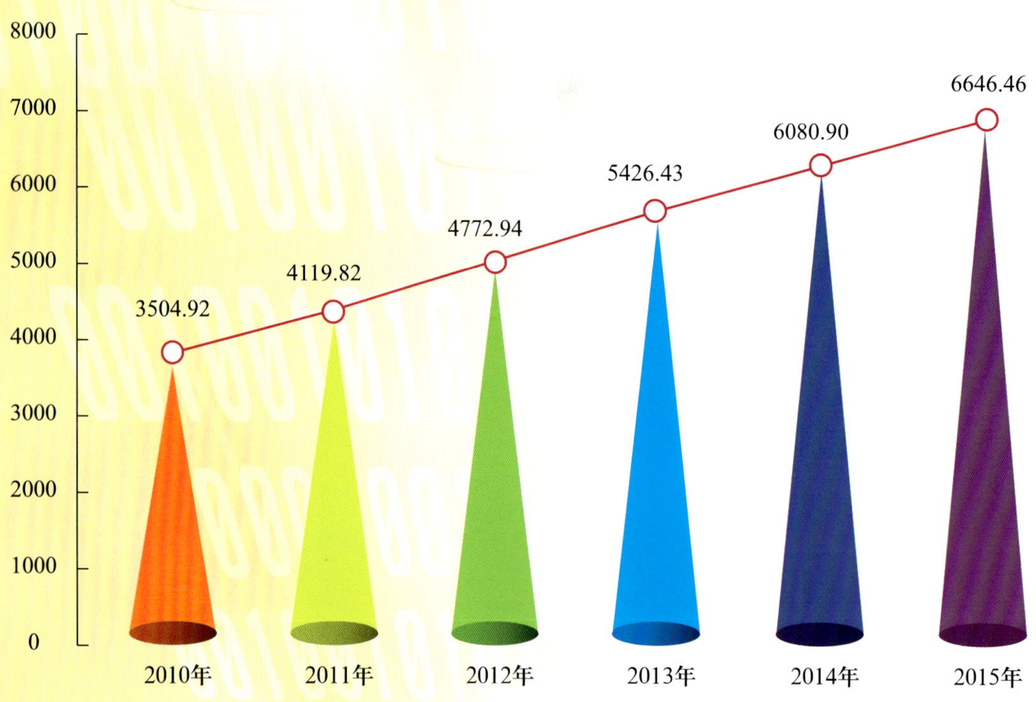

乡村和城镇社会消费品零售总额（亿元）

Rural and Urban Retail Sales of Social Consumer Goods (100 million yuan)

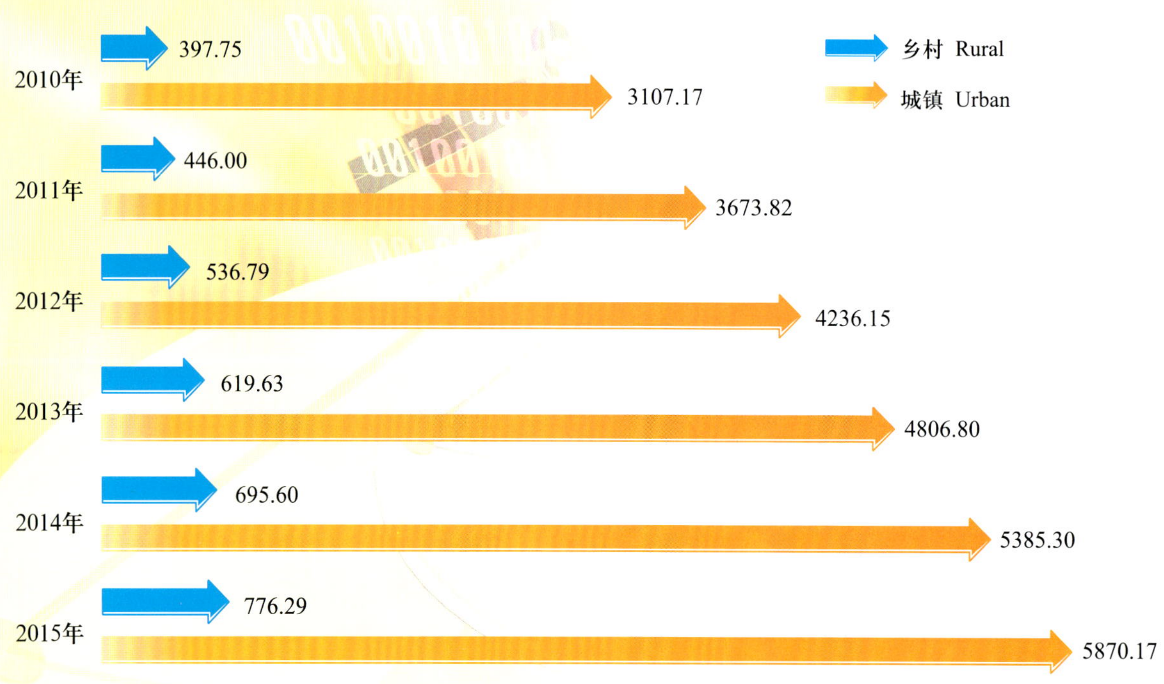

进出口总额（亿美元）

Total Value of Imports and Exports (100 million Dollars)

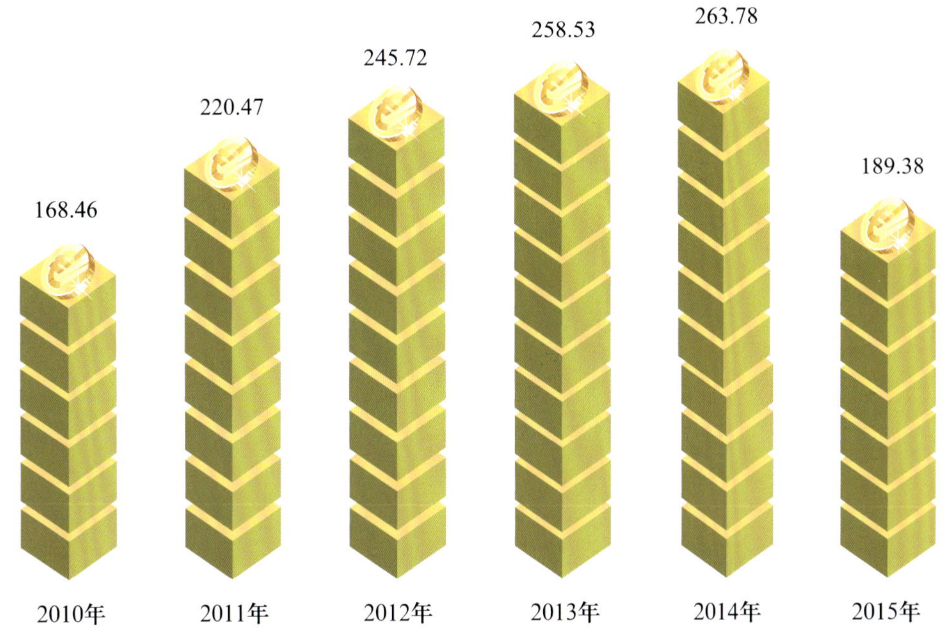

进出口总额构成（%）

Compositions of Total Value of Imports and Exports (%)

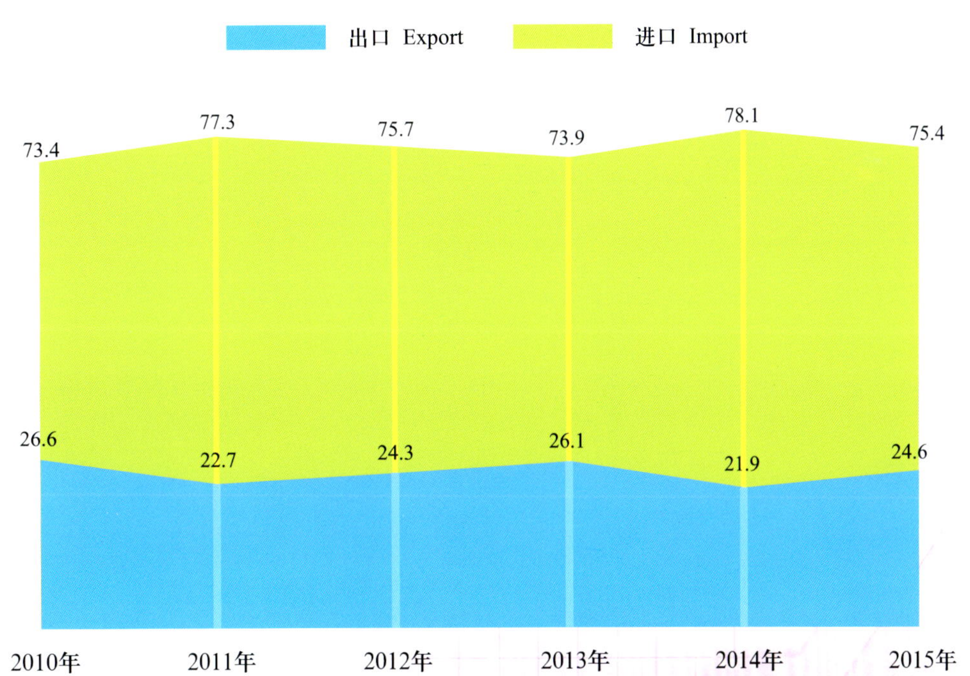

国内旅游人数（万人次）

Number of Domestic Tourists（10000 person - times）

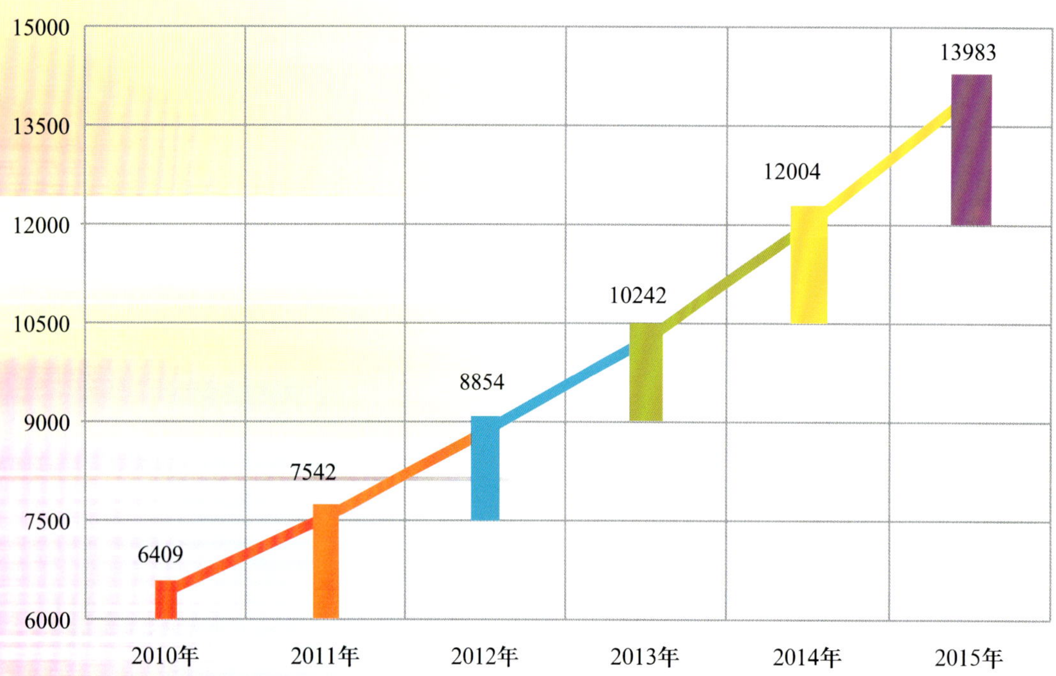

国内旅游收入（亿元）

Income from Domestic Tourism（100 million yuan ）

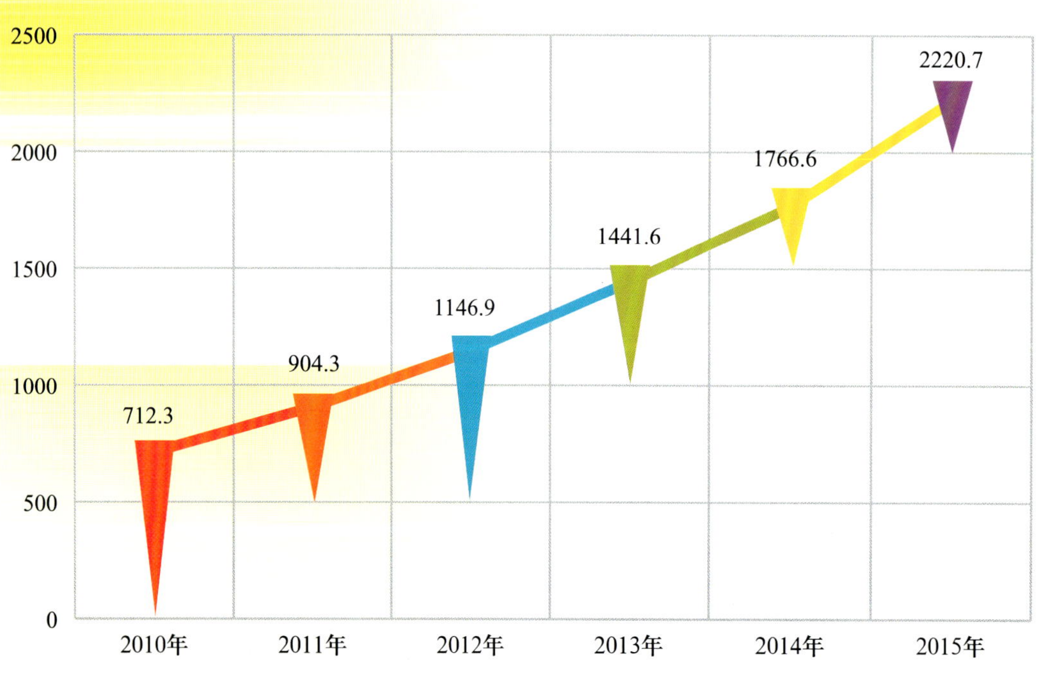

高等教育毕业生数（人）

Postgraduate of Higher Education (person)

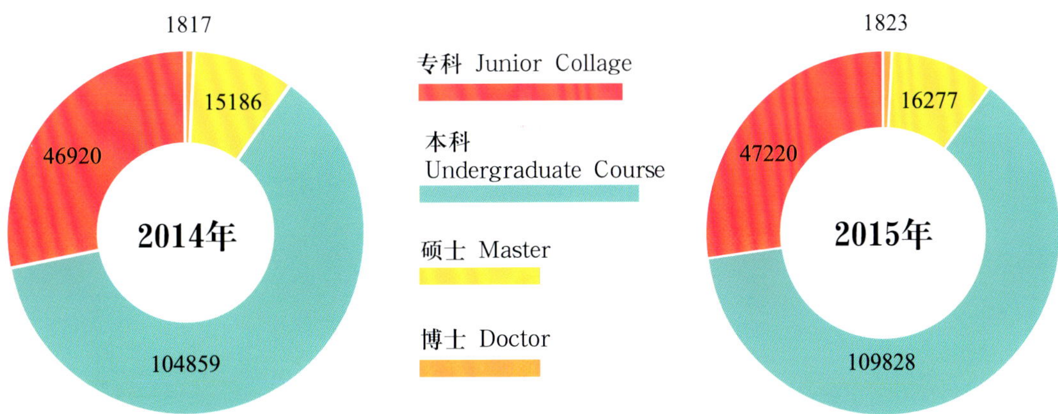

小学学龄儿童入学率（%）

Percentage of School-age Children Enrolled (%)

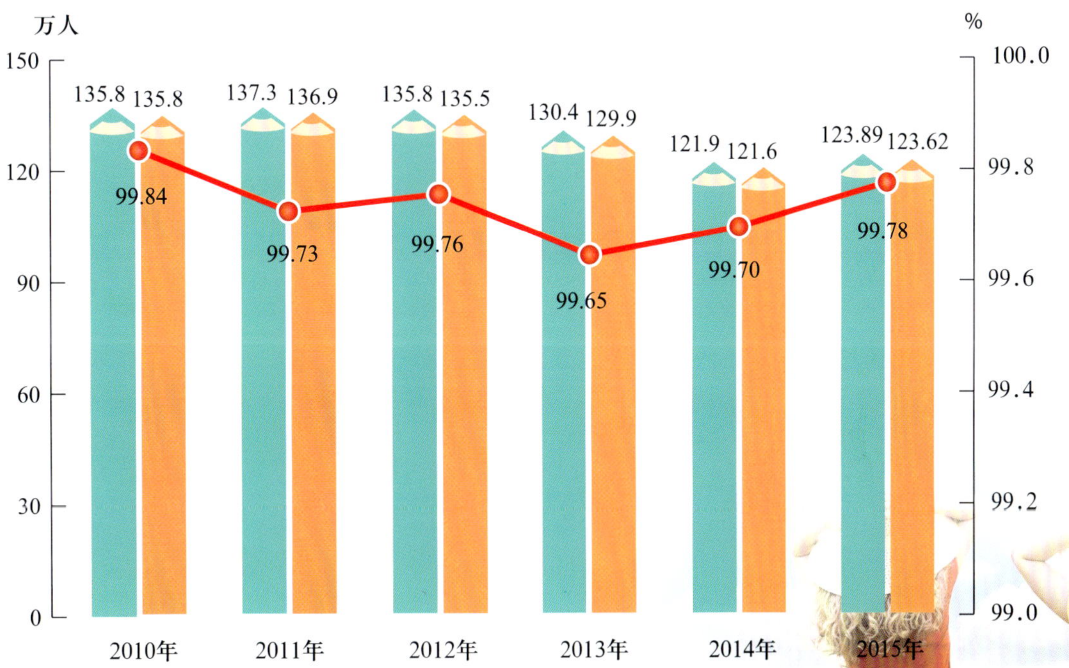

等级运动员（人）

Number of Athletes in Grades (person)

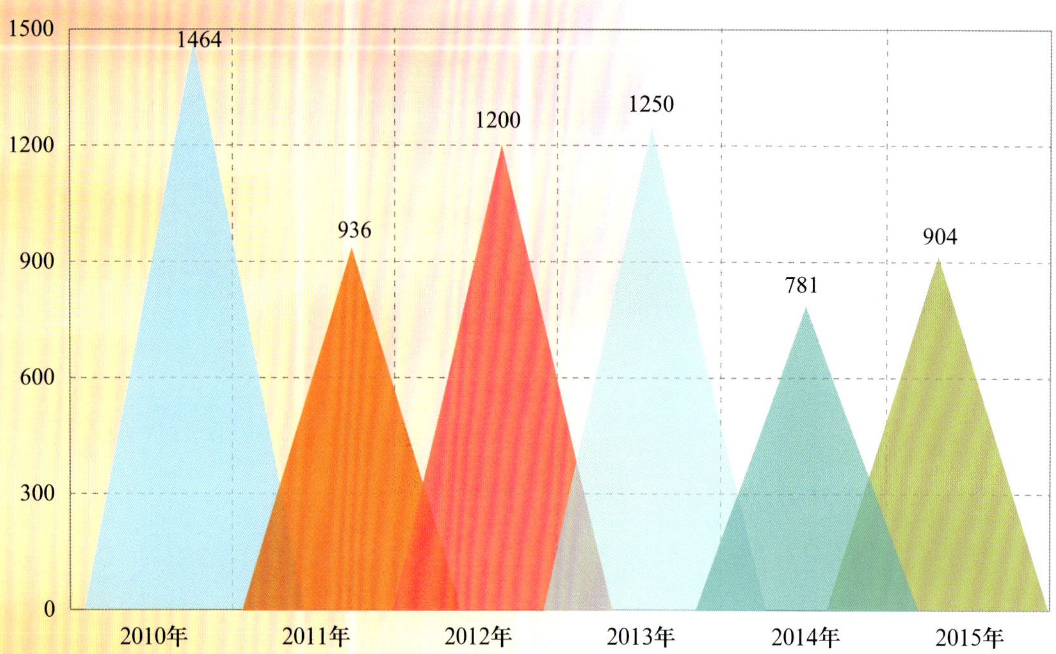

医院、卫生院和执业医师

Hospital and Health Centers and Certified Doctors

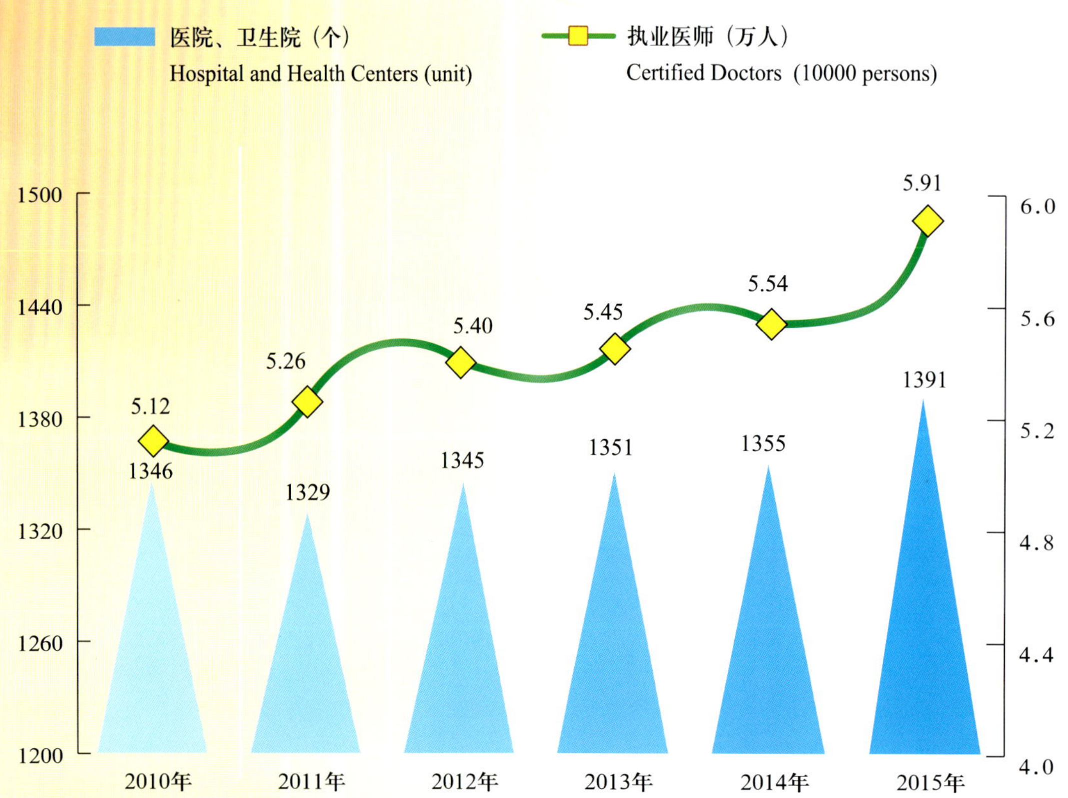

CONTENTS

目录 >>>

统计资料
STATISTICAL DATA

【第一篇】综合 SYNTHESIS

【第二篇】国民经济核算 NATIONAL ECONOMIC ACCOUNTING

【第三篇】人口 POPULATION

【第四篇】从业人员和职工工资 EMPLOYMENT AND WAGE

【第五篇】固定资产投资 INVESTMENT IN FIXED ASSETS

【第六篇】对外经济贸易和旅游业 FOREIGN ECONOMY TRADE AND INTERNATIONAL TOURISM

【第七篇】能源生产和消费 PRODUCTION AND CONSUMPTION OF ENERGY

【第八篇】财政、金融和保险 PUBLIC FINANCE BANKING AND INSURANCE

【第九篇】物价 PRICE

【第十篇】人民生活 PEOPLE' S LIVELIHOOD

【第十一篇】市政公用事业和环境保护 URBAN PUBLIC UTILITIES AND ENVIRONMENT

【第十二篇】农业 AGRICULTURE

【第十三篇】工业 INDUSTRY

【第十四篇】 建筑业 CONSTRUCTION

【第十五篇】 交通运输和邮电通信业 TRANSPORTATION POSTAL AND TELECOMMUNICATIONS SERVICES

【第十六篇】 批发零售贸易和餐饮业 WHOLESALE，RETAIL TRADE AND CATERING SERVICES

【第十七篇】教育、科技和文化事业 EDUCATION AND CULTURE

【第十八篇】 体育、卫生和其他事业 SPORTS、PUBLIC HEALTH AND OTHERS

【第十九篇】市（州）和县（市）情况 GENERAL SURVEY OF CITY（STATE）AND COUNTY（CITY）

TONGJIZILIAO ▶

统计资料

STATISTICAL DATA

CHAPTER ▶ 01

第一篇 1

综　合

SYNTHESIS

1-1 行政区划（2015年末）
Divisions of Administrative Areas (end of 2015)

单位:个 (unit)

地　区	Region	县级合计 County total	县级市 Cities at County Level	县 Counties	自治县 Autonomous Counties	市辖区 Districts under the Jurisdiction of Cities
全　省	**Total**	**39**	**20**	**16**	**3**	**21**
长　春	Changchun	3	2	1		7
吉　林	Jilin	5	4	1		4
四　平	Siping	4	2	1	1	2
辽　源	Liaoyuan	2		2		2
通　化	Tonghua	5	2	3		2
白　山	Baishan	4	1	2	1	2
松　原	Songyuan	4	1	2	1	1
白　城	Baicheng	4	2	2		1
延　边	Yanbian	8	6	2		

地　区	Region	乡镇级合计 County total	镇 Towns	乡 Township	村民委员会 Villagers Committee
全　省	**Total**	**610**	**428**	**182**	**9270**
长　春	Changchun	90	60	30	1668
吉　林	Jilin	76	56	20	1378
四　平	Siping	72	55	17	1152
辽　源	Liaoyuan	30	23	7	510
通　化	Tonghua	78	61	17	988
白　山	Baishan	47	41	6	506
松　原	Songyuan	78	43	35	1106
白　城	Baicheng	73	38	35	912
延　边	Yanbian	66	51	15	1050

1－2 自然资源状况
Natural Resources and Conditions

项　　目	Item	2013	2014	2015
一、自然状况	**Natural Conditions**			
1.土地面积(万平方公里）	Land Area (10000 sq.km)	18.7	18.7	18.7
各类土地所占比重（%）	Composition of all Type Land (%)			
山 地	Mountains	36.0	36.0	36.0
丘 陵	Hills	5.8	5.8	5.8
平 原	Plains	30.0	30.0	30.0
台地及其他	Mesa and Others	28.2	28.2	28.2
2.气候	Climate			
全年平均气温（摄氏度）	Annual Average Temperature (℃)	5.1	5.9	6.1
年降水量（毫米）	Annual Precipitation (mm)	763.3	521.6	593.6
二、自然资源	**Natural Resources**			
1.林地	Forest Area			
林业用地面积（万公顷）	Area of Afforested Land (10000 hectares)	929.9	933.9	937.6
森林面积（万公顷）	Forest Area (10000 hectares)	827.0	822.5	822.1
灌木林地面积（万公顷）	Shrub Land (10000 hectares)	18.2	16.3	16.4
活立木总蓄积量（亿立方米）	Standiny Stock Volume (100 milion cu.m)	9.7	9.8	9.8
森林覆盖率（%）	Forest－coverage Rate (%)	43.9	43.9	43.9
2.水利	Water Resources			
水资源总量（亿立方米）	Total Water Resource Volume (100 milion cu.m)	607.4	306.0	133.6
人均水资源量（立方米/人）	Per Capita Water Resources (milion cu.m/person)	2208.0	1111.9	485.2
地表水资源量（亿立方米）	Surface Water Volume (100 milion cu.m)	535.2	251.0	88.9
地下水资源量（亿立方米）	Ground Water Volume (100 milion cu.m)	160.2	120.2	43.9
松花江流域（亿立方米）	Songhua River Basin (100 milion cu.m)	497.8	265.5	261.3
辽河流域（亿立方米）	Liao River Basin (100 milion cu.m)	109.6	40.5	70.0

1-3 主要城市平均气温（2015年）
Average Temperature of Major Cities（2015）

单位:摄氏度　　　　(℃)

月份 Month		长春市 Changchun	吉林市 Jilin	四平市 Siping	辽源市 Liaoyuan	通化市 Tonghua	白山市 Baishan	松原市 Songyuan	白城市 Baicheng	延吉市 Yanji
1月	Jan.	-12.0	-11.9	-11.2	-12.6	-11.7	-13.1	-13.0	-12.5	-10.4
2月	Feb.	-7.9	-8.1	-7.1	-8.4	-7.0	-8.4	-8.6	-9.1	-7.0
3月	Mar.	0.1	-0.1	1.2	-0.5	-0.3	-2.1	0.0	-0.8	0.6
4月	Apr.	10.3	10.0	11.0	9.5	9.1	7.6	10.0	9.2	9.0
5月	May	15.9	15.4	16.9	15.8	15.5	13.9	15.4	15.3	15.0
6月	June	21.2	21.1	21.3	20.1	19.1	18.1	22.2	21.7	18.1
7月	July	23.8	23.6	24.3	23.3	22.8	21.7	24.1	24.2	21.9
8月	Aug.	22.7	22.0	23.0	22.1	21.1	19.8	22.9	22.6	20.8
9月	Sept.	16.9	16.4	17.4	15.9	16.0	14.5	16.7	16.3	15.9
10月	Oct.	7.8	7.9	8.6	7.2	7.3	5.8	7.8	7.6	7.6
11月	Nov.	-3.3	-3.2	-2.9	-3.4	-2.1	-3.1	-4.6	-5.5	-3.4
12月	Dec.	-9.4	-8.9	-8.1	-9.3	-8.7	-10.6	-12.3	-12.9	-8.9

1－4 主要城市降水量（2015年）

Precipitation of Major Cities（2015）

单位：毫米 Unit:（Millimeters）

地区 Region / 月份 Month		长春市 Changchun	吉林市 Jilin	四平市 Siping	辽源市 Liaoyuan	通化市 Tonghua	白山市 Baishan	松原市 Songyuan	白城市 Baicheng	延吉市 Yanji
1月	Jan.	6.7	7.4	7.8	8.2	10.9	16.8	2.3	1.8	2.2
2月	Feb.	19.5	15.6	19.4	23.0	25.5	21.3	10.1	24.3	13.6
3月	Mar.	7.3	13.9	14.0	14.3	27.8	31.7	2.2	5.9	19.1
4月	Apr.	25.6	30.2	24.0	31.7	56.3	54.9	8.2	12.9	26.1
5月	May	119.5	86.1	77.1	68.0	51.7	38.5	61.0	62.6	79.5
6月	June	81.4	81.8	87.9	116.8	111.7	94.7	73.6	106.9	79.7
7月	July	50.7	79.9	42.4	93.4	58.4	112.9	84.5	28.2	120.1
8月	Aug.	103.9	164.5	149.4	131.9	254.0	231.9	141.9	42.1	151.6
9月	Sept.	57.0	35.9	52.8	22.1	10.4	27.6	22.8	52.2	39.7
10月	Oct.	29.3	38.4	40.6	21.4	55.5	60.0	23.5	15.0	31.4
11月	Nov.	8.1	17.4	10.6	15.9	68.0	67.9	6.1	1.1	27.0
12月	Dec.	21.5	28.3	20.0	16.1	11.1	29.3	12.0	12.2	10.5

1－5　按国民经济行业大类分组的法人单位、产业活动单位及就业人数（2015年）

According to the National Elonomic Industry Category of Group Corporation and Industrial Activity Units（2015）

指　　标	Item	法人单位数（个）Number of Corporative Units(unit)			产业活动单位数（个）Number of Economic Active Units(unit)	法人单位就业人数（人）Legal person units employment（person）
		合计 Total	单产业法人单位 Single Units	多产业法人单位 Multiple Units		
合计	**Total**	**181344**	**176847**	**4497**	**212004**	**5768354**
农、林、牧、渔业	**Agriculture、Forestry、Animal Husbandry and Fishery**	**21479**	**21407**	**72**	**22033**	**492015**
农业	Farming	7239	7221	18	7307	182194
林业	Forestry	883	857	26	1182	76137
畜牧业	Animal Husbandry	4919	4908	11	4924	77707
渔业	Fishery	428	428		430	6878
农、林、牧、渔服务业	Agriculture,Forestry,Animal Husbandry and Fishery Services	8010	7993	17	8190	149099
采矿业	**Mining**	**1477**	**1456**	**21**	**1539**	**224170**
煤炭开采和洗选业	Mining and Washing of Coal	244	237	7	259	96523
石油和天然气开采业	Extraction of Petroleum and Natural Gas	79	78	1	97	39681
黑色金属矿采选业	Mining and Processing of Ferrous Metal Ores	194	191	3	200	19770
有色金属矿采选业	Mining and Processing of Non-ferrous Metal Ores	154	148	6	161	20283
非金属矿采选业	Mining and Processing of Nonmetal Ores	675	673	2	686	20085
开采辅助活动	Mining Auxiliary Activities	86	84	2	91	26913
其他采矿业	Mining of Other Ores	45	45		45	915
制造业	**Manufacturing**	**26010**	**25773**	**237**	**26291**	**1768986**
农副食品加工业	Processing of Food from Agricultural Products	3761	3717	44	3785	207542
食品制造业	Manufacture of Foods	1059	1041	18	1061	52874
酒、饮料和精制茶制造业	Wine, Beverage and Refined Tea Manufacturing	1044	1034	10	1048	61290
烟草制品业	Manufacture of Tobacco	19	18	1	20	4532
纺织业	Manufacture of Textile	229	228	1	230	44473
纺织服装、服饰业	Manufacture of Textile Wearing Apparel,Footwear and Caps	443	435	8	448	27041
皮革、毛皮、羽毛及其制品和制鞋业	Manufacture of Leather,Fur,Feather and Related Products	109	109		110	6924
木材加工和木、竹、藤、棕、草制品业	Processing of Timber,Manfacture of Wood, Bamboo,Rattan,Palm and Straw Products	1765	1748	17	1806	108349
家具制造业	Manufacture of Furniture	417	413	4	422	16609
造纸和纸制品业	Manufacture of Paper and Paper Produts	369	367	2	370	19724
印刷和记录媒介复制业	Prnting Peproduction of Recording Meida	929	919	10	950	22683
文教、工美、体育和娱乐用品制造业	Manufacture of Articles for Culture, Education and Sport Activities	272	270	2	274	9159
石油加工、炼焦和核燃料加工业	Processing of Petroleum,Coking, Processing of Nuclear Fuel	122	120	2	126	10655
化学原料和化学制品制造业	Manufacture of Raw Chemical Materials and Chemical Products	1400	1389	11	1412	108973
医药制造业	Manufacture of Medicines	936	925	11	938	155054
化学纤维制造业	Manufacture of Chemical Fibers	33	33		33	9941
橡胶和塑料制品业	Ruber and Plastic Products Industry	1049	1047	2	1056	41572
非金属矿物制品业	Manufacture of Non-metallic Mineral Products	3138	3121	17	3170	158946
黑色金属冶炼和压延加工业	Simelting and Pressing of Ferrous Metals	310	308	2	314	46037
有色金属冶炼和压延加工业	Smelting and Pressing of Non-ferrous Metals	149	146	3	150	14936
金属制品业	Manufacture of Metal Products	1338	1333	5	1347	46639

1－5 续表 1 continued

指　　标	Item	法人单位数（个）Number of Corporative Units(unit)			产业活动单位数（个）Number of Economic Active Units(unit)	法人单位就业人数（人）Legal person units employment（person）
		合计 Total	单产业法人单位 Single Units	多产业法人单位 Multiple Units		
通用设备制造业	Manufacure of General PurPose Machinery	1668	1655	13	1689	65786
专用设备制造业	Manufacture of Special Purpose Machinery	1562	1552	10	1582	64474
汽车制造业	Automobile Manufacturing Industry	1807	1780	27	1838	353219
铁路、船舶、航空航天和其他运输设备制造业	Railway, Marine, Aerospace and other Transportation Equipment Manufacturing Industry	168	167	1	170	28644
电气机械和器材制造业	Manufacture of Electrical Machinery and Equipment	788	782	6	800	42716
计算机、通信和其他电子设备制造业	Computer, Communications and other Electronic Equipment Manufacturing Industry	236	231	5	241	15039
仪器仪表制造业	Instrument Manufacturing Industry	266	263	3	267	8851
其他制造业	Other Manufacturing	345	345		347	7680
废弃资源综合利用业	Comprehensive Utilization of Waste Resources	139	137	2	141	5752
金属制品、机械和设备修理业	Metal Products, Machinery and Equipment Repair Industry	140	140		146	2872
电力、热力、燃气及水生产和供应业	**Production and Supply of Electricity,Gas and Water**	**1551**	**1463**	**88**	**2498**	**159579**
电力、热力生产和供应业	Production and Supply of Electric Power and Heat Power	1100	1030	70	2000	128157
燃气生产和供应业	Production and Supply of Gas	202	194	8	212	10926
水的生产和供应业	Production and Supply of Water	249	239	10	286	20496
建筑业	**Construction**	**6992**	**6854**	**138**	**7403**	**496616**
房屋建筑业	Housing Construction Industry	1744	1693	51	1876	242338
土木工程建筑业	Civil Engineering Construction Industry	1382	1346	36	1478	133714
建筑安装业	Construction Installation	1469	1438	31	1556	67298
建筑装饰和其他建筑业	Architectural Decoration and other Construction Industry	2397	2377	20	2493	53266
批发和零售业	**Wholesale and Retail Trades**	**40125**	**39483**	**642**	**45257**	**473969**
批发业	Wholesale Trade	19537	19302	235	20724	232147
零售业	Retail Trade	20588	20181	407	24533	241822
交通运输、仓储和邮政业	**Transport,Storage and Post**	**4643**	**4488**	**155**	**5961**	**164348**
铁路运输业	Railway Transport	101	96	5	183	3070
道路运输业	Road Transport	2444	2374	70	2635	96137
水上运输业	Water Transport	15	15		17	203
航空运输业	Air Transport	33	30	3	40	5171
管道运输业	Transport Via Pipeline	2	2		6	15
装卸搬运和运输代理业	Handling and Transportation Agency	537	522	15	588	7953
仓储业	Warehousing Industry	1189	1177	12	1242	31896
邮政业	Post Industry	322	272	50	1250	19903
住宿和餐饮业	**Accommodation and Catering Industry**	**2109**	**2065**	**44**	**2397**	**61552**
住宿业	Accommodation Industry	968	952	16	1068	32042
餐饮业	Catering Industry	1141	1113	28	1329	29510
信息传输、软件和信息技术服务业	**Information Transmission, Software and Information Technology Services**	**3214**	**3127**	**87**	**4358**	**89054**
电信、广播电视和卫星传输服务	Information Broadcast Television and Satellite Transmission Services	400	344	56	1367	57433
互联网和相关服务	Internet and Related Services	503	497	6	596	3982
软件和信息技术服务业	Software and Information Technology Services	2311	2286	25	2395	27639
金融业	**Financial Intermediation**	**1524**	**1173**	**351**	**7825**	**126713**

1－5 续表 2 continued

指 标	Item	法人单位数（个）Number of Corporative Units(unit) 合计 Total	单产业法人单位 Single Units	多产业法人单位 Multiple Units	产业活动单位数（个）Number of Economic Active Units(unit)	法人单位就业人数（人）Legal person units employment（person）
货币金融服务	Monetary and Financial Services	905	728	177	5691	96996
资本市场服务	Capital Market Service	183	176	7	350	3853
保险业	Insurance Industry	324	160	164	1588	24873
其他金融业	Other Finance	112	109	3	196	991
房地产业	**Real Estate**	**5623**	**5524**	**99**	**5846**	**121554**
房地产业	Real Estate	5623	5524	99	5846	121554
租赁和商务服务业	**Leasing and Business Services**	**11703**	**11494**	**209**	**12667**	**143142**
租赁业	Leasing	1244	1238	6	1275	12696
商务服务业	Business Services	10459	10256	203	11392	130446
科学研究和技术服务业	**Scientific Research,Technical Service and Geologic Prospecting**	**6006**	**5908**	**98**	**6716**	**111881**
研究和试验发展	Research and Experimental Development	743	737	6	759	16631
专业技术服务业	Professional Technical Services	3093	3016	77	3429	66491
科技推广和应用服务业	Technology Promotion and Application Service Industry	2170	2155	15	2528	28759
水利、环境和公共设施管理业	**Management of Water Conservany, Environment and Public Facilities**	**1675**	**1653**	**22**	**2025**	**65733**
水利管理业	Management of Water Conservancy	713	698	15	971	15920
生态保护和环境治理业	Ecological Protection and Environmental Governance	127	126	1	154	2019
公共设施管理业	Managment of Public Facilities	835	829	6	900	47794
居民服务、修理和其他服务业	**Services to Households and Other Services**	**3622**	**3594**	**28**	**3757**	**48972**
居民服务业	Services to Households	1557	1543	14	1627	21653
机动车、电子产品和日用产品修理业	Motor Vehicle, Electronic Products and Daily Necessities Repair Industry	1095	1089	6	1134	12157
其他服务业	Others Services	970	962	8	996	15162
教育	**Education**	**6392**	**5796**	**596**	**10031**	**392112**
教育	Education	6392	5796	596	10031	392112
卫生和社会工作	**Health and Social Work**	**3923**	**3812**	**111**	**4800**	**194919**
卫生	Health	2607	2504	103	3442	179945
社会工作	Social Work	1316	1308	8	1358	14974
文化、体育和娱乐业	**Culture,Sports and Entertai-nment**	**3186**	**3143**	**43**	**3660**	**53235**
新闻和出版业	Journalism and Publishing Activities	200	193	7	209	7300
广播、电视、电影和影视录音制作业	Broadcasting,Televisions,Movies and Audiovisual Activities	382	367	15	492	14773
文化艺术业	Culture and Art Activities	1022	1013	9	1321	16262
体育	Sports Activites	191	186	5	197	5577
娱乐业	Entertainments	1391	1384	7	1441	9323
公共管理、社会保障和社会组织	**Public Management Social Security and Social Organization**	**30090**	**28634**	**1456**	**36940**	**579804**
中国共产党机关	Organs of Communist Party of China	595	553	42	641	11207
国家机构	Government Agencies	12154	10850	1304	18600	375541
人民政协、民主党派	People s Political Consultative Conference and Democratic Parties	154	151	3	165	2143
社会保障	Social security	265	262	3	368	5205
群众团体、社会团体和其他成员组织	Non-govenmental Organizations,Social Orga-nizations and Religion Organizations	5145	5118	27	5356	98385
基层群众自治组织	Grass Roots Self-governing Organi-zations	11777	11700	77	11810	87323

1－6 按地区、机构类型分组的全部法人单位数（2015年）
Number of Corparations by Region and Type （2015）

单位: 个　　　　（unit）

地　区	Region	总计 Total	企业 Enterprises	事业 Institutions	机关 Agencies and Organizations	社会团体 Social Group	其他 Others
吉林省	**Total**	**181344**	**123843**	**19269**	**5876**	**4340**	**28016**
长春市	**Changchun**	**73646**	**58271**	**4180**	**1159**	**1573**	**8463**
南关区	Nanguan	6911	5998	410	147	119	237
宽城区	Kuancheng	8083	7333	241	118	54	337
朝阳区	Chaoyang	8752	7207	443	105	603	394
二道区	Erdao	6434	5745	159	79	47	404
绿园区	Lvyuan	5462	4760	289	85	77	251
双阳区	Shuangyang	3037	2323	295	82	43	294
九台区	Jiutai	5650	3256	530	116	158	1590
农安县	Nong' an	5336	2873	314	88	136	1925
长春经济技术开发区	Economic-Technological Development Are	5014	4679	142	27	38	128
长春净月高新技术产业开发区	Jingyue High Techntlagy Industrial Development Zone	2489	2189	100	15	52	133
长春高新技术产业开发区	High Techntlagy Industrial Development Zone	3245	3075	54	13	20	83
长春汽车经济技术开发区	Automobile Economic and Technological Development Zone	3055	2907	59	14	8	67
榆树市	Yushu	6004	3032	795	189	190	1798
德惠市	Dehui	4174	2894	349	81	28	822
吉林市	**Jilin**	**25064**	**17001**	**2432**	**779**	**506**	**4346**
昌邑区	Changyi	3333	2523	264	86	42	418
龙潭区	Longtan	2230	1522	150	66	39	453
船营区	Chuanying	4637	3577	359	160	120	421
丰满区	Fengman	1302	873	145	72	35	177
永吉县	Yongji	1966	981	200	66	34	685
吉林经济开发区	Economic Development Zone	853	777	29	3	3	41
吉林高新技术产业开发区	High Techntlagy Industrial Development Zone	1843	1679	55	21	26	62
吉林中国新加坡食品区	Singapore Food Area	336	242	23	4	5	62
蛟河市	Jiaohe	1824	952	268	71	71	462
桦甸市	Huadian	2160	1403	301	78	40	338
舒兰市	Shulan	2161	1131	311	80	61	578
磐石市	Panshi	2419	1341	327	72	30	649
四平市	**Siping**	**19136**	**11252**	**2704**	**720**	**401**	**4059**
铁西区	Tiexi	2617	1734	438	141	146	158
铁东区	Tiedong	2158	1650	206	91	48	163
梨树县	Lishu	4121	2606	736	137	37	605
伊通满族自治县	Yitong	1858	1020	389	89	40	320
公主岭市	Gongzhuling	6488	3038	687	190	117	2456
双辽市	Shuangliao	1894	1204	248	72	13	357
辽源市	**Liaoyuan**	**5846**	**3119**	**1190**	**395**	**106**	**1036**
龙山区	Longshan	2174	1426	374	176	58	140
西安区	Xi' an	419	234	86	51	20	28
东丰县	Dongfeng	1970	977	361	96	11	525
东辽县	Dongliao	1283	482	369	72	17	343

1－6 续表 continued

单位：个 (unit)

地　区	Region	总计 Total	企业 Enterprises	事业 Institutions	机关 Agencies and Organizations	社会团体 Social Group	其他 Others
通化市	**Tonghua**	**14447**	**9459**	**2070**	**579**	**429**	**1910**
东昌区	Dongchang	3183	2282	454	152	166	129
二道江区	Erdaojiang	1002	747	84	51	44	76
通化县	Tonghua	2177	1495	311	65	34	272
辉南县	Huinan	1905	1210	321	69	47	258
柳河县	Liuhe	1750	845	322	78	32	473
梅河口市	Meihekou	3009	1988	387	92	36	506
集安市	Ji' an	1421	892	191	72	70	196
白山市	**Baishan**	**8018**	**4414**	**1258**	**484**	**328**	**1534**
浑江区	Hunjiang	1926	1139	342	131	146	168
江源区	Jiangyuan	1121	665	192	82	18	164
抚松县	Fusong	1740	1107	151	83	43	356
靖宇县	Jingyu	1256	652	185	50	48	321
长白朝鲜族自治县	Changbai	657	306	107	61	12	171
临江市	Linjiang	1318	545	281	77	61	354
松原市	**Songyuan**	**10934**	**5863**	**1897**	**514**	**212**	**2448**
宁江区	Ningjiang	2171	1247	288	148	129	359
前郭尔罗斯蒙古族自治县	Qianguo	2038	1048	398	76	14	502
长岭县	Changling	2508	1400	569	97	20	422
乾安县	Qian' an	1406	818	245	65	30	248
吉林松原经济开发区	Songyuan Economic Development Zone of JiLin	463	378	26	26	5	28
扶余市	Fuyu	2348	972	371	102	14	889
白城市	**Baicheng**	**7767**	**3950**	**1686**	**504**	**237**	**1390**
洮北区	Taobei	2205	1191	428	135	74	377
镇赉县	Zhenlai	1257	607	334	86	21	209
通榆县	Tongyu	1074	392	319	76	79	208
吉林白城经济开发区	Baicheng Economic Development Zone of JiLin	779	527	117	54	27	54
洮南市	Taonan	1166	578	241	75	21	251
大安市	Da' an	1286	655	247	78	15	291
延边朝鲜族自治州	**Yanbian**	**16486**	**10514**	**1852**	**742**	**548**	**2830**
延吉市	Yanji	5345	3995	408	161	229	552
图们市	Tumen	847	429	113	64	31	210
敦化市	Dunhua	2550	1775	200	84	13	478
珲春市	Hunchun	2229	1530	162	101	55	381
龙井市	Longjing	1077	509	164	68	54	282
和龙市	Helong	1067	510	170	65	28	294
汪清县	Wangqing	1337	547	315	84	50	341
安图县	Antu	2034	1219	320	115	88	292

1－7 按登记注册类型分组的法人、产业活动单位及就业人数（2015年）

Corporative Units Corporations and Industrial Active Units Grouped by Type of Registration（2015）

指　标	Item	法人单位数（个）Number of Corporative Units(unit)			产业活动单位数（个）Number of Economic Active Units (unit)	法人单位就业人数（人）Legal person units employment（person）
		合计 Total	单产业法人单位 Single Units	多产业法人单位 Multiple Units		
总　计	**Total**	**181344**	**176847**	**4497**	**212004**	**5768354**
内资企业	**Domestic Investment Enterprises**	**180289**	**175858**	**4431**	**210349**	**5572891**
国有企业	State-owned Enterprises	28228	25899	2329	45367	1487906
集体企业	Collective -owned Enterprises	2148	2051	97	3216	79342
股份合作企业	Share Holding	667	640	27	1263	26333
联营企业	Joint Ownership Enterprises	302	296	6	451	6970
国有联营企业	State Joint Ownership Enterprises	55	54	1	91	1713
集体联营企业	Collective Joint Ownership Enterpises	127	122	5	200	2982
国有与集体联营企业	Joint State-collective Enterprises	16	16		30	516
其他联营企业	Other Joint Owned Enterprises	104	104		130	1759
有限责任公司	Limited Liability Corporations	30354	29651	703	32743	1267418
国有独资公司	State Sole Funded Corporations	492	420	72	637	202134
其他有限责任公司	Other Limited Liability Corporations	29862	29231	631	32106	1065284
股份有限公司	Share-holding Corporations Limited	3262	2983	279	6995	461455
私营企业	Private Enterprises	70983	70200	783	73884	1462999
私营独资企业	Private Funded Enterprises	23022	22889	133	23792	343207
私营合伙企业	Private Partnership Enterprises	1502	1487	15	1555	22981
私营有限责任公司	Private Limited Liability Corporations	43950	43366	584	45828	1019973
私营股份有限公司	Private State-holding Corportations Ltd	2509	2458	51	2709	76838
其他内资	Other Domestic	44345	44138	207	46430	780468
港、澳、台商投资企业	**Enterprises with Funds from Hongkong, Maocao and Taiwan**	**268**	**247**	**21**	**493**	**61839**
合资经营企业（港或澳、台资）	Jointventure Enterprises	116	107	9	150	27479
合作经营企业（港或澳、台资）	Cooperative Enterprises	13	10	3	31	3306
港、澳、台商独资经营企业	Hongkong, Maocao and Taiwan Funded Enterprise	121	113	8	281	28515
港、澳、台商投资股份有限公司	Hongkong, Maocao and Taiwan Funded Share-holding Corporations Ltd	10	10		21	1591
其他港、澳、台商投资	Other Hongkong,Macao and Taiwan Investment	8	7	1	10	948
外商投资企业	**Foreign Funded Enterprises**	**787**	**742**	**45**	**1162**	**133624**
中外合资经营企业	Jointventure Enterprises	310	289	21	384	75438
中外合作经营企业	Cooperation Enterprises	34	31	3	42	5864
外资企业	Foreign Funded Enterprises	387	367	20	657	43270
外商投资股份有限公司	Share-holding Corporations Ltd with Foreign Investment	27	26	1	49	6464
其他外商投资	Other Foreign Investment	29	29		30	2588

1-8 按三次产业、行业分组的全部法人单位数

According to the three Industry,Industry grouping in all the Number of Corporate Units

单位: 个 (unit)

指标	Item	2013	2014	2015
总计	**Total**	**132686**	**172127**	**181344**
第一产业	**Primary Industry**	**5391**	**12662**	**13469**
农、林、牧、渔业	Agriculture,Forestry,Animal Husbandry and Fisher	5391	12662	13469
第二产业	**Secondary Industry**	**31281**	**34021**	**35804**
采矿业	Mining	1445	1368	1391
制造业	Manufacturing	22946	24727	25870
电力、热力、燃气及水的生产和供应业	Production and Supply of Electricity,Gas and Water	1254	1441	1551
建筑业	Construction	5636	6485	6992
第三产业	**Tertiary Industry**	**96014**	**125444**	**132071**
农、林、牧、渔服务业	Agriculture, Forestry, Animal Husbardry and Fisher Services	1338	7805	8010
开采辅助活动	Mining Auxiliary Activities		84	86
金属制品、机械和设备修理业	Metal Products,Machinery and Equipment Repair		138	140
批发和零售业	Wholesale Sale and Retail Trades	29549	36877	40125
交通运输、仓储和邮政业	Transport,Storage and Post	2980	4290	4643
住宿和餐饮业	Hotels and Catering Services	1695	2019	2109
信息传输、计算机服务和软件业	Information Transmission,Computer Services and Software	2282	2933	3214
金融业	Financial Intermediation	1102	1430	1524
房地产业	Real Estate	4610	5400	5623
租赁和商务服务业	Leasing and Business Services	7746	10231	11703
科学研究、技术服务和地质勘查业	Scientific Research,Technical Services and Geologic Prospecting	4977	5601	6006
水利、环境和公共设施管理业	Management of Water Conservancy,Enviroment and Public Facilities	1332	1606	1675
居民服务和其他服务业	Services to Households and Other Services	2194	3528	3622
教育	Education	5123	6313	6392
卫生、社会保障和社会福利业	Health,Social Security and Social Welfare	3226	3874	3923
文化、体育和娱乐业	Culture,Sports and Entertainment	1836	3142	3186
公共管理和社会组织	Public Management and Social Organization	26024	30173	30090

1－9 国民经济和社会发展总量与速度指标

指　　标	Item	总量指标 Aggregate Data		
		1995	2000	2005
人口与就业（万人）	**Population and Employment(10000persons)**			
年底总人口	Population at Year-end	2550.87	2681.70	2716.00
男性人口	Male Population	1302.78	1372.80	1386.90
女性人口	Female Population	948.09	1308.90	1329.10
城镇人口	Town Population		1331.80	1426.50
乡村人口	Township Population		1349.90	1289.50
就业人员数	Number of Employed Persons	1270.77	1164.02	1238.90
# 城镇就业	Urban Employment	622.70	523.00	553.70
职工人数	Staffs and Workers	520.38	329.91	257.94
城镇失业人数	Unemployment in Urban Areas	7.76	23.00	27.60
宏观经济	**Macroeconomic Indicator**			
国民核算（亿元）	National Accounting(100 million yuan)			
地区生产总值	Gross Domestic Product	1137.23	1951.51	3620.27
第一产业	Primary Industry	303.99	398.73	625.61
第二产业	Secondary Industry	475.22	768.89	1580.83
第三产业	Tertiary Industry	358.02	783.89	1413.83
人均地区生产总值（元）	GDP Per Capita(yuan)	4402	7351	13348
固定资产投资（亿元）	**Investment in Fixed Assets(100 million yuan)**			
全社会固定资产投资	Total Investment in Fixed Assets(Excluding Famers)	341.85	586.86	1802.41
# 固定资产投资（不含农户）	Investment in Fixed Assets	311.55	554.11	1699.33
房地产开发投资	Investment in Real Estate Development	35.64	63.52	195.73
住宅投资	Residential Investment	21.36	39.98	145.49
财政（亿元）	**Public Finance(100 million yuan)**			
一般预算全口径财政收入	Total Government Revenue	117.50	184.00	418.60
#地方财政收入	Local Government Revenue	63.28	103.83	207.10
财政支出	Government Expenditure	120.90	260.67	631.10
物价总指数（上年=100）	**Price Indices(Preceding year=100)**			
商品零售价格总指数	General Retail Price Index	114.2	98.0	101.1
居民消费价格总指数	General Consumer Price Index	115.2	98.6	101.5
工业生产者购进价格指数	Industrial Producer Price Index		106.8	107.0
工业生产者出厂价格指数			105.1	104.3
能源（万吨标准煤）	**Energy(10000 Tons of SCE)**			
能源生产总量	Total Energy Production	2512.9	1885.6	2574.3
能源消费总量	Total Energy Consumption	3954.2	3527.7	5258.5
利用外资（亿美元）	**Utilization of Foreign Capital(100 million USD)**			
签订利用外资协议额	Amount of Signed Contracts	17.58	8.54	9.42
实际利用外资额	Amount of Actually Utilization	9.02	4.94	11.51

注：1. 1995年底总人口为公安部门数字，其他年份为抽样调查人口数。
　　2. 1998年以后从业人员和职工人数不包括离开本单位仍保留劳动关系的职工。

Note：1.Data ni 1995were from the reports of public security department,Data in other years were from the sample surveys on population.
　　2.Data since 1998 on workers and ataff refer to fully employed workers and staff.

Principal Aggregate Indicators on National Economic and Social Development and Growth Rates

2010	2014	2015	速度指标（%）Indices and Growth Rates（%）								
			指数（2015年以下列各年为100）Index（2015 as percentage of the following years=100）					平均增长速度 Average Annual Growth Rate			
			1995	2000	2005	2010	2014	1996–2000	2001–2005	2006–2010	2011–2015
2746.60	2752.38	2753.32	107.9	102.7	101.4	100.2	100.0	1.0	0.3	0.2	0.05
1391.39	1391.05	1390.45	106.7	101.3	100.3	99.9	100.0	1.1	0.2	0.06	−0.01
1355.21	1361.33	1362.87	143.7	104.1	102.5	100.6	100.1	6.6	0.3	0.4	0.1
1465.58	1508.58	1522.76		114.3	106.7	103.9	100.9		1.4	0.5	0.8
1281.02	1243.80	1230.56		91.2	95.4	96.1	98.9		−0.9	−0.1	−0.8
1311.60	1447.17	1480.60	116.5	127.2	119.5	112.9	102.3	−1.7	1.2	1.1	2.5
577.80	689.20	720.38	115.7	137.7	130.1	124.7	104.5	−3.4	1.1	0.9	4.5
259.51	315.64	308.13	59.2	93.4	119.5	118.7	97.6	−8.7	−4.8	0.1	3.5
22.65	23.20	23.90	308.0	103.9	86.6	105.5	103.0	24.3	3.7	−3.9	1.1
8667.58	13803.14	14063.13	827.5	518.9	312.8	156.3	106.3	9.8	10.7	14.9	9.3
1050.15	1524.01	1596.28	280.7	217.0	155.3	126.2	104.8	5.3	6.9	4.2	4.8
4506.31	7286.59	7005.71	1328.7	688.6	382.4	163.7	105.2	14.0	12.5	18.5	10.4
3111.12	4992.54	5461.14	875.9	496.5	307.0	155.8	108.4	11.5	10.6	14.5	9.3
31599	50160	51086	776.9	500.7	308.2	155.6	106.3	9.2	10.2	14.6	9.2
9621.77	11339.62	12705.29	3716.6	2165.0	704.9	132.0	112.0				
7925.72	11107.94	12508.59	4015.0	2257.4	736.1	157.8	112.6				
921.01	1030.13	924.24	2593.3	1455.0	472.2	100.4	89.7				
731.73	732.47	648.81	3037.5	1622.8	445.9	88.7	88.6				
1206.03	2188.55	2144.00	1824.7	1165.2	512.2	177.8	98.0	9.4	17.9	23.6	12.2
602.41	1203.38	1229.35	1942.7	1184.0	593.6	204.1	102.2	10.4	14.8	23.8	15.3
1787.25	2193.25	3217.10	2661.0	1234.2	509.8	180.0	146.7	16.6	19.3	23.1	12.5
104.1	101.2	99.8									
103.7	102.0	101.7									
108.6	99.2	96.6									
105.2	99.1	95.3									
4790.8	3364.8	3015.5	120.0	159.9	117.1	62.9	89.6	−5.6	6.4	13.2	−8.8
8172.8	8483.4	8027.7	203.0	227.6	152.7	98.2	94.6	−2.3	8.3	9.2	−0.4
14.06	15.55	11.94	67.9	139.8	126.8	84.9	76.8	−13.4	2.0	8.3	−3.2
41.65	76.53	85.72	950.3	1735.2	744.7	205.8	112.0	−11.5	18.4	29.3	15.5

1－9 续表 1

指　　标	Item	总量指标 Aggregate Data		
		1995	2000	2005
农业	**Agriculture**			
乡村劳动力（万人）	Rural Labor(10000 persons)	631.11	641.00	685.20
农林牧渔业总产值（亿元）	Gross Output Value of Agriculture,Forestry,Animal Husbandry and Fishery(100 million yuan)	490.28	609.4	1050.5
主要农产品产量（万吨）	Output of Major Farm Products(10000 tons)			
粮食	Grain	1992.40	1638.00	2581.20
玉米	Corn	1478.50	993.20	1815.00
水稻	Rice	296.90	374.80	478.00
大豆	Soya	63.08	120.30	130.20
薯类	Potato	34.80	49.10	75.89
油料	Oil	25.55	38.96	54.45
水果	Fruits	27.97	48.62	66.20
肉类总产量	Total Meat Production	134.54	247.94	310.00
奶类	Milk	11.32	15.00	30.00
水产品	Aquatic Products(10000 tons)	11.06	14.01	11.89
工业	**Industry**			
工业总产值（亿元）	Output of Major Industrial Products(100 million yuan)	1434.16	1679.91	3791.96
轻工业	Light Industry	472.08	368.62	783.43
重工业	Heavy Industry	962.08	1311.29	3008.53
利润总额（亿元）	Total Profit (100 million yuan)	－1.93	85.58	141.00
主要工业产品产量	Output of Major Industrial Products			
汽车（万辆）	Vehicles(10000 units)	18.92	32.52	52.24
原煤（万吨）	Coal(10000 tons)	2644.31	1636.71	2487.23
原油（万吨）	Crude Oil(10000 tons)	342.73	348.46	522.52
天然气（亿立方米）	Natural Gas(100 million cu.m)	1.83	2.05	5.40
发电量（亿千瓦小时）	Electricity(100 million kwh)	284.60	313.50	412.08
钢（万吨）	Steel(10000 tons)	115.93	159.31	459.97
成品钢材（万吨）	Steel Products(10000 tons)	88.21	141.70	478.62
水泥（万吨）	Cement(10000 tons)	678.46	758.90	1598.50
建筑业	**Construction Industry**			
建筑业增加值（亿元）	Total Value added of Constrution Enterprises(100 million yuan)	39.05	64.83	91.97
房屋建筑施工面积（万平方米）	Housing Construction Area(sq.m)	1311	2209	3166
房屋建筑竣工面积（万平方米）	Housing Construction Area(sq.m)	755	1440	1745
交通运输	**Transportation**			
货物周转量（亿吨公里）	Freight Ton-kilometers(100 millionton-km)	497.31	612.04	708.25
# 铁路	Railways	420.23	406.21	506.68
公路	Highways	76.00	85.64	98.75
水运	Waterways	1.07	0.27	0.43
旅客周转量（亿人公里）	Passenger-kilometers(100 million passerger.km)	177.11	206.67	266.02
# 铁路	Railways	125.52	129.82	151.85
公路	Highways	51.48	76.79	92.79
水运	Waterways	0.11	0.06	0.09
邮电通信业	**Post and Telecommunication Services**			
邮电业务总量（亿元）	Total Business Volume of Postal and Telecommunication Services (100 million yuan)	21.22	116.35	285.81
函件（万件）	Number of Letters (10000 Dcs)	15333	9500	6300
报刊期发数（万份）	Number of Newspapers and Magazines Distributed(10000copies)	473	443	190
固定电话用户（万户）	Subscribers of Local Telephonc (10000 Sabschbers)	108	260	769
移动电话用户（万户）	Number of Mobile Telephone Subscribers (10000subscribers)	8	203	916
国内贸易	**Domestic Trade**			
社会消费品零售总额（亿元）	Total Retail Sales of Consumer Goods(100 million yuan)	494.82	833.52	1470.26
对外经济贸易和旅游	**Foreign Economy Trade and Tourism**			
进出口总额（亿美元）	Total Value of Exports and Imports(USD100 million)	27.14	25.54	65.28

continued

2010	2014	2015	速度指标（%）Indices and Growth Rates（%）								
			指数（2015年以下列各年为100）Index（2015 as percentage of the following years=100）					平均增长速度 Average Annual Growth Rate			
			1995	2000	2005	2010	2014	1996–2000	2001–2005	2006–2010	2011–2015
733.80	757.95	760.22	120.5	118.6	110.9	103.6	100.3	–0.1	–0.6	–8.4	0.7
1850.28	2763.01	2880.62	369.7	283.3	169.8	125.2	104.3	5.4	10.7	6.3	4.6
2842.50	3532.80	3647.04	183.0	222.7	141.3	128.3	103.2	–3.8	9.5	1.9	5.1
2004.00	2733.50	2805.73	189.8	282.5	154.6	140.0	102.6	–7.6	12.8	2.0	7.0
568.50	587.60	630.10	212.2	168.1	131.8	110.8	107.2	4.8	5.0	3.5	2.1
86.57	37.40	29.03	46.0	24.1	22.3	33.5	77.6	13.8	1.6	–7.8	–19.6
75.49	55.70	59.47	170.9	121.1	78.4	78.8	106.8	7.1	9.1	–0.1	–4.7
70.44	79.70	76.42	299.1	196.1	140.3	108.5	95.9	8.8	6.9	5.3	1.6
65.08	58.90	53.40	190.9	109.8	80.7	82.1	90.7	11.7	6.4	–0.3	–3.9
238.90	261.94	260.20	193.4	104.9	83.9	108.9	99.3	13.0	4.6	–5.1	1.7
44.60	49.31	52.33	462.3	348.9	174.4	117.3	106.1	5.8	14.9	8.3	3.2
16.60	19.01	19.52	176.5	139.3	164.2	117.6	102.7	4.8	–3.2	6.9	3.3
13098.35	23540.95	23056.58	1607.7	1372.5	608.0	176.0	97.9	3.2	17.7	28.1	12.0
3405.16	7214.64	7779.68	1648.0	2110.5	993.0	228.5	107.8	–4.8	16.3	34.2	18.0
9693.19	16326.31	15276.90	1587.9	1165.0	507.8	157.6	93.6	6.4	18.1	26.4	9.5
843.21	1445.89	1208.47		1412.1	857.1	143.3	83.6		10.5	43.0	7.5
167.42	255.03	224.88	1188.6	691.5	430.5	134.3	88.2	11.4	9.9	26.2	6.1
5190.02	3099.43	2622.46	99.2	160.2	105.4	50.5	84.6	–9.1	8.7	15.8	–12.8
702.33	663.93	665.48	194.2	191.0	127.4	94.8	100.2	0.3	8.4	6.1	–1.1
13.67	22.28	19.40	1060.1	946.3	359.3	141.9	87.1	2.3	21.4	20.4	7.3
594.40	753.93	716.00	251.6	228.4	173.8	120.5	95.0	2.0	5.6	7.6	3.8
827.17	1264.77	1066.81	920.2	669.6	231.9	129.0	84.3	6.6	23.6	12.5	5.2
875.80	1412.21	1152.45	1306.5	813.3	240.8	131.6	81.6	9.9	27.6	12.8	5.6
3974.60	4663.70	4041.09	595.6	532.5	252.8	101.7	86.6	2.3	16.1	20.0	0.3
583.87	891.40	927.06	2374.0	1430.0	1008.0	158.8	104.0	10.7	7.2	44.7	9.7
5901	13993	12237	933.4	554.0	386.5	207.4	87.5	11.0	7.5	13.3	15.7
4273	7372	5603	742.1	389.1	321.1	131.1	76.0	13.8	3.9	19.6	5.6
1391.94	1861.54	1579.31	317.6	258.0	223.0	113.5	84.8	4.2	3.0	14.5	2.6
595.90	509.81	371.16	88.3	91.4	73.3	62.3	72.8	–0.7	4.5	3.3	–9.0
683.14	1190.78	1051.22	1383.2	1227.5	1064.5	153.9	88.3	2.4	2.9	47.2	9.0
1.27	1.38	0.59	55.1	218.5	137.2	46.5	42.8	–24.1	9.8	24.2	–14.2
511.31	472.63	483.57	273.0	234.0	181.8	94.6	102.3	3.1	5.2	14.0	–1.1
205.93	250.95	252.22	200.9	194.3	166.1	122.5	100.5	0.7	3.2	6.3	4.1
269.58	173.27	177.82	345.4	231.6	191.6	66.0	102.6	8.3	3.9	23.8	–8.0
0.20	0.25	0.27	245.5	450.0	300.0	135.0	108.0	–11.4	8.4	17.3	6.2
652.70	328.16	389.43	1835.2	334.7	136.3	59.7	118.7	40.5	19.7	18.0	–9.8
9319	3034	1923	12.5	20.2	30.5	20.6	63.4	–9.1	–7.9	8.1	–27.1
186	197	187	39.5	42.2	98.4	100.5	94.9	–1.3	–15.6	–0.4	0.1
595	575	572	530.6	220.0	74.4	96.1	99.5	19.3	24.2	–5.0	–0.8
1805	2612	2604	32550.0	1282.8	284.3	144.3	99.7	90.9	35.2	14.5	7.6
3504.92	6080.90	6646.46	1343.2	797.4	452.1	189.6	109.3	11.0	11.9	19.0	13.7
168.46	263.78	189.38	697.8	741.5	290.1	112.4	71.8	–1.2	20.6	20.9	2.4

1－9 续表 2

指　　标	Item	总量指标 Aggregate Data		
		1995	2000	2005
进口额	Total Imports	12.96	13.12	40.61
出口额	Total Exports	14.19	12.42	24.67
接待入境旅游人数（万人次）	Number of Tourists(10000 person pertimes)	15.61	27.27	37.32
教育、文化	**Education and Culture**			
教育	Education			
专任教师数（万人）	Full-time Teachers(10000 persons)			
普通高等学校	Institutions of Higher Education	1.50	1.75	2.81
高中阶段	High School			2.43
初中阶段	Junior			7.14
小学	Primary Schools	15.27	15.03	13.77
在校学生数（万人）	Students Enrollment(10000 persons)			
普通高等学校	Institutions of Higher Education	10.08	17.53	40.73
高中阶段	High School			67.23
初中阶段	Junior			109.20
小学	Primary Schools	269.03	241.59	162.52
文化	Culture			
出版数量	Publications			
图书（亿册）	Number of Books Published(100 million copies)	1.16	0.81	1.28
杂志（亿册）	Number of Magazines Issued(100 million copies)	0.52	0.55	0.69
报纸（亿份）	Number of Newspapers Issued(100 million copies)	4.79	5.53	9.73
科技	**Science and Technology**			
授权专利数（件）	Authorized patent number(piece)			
技术市场成交额（亿元）	Technology market turnover(100 million yuan)			
家庭、生活、卫生	**Family,People' s Livelihood and Health**			
城镇居民家庭平均每户人口（人）	Average Household Size in Urban Area(person)	3.21	3.12	2.94
农村居民家庭平均每户人口（人）	Average Household Size in Rural Area(person)	4.02	3.90	3.68
居住	Housing			
城镇人均居住面积（平方米）	Per Capita Floor Space of Urban Residents(sq.m)	8.92	11.24	19.07
农村人均居住面积（平方米）	Per Capita Floor Space of Rural Residents(sq.m)	16.07	17.72	20.10
生活	People ' s Livelihold			
城镇常住居民人均可支配收入（元）	Per Capita Annual Disposable Income of Urban Household(yuan)	3174.84	4810.00	8690.62
农村常住居民人均可支配收入（元）	Per Capita Annual Disposable Income of Rural Household(yuan)	1609.60	2022.50	3263.99
城乡居民储蓄存款余额（亿元）	Outstanding Amount of Saving Deposits in Urban and Rural Areas(100 million yuan)	726.28	1515.85	2798.06
职工工资总额（亿元）	Total Wages(100 million yuan)	221	265	377
从业人员平均工资（元）	Average Wages of Staff and Workers(yuan)	4430	7924	14409
卫生	Health Care			
卫生机构（个）	Health Organization(unit)	3891	3323	8755
医院与卫生院（个）	Number of Hospitals(unit)	1415	1392	1380
卫生技术人员（万人）	Medical and Technical Personnel(10000persons)	13.42	13.20	12.57
# 医生	Doctors	5.61	5.97	5.64
医疗床位数（万张）	Number of Hospital and Clinic Beds(10000beds)	9.66	8.93	8.77
# 医院、卫生院		8.41	8.05	8.21
城市市政建设、灾害	Urban Municipal Construction and Disaster			
自来水全年供水总量（万立方米）	Total Annual Water Supply(10000 cu.m)	146139	150924	154409
城市排水管道长度（公里）	Urban Drainage Pipeline Length(km)	2962	3935	5086
人工煤气供气量（万立方米）	Artificial Gas Supply(10000 cu.m)	28768	15508	13755
生活清运垃圾（万吨）	Living Garbage Removal(10000 tons)	594	640	580
交通事故发生数（起）	Number of Traffic Accidents(unit)	5117	14091	9659
交通事故损失（万元）	Loss of Traffic Accidents(10000 yuan)	1947	4548	4468
农业受灾面积（万公顷）	Area of Agricultural Disaster(10000 hectares)	233.0	366.2	176.5

continued

2010	2014	2015	速度指标（%）Indices and Growth Rates（%）								
			指数（2015年以下列各年为100）Index（2015 as percentage of the following years=100）					平均增长速度 Average Annual Growth Rate			
			1995	2000	2005	2010	2014	1996–2000	2001–2005	2006–2010	2011–2015
123.70	206.00	142.85	1102.2	1088.8	351.8	115.5	69.3	0.2	25.4	25.0	2.9
44.76	57.78	46.53	327.9	374.6	188.6	104.0	80.5	–2.6	14.7	12.7	0.8
82.01	137.69	148.10	948.8	543.1	396.8	180.6	107.6	11.8	6.5	17.1	12.5
3.40	3.85	3.92	261.3	224.0	139.5	115.3	101.8	3.1	9.9	3.9	2.9
4.70	5.11	5.00			205.8	106.4	97.8			14.1	1.2
6.77	7.44	7.30			102.2	107.8	98.1			–1.1	1.5
12.45	10.01	9.68	63.4	64.4	70.3	77.8	96.7	–0.3	–1.7	–2.0	–4.9
54.43	61.83	63.27	627.7	360.9	155.3	116.2	102.3	11.7	18.4	6.0	3.1
76.53	56.58	54.05			80.4	70.6	95.5			2.6	–6.7
82.50	62.29	59.55			54.5	72.2	95.6			–5.5	–6.3
144.46	126.88	127.98	47.6	53.0	78.7	88.6	100.9	–2.1	–7.6	–2.3	–2.4
2.26	2.55	2.48	213.8	306.2	193.8	109.7	97.3	–6.9	9.6	12.0	1.9
1.11	0.95	0.84	161.5	152.7	121.7	75.7	88.4	1.1	4.6	10.0	–5.4
9.91	9.26	8.12	169.5	146.8	83.5	81.9	87.7	2.9	12.0	–0.4	–3.9
4343	6696	8878				204.4	132.6				15.4
18.8	28.2	26.5				141.0	94.0				7.1
2.82	2.67	2.67	83.2	85.6	90.8	94.7	100.0	–0.6	–1.2	–0.8	–1.1
3.46	3.19	3.17	78.9	81.3	86.1	91.6	99.4	–0.6	–1.2	–1.2	–1.7
28.41	28.15	28.60	320.6	254.4	150.0	100.7	101.6	5.8	16.3	8.3	0.1
22.88	26.20	26.95	167.7	152.1	134.1	117.8	102.9	2.0	2.6	2.6	3.3
15411.47	23217.82	24900.86	784.3	517.7	286.5	161.6	107.2	8.7	12.6	12.1	10.1
6237.44	10780.12	11326.17	703.7	560.0	347.0	181.6	105.1	4.7	10.0	13.8	12.7
5147.26	8556.71	9543.80	1314.1	629.6	341.1	185.4	111.5	15.9	13.0	13.0	13.1
763	1590	1719	777.8	648.7	456.0	225.3	108.1	3.7	7.3	15.1	17.6
29399	46516	51558	1163.8	650.7	357.8	175.4	110.8	12.3	12.7	15.3	11.9
9532	19891	20619	529.9	620.5	235.5	216.3	103.7	–3.1	21.4	1.7	16.7
1346	1355	1391	98.3	99.9	100.8	103.3	102.7	–0.3	–0.2	–0.5	0.7
13.84	15.14	15.91	118.6	120.5	126.6	115.0	105.1	–0.3	–1.0	1.9	2.8
6.21	6.32	6.73	120.0	112.7	119.3	108.4	106.5	1.3	–1.1	1.9	1.6
11.51	14.11	14.47	149.8	162.0	165.0	125.7	102.6	–1.6	–0.4	5.6	4.7
10.65	13.20	13.54	161.0	168.2	164.9	127.1	102.6	–1.0	–3.5	5.0	4.9
100743	86207	106202	72.7	70.4	68.8	105.4	123.2	0.6	0.5	–8.2	1.1
7738	9870	10319	342.3	262.2	202.9	133.4	104.5	30.6	5.3	8.8	5.9
16727	12827	7945	27.6	51.2	57.8	47.5	61.9	–14.9	–3.7	–1.4	–13.8
499	505	490	82.5	76.6	84.5	98.2	97.0	–1.5	–1.9	–3.0	–0.4
4438	2792	2801	54.7	19.9	29.0	63.1	100.3	22.5	–7.3	–14.4	–8.8
2666	3447	3207	164.7	70.5	71.8	120.3	93.0	18.5	–0.4	–9.8	3.8
85.2	195.6	84.6	36.3	23.1	47.9	99.3	43.3	9.5	–13.6	–13.6	–0.1

1-10 吉林的一天
A Day of Jilin

指　　标	Item	2000	2005	2010	2013	2014	2015
每天创造的财富	**Daily Production**						
全省生产总值（亿元）	Gross Domestic Product（100 million yuan）	5.35	9.92	23.75	35.74	37.82	38.53
第一产业	Primary Industry	1.09	1.71	2.88	4.02	4.18	4.37
第二产业	Secondary Industry	2.11	4.33	12.35	18.83	19.96	19.19
#工业	#Industry	1.80	3.74	10.77	16.60	17.60	16.75
建筑业	Construction	0.31	0.59	1.58	2.30	2.44	2.54
第三产业	Tertiary Industry	2.15	3.87	8.52	12.90	13.68	14.96
全口径财政收入（亿元）	Full Bore Financial Revenue（100 million yuan）	0.50	1.15	3.30	5.72	6.00	5.87
地方财政收入	Government Revenue	0.28	0.57	1.65	3.17	3.30	3.37
财政支出（亿元）	Government Expenditure （100 million yuan）	0.71	1.73	4.90	7.52	7.96	8.81
粮豆薯（万吨）	Grain （10000 tons）						
水稻	#Rice	1.03	1.31	1.56	1.54	1.61	1.73
玉米	Corn	2.72	4.97	5.49	7.60	7.49	7.69
大豆	Soybean	0.33	0.36	0.24	0.12	0.10	0.08
高粱	Durra	0.13	0.18	0.18	0.23	0.23	0.23
薯类	Potato	0.13	0.21	0.21	0.13	0.15	0.16
#马铃薯	Potato					0.15	0.15
油料（万吨）	Oil-bearing Crops （10000 tons）	0.11	0.15	0.19	0.23	0.22	0.21
园参（吨）	Garden Ginseng （ton）	45.21	87.67	77.26	87.94	79.18	73.97
肉类（万吨）	Meat （10000 tons）	0.68	0.85	0.65	0.72	0.73	0.71
牛奶（万吨）	Milk （10000 tons）	0.04	0.08	0.12	0.13	0.14	0.14
水产品（万吨）	Aquatic Products （10000 tons）	0.04	0.03	0.05	0.05	0.05	0.05
原煤（万吨）	Coal （10000 tons）	4.48	6.81	14.22	8.65	8.49	7.18
原油（万吨）	Crude Oil （10000 tons）	0.95	1.43	1.92	1.70	1.82	1.82
水泥（万吨）	Cement （10000 tons）	2.08	4.38	10.89	12.34	12.78	11.07
钢（万吨）	Steel （10000 tons）	0.44	1.26	2.27	3.52	3.47	2.92
成品钢材（万吨）	Steel Products （10000 tons）	0.39	1.31	2.40	4.14	3.97	3.16
汽车（辆）	Motor Vehicles （set）	891.02	1431.23	4586.85	6417.26	6987.12	6161.09
天然气（万立方米）	Natural Gas（10000 cu.m）		147.95	374.64	649.36	610.35	531.51
发电量（亿千瓦时）	Electricity （100 million kwh）	0.86	1.13	1.63	2.06	2.07	1.96

1－10 续表 continued

指　　标	Item	2000	2005	2010	2013	2014	2015
每天消费量	**Daily consumption**						
最终消费（亿元）	Daily Consumption（100 million yuan）	3.13	5.26	10.29	15.07	14.82	15.32
#居民消费	Resident Consumption	2.32	3.86	6.88	10.31	10.30	11.03
政府消费	Government Consumption Expenditure	0.81	1.41	3.41	4.76	4.52	4.29
社会消费品零售总额（亿元）	Total Retail Sales of Consumer Goods（100 million yuan）	2.28	4.00	9.60	14.87	16.66	18.21
每天其他经济活动	**Other Daily Economic Activities**						
全社会固定资产投资总额（亿元）	Total Investment in Fixed Assets of the of Society(100 million yuan)	1.61	4.94	26.36	27.30	31.67	34.81
房地产开发投资（亿元）	Investment in Real Estate Development(100 million yuan)	0.17	0.54	2.52	3.43	2.82	2.53
#住宅（亿元）	Residential（100 million yuan）	0.11	0.40	2.00	2.5	2.01	1.78
能源生产总量（万吨标准煤）	Total Energy Production（10000 tons of SCE）	5.17	7.05	13.13	9.45	9.22	8.26
能源消费总量（万吨标准煤）	Total Energy Consumption（10000 tons of SCE）	10.83	9.66	14.41	23.41	23.24	21.99
客运量（万人）	Passenger Traffic （10000 persons）	65.98	75.96	177.49	94.69	97.16	101.08
货运量（万吨）	Freight Traffic （10000 persons）	91.30	102.82	123.22	135.53	145.27	131.23
邮电业务总量（万元）	Postal and Telecommunication Services(10000 yuan)	3187.67	7830.41	17882.19	7594.52	8990.68	10669.30
进出口额（万美元）	Total Value of Imports and Exports （USD 10000）	700	1789	4615	7083	7227	5189
出 口	Total Exports	340	676	1226	1851	1583	1275
进 口	Total Imports	360	1113	3389	5232	5644	3914
实际利用外资额（万美元）	Foreign Capital Actually Used （USD 10000）	135	315	1141	1853	2106	2348
国内旅游收入（亿元）	Income from Domestic Tourism（100 million yuan）	0.14	0.60	1.95	3.95	4.84	6.08
国际旅游外汇收入（万美元）	Foreign Exchange Earnings（USD 10000）	15.90	32.75	83.54	156.31	185.04	198.39
人口和社会活动	**Population and Social Activities**						
出生人口（人）	Birth Population （person）	699	586	595	404	499	443
死亡人口（人）	Death Population（person）	395	395	442	380	472	417
结婚（对）	Marriages （couple）	500	461	611	696	685	658
离婚（对）	Divorces （couple）	70	142	211	296	301	329
公共图书馆流通人次（万人次）	Circulation of Public Libraries （10000 person-times）	1.12	1.38	1.38	1.48	0.87	0.97
印刷图书（万册）	Printed Copies of Books （10000 copies）	22.16	35.01	61.97	113.17	69.86	67.92
印刷杂志（万册）	Printed Copies of Magazines （10000 copies）	15.17	18.88	30.41	104.38	26.03	23.10
印刷报纸（万份）	Printed Copies of Newspapers （10000 copies）	151.57	266.45	271.43	493.16	253.70	222.34
工业废水排放量（万吨）	Volume of Industry Waste Water Discharged（10000 tons）	102.43	112.85	105.91	116.87	115.60	106.2
工业固体废物产生量（万吨）	Volume of Industrial Solid Wastes Product（10000 tons）	4.40	6.73	12.72	12.58	13.55	14.75
生活清运垃圾（万吨）	Living Garbage Removal（10000 tons）	1.75	1.59	1.37	1.33	1.38	1.34

1－11 国民经济主要比例关系
Proportions of National Economic Indicators

指　　标	Item	2014		2015	
		绝对数 AbsoluteFigures	构成(%) Composition (%)	绝对数 Value	构成(%) Composition (%)
全部从业人员（万人）	Employment（10000 persons）	1447.20	100.0	1480.60	100.0
第一产业	Primary Industry	533.60	36.9	525.17	35.5
第二产业	Secondary Industry	344.30	23.8	342.76	23.2
第三产业	Tertiary Industry	569.30	39.2	612.67	41.3
地区生产总值（亿元）	Gross Domestic Products（100 million yuan）	13803.14	100.0	14063.13	100.0
第一产业	Primary Industry	1524.01	11.0	1596.28	11.4
第二产业	Secondary Industry	7286.59	52.8	7005.71	49.8
第三产业	Tertiary Industry	4992.54	36.2	5461.14	38.8
全社会固定资产投资（亿元）	Investment in Fixed Assets（100 million yuan）	11339.62	100.0	12705.29	100.0
建筑安装工程	Constructin and Installation	6692.80	59.0	7430.64	58.5
设备、工器具购置	Purchase Equipment and Tools	3790.05	33.4	4298.03	33.8
其他费用	Others	856.77	7.6	976.62	7.7
工业总产值（亿元）	Gross Industrial Output Value（100 million yuan）	23540.95	100.0	23056.58	100.0
轻工业	Light Industry	7214.64	30.6	7779.68	33.7
重工业	Heavy Industry	16326.31	69.4	15276.90	66.3
农林牧渔业总产值（亿元）	Gross Output Value of Agricultre, Forestry,Animal Husbandry and Fishery（100 million yuan）	2763.01	100.0	2880.62	100.0
#农业	Farming	1343.54	48.6	1400.38	48.6
林业	Forestry	104.43	3.8	109.82	3.8
牧业	Animal Husbandry	1195.02	43.3	1244.87	43.2
渔业	Fishery	40.13	1.4	39.91	1.4
货运量（万吨）	Freight Transportation（10000 tons）	53023	100.0	47900	100.0
#铁路	Railways	5761	10.9	4071	8.5
公路	Highways	41830	78.9	38708	80.8
水运	Waterways	407	0.8	193	0.4
客运量（万人）	Passenger Traffic（10000 persons）	35464	100.0	36894	100.0
#铁路	Railways	6935	19.6	7158	19.4
公路	Highways	27866	78.6	29013	78.6
民航	Civil Aviation	461	1.3	536	1.5
水运	Waterways	202	0.6	188	0.5
社会消费品零售总额（亿元）	Total Retail Sales of Consumer Goods（100 million yuan）	6080.90	100.0	6646.46	100.0
城镇	Urban	5385.30	88.6	5870.17	88.3
乡村	Rural	695.60	11.4	776.29	11.7
地方财政收入占地区生产总值的比重（%）	Proportion of Local Government Revenue to GDP（%）		8.7		8.7
全社会固定资产投资占地区生产总值的比重（%）	Proportion of Investment in Fixed Assets to GDP（%）		82.2		90.3

1 － 12　民营经济主要指标

Civilian Battalion Economy Main Index Historical Account

地区	Region	主营业务收入（亿元）Main Basiness Income （100 million yuan）					
		2010	2011	2012	2013	2014	2015
全　省	**Total**	**13956**	**18860**	**23012**	**26728**	**30008**	**32634**
长　春	Changchun	6031	7716	9148	10466	10301	11071
吉　林	Jilin	2447	3326	4061	4718	5493	5879
四　平	Siping	1030	1428	1735	2040	2518	2562
辽　源	Liaoyuan	525	837	1107	1378	1715	1881
通　化	Tonghua	1049	1477	1863	2224	2831	3160
白　山	Baishan	567	832	1033	1174	1692	1784
松　原	Songyuan	884	1280	1569	1788	2307	2869
白　城	Baicheng	480	661	818	980	1072	1191
延　边	Yanbian	951	1303	1619	1924	2040	2237
长白山管委会	Changbai Mountain Management Committee	20	25	31	36	40	44

地区	Region	"三上"企业户数（户）"Three Top" Number of Enterprises					
		2010	2011	2012	2013	2014	2015
全　省	**Total**	**10334**	**10354**	**11542**	**12408**	**12530**	**12855**
长　春	Changchun	2575	2178	2702	2993	3220	3403
吉　林	Jilin	1879	2049	2446	2670	2681	2721
四　平	Siping	1032	1030	974	1009	1018	1097
辽　源	Liaoyuan	517	568	638	606	575	586
通　化	Tonghua	1099	1013	1089	1193	1173	1200
白　山	Baishan	656	689	728	807	751	754
松　原	Songyuan	1235	1249	1235	1319	1299	1227
白　城	Baicheng	410	594	605	627	550	603
延　边	Yanbian	936	990	1119	1168	1248	1249
长白山管委会	Changbai Mountain Management Committee	56	32	29	37	39	39

注：2011年"三上"企业中，规上工业统计口径从年主营业务收入500万元提高到2000万元，因此2011年数据与以前年度数据不可比。
Note: Year 2011 Within "Three Top"enterprises,Scale above Industry Statistic Caliber from the main basiness income 5 million yuan increase to 20 million yuan,thus year 2011 data is not comparable with the Previous Year data.

1－12 续表 continued

地 区	Region	个体经营户数（万户）The Self-employed Households（1000 Subscribers）					
		2010	2011	2012	2013	2014	2015
全 省	**Total**	**122.8**	**130.9**	**135.4**	**146.1**	**156.1**	**165.8**
长 春	Changchun	40.6	42.6	38.9	41.9	46.5	50.9
吉 林	Jilin	20.1	22.4	24.0	25.1	25.6	26.1
四 平	Siping	11.0	12.6	13.9	14.3	14.3	15.5
辽 源	Liaoyuan	3.7	4.3	4.8	5.5	5.9	6.2
通 化	Tonghua	12.2	13.9	14.5	15.2	15.7	16.2
白 山	Baishan	4.6	5.0	5.8	6.2	6.9	7.2
松 原	Songyuan	13.5	11.7	13.9	16.9	18.9	20.0
白 城	Baicheng	6.3	6.9	7.5	8.2	9.0	9.6
延 边	Yanbian	10.6	11.5	11.8	12.5	13.5	14.1
长白山管委会	Changbai Mountain Management Committee	0.5	0.6	0.6	0.6	0.7	0.7

地 区	Region	全部从业人员（万人）All Practitioners（10000 Persons）					
		2010	2011	2012	2013	2014	2015
全 省	**Total**	**505.5**	**552.7**	**602.6**	**646.2**	**688.6**	**723.8**
长 春	Changchun	172.2	182.0	191.9	199.3	208.5	222.8
吉 林	Jilin	85.7	96.4	103.6	110.5	114.4	122.3
四 平	Siping	44.3	47.6	51.0	54.5	53.6	57.3
辽 源	Liaoyuan	19.9	23.3	26.8	30.8	34.2	32.5
通 化	Tonghua	42.7	48.8	56.7	61.9	71.9	72.3
白 山	Baishan	26.1	28.5	31.3	33.3	35.0	35.9
松 原	Songyuan	48.5	53.7	59.5	68.5	79.8	87.4
白 城	Baicheng	19.6	22.5	24.2	27.2	28.2	30.1
延 边	Yanbian	46.7	50.2	55.7	58.2	60.8	62.8
长白山管委会	Changbai Mountain Management Committee	1.6	1.8	1.9	2.0	2.1	2.1

地 区	Region	民营经济增加值（亿元）Civilian Battalion Economic increased Value(100 million yuan)			民营经济增加值占GDP比重(%) Proportion of GDP for Civilian Battalion Economy Increased(%)			主营业务收入亿元以上企业户数（个）Business Number of Main Business Income above 100 million Yuan(unit)		
		2013	2014	2015	2013	2014	2015	2013	2014	2015
全 省	**Total**	**6607.6**	**7053.7**	**7336.9**	**50.9**	**51.1**	**51.4**	**3579**	**3562**	**3593**
长 春	Changchun	2066.3	2222.8	2295.0	41.3	41.3	41.5	767	802	826
吉 林	Jilin	1230.0	1285.9	1163.8	47.0	47.1	47.4	751	694	704
四 平	Siping	645.0	688.3	674.9	53.3	53.4	53.3	319	301	333
辽 源	Liaoyuan	402.6	438.5	433.5	57.5	57.7	57.8	221	211	229
通 化	Tonghua	531.8	570.7	554.5	53.0	53.3	53.6	342	364	364
白 山	Baishan	350.3	373.6	361.6	52.0	52.2	52.4	259	260	254
松 原	Songyuan	775.7	819.5	789.7	47.0	47.1	47.0	475	464	434
白 城	Baicheng	288.0	307.1	300.5	41.6	41.8	42.0	189	188	176
延 边	Yanbian	431.1	459.4	454.5	50.7	51.0	51.3	255	277	272
长白山管委会	Changbai Mountain Management Committee	16.5	17.5	18.4	58.9	58.9	58.7			

CHAPTER ▶ 02

第二篇 2

国民经济核算

NATIONAL ECONOMIC ACCOUNTING

2-1 历年地区生产总值

Gross Domestic Products

(按当年价格计算 Calculated at the current prices)

单位: 亿元 unit: 100 million yuan

年份 Year	地区生产总值 Gross Domestic Product	第一产业 Primary Industry	第二产业 Secondary Industry	工业 Industry	建筑业 Construction	第三产业 Tertiary Industry	人均生产总值(元) Per Capita GDP (yuan)
1978	81.98	23.98	42.96	40.34	2.62	15.04	381
1979	91.12	25.34	49.22	44.56	4.66	16.56	417
1980	98.59	27.24	52.24	47.42	4.82	19.11	445
1981	111.16	34.31	56.53	51.29	5.24	20.32	496
1982	121.67	38.40	60.36	54.21	6.15	22.91	538
1983	150.14	56.74	65.38	58.75	6.63	28.02	658
1984	174.39	60.04	80.46	72.10	8.36	33.89	760
1985	200.44	55.74	97.21	85.29	11.92	47.49	868
1986	227.15	64.35	104.30	91.28	13.02	58.50	977
1987	297.49	80.57	139.36	123.49	15.87	77.56	1269
1988	368.67	92.59	173.57	155.12	18.45	102.51	1559
1989	391.65	80.53	181.02	164.09	16.93	130.10	1636
1990	425.28	124.99	182.15	163.82	18.33	118.14	1746
1991	463.47	120.47	203.02	181.71	21.31	139.98	1878
1992	558.06	130.82	257.01	227.17	29.84	170.23	2246
1993	718.58	156.05	351.03	308.10	42.93	211.50	2826
1994	937.73	259.40	396.91	354.70	42.21	281.42	3657
1995	1137.23	303.99	475.22	413.85	61.37	358.02	4402
1996	1346.79	376.01	537.05	471.34	65.71	433.73	5178
1997	1464.34	368.16	566.97	495.10	71.87	529.21	5591
1998	1577.05	429.50	585.65	504.12	81.53	561.90	5983
1999	1682.07	423.48	654.52	552.34	102.18	604.07	6382
2000	1951.51	398.73	768.89	655.68	113.21	783.89	7351
2001	2120.35	409.10	852.51	724.73	127.78	858.74	7893
2002	2348.54	446.17	943.49	803.53	139.96	958.88	8714
2003	2662.08	488.15	1098.44	930.81	167.63	1075.49	9854
2004	3122.01	568.69	1329.68	1143.95	185.73	1223.64	11537
2005	3620.27	625.61	1580.83	1363.94	216.89	1413.83	13348
2006	4275.12	672.76	1915.29	1659.29	256.00	1687.07	15720
2007	5284.69	783.80	2475.45	2170.74	304.71	2025.44	19383
2008	6426.10	916.72	3097.12	2688.37	408.75	2412.26	23521
2009	7278.75	980.57	3541.92	3054.60	487.32	2756.26	26595
2010	8667.58	1050.15	4506.31	3929.31	577.00	3111.12	31599
2011	10568.83	1277.44	5611.48	4917.95	693.53	3679.91	38460
2012	11939.24	1412.11	6376.77	5582.48	794.29	4150.36	43415
2013	13046.40	1466.74	6871.96	6059.28	840.75	4707.70	47428
2014	13803.14	1524.01	7286.59	6424.88	891.40	4992.54	50160
2015	14063.13	1596.28	7005.71	6112.05	927.06	5461.14	51086

注：自2013年起，三次产业分类执行《三次产业划分规定2012》。产业分类和行业分类的关系：第一产业是指农、林、牧、渔业（不含农、林、牧、渔服务业）；第二产业是指采矿业（不含开采辅助活动），制造业（不含金属制品、机械和设备修理业），电力、热力、燃气及水生产和供应业，建筑业；第三产业是指除第一产业、第二产业以外的其他行业。

Note: since 2013, three industry classification implementation "three industrial classification regulation 2012". The relationship between industry and occupation Classification: the first industry refers to agriculture, forestry, animal husbandry, fishery (not including agriculture, forestry, animal husbandry, fishery services); the second industry refers to mining industry (excluding mining auxiliary activities), manufacturing (excluding metal products, machinery and equipment repair industry), electric power, thermal, gas and water production and supply industry, construction industry; third industry refers to the other industries except the first industry and the second industry.

2-2 历年地区生产总值指数

Indices of Gross Domestic Product

(按可比价格计算，以1952年为100 Calculated at price,1952 = 100)

年 份 Year	地区生产总值 Gross Domestic Product	第一产业 Primary Industry	第二产业 Secondary Industry	工 业 Industry	建筑业 Construction	第三产业 Tertiary Industry	人均生产总值 Per Capita GDP
1978	425.6	148.1	1091.9	1110.0	785.6	469.3	212.1
1979	449.3	136.2	1207.9	1182.6	1394.6	517.6	220.5
1980	478.3	134.5	1305.7	1283.1	1446.3	574.3	231.7
1981	506.1	154.3	1330.1	1309.8	1440.3	598.5	242.7
1982	544.8	172.5	1389.9	1356.7	1649.0	658.7	258.7
1983	663.0	254.2	1487.2	1450.7	1776.1	786.4	312.1
1984	745.8	265.1	1748.9	1697.8	2187.6	917.4	349.1
1985	796.7	232.2	1972.2	1880.0	2880.5	1163.8	370.6
1986	854.7	242.2	2049.1	1962.7	2880.5	1376.5	394.5
1987	1015.6	279.2	2434.4	2349.2	3213.4	1688.9	465.5
1988	1177.4	288.5	2947.2	2910.3	3095.4	2016.5	534.9
1989	1147.9	238.8	2829.5	2845.8	2351.0	2285.9	514.9
1990	1187.5	326.3	2769.5	2775.4	2420.6	2073.2	523.4
1991	1258.1	326.3	2931.3	2929.2	2627.6	2342.0	547.3
1992	1411.2	332.2	3465.7	3440.1	3286.8	2669.6	609.7
1993	1590.4	357.8	4065.3	4024.9	3934.3	2944.6	680.9
1994	1744.7	393.6	4292.9	4318.7	3717.9	3403.9	740.6
1995	1913.9	413.2	4790.9	4824.0	4112.0	3774.9	806.7
1996	2172.3	481.4	5418.5	5513.9	4264.2	4220.4	909.2
1997	2367.8	479.5	5895.3	6103.8	3965.7	4925.2	984.4
1998	2583.3	543.3	6349.3	6531.1	4548.6	5324.1	1067.0
1999	2795.1	550.9	7035.0	7164.6	5494.7	5835.3	1154.7
2000	3052.3	534.3	9244.0	8081.7	6527.7	6518.0	1251.9
2001	3336.1	558.9	10270.1	9059.6	6867.2	7163.3	1352.2
2002	3653.1	594.1	11348.4	9992.7	7663.8	7886.8	1475.8
2003	4025.7	629.2	12948.6	11311.8	9173.5	8541.4	1622.5
2004	4516.8	679.5	14916.7	13234.8	9623.0	9480.9	1817.4
2005	5063.3	746.8	16647.1	14730.3	10960.6	10770.3	2033.7
2006	5822.8	778.2	19477.1	17293.4	12560.8	12644.3	2332.7
2007	6760.3	787.5	23606.2	21167.1	14206.3	14718.0	2701.3
2008	7841.9	862.3	27949.7	24998.3	17203.8	16969.9	3125.4
2009	8908.4	886.4	32729.1	29173.0	20592.9	19176.0	3544.2
2010	10137.8	919.2	38882.2	34861.7	23620.1	21227.8	4026.2
2011	11536.8	966.1	45764.3	41380.8	26194.7	23562.9	4569.7
2012	12918.1	1017.3	52171.3	47215.5	29704.8	26225.6	5113.5
2013	13990.3	1058.0	56762.4	51701.0	30714.8	28533.5	5541.5
2014	14899.7	1106.7	60508.7	55113.3	32649.8	30502.3	5896.2
2015	15838.4	1159.8	63655.2	57758.7	35261.8	33064.5	6267.7

2-3 历年地区生产总值指数(上年=100)

Indices of Gross Domestic Product(preceding 100)

年份 Year	地区生产总值 Gross Domestic Product	第一产业 Primary Industry	第二产业 Secondary Industry			第三产业 Tertiary Industry	人均生产总值 Per Capita GDP
				工业 Industry	建筑业 Construction		
1978	112.8	119.7	111.6	110.9	123.4	107.2	111.5
1979	105.6	92.0	110.6	106.5	177.5	110.3	104.0
1980	106.5	98.8	108.1	108.5	103.7	111.0	105.1
1981	105.8	114.7	101.9	102.1	99.6	104.2	104.7
1982	107.7	111.8	104.5	103.6	114.5	110.1	106.6
1983	121.7	147.4	107.0	106.9	107.7	119.4	120.7
1984	112.5	104.3	117.6	117.0	123.2	116.7	111.8
1985	106.8	87.6	112.8	110.7	131.7	126.9	106.2
1986	107.3	104.3	103.9	104.4	100.0	118.3	106.5
1987	118.8	115.3	118.8	119.7	111.6	122.7	118.0
1988	115.9	103.3	121.1	123.9	96.3	119.4	114.9
1989	97.5	82.7	96.0	97.8	76.0	113.4	96.3
1990	103.4	136.7	97.9	97.5	103.0	90.7	101.6
1991	105.9	100.0	105.8	105.5	108.6	113.0	104.6
1992	112.2	101.8	118.2	117.4	125.1	114.0	111.4
1993	112.7	107.7	117.3	117.0	119.7	110.3	111.7
1994	109.7	110.0	105.6	107.3	94.5	115.6	108.8
1995	109.7	105.0	111.6	111.7	110.6	110.9	108.9
1996	113.5	116.5	113.1	114.3	103.7	111.8	112.7
1997	109.0	99.6	108.8	110.7	93.0	116.7	108.3
1998	109.1	113.3	107.7	107.0	114.7	108.1	108.4
1999	108.2	101.4	110.8	109.7	120.8	109.6	108.2
2000	109.2	97.0	113.4	112.8	118.8	111.7	108.4
2001	109.3	104.6	111.1	112.1	105.2	109.9	108.0
2002	109.5	106.3	110.5	110.3	111.6	110.1	109.1
2003	110.2	105.9	114.1	113.2	119.7	108.3	109.9
2004	112.2	108.0	115.2	117.0	104.9	111.0	112.0
2005	112.1	109.9	111.6	111.3	113.9	113.6	111.9
2006	115.0	104.2	117.0	117.4	114.6	117.4	114.7
2007	116.1	101.2	121.2	122.4	113.1	116.4	115.8
2008	116.0	109.5	117.2	118.0	111.9	116.7	115.7
2009	113.6	102.8	117.1	116.7	119.7	113.0	113.4
2010	113.8	103.7	118.8	119.5	114.7	110.7	113.6
2011	113.8	105.1	117.7	118.7	110.9	111.0	113.5
2012	112.0	105.3	114.0	114.1	113.4	111.3	111.9
2013	108.3	104.0	108.8	109.5	103.4	108.8	108.3
2014	106.5	104.6	106.6	106.6	106.3	106.9	106.4
2015	106.3	104.8	105.2	104.8	108.0	108.4	106.3

2-4 地区生产总值
Gross Domestic Product

单位: 亿元　　　　unit: 100 million yuan

指　　标	Item	2013	2014	2015	2015年为2014年的%(按可比价计　算) 2015as precentage of 2014 (calculated at constant price)
地区生产总值（当年价格）	**Gross Domestic Products(Current Price)**	**13046.40**	**13803.14**	**14063.13**	**106.3**
农、林、牧、渔业	Agriculture、Forestry、Animal Husbandry and Fishery	1509.34	1570.01	1644.62	104.7
农业	Farming	835.10	889.01	926.32	104.9
林业	Forestry	61.39	65.00	66.85	107.4
畜牧业	Animal Husbandry and Fishery	547.73	546.00	578.48	104.9
渔业	Fishery	22.52	24.00	24.63	102.3
农、林、牧、渔业服务业	Agriculture、Forestry、Animal Husbandry and Fishery Services	42.60	46.00	48.34	104.3
工业	Industry	6059.28	6424.88	6112.05	104.8
建筑业	Construction	840.75	891.40	927.06	108.0
批发和零售业	Wholesale and Retail Trade	1011.33	1059.66	1117.29	106.7
交通运输、仓储和邮政业	Transport,Storage and Post	498.52	518.05	529.79	102.8
住宿和餐饮业	Hotels and Catering Services	268.88	283.79	328.61	108.0
金融业	Financial Intermediation	399.54	464.96	565.27	120.9
房地产业	Real Estate	431.88	432.85	436.06	101.8
营利性服务业	Profitable Services	776.47	841.75	993.33	111.7
非营利性服务业	Unprofitable Services	1250.41	1315.79	1409.05	108.0
第一产业	**Primary Industry**	**1466.74**	**1524.01**	**1596.28**	**104.8**
第二产业	**Secondary Industry**	**6871.96**	**7286.59**	**7005.71**	**105.2**
第三产业	**Tertiary Industry**	**4707.70**	**4992.54**	**5461.14**	**108.4**
人均生产总值(元)	**Per Captia GDP(yuan)**	**47428**	**50160**	**51086**	**106.3**

2-5 三次产业贡献率

Share of the Contributions of the Three Strata of Industries to the Increase of the GDP

单位: % unit: (%)

年 份 Year	地区生产总值 Cross Domestic Product	第一产业 Primary Industry	第二产业 Secondary Industry	#工业 Industry	第三产业 Tertiary Industry
2001	100.0	10.1	47.0	43.7	42.9
2002	100.0	12.9	44.3	37.5	42.8
2003	100.0	11.0	55.9	44.9	33.1
2004	100.0	12.0	52.2	49.7	35.8
2005	100.0	14.5	41.4	34.7	44.1
2006	100.0	4.9	49.6	43.8	45.5
2007	100.0	1.2	58.3	53.5	40.5
2008	100.0	8.1	53.6	45.9	38.3
2009	100.0	2.7	59.4	50.7	37.9
2010	100.0	3.1	66.4	59.6	30.5
2011	100.0	4.5	66.8	61.6	28.7
2012	100.0	5.6	61.9	54.7	32.5
2013	100.0	4.9	57.4	54.8	37.7
2014	100.0	6.9	55.2	49.1	37.9
2015	100.0	7.2	44.9	36.9	47.9

注：本表按可比价格计算。产业贡献率是各产业增加值增量与地区生产总值增量之比。

Note: Data in this table are calculated at constant prices.share of the three industries refers to the proportion of the increment of every industrial value added to the increment of GDP.

2-6 三次产业拉动率

Pull Rate of the Three Strata of Industry to GDP Growth

单位: 百分点 unit: (Percen tgogt point)

年 份 Year	地区生产总值 Cross Domestic Product	第一产业 Primary Industry	第二产业 Secondary Industry	#工业 Industry	第三产业 Tertiary Industry
2001	9.3	0.9	4.4	4.1	4.0
2002	9.5	1.2	4.2	3.6	4.1
2003	10.2	1.1	5.7	4.6	3.4
2004	12.2	1.5	6.3	6.1	4.4
2005	12.1	1.8	5.0	4.2	5.3
2006	15.0	0.7	7.4	6.6	6.9
2007	16.1	0.2	9.4	8.6	6.5
2008	16.0	1.3	8.6	7.3	6.1
2009	13.6	0.4	8.1	6.9	5.1
2010	13.8	0.4	9.2	8.2	4.2
2011	13.8	0.6	9.2	8.5	4.0
2012	12.0	0.7	7.4	6.6	3.9
2013	8.3	0.4	4.8	4.5	3.1
2014	6.5	0.4	3.6	3.2	2.5
2015	6.3	0.5	2.8	2.3	3.0

注：本表按可比价格计算。产业拉动率指地区生产总值增长速度与各产业贡献率之乘积。

Note: Data in this table are calculated at constant prices.Contribution of the three industries to GDP growth refers to the growth rate of GDP multiplying the industrial shares.

2－7 地区生产总值项目构成（2015年）

Components of Gross Domestic Product（2015）

单位：亿元　　unit: 100 million yuan

项目	Item	增加值 Value -added	劳动者报酬 Compensation of Employees	生产税净额 Net Taxes on Production	固定资产折旧 Depreciation of Fixed Assets	营业盈余 Orerating Surplus
地区生产总值	**Gross Domestic Products by Region**	**14063.13**	**6124.75**	**2112.24**	**2349.04**	**3477.10**
农、林、牧、渔业	**Agriculture、Forestry、Animal Husbandry and Fishery**	**1644.62**	**1546.78**	**-62.68**	**160.52**	
农业	Farming	926.32	876.43	-40.51	90.40	
林业	Forestry	66.85	61.57	-1.24	6.52	
畜牧业	Animal Husbandry	578.48	540.17	-18.15	56.46	
渔业	Fishery	24.63	23.14	-0.92	2.41	
农、林、牧、渔服务业	Agriculture、Forestry、Animal Husbandry and Fishery Services	48.34	45.47	-1.86	4.73	
工业	**Industry**	**6112.05**	**1742.01**	**1400.95**	**1177.30**	**1791.79**
采矿业	Mining	538.17	188.35	84.44	97.96	167.42
#开采辅助活动	Mining Auxiliary Activities	32.29	18.42	12.21	10.41	-8.75
制造业	Manufacturing	5284.46	1459.50	1275.41	954.24	1595.31
#金属制品、机械和设备修理业	Metal Products,Machinery and Equipment Repair	1.11	0.39	0.28	0.20	0.24
电力、燃气及水的生产和供应业	Production and Supply of Electricity Gas and Water	289.42	94.16	41.10	125.10	29.06
建筑业	**Construction**	**927.06**	**443.63**	**192.04**	**52.81**	**238.58**
房屋建筑业	Construction of Buliding	530.61	283.93	113.08	12.21	121.39
土木工程建筑业	Construction of Civil Engineering	255.57	88.80	52.09	33.35	81.33
建筑安装业	Installation	106.90	52.60	21.73	5.76	26.81
建筑装饰和其他建筑业	Construction Decoration and other Constraction	33.98	18.30	5.14	1.49	9.05
批发和零售业	**Wholesale and Retail Trades**	**1117.29**	**502.09**	**223.47**	**52.27**	**339.46**
批发业	Wholesale Trade	442.00	121.40	155.78	17.38	147.44
零售业	Retail Trade	675.29	380.69	67.69	34.89	192.02
交通运输、仓储和邮政业	**Transport, Storage, and Post**	**529.79**	**145.73**	**78.51**	**89.41**	**216.14**
铁路运输业	Railway Transport	70.96	34.58	9.86	11.38	15.14
道路运输业	Highway Transport	399.20	85.44	62.85	66.46	184.45
水上运输业	Waterway Transport	2.40	0.29	0.08	1.73	0.30
航空运输业	Air Transport	8.64	3.14	1.78	1.04	2.68
管道运输业	Pipeling Transport					
装卸搬运和运输代理业	Handing and Other Transport Services	10.95	2.88	1.84	0.87	5.36
仓储业	Storage	14.30	4.04	0.12	4.10	6.04
邮政业	Post	23.34	15.36	1.98	3.83	2.17
住宿和餐饮业	**Hotels and Catering Services**	**328.61**	**99.56**	**27.28**	**32.17**	**169.60**
住宿业	Hotels	40.99	15.68	3.93	16.92	4.46
餐饮业	Catering Services	287.62	83.88	23.35	15.25	165.14
信息传输、软件和信息技术服务业	**Information Transrission,Software and Information Technologh Services**	**303.46**	**66.26**	**30.03**	**136.88**	**70.29**
电信、广播电视和卫星传输服务	Telecommuricutions,Broadcasting Television and Satelite Transmission Services	235.39	44.54	25.40	130.78	34.67
互联网和相关服务	Internet and Relatsd Services	9.60	3.08	0.79	1.28	4.45
软件和信息技术服务业	Software and Infomation Technology Services	58.47	18.64	3.84	4.82	31.17
金融业	**Financial Intermediation**	**565.27**	**182.19**	**85.31**	**19.80**	**277.97**
货币金融服务	Monetary and Financial Services	461.37	150.57	57.24	15.97	237.59
资本市场服务	Capital Market Services	42.17	9.78	21.45	1.18	9.76
保险业	Insurance	50.31	17.87	5.75	0.94	25.75
其他金融业	Other Financial Activities	11.42	3.97	0.87	1.71	4.87
房地产业	**Real Estate**	**436.06**	**45.24**	**63.08**	**290.55**	**37.19**
房地产开发经营业	Development and Managment of Real Estate	110.20	18.05	57.10	6.71	28.34

2-7 续表 continued

单位: 亿元　　　　unit: 100 million yuan

项目	Item	增加值 Value -added	劳动者报酬 Compensation of Employees	生产税净额 Net Taxes on Production	固定资产折旧 Depreciation of Fixed Assets	营业盈余 Orerating Surplus
物业管理业	Realty Management	33.24	19.37	4.30	5.30	4.27
房地产中介服务业	Intermediary Service for Real Estate	9.82	3.25	0.81	1.39	4.37
自有房地产经营活动	Theirown real estate Business Activities	274.63			274.63	
其他房地产业	Others	8.17	4.57	0.87	2.52	0.21
租赁和商务服务业	**Leasing and Business Services**	**247.84**	**85.78**	**27.53**	**38.11**	**96.42**
租赁业	Leasing	11.14	3.52	0.75	3.96	2.91
商务服务业	Business Services	236.70	82.26	26.78	34.15	93.51
科学研究和技术服务业	**Scientific Research and Technical Service**	**114.78**	**83.60**	**6.45**	**9.95**	**14.78**
研究和试验发展	Research and Experiment	33.93	36.14	0.30	3.66	-6.17
专业技术服务业	Special Technological Services	60.13	37.31	4.70	4.51	13.61
科技推广和应用服务业	Services of Science and Technology Exchanges and Promotion	20.72	10.15	1.45	1.78	7.34
水利、环境和公共设施管理业	**Water Conservancy、Environment and Public Facilities Management**	**46.19**	**26.28**	**2.76**	**14.79**	**2.36**
水利管理业	Water Conservancy	12.39	5.26	0.87	5.27	0.99
生态保护和环境治理业	Ecological Protection and Environmentel Treatment Services	17.26	10.24	1.11	3.34	2.57
公共设施管理业	Public Utilities Management	16.54	10.78	0.78	6.18	-1.20
居民服务、修理和其他服务业	**Resident Services and Other Services**	**339.87**	**137.92**	**21.89**	**22.99**	**157.07**
居民服务业	Resdent Services	238.66	94.24	15.34	15.21	113.87
机动车、电子产品和日用产品修理业	Motor Vehicle,Electronic Products and Household Products Repair Services	29.17	11.54	1.35	3.04	13.24
其他服务业	Other Services	72.04	32.14	5.20	4.74	29.96
教育	**Education**	**436.71**	**332.59**	**1.71**	**80.68**	**21.73**
卫生和社会工作	**Health Care and Social Work**	**219.14**	**128.08**	**1.37**	**35.71**	**53.98**
卫生	Health Care	207.40	116.34	1.37	35.71	53.98
社会工作	Social Work	11.74	11.74			
文化、体育和娱乐业	**Culture、Sports and Entertainment**	**102.16**	**47.40**	**9.81**	**19.52**	**25.43**
新闻和出版业	Journalism and Publishing Activities	14.57	7.94	2.94	1.36	2.33
广播、电视、电影和影视录音制作业	Broadcast、TV、Movies and Audiovisual Activities	23.51	13.08	1.92	4.81	3.70
文化艺术业	Culture and Art Activities	14.01	9.40	0.46	4.33	-0.18
体育	Sports	4.16	3.17	0.31	1.31	-0.63
娱乐业	Entertainment	45.91	13.81	4.18	7.71	20.21
公共管理、社会保障和社会组织	**Public management and Social Organizations**	**592.23**	**509.61**	**2.73**	**115.58**	**-35.69**
第一产业	**Primary Industry**	**1596.28**	**1501.31**	**-60.82**	**155.79**	
第二产业	**Secordary Industry**	**7005.71**	**2166.83**	**1580.50**	**1219.50**	**2038.88**
第三产业	**Tertiary Industry**	**5461.14**	**2456.61**	**592.56**	**973.75**	**1438.22**

2-8 历年支出法生产总值

Gross Domestic Products by Expenditure Approach over the Years

单位：亿元

unit:（100 million yuan）

年份 Year	支出法地区生产总值 Gross Domestic Product by Expenditure Approach	最终消费支出 Final Consumption Expenditure	居民消费支出 Household Consumption Expenditures			政府消费支出 Government Consumption Expenditures	资本形成总额 Gross Capital Formation	固定资本形成 Fixed Capital	存货增加 Changes in Inventories	货物和服务净出口 Net Export of Goods and Services
				农村居民 Rural Households	城镇居民 Urban Households					
1978	82.0	57.9	53.0	24.47	28.55	4.9	32.8	18.2	14.6	-8.7
1979	91.1	69.5	61.9	29.85	32.01	7.7	26.7	19.5	7.1	-5.1
1980	98.6	76.9	67.8	31.84	35.92	9.2	29.0	20.8	8.2	-7.3
1981	111.2	85.1	75.1	36.41	38.72	10.0	28.0	21.0	7.0	-2.0
1982	121.7	94.8	83.5	39.76	43.73	11.3	35.7	27.7	8.0	-8.8
1983	150.1	112.2	96.7	49.28	47.38	15.6	38.6	29.3	9.3	-0.7
1984	174.4	131.6	111.8	55.81	55.95	19.9	57.2	40.9	16.2	-14.4
1985	200.4	145.0	120.5	56.42	64.11	24.5	81.2	62.4	18.8	-25.7
1986	227.2	165.3	137.9	61.35	76.51	27.4	86.8	63.4	23.4	-25.0
1987	297.5	196.2	161.5	69.36	92.13	34.7	111.9	76.7	35.2	-10.6
1988	368.7	242.4	203.5	83.21	120.26	38.9	134.6	92.9	41.8	-8.3
1989	391.7	266.9	223.3	91.47	131.82	43.7	148.3	81.7	66.5	-23.6
1990	425.3	279.7	232.7	95.86	136.87	47.0	182.7	94.0	88.7	-37.1
1991	463.5	308.4	255.9	101.03	154.82	52.6	193.1	117.4	75.6	-38.0
1992	558.1	364.6	306.3	111.67	194.65	58.2	213.1	152.6	60.2	-19.6
1993	718.0	436.1	364.9	125.93	238.98	71.2	287.1	252.9	34.1	-5.2
1994	944.4	577.6	473.6	156.13	317.50	104.0	389.9	320.5	69.5	-1.6
1995	1139.4	703.4	586.2	191.08	395.09	117.2	474.3	358.1	116.2	-38.3
1996	1340.1	811.4	684.5	220.07	464.43	126.9	600.8	412.8	187.9	-72.2
1997	1468.3	928.4	772.8	238.80	534.00	155.5	552.3	386.4	165.9	-12.4
1998	1553.9	951.9	777.1	234.50	542.60	174.8	613.9	442.3	171.6	-11.9
1999	1638.3	988.7	783.0	225.50	557.70	205.7	658.7	525.0	133.7	-9.1
2000	1820.4	1140.7	845.1	253.40	591.70	295.6	686.6	627.8	58.8	-6.9
2001	2023.4	1266.8	906.7	268.50	638.20	360.1	791.0	699.7	91.3	-34.4
2002	2252.4	1379.4	977.5	269.90	707.60	401.9	898.5	824.2	74.3	-25.5
2003	2570.1	1539.9	1115.7	256.30	859.40	424.2	1062.9	998.1	64.8	-182.7
2004	3012.3	1693.3	1244.8	277.60	967.20	448.5	1347.9	1291.9	56.0	-28.9
2005	3761.6	1921.6	1407.9	323.21	1084.66	513.8	1872.1	1802.4	69.7	-32.2
2006	4964.9	2137.6	1552.9	381.48	1171.42	584.7	2874.3	2804.3	70.0	-47.0
2007	5601.1	2588.4	1819.8	431.12	1388.68	768.6	3880.0	4003.2	-123.1	-867.3
2008	6783.4	3049.2	2075.7	493.10	1582.55	973.5	5415.3	5608.3	-193.0	-1681.1
2009	7633.1	3384.3	2304.0	562.77	1761.82	1080.3	6074.5	6280.5	-206.0	-1825.7
2010	9128.6	3754.5	2510.6	595.58	1915.02	1243.9	7192.1	7618.1	-426.0	-1818.0
2011	11162.2	4423.7	2970.8	799.28	2171.53	1452.9	8206.9	8355.5	-148.7	-1468.3
2012	12688.4	4942.0	3375.9	891.16	2484.70	1566.2	9136.2	9235.0	-98.8	-1389.9
2013	13946.8	5500.5	3762.0	984.66	2777.33	1738.5	9708.1	9751.5	-43.4	-1261.8
2014	14631.4	5408.0	3759.9	977.80	2782.10	1648.1	10330.1	10372.7	-42.6	-1106.7
2015	15507.9	5593.2	4027.4	1093.3	2934.10	1565.8	10965.4	11001.2	-35.8	-1050.7

注：本表按当年价格计算。支出法地区生产总值不等于地区生产总值是由于计算误差的影响。

Note: Data in this table are calculated at current prices.The gross regional production by expenditure approach is not equal to gross regional product due to statistical discrepancies.

2-9　1978-2015年支出法生产总值构成

1978-2015 Componests of Gross Domestic Product by Expenditure Approach

单位：%　　　　　　　　　　　　　　　　　　　　　　　　unit: %

年份 Year	全省生产总值 Gross Domestic Product by Expenditure Approach	#最终消费 Final Consumption Expenditure	居民消费 Household Consumption Expenditure	农村居民 Rural Households	城镇居民 Urban Households	政府消费 Government Consumption Expenditure	#资本形成总额 Gross Capital Formation	固定资本形成总额 Gross Fixed Capital Formation	存货增加 Changes in Inventories
1978	100.0	70.6	64.7	29.8	34.8	6.0	40.0	22.2	17.8
1979	100.0	76.3	67.9	32.8	35.1	8.4	29.3	21.4	7.8
1980	100.0	78.0	68.7	32.3	36.4	9.3	29.4	21.1	8.3
1981	100.0	76.6	67.6	32.8	34.8	9.0	25.2	18.9	6.3
1982	100.0	77.9	68.6	32.7	35.9	9.3	29.3	22.7	6.6
1983	100.0	74.7	64.4	32.8	31.6	10.4	25.7	19.5	6.2
1984	100.0	75.5	64.1	32.0	32.1	11.4	32.8	23.5	9.3
1985	100.0	72.4	60.1	28.1	32.0	12.2	40.5	31.1	9.4
1986	100.0	72.8	60.7	27.0	33.7	12.1	38.2	27.9	10.3
1987	100.0	65.9	54.3	23.3	31.0	11.7	37.6	25.8	11.8
1988	100.0	65.7	55.2	22.6	32.6	10.6	36.5	25.2	11.3
1989	100.0	68.2	57.0	23.4	33.7	11.1	37.9	20.9	17.0
1990	100.0	65.8	54.7	22.5	32.2	11.1	43.0	22.1	20.9
1991	100.0	66.5	55.2	21.8	33.4	11.3	41.7	25.3	16.3
1992	100.0	65.3	54.9	20.0	34.9	10.4	38.2	27.3	10.8
1993	100.0	60.7	50.8	17.5	33.3	9.9	40.0	35.2	4.8
1994	100.0	61.2	50.1	16.5	33.6	11.0	41.3	33.9	7.4
1995	100.0	61.7	51.4	16.8	34.7	10.3	41.6	31.4	10.2
1996	100.0	60.6	51.1	16.4	34.7	9.5	44.8	30.8	14.0
1997	100.0	63.2	52.6	16.3	36.4	10.6	37.6	26.3	11.3
1998	100.0	61.3	50.0	15.1	34.9	11.2	39.5	28.5	11.0
1999	100.0	60.3	47.8	13.8	34.0	12.6	40.2	32.0	8.2
2000	100.0	62.7	46.4	13.9	32.5	16.2	37.7	34.5	3.2
2001	100.0	62.6	44.8	13.3	31.5	17.8	39.1	34.6	4.5
2002	100.0	61.2	43.4	12.0	31.4	17.8	39.9	36.6	3.3
2003	100.0	59.9	43.4	10.0	33.4	16.5	41.4	38.8	2.5
2004	100.0	56.2	41.3	9.2	32.1	14.9	44.7	42.9	1.9
2005	100.0	51.1	37.4	8.6	28.8	13.7	49.8	47.9	1.8
2006	100.0	43.0	31.3	7.7	23.6	11.8	57.9	56.5	1.4
2007	100.0	46.2	32.5	7.7	24.8	13.7	69.3	71.5	-2.2
2008	100.0	45.5	31.0	7.4	23.6	14.5	79.6	82.4	-2.9
2009	100.0	44.3	30.2	7.1	23.1	14.2	79.6	82.3	-2.7
2010	100.0	41.1	27.5	6.5	21.0	13.6	78.8	83.5	-4.7
2011	100.0	39.6	26.6	7.2	19.4	13.0	73.5	74.8	-1.3
2012	100.0	39.0	26.6	7.0	19.6	12.4	72.0	72.8	-0.8
2013	100.0	39.4	27.0	7.1	19.9	12.5	69.6	69.9	-0.3
2014	100.0	37.0	25.7	6.7	19.0	11.3	70.6	70.9	-0.3
2015	100.0	36.1	26.0	7.0	18.9	10.1	70.7	70.9	-0.2

2-10 支出法地区生产总值及构成

Gross Domestic Product by Expenditure Approach and Its Components

项目	Item	2013	2014	2015
支出法地区生产总值(亿元)	**Gross Domestic Product by Expenditure Approach(100 million yuan)**	**13945.8**	**14631.4**	**15507.9**
最终消费	Final Consumption Expenditure	5500.5	5408.0	5593.2
居民消费	Household Consumption Expenditure	3762.0	3759.9	4027.4
政府消费	Government Consumption Expenditure	1738.5	1648.1	1565.8
资本形成总额	Gross Capital Formation	9708.1	10330.1	10965.4
固定资本形成总额	Gross Fixed Capital Formation	9751.5	10372.7	11001.2
存货增加	Changes in Inventories	-43.4	-42.6	-35.8
货物和服务净出口	Net Export of Goods and Services	-1261.8	-1106.7	-1050.7
资本形成率(投资率)(%)	Capital Formation Rate(%)	69.6	70.6	70.7
最终消费率(消费率)(%)	Final Consumption Rate(%)	39.4	37.0	36.1
支出法国内生产总值构成(%)	**Components of GDP by Expenditure Approach(%)**	**100.0**	**100.0**	**100.0**
最终消费	Final Consumption Expenditure	39.4	37.0	36.1
居民消费	Household Consumption Expenditure	27.0	25.7	26.0
政府消费	Government Consumption Expenditure	12.5	11.3	10.1
资本形成总额	Gross Capital Formation	69.6	70.6	70.7
固定资本形成总额	Gross Fixed Capital Formation	69.9	70.9	70.9
存货增加	Changes in Inventories	-0.3	-0.3	-0.2
货物和服务净出口	Net Export of Goods and Services	-9.0	-7.6	-6.8

2-11 1978-2015年最终消费和资本形成总额指数（上年=100）
1978-2015 Indices of Final Consumption Expenditure and Gross Capital Formation（preceding year = 100）

年 份 Year	最终消费 Final Consumption Expenditure	居民消费 Household Consumption Expenditure	农村居民 Rural Households	城镇居民 Urban Households	政府消费 Government Consumption Expenditure	#资本形成总额 Gross Capital Formation	固定资本形成总额 Gross Fixed Capital Formation
1978	106.8	107.9	110.0	106.2	94.0	167.6	154.5
1979	111.1	109.3	110.7	108.1	135.8	86.5	106.7
1980	109.5	109.4	106.1	112.0	109.4	107.8	106.4
1981	107.9	107.4	107.6	107.2	91.9	92.0	94.3
1982	110.8	109.6	110.0	109.4	122.2	122.3	129.0
1983	112.6	110.0	119.6	101.3	106.2	106.0	104.7
1984	85.9	78.8	112.9	113.2	140.0	139.6	127.0
1985	140.6	147.5	96.7	109.5	132.5	132.8	142.1
1986	107.6	105.9	100.8	110.6	101.9	101.6	96.3
1987	110.0	109.3	108.8	109.5	110.9	125.0	117.8
1988	106.6	104.7	101.2	107.8	110.9	111.0	110.1
1989	94.4	93.9	91.3	96.0	95.4	97.0	74.8
1990	101.3	100.9	98.4	102.8	121.6	122.1	113.1
1991	104.3	104.1	99.4	107.4	105.3	104.7	123.6
1992	106.4	106.8	103.0	109.3	104.3	100.3	115.2
1993	107.2	106.5	103.1	108.6	110.7	116.2	144.0
1994	120.0	118.8	107.4	115.9	125.5	120.7	104.3
1995	107.9	109.1	107.6	109.9	102.2	113.0	104.4
1996	108.3	109.4	108.9	109.7	103.0	119.5	109.1
1997	111.3	110.6	104.8	113.4	115.1	93.8	92.6
1998	106.7	105.0	100.4	107.1	115.0	112.2	114.1
1999	108.8	106.1	98.9	109.1	121.2	106.8	116.2
2000	112.4	106.7	99.2	109.5	135.3	100.2	116.2
2001	106.3	101.3	100.7	101.6	120.6	113.9	110.2
2002	107.6	106.6	103.8	107.8	109.8	112.9	117.1
2003	112.7	116.3	94.9	125.0	104.4	117.1	119.8
2004	106.4	108.2	102.6	109.9	101.7	119.7	122.6
2005	110.5	110.3	112.8	109.6	111.0	130.5	130.9
2006	109.7	108.8	115.7	106.7	112.2	147.1	148.9
2007	115.0	111.1	106.5	112.6	125.4	129.9	137.4
2008	111.7	108.5	108.6	108.4	119.3	130.0	130.8
2009	112.5	110.9	109.2	111.4	116.0	113.5	113.6
2010	106.4	104.2	102.1	104.8	111.0	113.5	115.0
2011	111.0	111.0	121.0	107.8	111.0	106.7	105.1
2012	108.9	110.7	108.8	111.5	105.1	110.7	110.1
2013	111.9	112.6	115.9	111.4	110.4	110.9	110.4
2014	103.5	105.5	102.3	106.7	99.1	105.9	105.9
2015	104.1	107.7	111.7	106.3	95.7	106.1	106.0

2－12 第三产业增加值构成

The Added Value of the Tertiary Industry

单位: %　　unit: (%)

年 份 Year	第三产业 Tertiary Industry	交通运输仓储和邮政业 Transport, Storage and Post	批发和零售业 Wholesale and Retail Trades	住宿和餐饮业 Hotels and Catering Services	金融业 Financial Intermediation	房地产业 Real Estate	其他 Other
2001	100.0				9.3	8.0	31.6
2002	100.0				7.9	7.9	34.3
2003	100.0				6.8	8.6	34.1
2004	100.0	15.7	26.1	5.3	6.3	8.0	38.6
2005	100.0	14.7	24.4	5.9	5.9	7.9	41.1
2006	100.0	14.0	23.9	5.8	6.0	7.8	42.6
2007	100.0	13.6	24.0	5.8	6.2	7.6	42.8
2008	100.0	13.1	24.1	5.7	6.1	7.6	43.4
2009	100.0	12.4	24.4	5.7	6.6	7.3	43.6
2010	100.0	12.0	24.2	5.8	6.1	6.8	45.0
2011	100.0	11.4	23.4	5.6	5.6	6.5	47.5
2012	100.0	11.1	23.8	5.8	5.9	5.8	47.6
2013	100.0	10.6	21.5	5.7	8.5	9.2	43.1
2014	100.0	10.4	21.2	5.7	9.3	8.7	43.2
2015	100.0	9.7	20.5	6.0	10.4	8.0	44.0

2－13 第三产业增加值

The Added Value of the Tertiary Industry

单位: 亿元　　unit:100 million yuan

年 份 Year	第三产业 Tertiary Industry	交通运输仓储和邮政业 Transport, Storage and Post	批发和零售业 Wholesale and Retail Trades	住宿和餐饮业 Hotels and Catering Services	金融业 Financial Intermediation	房地产业 Real Estate	其他 Other
2001	858.74				79.50	69.03	271.06
2002	958.88				75.45	76.11	328.67
2003	1075.49				73.15	91.99	366.70
2004	1223.64	192.26	319.04	64.93	77.17	97.93	472.31
2005	1413.83	208.10	345.02	83.39	83.63	112.29	581.40
2006	1687.07	236.82	402.37	97.39	100.75	131.01	718.73
2007	2025.44	275.76	485.96	117.35	126.03	153.03	867.31
2008	2412.26	317.06	580.37	137.69	147.24	182.70	1047.20
2009	2756.26	341.76	673.12	157.73	180.83	200.14	1202.68
2010	3111.12	373.93	753.37	180.01	190.12	212.32	1401.37
2011	3679.91	420.98	860.47	205.69	207.65	238.61	1746.51
2012	4150.36	462.13	986.46	240.70	244.63	240.86	1975.58
2013	4707.70	498.52	1011.33	268.88	399.54	431.88	2026.88
2014	4992.54	518.05	1059.66	283.79	464.96	432.85	2157.54
2015	5461.14	529.79	1117.29	328.61	565.27	436.06	2484.52

CHAPTER ▶ 03

第三篇 3

人　口

POPULATION

3-1 历年全省人口数及构成
Over the Years the Population and Composition of Jilin

单位：万人　　　　unit: 10000 persons

年　份 Year	年底总人口 Population	按性别分 By Sex		按城乡分 Grouped by Urban and Rural		占总人口的比重（%） Percentage to Total Population(%)	
		男 Male	女 Female	乡村人口 Rural Population	城镇人口 Urban Population	男性人口 Male Population	城镇人口 Urban Population
1978	2149.3	1102.3	1047.0	1489.8	659.5	51.3	30.7
1979	2184.6	1119.0	1065.6	1483.4	701.2	51.2	32.1
1980	2210.7	1132.1	1078.6	1487.4	723.3	51.2	32.7
1981	2230.9	1141.4	1089.5	1485.2	745.7	51.2	33.4
1982	2257.6	1155.1	1102.5	1493.9	763.7	51.2	33.8
1983	2269.5	1162.3	1107.2	1487.4	782.1	51.2	34.5
1984	2284.5	1170.7	1113.8	1481.9	802.6	51.2	35.1
1985	2298.0	1177.4	1120.6	1461.0	837.0	51.2	36.4
1986	2315.3	1186.4	1128.9	1458.3	857.0	51.2	37.0
1987	2336.4	1196.9	1139.5	1452.9	883.5	51.2	37.8
1988	2357.4	1208.3	1149.1	1448.7	908.7	51.3	38.5
1989	2395.4	1228.2	1167.2	1464.6	930.8	51.3	38.9
1990	2440.2	1248.1	1192.1	1488.3	951.9	51.1	39.0
1991	2459.7	1258.5	1201.2	1493.5	966.2	51.2	39.3
1992	2474.0	1265.3	1208.7	1488.6	985.4	51.1	39.8
1993	2496.1	1276.0	1220.1	1474.9	1021.2	51.1	40.9
1994	2515.6	1285.9	1229.7	1465.2	1050.4	51.1	41.8
1995	2550.9	1302.8	1248.1	1473.1	1077.8	51.1	42.3
1996	2579.1	1315.5	1263.6	1484.6	1094.5	51.0	42.4
1997	2600.1	1324.6	1275.5	1484.2	1115.9	50.9	42.9
1998	2603.2	1325.6	1277.6	1480.3	1122.9	50.9	43.1
1999	2616.1	1331.6	1284.5	1484.2	1131.9	50.9	43.3
2000	2627.3	1336.5	1290.8	1484.3	1143.0	50.9	43.5
2001	2637.1	1340.8	1296.3	1482.4	1154.7	50.8	43.8
2002	2649.4	1346.9	1302.5	1471.6	1177.8	50.8	44.5
2003	2658.6	1350.5	1308.1	1463.2	1195.4	50.8	45.0
2004	2661.9	1352.0	1309.9	1459.5	1202.4	50.8	45.2
2005	2669.4	1355.0	1314.4	1463.1	1206.3	50.8	45.2
2006	2679.5	1359.1	1320.4	1470.7	1208.8	50.7	45.1
2007	2696.1	1366.0	1330.1	1480.2	1215.9	50.7	45.1
2008	2710.5	1372.8	1337.7	1485.7	1224.8	50.6	45.2
2009	2719.5	1376.1	1343.4	1492.7	1226.8	50.6	45.1
2010	2723.8	1377.7	1346.1	1481.7	1242.1	50.6	45.6
2011	2726.5	1377.9	1348.6	1417.4	1309.1	50.5	48.0
2012	2701.5	1363.4	1338.1	1434.8	1266.7	50.5	46.9
2013	2678.5	1352.2	1326.3	1420.1	1258.4	50.5	47.0
2014	2671.3	1346.5	1324.8	1423.5	1247.8	50.4	46.7
2015	2662.1	1341.2	1320.9	1373.1	1289.0	50.4	48.4

注：本表是公安部门年报数字。
Note:There are annual numbers from police departments in this chart.

3-2 全省人口情况
Basic Statistics on Population of Jilin

指　标	Item	2000	2005	2010	2011	2012	2013	2014	2015
总户数（万户）	Total Households(10000 households)	795.80	851.00	900.16	944.81	958.33	989.68	1000.86	927.55
户均人口（人/户）	Average Population(person/household)	3.32	3.16	2.94	2.91	2.87	2.78	2.75	2.97
总人口（万人）	Total Population(10000 Persons)	2681.70	2716.00	2746.60	2749.41	2750.40	2751.28	2752.38	2753.32
男	Male	1372.80	1386.90	1391.39	1392.88	1403.53	1406.18	1391.05	1390.45
女	Female	1308.90	1329.10	1355.21	1356.53	1346.87	1345.10	1361.33	1362.87
性别比（女=100）	Sex Ratio(female=100)	104.90	104.35	102.67	102.68	104.19	104.55	102.19	102.02
城镇人口（万人）	Urban Population(10000 Persons)	1331.80	1426.50	1465.58	1468.19	1476.96	1491.20	1508.58	1522.76
占总人口比重（%）	Percentage of the Total Population	49.66	52.52	53.36	53.36	53.70	54.20	54.81	55.31
乡村人口（万人）	Rural Population(10000 Persons)	1349.90	1289.50	1281.02	1281.22	1273.44	1260.08	1243.80	1230.56
占总人口比重（%）	Percentage of the Total Popu lation	50.34	47.48	46.64	46.64	46.30	45.80	45.19	44.69
出生人口（万人）	Birth Population(10000 Persons)	25.50	21.40	21.73	17.95	15.76	14.75	18.22	16.16
人口出生率（‰）	Birth Rate	9.53	7.89	7.91	6.53	5.73	5.36	6.62	5.87
死亡人口（万人）	Death Population(10000 Persons)	14.40	15.20	16.15	15.15	14.77	13.87	17.12	15.23
人口死亡率（‰）	Death Rate	5.38	5.32	5.88	5.51	5.37	5.04	6.22	5.53
自然增长人口（万人）	Natural Growth Population(10000 Persons)	11.10	7.00	5.58	2.80	0.99	0.88	1.10	0.93
人口自然增长率（‰）	Natural Growth Rate	4.15	2.57	2.03	1.02	0.36	0.32	0.40	0.34

注：表内数据为年度人口变动情况抽样调查推算数据。2010年末常住人口为吉林省第六次全国人口普查初步机器汇总推算数据。

Note:Data were calculated from the annual sample surveys on population changes.At the end of 2010 The Resident Population of Jilin Province for the sixth natioral Population census aggregated by preliminary machine.

CHAPTER ▶ 04

第四篇 4

从业人员和职工工资

EMPLOYMENT AND WAGE

4-1 历年全部从业人员数
Number of Employed Persons

单位: 万人　　　　unit:10000 persons

年份 Year	全部从业人员数 Total	按经济类型分 Grouped By Ownership					按三次产业分 By Three Industries			城镇登记失业人员 Number of Registered Unemployed Persons in Urban Areas	城镇登记失业率(%) Registered Unemployment Rate in Urban Areas(%)
		职工人数 Staff and Workers	国有单位 State-owned Units	集体单位 Collective-owned Units	城镇个体劳动者 Self-employed Individual in Urban	乡村劳动者 Rural Employed Persons	第一产业 Primary Industry	第二产业 Secondary Industry	第三产业 Tertiary Industry		
1978	645.38	324.92	250.02	74.90		320.46	318.1	205.0	122.3		
1979	671.29	348.59	257.50	91.09	0.81	321.89	318.4	216.3	136.6	33.9	8.8
1980	715.30	373.88	270.50	103.38	3.37	338.05	329.3	231.7	154.3	22.0	5.5
1981	754.52	396.48	282.81	113.67	5.57	352.47	349.8	242.0	162.7	21.3	5.0
1982	849.62	411.24	292.30	118.94	7.58	430.80	413.8	248.0	187.8	24.4	5.5
1983	847.50	421.88	296.87	125.01	10.60	415.02	410.8	256.9	179.8	19.7	4.4
1984	867.25	431.34	293.07	138.18	15.91	410.99	401.1	258.6	207.6	11.5	2.5
1985	930.20	449.51	304.43	144.91	21.37	450.01	421.9	286.2	222.1	10.5	2.2
1986	987.95	470.90	320.78	149.95	21.17	486.50	432.5	302.6	252.9	10.7	2.1
1987	1032.75	486.11	331.87	154.03	22.96	541.75	465.8	313.9	253.0	8.7	1.7
1988	1106.22	497.48	343.69	153.54	28.53	571.55	511.6	324.9	269.7	8.8	1.6
1989	1142.19	509.45	352.74	156.19	29.25	594.92	549.0	329.7	263.5	9.4	1.8
1990	1169.41	517.31	361.98	154.44	29.50	614.43	564.8	334.4	270.2	10.5	2.3
1991	1194.69	533.44	371.80	160.03	31.52	620.94	572.4	339.2	283.2	10.3	1.8
1992	1235.02	541.53	379.27	157.83	38.51	646.63	590.2	352.6	292.2	9.1	2.3
1993	1237.67	542.99	379.86	152.44	46.68	638.82	572.5	352.5	312.7	7.7	2.3
1994	1250.24	530.13	384.60	130.19	67.70	643.56	570.7	343.3	336.2	7.5	2.5
1995	1270.77	520.38	386.65	115.71	94.12	647.99	572.1	339.2	359.4	7.8	2.3
1996	1257.14	513.31	385.81	107.97	107.99	629.05	562.3	329.3	365.5	9.3	2.3
1997	1237.73	500.89	375.88	100.19	113.52	616.17	551.0	315.5	371.2	8.8	2.8
1998	1130.85	374.12	286.44	56.45	134.08	616.28	545.1	229.9	355.8	18.3	3.1
1999	1120.00	352.61	265.75	48.37	134.70	627.38	551.1	224.0	344.9	21.5	3.3
2000	1164.02	329.91	247.04	42.26	188.60	640.97	584.3	222.3	357.4	23.0	3.7
2001	1167.41	313.26	230.24	38.41	209.92	640.03	585.8	216.0	365.6	20.2	3.2
2002	1186.60	298.26	216.40	31.49	227.84	656.00	587.3	219.0	380.3	23.8	3.6
2003	1202.50	286.80	204.40	27.62	241.63	669.02	592.2	209.5	400.8	28.4	4.3
2004	1222.00	279.38	195.40	25.08	266.30	670.94	563.3	227.3	431.4	28.2	4.2
2005	1238.90	257.94	176.34	20.44	291.81	685.16	565.8	231.7	441.4	27.6	4.2
2006	1250.50	259.94	171.14	19.18	292.70	691.90	565.2	237.6	447.7	26.3	4.2
2007	1266.10	256.52	165.94	15.86	303.10	700.86	564.6	243.2	458.3	23.9	3.9
2008	1281.40	255.83	164.94	14.34	307.86	711.52	564.0	251.7	465.7	24.3	4.0
2009	1297.30	257.90	160.19	13.85	308.82	723.15	568.8	261.8	466.7	23.5	4.0
2010	1311.60	259.51	161.25	13.36	310.20	733.78	567.4	263.0	481.2	22.7	3.8
2011	1337.78	267.57	163.45	9.09	311.42	748.50	573.9	270.2	493.7	22.2	3.7
2012	1355.90	274.33	163.30	8.59	319.02	751.40	557.0	283.1	515.8	22.3	3.7
2013	1415.43	320.63	166.60	6.90	320.10	756.90	551.4	321.8	542.2	22.6	3.7
2014	1447.17	315.64	160.71	6.07	354.80	757.95	533.6	344.3	569.3	23.2	3.4
2015	1480.60	308.13	156.20	5.81	395.32	760.22	525.2	342.8	612.7	23.9	3.5

注：1998年以后不包括离岗职工。
Note:Data since 1998 were not included workers laid-off.

4-2 单位从业人员（2015年末）

Number of Employed Persons of Units（end of 2015）

单位: 人 unit:person

指 标	Item	单位从业人员 Number of Employed Persons	#女性 Female	在岗职工 Staff and Workers	其他从业人员 Other Type of Employed Persons
全 省	**Total**	**3250620**	**1160264**	**3081304**	**169316**
按经济类型分	Grouped by Ownership				
国有经济	State-owned Units	1639270	637489	1562029	77241
集体经济	Collective-owned Units	62596	26270	58103	4493
其他经济	Others	1548754	496505	1461172	87582
内资	Domestic Investment	1390995	444091	1307258	83737
股份合作	Stock Cooperative	9463	4527	8946	517
联营	Joint Operation	2342	242	2340	2
有限责任公司	Limited Liability Corprations	928701	264487	870575	58126
股份有限公司	Joint Stock Corporations	383695	148415	361183	22512
其他	Others	66794	26420	64214	2580
港澳台投资	Investment Hongkong,Macao and Taiwan	51562	15367	50105	1457
外商投资	Foreign Investment	106197	37047	103809	2388
按企业、事业、机关分	Grouped by Enterprises,Institutions and Agencies				
企业	Enterprises	2148464	648409	2041029	107435
事业	Institutions	814731	420175	766348	48383
机关	Agencies and Organizations	277068	85165	264076	12992
按国民经济行业分	Grouped by Sector				
农、林、牧、渔业	Agriculture,Forestry,Animal Husbandry and Fishery	128394	39432	119764	8630
采矿业	Mining	140798	29228	139449	1349
制造业	Manufacturing	842307	265345	826488	15819
电力、热力、燃气及水的生产和供应业	Production and Supply of Power,Heat, Gas and Water	129966	29378	127131	2835
建筑业	Construction	292636	39734	250138	42498
批发和零售业	Wholesale and Retail Trades	113612	53403	109993	3619
交通运输、仓储和邮政业	Transport,Storage and Post	165889	34994	160619	5270
住宿和餐饮业	Hotels and Catering Services	29519	17537	28833	686
信息传输、软件和信息技术服务业	Information Transmission,Computer Services and Software	65502	25876	63360	2142
金融业	Financial Intermediation	118287	60806	104068	14219
房地产业	Real Estate	60067	22904	57169	2898
租赁和商务服务业	Leasing and Business Services	49737	17446	43694	6043
科学研究、技术服务业	Scientific Research and Technical Services	75372	24028	73249	2123
水利、环境和公共设施管理业	Management of Water Conservancy,Environment and Public Facilities	83108	31944	68904	14204
居民服务、修理和其他服务业	Neighborhood Services,Repair and other Services	22497	10333	18362	4135
教育	Education	361221	212155	352667	8554
卫生和社会工作	Health and Social Work	181289	116699	174686	6603
文化、体育和娱乐业	Culture,Sports and Entertainment	35699	15406	34320	1379
公共管理、社会保障和社会组织	Public Management,Social Secarities and Social Organizations	354720	113616	328410	26310
按产业分	Grouped by Industries				
第一产业	Primary Industry	107692	32306	99365	8327
第二产业	Secondary Industry	1380931	353533	1319005	61926
第三产业	Tertiary Industry	1761997	774425	1662934	99063

4-3 分细行业从业人员人数（2015年）
Number of Staff and Workers by Sector in Detail（2015）

单位: 人 unit:person

项目	Iten	合计 Total	国有单位 State-owned Units	城镇集体单位 Urban Collective-owned Units	其他类型单位 Units of Other Types of Ownership
总计	**Total**	**3250620**	**1639270**	**62596**	**1548754**
一、企业、事业、机关分组	**Grouped by Enterprises, Institutions and Agencies**				
企业	Enterprises	2148464	563428	47399	1537637
事业	Institutions	814731	795737	14985	4009
机关	Agencies and Organizations	277068	276795	178	95
二、按国民经济行业分组	**Grouped by Sector**				
(一)农、林、牧、渔业	**Agriculture,Forestry,Animal Husbandry and Fishery**	**128394**	**124275**	**2850**	**1269**
农业	Farming	25151	24618	20	513
林业	Forestry	73897	71373	2519	5
畜牧业	Animal Husbandry	6193	5782		411
渔业	Fishery	2451	2281	128	42
农、林、牧、渔服务业	Agriculture,Forestry,Animal Husbandry and Fishery	20702	20221	183	298
(二)采矿业	**Mining**	**140798**	**3891**	**1838**	**135069**
煤炭开采和洗选业	Mining and Washing of Coal	69019	775	492	67752
石油和天然气开采业	Petroleum and Natural Gas Extraction	32095			32095
黑色金属矿采选业	Mining of Ferrous Metal Ores	7513		70	7443
有色金属矿采选业	Mining of Non-ferrous Metal Ores	9039	2932		6107
非金属矿采选业	Mining Processing of Non-metal Ores	1377	89	109	1179
开采辅助活动	Mining Auxiliary Activities	21660		1167	20493
其他采矿业	Mining of Others Ores	95	95		
(三)制造业	**Manufacturing**	**842307**	**179425**	**8173**	**654709**
农副食品加工业	Processing of Food from Agricultural Products	53383	245	215	52923
食品制造业	Manufacture of Foods	15844	431	38	15375
酒、饮料	Liquor,Soft Drink	20561			20561
烟草制品业	Manufacture of Tobacco	4274	1821		2453
纺织业	Manufacture of Textile	29747		19	29728
纺织服装、服饰业	Textile and Clothing Apparel Industry	8507	44	530	7933
皮革、毛皮、羽毛及其制品和制鞋业	Leather,Fur,Feathers and its Products and Footwear	556	34	113	409
木材加工和木、竹、藤、棕、草制品	Processing of Timber,Manufacture of Wood Bamboo Rattan,Palm and Straw Products	49820	6839	209	42772
家具制造业	Manufacture of Furniture	2650		1	2649
造纸和纸制品业	Manufacture of Paper and Paper Products	4938		72	4866
印刷和记录媒介复制业	Printing and Reproduction of Recording Media	7064	337	877	5850

单位：人 unit:person

项　　目	Iten	合　计 Total	国有单位 State-owned Units	城镇单位 Urban Collective-owned Units	其他类型单位 Units of Other Types of Ownership
文教、工美、体育和娱乐用品制造业	Culture,Art,Sportsand Entertainment Goods Manufacturing	1905		86	1819
石油加工、炼焦和核燃料加工业	Petroleum Processing and Coking ,Processing of Nuclear Fuel	3952			3952
化学原料和化学制品制造业	Chemical Raw Material and Chemical Products	63717	15198	1450	47069
医药制造业	Manufacture of Medicines	122824	562	114	122148
化学纤维制造业	Manufacture of Chemical Fiber	8654			8654
橡胶和塑料制品业	Manufacture of Rubber and Plastic	12343	394	673	11276
非金属矿物制品业	Manufacture of Non-metallic Mineral Products	35702	525	1479	33698
黑色金属冶炼和压延加工业	Smelting and Pressing of Ferrous Metals	25667	95	487	25085
有色金属冶炼和压延加工业	Smelting and Pressing of Non-ferrous Metals	9777		25	9752
金属制品业	Manufacture of Metal Products	12488	523	87	11878
通用设备制造业	Manufacture of General Purpose Machinery	18927	3696	329	14902
专用设备制造业	Manufacture of Special Purpose Machinery	19104	2802	349	15953
汽车制造业	Auto Vehicle manufacturing	253939	142907	439	110593
铁路、船舶、航空航天和其他运输设备制造业	Railroads,Ships,Aerospase and other Transportation Facities	23671	596	296	22779
电气机械和器材制造业	Manufacture of Electrical Machinery and Equipment	11397	150	128	11119
计算机、通信和其他电子设备制造业	Manufacture of Communication Equipment, Computer and Other Electronic Equipment	8049	21	4	8024
仪器仪表制造业	Instrument Manufacting Industry	7276	5	59	7212
其他制造业	Other Manufacting Industry	432			432
废弃资源综合利用业	Compre Hensive Utilization of Waste Resources	2023	11	54	1958
金属制品、机械和设备修理业	Metal Products,Machinery and Equipment Repair	3116	2189	40	887
(四)电力、热力、燃气及水生产和供应业	**Production and Supply of Power Heat,Gas and Water**	**129966**	**39014**	**483**	**90469**
电力、热力生产和供应业	Production and Supply of Electricity and Heat Power	106410	27251	276	78883
燃气生产和供应业	Production and Supply of Gas	5668	1046	86	4536
水的生产和供应业	Production and Supply of Water	17888	10717	121	7050
(五)建筑业	**Construction**	**292636**	**23887**	**9504**	**259245**
房屋建筑业	Construction of Buliding	154416	10718	5859	137839
土木工程建筑业	Construction of Civil Engineering	81305	10005	1405	69895
建筑安装业	Construction Installation	36696	2919	2068	31709
建筑装饰和其他建筑业	Construction Decoration and other Constraction	20219	245	172	19802
(六)批发和零售业	**Wholesale and Retail Trades**	**113612**	**22065**	**1967**	**89580**
批发业	Wholesale Trade	42071	19793	851	21427
零售业	Retail Trade	71541	2272	1116	68153

4－3 续表 2 continued

单位：人 unit:person

项　　目	Iten	合计 Total	国有单位 State-owned Units	城镇单位 Urban Collective-owned Units	其他类型单位 Units of Other Types of Ownership
（七）交通运输、仓储和邮政业	**Transport, Storage and Post**	**165889**	**118219**	**657**	**47013**
铁路运输业	Railway Transport	65815	64939	63	813
道路运输业	Road Transport	56383	21854	484	34045
水上运输业	Water Transport	143	130		13
航空运输业	Air Transport	6397	6266		131
管道运输业	Transport Via Pipeline	1084	30		1054
装卸搬运和运输代理业	Loading, Unlooding, Portage and Other Transport Services	1093	254	50	789
仓储业	Storage	16133	10849	60	5224
邮政业	Post	18841	13897		4944
（八）住宿和餐饮业	**Hotels and Catering Serrvices**	**29519**	**9788**	**751**	**18980**
住宿业	Hotels	19967	8420	479	11068
餐饮业	Catering Services	9552	1368	272	7912
（九）信息传输、软件和信息技术服务业	**Information Transmission,Software and Information Technologh Services**	**65502**	**13942**	**7**	**51553**
电信、广播电视和卫星传输服务	Telecommunications,Broadcasting Television and Satelite Transmission Services	53434	13158		40276
互联网和相关服务	Internet and Relatsd Services	1499	450		1049
软件和信息技术服务业	Software and Infomation Technology Services	10569	334	7	10228
（十）金融业	**Financial Intermediation**	**118287**	**45451**	**15724**	**57112**
货币金融服务业	Monetary and Financial Services	90812	38161	15404	37247
资本市场服务业	Capital Market Services	3077	998		2079
保险业	Insurance	23673	6115	320	17238
其他金融业	Other Financial Activities	725	177		548
（十一）房地产业	**Real Estate**	**60067**	**9320**	**322**	**50425**
其中：房地产开发经营	Development and Managment of Real Estate	27066	985	11	26070
物业管理	Property Management	25920	2814	142	22964
房地产中介服务	Agency Services for Real Estate	1920	1080	10	830
（十二）租赁和商务服务业	**Leasing and Business Services**	**49737**	**20756**	**1713**	**27268**
租赁业	Leasing	612	57		555
商务服务业	Business Services	49125	20699	1713	26713
（十三）科学研究、技术服务业	**Scientific Research and Technical Service**	**75372**	**55061**	**367**	**19944**
研究和试验发展	Research and Experimental Development	12305	11377	14	914
专业技术服务业	Professional Technical Services	55137	36998	353	17786

4－3 续表3 continued

单位：人 unit:person

项　　目	Iten	合　计 Total	国有单位 State-owned Units	城镇单位 Urban Collective-owned Units	其他类型单位 Units of Other Types of Ownership
科技推广和应用服务业	Services of Science and Technology Exchangs and Promotion	7930	6686		1244
(十四)水利、环境和公共设施管理业	**Water Conservancy, Environment and Public Facilities Management**	**83108**	**66914**	**8963**	**7231**
水利管理业	Water Conservancy Management	16925	16378	225	322
生态保护和环境治理业	Ecological Protection and Environmental Treatment Services	3353	3080		273
公共设施管理业	Puplic Facility Mangagement	62830	47456	8738	6636
(十五)居民服务、修理和其他服务业	**Household Services,Repairing and other Services**	**22497**	**7835**	**1719**	**12943**
居民服务业	Service to Households	10807	6353	448	4006
机动车、电子产品和日用产品修理业	Motor Vehicle,Electronic Products and Household Products Repair Services	1706	400	99	1207
其他服务业	Other Services	9984	1082	1172	7730
(十六)教育	**Education**	**361221**	**351670**	**94**	**9457**
其中:初等教育	Primary Education	132147	131347	62	738
中等教育	Secondary Education	147889	145381	1	2507
高等教育	Higher Senion Education	58974	55217		3757
(十七)卫生和社会工作	**Health Care and Social Work**	**181289**	**164986**	**7165**	**9138**
卫生	Health Care	176681	161004	6710	8967
社会工作	Social Work	4608	3982	455	171
(十八)文化、体育和娱乐业	**Culture,Sports and Entertainment**	**35699**	**28324**	**91**	**7284**
新闻和出版业	Journalism and Publishing Activities	7911	5372	23	2516
广播、电视、电影和影视录音制作业	Broad Casting、TV, Movies and Audiovisual Activities	11379	9319	23	2037
文化艺术业	Culture and Activities	11782	11215	24	543
体育	Sports	3644	1832		1812
娱乐业	Entertainment	983	586	21	376
(十九)公共管理、社会保障和社会组织	**Public Management,Social Securities and Social Organization**	**354720**	**354447**	**208**	**65**
其中：中国共产党机关	Organs of Communist Party of China	12979	12979		
国家机构	Government Agencies	326088	325880	208	
人民政协、民主党派	People′s Political Consultative and Conference and Democratic Parties	1924	1924		
社会保障	Social Securities	8279	8279		
群众社团、社会团体和其他成	Non-goverment Multitude Organization,Social Organizations and other	5450	5385		65

4-4 各地区年底从业人员人数（2015年）
Number of Employees at the Year-end by Region （2015）

单位：人 unit:person

地　区	Region	合　计 Total	国有单位 State-owned Units	城镇集体单位 Urban Collective-owned Units	其他单位合　计 Units of Other Types of Ownership
全　省	**Total**	**3250620**	**1639270**	**62596**	**1548754**
长　春	Changchun	1260604	549364	18772	692468
吉　林	Jilin	400216	206052	10240	183924
四　平	Siping	198127	123818	4305	70004
辽　源	Liaoyuan	127528	52226	1912	73390
通　化	Tonghua	280660	106857	7978	165825
白　山	Baishan	178344	99422	2225	76697
松　原	Songyuan	260576	128238	7622	124716
白　城	Baicheng	207679	145620	5095	56964
延　边	Yanbian	263943	154730	4447	104766

注：各地区相加不等于全省总计。
Note:The Sum of the data by region is not equal to the total.

4-5 城镇登记失业人员情况
Registered Unemployment Persons in Urban

单位：人 unit:person

指　标	Item	2013	2014	2015
本期新登记的失业人数	Registered Unemployed Persons This Year	372434	338326	337347
# 女性	Female	175706	156658	161800
# 由就业转失业人数	Unemployed Persons from Employment	128523	115078	136342
本期登记失业人员就业人数	Reemployed Persons This Year	354000	322738	326123
期末实有登记失业人数	Actual Number of Registered Unemployed Persons	226133	231816	238766
# 女性	Female	103115	98641	93611
# 长期失业者	Unemployed Persons in Long－term	33690	30187	33810
登记失业率（%）	Registered Unemployment Rate(%)	3.70	3.37	3.50

4-6 历年职工工资总额、平均工资和指数

Total Wages and Average Wages of Staff and Workers and Related Indices

年 份 Year	工资总额 (万元) Total Wages (10000yuan)	#国有单位 State-owned Unis	#城镇集体单位 Urban Collective -owned Units	平均工资 (元) Average Wages (yuan)	#国有单位 State-owned Units	#城镇集体单位 Urban Collective -owned Units	平均实际工资指数 (以上年100) Average Real Wages Index (perceeding year=100)	#国有单位 State-owned Units
1978	214393	176392	38001	651	712	467		104.6
1979	234639	189914	44725	700	753	539	105.7	104.0
1980	275684	219028	56656	763	827	588	103.2	104.0
1981	298349	232138	66211	770	840	611	99.3	100.0
1982	323142	250121	73021	799	863	637	99.6	98.6
1983	340615	259049	81566	823	881	680	98.6	97.7
1984	393211	292467	100635	927	1008	751	108.8	110.5
1985	474432	352057	122217	1081	1175	880	105.7	105.7
1986	556845	417486	139173	1221	1333	974	106.6	107.0
1987	644136	484259	159616	1366	1491	1088	104.0	104.0
1988	789012	595701	192919	1630	1771	1311	99.2	98.7
1989	870776	662084	207837	1755	1914	1388	91.9	99.2
1990	951989	734882	215591	1888	2068	1456	102.6	103.0
1991	1063309	816534	243947	2045	2233	1596	101.4	101.1
1992	1220550	945410	264870	2308	2526	1759	104.2	105.7
1993	1423561	1109906	281071	2701	2974	1952	103.4	104.0
1994	1887916	1509813	314723	3666	3997	2568	110.2	109.1
1995	2210027	1809128	318902	4430	4803	3032	104.9	104.3
1996	2636962	2164775	364074	5370	5765	3752	112.6	111.9
1997	2745277	2214025	353209	5664	6017	3813	101.7	100.6
1998	2465545	1967822	268404	6551	6814	4778	116.6	114.1
1999	2532839	1969551	242057	7158	7368	5000	111.5	110.3
2000	2649607	2037696	234537	7924	8121	5501	112.2	111.8
2001	2775443	2102269	222532	8771	9043	5765	109.3	109.9
2002	3005549	2251039	209872	9990	10369	6411	114.5	115.2
2003	3215531	2298500	224936	11081	11124	8018	109.6	106.0
2004	3500716	2460166	192450	12431	12540	7504	107.8	108.3
2005	3774008	2597306	183772	14409	14566	8735	114.2	114.4
2006	4310888	2916500	192231	16583	17118	9787	113.5	115.9
2007	5287046	3612104	178673	20513	21688	11135	118.0	120.9
2008	6014107	4067347	186024	23486	24754	12761	108.9	108.6
2009	6781647	4406877	204827	26230	27523	14443	111.6	111.1
2010	7626800	4922713	228316	29399	30661	17060	108.1	107.4
2011	9190240	5721524	236846	34197	35216	25718	110.6	109.2
2012	11072962	6686141	273291	38407	39335	29506	109.6	109.0
2013	14766085	7900621	252572	42846	45618	34570	108.4	112.7
2014	15899035	8348348	250681	46516	49267	37351	106.4	105.9
2015	17186936	9247062	260430	51558	56032	40955	109.0	111.8

注：①1998年以后为在岗职工情况。
②从2012年以后在岗职工平均工资调整为单位从业人员平均工资。

Note:①Data on total wages since 1998 refers to wages of fully employed staff and workers.
②Since 2012 the average wage of workers,the average wage for Personnel Unit adjustment.

4－7 单位从业人员劳动报酬和生活费（2015年）

项　　目	Iten	单位从业人员工资总额(万元) Earning of Employed Persons (10000 yuan)
总计	**Total**	**17186936**
按经济类型分	Grouped by Ownership	
国有经济	State-owned Units	9247062
城镇集体经济	Urban Collective-owned Units	260430
其他经济	Others	7679444
内资	Domestic Investment	6803995
股份合作	Stock Cooperative	39056
联营	Joint Operation	8421
有限责任公司	Limited Liability Corporations	4141331
股份有限公司	Joint Stock Corporations	2256488
其他	Others	358699
港澳台商投资	Investment HongKong,Macao and Taiwan	238620
外商投资	Foreign Investment	636830
按企业、事业、机关分	Grouped by Enterprises,Institutions and Agencies	
企业	Enterprises	11571158
事业	Instiutions	4168549
机关	Agencies and Organizations	1400209
按国民经济行业分	Grouped by Sector	
农、林、牧、渔业	Agrculture,Forestry,Animal Husbandry and Fishery	382859
采矿业	Mining	738856
制造业	Manufacturing	4650723
电力、热力、燃气及水的生产和供应业	Production and Supply of Electricity,Heat,Gas and Water	873588
建筑业	Construction	1449608
批发和零售业	Wholesale and Retail Trades	465721
交通运输、仓储和邮政业	Transportation,Storage and Post	969624
住宿和餐饮业	Hotels and Catering Services	96203
信息传输、软件和信息技术服务业	Information Transmission,Software and Information Technology Services	418549
金融业	Financial Intermediation	890364
房地产业	Real Estate	266303
租赁和商务服务业	Leasing and Business Services	204305
科学研究、技术服务业	Scientific Research,Techrical Services	452897
水利、环境和公共设施管理业	Management of Water Conservancy,Environment and Public Facilities	260294
居民服务、修理和其他服务业	Household Services Repairing and other Services	70279
教育	Education	2125433
卫生和社会工作	Health Care and Social Work	971538
文化、体育和娱乐业	Culture,Sports and Entertainment	186412
公共管理、社会保障和社会组织	Public management,Social Security and Social Organization	1713382

Earning of Employed Persons and Living Expenses in Units (2015)

在岗职工工资总额 Total Wages of Staff and Workers	其他从业人员工资总额 Others	单位从业人员平均工资(元) Average Earning of Employed Persons (yuan)	#在岗职工平均工资 Average Wages of Staff and Workers
16699862	**487075**	**51558**	**52927**
9062447	184615	56032	57622
247642	12788	40955	41936
7389773	289672	47416	48506
6528459	275535	46633	47757
38011	1045	41338	42594
8416	4	28828	28833
3955775	185556	43099	43996
2177484	79004	53869	55569
348773	9926	53624	54329
234367	4254	46454	46861
626947	9883	58328	58908
11202028	369130	51922	53040
4073425	95124	51046	52997
1379917	20292	50350	52076
370862	11997	29744	30618
735269	3587	51885	52200
4565701	85022	54452	54570
863936	9652	66192	66806
1301926	147681	40803	42800
454329	11392	40854	41246
957197	12427	58488	59553
94042	2161	32178	32297
410552	7997	63448	64793
845801	44563	75102	80248
257764	8539	44444	45408
193505	10800	40714	43845
445090	7807	59844	60554
233646	26648	31578	34154
60858	9421	31535	33497
2101703	23731	58835	59584
952500	19038	53409	54352
182341	4071	50810	51697
1672841	40541	48061	50673

4-8 分行业从业人员工资总额（2015年）

Total Wages of Employees in the Sorted Industry （2015）

单位: 万元　　　　unit:10000 yuan

行　　业	Iten	合　计 Total	国有单位 State -owned Units	集体单位 Collective -owned Units	其他单位 Others
总　计	**Total**	**17186936**	**9247062**	**260430**	**7679444**
农、林、牧、渔业	Agriculture,Forestry,Animal Husbandry and Fishery	382859	365256	12045	5558
采矿业	Mining	738856	15580	7822	715454
制造业	Manufacturing	4650723	1600265	30137	3020320
电力、热力、燃气及水的生产和供应业	Production and Supply of Electricity,Heat,Gas and Water	873588	263472	1526	608589
建筑业	Construction	1449608	128742	33450	1287416
批发和零售业	Wholesale and Retail Trades	465721	125881	4934	334906
交通运输、仓储和邮政业	Transport,Storage and Post	969624	775888	1401	192336
住宿和餐饮业	Hotels and Catering Services	96203	31655	2111	62437
信息传输、软件和信息技术服务业	Information Transmission,Software and Information Technology Services	418549	74414	30	344104
金融业	Financial Intermediation	890364	329904	99171	461289
房地产业	Real Estate	266303	42631	1158	222514
租赁和商务服务业	Leasing and Business Services	204305	82173	5891	116241
科学研究、技术服务业	Scientific Research,Techrical Services	452897	325520	2439	124939
水利、环境和公共设施管理业	Management of Water Conservancy, Environment Protection and Public Facilities	260294	211557	22049	26689
居民服务、修理和其他服务业	Household Services Repairing and other Services	70279	31385	4282	34612
教育	Education	2125433	2081613	597	43224
卫生和社会工作	Health Care and Social Work	971538	908687	29629	33222
文化、体育和娱乐业	Culture, Sports and Entertainment	186412	140600	416	45397
公共管理、社会保障和社会组织	Public Management,Social Security and Social Organization	1713382	1711841	1342	198

4－9　分细行业从业人员平均工资（2015年）

Average wages of Employees In the Industry（2015）

单位：元　　　　unit:yuan

项　　目	Iten	从业人员 Employees	国有单位 State-owned Units	城镇单位 Urban Collective-owned Units	其他类型单位 Units of Other Types of Ownership
总 计	**Total**	**51558**	**56032**	**40955**	**47416**
一、企业、事业、机关分组	**Grouped by Enterprises, Institutions and Agencies**				
企业	Enterprises	51922	65296	43039	47441
事业	Institutions	51046	51425	34141	37853
机关	Agencies and Organizations	50350	50358	40503	45793
二、按国民经济行业分组	**Grouped by Sector**				
（一）农、林、牧、渔业	**Agriculture,Forestry,Animal Husbandry and Fishery**	**29744**	**29339**	**40693**	**44079**
农 业	Farming	23359	22775	30900	51572
林 业	Forestry	29463	29020	41524	12200
畜牧业	Animal Husbandry	23655	22983		33330
渔 业	Fishery	21346	20669	19547	63595
农、林、牧、渔服务业	Agriculture,Forestry,Animal Husbandry and Fishery	41269	41200	44607	43917
（二）采 矿 业	**Mining**	**51885**	**38931**	**42905**	**52385**
煤炭开采和洗选业	Mining and Washing of Coal	42751	39291	60107	42671
石油和天然气开采业	Petroleum and Natural Gas Extraction	72065			72065
黑色金属矿采选业	Mining of Ferrous Metal Ores	44204		20000	44411
有色金属矿采选业	Mining of Non-ferrous Metal Ores	40346	38029		41497
非金属矿采选业	Mining Processing of Non-metal Ores	29039	28593	40991	28027
开采辅助活动	Mining Auxiliary Activities	60584		37459	61878
其他采矿业	Mining of Others Ores	72020	72020		
（三）制 造 业	**Manufacturing**	**54452**	**87714**	**33016**	**45587**
农副食品加工业	Processing of Food from Agricultural Products	33989	31430	23377	34042
食品制造业	Manufacture of Foods	33618	23246	35872	33908
酒、饮料和	Liquor,Soft Drink	37650			37650
烟草制品业	Manufacture of Tobacco	140065	141104		139310
纺织业	Manufacture of Textile	34826		24000	34833
纺织服装、服饰业	Textile and Clothing Apparel Industry	29292	29326	21082	29845
皮革、毛皮、羽毛及其制品和制鞋业	Leather,Fur,Feathers and its Products and Footwear	26041	34242	35584	22798
木材加工和木、竹、藤、棕、草制品	Processing of Timber,Manufacture of Wood Bamboo Rattan,Palm and Straw Products	35165	40038	36976	34596
家具制造业	Manufacture of Furniture	32538		13000	32546
造纸和纸制品业	Manufacture of Paper and Paper Products	34541		17282	34801
印刷和记录媒介复制业	Printing and Reproduction of Recording Media	32591	32794	38438	31724

4－9 续表1 continued

项　　目	Iten	从业人员 Employees	国有单位 State-owned Units	城镇单位 Urban Collective-Owned Units	其他类型单位 Units of Other Types of Ownership
文教、工美、体育和娱乐用品制造业	Culture,Art,Sportsand Entertainment Goods Manufacturing	30774		31248	30744
石油加工、炼焦和核燃料加工业	Petroleum Processing and Coking ,Processing of Nuclear Fuel	40124			40124
化学原料和化学制品制造业	Chemical Raw Material and Chemical Products	57811	44242	59461	62274
医药制造业	Manufacture of Medicines	42193	36491	28526	42233
化学纤维制造业	Manufacture of Chemical Fiber	32381			32381
橡胶和塑料制品业	Manufacture of Rubber and Plastic	36258	34834	24092	37025
非金属矿物制品业	Manufacture of Non-metallic Mineral Products	34915	50829	21241	35474
黑色金属冶炼和压延加工业	Smelting and Pressing of Ferrous Metals	42196	19884	24345	42596
有色金属冶炼和压延加工业	Smelting and Pressing of Non-ferrous Metals	41665		14640	41732
金属制品业	Manufacture of Metal Products	37438	39773	29092	37395
通用设备制造业	Manufacture of General Purpose Machinery	42555	45735	30538	42013
专用设备制造业	Manufacture of Special Purpose Machinery	37742	40978	27867	37347
汽车制造业	Auto Vehicle manufacturing	80776	97893	32540	58701
铁路、船舶、航空航天和其他运输设	Railroads,Ships,Aerospase and other Transportation Facities	85112	58197	46532	86516
电气机械和器材制造业	Manufacture of Electrical Machinery and Equipment	46032	37469	19930	46525
计算机、通信和其他电子设备制造业	Manufacture of Communication Equipment, Computer and Other Electronic Equipment	49191	49762	18000	49205
仪器仪表制造业	Instrument Manufacting Industry	51445	24000	52534	51456
其他制造业	Other Manufacting Industry	26167			26167
废弃资源综合利用业	Compre Hensive Utilization of Waste Resources	37265	29233	28630	37628
金属制品、机械和设备修理业	Metal Products,Machinery and Equipment Repair	32401	33835	24000	28407
(四)电力、热力、燃气及水生产和供应业	**Production and Supply of Power Heat,Gas and Water**	**66192**	**67519**	**30467**	**65825**
电力、热力生产和供应业	Production and Supply of Electricity and Heat Power	71864	79976	41420	69249
燃气生产和供应业	Production and Supply of Gas	45728	32584	17685	49252
水的生产和供应业	Production and Sypply of Water	38245	39542	14116	36633
(五) 建筑业	**Construction**	**40803**	**48401**	**35096**	**40340**
房屋建筑业	Construction of Buliding	40137	53283	35810	39443
土木工程建筑业	Construction of Civil Engineering	39730	40119	23015	39978
建筑安装业	Construction Installation	47573	59651	41233	46813
建筑装饰和其他建筑业	Construction Decoration and other Constraction	39425	34553	31457	39560
(六)批发和零售业	**Wholesale and Retail Trades**	**40854**	**57333**	**25099**	**37181**
批发业	Wholesale Trade	51025	59521	29074	44212
零售业	Retail Trade	34852	38495	22052	34939

4－9 续表2 continued

项 目	Iten	从业人员 Employees	国有单位 State-owned Units	城镇单位 Urban Collective-owned Units	其他类型单位 Units of Other Types of Ownership
(七) 交通运输、仓储和邮政业	**Transport, Storage and Post**	**58488**	**64870**	**21197**	**42259**
铁路运输业	Railway Transport	76415	76695	43477	57068
道路运输业	Road Transport	39858	40738	16994	39605
水上运输业	Water Transport	55607	59409		18462
航空运输业	Air Transport	93228	94497		34215
管道运输业	Transport Via Pipeline	76091	32676		77484
装卸搬运和运输代理业	Loading, Unlooding, Portage and Other Transport Services	37707	24535	25077	42905
仓储业	Storage	39054	40885	27600	35399
邮政业	Post	55139	53922		59080
(八)住宿和餐饮业	**Hotels and Catering Serrvices**	**32178**	**32248**	**27733**	**32317**
住宿业	Hotels	33165	32203	27589	34122
餐饮业	Catering Services	30098	32531	27993	29752
(九)信息传输、软件和信息技术服务业	**Information Transrission,Software and Information Technologh Services**	**63448**	**51810**	**43429**	**66691**
电信、广播电视和卫星传输服务	Telecommuricutions,Broadcasting Television and Satelite Transmission Services	64285	51509		68579
互联网和相关服务	Internet and Relatsd Services	50495	60348		46392
软件和信息技术服务业	Software and Infomation Technology Services	61033	52507	43429	61329
(十)金融业	**Financial Intermediation**	**75102**	**72016**	**62950**	**80942**
货币金融服务业	Monetary and Financial Services	82439	77525	63776	94889
资本市场服务业	Capital Market Services	93058	56154		110680
保险业	Insurance	42266	40014	23091	43519
其他金融业	Other Financial Activities	85711	85497		85775
(十一)房地产业	**Real Estate**	**44444**	**45658**	**35953**	**44273**
其中：房地产开发经营	Development and Managment of Real Estate	55118	45453	25000	55483
物业管理	Property Management	32122	36007	26014	31664
房地产中介服务	Agency Services for Real Estate	37546	40520	38400	33866
(十二)租赁和商务服务业	**Leasing and Business Services**	**40714**	**39246**	**34391**	**42224**
租赁业	Leasing	35137	50169		33556
商务服务业	Business Services	40783	39215	34391	42404
(十三) 科学研究、技术服务业	**Scientific Research and Technical Service**	**59844**	**58726**	**59063**	**62983**
研究和试验发展	Research and Experimental Development	70886	72979	36857	45129
专业技术服务业	Professional Technical Services	58633	55441	59842	65323

4－9 续表3 continued

项　　目	Iten	从业人员 Employees	国有单位 State-owned Units	城镇单位 Urban Collective-owned Units	其他类型单位 Units of Other Types of Ownership
科技推广和应用服务业	Services of Science and Technology Exchangs and Promotion	51023	52585		42466
(十四)水利、环境和公共设施管理业	**Water Conservancy, Environment and Public Facilities Management**	**31578**	**31879**	**25081**	**36685**
水利管理业	Water Conservancy Management	36461	36494	24487	42922
生态保护和环境治理业	Ecological Protection and Environmentel Treatment Services	30872	30504		34739
公共设施管理业	Puplic Facility Mangagement	30270	30338	25096	36457
(十五)居民服务、修理和其他服务业	**Household Services,Repairing and other Services**	**31535**	**40181**	**24867**	**27140**
居民服务业	Service to Households	37034	40792	44780	30022
机动车、电子产品和日用产品修理业	Motor Vehicle,Electronic Products and Household Products Repair Services	36944	35549	22758	38586
其他服务业	Other Services	24698	38359	17312	23887
(十六)教育	**Education**	**58835**	**59169**	**62135**	**46244**
其中:初等教育	Primary Education	54836	54889	55406	45964
中等教育	Secondary Education	56907	57092	68000	45668
高等教育	Higher Senion Education	73924	76035		42216
(十七)卫生和社会工作	**Health Care and Social Work**	**53409**	**54807**	**41474**	**37065**
卫生	Health Care	53748	55085	43105	37274
社会工作	Social Work	40321	43506	17447	24787
(十八)文化、体育和娱乐业	**Culture,Sports and Entertainment**	**50810**	**49349**	**47239**	**55983**
新闻和出版业	Journalism and Publishing Activities	44982	51259	28043	33945
广播、电视、电影和影视录音制作业	Broad Casting、TV, Movies and Audiovisual Activities	45530	46899	89800	38739
文化艺术业	Culture and Activities	49576	49899	38833	44351
体育	Sports	85597	54278		113919
娱乐业	Entertainment	40685	44720	37333	34476
(十九)公共管理、社会保障和社会组织	**Public Management,Social Securities and Social Organization**	**48061**	**48053**	**64538**	**35429**
其中：中国共产党机关	Organs of Communist Party of China	55453	55453		
国家机构	Government Agencies	48042	48031	64538	
人民政协、民主党派	People' s Political Consultative and Conference and Democratic Parties	62194	62194		
社会保障	Social Securities	32792	32792		
群众社团、社会团体和其他成	Non-goverment Multitude Organization,Social Organizations and other	49525	49670		35429

CHAPTER ▶ 05

第五篇 5

固定资产投资

INVESTMENT IN FIXED ASSETS

5-1 历年全社会固定资产投资额

Total Investment in Fixed Assets in the Whole Country

单位: 亿元　　unit:100 million yuan

年　份 Year	投资总额 Total Investment	国有经济 State-owned Units	集体经济 Collective-owned Units	个体经济 Self-employed Individual Units	其他经济 Others	#城镇投资 Urban Investment	#房地产投资 Real Estate Investment	#农村投资 Rural Investment
1978	18.2	15.6	1.9	0.7		16.2		2.0
1979	19.5	17.2	1.6	0.8		17.9		1.7
1980	20.9	17.7	2.0	1.3		18.6		2.2
1981	21.0	17.1	2.3	1.7		18.4		2.6
1982	27.5	22.1	2.4	3.1		23.7		3.8
1983	29.3	22.0	3.4	4.0		24.2		5.1
1984	40.9	25.5	2.2	13.3		28.3		12.7
1985	62.2	37.4	4.4	20.4		41.5		20.7
1986	63.4	42.1	4.4	16.9		47.2		16.2
1987	77.0	54.0	6.4	16.7		59.8		17.2
1988	93.0	67.8	7.3	18.0		76.3		16.8
1989	80.1	58.1	4.3	17.7		65.1		15.0
1990	93.5	66.9	2.8	23.8		72.8	6.5	20.7
1991	114.0	85.6	6.0	22.4		92.0	7.7	21.9
1992	151.1	121.7	12.2	17.2		129.1	14.3	22.0
1993	253.6	207.7	23.4	22.6		223.8	29.6	29.8
1994	302.5	249.5	25.7	27.3		268.8	42.5	33.7
1995	341.9	279.8	21.2	40.9		294.9	35.6	46.9
1996	394.6	321.8	24.6	48.1		338.4	30.2	56.2
1997	364.5	295.1	32.9	36.5		311.4	25.3	53.2
1998	420.9	350.3	38.6	32.0		369.2	36.4	51.7
1999	498.8	414.6	42.5	41.7		437.9	53.0	60.9
2000	586.9	308.4	43.5	52.1	182.9	514.4	63.5	72.5
2001	679.7	373.5	26.2	70.8	209.2	606.7	93.0	73.0
2002	808.0	349.8	25.8	79.2	353.2	724.5	116.8	83.5
2003	969.0	416.4	32.1	87.4	433.1	872.9	139.2	96.1
2004	1171.6	452.3	51.8	87.4	579.9	1061.9	162.5	109.7
2005	1802.4	892.3	85.4	117.8	706.9	1642.6	195.7	159.8
2006	2804.3	1176.8	28.5	113.5	1485.5	2366.1	310.2	438.2
2007	4003.2	1129.1	70.2	153.4	2650.5	3340.2	490.1	663.0
2008	5608.2	1804.4	88.7	184.7	3530.4	4592.5	640.8	1015.7
2009	7259.5	1927.1	100.5	212.2	5019.7	5959.0	756.7	1300.5
2010	9621.8	2820.1	141.8	252.8	6407.1	7925.7	921.0	1696.1
2011	7441.7	1752.4	62.2	1263.2	4363.9	6507.3	1195.4	934.4
2012	9511.6	2191.0	82.2	367.0	6871.4	8354.4	1310.0	1157.2
2013	9979.3	2478.7	59.9	382.4	7058.3	8607.4	1252.4	1371.8
2014	11339.6	2616.4	87.5	401.6	8234.1		1030.1	
2015	12705.3	3031.1	93.6	309.8	9270.7		924.2	

注：从2011年开始，固定资产投资统计的起点标准，从计划总投资50万元提高到500万元，因此，2011年全社会固定资产投资额与以前年度不可比。
Note: From the beginning of 2011,Fixed assets investment statistics starting from the standard plans,Which from total investment of fifty thousand yuan to 5 million yuan.Therefore,in 2011 there is not comparable with other years on the total social fixed assets investment over the absolute number.

5-2 历年全社会住宅投资和房屋建筑面积

Society as a Whole Calendar Year of Residential Building Investment and Construction Area

年 份 Year	全社会住宅投资(万元) Total Investment in Residential Buildings(10000yuan)				房屋建筑面积(万平方米) Floor Space of Buildings(10000sq.m)		
	总计 Total	国有、其他类型 State-owned, Others	集体经济 Collective -owned Units	个体经济 Self-employed Individual Units	施工面积 Floor Spoce under Construcion	竣工面积 Floor Space Completed	#住宅 Residential Buidings
1978	19754	12147	440	7167		864.0	248.5
1979	34264	26298	292	7674		664.5	326.0
1980	49115	36152	202	12761		773.9	505.0
1981	57153	39003	1467	16683		1135.0	623.1
1982	82136	50244	1383	30509		1495.4	1203.0
1983	74796	37531	4201	33064		1671.6	1131.8
1984	118432	40699	5369	72364		1862.5	1484.8
1985	172342	70802	8078	93462		2007.7	1476.6
1986	182512	64113	4139	114260		2352.8	1973.6
1987	220034	49538	16019	154477		1933.3	1536.1
1988	203785	92348	5090	106347		1463.5	1059.4
1989	190408	69363	2867	118178	1512.4	1356.3	930.2
1990	241290	88078	8579	144633	1462.6	1096.1	917.2
1991	275610	136689	4809	134112	1824.8	1074.2	761.6
1992	368529	220075	7006	141448	1956.6	1380.0	834.4
1993	740171	503732	75582	160857	2583.1	1833.6	1183.9
1994	797648	508561	53914	235173	2867.8	2011.7	1162.9
1995	842257	426009	39362	376886	2013.3	2007.6	1423.1
1996	808848	443593	43689	321566	2004.9	1923.0	1505.5
1997	820149	372063	83113	364973	1843.3	1798.8	1370.0
1998	870310	518165	32037	320108	2427.1	1954.4	1112.3
1999	1119595	685868	27135	406592	2744.8	1928.6	1300.3
2000	1584539	811784	298644	474111	3500.4	2616.9	1720.4
2001	1867332	1169351	243141	454840	4449.5	3106.5	1997.3
2002	1608617	1197583	138363	272671	4856.6	3349.0	1988.8
2003	1728015	1452431	85458	191126	4913.1	3367.3	1990.1
2004	1608043	1430143	44073	133827	3967.5	2017.5	957.8
2005	2175201	1891700	56609	226892	5110.6	2633.2	946.3
2006	3520595	3191143	25225	304227	6888.4	3409.4	1192.7
2007	5293696	4907428	25130	361138	9487.9	4302.4	1629.5
2008	6415919	5983445	54707	377767	11594.0	5655.2	2521.9
2009	7915956	7261667	14402	639887	13286.9	5906.3	2626.8
2010	9046137	8384024	12027	650086	16322.2	6316.0	3228.8
2011	10593873	9899094	14455	680324	15645.3	4876.9	2978.6
2012	11097180	10425862	195865	475453	16960.0	4573.9	2173.5
2013	10404829	9787259	45471	572099	19551.1	5458.8	2451.0
2014	8414182	7802594	300	611288	18426.0	5119.8	2076.1
2015	7829337	6845088	270	983979	16935.8	4673.1	1906.0

5-3 全社会固定资产投资主要指标

Main Indicators of Total Investment in Fixed Assets in the Whole Country

单位：亿元 unit：100 million yuan

指标	Item	2013	2014	2015
全社会投资额	**Total Social Investment (100 million yuan)**	**9979.26**	**11339.62**	**12705.29**
固定资产投资额(不含农户)	Fixed Asset Investment(Excluding Farmers)(100 million yuan))	9725.76	11107.94	12508.59
按登记注册类型分	**Type of Registration**			
内资企业	Domestic Funds	9418.76	10767.11	12220.77
# 国有企业	Stute-owned	2375.78	2457.94	2871.52
集体企业	Collective	53.78	69.24	89.97
股份合作企业	Cooperative Units	4.47	17.30	30.65
联营企业	Joint Ownership	18.55	36.24	17.78
国有独资公司	State Owned Company	94.22	127.78	149.85
其他有限责任公司	Others Limited Liability Corprations	3538.78	3547.03	3786.12
股份有限公司	Share-holding Corporations Lted	519.90	546.14	568.32
港澳台商投资企业	Funds from Hongkong，Macao and Taiwan	71.51	88.14	81.85
外商投资企业	Foreign Fundece	106.64	82.76	92.83
个体投资	Personal Investment	382.35	401.61	309.84
按隶属关系分	**Grouped by Jurisdiction of Management**			
中央项目	Gentral Investment	726.17	756.44	878.35
地方项目	Local Investment	9253.09	10583.18	11826.94
按控股情况分	**Grouped by Hdding Situation**			
国有控股	State Holding	2703.21	1899.57	3283.49
集体控股	Collective Holding	92.33	126.37	139.58
私人控股	Private Holding	6303.18	7461.11	8258.13
港澳台商控股	Hongkong Macao and Taiwan Holdings	63.50	79.96	76.64
外商控股	Foreign Holding	72.48	55.15	52.22
其他控股	Other Holding	744.56	717.46	895.23
按构成分	**Grouped by structure**			
建筑安装工程	Construcion and Installtion	5914.11	6692.80	7430.64
设备、工器具购置	Parchase of Equipment and Instruments	3251.79	3790.05	4298.03
其他费用	Others	813.36	856.77	976.62
按产业分	**Grouped by Industry**			
# 住宅	Residental Buildings	1040.48	841.42	782.93
第一产业	Pirmary Industry	472.45	608.51	632.45
第二产业	Secondary Industry	5390.23	6306.61	7019.62
第三产业	Tertiary Industry	4116.58	4424.50	5053.21

5-4 固定资产投资和房屋建筑面积（不含农户）

Fixed Asset Investment and Housing Construction Area

指　　标	Item	2013	2014	2015
施工建设项目个数（个）	**Number of Constraction Projects (Unit)**	**10062**	**12705**	**13107**
新开工	New	8170	11198	11777
全部建成投产项目	Total Projects Completed and Put into Use	8146	10944	11198
建成项目投产率（%）	Rate of Construction Projects Completed and Put into Use(%)	81.0	86.1	85.4
投资完成额（亿元）	**Investment Completion（100 million yuan）**	**9725.76**	**11107.94**	**12508.59**
按资金实际到位情况分（亿元）	**By Funding the Actual Place Situation（100 million yuan）**			
国家预算内资金	National Budget	298.40	290.77	436.46
国内贷款	Domestic Loans	583.54	530.73	439.81
利用外资	Foreign Investment	27.90	11.43	24.91
自筹资金	Self-raising Funds	8427.19	9653.26	11082.31
其他投资	Others	388.73	621.75	525.10
新增固定资产（亿元）	**New Fixed Assets（100 million yuan）**	**7433.10**	**9644.99**	**10900.14**
固定资产交付使用率（%）	**Fixed Asset Delivery (%)**	**76.4**	**86.8**	**87.1**
房屋建筑面积（万平方米）	**Floor Space of Buildings(10000 sq.m)**			
施工面积	Floor Space under Construction	18948.48	17916.33	16173.16
#住宅	Residential Housing	9920.79	9628.16	8534.54
竣工面积	Floor Space Completed	4877.62	4615.79	3913.96
#住宅	Residential Housing	1946.83	1665.25	1174.86
商品房销售面积	Commercial Housing Sales Areas	2214.96	1581.72	1491.85

5－5 各行业按建设性质和构成分固定资产项目投资（2015年）

单位：万元

行业	Sector	投资额 Investment	#新建 New Construction
全省总计	**National Total**	**115843527**	**48069055**
农、林、牧、渔业	**Agriculture,Forestry,Animal Husbandry and Fishery**	**5406870**	**2687081**
农业	Farming	1469574	724600
林业	Forestry	244866	156686
畜牧业	Animal Husbandry	2437153	1367846
渔业	Fishery	81601	20300
农、林、牧、渔服务业	Agriculture, Forestry, Animal Husbandry and Fishery Services	1173676	417649
采矿业	**Mining**	**5326619**	**1853377**
煤炭开采和洗选业	Mining and Washing Coal	456139	138275
石油和天然气开采业	Extraction of Petroleum Natural Gas	2951103	1413343
黑色金属矿采选业	Mining and Processing Ferrous Metal Ores	581835	102900
有色金属矿采选业	Mining and Processing of Non-ferrous Metal Ores	614525	71879
非金属矿采选业	Mining and Processing of Nonmetal Ores	588450	84300
开采辅助活动	Mining Auxiliary Activities	129567	37680
其他采矿业	Mining of Other Ores	5000	5000
制造业	**Manufacturing**	**58199732**	**16564079**
农副食品加工业	Processing of Food from Agricultural Products	6839412	2495769
食品制造业	Manufacture of Foods	1907215	383198
酒、饮料和精制茶制造业	Liquor,Soft Drinle and Refined Tea Manufacturing	2754167	1132138
烟草制品业	Manufacture of Tobacco	60408	4200
纺织业	Manufacture of Textile	359491	56435
纺织服装、服饰业	Textile and Clothing Apparel Industry	720179	371603
皮革、毛皮、羽毛及其制品和制鞋业	Manufacture of Leather,Fur,Feather and Related Products	86393	23540
木材加工和木、竹、藤、棕、草制品业	Processing of Timber,Manfacture of Wood,Bamboo,Rattan, Palm and Straw Products	2506114	519733
家具制造业	Manufacture of Furniture	677795	190818
造纸和纸制品业	Manufacture of Paper and Paper Produts	782909	253708
印刷和记录媒介复制业	Prnting Peproduction of Recording Meida	373128	84540
文教、工美、体育和娱乐用品制造业	Culture,Art,Sports and Entertainment Goods Manufacturing	358517	113259
石油加工、炼焦和核燃料加工业	Processing of Petroleum,Coking,Processing of Nuclear Fuel	178010	32000
化学原料和化学制品制造业	Manufacture of Raw Chemical Materials and Chemical Products	4465009	1082907
医药制造业	Manufacture of Medicines	3788208	1070847
化学纤维制造业	Manufacture of Chemical Fibers	112686	21240
橡胶和塑料制品业	Manufacture of Rubber and Plastic	1655618	432976
非金属矿物制品业	Manufacture of Non-metallic Mineral Products	6147251	1556184
黑色金属冶炼和压延加工业	Simelting and Pressing of Ferrous Metals	558044	96296
有色金属冶炼和压延加工业	Smelting and Pressing of Non-ferrous Metals	460137	105564
金属制品业	Manufacture of Metal Products	1667698	587946
通用设备制造业	Manufacure of General PurPose Machinery	1959615	484032
专用设备制造业	Manufacture of Special Purpose Machinery	4751059	1773197
汽车制造业	Auto Vehide Manufacturing	10874147	2306083
铁路、船舶、航空航天和其他运输设备制造业	Railroads,Ships,Aerospase and other Transportation Facities	540564	215870
电气机械和器材制造业	Manufacture of Electrical Machinery and Equipment	1858961	492607

注：本表不含房地产投资、农户投资。
Note: This table does not contain real estate investment, investment farmers.

Industry by the Nature of Construction and Composition of Fixed Asset Investment Projects (2015)

unit:10000 yuan

#扩 建 Expansion	#改建和技术改造 Reconstruction and Technical Transformation	建筑安装工程投资 Construction and Instaccation	设备工器具购置 Purchase of Equipment and Instruments	其他费用 Others
18214168	**38893434**	**66041011**	**42184539**	**7617977**
1428075	**838741**	**3397487**	**1455479**	**553904**
265271	342571	818757	477452	173365
63330	22450	152182	38163	54521
629962	324225	1662567	527089	247497
45796	15505	45536	14265	21800
423716	133990	718445	398510	56721
821883	**2567688**	**3865601**	**1102477**	**358541**
12000	290864	271870	178217	6052
488241	1043294	2507237	192431	251435
83487	368126	324085	242500	15250
90985	451661	382270	179021	53234
127670	349556	282472	275878	30100
19500	64187	92667	34430	2470
		5000		
8705618	**26939218**	**26164005**	**28769710**	**3266017**
1208440	2851443	3796291	2497002	546119
487723	856339	879636	848651	178928
395056	1110801	1193012	1423776	137379
	47200	5400	55008	
29190	263968	125740	194844	38907
59609	264114	284806	393982	41391
9330	53523	47115	29214	10064
519668	1374618	1290566	1064143	151405
148886	312421	375359	253062	49374
98353	292413	329880	425096	27933
71150	175573	186059	164098	22971
30230	189598	203398	131397	23722
38139	83579	60939	107511	9560
499676	1623997	2289167	1954705	221137
854091	1664340	2056470	1488211	243527
26651	47213	44695	65920	2071
346544	722227	757631	823974	74013
1379693	2704986	3034467	2754271	358513
19700	246292	249845	295971	12228
83298	232403	170274	262167	27696
276683	670071	887661	710490	69547
245194	1023945	801188	1043475	114952
750445	1629367	2421440	2084637	244982
694151	6639289	2517841	7888204	468102
24390	189630	298510	210777	31277
227447	1018778	922162	836647	100152

单位：万元

5－5 续表 1

行业	Sector	投资额 Investment	#新建 New Construction
计算机、通信和其他电子设备制造业	Manufacture of Communication Equipment, Computer and Other Electronic Equipment	475971	149635
仪器仪表制造业	Instrument Manufacting Industry	378034	91417
其他制造业	Other Manufacturing Industry	553796	210634
废弃资源综合利用业	Compre Hensive Utilization of Waste Resouras	249018	152553
金属制品、机械和设备修理业	Metal Products,Machinery and Equipment Repair	100178	73150
电力、热力、燃气及水生产和供应业	**Production and Supply of Electricity,Gas and Water**	**4631812**	**1897001**
电力、热力生产和供应业	Production and Supply of Eletric Power and Heat Power	3594013	1540025
燃气生产和供应业	Prduction and Supply of Gas	673276	238641
水的生产和供应业	Prduction and Supply of Water	364523	118335
建筑业	**Construction**	**2037548**	**1114050**
房屋建筑业	Constraction of Buliding	241398	100093
土木工程建筑业	Constraction of Civil Engineering	1204662	769922
建筑安装业	Construction Installation	236164	45413
建筑装饰和其他建筑业	Constraction Decoration and other Constraction	355324	198622
批发和零售业	**Wholesale and Retail Trades**	**5933722**	**2838252**
批发业	Wholesale Trade	3001764	1446222
零售业	Retail Trade	2931958	1392030
交通运输、仓储和邮政业	**Transport,Storage and Post**	**9555242**	**5821395**
铁路运输业	Railway Transport	1242953	1163409
道路运输业	Road Transport	4303919	2667287
水上运输业	Water Transport	36705	27205
航空运输业	Air Transport	76139	68340
管道运输业	Transport Via Pipeline	14820	
装卸搬运和运输代理业	Loading, Unlooding, Portage and Other Transport Services	261789	150959
仓储业	Storage	3525321	1700341
邮政业	Post	93596	43854
住宿和餐饮业	**Hotels and Catering Services**	**1042450**	**574452**
住宿业	Hotels	624803	424640
餐饮业	Catering Services	417647	149812
信息传输、软件和信息技术服务业	**Information Transmission,Software and Information Technologh Services**	**1912030**	**1096605**
电信、广播电视和卫星传输服务	Telecommurications,Broadcasting Television and Satelite Transmission	499168	207223
互联网和相关服务	Internet and Relatsd Services	273952	124430
软件和信息技术服务业	Software and Infomation Technology Services	1138910	764952
金融业	**Finacial Intermediation**	**367270**	**219188**
货币金融服务	Monetary and Financial Services	152096	74732
资本市场服务	Capital Market Services	154534	106233
保险业	Insurance	15230	2880
其他金融业	Other Financial Activities	45410	35343
房地产业	**Real Estate**	**1739366**	**1243858**
房地产业	Real Estate	1739366	1243858
租赁和商务服务业	**Leasing and Business Services**	**1968597**	**1414608**
租赁业	Leasing	103695	

continued

unit:10000 yuan

#扩 建 Expansion	#改建和技术改造 Reconstruction and Technical Transformation	建筑安装工程投资 Construction and Instaccation	设备工器具购置 Purchase of Equipment and Instruments	其他费用 Others
20240	206153	210108	259386	6477
43000	207117	171746	177103	29185
82768	163128	324903	217775	11118
35873	60592	143896	93735	11387
	14100	83800	14478	1900
1086182	**1354289**	**2810873**	**1631292**	**189647**
773724	1058676	2110418	1357802	125793
237269	124614	417571	210551	45154
75189	170999	282884	62939	18700
332847	**391905**	**1643011**	**358073**	**36464**
66676	58003	189296	47577	4525
206521	191502	1091019	97827	15816
29500	78770	114681	116021	5462
30150	63630	248015	96648	10661
916620	**1211499**	**3123817**	**2329248**	**480657**
534818	477947	1578199	1170718	252847
381802	733552	1545618	1158530	227810
1649922	**960766**	**6418621**	**2260305**	**876316**
47620	7750	1028378	193212	21363
832265	409591	3162321	628138	513460
9500		32925	780	3000
		25609	31730	18800
	14820	13920	900	
36144	38900	165635	82889	13265
724393	478305	1945215	1279534	300572
	11400	44618	43122	5856
206358	**237768**	**714970**	**259989**	**67491**
120655	70178	456425	119701	48677
85703	167590	258545	140288	18814
107959	**410487**	**848134**	**994645**	**69251**
64045	205242	201224	285207	12737
2800	95612	131679	138257	4016
41114	109633	515231	571181	52498
8868	**104668**	**219458**	**110895**	**36917**
8868	46970	82467	46826	22803
	45348	106506	34624	13404
	12350	3615	11405	210
		26870	18040	500
322521	**129738**	**1461150**	**156857**	**121359**
322521	129738	1461150	156857	121359
130518	**194028**	**1383024**	**381923**	**203650**
17368	27587	21139	78507	4049

单位：万元

5－5 续表2

行　业	Sector	投资额 Investment	#新 建 New Construction
商务服务业	Business Services	1864902	1414608
科学研究和技术服务业	**Scientific Research and Technical Services**	**1190295**	**610720**
研究和试验发展	Research and Experimental Development	177943	69375
专业技术服务业	Professional Technical Services	501737	185117
科技推广和应用服务业	Services of Science and Technology Exchangs and Promotion	510615	356228
水利、环境和公共设施管理业	**Water Conservancy,Environment and Public Facilities Management**	**9387814**	**5887193**
水利管理业	Water Conservancy Management	1453949	873068
生态保护和环境治理业	Ecological Protection and Environmentel Treatment Services	309357	134464
公共设施管理业	Managment of Public Facilities	7624508	4879661
居民服务、修理和其他服务业	**Services to Households and Other Services**	**861982**	**317309**
居民服务业	Services to Households	443015	197884
机动车、电子产品和日用产品修理业	Motor Vehicle,Electronic Products and Household Products Repair Services	340941	116025
其他服务业	Other Services	78026	3400
教育	**Education**	**1115225**	**602888**
教育	Education	1115225	602888
卫生和社会工作	**Health,Social Security and Social Welfare**	**1128303**	**642628**
卫生	Health	803120	455518
社会工作	Social Work	325183	187110
文化、体育和娱乐业	**Culture,Sports and Entertainment**	**1124591**	**746420**
新闻和出版业	Journalism and Publishing Activities	66518	56395
广播、电视、电影和影视录音制作业	Broadcasting,TV,Movies and Audiovisual Activities	100731	29815
文化艺术业	Culture and Art Activities	272129	194380
体育	Sports Activities	284019	197420
娱乐业	Entertainments	401194	268410
公共管理、社会保障和社会组织	**Public Management,Social Securities and Social Organization**	**2914059**	**1937951**
中国共产党机关	Organs of Communist Party of China		
国家机构	Government Agencies	2157703	1399053
人民政协、民主党派	People' s Political Consultative Conference and Democratic Parties		
社会保障	Social Securities	46585	14985
群众团体、社会团体和其他成员组织	Non-governmental Organizations Social Organizations and Religious Organizations	635438	463680
基层群众自治组织	Grass Roots Self-governing Organizations	74333	60233

continued

unit:10000 yuan

#扩 建 Expansion	#改建和技术改造 Reconstruction and Technical Transformation	建筑安装工程投资 Construction and Instaccation	设备工器具购置 Purchase of Equipment and Instruments	其他费用 Others
113150	166441	1361885	303416	199601
137266	**141989**	**612152**	**451211**	**126932**
55225	18900	111451	35896	30596
55929	104617	209762	268427	23548
26112	18472	290939	146888	72788
1499747	**1876317**	**8205849**	**576110**	**605855**
281256	276854	1259278	36630	158041
102440	51604	239044	45966	24347
1116051	1547859	6707527	493514	423467
252816	**162236**	**496834**	**327253**	**37895**
193631	46497	344159	78967	19889
45044	94749	119889	209326	11726
14141	20990	32786	38960	6280
199273	**184177**	**760459**	**271477**	**83289**
199273	184177	760459	271477	83289
172683	**169745**	**682118**	**301137**	**145048**
90660	113695	446264	257697	99159
82023	56050	235854	43440	45889
118495	**219248**	**845359**	**175565**	**103667**
		50759	10123	5636
7989	54074	58717	36886	5128
22680	41515	226008	30158	15963
16700	69899	243055	19964	21000
71126	53760	266820	78434	55940
116517	**798927**	**2388089**	**270893**	**255077**
77517	625469	1718846	222525	216332
17200	14400	30835	2100	13650
12500	154258	577915	43748	13775
9300	4800	60493	2520	11320

5－6　各行业按隶属关系、登记注册类型和控股情况分固定资产项目投资（2015年）

单位：亿元

行业	Sector	投资额 Investment	中央 Contral
全省总计	**National Total**	**115843527**	**8603671**
农、林、牧、渔业	**Agriculture,Forestry,Animal Husbandry and Fishery**	**5406870**	**2951**
农业	Farming	1469574	
林业	Forestry	244866	
畜牧业	Animal Husbandry	2437153	2951
渔业	Fishery	81601	
农、林、牧、渔服务业	Agriculture, Forestry, Animal Husbandry and Fishery Services	1173676	
采矿业	**Mining**	**5326619**	**1206816**
煤炭开采和洗选业	Mining and Washing Coal	456139	67000
石油和天然气开采业	Extraction of Petroleum Natural Gas	2951103	1051736
黑色金属矿采选业	Mining and Processing Ferrous Metal Ores	581835	
有色金属矿采选业	Mining and Processing of Non-ferrous Metal Ores	614525	62600
非金属矿采选业	Mining and Processing of Nonmetal Ores	588450	
开采辅助活动	Mining Auxiliary Activities	129567	25480
其他采矿业	Mining of Other Ores	5000	
制造业	**Manufacturing**	**58199732**	**5174424**
农副食品加工业	Processing of Food from Agricultural Products	6839412	5000
食品制造业	Manufacture of Foods	1907215	
酒、饮料和精制茶制造业	Liquor,Soft Drinle and Refined Tea Manufacturing	2754167	
烟草制品业	Manufacture of Tobacco	60408	46508
纺织业	Manufacture of Textile	359491	
纺织服装、服饰业	Textile and Clothing Apparel Industry	720179	17990
皮革、毛皮、羽毛及其制品和制鞋业	Manufacture of Leather,Fur,Feather and Related Products	86393	
木材加工和木、竹、藤、棕、草制品业	Processing of Timber,Manfacture of Wood,Bamboo,Rattan, Palm and Straw Products	2506114	7846
家具制造业	Manufacture of Furniture	677795	
造纸和纸制品业	Manufacture of Paper and Paper Produts	782909	
印刷和记录媒介复制业	Prnting Peproduction of Recording Meida	373128	
文教、工美、体育和娱乐用品制造业	Culture,Art,Sports and Entertainment Goods Manufacturing	358517	
石油加工、炼焦和核燃料加工业	Processing of Petroleum,Coking,Processing of Nuclear Fuel	178010	25343
化学原料和化学制品制造业	Manufacture of Raw Chemical Materials and Chemical Products	4465009	18906
医药制造业	Manufacture of Medicines	3788208	9890
化学纤维制造业	Manufacture of Chemical Fibers	112686	
橡胶和塑料制品业	Manufacture of Rubber and Plastic	1655618	
非金属矿物制品业	Manufacture of Non-metallic Mineral Products	6147251	16780
黑色金属冶炼和压延加工业	Simelting and Pressing of Ferrous Metals	558044	
有色金属冶炼和压延加工业	Smelting and Pressing of Non-ferrous Metals	460137	
金属制品业	Manufacture of Metal Products	1667698	
通用设备制造业	Manufacure of General PurPose Machinery	1959615	
专用设备制造业	Manufacture of Special Purpose Machinery	4751059	17437
汽车制造业	Auto Vehide Manufacturing	10874147	4833912
铁路、船舶、航空航天和其他运输设备制造业	Railroads,Ships,Aerospase and other Transportation Facities	540564	174812
电气机械和器材制造业	Manufacture of Electrical Machinery and Equipment	1858961	

注：本表不含房地产投资、农户投资。
Note: This table does not contain real estate investment, investment farmers.

Each Industry by the Subordinate Relationship the type of Registration and the Holding of Fixed asset Investment Projects（2015）

unit:100 million yuan

地 方 Place	内 资 Domestic Investment	港澳台商投资 Hongkong Macao and Taiwan Funds from	外商投资 Foreign Funded Exterprises	国有控股 State Holding	集体控股 Collective Holding	私人控股 Private Holding
107239856	**113582151**	**239664**	**890255**	**31536031**	**1316322**	**76005381**
5403919	**5284033**		**2640**	**952420**	**265727**	**3763063**
1469574	1430802			150200	108877	1126217
244866	244866			143599	22380	64237
2434202	2376838		2640	283074	63370	1961840
81601	81601			3500	28000	41301
1173676	1149926			372047	43100	569468
4119803	**5286742**		**25700**	**1945764**	**129100**	**3173565**
389139	456139			84838		356801
1899367	2951103			1630636	109900	1176627
581835	574835		7000	47473		518612
551925	605525		9000	118050	9700	472775
588450	564573		9700	23300	9500	555650
104087	129567			41467		88100
5000	5000					5000
53025308	**56880681**	**113237**	**816996**	**6256259**	**240813**	**47875221**
6834412	6678934	18338	80312	269839	46075	6227871
1907215	1850757		46409	8400	4300	1670978
2754167	2700161	33443	4993	39560		2575379
13900	60408			47808		
359491	359491			6500	4990	325953
702189	705729			44169	4500	668510
86393	86393					86393
2498268	2458964			50021	27602	2348161
677795	641620		9530			648305
782909	782909			1388		756522
373128	373128				5633	367495
358517	335917		22600			344617
152667	178010			25343		141067
4446103	4430804	8800	14055	62256	1000	4321418
3778318	3695632	25356	67220	71026	48592	3187030
112686	112686			28115		84571
1655618	1630885				12800	1552441
6130471	6022563		9925	89356	21803	5912785
558044	543944		4600	19600		527549
460137	428667		31470	36652		372665
1667698	1649748					1647988
1959615	1954895		4720	20161	3100	1883354
4733622	4668101	16000	40678	60805	14650	4239550
6040235	10466306	8100	399741	5014890		4738395
365752	540564			174812	25272	340480
1858961	1774418		80743	81000	4736	1567244

单位：亿元

5－6 续表1

行 业	Sector	投资额 Investment	中 央 Contral
计算机、通信和其他电子设备制造业	Manufacture of Communication Equipment, Computer and Other Electronic Equipment	475971	
仪器仪表制造业	Instrument Manufacting Industry	378034	
其他制造业	Other Manufacturing Industry	553796	
废弃资源综合利用业	Compre Hensive Utilization of Waste Resouras	249018	
金属制品、机械和设备修理业	Metal Products,Machinery and Equipment Repair	100178	
电力、热力、燃气及水生产和供应业	**Production and Supply of Electricity,Gas and Water**	**4631812**	**1019425**
电力、热力生产和供应业	Production and Supply of Eletric Power and Heat Power	3594013	1019425
燃气生产和供应业	Prduction and Supply of Gas	673276	
水的生产和供应业	Prduction and Supply of Water	364523	
建筑业	**Construction**	**2037548**	**6486**
房屋建筑业	Constraction of Buliding	241398	1876
土木工程建筑业	Constraction of Civil Engineering	1204662	4600
建筑安装业	Construction Installation	236164	
建筑装饰和其他建筑业	Constraction Decoration and other Constraction	355324	10
批发和零售业	**Wholesale and Retail Trades**	**5933722**	**15960**
批发业	Wholesale Trade	3001764	
零售业	Retail Trade	2931958	15960
交通运输、仓储和邮政业	**Transport,Storage and Post**	**9555242**	**631156**
铁路运输业	Railway Transport	1242953	492542
道路运输业	Road Transport	4303919	16781
水上运输业	Water Transport	36705	
航空运输业	Air Transport	76139	
管道运输业	Transport Via Pipeline	14820	
装卸搬运和运输代理业	Loading, Unlooding, Portage and Other Transport Services	261789	3000
仓储业	Storage	3525321	118833
邮政业	Post	93596	
住宿和餐饮业	**Hotels and Catering Services**	**1042450**	
住宿业	Hotels	624803	
餐饮业	Catering Services	417647	
信息传输、软件和信息技术服务业	**Information Transmission,Software and Information Technologh Services**	**1912030**	**154080**
电信、广播电视和卫星传输服务	Telecommurications,Broadcasting Television and Satelite Transmission	499168	121349
互联网和相关服务	Internet and Relatsd Services	273952	8317
软件和信息技术服务业	Software and Infomation Technology Services	1138910	24414
金融业	**Finacial Intermediation**	**367270**	**46713**
货币金融服务	Monetary and Financial Services	152096	23246
资本市场服务	Capital Market Services	154534	
保险业	Insurance	15230	
其他金融业	Other Financial Activities	45410	23467
房地产业	**Real Estate**	**1739366**	**26473**
房地产业	Real Estate	1739366	26473
租赁和商务服务业	**Leasing and Business Services**	**1968597**	**11707**
租赁业	Leasing	103695	

continued

unit:100 million yuan

地 方 Place	内 资 Domestic Investment	港澳台商投资 Hongkong Macao and Taiwan Funds from	外商投资 Foreign Funded Exterprises	国有控股 State Holding	集体控股 Collective Holding	私人控股 Private Holding
475971	472771	3200		17960		336561
378034	378034					274858
553796	553796			26198	9860	470185
249018	249018				5900	217118
100178	95428			60400		39778
3612387	**4626812**			**2375624**	**63822**	**1904807**
2574588	3594013			2064771	60722	1247851
673276	668276			104278		511608
364523	364523			206575	3100	145348
2031062	**2037548**			**1251186**	**35656**	**675962**
239522	241398			40323	4650	180815
1200062	1204662			1001304	31006	132868
236164	236164			95569		140595
355314	355324			113990		221684
5917762	**5631117**	**45319**	**8590**	**225180**	**88800**	**5344438**
3001764	2981136	2878		103489	36600	2745285
2915998	2649981	42441	8590	121691	52200	2599153
8924086	**9539979**		**12463**	**4931000**	**65308**	**4235980**
750411	1242953			1188858		54095
4287138	4301119			3164750	51308	943891
36705	36705			13500		
76139	76139			42273		33866
14820	14820			14820		
258789	261789			16500		240309
3406488	3512858		12463	486196	14000	2874326
93596	93596			4103		89493
1042450	**892789**	**9460**	**2980**	**127466**	**34905**	**851908**
624803	552613	9460		32219	31405	541769
417647	340176		2980	95247	3500	310139
1757950	**1859178**	**31966**	**20886**	**491035**	**37036**	**885990**
377819	467202	31966		386088		67409
265635	273952			69413		184667
1114496	1118024		20886	35534	37036	633914
320557	**359770**			**114383**	**6360**	**246527**
128850	144596			59780	6360	85956
154534	154534			38594		115940
15230	15230					15230
21943	45410			16009		29401
1712893	**1709806**			**674678**	**3850**	**880120**
1712893	1709806			674678	3850	880120
1956890	**1965687**	**2910**		**192308**	**2990**	**1691209**
103695	103695			4600		81829

单位：亿元

5－6 续表2

行业	Sector	投资额 Investment	中央 Contral
商务服务业	Business Services	1864902	11707
科学研究和技术服务业	**Scientific Research and Technical Services**	**1190295**	**96795**
研究和试验发展	Research and Experimental Development	177943	55225
专业技术服务业	Professional Technical Services	501737	32745
科技推广和应用服务业	Services of Science and Technology Exchangs and Promotion	510615	8825
水利、环境和公共设施管理业	**Water Conservancy,Environment and Public Facilities Management**	**9387814**	**126620**
水利管理业	Water Conservancy Management	1453949	31135
生态保护和环境治理业	Ecological Protection and Environmentel Treatment Services	309357	
公共设施管理业	Managment of Public Facilities	7624508	95485
居民服务、修理和其他服务业	**Services to Households and Other Services**	**861982**	**21774**
居民服务业	Services to Households	443015	21774
机动车、电子产品和日用产品修理业	Motor Vehicle,Electronic Products and Household Products Repair Services	340941	
其他服务业	Other Services	78026	
教育	**Education**	**1115225**	**15804**
教育	Education	1115225	15804
卫生和社会工作	**Health,Social Security and Social Welfare**	**1128303**	**10950**
卫生	Health	803120	4950
社会工作	Social Work	325183	6000
文化、体育和娱乐业	**Culture,Sports and Entertainment**	**1124591**	**8100**
新闻和出版业	Journalism and Publishing Activities	66518	
广播、电视、电影和影视录音制作业	Broadcasting,TV,Movies and Audiovisual Activities	100731	
文化艺术业	Culture and Art Activities	272129	8100
体育	Sports Activities	284019	
娱乐业	Entertainments	401194	
公共管理、社会保障和社会组织	**Public Management,Social Securities and Social Organization**	**2914059**	**27437**
中国共产党机关	Organs of Communist Party of China		
国家机构	Government Agencies	2157703	24172
人民政协、民主党派	People' s Political Consultative Conference and Democratic Parties		
社会保障	Social Securities	46585	
群众团体、社会团体和其他成员组织	Non-governmental Organizations Social Organizations and Religious Organizations	635438	3265
基层群众自治组织	Grass Roots Self-governing Organizations	74333	

continued

unit:100 million yuan

地 方 Place	内 资 Domestic Investment	港澳台商投资 Hongkong Macao and Taiwan Funds from	外商投资 Foreign Funded Exterprises	国有控股 State Holding	集体控股 Collective Holding	私人控股 Private Holding
1853195	1861992	2910		187708	2990	1609380
1093500	**1190295**			**271248**	**4200**	**794242**
122718	177943			73405		97138
468992	501737			108228	4200	290996
501790	510615			89615		406108
9261194	**9350414**	**31000**		**7475366**	**211500**	**1247172**
1422814	1453949			1335930	39450	67711
309357	306557			165186		101757
7529023	7589908	31000		5974250	172050	1077704
840208	**750972**			**154043**		**659210**
421241	401335			140693		282392
340941	271611			7000		305142
78026	78026			6350		71676
1099421	**1101825**			**624667**	**20640**	**425385**
1099421	1101825			624667	20640	425385
1117353	**1097753**	**5772**		**455952**	**13345**	**610897**
798170	775360	5772		367584	10580	389897
319183	322393			88368	2765	221000
1116491	**1102691**			**441922**	**7800**	**568394**
66518	66518					63658
100731	100731			58976		41755
264029	272129			161901	4800	80326
284019	279069			183976	3000	44530
401194	384244			37069		338125
2886622	**2914059**			**2575530**	**84470**	**171291**
2133531	2157703			2009025	39800	71458
46585	46585			20185	8000	
632173	635438			517630	7500	91360
74333	74333			28690	29170	8473

5-7 分行业固定资产投资施工投产项目个数（2015年）

Number of Investment in Fixed Assets Projects Under Construction and Put into Use by Sector (2015)

行业	Sector	施工项目(个) Number of Projects under Construction (unit)	#新开工 Started this Year	本年投产项目个数(个) Number of Projects Completed and Put into Use (unit)	项目建成投产率(%) Rate of Projects Completed and Put into Use (%)
全省总计	**National Total**	**13107**	**11777**	**11198**	**85.4**
农、林、牧、渔业	**Agriculture,Forestry,Animal Husbandry and Fishery**	**873**	**833**	**771**	**88.3**
农业	Farming	267	257	241	90.3
林业	Forestry	52	45	46	88.5
畜牧业	Animal Husbandry	378	360	331	87.6
渔业	Fishery	23	23	17	73.9
农、林、牧、渔业	Agriculture, Forestry, Animal Husbandry and Fishery Services	153	148	136	88.9
采矿业	**Mining**	**372**	**332**	**332**	**89.2**
煤炭开采和洗选业	Mining and Washing Coal	49	48	41	83.7
石油和天然气开采业	Extraction of Petroleum Natural Gas	127	121	121	95.3
黑色金属矿采选业	Mining and Processing Ferrous Metal Ores	53	42	43	81.1
有色金属矿采选业	Mining and Processing of Non-ferrous Metal Ores	57	45	51	89.5
非金属矿采选业	Mining and Processing of Nonmetal Ores	69	62	61	88.4
开采辅助活动	Mining Auxiliary Activities	16	13	14	87.5
其他采矿业	Mining of Other Ores	1	1	1	100.0
制造业	**Manufacturing**	**6416**	**5853**	**5713**	**89.0**
农副食品加工业	Processing of Food from Agricultural Products	901	846	807	89.6
食品制造业	Manufacture of Foods	239	214	216	90.4
酒、饮料和精制茶制造业	Liquor,Soft Drinle and Refined Tea Manufacturing	331	306	301	90.9
烟草制造业	Manufacture of Tobacco	4	2	3	75.0
纺织业	Manufacture of Textile	44	42	36	81.8
纺织服装、服饰业	Textile and Clothing Apparel Industry	102	97	81	79.4
皮革、毛皮、羽毛(绒)及其制品业	Manufacture of Leather,Fur,Feather and Related Products	11	10	10	90.9
木材加工及木、竹、藤、棕、草制品业	Processing of Timber,Manfacture of Wood,Bamboo,Rattan, Palm and Straw Products	387	372	366	94.6
家具制造业	Manufacture of Furniture	94	88	84	89.4
造纸及纸制品业	Manufacture of Paper and Paper Produts	83	76	66	79.5
印刷业和记录媒介的复制	Prnting Peproduction of Recording Meida	49	43	38	77.6
文教、工美、体育和娱乐用品制造业	Culture,Art,Sports and Entertainment Goods Manufacturing	51	50	51	100.0
石油加工、炼焦及核燃料加工业	Processing of Petroleum,Coking,Processing of Nuclear Fuel	18	16	16	88.9
化学原料及化学制品制造业	Manufacture of Raw Chemical Materials and Chemical Products	516	471	476	92.2
医药制造业	Manufacture of Medicines	431	364	342	79.4
化学纤维制造业	Manufacture of Chemical Fibers	13	13	9	69.2
橡胶和塑料制品业	Manufacture of Rubber and Plastic	209	195	189	90.4
非金属矿物制品业	Manufacture of Non-metallic Mineral Products	776	718	711	91.6
黑色金属冶炼及压延加工业	Simelting and Pressing of Ferrous Metals	53	48	42	79.2
有色金属冶炼及压延加工业	Smelting and Pressing of Non-ferrous Metals	54	41	44	81.5
金属制品业	Manufacture of Metal Products	210	192	188	89.5
通用设备制造业	Manufacure of General PurPose Machinery	271	257	237	87.5
专用设备制造业	Manufacture of Special Purpose Machinery	530	474	465	87.7
汽车制造业	Auto Vehide Manufacturing	614	527	550	89.6
铁路、船舶、航空航天和其他运输设备制造业	Railroads,Ships,Aerospase and other Transportation Facities	35	34	32	91.4
电气机械及器材制造业	Manufacture of Electrical Machinery and Equipment	202	189	186	92.1
计算机、通信和其他电子设备制造业	Manufacture of Communication Equipment, Computer and Other Electronic Equipment	41	33	35	85.4

注：本表不含房地产开发投资和农户投资。
Note:Real estate development investment and farmer investment is not included in the table.

5－7 续表 1 continued

行　　业	Sector	施工项目(个) Number of Projects under Construction (unit)	#新开工 Started this Year	本年投产项目个数(个) Number of Projects completed and Put into use (unit)	项目建成投产率(%) Rate of Projects Completed and Put into use (%)
仪器仪表制造业	Instrument Manufacting Industry	47	43	43	91.5
其他制造业	Other Manufacturing Industry	62	61	59	95.2
废弃资源综合利用业	Compre Hensive Utilization of Waste Resouras	32	26	27	84.4
金属制品、机械和设备修理业	Metal Products,Machinery and Equipment Repair	6	5	3	50.0
电力、热力、燃气及水的生产和供应业	**Production and Supply of Electricity,Gas and Water**	**368**	**285**	**270**	**73.4**
电力、热力的生产和供应业	Production and Supply of Eletric Power and Heat Power	245	190	179	73.1
燃气生产和供应业	Prduction and Supply of Gas	67	59	53	79.1
水的生产和供应业	Prduction and Supply of Water	56	36	38	67.9
建筑业	**Construction**	**253**	**232**	**202**	**79.8**
房屋建筑业	Constraction of Buliding	38	33	26	68.4
土木工程建筑业	Constraction of Civil Engineering	141	129	111	78.7
建筑安装业	Construction Installation	31	30	28	90.3
建筑装饰业和其他建筑业	Constraction Decoration and other Constraction	43	40	37	86.0
批发和零售业	**Wholesale and Retail Trades**	**837**	**781**	**745**	**89.0**
批发业	Wholesale Trade	391	363	342	87.5
零售业	Retail Trade	446	418	403	90.4
交通运输、仓储和邮政业	**Transport,Storage and Post**	**828**	**712**	**667**	**80.6**
铁路运输业	Railway Transport	33	18	24	72.7
道路运输业	Road Transport	344	289	261	75.9
水上运输业	Water Transport	3	3	3	100.0
航空运输业	Air Transport	3	2	1	33.3
管道运输业	Transport Via Pipeline	3	3	2	66.7
装卸搬运和运输代理业	Loading, Unlooding, Portage and Other Transport Services	37	27	29	78.4
仓储业	Storage	396	362	340	85.9
邮政业	Post	9	8	7	77.8
住宿和餐饮业	**Hotels and Catering Services**	**174**	**158**	**144**	**82.8**
住宿业	Hotels	96	85	72	75.0
餐饮业	Catering Services	78	73	72	92.3
信息传输、软件和信息技术服务业	**Information Transmission,Software and Information Technologh Services**	**189**	**173**	**165**	**87.3**
电信、广播电视和卫星传输服务	Telecommuricutions,Broadcasting Television and Satelite Transmission	74	68	64	86.5
互联网和相关服务	Internet and Relatsd Services	25	22	22	88.0
软件和信息技术服务业	Software and Infomation Technology Services	90	83	79	87.8
金融业	**Finacial Intermediation**	**44**	**38**	**36**	**81.8**
货币金融服务	Monetary and Financial Services	16	14	11	68.8
资本市场服务	Capital Market Services	20	16	18	90.0
保险业	Insurance	3	3	3	100.0
其他金融活动	Other Financial Activities	5	5	4	80.0
房地产业	**Real Estate**	**210**	**173**	**165**	**78.6**

5－7 续表 2 continued

行　　业	Sector	施工项目(个) Number of Projects under Construction (unit)	#新开工 Started this Year	本年投产项目个数(个) Number of Projects completed and Put into Use (unit)	项目建成投产率(%) Rate of Projects Completed and Put into Use (%)
租赁和商务服务业	**Leasing and Business Services**	**192**	**171**	**125**	**65.1**
租赁业	Leasing	13	13	13	100.0
商务服务业	Business Services	179	158	112	62.6
科学研究和技术服务业	**Scientific Research and Technical Services**	**129**	**126**	**105**	**81.4**
研究与试验发展	Research and Experimental Development	15	14	11	73.3
专业技术服务业	Professional Technical Services	63	61	46	73.0
科技推广和应用服务业	Services of Science and Technology Exchangs and Promotion	51	51	48	94.1
水利、环境和公共设施管理业	**Water Conservancy,Environment and Public Facilities Management**	**1259**	**1065**	**988**	**78.5**
水利管理业	Water Conservancy Management	208	175	176	84.6
生态保护和环境治理业	Ecological Protection and Environmentel Treatment Services	43	30	32	74.4
公共设施管理业	Managment of Public Facilities	1008	860	780	77.4
居民服务和其他服务业	**Services to Households and Other Services**	**125**	**115**	**112**	**89.6**
居民服务业	Services to Households	63	55	54	85.7
机动车、电子产品和日用产品修理业	Motor Vehicle,Electronic Products and Household Products Repair Services	49	47	45	91.8
其他服务业	Other Services	13	13	13	100.0
教育	**Education**	**165**	**144**	**142**	**86.1**
教育	Education	165	144	142	86.1
卫生、社会保障和社会福利业	**Health,Social Security and Social Welfare**	**141**	**123**	**107**	**75.9**
卫生	Health	84	69	59	70.2
社会工作	Social Work	57	54	48	84.2
文化、体育和娱乐业	**Culture,Sports and Entertainment**	**138**	**118**	**102**	**73.9**
新闻出版业	Journalism and Publishing Activities	6	6	6	100.0
广播、电视、电影和音像业	Broadcasting,TV,Movies and Audiovisual Activities	14	14	7	50.0
文化艺术业	Culture and Art Activities	38	30	25	65.8
体育	Sports Activities	37	30	27	73.0
娱乐业	Entertainments	43	38	37	86.0
公共管理、社会保障和社会组织	**Public Management,Social Securities and Social Organization**	**394**	**345**	**307**	**77.9**
中国共产党机关	Organs of Communist Party of China				
国家机构	Government Agencies	278	232	207	74.5
人民政协和民主党派	People's Political Consultative Conference and Democratic Parties				
社会保障	Social Securities	6	5	5	83.3
群众团体、社会团体和宗教组织	Non-governmental Organizations Social Organizations and Religious Organizations	93	91	80	86.0
基层群众自治组织	Grass Roots Self-governing Organizations	17	17	15	88.2

5-8 能源工业固定资产投资额
Total Investment in Fixed Assets of Energy Industry

单位: 万元 unit:10000 yuan

项　目	Item	2010	2011	2012	2013	2014	2015
总计	**Total**	**10772896**	**6939719**	**7391205**	**6627099**	**7576837**	**7852541**
煤炭开采和洗选业	Mining and Washing of Coal	1151167	881140	976546	563118	400879	456139
石油和天然气开采业	Extraction of Petroleum and Natural Gas	3226532	1601332	2284882	1778972	2537289	2951103
电力、蒸汽、热水的生产和供应业	Production and Supply of Power and Hot Water	5594955	3868786	3453162	3484549	3505208	3594013
石油加工、炼焦及核燃料加工业	Processing of Petroleum,Coking and Processing of Nuclear Fuel	356257	215587	306009	205732	299991	178010
燃气生产和供应业	Production and Supply of Gas	443985	372874	370606	594728	833470	673276
能源投资占全社会固定资产投资比重(%)	Energy Investment Account for Percentage of Investment in Fixed Assets	11.2	9.3	7.8	6.6	6.7	6.2

5-9 基础设施固定资产投资额
Total Investment in Fixed Assets of Basic Construction

单位: 万元 unit:10000 yuan

项　目	Item	2010	2011	2012	2013	2014	2015
总计	**Total**	**19888060**	**11886730**	**15928295**	**17406614**	**19571100**	**21811562**
交通运输、仓储及邮电通信业	Transport, Storage and Post	7906879	4832225	5282772	5848165	7789703	9555242
#铁路	Railway Transport	1860640	1146530	1077022	1518596	1177224	1242953
道路	Road Transport	4219725	2354768	2773016	2632501	3899138	4303919
航空	Air Transport	24954	7688	28550	21187	40500	76139
仓储业	Storage	1090465	679286	1073028	1321693	2184219	3525321
邮电通信	Post	38990	19322	27360	6800	75453	93596
电力、热力的生产和供应业	Production and Supply of Power and Heat	5594955	3086849	3453162	3484549	3505208	3594013
燃气生产和供应业	Production and Supply of Gas	443985	372874	370606	594728	833470	673276
水的生产和供应业	Production and Supply of Water	579116	409063	315204	396998	510696	364523
公共设施管理业	Management of Public Facilities	5363125	3185719	6506551	7082174	6932023	7624508
基础设施投资占全社会固定资产投资比重(%)	Basic Construction Account for Percentage of Fixed Assets	20.7	16.0	16.7	17.5	17.3	17.2

5－10　房地产开发投资主要指标

Main Indicators of Investment for Real Estate Development

指　　标	Item	2013	2014	2015
企业个数（个）	**Number of Enterprises(unit)**	**1700**	**1681**	**1727**
内资	Domestic Investment Enterprises	1671	1652	1702
#国有	State-owned Enterprises	6	24	7
集体	Collective-owned Enterprises	1	1	1
股份有限公司	Joint Stock Corporations	96	823	90
港澳台投资	Investment Hong Kong,Macao and Taiwan	21	21	18
外商投资	Foreign Investment	9	8	7
投资完成额（亿元）	**Total Value of Investment Completed(100 million yuan)**	**1252.43**	**1030.13**	**924.24**
#住宅	Residential Buildings	911.45	732.47	648.81
按构成分	**Grouped by Use of Funds**			
#建筑安装工程	Construction and Installation	998.24	821.95	717.09
设备工器具购置	Purchase of Equipment and Instruments	12.15	12.81	8.11
本年实际到位资金（亿元）	**Actual Funds in Place this Year(100 million yuan)**		**1229.42**	**1211.74**
国内贷款	Domestic Loans		126.19	180.82
利用外资	Foreign Investment		0.50	0.02
自筹资金	Self-raising Funds		658.92	557.72
其他投资	Others		443.81	473.19
本年购置土地面积（万平方米）	**Land Space Purchased This Year**	**1143.95**	**928.40**	**793.19**
商品房销售情况	**Selling of Commercial Houses**			
房屋销售面积（万平方米）	Floor Space Commercial Buildings Sold(10000 sq.m)	2214.96	1581.72	1491.85
#住宅	Residential Buildings	1985.95	1387.87	1304.82
商品房销售额（亿元）	Total Sales of Commercial Buildings(100 million yuan)	993.04	808.58	816.87

5－11　房地产开发企业从业人员数
Numer of Employed Persons in Enterprises for Real Estate Development

单位：人　　　　unit:Person

年　份 Year	合计 Total	国有 State-owned Enterprises	集体 Collective-owned Enterprises	股份有限公司 Share-holding Corporations Ltd	港澳台商投资 Funds from Hong Kong, Macao and Taiwan	外商投资 Foreign Funded Enterprises	其他 Others
2001	14465	4263	659	7565	367	128	1483
2002	14392	2263	390	1454	342	265	9678
2003	15331	2191	82	1748	389	372	10549
2004	24708	6034	55	2732	600	785	14502
2005	22332	1865	77	2202	643	714	16831
2006	27223	1689	84	2174	762	702	21812
2007	30527	1338	153	2249	834	636	25317
2008	30590	1554	194	2109	700	412	25621
2009	29080	652	178	2237	633	257	25123
2010	29837	477	187	1793	651	265	26464
2011	39452	1087	256	18207	1157	297	18448
2012	39288	1003	117	20353	1249	286	16280
2013	38831	2453	322	20825	1263	306	13662
2014	40977	459	34	2310	1233	327	36614
2015	42040	652	11	2013	1486	270	37608

5－12　房地产开发完成投资额
Actually Completed Investment for Real Estate Development

单位：万元　　　　unit:10000 yuan

年　份 Year	本年完成投资额 Investment Completed This Year	按构成分 By Use of Funds			
		建筑安装工程 Construction and Installation	设备、工器具购置 Purchase of Equipment and Instruments	其他费用 Others	#土地购置 Land Purchase
2001	929705	772558	8363	148784	31445
2002	1167724	953827	8810	205087	79155
2003	1392394	1056394	15690	320310	188938
2004	1624782	1191700	16900	416182	246472
2005	1957345	1468893	14843	473609	243325
2006	3101571	2336393	8446	756732	386437
2007	4900844	3741480	18736	1140628	587676
2008	6408364	5141808	63314	1203242	608292
2009	7566737	6179246	36572	1350919	712958
2010	9210117	7434156	14156	1761805	1252993
2011	11953911	9245197	40122	2668592	1868331
2012	13100259	9942288	107268	3050703	2255877
2013	12524257	9982382	121506	2420369	1735697
2014	10301285	8219491	128112	1953682	1552022
2015	9242409	7170884	81093	1990432	1502936

5-13 房地产开发建设按工程用途分的投资额和新增固定资产

Actually Completed Investment for Real Estate Development by Use and Newly Increased Fixed Assets

单位：万元 unit:10000 yuan

年 份 Year	按工程用途分的投资额 By Use of Projects				新 增 固定资产 Newly Increased Fixed Assets
	住宅 Residential Buildings	办公楼 Office Buildings	商品营业用 房 Houses for Business Use	其他 Others	
2001	678293	29180	167848	54384	803155
2002	798763	36066	249163	83732	943180
2003	977740	60698	291525	62431	967027
2004	1139836	63859	308426	112661	966120
2005	1454869	70410	330340	101726	834971
2006	2414788	90449	406237	190097	1462109
2007	3980067	72409	623715	224653	2147816
2008	5343926	93880	717163	253395	2783928
2009	6052327	153008	962807	398595	3220217
2010	7317269	138718	1160245	593885	5865131
2011	9208055	201628	1600637	943591	5907332
2012	9877438	313270	1789054	1120497	5655047
2013	9114450	418277	1935594	1055936	7635088
2014	7324687	301565	1867173	807860	5140347
2015	6488051	386251	1627431	740676	4950857

5-14 房地产开发建设房屋施工面积

Floor Space of Buildings under Construction for Real Estate Development

单位：平方米 unit:sq.m

年 份 Year	施工房屋建筑面积 Floor Space of Buildings under Construction	#新开工 Started This Year	住宅 Residential Buidings	办公楼 Office Buildings	商业营业用 房 Houses for Business Use	其他 Others
2001	12572972	9952115	10047457	338612	1902865	284038
2002	14638817	10087551	10965950	403507	2845360	424000
2003	14377363	9602758	10807109	582667	2608218	379369
2004	15430259	10071186	11576669	745914	2626151	481525
2005	18899925	12861393	15252107	532375	2565886	549557
2006	28467199	21179229	23851539	611179	3343419	661062
2007	43700329	29328026	36559660	608497	5007037	1525135
2008	49213978	29449187	41488335	851454	4996421	1877768
2009	53693369	32623532	44389103	972208	5753849	2578209
2010	70694709	35253007	57588659	1046684	8104733	3954633
2011	91234149	49914466	72651099	1661309	11318643	5603098
2012	109357999	48267557	85125959	2072196	14708706	7451138
2013	121812769	37462431	93177664	3027171	16275329	9332605
2014	122684388	32575990	90670951	3497798	17593493	10922146
2015	115664727	20636601	82826622	4232641	17541676	11063788

5-15 房地产开发建设房屋建筑面积和造价
Floor Space and Cost of Buildings Developed for Real Estate Development

年 份 Year	竣工房屋建筑面积(平方米) Floor Space of Buildings under Completed (sq.m)	住 宅 Residential Buildings	办公楼 Office Buildings	商业营业用 房 Houses for Business Use	其 他 Others	竣工房屋造价（元/平方米） Cost of Buildings Completed (yuan/sq.m)	#住 宅 Residential Buidings
2001	6286898	4980687	109414	1029711	167086	1084	1046
2002	7558510	5935498	211244	1224620	187148	1149	1065
2003	7109851	5383728	189393	1350399	186331	1154	1073
2004	7102486	5724869	253866	932166	191585	1112	1005
2005	6227590	4961164	168280	945772	152374	1086	994
2006	9348495	7859107	351082	952419	185887	1201	1124
2007	12917989	11474601	159565	932381	351442	1155	1122
2008	15419556	13432087	238090	1363988	385391	1379	1342
2009	14696419	12935916	99233	1280236	381034	1442	1385
2010	20305160	16949615	127446	2245284	982815	1675	1622
2011	18789327	15482168	194511	2072842	1039806	2032	1979
2012	19278702	16135936	164300	2230670	747796	2002	1945
2013	22536496	17699470	256054	3075023	1505949	2225	2148
2014	15738605	13092601	112706	1725400	807898	2081	2038
2015	12873999	10007531	345720	1530929	989819	2391	2322

5-16 商品房屋销售情况
Selling of Commercial Buildings

年 份 Year	实际销售商品房屋面积(平方米) Floor Space Commercial Buildings Sold (sq.m)	住 宅 Residential Buidings	办公楼 Office Buildings	商业营业用 房 Houses for Business Use	其他 Others	商品房屋销售额(万元) Total Sale of Commercial Buildings (10000 yuan)	#住 宅 Residential Buidings
2001	3851320	3378449	23162	437003	12706	597880	490070
2002	5182828	4326747	83260	724105	48716	862852	648388
2003	5011405	4363248	122582	460298	65277	788764	631448
2004	7016498	6010273	137436	774344	94445	1189469	930730
2005	7659092	6809214	147879	634788	67211	1443915	1184503
2006	9749103	8792384	214703	639662	102354	1959171	1634000
2007	12923870	11843969	94916	841107	143878	2955579	257830
2008	15838707	14357309	156715	1055241	269442	3971105	3444370
2009	19442978	17583736	97054	1391315	370873	5671879	4902250
2010	23821025	21053282	77461	2203046	487236	8686946	7359079
2011	24325555	21223389	99698	2390368	612100	10615628	8831622
2012	24524245	21594307	147547	2194900	587491	10169480	8368014
2013	22149634	19859455	212501	1573075	504603	9930394	8397317
2014	15817211	13878655	118308	1380355	439893	8085844	6676190
2015	14918487	13048225	178741	1292251	399270	8168691	6802577

CHAPTER ▶ 06

第六篇 6

对外经济贸易和旅游业

FOREIGN ECONOMY TRADE AND INTERNATIONAL TOURISM

6-1 历年进出口贸易总额

Total Value of Imports and Exports

年份 Year	进出口总额（万美元）Total Imports and Exports (USD 10000)	出口总额 Total Exports	进口总额 Total Imports	进出口总额（万元）Total Imports and Exports (10000yuan)	出口总额 Total Exports	进口总额 Total Imports
1978	3704	2357	1347	6372	4055	2317
1979	6067	4413	1654	9683	6840	2843
1980	11108	6625	4483	16024	9344	6680
1981	17196	12896	4300	30093	22568	7525
1982	17753	13207	4546	34172	25422	8750
1983	21884	16661	5223	42833	32610	10223
1984	34046	24972	9074	75048	55046	20002
1985	55072	42712	12360	176295	136731	39564
1986	71716	52515	19201	266855	195408	71447
1987	63946	46766	17180	237981	174044	63937
1988	70766	53214	17552	263363	198041	65322
1989	94459	68447	26012	351538	254732	96806
1990	95272	75172	20100	449821	354920	94901
1991	134933	102707	32226	716204	545154	171050
1992	192278	130678	61600	1095985	744865	351120
1993	298100	161649	136451	2592173	1405643	1186530
1994	361209	202247	158962	3052216	1708987	1343229
1995	271474	141932	129542	2266997	1185231	1081766
1996	283725	150440	133285	2354918	1248652	1106266
1997	185442	93293	92149	1535460	772466	762994
1998	165282	74904	90378	1368204	620075	748149
1999	221698	101956	119742	1835549	844145	991404
2000	255396	124164	131232	2114168	1027830	1086338
2001	313330	146343	166987	2593307	1211222	1382085
2002	370724	176815	193909	3068394	1463351	1605043
2003	617230	216199	401031	5108627	1789414	3319213
2004	679326	171504	507822	5622442	1419453	4202989
2005	652837	246688	406149	5268525	1990821	3277704
2006	791407	299668	491739	6179860	2340018	3839842
2007	1029943	385819	644124	7523322	2818254	4705068
2008	1334065	477159	856906	9265215	3313917	5951298
2009	1174744	313154	861590	8024676	2139155	5885521
2010	1684637	447640	1236997	11404150	3030299	8373851
2011	2204742	499848	1704894	14239988	3228418	11011570
2012	2457171	598269	1858902	15510892	3776573	11734319
2013	2585254	675701	1909553	16010995	4184751	11826244
2014	2637817	577771	2060045	16248195	3549578	12698617
2015	1893841	465382	1428458	11761751	2886332	8875419

注：本表1978–1996年为外贸部门统计数，进出口总额中未包括口岸代理进口数。从1997年开始为海关统计数。

Note: Data were obtained from the minstry of foreign trade during 1978 – 1996, and data have been obtain from the costoms since 1997.

6－2 海关主要商品出口总值（2015年）
Total Value of Main Exports Commodities（2015）

单位：万美元 unit:10000 dollars

品　　名	Item	数量 Amount	金额 Sum
出口贸易总值	**Total Exports Value**		**465382**
肉及杂碎（吨）	Meat and Fried minced（tons）	3418	1130
水海产品（吨）	Aquatic and Seawater Products（ton）	39794	10883
天然蜂蜜（吨）	Natural Honey(ton)	975	330
填充用羽毛.羽绒（吨）	Feathers and Down for Stuffing（ton）	33	324
中药材及中式成药（吨）	Chinese Herbal medicine and Chinese Medicine（ton）	2778	5558
蔬菜（吨）	Vegetables（ton）	21628	4856
鲜、干水果及坚果（吨）	Fresh、Dry Fruits and Nuts（ton）	14034	20570
粮食（万吨）	Grain（10000tons）	12	12261
食用油籽（吨）	Edible Oil（ton）	40093	4458
粘土及其他耐火矿物（吨）	Clay and Other Fire-resistant Minerals(ton)	13762	601
水泥及水泥熟料（吨）	Cement and Cemerd Clinker(ton)	56952	361
煤（万吨）	Cool（10000 tons）	4	453
医药品（吨）	Pharmaceutical Products（ton）	19715	16353
肥料（吨）	Fertilizer（ton）	144357	4775
塑料制品（吨）	Plastic Products（ton）	17414	3884
新的充气橡胶轮胎	New Rubber Tyres		8633
箱包及类似容器	Suitcase and Similar Packages		1628
锯材（吨）	Aluminum（ton）	7782	1231
胶合板及类似多层板(吨）	Veneer and Similar Products（ton）	109429	33827
家用或装饰用木制品（吨）	Wood for Household and Decoration（ton）	5403	1538
纸及纸板(未切成形的)（吨）	Paper and Newspaper(not cut)（ton）	6581	738
纺织纱线、织物及制品	Textile Yarn,Fabircs and Products		17534
服装及衣着附件	Clothing and Garniture		42350
鞋（万双）	Shoes（pairs）	68	478
玻璃制品	Glassvork		245
生铁及镜铁（吨）	Pig Iron and Spiegeleisen（ton）	56550	1503
铁合金（吨）	Iron Alloy(ton)	1643	196
钢材（吨）	Steels（ton）	701687	26403
未锻造的铝及铝材（吨）	Unwrought Aluminum and Rolled Aluminum（ton）	2470	1076
手用或机用工具（吨）	Hand Tools or Machine（ton）	3722	2593
金属加工机床（台）	Metal Processing machine tool（unit）	173	267
自动数据处理设备及其部件（台）	Automatie Data Processirg Equipment and Parts (set)	479441	584
变压器（个）	Transformer (set)	412841	296
原电池（万个）	Premary Battery (10000 units)	7070	208
扬声器（万个）	Loudspeaker (10000 units)	428	565
录.放像机（台）	Recording Camera（set）	80393	2843
通断保护电路装置及零件	Electrical Apparatus for Switching or Protecting Electrical		2076
二极管及类似半导体器件（万个）	Cricuits Diode and Similar Semiconductor（10000 units）	93878	4144

6－3 海关主要商品进口总值（2015年）
Total Value of Main Imports Commodities（2015）

单位：万美元　　　　unit:10000 dollars

品　　名	Item	数量 Amount	金额 Sum
进口贸易总值	**Total Value of Imports**		**1428458**
水海产品(吨）	Seefood (ton)	70172	12869
冻鱼.冻鱼片（吨）	Frozen Fish Frozen Fish Fillet (ton)	23764	3140
鲜.干水果及坚果（吨）	Fresh Dry Fruits and Nuts (ton)	24134	15494
粮食（吨）	Grain and Grist (ton)	1190377	49420
酒类（升）	Wine (litre)	42544	2420
铁矿砂及其精矿（吨）	Iron Ores and Refined Ores (ton)	5713387	30826
铜矿砂及其精矿（吨）	Copper Sand and Refined Ores (ton)	85066	8026
铬矿砂及其精矿（吨）	Chrome Ore and Refined Ores (ton)	111446	1991
煤（吨）	Coal (ton)	1525881	10584
成品油（吨）	Refined oil (ton)	7261	1213
初级形状的塑料（吨）	Primary Shape Plastic (ton)	49338	10482
塑料制品（吨）	Plastic Products (ton)	2006	4320
非泡沫塑料的板.片.膜.箔（吨）	Unfoam Board,Fflake,Diaphragm,Foil (ton)	1167	982
合成橡胶(包括乳胶)（吨）	Synthetic Rubber (Including latex) (ton)	11179	2229
原木（吨）	Timberlog (ton)	146342	2238
锯材（吨）	Sawn Timber (ton)	88707	3899
纸浆（吨）	Palp (ton)	16389	1251
纺织纱线.织物及制品	Textile Yarn,Fabrics and Proclucts		7254
钢材（吨）	Steel (ton)	108021	16022
钢铁制标准坚固件（吨）	Iron and Steel Fasteners Standard (ton)	18772	16921
钢铁和铝制机构体及其部件（吨）	Steel and Aluminum Goods and Parts (ton)	1266	2755
活塞式内燃机的零件（吨）	Piston Type Internal Combustion Engine Parts (ton)	4770	11314
液泵及液体提升机（台）	Liquid Pump and Liquid Hoist (set)	1826802	6137
制冷设备用压缩机（台）	Compressors for Refrigerating Equipment (set)	345660	5492
空气调节器（台）	Air Conditioners (set)	217632	5141
机械提升搬运装卸设备及零件	Mechanical Handling Equipment and Parts		9247
金属加工机床（台）	Metal Processing Machine Tool (set)	465	9105
橡胶或塑料加工机械及零件	Rubber or Plastic Processing Machinery and Parts		2478
型模及金属铸造用型箱（吨）	Mold and Metal Casting Type Box (ton)	612	1980
阀门（万套）	Valve (10000 sets)	460	2246
电动机及发电机（万台）	Motors and Generators (10000 sets)	811	8332
变压.整流.电感器及零件	Transformer,Rectifier, Inductors and Parts		11051
蓄电池（万个）	Battery	44	7051
电视摄像机.数字照相机及视频摄录一体机（台）	Television Cameras,Digital Camers and a complete of Spare Parts (set)	179071	2020
无线电导航雷达及遥控设备（台）	Wireless Navigation Radar and Control Equipments (set)	4389158	1790
收音设备(包括收录音组合机及整套散件)	Radio Equipment		14118
电视.收音机及无线电讯装置的零附件（吨）	Television,Radiogram and Wireless Radiotelephone Equipment (ton)	493	30902
电容器（吨）	Capacitor (ton)	97	1078
电阻器（吨）	Resistor (ton)	67	961
印刷电路（万块）	Printed Circuit (10000 Pieces)	899	1141
通断保护电路装置及零件	Protection Devices and Electrical Parts		33467
二极管及类似半导体器件（百万个）	Diode and Similar Semiconductor (10000 sets)	756	2103
集成电路（百万个）	Integrated Circuit (10000 sets)	237	12153
电线和电缆（吨）	Wire and Cable (ton)	2122	4862
汽车（辆）	Auto (included complete set of pieces) (set)	45959	252692
汽车零配件	Parts of Motor Vehicles		467738
医疗仪器及器械	Medical Instruments and Appliances		4080
计量检测分析自控仪器及器具	Measurement Analysis of the Control Instrument and Appliances		79110

6-4 全部企业按贸易方式分进出口总值表（2015年）

Total Value of Imports and Exports by Trade Mode（2015）

单位: 万美元 unit:10000 dollars

指标	Item	进出口总值 Total Imports and Exports	出口总值 Total Exports	进口总值 Total Imports
进出口贸易总值	**Total Value of Imports and Exports**	**1893841**	**465382**	**1428458**
一般贸易	General Trade	1610522	299681	1310841
国家间、国际组织无偿援助和赠送的物资	Ponation of Tnternational Associations	397	397	
华侨、港澳同胞、外籍华人捐赠物资	Donation of Overseas Chinese			
加工贸易	Processing Trade	165132	116935	48198
补偿贸易	Compensation Trade			
来料加工装配贸易	Processing and Assembly Trade	14589	9349	5240
进料加工贸易	Processing Trade for Imported Material	150543	107586	42958
寄售、代销贸易	Sale by Consignment			
边境小额贸易（边民互市贸易除外）	Small Trade on Border	27712	12507	15206
加工贸易进口设备	Imported Equipment for Processing Trade			
对外承包工程出口货物	Exported Goods on Contracted Projects	2497	2497	
租赁贸易	Leasehold Trade	232	227	4
外商投资企业作为投资进口的设备、物品	Imported Equipment used as Investment by Foreign Funded Enterprises	6470		6470
出料加工贸易	Prossing Trade for Exported Materials	1811	905	906
易货贸易	Dicker Trade	407	179	228
免税外汇商品	Tax-free Foreign Exchange Commodities			
保税监管场所进出境货物	Importing Goods in Bonded Supervision Places	17531	5498	12033
海关特殊监管区域物流货物	Goods in the Areas under Special Customs Supervision	30228	9532	20696
海关特殊监管区域进口设备	Imported Equipment in the Areas under Special Customs Supervision	53		53
其它	Others	30847	17024	13823

6－5　全部企业按主要国家（地区）分进出口总值表（2015年）

Total Value of Imports and Exports of All Enterprises by Major Countries（regions）（2015）

单位: 万美元　　　　unit:10000 dollars

国　别（地区）	Region	进出口总值 Total Exports and Imports	出口总额 Total Exports	进口总额 Total Imports
进出口贸易总值	**Total Value of Imports and Exports**	**1893841**	**465382**	**1428458**
亚洲	**Asia**	**516922**	**255804**	**261118**
# 柬埔寨	Kampuchea	61	61	
香港	Hongkong	7737	7584	152
印度	India	18194	15857	2337
印度尼西亚	Indonesia	7831	7112	719
伊朗	Iran	13482	13482	
伊拉克	Iraq	798	798	
以色列	Israel	2404	1359	1044
日本	Japan	168829	42350	126479
约旦	Jordan	136	136	
马来西亚	Malayqia	15086	6230	8857
巴基斯坦	Pakistan	14030	13252	778
菲律宾	The Philippines	18648	14519	4129
沙特阿拉伯	Saudi Arabia	7614	6665	949
新加坡	Singapore	18434	15546	2887
韩国	South Korea	68253	44940	23313
叙利亚	Syria	26	26	
泰国	Thailand	19122	7132	11991
土耳其	Turkey	4882	2155	2727
阿拉伯联合酋长国	United Arab Emirates	2063	1472	591
越南	Vietnam	10978	10553	425
中国台湾	Taiwan,China	15515	5436	10079
哈萨克	Kazakstan	2033	173	1859
非洲	**Africa**	**27207**	**16630**	**10577**
# 阿尔及利亚	Algeria	966	966	
埃及	Egypt	627	434	193
埃塞俄比亚	Ehtiopia	109	83	26
加纳	Chana	152	152	
尼日利亚	Nigeria	1346	1346	
南非（阿扎尼亚）	South Africa	13246	5948	7298
苏丹	Sudan	1185	441	744

6－5 续表

单位: 万美元 unit:10000 dollars

国　　别（地区）	Region	进出口总值 Total Exports and Imports	出口总额 Total Exports	进口总额 Total Imports
欧洲	**Europe**	**1138754**	**108656**	**1030098**
# 比利时	Belgium	48479	8127	40351
丹麦	Denmark	2122	467	1654
英国	UK	11919	8038	3881
德国	Germany	676315	26402	649913
法国	France	16445	2073	14372
爱尔兰	Ireland	1071	713	359
意大利	Italy	29097	7260	21837
卢森堡	Luxemburg	859	24	835
荷兰	Netherland	18218	12168	6050
西班牙	Spain	17478	5108	12370
奥地利	Austria	15286	723	14563
匈牙利	Hungary	63757	498	63259
挪威	Norway	2131	476	1656
波兰	Poland	7684	729	6954
瑞典	Sueden	8107	4271	3836
瑞士	Switzerland	8578	215	8363
俄罗斯	Russia	52090	26999	25090
乌克兰	UKraine	4122	425	3697
捷克共和国	Czech Rep	39396	1329	38068
拉丁美洲	**Latin America**	**61942**	**27780**	**34163**
# 阿根廷	Argentina	1718	424	1295
巴西	Brazil	38119	15449	22670
墨西哥	Mexico	7639	5534	2105
委内瑞拉	Venezuela	60	60	
北美洲	**North America**	**116091**	**52266**	**63825**
加拿大	Canada	18961	7087	11874
美国	USA	97130	45180	51951
大洋洲	**Oceanic and Pacific Islands**	**32921**	**4246**	**28675**
# 澳大利亚	Austrialia	29164	3857	25307
国别不详的或联合国组织	**U.N.Organization**	**3**		**3**
东盟组织	**The Association of Southest Asian**	**91633**	**62622**	**29011**
欧盟组织	**European Economic Community**	**1069548**	**80351**	**989197**

6－6 实际利用外资情况

Actually Utilization of Foreign Capital

单位: 万美元　　　　unit：10000 dollars

指　　标	Item	2013	2014	2015
签订合同数（个）	**Number of Signed Contracts**	**101**	**108**	**70**
签订利用外资协议合同额	**Total Value of Foreign Capital Through Signed Contracts and Agreements**	**73435**	**155506**	**119360**
外商直接投资	Direct Foreign Investment	73435	155506	119360
实际利用外资额	**Total Amount of Foreign Capital Actually Used**	**676415**	**768552**	**857187**
对外借款	Foreign Loans	6537	11385	9590
外商直接投资	Direct Foreign Investment	181949	199943	212747
外商其他投资	Other Foreign Investment	487929	557224	634850

6－7 国外经济合作情况

Economic Cooperation with Foreign County

指　　标	Item	新签合同（万美元） New Contracted (10000 USD)			实际完成（万美元） Actual Finish (10000 USD)		
		2013	2014	2015	2013	2014	2015
合计	**Total**	**47903**	**26383**	**80188**	**92754**	**86886**	**63282**
对外承包工程	Contracted Projects	33226	8490	68286	51318	56481	36830
对外劳务工程	Labor Cooperation	14677	17893	11902	41436	30405	26452

6-8　旅游事业发展情况（一）
Development of Tourism (One)

年 份 Year	星级饭店总数（个） Total Number of Star-ranked Holels (unit)	入境旅游人数（万人次） Number of International Tourists (10 000 person - times)	#外国人 Foreigners	国际旅游外汇收入（万美元） Foreign Exchange Earning From Tourism (10 000 USD)	国内旅游人次（万人次） Number of Domestic Tourists (10 000 person - times)	国内旅游收入（万元） Income from Domestic Tourism (10 000yuan)	国内旅游人均花费（元） Domestic Tourism Spending Per Capita (yuan)
1981	135						
1982	130						
1983	130						
1984	156						
1985		2.4	1.0	165		1261	
1986		3.1	1.6	235		1203	
1987		3.6	1.5	255		1995	
1988		4.2	1.8	380		3174	
1989	23	2.5	1.2	335		3293	
1990	27	4.6	3.0	610		4353	
1991	33	6.2	3.6	859		7848	
1992	35	8.4	5.3	1106		25492	
1993	38	7.9	5.6	1110		27606	
1994	48	10.7	9.3	2488			
1995	52	15.6	14.5	4148			
1996	72	18.8	17.6	5310			
1997	73	20.0	18.1	5935	1240	167100	134.8
1998	86	13.1	11.6	3783	1317	266100	202.1
1999	95	15.9	14.1	4483	1463	349000	238.6
2000	151	22.3	19.2	5804	1809	519400	287.1
2001	151	27.2	23.7	7579	2225	773900	347.8
2002	172	29.4	25.9	8700	2455	1081700	440.6
2003	182	21.2	18.5	6638	2331	1362200	584.3
2004	176	32.4	27.7	9600	2588	1759200	679.8
2005	198	37.3	30.7	11953	2851	2193400	769.4
2006	210	44.9	36.8	14244	3193	2640000	826.9
2007	216	54.4	44.2	17931	3704	3365100	908.6
2008	236	61.7	52.5	21144	4497	4361000	969.8
2009	231	68.1	58.3	24294	5433	5641000	1038.3
2010	223	82.0	72.2	30492	6409	7123900	1111.6
2011	208	99.3	85.5	38528	7542	9042900	1199.0
2012	228	118.3	100.9	49477	8854	11468900	1295.3
2013	223	127.4	110.5	57053	10242	14416400	1407.6
2014	218	137.7	119.9	67538	12004	17665500	1471.7
2015	215	148.1	129.2	72414	13983	22207300	1588.2

6－9 旅游事业发展情况（二）
Development of Tourism（Two）

指　　标	Item	2013	2014	2015
入境旅游者人数（人次）	Total Number of International Tourists (person－time)	1273559	1376852	1480994
外国人	Foreigners	1104519	1199413	1292100
港澳同胞	Compatriots from HongKong and Macao	93368	96366	105700
台湾同胞	Compatriots from Taiwan	75672	81073	83300
海外旅游者人天数（人天）	Intenational Tourists for One Day(person－day)	3054323	3268452	3594071
外国人	Foreigners	2623039	2820818	3124512
港澳同胞	Compatriots from HongKong and Macao	245620	246742	266735
台湾同胞	Compatriots from Taiwan	185664	200891	202824
国际旅游外汇收入（万美元）	Foreign Exchange Earnings from Tourism(10000 USD)	57053	67538	72414
国内旅游人数（万人次）	Total Number of Domestic Tourists(10000 person－times)	10241.93	12003.55	13982.80
国内旅游收入（亿元）	Income from Domestic Tourism(100 million yuan)	1441.64	1766.55	2220.73
旅游接待总人数（万人次）	Total Number of Tourists(10000 person－times)	10369.28	12141.24	14130.90
旅游业总收入（亿元）	Total Income of Tourism(100 million yuan)	1477.08	1807.71	2315.17

注：海外旅游者人数及人天数中的外国人包括华侨数。
Note：The dafa of international tourists include overseas Chinese.

6－10 各地区旅游情况
Tourism Situation in Various Regions

地　区	Region	2014				2015			
		国内旅游人数（万人次）Number of Domestic Tourists(10000 Person−time)	入境人数（人次）Number of Tourists (Person−time)	国内旅游收入（亿元）Income from Domestic Tourism(100 million yuan)	旅游外汇收入（万美元）Exchange Earnings from Tourism (10000 USD)	国内旅游人数（万人次）Number of Domestic Tourists(10000 Person−time)	入境人数（人次）Number of Tourists (Person−time)	国内旅游收入（亿元）Income from Domestic Tourism(100 million yuan)	旅游外汇收入（万美元）Exchange Earnings from Tourism (10000 USD)
全　省	**Total**	**12003.55**	**1376852**	**1766.55**	**67538.16**	**13982.80**	**1480994**	**2220.73**	**72413.93**
长　春	Changchun	4908.86	394540	818.28	28901.84	5682.99	430582	1023.18	31850.19
吉　林	Jilin	3242.38	97658	421.93	3808.65	3798.12	104512	533.40	4156.53
四　平	Siping	228.47	3880	30.23	112.52	263.70	4838	37.55	136.26
辽　源	Liaoyuan	186.57	408	24.80	16.86	216.07	367	30.96	14.50
通　化	Tonghua	739.54	168661	93.22	3541.88	862.90	199018	117.49	4356.47
白　山	Baishan	658.59	44989	77.27	1985.19	769.17	48044	97.56	2122.37
松　原	Songyuan	466.06	23800	69.68	1154.81	541.65	24800	87.46	1270.00
白　城	Baicheng	274.68	14704	37.37	363.05	317.91	15073	46.85	428.62
延　边	Yanbian	1298.40	628212	193.77	27653.36	1530.29	653760	246.28	28078.99
长白山管委会	Changbai	261.73	153000	22.13	4935.23	296.10	169000	26.28	5527.45

6－11 各地区实际利用外商直接投资

Foreign Direct Investment Actually Used by Region

单位: 万美元　　　　　　　　　　　　　　　　　　　　　　　　unit:10000 dollars

地　　区	Region	2014			2015		
		签订合同数（个）Number of Signed Contracts (unit)	签订利用外资协议合同额 Foreign Capital Amount of the Contract	实际利用外商直接投资 Foreign Direct investment	签订合同数（个）Number of Signed Contracts (unit)	签订利用外资协议合同额 Foreign Capital Amount of the Contract	实际利用外商直接投资 Foreign Direct investment
全　省	**Total**	**108**	**155506**	**196643**	**70**	**119360**	**212747**
长　春	Changchun	34	40610	106031	30	44549	114515
吉　林	Jilin	6	2557	23668	2	137	25601
四　平	Siping	1	257	9652			8385
辽　源	Liaoyuan	1	7285	7720			8338
通　化	Tonghua	4	1564	8113	2	5039	5738
白　山	Baishan	5	11166	10324	3	4947	11150
松　原	Songyuan	1	240	10459	1	1667	11297
白　城	Baicheng		4392	4769	1	212	5153
延　边	Yanbian	31	16513	15302	17	1782	16840
长白山管委会	Changbai	1		605			655
公主岭	Gongzhuling					7457	2050
梅河口	Meihekou				1	82	3025
省　直	Shengzhi	24	70922		13	53488	

6－12 接待外国旅游人数

Reception Number of Oversea Travelling

国　　家	Countries	2010	2011	2012	2013	2014	2015
旅游人数（万人次）	**Total Number of Tourists(10000 person－times)**	**6490.9**	**7641.32**	**8972.55**	**10369.28**	**12141.24**	**14130.90**
入境旅游人数（人次）	**Number of Oversea Visitor Arrivals(person－time)**	**820062**	**993204**	**1182689**	**1273559**	**1376852**	**1480994**
外国人	Foreigners	721590	854940	1009035	1104519	1199413	1292095
# 日本	Japan	73564	74650	55125	52925	45768	47508
韩国	South Korea	314931	377940	443453	524902	612304	786576
菲律宾	Philippines	932	871	4426	5116	4557	4049
新加坡	Singapore	8414	9568	9921	19955	40266	45360
英国	United Kingdom	1396	1524	3310	6855	9774	10829
德国	Germany	17692	21406	33747	52627	52736	56049
俄罗斯	Russia	259765	317054	319743	341880	290728	248802
加拿大	Canada	1522	1608	7182	5853	8653	10825
美国	United States	6586	7364	23391	19235	14325	15809
港澳同胞	Chinese Compatriots form Hong Kong, Macao	65903	83354	96960	93368	96366	105700
台湾同胞	Chinese Compatriots from Taiwan Province	32569	54910	76694	75672	81073	83300

6-13 国内游客出游方式构成表

Table of Domestic Tourists Travel Mode

单位: %　　　　　　　　　　　　　　　　　　　　　　　　　　　　　　unit:%

年份 year	单位组织 Organization	家庭或与亲朋结伴 Family or Friends	旅行社组织 Travel Agency	个人旅行 Persanal Travel	其他 Others
2001	25.13	23.26	7.35	19.85	24.41
2002	24.52	23.84	8.56	18.51	24.57
2003	24.98	23.67	8.69	21.19	21.47
2004	23.86	22.50	5.69	22.29	25.66
2005	25.46	24.32	11.73	20.97	17.52
2006	22.81	26.71	9.73	22.96	17.79
2007	19.00	25.70	7.80	24.50	23.00
2008	18.70	26.30	6.60	26.70	21.70
2009	19.00	26.00	6.00	22.00	27.00
2010	22.00	27.00	5.00	22.00	24.00
2011	20.00	27.00	7.00	24.00	22.00
2012	22.00	28.00	11.00	18.00	21.00
2013	21.00	28.90	12.50	19.90	17.70
2014	20.70	37.60	9.90	16.70	15.10
2015	9.90	36.90	18.20	18.90	16.10

CHAPTER ▶ 07

第七篇 7

能源生产和消费

PRODUCTION AND CONSUMPTION OF ENERGY

7－1　1978-2015年能源生产总量及构成

1978-2015 Total Production of Energy and Its Composition

年 份 Year	能源生产总量 （万吨标准煤） Total Energy Production (10 000 tons of SCE)	占能源生产总量的比重（%） As Percentage of Total Energy Production			
		原 煤 Coal	原 油 Crude Oil	天然气 Natural Gas	一次电力 Once power
1978	1635.6	81.0	16.2		2.8
1979	1689.4	79.2	15.8	1.2	3.9
1980	1530.3	75.9	16.5	2.0	5.6
1981	1493.2	74.4	15.6	0.8	9.1
1982	1538.5	79.1	15.8	0.7	4.3
1983	1637.2	77.8	15.5	0.7	6.0
1984	1787.6	76.9	15.3	0.5	7.3
1985	1947.2	76.3	15.6	0.5	7.5
1986	2142.2	71.0	15.8	0.6	12.6
1987	2201.6	68.4	18.6	0.6	12.4
1988	2292.4	69.4	19.6	0.6	10.4
1989	2369.9	73.5	20.6	0.6	5.3
1990	2572.3	72.5	19.8	0.5	7.2
1991	2593.3	70.5	18.9	0.6	10.0
1992	2259.4	71.2	21.8	1.0	6.0
1993	2248.7	69.3	21.5	1.2	8.0
1994	2311.1	68.8	20.5	1.0	9.6
1995	2512.9	67.6	19.5	0.9	12.0
1996	2452.0	68.2	21.8	1.0	9.0
1997	2499.5	68.8	23.2	1.4	6.6
1998	2134.6	64.2	26.6	1.6	2.3
1999	1969.9	62.9	26.0	1.9	9.2
2000	1885.6	61.4	26.4	2.0	10.3
2001	1956.7	57.8	28.4	1.9	11.9
2002	2109.5	61.5	28.6	1.4	8.5
2003	2205.3	65.6	30.9	1.4	2.1
2004	2458.9	67.3	28.0	1.9	2.9
2005	2574.3	62.7	30.6	2.8	3.8
2006	2879.2	65.0	30.8	1.1	2.3
2007	3146.9	67.9	28.2	1.0	2.5
2008	3584.8	67.4	26.9	2.5	2.2
2009	4192.9	70.2	21.5	5.0	2.5
2010	4790.8	70.0	20.9	4.9	3.5
2011	5083.7	70.7	20.8	5.1	2.8
2012	5710.8	71.2	20.3	5.3	2.7
2013	3471.9	57.7	25.5	9.3	6.5
2014	3364.8	53.8	28.2	8.8	5.3
2015	3015.5	50.3	31.5	9.0	4.7

注：2013年根据三经普数据重新进行了调整，其它历史数据尚未调整。

Note: Year 2013, According to the data of third economic census re-carried out adjustment, other historical data has not been adjusted.

7－2　1978–2015年能源消费总量及构成
1978–2015 Total Consumption of Energy and Its Composition

年　份 Year	能源消费总量 （万吨标准煤） Total Energy Consumption (10 000 tons of SCE)	占能源消费总量的比重（%） As Percentage of Total Energy Consumption			
		煤品燃料 Coal fuel	油品燃料 Oil fuel	天然气 Natural Gas	一次电力 Once power
1978	1661.4	70.4	26.7		2.9
1979	1741.2	72.5	25.5		3.9
1980	1930.2	73.4	21.3	1.9	3.9
1981	1819.6	72.7	22.1	0.5	5.4
1982	2117.3	76.2	18.4	0.6	3.0
1983	2313.0	73.0	18.5	0.5	4.0
1984	2495.5	74.0	20.9	0.4	5.0
1985	2658.8	74.1	19.3	0.4	5.2
1986	2772.1	71.5	19.4	0.4	9.0
1987	3080.9	71.9	17.2	0.4	8.3
1988	3283.8	74.0	18.1	0.4	6.7
1989	3392.7	77.1	18.3	0.4	3.5
1990	3523.4	63.5	16.8	0.3	19.3
1991	3572.8	64.4	15.5	0.4	19.7
1992	3614.6	63.6	15.8	0.5	20.1
1993	3793.8	65.1	15.1	0.6	19.3
1994	3856.5	64.4	13.8	0.6	21.2
1995	3954.2	62.2	14.7	0.5	22.6
1996	4032.7	62.6	15.0	0.5	21.9
1997	4177.2	58.8	18.1	0.7	22.4
1998	3626.8	54.9	20.7	0.9	23.6
1999	3693.2	53.2	21.1	0.8	24.9
2000	3527.7	53.0	20.9	0.8	25.3
2001	3712.7	53.7	19.9	0.7	25.6
2002	4209.0	56.2	18.5	0.7	24.7
2003	4468.8	73.8	22.4	2.1	1.0
2004	4778.7	75.6	20.5	2.2	1.5
2005	5258.5	76.5	20.9	1.9	1.8
2006	5871.5	77.7	19.3	1.7	1.1
2007	6465.9	76.1	19.4	2.0	1.2
2008	7100.1	77.7	16.9	2.5	1.1
2009	7553.4	78.7	16.0	2.8	1.4
2010	8172.8	77.9	17.8	2.9	2.1
2011	8886.9	78.2	16.6	2.9	1.6
2012	9028.3	77.3	15.9	3.4	1.7
2013	8546.2	72.7	17.1	3.7	2.5
2014	8483.4	72.4	17.2	3.5	2.1
2015	8027.7	70.3	17.0	3.5	1.8

注：2013年以后根据三经普数据重新进行了调整，其它历史数据尚未调整。
Note: After year 2013,according to Third Economic Census data to rejust; other historical data has not beer adjusted.

7－3　2005–2015年全社会电耗及单位GDP电耗降低率

From 2005 to 2015, the Power Consumption and Unit GDP Power Consumption Rate of the Whole Society

年份 Year	电力消费总量 （万千瓦时） Total Electricity Consumption (Million Kw.h)	万元GDP电耗 环比降低率（%） Million yuan GDP energy consumption chain reduced rate (%)	万元GDP电耗 累计降低率（%） Million yuan GDP energy consumption total reduction rate (%)
2005	3782271		
2006	4124577	5.15	5.15
2007	4626384	3.39	8.37
2008	4964888	7.45	15.19
2009	5152544	8.67	22.55
2010	5769749	1.60	23.78
2011	6301527	4.03	26.86
2012	6369979	9.74	33.98
2013	6538451	5.22	37.43
2014	6678144	4.12	40.00
2015	6519580	8.33	45.00

7－4　2005–2015年全社会能耗及单位GDP能耗降低率

From 2005 to 2015, Energy Consumption and Per Unit GDP Reduction Energy Consumption Rate of the Whole Society

年份 Year	能源消费总量 (等价值,万吨标准煤) Total Energy Consumption (10 000 tons of SCE)	万元GDP综合能耗 环比降低率（%） Million yuan GDP comprehensive energy consumption chain reduction rate (%)	万元GDP综合能耗 累计降低率（%） Million yuan GDP comprehensive energy consumption of cumulative reduction rate (%)
2005	5315.40		
2006	5908.21	3.32	3.32
2007	6557.34	4.41	7.59
2008	7221.41	5.02	12.24
2009	7697.77	6.19	17.67
2010	8297.31	5.31	22.04
2011	9103.04	3.59	24.83
2012	9443.04	7.36	30.36
2013	8645.4	6.03	34.56
2014	8559.79	7.05	39.18
2015	8141.89	10.69	45.68

7-5 分行业能源品种消费（实物量）（2015年）

行　　业	Item	原　煤 (万吨) Raw Coal (10000tons)
消费总计	**Total Consumption**	**9698.71**
一、农、林、牧、渔业	Agriculture,Forestry,Animal Husbandry and Fishery	69.83
二、工业合计	Industry	8564.89
轻工业	Light Industry	855.73
重工业	Heavy Industry	7709.16
（一）采矿业	Mining	1048.28
煤炭开采和洗选业	Mining and Washing of Coal	941.64
石油和天然气开采业	Extraction of Petroleum and Natural Gas	2.22
黑色金属矿采选业	Mining and Processing of Ferrous Metal Ores	7.03
有色金属矿采选业	Mining and Processing of Non-ferrous Metal Ores	15.16
非金属矿采选业	Mining and Processing of Nonmetal Ores	25.65
开采辅助活动	Mining Support Activities	56.43
其他采矿业	Mining of Other Ores	0.15
（二）制造业	Manufacturing	2194.32
农副食品加工业	Processing of Food from Agricultural Produsts	333.26
食品制造业	Manufacture of Foods	37.60
酒、饮料和精制茶制造业	Manufacture of Wine,Beverages and Tea	123.84
烟草制品业	Manufacture of Tobacco	1.32
纺织业	Manufacture of Textile	28.63
纺织服装、服饰业	Manufacture of Textile and Apparel	7.24
皮革、毛皮、羽毛及其制品和制鞋业	Leather,Fur,Feathers and Footwear Industry	3.21
木材加工及木、竹、藤、棕、草制品业	Processing of Timber,Manfacture of Wood,Bamboo,Rattan,Palm and Straw Products	98.16
家具制造业	Manufacture of Furniture	3.19
造纸及纸制品业	Manufacture of Paper and Paper Products	52.08
印刷和记录媒介复制业	Printing,Reproduction of Recording Media	2.17
文教、工美、体育和娱乐用品制造业	Calture Education,Art,Sports and Entertainment Goods Industry	3.10
石油加工、炼焦和核燃料加工业	Processing of Petroleum,Coking,Processing of Nuclear Fuel	55.83
化学原料和化学制品制造业	Manufacture of Raw Chemical Materials and Chemical Products	322.14
医药制造业	Manufacture of Medicines	163.84
化学纤维制造业	Manufacture Chemical Fibers	81.11
橡胶和塑料制品业	Manufacture of Rubber and Plastic	9.33
非金属矿物制品业	Manufacture of Non - metallic Mineral Products	515.07
黑色金属冶炼和压延加工业	Smelting and Pressing of Ferrous Metals	158.08

Total Consumption of Energy by Sector (Actual Itern Quantity) (2015)

洗精煤 (万吨) Washed Coal (10000tons)	煤制品 (万吨) Coal Products (10000tons)	焦 炭 (万吨) Coke (10000tons)	焦炉煤气 (亿立方米) Coal Oven Gas (100 million cu.m)	原 油 (万吨) Crude Oil (10000tons)	汽 油 (万吨) Gasoline (10000tons)	煤 油 (万吨) Kerosene (10000tons)
557.12	**6.64**	**532.82**	**12.41**	**960.34**	**178.01**	**1.90**
		7.21			22.87	0.03
556.49	1.76	525.02	11.95	960.34	28.03	0.28
0.02	0.35	0.02			9.23	0.03
556.47	1.41	525.00	11.95	960.34	18.80	0.25
2.12	0.04	3.65		11.62	2.92	0.04
		0.01			0.20	
	0.04			11.22	0.57	
2.05		3.64			0.50	0.04
0.07					0.20	
					0.70	
				0.40	0.75	
514.5	1.72	521.37	11.85	948.69	23.43	0.22
0.02	0.06				5.04	0.01
	0.16				0.80	
					0.80	0.01
					0.11	
	0.11				0.06	
					0.10	
					0.11	
				0.03	1.24	
		0.02			0.77	
					0.29	
					0.10	
					0.09	
79.34			0.05	147.15	0.20	
42.99	0.13	0.03		801.40	1.71	
	0.02				0.86	0.01
					0.03	
					0.61	
0.09	0.40	4.36	1.55	0.10	2.84	0.17
392.02		505.07	10.25		0.83	

7－5 续表 1

行　　业	Item	原　煤 (万吨) Raw Coal (10000tons)
有色金属冶炼和压延加工业	Smelting and Pressing of Non-ferrous Metals	18.63
金属制品业	Manufacture of Metal Products	7.28
通用设备制造业	Manufacture of General Purpose Machinery	18.05
专用设备制造业	Manufacture of Special Purpose Machinery	20.64
汽车制造业	Manufacture of Automotive	84.93
铁路、船舶、航空航天和其他运输设备制造业	Manufacture of Railway,Ship,Aerospace and Other Transport Equipment	18.20
电气机械和器材制造业	Manufacture of Electrical Machinery and Equipment	7.88
通信设备、计算机和其他电子设备制造业	Manufacture of Communication Equipment,Computers and Other Electronic Equipment	2.27
仪器仪表制造业	Manufacture of Instrument	1.41
其他制造业	Other Manufacturing	15.14
废弃资源综合利用业	Wast Resources Utilization Industry	0.29
金属制品、机械和设备修理业	Metal Products,Machinery and Equipment Repair Industry	0.40
（三）电力、热力、燃气及水的生产和供应业	Production and Supply of Electricity,Gas and Water	5322.29
电力、热力的生产和供应业	Production and Supply of Electric Power and Heat Power	5310.09
燃气生产和供应业	Production and Supply of Gas	9.66
水的生产和供应业	Production and Supply of Water	2.54
三、建筑业	Construction	15.38
房屋和土木工程建筑业	Construction of Building and Civil Engineering	5.789
建筑安装业	Construction Installation	8.30
建筑装饰业	Construction Decoration	0.92
其它建筑业	Other Construction	0.37
四、交通运输储运业和邮政业	Transport,Storage and Post	312.73
铁路运输业	Railway Transport	95.75
道路运输业	Road Transport	57.52
水上运输业	Water Transport	
航空运输业	Air Transport	3.80
管道运输业	Transport Via Pipeline	
装卸搬运及其他运输服务业	Loading,Unloading,Portage and Other Transport Services	2.40
仓储业	Storage	152.40
邮政业	Post	0.86
五、批发、零售业和住宿、餐饮业	Wholesale,Retail Trades,Hotels and Catering Services	122.35
六、其他行业	Others	316.87
七、城乡居民生活	Residential Consumption	296.66

continued

洗精煤 (万吨) Washed Coal (10000tons)	煤制品 (万吨) Coal Products (10000tons)	焦 炭 (万吨) Coke (10000tons)	焦炉煤气 (亿立方米) Coal Oven Gas (100 million cu.m)	原 油 (万吨) Crude Oil (10000tons)	汽 油 (万吨) Gasoline (10000tons)	煤 油 (万吨) Kerosene (10000tons)
		6.51			0.18	
	0.38	3.20			0.66	
0.04		0.11			0.99	
		0.51			1.47	
	0.45	1.52		0.01	2.06	0.02
		0.00			0.36	
	0.01	0.04			0.64	
					0.07	
					0.12	
					0.07	
					0.18	
					0.04	
39.87			0.10	0.03	1.68	0.02
			0.10	0.03	1.41	0.02
39.87					0.14	
					0.13	
0.18		0.08			17.26	0.40
0.18		0.07			11.11	0.04
		0.01			2.79	0.20
					2.31	0.16
					1.05	
0.45					37.58	0.26
0.45					0.53	0.01
					30.54	0.06
					0.10	
					0.15	0.02
					0.22	
					1.08	0.12
					4.96	0.05
		0.39			15.45	0.52
		0.12			34.74	0.41
	4.88	0.00	0.46		22.08	

7－5 续表 2

行　　业	Item	柴　油 （万吨） Diesel Oil (10000tons)
消费总计	**Total Consumption**	**347.19**
一、农、林、牧、渔业	Agriculture,Forestry,Animal Husbandry and Fishery	45.75
二、工业合计	Industry	45.69
轻工业	Light Industry	9.62
重工业	Heavy Industry	36.07
（一）采矿业	Mining	11.26
煤炭开采和洗选业	Mining and Washing of Coal	1.49
石油和天然气开采业	Extraction of Petroleum and Natural Gas	1.53
黑色金属矿采选业	Mining and Processing of Ferrous Metal Ores	2.51
有色金属矿采选业	Mining and Processing of Non-ferrous Metal Ores	0.91
非金属矿采选业	Mining and Processing of Nonmetal Ores	1.95
开采辅助活动	Mining Support Activities	2.87
其他采矿业	Mining of Other Ores	
（二）制造业	Manufacturing	33.41
农副食品加工业	Processing of Food from Agricultural Produsts	5.65
食品制造业	Manufacture of Foods	0.76
酒、饮料和精制茶制造业	Manufacture of Wine,Beverages and Tea	1.13
烟草制品业	Manufacture of Tobacco	0.05
纺织业	Manufacture of Textile	0.04
纺织服装、服饰业	Manufacture of Textile and Apparel	0.08
皮革、毛皮、羽毛及其制品和制鞋业	Leather,Fur,Feathers and Footwear Industry	0.01
木材加工及木、竹、藤、棕、草制品业	Processing of Timber,Manfacture of Wood,Bamboo,Rattan,Palm and Straw Products	2.31
家具制造业	Manufacture of Furniture	0.67
造纸及纸制品业	Manufacture of Paper and Paper Products	0.52
印刷和记录媒介复制业	Printing,Reproduction of Recording Media	0.09
文教、工美、体育和娱乐用品制造业	Calture Education,Art,Sports and Entertainment Goods Industry	0.04
石油加工、炼焦和核燃料加工业	Processing of Petroleum,Coking,Processing of Nuclear Fuel	0.71
化学原料和化学制品制造业	Manufacture of Raw Chemical Materials and Chemical Products	2.62
医药制造业	Manufacture of Medicines	0.41
化学纤维制造业	Manufacture Chemical Fibers	0.09
橡胶和塑料制品业	Manufacture of Rubber and Plastic	0.80
非金属矿物制品业	Manufacture of Non－metallic Mineral Products	6.93
黑色金属冶炼和压延加工业	Smelting and Pressing of Ferrous Metals	0.84

continued

燃料油 （万吨） Fuel Oil (10000tons)	液化石油气 （万吨） Liquefied Petroleum Gas (10000tons)	炼厂干气 （万吨） Refinery Dry Gas (10000tons)	天然气 （亿立方米） Natural Gas (100 million cu.m)	其它石油制品 （万吨） Other Petroleum Products (10000tons)	热力 （万百万千焦） Heat Power (10 billion kilo-joule)	电力 （亿千瓦时） Electric Power (100 million kwh)
30.89	**46.82**	**29.93**	**21.15**	**134.25**	**24615.93**	**651.96**
0.06	0.25		0.03			12.26
22.07	22.62	29.93	17.50	134.25	17452.11	409.93
0.03	8.73	0.01	0.58		4600.78	42.60
22.04	13.89	29.92	16.92	134.25	12851.33	367.33
			6.67		2290.89	43.57
					1211.69	9.64
			4.58		130.60	20.26
					0.03	4.14
					0.18	7.14
					0.03	2.03
			2.09		948.36	0.35
						0.01
21.98	22.62	29.93	10.79	134.25	13846.88	219.21
			0.03		893.36	10.60
			0.09		77.70	2.56
					1551.19	7.38
			0.12		0.55	1.01
					182.88	2.81
					96.84	0.41
					0.28	0.02
					5.99	3.72
			0.02		1.44	1.20
			0.09		14.21	4.70
	8.73				6.38	0.54
					0.37	0.08
	5.03	3.64	0.44		7.00	7.13
21.95		26.28	3.88	133.26	5715.31	31.83
0.03		0.01	0.23		98.40	6.32
					1677.18	3.91
			0.52		3.79	4.95
			1.68	0.99	214.61	32.95
					6.04	45.53

7－5 续表 3

行　　业	Item	柴　油（万吨）Diesel Oil1 (10000tons)
有色金属冶炼和压延加工业	Smelting and Pressing of Non-ferrous Metals	0.62
金属制品业	Manufacture of Metal Products	0.62
通用设备制造业	Manufacture of General Purpose Machinery	0.62
专用设备制造业	Manufacture of Special Purpose Machinery	1.19
汽车制造业	Manufacture of Automotive	4.95
铁路、船舶、航空航天和其他运输设备制造业	Manufacture of Railway,Ship,Aerospace and Other Transport Equipment	0.30
电气机械和器材制造业	Manufacture of Electrical Machinery and Equipment	0.58
通信设备、计算机和其他电子设备制造业	Manufacture of Communication Equipment,Computers and Other Electronic Equipment	0.04
仪器仪表制造业	Manufacture of Instrument	0.14
其他制造业	Other Manufacturing	0.08
废弃资源综合利用业	Wast Resources Utilization Industry	0.49
金属制品、机械和设备修理业	Metal Products,Machinery and Equipment Repair Industry	0.03
（三）电力、热力、燃气及水的生产和供应业	Production and Supply of Electricity,Gas and Water	1.02
电力、热力的生产和供应业	Production and Supply of Electric Power and Heat Power	0.81
燃气生产和供应业	Production and Supply of Gas	0.16
水的生产和供应业	Production and Supply of Water	0.05
三、建筑业	Construction	41.37
房屋和土木工程建筑业	Construction of Building and Civil Engineering	2.75
建筑安装业	Construction Installation	23.29
建筑装饰业	Construction Decoration	2.35
其它建筑业	Other Construction	12.98
四、交通运输储运业和邮政业	Transport,Storage and Post	198.68
铁路运输业	Railway Transport	27.25
道路运输业	Road Transport	159.33
水上运输业	Water Transport	0.03
航空运输业	Air Transport	0.06
管道运输业	Transport Via Pipeline	
装卸搬运及其他运输服务业	Loading,Unloading,Portage and Other Transport Services	1.91
仓储业	Storage	6.13
邮政业	Post	3.97
五、批发、零售业和住宿、餐饮业	Wholesale,Retail Trades,Hotels and Catering Services	1.71
六、其他行业	Others	3.54
七、城乡居民生活	Residential Comsumption	10.45

continued

燃料油（万吨）Fuel Oil (10000tons)	液化石油气（万吨）Liquified Petroleum Gas (10000tons)	炼厂干气（万吨）Refinery Dry Gas (10000tons)	天然气（亿立方米）Natural Gas (100 million cu.m)	其它石油制品（万吨）Other Petroleum Products (10000tons)	热力（万百万千焦）Heat Power (10 billion kilo-joule)	电力（亿千瓦时）Electric Power (100 million kwh)
			0.09		0.06	6.78
			0.10		53.37	4.71
					22.17	1.81
			0.02		17.84	4.69
			3.37		2115.99	27.83
			0.09		67.10	1.00
	8.86		0.02		9.02	1.98
					1006.13	1.09
					0.46	0.20
						1.06
					0.86	0.32
					0.36	0.09
0.09			0.04		1314.34	147.15
0.09					1266.36	134.43
			0.04		0.03	1.67
					47.95	11.05
1.92	0.46				130.86	9.81
0.02	0.12				14.09	4.85
1.65	0.06				9.54	3.38
	0.23				93.85	0.31
0.25	0.05				13.38	1.27
5.41	0.95		0.05		432.28	19.22
	0.10				137.26	2.38
5.41	0.52		0.05		76.77	4.56
					23.71	0.55
					30.01	0.93
					71.43	2.46
					26.63	4.12
	0.20				52.10	3.88
	0.13				14.37	0.34
1.15	2.51		0.15		428.17	34.88
0.28	5.27		0.07		915.06	58.99
	14.76		3.35		5257.45	106.87

7－6　地区能源平衡表（实物量）（2015年）

指　　标	Item	原　煤 (万吨) Raw Coal (10000tons)
一、可供本地区消费能源量	Total Energy Available for Consumption	9698.71
（一）年初库存量	Beginning Inventory	907.97
（二）一次能源生产量	Primary Energy Output	2634.44
（三）外省（区、市）调入量	Allocation from Outside	7126.15
（四）进口量	Imports	152.59
（五）我轮机在外国加油量	Refuelling Abroad for Our Ships and Planes	
（六）本省（区、市）调出量（－）	Allocation from Inside	−239.23
（七）出口量（－）	Exports	−4.00
（八）外轮、机在我国加油量（－）	Refuelling in China for Foreign Ships and Planes	
（九）年末库存量（－）	Inventories at the end	−879.21
二、加工转换投入（－）产出（＋）量	Output and Input in Processing and Transformation	−6290.96
（一）火力发电	Thermal Power	−3512.65
（二）供热	Heating	−1813.57
（三）煤炭洗选	Washing−dressing Coal	−957.24
（四）炼焦	Coking	
（五）炼油及煤制油	Petroleum Refining	
其中：油品再投入量（－）	Reinput for Oil	
（六）制气	Gas Production	−2.20
其中：焦炭再投入量（－）	Reinput for Coke	
（七）天然气液化	Natural Gas Liquefaction	
（八）煤制品加工	Coal Produts Processing	−5.30
（九）回收能	Recovery of Energy	
三、损失量	Energy Losses	
其中：运输和输配损失	Losses for Transportation and Transmission	
四、终端消费量	End−use Consumption	3407.75
（一）第一产业	Primary Industry	69.83
1.农、林、牧、渔业	Agriculture,Forestry,Animal Husbandry and.Fishery	69.83
（二）第二产业	Secondary Industry	2289.31
1.工业	Industry	2273.93
#用作原料.材料	Material	128.97
2.建筑业	Construction	15.38
（三）第三产业	Tertiary Industry	751.95
1.交通运输、仓储及邮政业	Transport,Storage and Post	312.73
2.批发、零售和住宿、餐饮业	Wholesale,Retail Trade,Hotels and Catering Services	122.35
3.其他	Others	316.87
（四）生活消费	Residential Consumption	296.66
1.城镇	Urban	98.59
2.乡村	Rural	198.07
五、平衡差额（＋、－）	Balance	
六、消费量合计	Total Comsumption	9698.71

注：本表数据与GDP统计口径相同。
Note:The data of table are as sameas that of GDP.

Energy Balance Sheet (Actual Itern Quantity) (2015)

洗精煤 (万吨) Washed Coal (10000tons)	煤制品 (万吨) Coal Products (10000tons)	焦炭 (万吨) Coke (10000tons)	焦炉煤气 (万吨) Coal Oven Gas (10000tons)	原油 (万吨) Crude Oil (10000tons)	汽油 (万吨) Gasoline (10000tons)	煤油 (万吨) Kerosene (10000tons)
100.49	0.06	160.67		960.34	-18.78	-19.71
30.69	0.09	22.21		31.79	20.04	0.12
				665.48		
131.91		152.76		313.18	140.12	
						0.73
-33.77				-23.22	-157.22	-20.43
		-0.25			-0.01	
-28.34	-0.03	-14.05		-26.89	-21.71	-0.13
-74.34	6.58	372.15	12.06	-947.34	196.74	21.61
-7.33			-0.35			
-17.11					-0.05	
456.63						
-466.66		344.66	11.26			
				-947.34	196.79	21.61
-39.87		27.49	1.15			
	6.58					
26.15	6.64	532.82	12.06	13.00	177.96	1.90
		7.21			22.87	0.03
		7.21			22.87	0.03
25.7	1.76	525.1	11.6	13.00	45.24	0.68
25.52	1.76	525.02	11.6	13.00	27.98	0.28
8.37	0.03	2.53			0.05	
0.18		0.08			17.26	0.40
0.45		0.51			87.77	1.19
0.45					37.58	0.26
		0.39			15.45	0.52
		0.12			34.74	0.41
	4.88		0.46		22.08	
	1.88		0.46		15.28	
	3				6.80	
557.12	6.64	532.82	12.41	960.34	178.01	1.90

7－6 续表

指　　标	Item	柴　油 （万吨） Diesel Oil (10000tons)
一、可供本地区消费能源量	Total Energy Available for Consumption	-2.42
（一）年初库存量	Beginning Inventory	25.04
（二）一次能源生产量	Primary Energy Output	
（三）外省（区、市）调入量	Allocation from Outside	173.87
（四）进口量	Imports	
（五）我轮机在外国加油量	Refuelling Abroad for Our Ships and Planes	
（六）本省（区、市）调出量（-）	Allocation from Inside	-177.92
（七）出口量（-）	Exports	
（八）外轮、机在我国加油量（-）	Refuelling in China for Foreign Ships and Planes	
（九）年末库存量（-）	Inventories at the end	-23.41
二、加工转换投入（-）产出（+）量	Output and Input in Processing and Transformation	349.34
（一）火力发电	Thermal Power	-0.18
（二）供热	Heating	-0.09
（三）煤炭洗选	Washing-dressing Coal	
（四）炼焦	Coking	
（五）炼油及煤制油	Petroleum Refining	349.61
其中：油品再投入量（-）	Reinput for Oil	
（六）制气	Gas Production	
其中：焦炭再投入量（-）	Reinput for Coke	
（七）天然气液化	Natural Gas Liquefaction	
（八）煤制品加工	Cocal Produts Processing	
（九）回收能	Recovery of Energy	
三、损失量	Energy Losses	
其中：运输和输配损失	Losses for Transportation and Transmission	
四、终端消费量	End-use Consumption	346.92
（一）第一产业	Primary Industry	45.75
1. 农、林、牧、渔业	Agriculture,Forestry,Animal Husbandry and Fishery	45.75
（二）第二产业	Secondary Industry	86.79
1. 工业	Industry	45.42
其中：用作原料、材料	Material	0.24
2.建筑业	Construction	41.37
（三）第三产业	Tertiary Industry	203.93
1. 交通运输、仓储及邮政业	Transport,Storage and Post	198.68
2. 批发、零售和住宿、餐饮业	Wholesale,Retail Trade,Hotels and Catering Services	1.71
3. 其他	Others	3.54
（四）生活消费	Residential Consumption	10.45
1. 城镇	Urban	1.95
2. 乡村	Rural	8.50
五、平衡差额（+、-）	Balance	
六、消费量合计	Total Comsumption	347.19

continued

燃料油（万吨）Fuel Oil (10000tons)	液化石油气（万吨）Liquefied Petroleum Gas (10000tons)	炼厂干气（万吨）Refinery Dry Gas (10000tons)	其它石油制品（万吨）Other Pertroleum Products (10000tons)	天然气（万吨）Natural Gas (10000tons)	热力（万百万千焦）Heat Power (10 billion kilo-joule)	电力（亿千瓦时）Electric Power (1000 million kw.h)
7.69	0.06	3.49	4.74	21.32		62.12
2.76	0.38		0.01			
				20.32		114.63
6.52		3.49	4.73	1.00		147.73
	0.55					
						-200.24
-0.06						
-1.53	-0.87					
22.70	46.76	26.44	129.51	-1.90	24484.32	589.83
-0.19				-0.82	-131.61	589.83
-0.31				-0.90	23665.46	
23.20	46.76	26.44	129.51			
				-0.18		
					950.47	
					2990.36	
					74.77	
30.39	46.82	29.93	134.25	19.42	21493.96	651.96
0.06	0.25			0.03		12.26
0.06	0.25			0.03		12.26
23.49	23.08	29.93	134.25	15.77	14535.77	419.74
21.57	22.62	29.93	134.25	15.77	14404.91	409.93
18.12			130.85	0.35		
1.92	0.46				130.86	9.81
6.84	8.73			0.27	1700.74	113.09
5.41	0.95			0.05	357.51	19.22
1.15	2.51			0.15	428.17	34.88
0.28	5.27			0.07	915.06	58.99
	14.76			3.35	5257.45	106.87
	11.22			3.35	5257.45	68.87
	3.54					38.00
						-0.01
30.89	46.82	29.93	134.25	21.15	24615.93	651.96

7－7　地区能源平衡表（标准量）（2015年）

单位：万吨标准煤

指　　标	Item	原　煤 Raw Coal
一、可供本地区消费能源量	Total Energy Available for Consumption	5390.04
（一）年初库存量	Beginning Inventory	507.61
（二）一次能源生产量	Primary Energy Output	1517.28
（三）外省（区、市）调入量	Allocation from Outside	3895.73
（四）进口量	Imports	109.00
（五）我轮机在外国加油量	Refuelling Abroad for Our Ships and Planes	
（六）本省（区、市）调出量（－）	Allocation from Inside	−137.70
（七）出口量（－）	Exports	−3.77
（八）外轮、机在我国加油量（－）	Refuelling in China for Foreign Ships and Planes	
（九）年末库存量（－）	Inventories at the end	−498.11
二、加工转换投入（－）产出（＋）量	Output and Input in Processing and Transformation	−3359.62
（一）火力发电	Thermal Power	−1656.41
（二）供热	Heating	−1017.04
（三）煤炭洗选	Washing-dressing Coal	−680.89
（四）炼焦	Coking	
（五）炼油及煤制油	Petroleum Refining	
其中：油品再投入量（－）	Reinput for Oil	
（六）制气	Gas Production	−1.50
其中：焦炭再投入量（－）	Reinput for Coke	
（七）天然气液化	Natural Gas Liquefaction	
（八）煤制品加工	Coal Products Processing	−3.79
（九）回收能	Recovery of Energy	
三、损失量	Energy Losses	
其中：运输和输配损失	Losses for Transportation and Transmission	
四、终端消费量	End-use Consumption	2030.42
（一）第一产业	Primary Industry	30.75
1. 农、林、牧、渔业	Agriculture,Forestry,Animal Husbandry and Fishery	30.75
（二）第二产业	Secondary Industry	1537.85
1. 工业	Industry	1531.08
其中：用作原料、材料	Material	74.38
2.建筑业	Construction	6.77
（三）第三产业	Tertiary Industry	331.16
1. 交通运输、仓储及邮政业	Transport,Storage and Post	137.73
2. 批发、零售和住宿、餐饮业	Wholesale,Retail Trade,Hotels and Catering Services	53.88
3. 其他	Others	139.55
（四）生活消费	Residential Consumption	130.65
1. 城镇	Urban	43.42
2.乡村	Rural	87.23
五、平衡差额（＋、－）	Balance	
六、消费量合计	Total Comsumption	

注：本表数据与GDP统计口径相同。
Note:The data of table is as same as the way of GDP statistic.

Energy Balance Sheet (Standard Quantity) (2015)

unit:10000tons of SCE

洗精煤 Washed Coal	煤制品 Coal Products	焦 炭 Coke	焦炉煤气 Coal Oven Gas	原 油 Crude Oil	汽 油 Gasoline	煤 油 Kerosene
90.84	0.03	156.07		1371.94	-27.63	-29.00
27.71	0.05	21.57		45.42	29.49	0.18
				950.70		
119.11		148.39		447.41	206.17	
						1.07
-30.39				-33.17	-231.33	-30.06
		-0.24			-0.01	
-25.59	-0.02	-13.65		-38.42	-31.94	-0.19
-66.98	3.48	346.76	68.98	-1353.37	289.48	31.80
-6.68			-2.00		0.00	
-15.59					-0.07	
412.66						
-421.49		320.05	64.34			
				-1353.37	289.56	31.80
-35.88		26.70	6.64			
	3.48					
23.87	3.51	502.83	68.98	18.57	261.85	2.80
		6.80			33.65	0.04
		6.80			33.65	0.04
23.45	0.93	495.54	66.35	18.57	66.57	1.00
23.29	0.93	495.47	66.35	18.57	41.17	0.41
7.64	0.02	2.39			0.07	
0.16		0.08			25.40	0.59
0.41		0.48			129.14	1.75
0.41					55.30	0.38
		0.37			22.73	0.77
		0.11			51.12	0.60
	2.58		2.63		32.49	
	0.99		2.63		22.48	
	1.59				10.01	

7－7 续表

单位: 万吨标准煤

指　　标	Item	柴 油 Diesel Oil
一、可供本地区消费能源量	Total Energy Available for Consumption	-3.53
（一）年初库存量	Beginning Inventory	36.49
（二）一次能源生产量	Primary Energy Output	
（三）外省（区、市）调入量	Allocation from Outside	253.35
（四）进口量	Imports	
（五）我轮机在外国加油量	Refuelling Abroad for Our Ships and Planes	
（六）本省（区、市）调出量（-）	Allocation from Inside	-259.25
（七）出口量（-）	Exports	
（八）外轮、机在我国加油量（-）	Refuelling in China for Foreign Ships and Planes	
（九）年末库存量（-）	Inventories at the end	-34.11
二、加工转换投入（-）产出（+）量	Output and Input in Processing and Transformation	509.03
（一）火力发电	Thermal Power	-0.26
（二）供热	Heating	-0.13
（三）煤炭洗选	Washing-dressing Coal	
（四）炼焦	Coking	
（五）炼油及煤制油	Petroleum Refining	509.42
其中：油品再投入量(-)	Reinput for Oil	
（六）制气	Gas Production	
其中：焦炭再投入量（-）	Reinput for Coke	
（七）天然气液化	Natural Gas Liquefaction	
（八）煤制品加工	Coal Products Processing	
（九）回收能	Recovery of Energy	
三、损失量	Energy Losses	
其中：运输和输配损失	Losses for Transportation and Transmission	
四、终端消费量	End-use Consumption	505.50
（一）第一产业	Primary Industry	66.66
1. 农、林、牧、渔业	Agriculture,Forestry,Animal Husbandry and Fishery	66.66
（二）第二产业	Secondary Industry	126.46
1. 工业	Industry	66.18
其中：用作原料、材料	Material	0.35
2.建筑业	Construction	60.28
（三）第三产业	Tertiary Industry	297.15
1. 交通运输、仓储及邮政业	Transport,Storage and Post	289.50
2. 批发、零售和住宿、餐饮业	Wholesale,Retail Trade,Hotels and Catering Services	2.49
3. 其他	Others	5.16
（四）生活消费	Residential Consumption	15.23
1. 城镇	Urban	2.84
2. 乡村	Rural	12.39
五、平衡差额（+、-）	Balance	
六、消费量合计	Total Comsumption	

continued

unit:10000tons of SCE

燃料油 Fuel Oil	液化石油气 Liquefied Petroleum Gas	炼厂干气 Refinery Dry Gas	其它石油制品 Other Pertroleum Products	天然气 Natural Gas	热力 Heat Power	电力 （当量值） Electric Power （Equivalent Value）
10.99	0.10	5.48	6.64	283.56		76.35
3.94	0.65		0.01			
				270.26		140.88
9.31		5.48	6.62	13.30		181.56
	0.94					
						−246.09
−0.09						
−2.19	−1.49					
32.43	80.16	41.55	181.31	−25.27	834.92	724.90
−0.27				−10.91	−4.49	724.90
−0.44				−11.97	806.99	
33.14	80.16	41.55	181.31			
				−2.39		
					32.41	
					101.97	
					2.55	
43.42	80.26	47.03	187.95	258.29	732.94	801.26
0.09	0.43			0.40		15.07
0.09	0.43			0.40		15.07
33.56	39.57	47.03	187.95	209.74	495.67	515.86
30.81	38.78	47.03	187.95	209.74	491.21	503.80
25.89			183.19	4.66		
2.74	0.79				4.46	12.06
9.77	14.97			3.59	58.00	138.99
7.73	1.63			0.67	12.19	23.62
1.64	4.30			2.00	14.60	42.87
0.40	9.03			0.93	31.20	72.50
	25.30			44.56	179.28	131.34
	19.23			44.56	179.28	84.64
	6.07					46.70
						−0.01

7－8 分行业能源终端消费（实物量）（2015年）

行　　业	Item	原　煤 (万吨) Raw Coal (10000tons)
消费总计	**Total Consumption**	**3407.749**
一、农、林、牧、渔业	Agriculture,Forestry,Animal Husbandry and Fishery	69.83
二、工业合计	Industry	2273.93
轻工业	Light Industry	708.77
重工业	Heavy Industry	1565.16
（一）采矿业	Mining	92.98
煤炭开采和洗选业	Mining and Washing of Coal	35.89
石油和天然气开采业	Extraction of Petroleum and Natural Gas	2.22
黑色金属矿采选业	Mining and Processing of Ferrous Metal Ores	7.03
有色金属矿采选业	Mining and Processing of Non-ferrous Metal Ores	15.16
非金属矿采选业	Mining and Processing of Nonmetal Ores	25.65
开采辅助活动	Mining Support Activities	6.88
其他采矿业	Mining of Other Ores	0.15
（二）制造业	Manufacturing	1679.35
农副食品加工业	Processing of Food from Agricultural Produsts	296.37
食品制造业	Manufacture of Foods	37.60
酒、饮料和精制茶制造业	Manufacture of Wine,Beverages and Tea	116.66
烟草制品业	Manufacture of Tobacco	1.32
纺织业	Manufacture of Textile	28.63
纺织服装、服饰业	Manufacture of Textile and Apparel	7.24
皮革、毛皮、羽毛及其制品和制鞋业	Leather,Fur,Feathers and Footwear Industry	3.21
木材加工及木、竹、藤、棕、草制品业	Processing of Timber,Manfacture of Wood,Bamboo,Rattan,Palm and Straw Products	86.63
家具制造业	Manufacture of Furniture	3.19
造纸及纸制品业	Manufacture of Paper and Paper Products	38.47
印刷和记录媒介复制业	Printing,Reproduction of Recording Media	2.17
文教、工美、体育和娱乐用品制造业	Calture Education,Art,Sports and Entertainment Goods Industry	3.10
石油加工、炼焦和核燃料加工业	Processing of Petroleum,Coking,Processing of Nuclear Fuel	4.34
化学原料和化学制品制造业	Manufacture of Raw Chemical Materials and Chemical Products	115.27
医药制造业	Manufacture of Medicines	163.84
化学纤维制造业	Manufacture Chemical Fibers	6.68
橡胶和塑料制品业	Manufacture of Rubber and Plastic	9.33
非金属矿物制品业	Manufacture of Non – metallic Mineral Products	470.56
黑色金属冶炼和压延加工业	Smelting and Pressing of Ferrous Metals	158.08

Industry Energy Consumption (Actual Itern Quantity) (2015)

洗精煤 (万吨) Washed Coal (10000tons)	煤制品 (万吨) Coal Products (10000tons)	焦 炭 (万吨) Coke (10000tons)	焦炉煤气 (亿立方米) Coal Oven Gas (100 million cu.m)	原 油 (万吨) Crude Oil (10000tons)	汽 油 (万吨) Gasoline (10000tons)	煤 油 (万吨) Kerosene (10000tons)
26.15	**6.64**	**532.824**	**12.06**	**13.00**	**177.96**	**1.90**
		7.21			22.87	0.03
25.52	1.76	525.024	11.60	13.00	27.98	0.28
0.02	0.35	0.02			9.34	0.03
25.5	1.41	525.004	11.60	13.00	18.64	0.25
2.12	0.04	3.65		11.62	2.92	0.04
		0.01			0.20	
	0.04			11.22	0.57	
2.05		3.64			0.50	0.04
0.07					0.20	
					0.70	
				0.40	0.75	
23.4	1.72	521.374	11.50	1.35	23.43	0.22
0.02	0.06				5.04	0.01
	0.16				0.80	
					0.80	0.01
					0.11	
	0.11				0.06	
					0.10	
					0.11	
				0.03	1.24	
		0.02			0.77	
					0.29	
					0.10	
					0.09	
0.96			0.05		0.20	
18.55	0.13	0.03		1.21	1.71	
	0.02				0.86	0.01
					0.03	
					0.61	
0.09	0.40	4.36	1.55	0.10	2.84	0.17
3.74		505.074	9.90		0.83	

行　　业	Item	原　煤 (万吨) Raw Coal (10000tons)
有色金属冶炼和压延加工业	Smelting and Pressing of Non-ferrous Metals	18.63
金属制品业	Manufacture of Metal Products	7.28
通用设备制造业	Manufacture of General Purpose Machinery	18.05
专用设备制造业	Manufacture of Special Purpose Machinery	20.64
汽车制造业	Manufacture of Automotive	21.77
铁路、船舶、航空航天和其他运输设备制造业	Manufacture of Railway,Ship,Aerospace and Other Transport Equipment	18.20
电气机械和器材制造业	Manufacture of Electrical Machinery and Equipment	7.88
通信设备、计算机和其他电子设备制造业	Manufacture of Communication Equipment,Computers and Other Electronic Equipment	2.27
仪器仪表制造业	Manufacture of Instrument	1.41
其他制造业	Other Manufacturing	9.84
废弃资源综合利用业	Wast Resources Utilization Industry	0.29
金属制品、机械和设备修理业	Metal Products,Machinery and Equipment Repair Industry	0.40
（三）电力、热力、燃气及水的生产和供应业	Production and Supply of Electricity,Gas and Water	501.6
电力、热力的生产和供应业	Production and Supply of Electric Power and Heat Power	491.6
燃气生产和供应业	Production and Supply of Gas	7.46
水的生产和供应业	Production and Supply of Water	2.54
三、建筑业	Construction	15.379
房屋和土木工程建筑业	Construction of Building and Civil Engineering	5.789
建筑安装业	Construction Installation	8.30
建筑装饰业	Construction Decoration	0.92
其它建筑业	Other Construction	0.37
四、交通运输储运业和邮政业	Transport,Storage and Post	312.73
铁路运输业	Railway Transport	95.75
道路运输业	Road Transport	57.52
水上运输业	Water Transport	
航空运输业	Air Transport	3.80
管道运输业	Transport Via Pipeline	
装卸搬运及其他运输服务业	Loading,Unloading,Portage and Other Transport Services	2.40
仓储业	Storage	152.40
邮政业	Post	0.86
五、批发、零售业和住宿、餐饮业	Wholesale,Retail Trades,Hotels and Catering Services	122.35
六、其他行业	Others	316.87
七、城乡居民生活	Residential Comsumption	296.66

continued

洗精煤 (万吨) Washed Coal (10000tons)	煤制品 (万吨) Coal Products (10000tons)	焦　炭 (万吨) Coke (10000tons)	焦炉煤气 (亿立方米) Coal Oven Gas (100 million cu.m)	原　油 (万吨) Crude Oil (10000tons)	汽　油 (万吨) Gasoline (10000tons)	煤　油 (万吨) Kerosene (10000tons)
		6.51			0.18	
	0.38	3.20			0.66	
0.04		0.11			0.99	
		0.51			1.47	
	0.45	1.52		0.01	2.06	0.02
					0.36	
	0.01	0.04			0.64	
					0.07	
					0.12	
					0.07	
					0.18	
					0.04	
			0.10	0.03	1.63	0.02
			0.10	0.03	1.36	0.02
					0.14	
					0.13	
0.18		0.08			17.26	0.40
0.18		0.07			11.11	0.04
		0.01			2.79	0.20
					2.31	0.16
					1.05	
0.45					37.58	0.26
0.45					0.53	0.01
					30.54	0.06
					0.10	
					0.15	0.02
					0.22	
					1.08	0.12
					4.96	0.05
		0.39			15.45	0.52
		0.12			34.74	0.41
	4.88		0.46		22.08	

7－8 续表 2

行　　业	Item	柴　油（万吨）Diesel Oil (10000tons)
消费总计	**Total Consumption**	**346.92**
一、农、林、牧、渔业	Agriculture,Forestry,Animal Husbandry and Fishery	45.75
二、工业合计	Industry	45.42
轻工业	Light Industry	10.03
重工业	Heavy Industry	35.39
（一）采矿业	Mining	11.26
煤炭开采和洗选业	Mining and Washing of Coal	1.49
石油和天然气开采业	Extraction of Petroleum and Natural Gas	1.53
黑色金属矿采选业	Mining and Processing of Ferrous Metal Ores	2.51
有色金属矿采选业	Mining and Processing of Non-ferrous Metal Ores	0.91
非金属矿采选业	Mining and Processing of Nonmetal Ores	1.95
开采辅助活动	Mining Support Activities	2.87
其他采矿业	Mining of Other Ores	
（二）制造业	Manufacturing	33.32
农副食品加工业	Processing of Food from Agricultural Produsts	5.65
食品制造业	Manufacture of Foods	0.76
酒、饮料和精制茶制造业	Manufacture of Wine,Beverages and Tea	1.13
烟草制品业	Manufacture of Tobacco	0.05
纺织业	Manufacture of Textile	0.04
纺织服装、服饰业	Manufacture of Textile and Apparel	0.08
皮革、毛皮、羽毛及其制品和制鞋业	Leather,Fur,Feathers and Footwear Industry	0.01
木材加工及木、竹、藤、棕、草制品业	Processing of Timber,Manfacture of Wood,Bamboo,Rattan,Palm and Straw Products	2.31
家具制造业	Manufacture of Furniture	0.67
造纸及纸制品业	Manufacture of Paper and Paper Products	0.52
印刷和记录媒介复制业	Printing,Reproduction of Recording Media	0.09
文教、工美、体育和娱乐用品制造业	Calture Education,Art,Sports and Entertainment Goods Industry	0.04
石油加工、炼焦和核燃料加工业	Processing of Petroleum,Coking,Processing of Nuclear Fuel	0.71
化学原料和化学制品制造业	Manufacture of Raw Chemical Materials and Chemical Products	2.53
医药制造业	Manufacture of Medicines	0.41
化学纤维制造业	Manufacture Chemical Fibers	0.09
橡胶和塑料制品业	Manufacture of Rubber and Plastic	0.80
非金属矿物制品业	Manufacture of Non－metallic Mineral Products	6.93
黑色金属冶炼和压延加工业	Smelting and Pressing of Ferrous Metals	0.84

continued

燃料油（万吨）Fuel Oil (10000tons)	液化石油气（万吨）Liquefied Petroleum Gas (10000tons)	炼厂干气（万吨）Refinery Dry Gas (10000tons)	其它石油制品（万吨）Other Petroleum Products (10000tons)	天然气（亿立方米）Natural Gas (100 million cu.m)	热力（万百万千焦）Heat Power (10 billion kilo-joule)	电力（亿千瓦时）Electric Power (100 million kwh)
30.39	**46.82**	**29.93**	**134.25**	**19.42**	**21493.96**	**651.96**
0.06	0.25			0.03		12.26
21.57	22.62	29.93	134.25	15.77	14404.91	409.93
0.03	8.73	0.01		0.58	3648.44	41.86
21.54	13.89	29.92	134.25	15.19	10756.47	368.07
				4.97	1061.30	43.57
					0.31	9.64
				4.58	112.39	20.26
					0.03	4.14
					0.18	7.14
					0.03	2.03
				0.39	948.36	0.35
						0.01
21.55	22.62	29.93	134.25	10.77	12510.75	219.21
				0.03	25.20	10.60
				0.09	77.70	2.56
					1545.40	7.38
				0.12	0.55	1.01
					182.88	2.81
					96.84	0.41
					0.28	0.02
					5.99	3.72
				0.02	1.44	1.20
				0.09	0.32	4.70
	8.73				6.38	0.54
					0.37	0.08
	5.03	3.64		0.44	7.00	7.13
21.52		26.28	133.26	3.88	5517.06	31.83
0.03		0.01		0.23	98.40	6.32
					1611.82	3.91
				0.52	3.79	4.95
			0.99	1.68	83.00	32.95
					2.33	45.53

7－8 续表 3

行　　业	Item	柴　油（万吨）Diesel Oil1 (10000tons)
有色金属冶炼和压延加工业	Smelting and Pressing of Non-ferrous Metals	0.62
金属制品业	Manufacture of Metal Products	0.62
通用设备制造业	Manufacture of General Purpose Machinery	0.62
专用设备制造业	Manufacture of Special Purpose Machinery	1.19
汽车制造业	Manufacture of Automotive	4.95
铁路、船舶、航空航天和其他运输设备制造业	Manufacture of Railway,Ship,Aerospace and Other Transport Equipment	0.30
电气机械和器材制造业	Manufacture of Electrical Machinery and Equipment	0.58
通信设备、计算机和其他电子设备制造业	Manufacture of Communication Equipment,Computers and Other Electronic Equipment	0.04
仪器仪表制造业	Manufacture of Instrument	0.14
其他制造业	Other Manufacturing	0.08
废弃资源综合利用业	Wast Resources Utilization Industry	0.49
金属制品、机械和设备修理业	Metal Products,Machinery and Equipment Repair Industry	0.03
（三）电力、热力、燃气及水的生产和供应业	Production and Supply of Electricity,Gas and Water	0.84
电力、热力的生产和供应业	Production and Supply of Electric Power and Heat Power	0.63
燃气生产和供应业	Production and Supply of Gas	0.16
水的生产和供应业	Production and Supply of Water	0.05
三、建筑业	Construction	41.37
房屋和土木工程建筑业	Construction of Building and Civil Engineering	2.75
建筑安装业	Construction Installation	23.29
建筑装饰业	Construction Decoration	2.35
其它建筑业	Other Construction	12.98
四、交通运输储运业和邮政业	Transport,Storage and Post	198.68
铁路运输业	Railway Transport	27.25
道路运输业	Road Transport	159.33
水上运输业	Water Transport	0.03
航空运输业	Air Transport	0.06
管道运输业	Transport Via Pipeline	
装卸搬运及其他运输服务业	Loading,Unloading,Portage and Other Transport Services	1.91
仓储业	Storage	6.13
邮政业	Post	3.97
五、批发、零售业和住宿、餐饮业	Wholesale,Retail Trades,Hotels and Catering Services	1.71
六、其他行业	Others	3.54
七、城乡居民生活	Residential Comsumption	10.45

continued

燃料油（万吨）Fuel Oil (10000tons)	液化石油气（万吨）Liquified Petroleum Gas (10000tons)	炼厂干气（万吨）Refinery Dry Gas (10000tons)	其它石油制品（万吨）Other Petroleum Products (10000tons)	天然气（亿立方米）Natural Gas (100 million cu.m)	热力（万百万千焦）Heat Power (10 billion kilo-joule)	电力（亿千瓦时）Electric Power (100 million kwh)
				0.09	0.06	6.78
				0.10	53.37	4.71
					22.17	1.81
				0.02	17.84	4.69
				3.35	2115.99	27.83
				0.09	17.74	1.00
	8.86			0.02	9.02	1.98
					1006.13	1.09
					0.46	0.20
						1.06
					0.86	0.32
					0.36	0.09
0.02				0.03	832.86	147.15
0.02					784.88	134.43
				0.03	0.03	1.67
					47.95	11.05
1.92	0.46				130.86	9.81
0.02	0.12				14.09	4.85
1.65	0.06				9.54	3.38
	0.23				93.85	0.31
0.25	0.05				13.38	1.27
5.41	0.95			0.05	357.51	19.22
	0.10				126.34	2.38
5.41	0.52			0.05	71.96	4.56
					21.00	0.55
					27.20	0.93
					22.10	2.46
					26.63	4.12
	0.20				49.59	3.88
	0.13				12.69	0.34
1.15	2.51			0.15	428.17	34.88
0.28	5.27			0.07	915.06	58.99
	14.76			3.35	5257.45	106.87

7-9 分行业能源终端消费（标准量）（2015年）

单位: 万吨标准煤

指　　标	Item	原　煤 Raw Coal
消费总计	**Total Consumption**	**2030.41**
一、农、林、牧、渔业	Agriculture,Forestry,Animal Husbandry and Fishery	30.75
二、工业合计	Industry	1531.08
轻工业	Light Industry	439.70
重工业	Heavy Industry	1091.38
（一）采矿业	Mining	63.36
煤炭开采和洗选业	Mining and Washing of Coal	22.93
石油和天然气开采业	Extraction of Petroleum and Natural Gas	1.57
黑色金属矿采选业	Mining and Processing of Ferrous Metal Ores	5.02
有色金属矿采选业	Mining and Processing of Non-ferrous Metal Ores	10.69
非金属矿采选业	Mining and Processing of Nonmetal Ores	18.13
开采辅助活动	Mining Support Activities	4.91
其他采矿业	Mining of Other Ores	0.11
（二）制造业	Manufacturing	1118.99
农副食品加工业	Processing of Food from Agricultural Produsts	167.54
食品制造业	Manufacture of Foods	27.71
酒、饮料和精制茶制造业	Manufacture of Wine,Beverages and Tea	65.96
烟草制品业	Manufacture of Tobacco	0.94
纺织业	Manufacture of Textile	20.38
纺织服装、服饰业	Manufacture of Textile and Apparel	5.11
皮革、毛皮、羽毛及其制品和制鞋业	Leather,Fur,Feathers and Footwear Industry	2.25
木材加工及木、竹、藤、棕、草制品业	Processing of Timber,Manfacture of Wood,Bamboo,Rattan,Palm and Straw Products	61.38
家具制造业	Manufacture of Furniture	2.25
造纸及纸制品业	Manufacture of Paper and Paper Products	25.09
印刷和记录媒介复制业	Printing,Reproduction of Recording Media	1.56
文教、工美、体育和娱乐用品制造业	Calture Education,Art,Sports and Entertainment Goods Industry	2.21
石油加工、炼焦和核燃料加工业	Processing of Petroleum,Coking,Processing of Nuclear Fuel	3.48
化学原料和化学制品制造业	Manufacture of Raw Chemical Materials and Chemical Products	62.85
医药制造业	Manufacture of Medicines	115.45
化学纤维制造业	Manufacture Chemical Fibers	3.04
橡胶和塑料制品业	Manufacture of Rubber and Plastic	6.60
非金属矿物制品业	Manufacture of Non - metallic Mineral Products	335.63
黑色金属冶炼和压延加工业	Smelting and Pressing of Ferrous Metals	123.78

Industry Energy Consumption（Standard Quantity）（2015）

unit:10000tons of SCE

洗精煤 Washed Coal	煤制品 Coal Products	焦　炭 Coke	焦炉煤气 Coal Oven Gas	原　油 Crude Oil	汽　油 Gasoline	煤　油 Kerosene
23.87	**3.51**	**502.83**	**68.98**	**18.57**	**261.85**	**2.80**
		6.80			33.65	0.04
23.29	0.93	495.47	66.35	18.57	41.17	0.41
0.02	0.19	0.02			13.74	0.04
23.27	0.75	495.45	66.35	18.57	27.43	0.37
1.93	0.02	3.44		16.60	4.30	0.06
		0.01			0.29	
	0.02			16.03	0.84	
1.87		3.44			0.74	0.06
0.06					0.29	
					1.03	
				0.57	1.10	
21.36	0.91	492.03	65.78	1.93	34.47	0.32
0.02	0.03				7.42	0.01
	0.08				1.18	
					1.18	0.01
					0.16	
	0.06				0.09	
					0.15	
					0.16	
				0.04	1.82	
					1.13	
					0.43	
					0.15	
					0.13	
0.88			0.29		0.29	
16.93	0.07	0.03		1.73	2.52	
	0.01				1.27	0.01
					0.04	
					0.90	
0.08	0.21	4.11	8.87	0.14	4.18	0.25
3.41		476.65	56.63		1.22	

单位: 万吨标准煤

7-9 续表 1

行　　业	Item	原　煤 Raw Coal
有色金属冶炼和压延加工业	Smelting and Pressing of Non-ferrous Metals	13.34
金属制品业	Manufacture of Metal Products	5.17
通用设备制造业	Manufacture of General Purpose Machinery	13.02
专用设备制造业	Manufacture of Special Purpose Machinery	14.85
汽车制造业	Manufacture of Automotive	15.72
铁路、船舶、航空航天和其他运输设备制造业	Manufacture of Railway,Ship,Aerospace and Other Transport Equipment	8.33
电气机械和器材制造业	Manufacture of Electrical Machinery and Equipment	5.60
通信设备、计算机和其他电子设备制造业	Manufacture of Communication Equipment,Computers and Other Electronic Equipment	1.62
仪器仪表制造业	Manufacture of Instrument	0.94
其他制造业	Other Manufacturing	6.72
废弃资源综合利用业	Wast Resources Utilization Industry	0.21
金属制品、机械和设备修理业	Metal Products,Machinery and Equipment Repair Industry	0.29
（三）电力、热力、燃气及水的生产和供应业	Production and Supply of Electricity,Gas and Water	348.73
电力、热力的生产和供应业	Production and Supply of Electric Power and Heat Power	341.59
燃气生产和供应业	Production and Supply of Gas	5.33
水的生产和供应业	Production and Supply of Water	1.81
三、建筑业	Construction	6.77
房屋和土木工程建筑业	Construction of Building and Civil Engineering	2.55
建筑安装业	Construction Installation	3.66
建筑装饰业	Construction Decoration	0.41
其它建筑业	Other Construction	0.16
四、交通运输储运业和邮政业	Transport,Storage and Post	137.73
铁路运输业	Railway Transport	42.17
道路运输业	Road Transport	25.33
水上运输业	Water Transport	
航空运输业	Air Transport	1.67
管道运输业	Transport Via Pipeline	
装卸搬运及其他运输服务业	Loading,Unloading,Portage and Other Transport Services	1.06
仓储业	Storage	67.12
邮政业	Post	0.38
五、批发、零售业和住宿、餐饮业	Wholesale,Retail Trades,Hotels and Catering Services	53.88
六、其他行业	Others	139.55
七、城乡居民生活	Residential Consumption	130.65

continued

unit:10000tons of SCE

洗精煤 Washed Coal	煤制品 Coal Products	焦 炭 Coke	焦炉煤气 Coal Oven Gas	原 油 Crude Oil	汽 油 Gasoline	煤 油 Kerosene
		6.14			0.26	
	0.20	3.02			0.97	
0.04		0.10			1.46	
		0.48			2.16	
	0.24	1.43		0.01	3.03	0.03
					0.53	
	0.01	0.04			0.94	
					0.10	
					0.18	
					0.10	
					0.26	
					0.06	
			0.57	0.04	2.40	0.03
			0.57	0.04	2.00	0.03
					0.21	
					0.19	
0.16		0.08			25.40	0.59
0.16		0.07			16.35	0.06
		0.01			4.11	0.29
					3.40	0.24
					1.54	
0.41					55.30	0.38
0.41					0.78	0.01
					44.94	0.09
					0.15	
					0.22	0.03
					0.32	
					1.59	0.18
					7.30	0.07
		0.37			22.73	0.77
		0.11			51.12	0.60
	2.58		2.63		32.49	

单位: 万吨标准煤

7-9 续表 2

行 业	Item	柴 油 Diesel Oil
消费总计	**Total Consumption**	**505.51**
一、农、林、牧、渔业	Agriculture,Forestry,Animal Husbandry and Fishery	66.66
二、工业合计	Industry	66.18
轻工业	Light Industry	14.61
重工业	Heavy Industry	51.57
（一）采矿业	Mining	16.41
煤炭开采和洗选业	Mining and Washing of Coal	2.17
石油和天然气开采业	Extraction of Petroleum and Natural Gas	2.23
黑色金属矿采选业	Mining and Processing of Ferrous Metal Ores	3.66
有色金属矿采选业	Mining and Processing of Non-Ferrous Metal Ores	1.33
非金属矿采选业	Mining and Processing of Nonmetal Ores	2.84
开采辅助活动	Mining Support Activities	4.18
其他采矿业	Mining of Other Ores	
（二）制造业	Manufacturing	48.55
农副食品加工业	Processing of Food from Agricultural Prodosts	8.23
食品制造业	Manufacture of Foods	1.11
酒、饮料和精制茶制造业	Manufacture of Wine,Beverages and Tea	1.65
烟草制品业	Manufacture of Tobacco	0.07
纺织业	Manufacture of Textile	0.06
纺织服装、服饰业	Manufacture of Textile and Apparel	0.12
皮革、毛皮、羽毛及其制品和制鞋业	Leather,Fur,Feathers and Footwear Industry	0.01
木材加工及木、竹、藤、棕、草制品业	Processing of Timber,Manfacture of Wood,Bamboo,Rattan,Palm and Straw Products	3.37
家具制造业	Manufacture of Furniture	0.98
造纸及纸制品业	Manufacture of Paper and Paper Products	0.76
印刷和记录媒介复制业	Printing,Reproduction of Recording Media	0.13
文教、工美、体育和娱乐用品制造业	Calture Education,Art,Sports and Entertainment Goods Industry	0.06
石油加工、炼焦和核燃料加工业	Processing of Petroleum,Coking,Processing of Nuclear Fuel	1.03
化学原料和化学制品制造业	Manufacture of Raw Chemical Materials and Chemical Products	3.69
医药制造业	Manufacture of Medicines	0.60
化学纤维制造业	Manufacture Chemical Fibers	0.13
橡胶和塑料制品业	Manufacture of Rubber and Plastic	1.17
非金属矿物制品业	Manufacture of Non-Metallic Mineral Products	10.10
黑色金属冶炼和压延加工业	Smelting and Pressing of Ferrous Metals	1.22

continued

unit:10000tons of SCE

燃料油 Fuel Oil	液化石油气 Liquefied Petroleum Gas	炼厂干气 Refinery Dry Gas	其它石油制品 Other Petroleum Products	天然气 Natural Gas	热力 Heat Power	电力（当量值） Electric Power (Equivalent Value)
43.42	**80.26**	**47.03**	**187.95**	**258.28**	**732.94**	**801.26**
0.09	0.43			0.40		15.07
30.81	38.78	47.03	187.95	209.74	491.21	503.80
0.04	14.97	0.02		7.71	124.41	51.45
30.77	23.81	47.02	187.95	202.03	366.80	452.36
				66.10	36.19	53.55
					0.01	11.85
				60.91	3.83	24.90
						5.09
					0.01	8.78
						2.49
				5.19	32.34	0.43
						0.01
30.79	38.78	47.03	187.95	143.24	426.62	269.41
				0.40	0.86	13.03
				1.20	2.65	3.15
					52.70	9.07
				1.60	0.02	1.24
					6.24	3.45
					3.30	0.50
					0.01	0.02
					0.20	4.57
				0.27	0.05	1.47
				1.20	0.01	5.78
	14.97				0.22	0.66
					0.01	0.10
	8.62	5.72		5.85	0.24	8.76
30.74		41.30	186.56	51.60	188.13	39.12
0.04		0.02		3.06	3.36	7.77
					54.96	4.81
				6.92	0.13	6.08
			1.39	22.34	2.83	40.50
					0.08	55.96

7－9 续表 3

单位: 万吨标准煤

行　　业	Item	柴　油 Diesel Oil1
有色金属冶炼和压延加工业	Smelting and Pressing of Non-ferrous Metals	0.90
金属制品业	Manufacture of Metal Products	0.90
通用设备制造业	Manufacture of General Purpose Machinery	0.90
专用设备制造业	Manufacture of Special Purpose Machinery	1.73
汽车制造业	Manufacture of Automotive	7.21
铁路、船舶、航空航天和其他运输设备制造业	Manufacture of Railway,Ship,Aerospace and Other Transport Equipment	0.44
电气机械和器材制造业	Manufacture of Electrical Machinery and Equipment	0.85
通信设备、计算机和其他电子设备制造业	Manufacture of Communication Equipment,Computers and Other Electronic Equipment	0.06
仪器仪表制造业	Manufacture of Instrument	0.20
其他制造业	Other Manufacturing	0.12
废弃资源综合利用业	Wast Resources Utilization Industry	0.71
金属制品、机械和设备修理业	Metal Products,Machinery and Equipment Repair Industry	0.04
（三）电力、热力、燃气及水的生产和供应业	Production and Supply of Electricity,Gas and Water	1.22
电力、热力的生产和供应业	Production and Supply of Electric Power and Heat Power	0.92
燃气生产和供应业	Production and Supply of Gas	0.23
水的生产和供应业	Production and Supply of Water	0.07
三、建筑业	Construction	60.28
房屋和土木工程建筑业	Construction of Building and Civil Engineering	4.01
建筑安装业	Construction Installation	33.94
建筑装饰业	Construction Decoration	3.42
其它建筑业	Other Construction	18.91
四、交通运输储运业和邮政业	Transport,Storage and Post	289.50
铁路运输业	Railway Transport	39.71
道路运输业	Road Transport	232.17
水上运输业	Water Transport	0.04
航空运输业	Air Transport	0.09
管道运输业	Transport Via Pipeline	
装卸搬运及其他运输服务业	Loading,Unloading,Portage and Other Transport Services	2.78
仓储业	Storage	8.93
邮政业	Post	5.78
五、批发、零售业和住宿、餐饮业	Wholesale,Retail Trades,Hotels and Catering Services	2.49
六、其他行业	Others	5.16
七、城乡居民生活	Residential Comsumption	15.23

continued

unit:10000tons of SCE

燃料油 Fuel Oil	液化石油气 Liquified Petroleum Gas	炼厂干气 Refinery Dry Gas	其它石油制品 Other Petroleum Products	天然气 Natural Gas	热力 Heat Power	电力（当量值） Electric Power (Equivalent Value)
				1.20		8.33
				1.33	1.82	5.79
					0.76	2.22
				0.27	0.61	5.76
				44.56	72.16	34.20
				1.20	0.60	1.23
	15.19			0.27	0.31	2.43
					34.31	1.34
					0.02	0.25
					0.00	1.30
					0.03	0.39
					0.01	0.11
0.03				0.40	28.40	180.85
0.03				0.00	26.76	165.21
				0.40		2.05
					1.64	13.58
2.74	0.79				4.46	12.06
0.03	0.21				0.48	5.96
2.36	0.10				0.33	4.15
	0.39				3.20	0.38
0.36	0.09				0.46	1.56
7.73	1.63			0.66	12.19	23.62
	0.17				4.31	2.93
7.73	0.89			0.66	2.45	5.60
					0.72	0.68
					0.93	1.14
					0.75	3.02
					0.91	5.06
	0.34				1.69	4.77
	0.22				0.43	0.42
1.64	4.30			2.00	14.60	42.87
0.40	9.03			0.93	31.20	72.50
	25.30			44.56	179.28	131.34

7－10　综合能源平衡表（标准量）

Overall Energy Balance Sheet（Standard Quantity）

单位: 万吨标准煤　　unit:10000tons of SCE

指　　标	Item	2014		2015	
		（当量值）Equivalent Value	（等价值）Equipollence	（当量值）Equivalent Value	（等价值）Equipollence
一、可供本地区消费能源量	Total Energy Available for Consumption	8500.40	8602.39	8027.72	8141.86
（一）年初库存量	Beginning Inventory	681.60	681.60	683.81	683.81
（二）一次能源生产量	Primary Energy Output	3364.78	3634.10	3015.52	3226.15
（三）外省（区、市）调入量	Allocation from Outside	5627.55	5933.22	5862.50	6133.95
（四）进口量	Imports	85.24	85.24	111.01	111.01
（五）我轮机在外国加油量	Refuelling Abroad for Our Ships and Planes				
（六）本省（区、市）调出量（－）	Allocation from Inside	−584.74	−1057.74	−988.48	−1356.41
（七）出口量（－）	Exports	−9.91	−9.91	−4.11	−4.11
（八）外轮、机在我国加油量（－）	Refuelling in China for Foreign Ships and Planes				
（九）年末库存量（－）	Inventories at the end	−664.12	−664.12	−652.53	−652.53
二、加工转换投入（－）产出（＋）量	Output and Input in Processing and Transformation	−1277.28	−113.24	−1191.94	−108.16
（一）火力发电	Thermal Power	−1164.03		−1083.78	0.00
（二）供热	Heating	−213.50	−213.50	−240.20	−240.20
（三）煤炭洗选	Washing−dressing Coal	−99.54	−99.54	−70.99	−70.99
（四）炼焦	Coking	−36.75	−36.75	−26.61	−26.61
（五）炼油及煤制油	Petroleum Refining	−42.23	−42.23	−41.52	−41.52
其中：油品再投入量(−)	Reinput for Oil				
（六）制气	Gas Production	−5.54	−5.54	−3.41	−3.41
其中：焦炭再投入量（－）	Reinput for Coke				
（七）天然气液化	Natural Gas Liquefaction			−0.25	−0.25
（八）煤制品加工	Coal Products Processing	−0.39	−0.39	−0.31	−0.31
（九）回收能	Recovery of Energy	284.71	284.71	275.13	275.13
三、损失量	Energy Losses	96.97	96.97	101.97	101.97
其中：运输和输配损失	Losses for Transportation and Transmission	2.10	2.10	2.55	2.55
四、终端消费量	End−use Consumption	7109.20	8349.59	6733.82	7931.77
（一）第一产业	Primary Industry	158.12	178.22	174.82	197.35
1. 农、林、牧、渔业	Agriculture,Forestry,Animal Husbandry and Fishery	158.12	178.22	174.82	197.35
（二）第二产业	Secondary Industry	5259.06	6097.26	4775.29	5546.54
1. 工业	Industry	5141.15	5959.54	4649.96	5403.19
其中：用作原料、材料	Material	497.29	497.29	475.66	475.66
2.建筑业	Construction	117.90	137.72	125.32	143.35
（三）第三产业	Tertiary Industry	1134.18	1327.93	1198.97	1406.76
1. 交通运输、仓储及邮政业	Transport,Storage and Post	635.02	668.21	654.26	689.57
2. 批发、零售和住宿、餐饮业	Wholesale,Retail Trade,Hotels and Catering Services	171.62	231.93	183.84	247.93
3. 其他	Others	327.55	427.79	360.87	469.26
（四）生活消费	Residential Consumption	557.83	746.17	584.75	781.11
1. 城镇	Urban	390.38	512.06	408.30	534.84
2. 乡村	Rural	167.45	234.11	176.45	246.27
五、平衡差额（＋、－）	Balance	16.96	42.59	−0.01	−0.03
六、消费量合计	Total Comsumption	8483.44	8559.79	8027.73	8141.89

注：本表数据与GDP统计口径相同。
Note: The data of table are as same as that of GDD.

7－11　煤炭能源平衡表

Coal Balance Sheet

单位：（实物量）万吨、（标准量）万吨标准煤　　unit:(Physical Quantity)10000tons、(Standard Quantity)10000tons of SCE

指　　标	Item	2014		2015	
		（实物量）Physical Quantity	（标准量）Standard Quantity	（实物量）Physical Quantity	（标准量）Standard Quantity
一、可供本地区消费能源量	Total Energy Available for Consumption	10379.34	5931.49	9805.31	5483.72
（一）年初库存量	Beginning Inventory	902.95	546.03	947.87	539.61
（二）一次能源生产量	Primary Energy Output	3100.2	1808.58	2634.44	1517.28
（三）外省（区、市）调入量	Allocation from Outside	7564.26	4242.71	7258.06	4014.84
（四）进口量	Imports	117.28	83.77	152.59	109.00
（五）我轮机在外国加油量	Refuelling Abroad for Our Ships and Planes				
（六）本省（区、市）调出量（－）	Allocation from Inside	-342.05	-189.91	-273.00	-168.09
（七）出口量（－）	Exports	-10	-9.43	-4.00	-3.77
（八）外轮、机在我国加油量（－）	Refuelling in China for Foreign Ships and Planes				
（九）年末库存量（－）	Inventories at the end	-953.3	-550.26	-910.65	-525.14
二、加工转换投入（－）产出（＋）量	Output and Input in Processing and Transformation	-6237.23	-3427.36	-5933.91	-3225.88
（一）火力发电	Thermal Power	-3831.38	-1809.00	-3519.98	-1663.09
（二）供热	Heating	-1701.52	-957.13	-1830.68	-1032.63
（三）煤炭洗选	Washing-dressing Coal	-82.57	-99.58	-75.80	-70.99
（四）炼焦	Coking	-558.07	-503.49	-466.66	-421.49
（五）炼油及煤制油	Petroleum Refining				
其中：油品再投入量(-)	Reinput for Oil				
（六）制气	Gas Production	-65.14	-57.77	-42.07	-37.38
其中：焦炭再投入量（－）	Reinput for Coke				
（七）天然气液化	Natural Gas Liquefaction				
（八）煤制品加工	Coal Products Processing	1.45	-0.39	1.28	-0.31
（九）回收能	Recovery of Energy				
三、损失量	Energy Losses				
其中：运输和输配损失	Losses for Transportation and Transmission				
四、终端消费量	End-use Consumption	4142.11	2504.13	3871.40	2257.84
（一）第一产业	Primary Industry	39.72	17.77	72.52	32.00
1. 农、林、牧、渔业	Agriculture,Forestry,Animal Husbandry and Fishery	39.72	17.77	72.52	32.00
（二）第二产业	Secondary Industry	2795.66	1892.34	2326.73	1566.86
1. 工业	Industry	2780.52	1885.50	2310.49	1559.61
其中：用作原料、材料	Material	150.22	87.69	137.37	82.03
2.建筑业	Construction	15.14	6.84	16.24	7.25
（三）第三产业	Tertiary Industry	1022.47	465.49	1170.61	525.74
1. 交通运输、仓储及邮政业	Transport,Storage and Post	489.13	222.39	541.12	243.97
2. 批发、零售和住宿、餐饮业	Wholesale,Retail Trade,Hotels and Catering Services	185.17	84.38	204.37	91.96
3. 其他	Others	348.17	158.71	425.12	189.81
（四）生活消费	Residential Consumption	284.26	128.52	301.54	133.23
1. 城镇	Urban	93.59	42.67	100.47	44.41
2. 乡村	Rural	190.67	85.86	201.07	88.82
五、平衡差额（+、-）	Balance		-9.24		
六、消费量合计	Total Comsumption	10379.34		9805.31	

注：本表数据与GDP统计口径相同。
Note: The data of table are as same as that of GDD.

7－12　石油能源平衡表

Petroleum Balance Sheet

单位：（实物量）万吨、（标准量）万吨标准煤

unit:(Physical Quantity)10000tons、(Standard Quantity)10000tons of SCE

指　　标	Item	2014		2015	
		（实物量）Physical Quantity	（标准量）Standard Quantity	（实物量）Physical Quantity	（标准量）Standard Quantity
一、可供本地区消费能源量	Total Energy Available for Consumption	1013.50	1457.60	949.56	1363.86
（一）年初库存量	Beginning Inventory	69.14	99.85	83.35	120.84
（二）一次能源生产量	Primary Energy Output	663.93	948.49	665.48	950.70
（三）外省（区、市）调入量	Allocation from Outside	383.32	551.37	674.07	976.58
（四）进口量	Imports	0.94	1.47	1.28	2.02
（五）我轮机在外国加油量	Refuelling Abroad for Our Ships and Planes				
（六）本省（区、市）调出量（－）	Allocation from Inside		−59.25	−397.55	−574.30
（七）出口量（－）	Exports		−0.15	−0.07	−0.10
（八）外轮、机在我国加油量（－）	Refuelling in China for Foreign Ships and Planes				
（九）年末库存量（－）	Inventories at the end		−84.19	−77	−111.88
二、加工转换投入（－）产出（＋）量	Output and Input in Processing and Transformation		−43.58	−52.52	−42.70
（一）火力发电	Thermal Power		−0.65	−0.37	−0.53
（二）供热	Heating		−0.70	−0.45	−0.65
（三）煤炭洗选	Washing−dressing Coal				
（四）炼焦	Coking				
（五）炼油及煤制油	Petroleum Refining		−42.23	−51.7	−41.52
其中：油品再投入量(−)	Reinput for Oil				
（六）制气	Gas Production				
其中：焦炭再投入量（－）	Reinput for Coke				
（七）天然气液化	Natural Gas Liquefaction				
（八）煤制品加工	Coal Products Processing				
（九）回收能	Recovery of Energy				
三、损失量	Energy Losses				
其中：运输和输配损失	Losses for Transportation and Transmission				
四、终端消费量	End−use Consumption	960.39	1414.02	897.04	1321.17
（一）第一产业	Primary Industry	71.23	104.15	68.96	100.87
1. 农、林、牧、渔业	Agriculture,Forestry,Animal Husbandry and Fishery	71.23	104.15	68.96	100.87
（二）第二产业	Secondary Industry	514.74	757.97	472.33	694.49
1. 工业	Industry	450.57	664.14	410.92	604.70
其中：用作原料、材料	Material	278.34	402.35	264.9	382.96
2.建筑业	Construction	64.17	93.83	61.41	89.80
（三）第三产业	Tertiary Industry	329.25	482.06	308.46	452.78
1. 交通运输、仓储及邮政业	Transport,Storage and Post	261.63	381.86	242.88	354.53
2. 批发、零售和住宿、餐饮业	Wholesale,Retail Trade,Hotels and Catering Services	18.43	27.62	21.34	31.94
3. 其他	Others	49.19	72.58	44.24	66.31
（四）生活消费	Residential Consumption	45.17	69.84	47.29	73.02
1. 城镇	Urban	27.20	42.80	28.45	44.56
2. 乡村	Rural	17.97	27.05	18.84	28.46
五、平衡差额（＋、－）	Balance				
六、消费量合计	Total Comsumption	1013.50		949.56	

注：本表数据与GDP统计口径相同。

Note:The data of table is as same as the way of GDP statistic.

7－13　电力能源平衡表（等价值）

Electrical Energy Balance Shect(equivalent)

单位：（实物量）亿千瓦时、（标准量）万吨标准煤

指　　标	Item	2014		2015	
		（实物量）Physical Quantity	（标准量）Standard Quantity	（实物量）Physical Quantity	（标准量）Standard Quantity
一、可供本地区消费能源量	Total Energy Available for Consumption	54.91	169.47	62.12	190.49
（一）年初库存量	Beginning Inventory				
（二）一次能源生产量	Primary Energy Output	145.00	447.53	114.63	351.51
（三）外省（区、市）调入量	Allocation from Outside	164.57	507.93	147.73	453.01
（四）进口量	Imports				
（五）我轮机在外国加油量	Refuelling Abroad for Our Ships and Planes				
（六）本省（区、市）调出量（－）	Allocation from Inside	−254.66	−785.98	−200.24	−614.03
（七）出口量（－）	Exports				
（八）外轮、机在我国加油量（－）	Refuelling in China for Foreign Ships and Planes				
（九）年末库存量（－）	Inventories at the end				
二、加工转换投入（－）产出（＋）量	Output and Input in Processing and Transformation	626.70	1934.25	589.83	1808.68
（一）火力发电	Thermal Power	626.70	1934.25	589.83	1808.68
（二）供热	Heating				
（三）煤炭洗选	Washing-dressing Coal				
（四）炼焦	Coking				
（五）炼油及煤制油	Petroleum Refining				
其中：油品再投入量(−)	Reinput for Oil				
（六）制气	Gas Production				
其中：焦炭再投入量（－）	Reinput for Coke				
（七）天然气液化	Natural Gas Liquefaction				
（八）煤制品加工	Coal Products Processing				
（九）回收能	Recovery of Energy				
三、损失量	Energy Losses				
其中：运输和输配损失	Losses for Transportation and Transmission				
四、终端消费量	End-use Consumption	667.81	2061.13	651.96	1999.20
（一）第一产业	Primary Industry	10.82	33.39	12.26	37.59
1. 农、林、牧、渔业	Agriculture,Forestry,Animal Husbandry and Fishery	10.82	33.39	12.26	37.59
（二）第二产业	Secondary Industry	451.28	1392.83	419.74	1287.11
1. 工业	Industry	440.61	1359.90	409.93	1257.03
其中：用作原料、材料	Material				
2.建筑业	Construction	10.67	32.93	9.81	30.08
（三）第三产业	Tertiary Industry	104.31	321.94	113.09	346.78
1. 交通运输、仓储及邮政业	Transport,Storage and Post	17.87	55.15	19.22	58.94
2. 批发、零售和住宿、餐饮业	Wholesale,Retail Trade,Hotels and Catering Services	32.47	100.22	34.88	106.96
3. 其他	Others	53.97	166.57	58.99	180.89
（四）生活消费	Residential Consumption	101.40	312.96	106.87	327.71
1. 城镇	Urban	65.51	202.19	68.87	211.19
2. 乡村	Rural	35.89	110.77	38.00	116.52
五、平衡差额（＋、－）	Balance	13.80	42.59	−0.01	−0.03
六、消费量合计	Total Comsumption	667.81		651.96	

注：本表数据与GDP统计口径相同。
Note:The data of table is as same as the way of GDP statistic.

CHAPTER ▶ 08

第八篇 8

财政、金融和保险

PUBLIC FINANCE、BANKING AND INSURANCE

8-1 历年财政收支额

Government Revenue and Expenditure

单位：亿元 unit:100 million yuan

年 份 Year	一般预算收 入 General Budgetary Revenue	#增值税 Value-added Tax	#营业税 Operation Tax	#企业所得税 Enterprises' Income Tax	一般预算支 出 General Budgetary Expenditure	#农业支出 Agriculture	#文教科卫事业费 Culture, Education Science & Public Health	#行政管理费 Administration Expenditure	#社会保障补助支出 Subsidies to Social Security Programs
1978	16.41				16.35	1.89	3.02	1.25	
1979	12.65				17.88	2.36	3.40	1.50	
1980	14.39				17.32	2.45	4.32	1.70	
1981	10.72				15.87	2.18	4.94	1.76	
1982	11.97				17.30	2.35	5.72	2.06	
1983	14.12				19.41	2.31	6.51	2.44	
1984	15.22				23.34	2.66	7.56	3.09	
1985	21.67				34.50	3.03	9.15	2.99	
1986	29.52				50.12	4.24	11.02	3.69	
1987	37.52				53.23	3.71	11.25	4.22	
1988	43.32				61.26	3.95	13.36	4.99	
1989	49.40				67.14	5.22	15.02	5.81	
1990	50.68				71.67	4.94	16.25	6.50	
1991	62.46				79.12	5.12	17.43	5.77	
1992	56.99				80.02	5.82	20.10	7.33	
1993	79.82				103.11	6.89	23.56	9.06	
1994	51.27				104.59	7.86	31.89	10.87	
1995	63.28				120.90	9.16	35.04	12.04	
1996	76.40				145.53	8.90	40.48	14.05	
1997	82.85	17.43	20.92	8.10	167.75	10.86	43.15	14.65	
1998	93.64	18.31	23.51	7.20	190.10	15.34	43.15	14.72	9.11
1999	101.28	18.89	23.84	10.41	234.62	13.07	49.67	15.76	19.27
2000	103.83	20.41	25.55	14.28	260.67	16.59	53.04	18.01	19.26
2001	121.10	24.20	28.03	20.68	326.43	19.63	64.52	22.38	28.91
2002	131.49	27.44	30.54	14.22	362.62	22.73	73.72	26.52	38.77
2003	154.00	30.69	35.02	11.80	409.23	22.76	82.39	31.23	49.56
2004	166.28	32.19	40.78	12.36	507.78	37.00	93.23	36.75	79.34
2005	207.15	39.53	47.59	13.91	631.12	42.60	112.44	45.13	104.89
2006	245.20	42.97	59.69	17.88	718.36	54.36	139.53	56.71	81.82
2007	320.69	52.92	75.86	29.41	883.76	80.07	144.41	141.66	154.37
2008	422.80	63.58	93.96	42.59	1180.12	107.34	188.03	174.25	199.86
2009	487.09	66.57	117.41	49.20	1479.21	204.45	216.99	182.67	250.44
2010	602.41	78.15	145.97	60.82	1787.25	238.94	250.20	198.04	253.36
2011	850.10	92.78	189.30	90.59	2201.74	255.57	529.12	231.40	298.99
2012	1041.25	102.68	218.12	111.21	2471.20	291.30	683.85	249.38	304.00
2013	1156.96	119.58	245.09	121.86	2744.81	318.26	697.37	267.31	360.13
2014	1203.38	139.78	228.78	143.22	2913.25	308.68	711.15	253.50	390.20
2015	1229.35	134.43	242.05	134.92	3217.10	408.61	837.79	247.13	462.28

8-2 历年银行各项存款和各项贷款余额

Balance of Deposits and Loans of National Banking System

单位: 亿元　　　　unit:100 million yuan

年　份 Year	各项存款合计 Total Deposits	#单位存款 Corporate Deposits	#个人储蓄存款 Personal Savings Deposits	各项贷款合计 Total Loans	#短期贷款 Short-term Loans	#中长期贷款 Medium and long Term Loans
1978	24.94	5.95	5.86	61.16		
1979	23.97	7.95	7.62	66.15		
1980	30.87	10.28	10.64	75.70		
1981	36.98	10.97	14.56	92.68		
1982	42.62	12.88	18.91	107.05		
1983	56.63	16.26	25.28	124.31		
1984	71.65	23.37	34.23	154.79		
1985	86.42	32.45	43.97	159.79		
1986	118.07	41.91	58.36	246.30		
1987	147.43	50.85	83.20	285.52		
1988	178.27	54.91	109.49	331.69		
1989	203.75	47.08	141.26	384.41		
1990	252.15	53.79	196.59	507.01		
1991	315.13	67.37	253.28	629.01		
1992	408.87	98.35	315.42	762.00		
1993	494.57	112.91	389.44	934.88		
1994	611.26	152.61	535.56	1099.77		
1995	791.15	180.78	726.28	1302.76		
1996	1037.83	241.38	955.48	1608.84		
1997	1206.82	322.94	1071.33	1913.61		
1998	1345.52	304.60	1211.83	2118.79		
1999	1928.25	419.92	1328.91	2580.41		
2000	2236.71	535.41	1515.84	2651.19		
2001	2484.23	589.21	1796.90	2828.25		
2002	2878.28	693.79	2019.40	3057.70		
2003	3307.25	760.50	2161.40	3288.87		
2004	3683.50	804.94	2405.60	3435.03		
2005	4270.49	877.66	2798.10	3332.93		
2006	4963.71	1039.56	3107.50	3870.33		
2007	5318.59	1342.70	3186.80	4306.01		
2008	6362.48	1528.21	3923.14	4835.89		
2009	8318.00	2327.78	4614.39	6234.66		
2010	9606.70	2753.18	5147.26	7205.94	2809.74	4283.63
2011	10874.19	4524.72	5835.32	8126.17	2913.34	5024.79
2012	12706.13	5204.67	6875.10	9155.60	3288.59	5614.24
2013	14781.42	6192.36	7745.33	10696.52	3946.28	6486.06
2014	16400.10	6982.72	8556.71	12587.26	4844.84	7417.34
2015	18499.59		9543.80	15203.11	5139.74	5715.75

注：1.自2011年起取消"企业存款"、"城乡居民储蓄存款"数据，新增"单位存款"以及"个人储蓄存款"数据；
自2010年起取消"工业企业"、"商业企业"、"农业贷款"的贷款余额数据。
2.银行各项存款和各项贷款均不含外币。
3.从2013年起个人储蓄存款不含外币。从2015年起个人储蓄存款为住户存款。

Note:①Since 2011 the abolition of the "enterprise deposits","saving deposits of arban and rural residents"data,adding"Corporate deposites"and "Personal savings deposits".
Since 2011 the abolition of the "industrial enterprises","business",and "agricultural loan",which are balance data of the loan.
②All bank deposits and Loans exdluding foreign currency.
③Personal savings deposits exclading foreign currency.

8-3 分项目财政收入
Local Government Revenue by Item

单位：万元 unit:10000 yuan

项　目	Item	2013	2014	2015
全口径财政收入	**Total Revenue**	**20866439**	**21885505**	**21439919**
地方级财政收入	**Local Revenue**	**11569616**	**12033843**	**12293549**
一、税收收入	**Tax Revenue**	**8564084**	**8844028**	**8671214**
增值税	Value Added Tax	1195806	1397805	1344337
营业税	Business Tax	2450939	2287794	2420483
企业所得税	Corporate Income Tax	1218580	1432180	1349221
个人所得税	Individual Income Tax	280592	349236	341058
资源税	Resources Tax	147811	133869	99986
城市维护建设税	Urban Maintenance and Construction Tax	665748	596705	631321
房产税	Real Estates Tax	228925	239608	276051
印花税	Stamp Tax	117963	118836	104624
城镇土地使用税	Urban Land Use Tax	276401	330732	306041
土地增值税	Land Appreciation Tax	404120	484745	361542
车船使用税	Tax on Vehicles and Boat Operation	94400	111312	130769
耕地占用税	Farm Land Occupation Tax	661320	569779	632072
契税	Deed Tax	808148	780034	663526
烟叶税	Tabacoo Leaf Tax	13331	11311	9337
其他税收收入	Others		82	846
二、非税收入	**Non-tax Revenue**	**3005532**	**3189815**	**3622335**
国有资产经营收益	State-owned Assets Profit	221882	240335	280167
行政性收费收入	Income from Administrative Fees	849676	863739	777906
罚没收入	Penalty and Confiscate Income	408702	345718	313324
专项收入	Expert Project Income	514009	476290	941067
国有资源(资产)有偿使用收入	Income from Use of Seate-owned Resources(Assets)	866279	1129627	1221043
其他收入	Other Income	144984	134106	88828

8-4 地方项目公共财政支出
Local Covernment Expenditure Item

单位: 万元 unit:10000 yuan

项　目	Item	2013	2014	2015
支出总计	**Total Expenditure**	**27448114**	**29132468**	**32170995**
一般公共服务	Expenditure for General Pablic Services	2673093	2535001	2471280
国防	Expenditure for National Defense	60791	51842	53934
公共安全	Expenditure for Public Security	1477974	1546255	1688662
教育	Expenditure for Education	4220946	4071041	4775745
科学技术	Expenditure for Science and Technology	372231	364479	413929
文化体育与传媒	Expenditure for Culture,Sport and the Media	565462	611571	730066
社会保障和就业	Expenditure for Social Security and Employment	3601343	3901986	4622815
医疗卫生与计划生育	Health and Family Planning	1815110	2064415	2458138
节能环保	Energ/saving and Environmental protection	1268326	1403017	1177034
城乡社区事务	Expenditure for Uran and Rural Community Affairs	2142460	2732923	3418580
农林水事务	Expenditure for Agriculture,Forestry,Water Affairs	3182647	3086795	4086102
交通运输	Expenditure for Transportation	1700467	2291050	1918276
资源勘探电力信息等事务	Resource Exploration Power Information	1010144	995793	1272577
商业服务业等事务	Basiness Serviles	244507	282960	286772
金融监管等事务支出	Expenditure on Financial Supervision	104723	186163	55440
援助其他地区支出	Aid in other Areas	22167	25872	26714
国土资源气象等事务	Land Resouvces Meteorology	297882	297671	386982
住房保障支出	Housing Secarity Expenditure	1391355	1372994	1359064
粮油物资储备事务	Grain and Oil Material Reserve	498702	552772	492884
国债还本付息支出	Debt Servicing Expenses	574024	601232	237097
其他支出	Other Expenditures	223760	156636	238904

8-5 分级地方公共财政收入

Government Budgetary Revenue by Level

单位:万元　　unit:10000 yuan

项　目	Item	2013	2014	2015
收入合计	**Total Revenue**	**11569616**	**12033843**	**12293549**
省　级	Province	2493329	2672244	3077338
地　级	Prefecture	4425639	4536693	4486967
县　级	County	4017110	4406333	4348864
乡镇级	Township	633538	418573	380380
一、税收收入	**Tax Revenue**	**8564084**	**8844028**	**8671214**
省　级	Province	2071287	2238366	2338429
地　级	Prefecture	3183248	3267444	3142487
县　级	County	2692333	2934558	2842114
乡镇级	Township	617216	403660	348184
增值税	**Value Added Tax**	**1195806**	**1397805**	**1344337**
省　级	Province	469284	555455	553511
地　级	Prefecture	415353	463359	456715
县　级	County	255532	317351	301932
乡镇级	Township	55637	61640	32179
营业税	**Business Tax**	**2450939**	**2287794**	**2420483**
省　级	Province	1093208	1074573	1211840
地　级	Prefecture	458850	402807	446398
县　级	County	718987	714938	658958
乡镇级	Township	179894	95476	103287
企业所得税	**Corporate Income Tax**	**1218580**	**1432180**	**1349221**
省　级	Province	413241	485937	457086
地　级	Prefecture	474638	576454	519851
县　级	County	281328	330709	335745
乡镇级	Township	49373	39080	36539
个人所得税	**Individual Income Tax**	**280593**	**349236**	**341058**
省　级	Province	86118	112071	109489
地　级	Prefecture	96513	130782	121027
县　级	County	79159	95797	102783
乡镇级	Township	18803	10586	7759
二、非税收收入	**Non - tax Revenue**	**3005532**	**3189815**	**3622335**
省　级	Province	422042	433878	738909
地　级	Prefecture	1242391	1269249	1344480
县　级	County	1324777	1471775	1506750
乡镇级	Township	16322	14913	32196

8-6 分级公共财政支出

Public Finance Expenditure

单位：万元 unit:10000 yuan

项 目	Item	2013	2014	2015
支出合计	**Total Expenditure**	**27448114**	**29132468**	**32170995**
省 级	Province	6036294	6547798	6586665
地 级	Prefecture	7630247	8151918	9237533
县 级	County	12776299	13446505	15222930
乡镇级	Township	1005274	986247	1123867
# 一般公共服务	**Expenditure for General Public Services**	**2673093**	**2535001**	**2471280**
省 级	Province	555971	548741	414747
地 级	Prefecture	705083	630515	690539
县 级	County	1166534	1101208	1083073
乡镇级	Township	245505	254537	282921
# 教 育	**Education**	**4220946**	**4071041**	**4775745**
省 级	Province	862133	839965	992761
地 级	Prefecture	843480	637170	774862
县 级	County	2471762	2527273	2922401
乡镇级	Township	43571	66633	85721
# 科学技术	**Sxience and Technology**	**372231**	**364479**	**413929**
省 级	Province	122839	128194	177443
地 级	Prefecture	147830	144948	147588
县 级	County	100889	88744	81583
乡镇级	Township	673	2593	7315
# 社会保障和就业	**Social Security and Employment**	**3601899**	**3901986**	**4622815**
省 级	Province	489826	421002	297725
地 级	Prefecture	1058868	1172638	1470760
县 级	County	1987770	2236848	2776152
乡镇级	Township	65435	71498	78178
# 医疗卫生与计划生育	**Health and family Planning**	**1815110**	**2064415**	**2458138**
省级	Province	176351	227391	250366
地级	Prefecture	438915	446142	550225
县级	County	1195297	1375793	1639121
乡镇级	Township	4547	15089	18426
# 节能环保	**Energy Saving and environmental protection**	**1268326**	**1403017**	**1177034**
省级	Province	115732	214972	126788
地级	Prefecture	477854	505869	551624
县级	County	657701	663352	482353
乡镇级	Township	17039	18824	16269
# 农林水	**Agricultural and forestry water**	**3182647**	**3086795**	**4086102**
省级	Province	1006063	838272	1304173
地级	Prefecture	308413	272093	444914
县级	County	1537645	1627731	1973365
乡镇级	Township	330526	348699	363650

8-7 农合机构本外币存贷款年末余额
Cooperation in Agriculture Institution on Blanle of Foreign Currency Deposit and Loan at end of the Year

单位: 亿元 unit:100 million yuan

项目	Item	2013	2014	2015
各项存款	Total Deposits	2093.44	2508.37	3137.08
企事业单位存款	Deposits of Enterprises	566.10	730.76	1062.89
储蓄存款	Saving Deposits	1526.01	1766.02	
各项贷款	Total Loans	1346.51	1627.42	1907.84
#短期贷款	Short-term Loans	482.11	649.70	753.82
中长期贷款	Medium and Long Term Loans	803.97	950.99	1061.06

注：本表为金融机构可比口径。
Note:The statistics coverage in according to financial institutions.

8-8 保险业务主要指标
Main Indicators of Insurance Business

单位: 万元 unit:10000 yuan

项目	Item	2010	2011	2012	2013	2014	2015
保费收入	**Premium Income**	**2392486**	**2233582**	**3956604**	**2664427**	**3300005**	**4313184**
企业财产保险	Enterprise Property Insurance	39322	45530	51850	51475	57352	54648
家庭财产保险	Family Property Insurance	3166	4914	4947	7655	5982	7056
机动车辆保险	Motor Vehicle Insurance	449538	498074	563240	665703	795798	904152
货物运输保险	Freight Transport Insurance	16107	23736	26410	23819	30048	26095
工程保险	Engineering Insurance	5050	8876	2802	9855	8048	4988
责任保险	Liability Insurance	8982	13545	16838	23896	29865	36741
保证保险	Guarantee Insurance	4980	14229	25289	31630	53183	47857
农业保险	Agriculture Insurance	80250	80068	88330	92694	92122	110768
人寿保险	Life Insurance	1659264	1408462	1382348	1506753	1918905	2707838
意外伤害险	Accident Injury Insurance	28479	35144	39744	44840	52620	62943
健康险	Health Insurance	95881	99949	122193	201891	251847	336737
其他	Others	1467	1055	1632614	4217	4235	13362
赔款与给付	**Compensation and Payment**	**562721**	**599700**	**714504**	**1006039**	**1120247**	**1263828**
企业财产保险	Enterprise Property Insurance	31815	16249	19541	20693	18938	15624
家庭财产保险	Family Property Insurance	1408	1245	1744	2246	2837	3276
机动车辆保险	Motor Vehicle Insurance	197158	231279	301786	399754	422926	467048
货物运输保险	Freight Transport Insurance	6536	11199	14980	17435	19689	16614
工程保险	Engineering Insurance	3892	3159	1634	2202	2146	3492
责任保险	Liability Insurance	4934	5886	7737	9072	10687	13451
保证保险	Guarantee Insurance	495	658	1409	2929	6277	12412
农业保险	Agriculture Insurance	40854	38267	50179	47473	56523	72400
人寿保险	Life Insurance	233351	244659	260654	414012	467294	527034
意外伤害险	Accident Injury Insurance	7228	8884	10279	10287	11859	14475
健康险	Health Insurance	34942	36560	44256	77601	99123	107969
其他	Others	108	1655	305	2336	1947	10035

8-9 金融机构人员数

Number of personnel in Financial institutions

单位: 人　　unit:person

项　目	Item	2013	2014	2015
金融机构合计	**Total Financial Institutions**	**91480**	**94873**	**97682**
国有商业银行	**State - owned Commercial Bank**	**44790**	**44404**	**44072**
工商银行	Industrial and Commercial Bank	13347	13411	13346
农业银行	Agricultural Bank	13834	13829	13519
中国银行	Bank of China	6346	6369	6350
建设银行	Construction Bank	9333	8904	8897
交通银行	Bank of Communications	1930	1891	1960
政策性银行及国家开发银行合计	**Policy Banks and National Development Bank**	**1557**	**1831**	**1813**
国家开发银行	National Development Bank	161	167	169
中国进出口银行	The Export-Import Bank of China		42	42
中国农业发展银行	Agricultural Development Bank	1396	1622	1602
股份制商业银行合计	**Shareholding Bank**	**2852**	**3283**	**3545**
中信银行	China Citic Bank	356	461	472
中国光大银行	China Ever bright Bank	658	709	731
招商银行	China Merchants Ban	379	448	563
上海浦东发展银行	ShangHai Pudong Development Bank	353	362	387
中国民生银行	China Minsheng Bank	513	596	599
华夏银行	Huaxia Bank	163	218	261
兴业银行	Industrial Bank	430	489	532
城市商业银行	**City Commercial Bank**	**8348**	**8670**	**9012**
农村金融机构合计	**Rural Finanical Institutions**	**23464**	**25584**	**27898**
农村信用社	Rural Credit Coorpertive	13394	10426	9303
农村商业银行	Rural Commercial Bank	7380	11572	15255
农村合作银行	Rural Cooperative Bank	679	791	
村镇银行	Village Bank	1924	2680	3218
贷款公司	Loan Company	12	11	11
农村资金互助社	Rural Mutual Cooperatives	75	104	111
非银行金融机构合计	**Non-bank Financial Institutions**	**737**	**771**	**749**
企业集团财务公司	Financial Enterprise Group Company	137	170	150
信托公司	Trust Company	193	198	191
汽车金融公司	Auto Finance Company	407	403	408
邮政储蓄银行	**Postal Savings Bank**	**9487**	**10078**	**10353**
资产管理公司	**Assets Supervision Corporation**	**216**	**206**	**192**
外资金融机构	**Foreign Financial Institutions**	**29**	**46**	**48**

8-10 保险公司机构数（2015年）

Number of Institutions of Insurance Company（2015）

项目	Item	保险公司机构数(个) Number of Institutions (uint)	总公司 Head Offices	省级分公司 Branch Company of Province Level	地市级中心支公司 City Center Branch	地市级以下支公司 Branch Company of Prefecture and City Level	营销服务部 Services Department of Marketing
合计	**Total**	**1875**	**3**	**32**	**192**	**645**	**1003**
中国人民财产保险股份有限公司吉林省分公司	Branch Company of Jilin Province of PICC Property and Casualty Co.Ltd.	554		1	9	77	467
中国太平洋财产保险股份有限公司吉林省分公司	Jilin Branch of China Pacific Property Insurance Co.Ltd.	59		1	9	49	
中国平安财产股份有限公司吉林分公司	Jilin Branch of Ping An Property and Casualty Insurance Company of China,Ltd.	44		1	9	34	
天安财产保险股份有限公司吉林省分公司	Jilin Branch of Tian An Insurance Company Co.Ltd.	40		1	7	5	27
安华农业保险股份有限公司吉林省分公司	Jilin Branch of Anhua Agricultural Insurance Co.Ltd.	74	1	1	9	44	19
中国大地财产保险股份有限公司吉林分公司	Jilin Branch of China Continent Property & Casualty Insurance Co.Ltd.	50		1	9	19	21
安邦财产保险股份有限公司吉林分公司	Jilin Branch of AB Property and Casualty Co.Ltd.	53		1	9	12	31
都邦财产保险股份有限公司吉林分公司	Jilin Branch of Dubang Insurance Co.Ltd.	8	1	1	4	1	1
阳光财产保险股份有限公司吉林省分公司	Jilin Branch of sunshine Province and casualty Co.Ltd.	59		1	10	48	
华安财产保险股份有限公司吉林分公司	Jilin Branch of Huaan Province and Casualty Co.Ltd.	2		1	1		
中航安盟财产保险有限公司吉林省分公司	Jilin Branch of Groupama AvicInsurance Co.Ltd.	42		1	4	18	19
中国人寿保险股份有限公司吉林省分公司	Branch Company of Jilin Province of China Life Insurance Co.Ltd.	32		1	9	22	
鑫安汽车保险股份有限公司吉林分公司	Xin An automobile insurance Co., Ltd.Jilin branch	2	1	1			
中华联合财产保险股份有限公司吉林分公司	China United Property Insurance Company Jilin branch	3		1	2		
华泰财产保险有限公司吉林分公司	Huatai Property Insurance Co., Ltd. Jilin branch	1		1			
中国人寿保险股份有限公司吉林省分公司	China Life Insurance Company Jilin branch	367		1	9	68	289
中国太平洋人寿保险股份有限公司吉林省分公司	China Pacific Life Insurance Co., Ltd. Jilin branch	53		1	9	38	5
中国平安人寿保险股份有限公司吉林分公司	Ping An Life Insurance Company of China Jilin branch	73		1	8	23	41
新华人寿保险股份有限公司吉林分公司	Xinhua Life Insurance Company Jilin branch	46		1	9	29	7
泰康人寿保险股份有限公司吉林分公司	Jilin Branch of Taikang Life Insurance Company of China,Ltd.	108		1	8	36	63
中国人民人寿保险股份有限公司吉林省分公司	Jilin Branch of PICC Life Insurance Company of China,Ltd.	61		1	9	48	3
太平人寿保险股份有限公司吉林分公司	Jilin Branch Taiping Life Insurance Co,Ltd.	31		1	9	20	1
富德生命人寿保险股份有限公司吉林分公司	Jilin Branch Funde Sino Life Insurance Co.Ltd.	35		1	9	23	2
平安养老保险股份有限公司吉林分公司	Jilin Branch of Ping An Annuity Insurance Co,Ltd.	3		1	2		
合众人寿保险股份有限公司吉林分公司	Jilin Branch of Union Life Insuranle Co.Ltd.	10		1	5	3	1
中国人民健康保险股份有限公司吉林分公司	Jilin Branch of PICC Health Insurance Company Limited	6		1	3	2	
英大泰和人寿保险股份有限公司吉林分公司	Jilin Branch of YingDa Taihe Life Insurance Co.Ltd.	10		1	3		6
阳光人寿保险股份有限公司吉林分公司	Jilin Branch of Yangguang Life Insurance Co.Ltd.	26		1	7	18	
安邦人寿保险股份有限公司吉林分公司	Jilin Branch of Anbang Life Insurance Co.Ltd.	4		1	3		
百年人寿保险股份有限公司吉林分公司	Century Life Insurance Co.Ltd.	10		1	4	5	
天安人寿保险股份有限公司吉林分公司	Jilin Branch Tianan Life Insurance Co.Ltd.	8		1	4	3	
泰康养老保险股份有限公司吉林分公司	Jilin Branch Taikang Pension Insurance Co.Ltd.	1		1			

CHAPTER ▶ 09

第九篇 9

物 价

PRICE

9-1 各种价格指数

Various Price Indices

（上年=100） （Preceding year=100）

年 份 Year	居民消费价格指数 Consumer Price Index	城市居民 Urban Areas	农村居民 Rural Areas	商品零售价格指数 Retail Price Index	工业生产者出厂价格指数 Producer Price Index for Manufac-tured Goods	工业生产者购进价格指数 Industrial Producer Price Index	农业生产资料价格指数 Price Index of Agriculturat Production Data	固定资产投资价格指数 Investrment in Fixed Assets Price Index	建筑安装工程总价格指数 Construction and Installation Price Index
1978	100.1	100.1	100.3	100.2					
1979	101.7	101.7	101.1	101.2					
1980	105.6	108.6	104.9	106.3					
1981	101.6	101.6	101.2	101.7					
1982	104.2	104.2	101.9	103.0					
1983	104.5	103.0	101.7	102.6					
1984	103.5	103.6	103.3	104.2					
1985	110.3	110.3	107.9	109.7					
1986	106.0	106.0	105.1	105.4					
1987	107.6	108.0	105.3	107.5					
1988	120.3	121.6	117.1	119.9					
1989	117.2	116.9	119.3	116.9					
1990	104.9	103.9	108.2	103.9					
1991	106.8	107.1	105.2	105.1					
1992	108.0	109.3	103.9	107.1				116.4	
1993	112.6	113.2	108.8	111.3				128.8	
1994	120.6	123.2	117.1	119.9				107.3	
1995	115.2	115.1	115.6	114.2				109.6	
1996	107.2	107.7	105.8	105.1				102.9	
1997	103.7	103.7	103.7	101.8	101.4	103.9		104.4	106.4
1998	99.2	99.3	99.0	97.9	96.9	96.6		100.8	101.2
1999	98.0	97.9	98.6	96.7	100.1	97.7		102.2	106.1
2000	98.6	98.3	99.6	98.0	105.1	106.8		102.0	103.2
2001	101.3	101.5	100.5	100.9	100.3	101.8		101.1	102.6
2002	99.5	99.2	100.3	99.0	98.6	97.8		101.2	101.9
2003	101.2	101.1	101.5	100.5	102.5	104.8	101.0	101.1	102.3
2004	104.1	103.6	105.1	103.5	105.0	110.5	106.3	104.1	105.6
2005	101.5	101.4	101.9	101.1	104.3	107.0	109.2	102.0	102.5
2006	101.4	101.2	102.0	101.5	101.7	103.8	97.2	102.2	103.0
2007	104.8	104.4	106.1	103.3	102.7	105.2	106.0	103.9	105.2
2008	105.1	105.1	105.3	106.2	104.9	111.3	127.3	107.3	110.7
2009	100.1	99.9	100.7	99.3	96.1	95.3	96.4	99.4	99.4
2010	103.7	103.4	104.1	104.1	105.2	108.6	99.1	102.4	103.4
2011	105.2	105.2	105.4	104.9	105.4	106.1	111.4	105.6	105.6
2012	102.5	102.5	102.4	101.7	99.1	99.3	106.8	100.4	100.4
2013	102.9	102.9	102.9	101.6	98.7	99.4	100.8	100.0	100.0
2014	102.0	102.1	101.5	101.2	99.1	99.2	95.1	100.2	100.4
2015	101.7	101.7	101.6	99.8	95.3	96.6	100.2	97.6	96.3

9-2 商品零售价格分类指数（上年=100）
Retail Price Indices by Category（preceding year=100）

类　别	Item	全省 Total			城市 Urban			农村 Rural		
		2013	2014	2015	2013	2014	2015	2013	2014	2015
商品零售价格总指数	**General Retail Price Index**	**101.6**	**101.2**	**99.8**	**101.6**	**101.2**	**99.8**	**102.2**	**101.0**	**100.0**
食品类	**Food**	**105.6**	**103.2**	**101.7**	**105.4**	**103.3**	**101.6**	**107.0**	**102.8**	**102.1**
粮　食	Grain	106.1	103.5	101.7	105.8	103.7	102.0	107.1	102.6	100.8
淀粉及薯类	Starches and Tubers	99.5	100.8	100.2	99.0	100.4	100.6	102.1	103.0	98.0
干豆类及豆制品	Bean and Bean Products	104.3	101.7	100.1	104.6	101.3	99.5	102.8	104.0	103.0
油　脂	Oil or Fat	98.2	97.5	98.6	97.9	97.0	98.3	100.5	100.4	100.4
肉禽及其制品	Meal,Poultry and Processed Products	107.0	100.3	104.9	106.8	100.1	105.1	108.7	101.6	103.3
蛋	Eggs	106.1	115.0	87.9	105.9	115.6	87.6	107.6	109.1	90.9
水产品	Aquatic Products	101.9	105.6	102.0	102.1	105.6	101.9	100.4	105.8	102.8
菜	Vegetables	112.6	95.3	108.7	111.9	95.2	109.0	117.6	96.0	106.4
调味品	Falvoring	102.0	106.2	107.9	102.3	105.5	106.6	100.1	111.7	117.4
糖	Sugar Carbohydrate	99.4	101.0	101.5	99.3	101.1	101.4	100.3	100.3	102.2
干鲜瓜果	Dried and Fresh Melons and Fruits	104.9	111.9	98.5	104.4	112.2	98.4	108.7	109.6	99.6
糕点饼干面包	Cake,Biscuit and Bread	102.8	102.3	100.4	103.1	102.1	99.9	100.4	103.7	103.9
液体乳及乳制品	Milk and Its Products	103.6	108.9	94.5	103.9	109.3	94.2	99.6	102.7	100.3
在外用膳食品	Dining Out	105.0	104.2	101.5	105.0	104.2	101.5	104.4	103.1	102.0
其它食品	Other Food Products	100.9	101.8	100.2	100.9	102.0	100.0	100.6	100.3	101.5
饮料、烟酒	**Beverage,Tobacco and Liquor**	**100.5**	**100.0**	**101.9**	**100.5**	**99.9**	**101.8**	**100.8**	**100.6**	**102.7**
茶及饮料	Tea and Beverage	100.5	100.5	99.8	100.3	100.3	99.4	101.2	101.1	101.7
烟　草	Tobacco	100.4	99.9	103.7	100.4	99.9	103.4	100.3	100.0	105.1
酒	Liquor	100.7	99.9	101.3	100.6	99.8	101.4	100.9	100.7	101.2
服装、鞋帽类	**Garments,Shoes and Hats**	**102.0**	**102.7**	**103.0**	**102.1**	**102.7**	**102.7**	**100.6**	**102.8**	**104.9**
服　装	Garments	101.8	103.0	103.2	101.8	103.0	102.9	101.4	103.3	105.2
鞋袜帽	Footgear and Hats	102.6	101.9	102.5	103.1	102.0	102.3	99.4	101.5	104.0
其　它	Others	100.1	101.4	102.1	100.6	100.1	100.9	98.5	106.0	106.1
纺织品类	**Textiles**	**100.6**	**101.3**	**100.1**	**100.6**	**101.5**	**100.0**	**100.6**	**100.5**	**100.9**
衣着材料	Clothing Materials	99.8	101.5	101.3	99.5	101.6	101.5	101.1	101.0	100.8
床上用品	Bed Articles	101.3	101.2	99.2	101.5	101.4	99.0	99.7	100.0	101.0

		全省 Total			城市 Urban			农村 Rural		
		2013	2014	2015	2013	2014	2015	2013	2014	2015
家用电器及音像器材	**Household Appliances and Music and Video Equipment**	**99.1**	**99.9**	**99.3**	**99.1**	**100.0**	**99.1**	**98.7**	**99.0**	**100.4**
家庭设备	Household Facilities	100.1	100.5	99.1	100.0	100.5	99.0	100.4	100.3	100.1
文娱用耐用消费品	Durable Consumer Goods for Recreational Use	97.5	99.0	99.4	97.7	99.3	99.2	96.3	97.2	100.9
专业音像器材类	Sound and Video Equipment	99.8	98.7	99.8	99.9	98.7	99.7	99.3	98.8	100.0
文化办公用品	**Cultural and Office Appliances**	**98.9**	**98.9**	**99.6**	**98.8**	**98.7**	**99.6**	**99.8**	**99.9**	**100.0**
日用品	**Articles for Daily Use**	**100.5**	**100.6**	**100.4**	**100.5**	**100.6**	**100.4**	**100.7**	**100.6**	**100.0**
日用百货	General Merchandise for Daily Use	101.1	100.4	100.5	101.2	100.3	100.5	101.0	100.9	100.7
日用杂品	Miscellaneous for Daily Use	99.9	100.3	100.1	99.9	100.4	100.0	100.0	100.2	100.2
洗涤用品	Things for Washing	100.7	101.2	100.2	100.7	101.4	100.4	100.8	100.2	98.4
其它日用品	Others	100.1	100.2	100.6	100.0	100.2	100.6	100.7	101.1	100.9
体育娱乐用品	**Sports and Recreation Articles**	**99.1**	**100.1**	**100.3**	**98.9**	**100.2**	**100.3**	**100.0**	**100.0**	**100.7**
体育用品	Sports Goods	99.3	99.7	100.0	99.1	99.7	99.8	100.2	99.6	100.8
娱乐用品	Amusement Goods	99.0	100.4	100.6	98.9	100.4	100.5	99.8	100.4	100.6
交通、通信用品	**Transportation and Communication Articles**	**95.7**	**99.4**	**100.0**	**95.5**	**99.5**	**100.2**	**97.1**	**98.5**	**98.6**
交通运输机械	Transportation Facility	96.5	99.5	99.5	96.5	99.5	99.6	96.9	99.4	99.3
通讯器材类	Communication Faciliy	94.3	99.2	100.8	93.8	99.5	101.2	97.3	97.4	97.6
家具	**Furniture**	**100.9**	**100.4**	**100.4**	**100.9**	**100.5**	**100.4**	**100.8**	**99.8**	**100.2**
化妆品类	**Cosmetics**	**101.6**	**100.2**	**101.7**	**101.7**	**100.1**	**101.8**	**101.1**	**100.8**	**101.1**
金银珠宝类	**Gold,Sivle and Jewelry**	**89.1**	**89.2**	**92.6**	**88.7**	**88.9**	**92.4**	**94.1**	**93.2**	**95.1**
中西药品及医疗保健用品	**Traditional Chinese and Western Medicines and Health Care Articles**	**101.5**	**100.8**	**104.6**	**101.4**	**100.8**	**104.7**	**102.9**	**100.6**	**103.6**
医疗器具及用品	Medical Apparatus and Articles	102.2	100.7	102.6	102.2	100.7	102.6	102.0	100.2	103.0
中药材及中成药	Traditional Chinese Medical Materials and Medicines	102.1	100.4	104.0	101.5	100.3	104.1	106.0	100.9	103.4
西 药	Westrn Medicine	101.2	101.1	105.7	101.2	101.2	105.9	100.5	100.6	103.9
保健器具及用品	Health Care Appliances and Articles	101.4	100.6	102.3	101.5	100.7	102.2	100.2	100.0	103.4
书报杂志及电子出版物	**Books,Newspapers,Magazines and Electronic Publications**	**100.3**	**101.1**	**101.8**	**100.4**	**101.2**	**101.9**	**100.0**	**100.0**	**100.8**
教材及参考书	Teaching Materials and Reference Books	100.5	102.0	101.6	100.5	102.2	101.7	100.0	99.9	100.5
书报杂志	Books, Newspapers and Magazines	100.5	100.6	103.2	100.6	100.6	103.4	100.0	100.9	102.4
电子音像制品	Electronic Audio-visual Products	99.7	99.8	99.9	99.6	99.9	100.0	99.9	99.2	99.2
燃料类	**Fuels**	**101.6**	**99.8**	**88.9**	**101.7**	**99.8**	**89.3**	**101.0**	**99.9**	**86.0**
煤炭及制品类	Coal and Related Products	100.7	98.9	97.7	101.0	99.3	98.7	98.8	97.0	91.6
石油及制品类	Petroleum and Related Products	101.8	100.0	87.2	101.8	99.9	87.5	101.7	101.0	84.1
建筑材料及五金电料类	**Building Materials and Hardware**	**100.9**	**101.1**	**99.5**	**101.1**	**101.3**	**99.4**	**99.9**	**100.3**	**100.2**
建筑装潢材料	Building Decoration Materials	101.0	100.7	99.4	101.3	100.8	99.3	99.2	100.1	100.1
五金电料类	Hardware	100.7	102.4	100.0	100.5	102.8	100.0	101.6	100.8	100.3

9－3 全省居民生活消费价格指数

Consumer price index of residents living in the province

（上年=100）（preceding year=100）

类别	Item	全省 Total			城市 Urban Indices			农村 Rural Indices		
		2013	2014	2015	2013	2014	2015	2013	2014	2015
居民消费价格总指数	**General Consumer Price Index**	**102.9**	**102.0**	**101.7**	**102.9**	**102.1**	**101.7**	**102.9**	**101.5**	**101.6**
服务项目价格指数	**Services Pirce Index**	**102.3**	**101.9**	**101.3**	**102.3**	**102.0**	**101.3**	**102.2**	**101.5**	**101.3**
一、食品	Food	105.7	103.0	102.0	105.4	103.0	101.9	106.8	102.8	102.4
粮食	Grain	105.9	104.0	101.7	105.7	104.1	102.3	106.2	103.8	100.8
肉禽及其制品	Meat, Poultry and Processed Products	107.9	100.6	104.7	107.4	100.5	104.8	109.1	101.0	104.3
水产品	Aquatic Products	101.9	105.9	102.1	102.2	105.6	101.8	101.1	107.0	103.2
鲜　菜	Fresh Vegetables	111.9	93.7	109.8	111.4	93.4	110.3	113.5	94.4	108.3
鲜瓜果	Fresh Fruits	106.1	113.4	97.9	104.7	113.8	97.9	111.8	112.2	97.9
其他食品	Other Food Products	100.7	101.7	100.3	100.8	102.0	100.2	100.4	100.5	101.1
二、烟酒	Tobacco and Liquor	100.7	100.1	103.1	100.6	99.9	102.7	100.9	100.3	103.6
三、衣着	Clothing	102.1	103.1	103.2	102.3	103.2	102.9	101.2	103.0	104.3
四、家庭设备用品及维修服务	Household Facilities and Repair Servile	100.6	100.8	100.4	100.7	100.9	100.2	100.3	100.4	100.9
耐用消费品	Durable Consumer Goods	100.1	100.0	99.8	99.9	100.0	99.6	100.4	100.0	100.1
家　具	Furniture	100.9	100.1	100.4	100.9	100.4	100.4	100.8	99.7	100.4
家庭设备	Household Facilities	99.7	99.9	99.5	99.6	99.8	99.3	100.1	100.1	100.0
室内装饰品	Interior Decorations	99.8	99.8	100.5	99.4	99.4	100.2	101.9	101.4	101.7
床上用品	Bed Articles	101.0	100.8	99.7	101.2	101.1	99.2	100.6	100.0	101.0
家庭日用杂品	Daily Use Household Articles	100.5	100.5	100.6	100.6	100.4	100.3	100.1	100.9	101.5
五、医疗保健和个人用品	Health Care and Personal Articles	101.3	100.6	103.0	101.3	100.7	103.1	101.4	100.2	102.7
医疗保健服务	Health Care Services	100.1	100.3	101.3	100.1	100.2	100.3	100.0	100.5	104.2
个人用品及服务	Personal Articles and Personal Service	101.7	100.5	102.0	102.0	100.7	102.5	100.7	99.8	100.5
六、交通和通信	Transportation and Communication	99.5	100.2	98.9	99.3	100.3	98.8	100.0	99.9	99.2
交通	Transportation	99.9	100.3	98.3	99.7	100.3	98.0	100.7	100.5	99.1
车辆修理服务费	Motor Vehide Repairing Services	106.0	100.3	102.9	106.5	100.3	102.7	103.1	100.0	104.5
通信服务	Communication Services	100.0	100.1	100.1	99.9	100.1	100.0	100.0	100.1	100.4
七、娱乐教育文化用品及服务	Entertainment,Cultucal goods and Services	102.3	101.8	100.4	102.8	102.3	100.4	100.8	100.0	100.4
学前教育	Preprimary Education	113.5	108.3	102.3	114.6	110.6	101.9	110.4	101.6	103.7
文娱费	Expending on Culture and Recreation	100.9	100.6	100.2	101.1	100.4	100.1	100.1	101.0	100.3
八、居住	Household	102.4	102.0	101.5	102.7	102.2	102.1	101.5	101.6	99.7
建房及装修材料	Building and Decoration Materials	100.2	101.0	100.9	100.7	101.4	101.1	99.5	100.3	100.5
住房租金	Housing Rental Fees	103.1	102.6	102.9	103.3	102.6	103.1	101.7	102.7	100.6
自有住房	Private Housing	102.4	102.6	102.2	102.0	102.1	102.3	103.9	104.8	101.6
水、电、燃料	Water, Electricity and Fuels	103.5	101.7	100.8	104.4	102.5	102.0	100.8	99.4	97.2

9－4 固定资产投资价格指数（上年=100）

Price Indices of Investment in Fixed Assets (preceding year=100)

年 份 Year	总指数 General Index	建筑安装工程 Construction and Installation	设备、工器具购置 Purchase of Equipments and Instruments	其他费用 Other Expenses
1992	116.4	119.4	110.1	110.1
1993	128.8	141.7	116.2	116.2
1994	107.3	108.0	109.3	109.3
1995	109.6	106.8	112.1	112.1
1996	102.9	105.7	98.4	98.4
1997	104.4	106.4	101.1	101.1
1998	100.8	101.2	100.1	100.1
1999	102.2	106.1	100.1	100.1
2000	102.0	103.2	99.4	99.4
2001	101.1	102.6	98.5	98.5
2002	101.2	101.9	98.6	98.6
2003	101.1	102.3	98.1	98.1
2004	104.1	105.6	101.1	101.1
2005	102.0	102.5	100.1	100.1
2006	102.2	103.0	100.5	100.5
2007	103.9	105.2	99.9	99.9
2008	107.3	110.7	100.4	100.4
2009	99.4	99.4	98.1	101.7
2010	102.4	103.4	99.9	104.8
2011	105.6	105.6	100.9	104.2
2012	100.4	100.4	99.0	102.4
2013	100.0	100.0	99.1	100.6
2014	100.2	100.4	99.7	100.6
2015	97.6	96.3	99.3	100.1

9－5 主要原材料、燃料、动力购进价格指数

Main Purchasing Price Indices of Raw Materials、Fuels and Power

（上年=100）　　　　(preceding year=100)

类　　别	Item	2013	2014	2015
全部原材料	**General Price Indices**	**99.4**	**99.2**	**96.6**
燃料、动力类	Fuel and Power	98.3	98.5	86.8
黑色金属材料类	Ferrous Metals	97.6	97.7	94.3
# 钢材	Steel	97.8	98.2	96.9
其它	Others	96.4	94.7	79.4
有色金属材料和电线类	Nonferrous Metals and Wire	97.2	97.9	97.4
化工原料类	Raw Chemical Materials	99.9	99.1	98.7
木材及纸浆类	Timber and Paper Pulp	100.8	100.5	100.3
建筑材料及非金属矿类	Buiding Materials and Nonmetal Minerals	99.8	99.7	101.3
其它工业原料及半成品类	Other Industrial Materials and Semi-finished Products	99.9	99.6	99.7
农副产品类	Agricultural Products	99.9	99.8	99.9
纺织原料类	Textile Materials	100.3	100.3	100.1

9-6 工业生产者出厂价格指数

Ex-Factory Price Indices of Industrial Products

（上年=100） (preceding year=100)

类别	Item	2013	2014	2015
全部工业品	**Total Industry Products**	**98.7**	**99.1**	**95.3**
轻工业	Light Industry	99.3	100.2	100.1
以农产品为原料	Using Farm Products as Raw Materials	99.4	100.4	100.1
以非农产品为原料	Using Non-farm Products as Raw Matericals	99.0	98.4	100.4
重工业	Heavy Industry	98.6	98.8	94.0
采掘	Mining and Quarrying	96.4	99.0	78.9
原料	Raw Materials	98.5	98.1	92.0
加工	Processing	98.9	99.0	97.0
生产资料	Means of Production	98.0	98.4	92.5
采掘	Mining and Quarrying	96.4	99	78.9
原料	Raw Materials	98.1	98.2	92.5
加工	Processing	98.3	98.3	96.0
生活资料	Consumer Goods	99.8	100.1	99.2
食品	Food	99.6	100.5	100.5
衣着	Clothing	100.5	101.4	100.8
一般日用品	Articles for Daily Use	100.8	98.3	100.1
耐用消费品	Durable Consumer Goods	99.8	100.0	98.0
按工业部门分	Grouped by Sector			
冶金工业	Meatllurgical Industry	93.3	93.3	86.6
电力工业	Power Industry	100.0	99.8	98.8
煤炭及炼焦工业	Coal and Coke Industry	96.5	95.8	95.9
石油工业	Petroleum Industry	97.2	100.1	68.1
化学工业	Chemical Industry	98.7	98.2	93.9
机械工业	Machine Manufacturing Industry	99.6	99.9	98.4
建筑材料工业	Building Materials Industry	99.1	99.6	97.5
森林工业	Timber Industry	100.0	101.0	99.8
食品工业	Food Industry	99.6	100.4	100.3
纺织工业	Textile Industry	99.0	98.9	98.3
缝纫工业	Tailoring Industry	100.6	101.3	100.8
皮革工业	Leather Industry	103.0	102.1	101.3
造纸工业	Paper Industry	99.5	99.6	99.1
文教艺术用品工业	Cultural, Educational and Handicraft Articles	99.9	100.0	100.1
其它工业	Others	99.4	99.6	100.2

9－7 工业生产者购进价格指数
Industrial Producer Price Index

（上年=100） （preceding year=100）

年 份 Year	总指数 General Index	燃料、动力类 Fuel、Power	黑色金属材料类 Black Metal Material	有色金属材料及电线类 Non ferrous Metals and wires	化 工 原料类 Chemical Row Material	木材及纸浆类 Wood and up	建筑材料及非金属类 Bailding Materials and Non metals	农 副 产品类 Agricaltural Products	纺 织 原料类 Spin
2003	104.8	105.9	105.2	103.0	102.9	101.8	97.4	106.1	106.4
2004	110.5	107.5	120.3	112.6	111.2	105.7	101.4	111.0	108.7
2005	107.0	115.1	108.8	108.1	106.1	107.1	101.2	101.4	99.5
2006	103.8	108.9	98.8	118.5	101.8	102.3	101.3	101.1	100.9
2007	105.2	103.9	103.7	111.6	109.1	103.1	102.8	108.0	101.5
2008	111.3	112.4	116.2	100.2	109.1	103.1	106.6	113.4	104.5
2009	95.3	95.5	91.3	88.6	90.8	93.0	102.2	97.2	100.1
2010	108.6	113.5	105.0	113.9	114.1	105.6	103.9	106.4	105.2
2011	106.1	111.4	105.7	103.5	106.8	108.0	102.4	109.3	106.5
2012	99.3	98.5	94.9	98.6	99.4	102.6	104.2	100.3	100.7
2013	99.4	98.3	97.6	97.2	99.9	100.8	99.8	99.9	100.3
2014	99.2	98.5	97.7	97.9	99.1	100.5	99.7	99.8	100.3
2015	96.6	86.8	94.3	97.4	98.7	100.3	101.3	99.9	100.1

9－8 农业生产资料价格分类指数
Agricultural Production Data Price Classification Index

（上年=100） （preceding year=100）

年 份 Year	总指数 General Index	农用手工工具 Farm hand tools	饲 料 Feeding	产品畜 Livestock	半机械化农具 Semi mechanized farm	机械化农具 Mechanized farm	化学肥料 Chemical Fertilized	农药及农药械 Pesticide	农用机油 Agricultural Oil	其他农业生产资料 Other Agricultural Production Data	农业生产服务 Agricaltural Production Service
2003	101.0	101.0	100.8	99.2	94.7	93.3	104.1	98.0	111.3	89.5	
2004	106.3	102.8	102.1	115.2	97.1	98.7	107.0	100.6	102.1	109.8	
2005	109.2	98.8	107.2	104.9	107.8	104.2	115.4	103.5	105.4	104.9	
2006	97.2	106.1	94.8	84.0	105.7	100.3	95.7	97.1	110.7	106.3	100.0
2007	106.0	99.1	115.6	142.0	112.6	100.4	102.8	102.2	106.0	101.5	115.0
2008	127.3	101.2	111.0	154.0	105.2	107.3	145.8	106.4	111.9	115.9	103.4
2009	96.4	106.7	101.5	86.9	104.9	104.0	87.7	95.6	98.5	110.2	113.4
2010	99.1	100.9	103.9	97.9	99.8	99.8	92.8	98.4	110.4	101.8	112.8
2011	111.4	109.3	108.8	124.8	100.6	103.9	115.3	99.7	113.0	107.6	107.1
2012	106.8	104.7	107.8	106.9	99.8	102.4	107.6	107.9	103.3	101.7	117.0
2013	100.8	101.9	105.7	102.5	100.7	100.7	96.3	104.7	101.9	101.3	105.8
2014	95.1	100.0	102.8	93.0	100.1	100.3	87.3	100.8	96.8	96.4	103.0
2015	100.2	99.6	105.1	114.5	99.9	100.2	100.8	99.7	82.2	96.2	102.7

9－9　农产品生产者价格指数

Agricultural Product Producer Price Index

（上年=100）　　　　（preceding year=100）

指　标	Item	2013	2014	2015
农产品生产价格指数	Agricultural Product Production Price Index	100.4	102.9	100.6
种植业产品	Planting Products	98.9	104.7	99.8
谷物	Grain	97.5	105.1	98.8
#稻谷	Rice	102.5	102.7	105.9
玉米	Corn	95.4	105.9	97.0
大豆	Soybean	107.5	99.2	100.0
油料	Oil	99.2	105.6	101.6
蔬菜	Vegetables	110.1	86.9	109.0
水果	Fruits	102.8	93.6	103.9
林业产品	Agricultural Products	92.3	104.9	100.0
畜牧业产品	Animal Hasbandrg Products	105.0	97.4	103.1
猪(毛重)	Pig	99.4	89.5	110.8
牛(毛重)	Cattle	119.9	109.5	96.6
羊(毛重)	Sheep	109.3	94.0	82.5
家禽(毛重)	Poultry	103.7	101.4	97.4
蛋类	Egg	104.7	108.4	94.2
奶类	Milk	113.6	112.9	98.8
渔业产品	Fishery Products	103.5	96.4	98.2
淡水养殖产品	Freshwater Aguaculture Products	103.5	96.4	98.2

CHAPTER ▶ 10

第十篇 10

人民生活

PEOPLE'S LIVELIHOOD

10－1 人民生活基本情况（一）

Basic Situation of People´s Life（一）

单位：元 unit: yuan

年 份 Year	城镇居民家庭平均每人全年 Unbarn Households Per Capita Annual				农村居民家庭平均每人全年 Rural Households Per Capita Annual				城镇居民家庭恩格尔系数(%) Engle's Coefficient of Urban Households (%)	农村居民家庭恩格尔系数(%) Engle's Coefficient of Rural Households (%)
	可支配收入 Disposable Income		消费支出 Living Expenditure	#食品 Food	可支配收入 Disposable Income		生活性消费支出 Living Expenditure	#食品 Food		
	绝对数 Absolute Figures	指数 Index (1978=100)			绝对数 Absolute Figures	指数 Index (1978=100)				
1978	290.20				181.65	100.0			59.3	
1979					222.50	122.5	193.83	130.90		67.5
1980	369.50				237.20	130.5	216.25	140.07	59.2	65.3
1981	401.00				293.34	161.5	246.08	152.40		61.9
1982	431.00				333.09	183.4	253.44	159.37		62.9
1983	451.31	155.5	392.40	224.71	462.50	254.6	274.98	174.23		63.4
1984	499.15	172.0	424.99	244.21	486.80	268.0	320.81	203.09		63.3
1985	607.50	209.3	554.15	303.19	413.74	227.7	364.47	199.48	54.7	56.5
1986	755.46	206.3	661.92	355.44	456.70	251.4	388.77	214.66		55.2
1987	851.64	293.5	715.20	390.00	523.09	288.0	441.60	239.54		54.2
1988	987.12	340.2	901.08	455.16	627.54	345.5	516.36	275.63		53.4
1989	1109.34	382.3	967.44	511.20	623.96	343.5	562.78	313.59		55.7
1990	1230.10	423.9	1053.96	552.60	717.30	394.8	585.71	332.27	52.4	56.7
1991	1395.36	480.8	1193.88	638.16	748.33	411.8	648.41	366.51	53.4	56.5
1992	1636.92	564.1	1374.72	690.72	807.41	444.4	643.13	381.53	50.2	59.3
1993	1953.12	673.0	1596.00	780.24	891.61	490.8	670.02	406.24	48.9	60.6
1994	2561.04	882.5	2096.40	1034.52	1271.63	699.8	853.73	532.47	49.3	62.4
1995	3174.84	1094.0	2598.00	1330.44	1609.61	885.8	1494.62	841.85	51.2	56.3
1996	3805.61	1311.4	3037.32	1438.92	2125.56	1169.8	1513.19	803.38	47.4	53.1
1997	4190.61	1444.0	3408.00	1600.68	2186.29	1203.2	1623.83	895.12	47.0	57.0
1998	4206.64	1449.6	3449.76	1585.44	2383.60	1311.8	1471.46	799.69	46.0	54.0
1999	4480.00	1543.8	3661.68	1561.92	2260.60	1244.1	1347.91	719.27	42.7	53.0
2000	4810.00	1657.7	4020.84	1582.68	2022.50	1113.1	1553.35	705.39	39.4	45.0
2001	5340.50	1840.3	4337.28	1650.96	2182.20	1201.0	1661.69	757.90	38.1	45.0
2002	6260.20	2157.2	4973.88	1809.48	2360.80	1299.3	1685.74	743.07	36.4	44.1
2003	7005.12	2413.9	5492.04	1957.92	2530.40	1392.6	1815.57	799.16	35.7	44.0
2004	7840.60	2701.8	6068.99	2180.09	3000.40	1652.1	1971.21	899.00	35.9	45.6
2005	8690.62	2995.1	6794.71	2356.00	3263.99	1796.9	2305.98	1003.22	34.7	43.5
2006	9775.07	3368.4	7352.64	2457.21	3641.13	2004.5	2700.66	1082.28	33.4	40.1
2007	11285.52	3888.9	8560.30	2842.68	4189.90	2306.0	3064.38	1240.50	33.2	40.0
2008	12829.45	4420.9	9729.05	3307.14	4932.74	2715.5	3443.24	1362.44	34.0	39.6
2009	14006.27	4826.4	10914.44	3637.32	5265.91	2898.9	3902.90	1371.12	33.3	35.1
2010	15411.47	5310.6	11679.04	3767.85	6237.44	3433.9	4147.36	1523.32	32.3	36.7
2011	17796.57	6132.5	13010.63	4252.85	7509.95	4134.3	5305.80	1872.10	32.7	35.3
2012	20208.04	6963.5	14613.53	4635.27	8598.17	4733.4	6186.17	2268.76	31.7	36.7
2013	22274.60	7675.6	15932.31	4658.13	9621.21	5296.6	7379.71	2438.49	29.2	33.0
2014	23217.82	8000.6	17156.14	4478.53	10780.12	5934.6	8139.82	2411.25	26.1	29.6
2015	24900.86	8580.6	17972.62	4640.58	11326.17	6235.2	8783.31	2550.80	25.8	29.0

注：2014年城乡消费支出中食品包含烟酒。
从2013年起，农村居民人均纯收入改为农村居民人均可支配收入（以下同）。
notes：The food in 2014 urban and rural consumer spending contains alcohol and tobacco.
Since 2013,the Per Capita net Income of Rural Residents has Changed to the Per Capita Disposable(The following).

10-2 人民生活基本情况（二）
Basic Situation of People´s Life（二）

年 份 Year	人均现住房建筑面积（平方米） Per Capita Living Space (sq.m)		职工平均工资 Average Wages of Staff and Workers		个人储蓄存款（含外币）(亿元) Personal Savings Deposits（Including foreign currency）(100 million yuan)	人均储蓄余额(元) Per Capita Savings Deposit(yuan)
	城镇 Urban	农村 Rural	绝对数(元) Value (yuan)	指数 Index(1978=100)		
1978		7.80	651	100.0	5.86	27
1979		9.17	700	107.5	7.62	35
1980		9.00	763	117.2	10.64	48
1981		9.89	770	118.3	14.56	65
1982		10.05	799	122.7	18.91	84
1983		9.93	823	126.4	25.28	111
1984		12.42	927	142.4	34.23	150
1985	4.60	11.42	1081	166.1	43.96	191
1986	4.90	11.99	1221	187.6	58.36	252
1987	5.20	12.87	1366	209.8	83.20	356
1988	5.30	13.04	1630	250.4	109.49	464
1989	5.50	13.12	1755	269.6	141.26	590
1990	5.60	13.42	1888	290.0	196.59	806
1991	5.70	13.87	2045	314.1	253.28	1030
1992	5.95	14.19	2308	354.5	315.42	1275
1993	6.20	15.96	2701	414.9	389.44	1560
1994	6.50	16.06	3666	563.1	535.55	2129
1995	6.90	16.07	4430	680.5	726.28	2847
1996	7.21	16.51	5370	824.9	955.48	3705
1997	7.70	18.64	5664	870.0	1071.33	4077
1998	8.10	17.52	6551	1006.3	1211.83	4584
1999	8.71	18.47	7158	1099.5	1328.90	5000
2000	9.14	17.72	7924	1217.2	1515.80	5652
2001	13.41	17.10	8771	1347.3	1797.00	6652
2002	15.88	17.57	9990	1534.6	2019.40	7481
2003	16.27	19.75	11081	1702.2	2161.40	8007
2004	18.55	19.78	12431	1909.5	2405.60	8882
2005	19.47	20.10	14409	2213.4	2798.06	10302
2006	19.88	20.68	16583	2547.3	3107.50	11427
2007	21.13	21.21	20513	3151.0	3186.80	11689
2008	27.22	21.94	23486	3607.7	3923.10	14359
2009	28.06	22.79	26230	4029.2	4614.40	16860
2010	29.03	22.88	29399	4516.0	5147.26	18767
2011	29.31	24.40	34197	5253.0	5835.32	21234
2012	29.09	24.71	38407	5899.7	6875.10	25460
2013	28.27	23.47	42846	6581.6	7803.80	28369
2014	28.15	26.20	46516	7145.3	8618.85	31321
2015	28.60	26.95	51558	7919.8	9633.76	34996

注：①2011年以前为城市人均居住面积，2012年以后为城镇人均居住面积。
②从2012年职工平均工资为从业人员平均工资。
③个人储蓄存款，从2013年起含外币。
④个人储蓄存款从2015年起为住户存款。

notes：①Before 2011, per capita living area is urban per capita living area.
②From 2012,the average wage of workers is the average wages of employees.
③Personal savings deposits, from 2013 onwards with foreign currency.
④Personal savings deposits,from year 2015 as household deposits.

10－3 居民消费水平及增长速度

Indices of Residents Consumption Level

年 份 Year	居民消费水平（元） Level of Households Consumption (yuan)	农村居民 Rural Households	城镇居民 Urban Households	居民消费增长速度（上年=100) Indices of Consumption (preceding Year=100)	农村居民 Rural Households	城镇居民 Urban Households
1978	246	165	427	6.3	8.5	4.0
1979	283	203	449	7.7	11.8	1.4
1980	305	214	491	7.5	5.3	9.0
1981	335	245	513	6.3	7.2	3.9
1982	369	267	564	8.9	10.1	6.5
1983	424	331	599	9.3	19.5	-0.7
1984	487	376	691	12.3	13.1	10.7
1985	522	384	765	2.3	-2.3	5.8
1986	593	420	884	4.9	1.4	7.0
1987	689	476	1038	8.3	9.1	6.7
1988	860	573	1316	3.7	1.6	4.8
1989	933	628	1405	-7.2	-9.0	-6.4
1990	955	649	1427	-1.0	-3.1	0.4
1991	1037	678	1585	2.8	-1.5	5.5
1992	1233	749	1958	6.0	3.0	7.4
1993	1458	850	2341	5.8	3.8	5.8
1994	1872	1062	2995	11.7	8.2	11.7
1995	2292	1291	3665	8.0	6.9	8.0
1996	2643	1488	4180	8.1	9.0	6.4
1997	2940	1609	4665	9.0	4.5	10.1
1998	2949	1582	4707	4.8	0.6	6.3
1999	2974	1519	4853	6.2	-1.2	9.5
2000	3178	1707	5034	5.6	-0.8	7.0
2001	3409	1810	5422	7.7	6.6	8.1
2002	3627	1820	5835	7.0	3.9	7.1
2003	4123	1949	6198	16.2	7.0	9.4
2004	4601	2139	6869	9.6	7.9	9.0
2005	5191	2504	7630	10.0	13.3	8.5
2006	5710	2969	8166	8.5	16.2	5.8
2007	6675	3369	9598	10.9	7.0	11.7
2008	7591	3854	10878	13.7	14.4	13.3
2009	8410	4239	12061	10.8	10.0	10.9
2010	9141	4663	13032	7.7	6.0	8.1
2011	10811	6239	14804	17.0	28.9	13.1
2012	12276	6977	16873	13.6	11.8	14.0
2013	13676	7773	18714	11.4	11.4	10.9
2014	13663	7810	18549	-0.1	0.5	-0.9
2015	14630	8837	19358	7.1	13.1	4.4

10－4　城镇居民家庭基本情况
The Basic Situation of Urban Households

指　　标	Item	2013	2014	2015
调查户数（户）	Number of Households Surveyed (Household)	2048	2660	2650
平均每户家庭人口数（人）	The Average Family Population (person)	2.62	2.67	2.66
平均每户就业人口数（人）	The Average Employment Population (person)	1.39	1.51	1.40
平均每户就业面%	Average Employment per Household (%)	53.05	56.55	52.63
平均每一就业者负担人数（含就业者本人）（人）	The Average Number of Employees per Job (including the employed person) (person)	1.88	1.77	1.90
平均每人可支配收入（元）	Average Disposable Income Per person (yuan)	22274.60	23217.82	24900.86
平均每人消费支出（元）	Per Capita Consumption Expenditure (yuan)	15932.31	17156.14	17972.62

10－5　城镇居民家庭人均可支配收入及总支出
Per Capita Cash Income and Expenditure of Urban Families

单位：元　　　unit: yuan

指　　标	Item	2014	2015
一、可支配收入	Disposable Income	23217.82	24900.86
（一）工资性收入	Wage Income	13658.22	14791.80
（二）经营净收入	Net Operating Income	2628.49	2655.45
（三）财产净收入	Net Income of Property	1238.05	1368.49
（四）转移净收入	Transfer Net Income	5693.06	6085.12
二、非收入所得	Non Income	836.96	681.77
三、借贷性所得	Borrowing Income	877.01	443.46
四、总支出	Total Expenditure	23308.75	24240.44
（一）消费支出	Consumption Expenditure	17156.14	17972.62
（二）生产经营费用支出	Production and Operating Expenses	1458.06	1752.59
（三）财产性支出	Property Expenses	25.40	37.79
（四）转移性支出	Transfer Expenditure	950.89	1130.41
（五）部分商业保险支出	Part of the Commercial Insurance Expenditure	100.68	121.1
（六）购置资产及非经常性转移支出	Acquisition of Assets and Non Recurrent Transfer Expenses	3006.38	2682.21
（七）借贷性支出	Borrowing Expenses	611.20	543.72

10－6 城镇居民家庭人均消费总支出和借贷支出（2015年）

单位：元

指　　标	Item	总平均 Average
总支出	**Total Expenditure**	**24240.44**
一、消费支出	Consumption Expenditure	17972.62
二、生产经营费用支出	Production and Operating Expenses	1752.59
（一）第一产业经营费用支出	First Industry Operating Expenses	317.51
（二）第二产业经营费用支出	Second Industry Operating Expenses	61.41
（三）第三产业经营费用支出	Third Industry Operating Expenses	1373.68
三、财产性支出	Property Expenses	37.79
（一）生活贷款利息支出	Interest Expense of Living Loan	35.36
（二）其他财产性支出	Other Property Expenses	2.43
四、转移性支出	Transfer Expenditure	1130.41
（一）个人所得税	Individual Income Tax	40.39
（二）社会保障支出	Social Security Expenditure	864.38
1.个人缴纳的养老保险	Personal Payment of Pension Insurance	612.59
2.个人缴纳的医疗保险	Personal Payment of Medical Insurance	201.26
3.个人缴纳的失业保险	Unemployment Insurance for Individuals	38.42
4.其他社会保障支出	Other Social Security Expenses	12.11
1.城镇外来从业人员寄给家人的支出	Urban Migrant Workers Sent to the Family Expenses	
2.农村外来从业人员寄给家人的支出	Rural Migrant Workers Sent to the FamilyExpenses	
（三）外来从业人员寄给家人的支出	Employees Sent to the Family Expenses	0.19
（四）赡养支出	Maintenance Expenses	156.57
（五）其他转移性支出	Other Transfer Expenditure	68.88
五、部分商业保险支出	Part of the Commercial Insurance Expenses	121.10
（一）意外伤害保险	Accident Insurance	16.43
（二）商业医疗保险（含大病保险）	Commercial Health Insurance(Including Serious illness Insurance)	45.32
（三）其他非储蓄性商业保险	Other Non Savings Commercial Insurance	17.54
（四）其他储蓄性商业保险	Other Savings Commercial Insurance	41.82
六、购置资产及非经常性转移支出	Purchase of Assets and Transfer of Non-recurring Expenses	2682.21
（一）购置资产支出	Asset Acquisition Expenses	400.98
（二）非经常性转移支出	Non-recurrent Expenditure Transfers	2281.23
七、借贷性支出	Loan Expenditures	543.72
（一）存入储蓄款	Saving Deposit	42.51
（二）借出款	Loan	5.52
（三）归还借款	Return Loan	45.38
（四）购买有价证券	Purchase of Securities	6.64
（五）其他投资支出	Other Investment Spending	2.56
（六）归还住房贷款	Return of Housing Loan	352.11
（七）归还汽车贷款	Return of Auto Loan	33.04
（八）归还教育贷款	Return of Education Loan	
（九）归还其他贷款	Return other Loan	36.49
（十）其他借贷支出	Other Borrowing Cost	19.47

Urban Residents per Capita Consumption Expenditure and Borrowing Costs（2015）

unit: yuan

低收入户 Low Income Households	中低收入户 Low and Middle Income Households	中等收入户 Middle Income Households	中高收入户 Middle and High Income Households	高收入户 High Income Households
14334.20	**18020.05**	**22482.05**	**26548.64**	**44485.15**
10114.42	13677.31	16955.91	20277.34	32231.87
1947.73	1049.52	1470.11	1295.62	3251.86
572.45	165.06	348.67	117.39	372.72
0.26	3.67	77.05	86.49	167.74
1375.03	880.79	1044.39	1091.74	2711.41
11.74	27.85	46.54	27.06	85.75
11.63	26.53	45.68	26.66	74.78
0.10	1.32	0.87	0.41	10.97
623.50	909.19	1087.02	1133.42	2115.11
1.56	5.22	14.26	22.72	186.30
502.44	774.37	821.17	874.49	1485.66
360.40	613.79	574.99	592.88	1002.06
120.84	141.41	186.93	234.52	361.47
8.04	18.73	43.26	43.85	91.01
13.17	0.44	15.99	3.24	31.13
0.02		0.05		0.99
83.16	95.74	206.43	162.15	263.98
36.32	33.86	45.11	74.06	178.17
40.96	56.39	124.43	139.51	282.90
1.45	19.01	5.62	17.15	44.35
16.63	18.76	56.23	44.25	104.65
12.11	5.15	30.95	12.05	30.76
10.77	13.47	31.63	66.06	103.14
1385.00	1939.55	2327.20	3060.37	5303.50
45.18	178.66	277.97	408.10	1282.36
1339.82	1760.89	2049.23	2652.27	4021.14
210.84	360.24	470.84	615.32	1214.16
14.53	6.18	15.40	68.28	128.49
9.58	6.82	2.94	5.54	1.68
33.03	72.04	17.98	64.30	38.27
		0.00	6.40	31.86
	7.44		4.44	0.48
80.68	213.13	370.83	423.66	777.85
14.46	17.07	38.97	26.59	77.67
31.76	33.75	12.54	1.66	113.46
26.80	3.82	12.18	14.45	44.40

10－7　城镇居民家庭人均消费支出（2015年）

单位：元

指　　标	Item	总平均 Average
消费支出	**Consumer Spending**	**17972.62**
一、食品烟酒	**Food、Alcohol and Tobacco**	**4640.58**
（一）食品	Food	3244.27
1.谷物	Corn	485.18
2.薯类	Potato	38.55
3.豆类	Beans	63.18
4.食用油	Edible Oil	145.12
5.蔬菜和食用菌	Vegetables and Edible Fungi	455.38
6.肉类	Meat	664.08
7.禽类	Poultry	90.33
8.水产品	Aquatic Product	197.58
9.蛋类	Eggs	102.44
10.奶类	Milk	176.24
11.干鲜瓜果类	Dry and Fresh Fruits	506.17
12.糖果糕点类	Confectionery	98.36
13.其他食品	Other Foods	221.67
（二）烟酒	Tobacco and Wine	342.24
（三）饮料	Beverage	85.42
（四）饮食服务	Catering Services Industry	968.64
二、衣着	**Clothing**	**1812.94**
三、居住	**Reside**	**3532.25**
（一）租赁房房租	Rental Housing Rent	125.22
（二）住房维修及管理	Housing Maintenance and Management	364.51
（三）水电燃料及其他	Water and Electricity of Fuel and Others	1259.40
（四）自有住房折算租金	Converted Rent of its Own	1783.12
四、生活用品及服务	**Supplies and Services**	**1026.65**
（一）家具及室内装饰品	Furniture and Interior Decorations	148.99
（二）家用器具	Home Appliances	239.64
（三）家用纺织品	Home Textile	100.58
（四）家庭日用杂品	The Family Daily Sundry Goods	276.79
（五）个人用品	Personal Belongings	222.28
（六）家庭服务	Domestic Service	38.38
五、交通和通信	**Transportation Communication**	**2322.47**
（一）交通	Transportation	1500.85
（二）通信	Communication	821.62
六、教育文化娱乐	**Educational Entertainment**	**2161.81**
（一）教育	Education	1245.83
（二）文化娱乐	Entertainment	915.98
七医疗保健	**Medical Care**	**1924.20**
（一）医疗器具及药品	Medical Equipment and Drugs	787.60
（二）医疗服务	Medical Service	1136.60
八、其他用品和服务	**Other Goods and Services**	**551.72**
（一）其他用品	Other Goods	310.06
（二）其他服务	Other Services	241.66

Per Capita Consumption Expenditure of Urban Households (2015)

unit: yuan

低收入户 Low Income Households	中低收入户 Low and Middle Income Households	中等收入户 Middle Income Households	中高收入户 Middle and High Income Households	高收入户 High Income Households
10114.42	**13677.31**	**16955.91**	**20277.34**	**32231.87**
2910.60	**3720.40**	**4543.71**	**5361.93**	**7357.21**
2260.09	2710.70	3245.14	3742.15	4638.54
454.06	441.05	483.29	491.56	577.07
28.43	32.30	43.53	41.89	49.95
54.42	56.74	61.98	66.59	80.33
120.20	131.48	147.24	160.92	174.55
318.70	386.22	481.66	502.57	636.25
443.23	553.65	660.66	788.97	954.50
61.16	77.03	94.32	106.43	122.20
110.50	144.17	183.05	245.21	342.18
77.63	88.69	108.99	112.87	132.59
84.18	131.29	147.43	242.77	312.18
284.02	384.69	512.25	607.20	827.98
58.53	75.20	89.75	119.57	165.85
165.03	208.19	230.98	255.59	262.90
231.50	295.39	315.01	357.75	559.89
46.86	67.38	80.69	105.20	141.72
372.16	646.94	902.87	1156.84	2017.06
862.30	**1271.86**	**1636.83**	**2226.61**	**3477.48**
2128.80	**2645.54**	**3449.60**	**4158.35**	**5875.54**
119.10	120.19	159.37	96.20	131.61
170.26	247.12	437.20	356.95	687.82
858.33	1017.30	1229.53	1433.56	1927.27
981.10	1260.93	1623.50	2271.65	3128.85
447.03	**671.17**	**841.10**	**1306.83**	**2135.76**
33.21	64.65	116.42	206.21	380.92
106.05	165.65	164.09	304.17	523.90
44.25	65.11	77.95	125.27	217.83
158.57	213.07	259.02	336.20	465.39
95.89	151.91	199.43	289.62	427.09
9.05	10.77	24.20	45.36	120.63
1220.04	**1681.40**	**1811.54**	**2204.61**	**5302.30**
724.36	1047.26	1030.11	1205.81	3970.92
495.68	634.14	781.43	998.80	1331.38
1310.21	**1924.68**	**2245.00**	**2367.14**	**3234.15**
1015.71	1381.69	1494.10	1227.32	1093.88
294.49	542.99	750.89	1139.82	2140.27
1042.23	**1413.04**	**1935.30**	**1984.34**	**3635.91**
463.18	527.33	809.89	835.96	1459.25
579.05	885.71	1125.41	1148.38	2176.67
193.21	**349.23**	**492.83**	**667.54**	**1213.50**
105.58	177.80	254.20	408.10	699.67
87.63	171.43	238.63	259.44	513.83

10－8 城镇居民家庭平均每人购买的主要商品数量
Average Number of Major Commodities per Capita of Urban Households

单位：千克　　　　unit: kg

指　标	Item	2014	2015
谷　物	Corn	87.84	79.73
薯　类	Potato	16.26	11.46
豆　类	Beans	8.88	8.50
食用油	Edible Oil	11.81	11.83
蔬菜和食用菌	Vegetables and Edible Fungi	100.03	96.03
猪　肉	Pork	15.13	14.08
牛　肉	Beef	2.31	2.54
羊　肉	Mutton	0.69	0.96
禽　类	Poultry	4.18	3.90
水产品	Aquatic Product	8.91	8.88
蛋　类	Eggs	9.74	10.53
奶　类	Milk	13.66	13.65
干鲜瓜果类	Dry and Fresh Fruits	60.00	57.80
糖果糕点类	Confectionery	5.46	5.16

10－9 城镇居民家庭平均每百户年末耐用消费品拥有量

Ownership of Major Durable Consumer Goods Per 100 Urban Households at Year-end

指　　标	Item	2014	2015
家用汽车（辆）	Automobile(unit)	17	21
消毒碗柜（台）	Disinfection Cupboard(set)	2	3
洗碗机（台）	Dishwasher(set)	1	1
固定电话（部）	Telephone(unit)	50	51
移动电话（部）	Mobile Telephone(unit)	212	218
其中：接入互联网	Internet Access	62	85
计算机	Computer	65	69
其中：接入互联网	Internet Access	59	61
电冰箱（柜）（台）	Refrigerator(set)	92	93
彩色电视机（台）	Color TV set(set)	107	106
中高档乐器（架）	Other Mediun and High Grade Masical Instrument(set)	4	3
照相机（架）	Camera(set)	26	24
摄像机（架）	Video Camera(set)	7	5
洗衣机（台）	Washing Machine(set)	95	96

10－10 城镇居民家庭居住情况
Residential Situation of Urban Residents

项　　目	Item	2014	2015
现住房建筑面积（平方米）	**Housing Construction Area (sq.m)**	**28.15**	**28.60**
使用面积（平方米）	Use of Area (sq.m)	21.11	21.45
本住户居住空间样式(%)	The Style of Residential Space (%)	100.00	100.00
1.单栋楼房	Pavilions Buildings	3.30	3.00
2.单栋平房	Pavilions Bungalow	16.10	14.40
3.四居室及以上单元房	Four Bedrooms and More than Four Bedrooms	0.30	0.50
4.三居室单元房	Three-bedroom Units	12.30	11.00
5.二居室单元房	Two Bedroom Flat	53.50	57.00
6.一居室单元房	One bedroom flat	9.90	9.70
7.筒子楼或连片平房	Tube-shaped Apartment or Shall Bungalow	4.40	4.20
8.其他	Other	0.10	0.20
现住房房屋来源(%)	**Housing Source of Housing (%)**	**100.00**	**100.00**
1.租赁公房	Public House Leasing	1.24	1.11
2.租赁私房	Rent of Privately Owned Houses	6.52	5.27
3.自建住房	Spontaneous Housing	12.26	12.01
4.购买商品房	Purchase of Commercial Housing	53.55	57.29
5.购买房改住房	Reform House Buying	11.52	11.16
6.购买保障性住房	Affordable House Buying	1.06	0.93
7.拆迁安置房	Resettlement Housing	8.76	9.11
8.继承或获赠住房	Inheriting or Receiving House	1.66	1.07
9.免费借用房	Free Housing	1.95	1.47
10.雇主提供免费住房	Employer Free Housing	0.06	0.00
11.其他来源	Other Sources	1.42	0.58
住宅有管道供水情况(%)	**Residential Pipe Water Supply (%)**	**100.00**	**100.00**
1.管道供水入户	Pipe Water Supply	94.16	93.74
2.管道供水至公共取水点	Pipe Water Supply to Public Water Intake Point	0.19	0.23

10－10 续表 continued

指　　标	Item	2014	2015
3.没有管道设施	No Pipeline Facilities	5.66	6.03
住户厕所类型(%)	**Household Toilet Type (%)**	**100.00**	**100.00**
1.水冲式卫生厕所	Water Flush Toilet	77.93	80.18
2.水冲式非卫生厕所	Non Sanitary Water Flush Toilet	0.29	0.37
3.卫生旱厕	Sanitary Dry Lavatory	3.91	3.35
4.普通旱厕	General Dry Lavatory	15.05	14.55
5.无厕所	No Toilet	2.82	1.54
住户厕所使用情况(%)	**Household Toilet Usage (%)**	**100.00**	**100.00**
1.本住户独用	The Sole Use of this Household	94.97	96.32
2.几户合用	Several Households Apply	0.40	0.37
3.公用厕所	Communal Lavatories	4.63	3.31
住户洗澡设施情况(%)	**Household Bathing Facilities (%)**	**100.00**	**100.00**
1.统一供热水	Unified Supply of Hot Water	4.33	4.82
2.家庭自装热水器	Home Self Heater	47.57	50.51
3.其他	Other	0.84	1.15
4.无洗澡设施	No Bathing Facilities	47.26	43.51
住户主要取暖设备状况(%)	**Household Main Heating Equipment Status (%)**	**100.00**	**100.00**
1.由市政或小区集中供暖	Central Heating by Municipal or District	80.69	79.39
2.自行供暖	Self Heating	18.60	18.95
3.无取暖设备	No Heating Equipment	0.72	1.66
主要炊用能源状况(%)	**The Main Cooking Energy Status (%)**	**100.00**	**100.00**
1.柴草	Firewood	7.27	7.17
2.煤炭	Coal	4.37	3.40
3.罐装液化石油气	Liquefied Petroleum Gas	30.36	31.75
4.管道液化石油气	Pipeline Liquefied Petroleum Gas	0.28	0.60
5.管道煤气	Pipe-line Coal Gas	8.34	8.27
6.管道天然气	Pipeline Gas	27.03	28.33
7.电	Electricity	21.16	20.38
8.燃料用油	Fuel Used Oil		
9.沼气	Methane		
10.其他	Other	1.12	0.04
11.无炊用行为	No Cooking Behavior	0.06	0.04

10－11 各地区城镇常住居民人均可支配收入

Per Capita Disposable Income of Urban Residents in the Regions

单位：元 unit： yuan

地　区	Region	2010	2011	2012	2013	2014	2015
全　省	**Total**	**15411.47**	**17796.57**	**20208.04**	**22274.60**	**23217.82**	**24900.86**
长　春	Changchun	17921.86	20487.30	22969.68	26033.88	23908.00	29090.00
吉　林	Jilin	16935.74	19559.62	22067.56	25937.07	22437.00	28977.00
四　平	Siping	16458.96	18482.92	21387.28	25529.89	20894.00	28371.00
辽　源	Liaoyuan	16665.02	18757.39	21251.75	25378.75	20780.00	28009.00
通　化	Tonghua	16703.81	18903.81	21627.28	25635.60	20857.00	28430.00
白　山	Baishan	16356.04	18482.87	21282.00	25554.52	18288.00	28420.00
松　原	Songyuan	16800.00	19226.97	21703.51	25933.41	20810.00	28950.00
白　城	Baicheng	15904.24	17813.61	20154.31	24290.61	18150.00	26674.00
延　边	Yanbian	17456.26	19557.71	22013.35	25810.63	19830.00	28500.00

注：2015年为中心城市数据。
Note:2015 as the center of the city data.

10－12 各地区城镇常住居民人均消费支出

Per Capita Consumption of Urban Residents in Different Regions

单位：元 unit： yuan

地　区	Region	2010	2011	2012	2013	2014	2015
全　省	**Total**	**11679.04**	**13010.63**	**14613.53**	**15932.31**	**17156.14**	**17972.62**
长　春	Changchun	14400.40	16328.45	17863.01	21928.87	19204.07	23231.01
吉　林	Jilin	13223.21	13506.18	14856.23	17659.63	15885.23	21365.43
四　平	Siping	10830.85	11290.75	12712.50	14924.81	14015.51	18438.15
辽　源	Liaoyuan	11608.13	12854.95	14077.28	19790.62	14901.86	21893.65
通　化	Tonghua	10940.48	12460.14	13746.75	16240.42	15285.46	19506.90
白　山	Baishan	10722.41	11739.30	13344.87	15995.33	10691.06	18919.97
松　原	Songyuan	12500.98	14481.49	15672.40	18268.46	14754.49	21159.34
白　城	Baicheng	10509.21	12389.88	13080.74	17570.17	11883.05	18576.53
延　边	Yanbian	14663.41	15527.95	17946.14	21951.50	14452.72	25398.58

注：从2014年开始为新口径数据。
Note: 2014 is the new caliber data.

10－13 农民家庭基本情况
Basic Situation of Rural Households

指　　标	Item	2014	2015
调查户数（户）	Number of Houeholds Survey(household)	2140	2140
常住人口（人）	Permanent Population in the Household Surveyed(person)	6827	6784
平均每户常住人口（人）	Average Permanent Resident Population per Household(person)	3.19	3.17
平均每户整、半劳动力（人）	Average Full/Semi Labour Force per Households(person)	2.30	2.40
平均每个劳动力负担人口（人）	Average Number of Dependents per Laborer Force(person)	1.39	1.32
人均可支配收入	Disposable Income	10780.12	11326.17
总收入（人均）	Total Revenue	18598.53	19734.37
人均现住房建筑面积（平方米）	Per Capita Housing Constnruction area(sq.m)	26.20	26.95
年末住房价值（人均）（元）	Value of Building at the Year－end(Per capita)(yuan)	7297.21	7843.15
新建（购）住房面积（人均）（平方米）	Floor Space of Newly Built(Per capita)(sq.m)	0.37	0.40

注：2014年为新口径指标，总收未扣除生产费用。
Note: 2014 is the New Standard Indicators，Gross Income Before Deducting Production Costs.

10－14　农民家庭平均每人可支配收入

The Average Income per Household of Farmers

单位：元　　unit: yuan

指　　标	Item	2014	2015
可支配收入	**Disposable Income**	**10780.12**	**11326.17**
一、工资性收入	**Wage Income**	**1937.65**	**2097.36**
二、经营净收入	**Net Income From Operations**	**7445.63**	**7878.07**
（一）第一产业经营净收入	Net Income of the First Industry Operation	7109.25	7357.00
1.农业	Agriculture	6372.58	6562.45
2.林业	Forestry	300.90	299.86
3.牧业	Animal Husbandry	433.56	499.99
4.渔业	Fishery Industry	2.21	-5.30
（二）第二产业经营净收入	Second net Income of Industry Operation	62.91	86.67
1.采矿业	Mining	39.94	-0.15
2.制造业	Manufacturing Industry	17.21	75.29
3.电力、热力、燃气及水生产和供应业	Electricity, Heat, Gas and Water Production and Supply Industry		-0.08
4.建筑业	Construction Industry	5.76	11.61
（三）第三产业经营净收入	Third net Income of Industry Operation	273.47	434.40
1.批发和零售业	Wholesale and Retail	66.40	117.48
2.交通运输、仓储和邮政业	Transportation, Storage and Postal Services	51.55	82.00
3.住宿和餐饮业	Accommodation and Catering	11.01	19.25
4.房地产业	Realty Industry	-2.55	
5.租赁和商务服务业	Leasing and Business Services	1.75	2.01
6.居民服务、修理和其他服务业	Resident Services, Repairs and Other Services	18.58	48.87
7.其他	Other	17.73	21.23

注：2014年指标有变动和调整。（以下同）
Note: 2014 new caliber indicators are changed and adjusted.

单位：元

10－14 续表 continued

unit: yuan

指　　标	Item	2014	2015
8.农林牧渔服务业	Agricultural Services Industry	109.01	143.58
三、财产净收入	**Net income of property**	**181.84**	**198.63**
（一）利息净收入	Net Interest Income	28.82	22.22
（二）红利收入	Dividend Income	0.50	0.50
（三）储蓄性保险净收益	Net Income of Savings Insurance	0.05	0.48
（四）转让承包土地经营权租金净收入	Net Income of the Transfer of Contracted Land Management Right	113.03	146.70
（五）出租房屋财产性收入	Rental Housing Property Income	8.14	6.39
（六）出租机械、专利、版权等资产的收入	Rental Machinery, Patents, Copyright and Other Assets of the Revenue	9.83	17.10
（七）其他财产净收入	Other Property net Income	21.47	5.24
（八）房屋虚拟租金	Virtual House Rent		
四、转移净收入	**Net Transfer Income**	**1215.01**	**1152.10**
（一）转移性收入	Transfer Income	1435.93	1346.94
1.养老金或离退休金	Pensions	204.20	280.66
2.社会救济和补助	Social Relief and Subsidies	32.57	28.93
3.政策性生活补贴	Policy Oriented Living Subsidy	15.60	4.36
4.报销医疗费	Reimbursement of Medical Expenses	129.48	167.04
5.家庭外出从业人员寄回带回收入	The Income of Sending Back and Bring Back From Family Goes Out Worker	399.55	265.62
6.赡养收入	Support Income	114.29	91.14
7.其他经常转移收入	Other Often Transfer Income	13.11	13.67
8.从政府和组织得到的实物产品和服务折价	Discounts on Physical Products and Services Received from the Government and Organizations	6.16	4.31
9.现金政策性惠农补贴	The Policy of Agricultural Subsidies Cash	520.97	475.19
（二）转移性支出	Transfer Expenditure	220.92	194.84
1.个人所得税	Personal Income Tax	0.17	0.23
2.社会保障支出	Social Security Contribution	148.77	138.55
3.外来从业人员寄给家人的支出	Spending by Foreign Employees		
4.赡养支出	Maintenance Expenses	47.42	40.30
5.其他转移性支出	Other Transfer Expenses	24.56	15.75

10－15　农村家庭平均每人消费总支出

The Average Per Capita Consumption Expenditure of Rural Households

单位：元　　unit: yuan

指　标	Item	2014	2015
总支出	**Aggregate Expenditure**	**19655.93**	**20131.91**
一、消费支出	**Consumer Expenditure**	**8139.82**	**8783.31**
（一）食品烟酒	Food Alcohol and Tobacco	2411.25	2550.80
（二）衣着	Dress	552.60	594.56
（三）居住	Living	1650.88	1698.29
（四）生活用品及服务	Daily Necessities and Services	355.67	353.53
（五）交通通信	Traffic Communication	931.21	1203.56
（六）教育文化娱乐	Educational Entertainment	1042.19	1117.70
（七）医疗保健	Medical Care	1008.05	1058.10
（八）其他用品和服务	Other Supplies and Services	187.98	206.77
二、生产经营费用支出	**Production and Operating Expenses**	**6757.14**	**7483.40**
（一）第一产业经营费用支出	First Industry Operating Expenses	6180.64	6817.75
1.农业	Agriculture	4517.96	4948.29
2.林业	Forestry	54.39	21.25
3.牧业	Animal Husbandry	1598.47	1836.66
4.渔业	Fishery Industry	9.82	11.56
（二）第二产业经营费用支出	Second Industrial Operating Expenses	78.18	90.76
1.采矿业	Mining	30.23	0.17
2.制造业	Manufacturing Industry	46.84	81.13
3.电力、热力、燃气及水生产和供应业	Electricity, Heat, Gas and Water Production and Supply Industry		0.08
4.建筑业	Construction Industry	1.10	9.38
（三）第三产业经营费用支出	Third Industrial Operating Expenses	498.32	574.88
1.批发和零售业	Wholesale and Retail	261.51	358.12
2.交通运输、仓储和邮政业	Transportation, Storage and Postal Services	79.54	97.93
3.住宿和餐饮业	Accommodation and Catering	19.78	20.70
4.房地产业	Realty Industry	2.55	
5.租赁和商务服务业	Leasing and Business Services	0.50	0.05
6.居民服务、修理和其他服务业	Resident Services, Repairs and Other Services	31.11	20.92
7.其他	Other	17.39	14.30
8.农林牧渔服务业	Agricultural Services Industry	85.94	62.87
三、财产性支出	**Property Expenses**	**10.76**	**9.30**
四、转移性支出	**Transfer Expenditure**	**221.50**	**194.84**
五、部分商业保险支出	**Part of Commercial Insurance Expenses**	**40.05**	**57.06**
六、购置资产及非经常性转移支出	**Acquisition of Assets and Non Recurrent Transfer Expenses**	**3428.46**	**2713.09**
七、借贷性支出	**Borrowing Expenses**	**1058.20**	**890.91**

10－16 农民家庭平均每人生活消费支出
Average Expenditure Per Capita of Rural Households

单位：元　　　　unit: yuan

指　　标	Item	2014	2015
生活消费支出	**Consumer Spending**	**8139.82**	**8783.31**
一、食品烟酒	**Food、Alcohol and Tobacco**	**2411.25**	**2550.80**
（一）食品	Food	1846.80	1944.47
1.谷物	Corn	438.27	448.02
2.薯类	Potato	28.67	28.34
3.豆类	Beans	50.08	52.23
4.食用油	Edible Oil	107.63	107.36
5.蔬菜和食用菌	Vegetables and Edible Fungi	187.27	250.72
6.肉类	Meat	408.38	397.71
7.禽类	Poultry	50.23	57.94
8.水产品	Aquatic Product	69.35	73.91
9.蛋类	Eggs	67.73	77.35
10.奶类	Milk	63.02	59.36
11.干鲜瓜果类	Dry and Fresh Fruits	192.09	209.18
12.糖果糕点类	Confectionery	33.61	37.13
13.其他食品	Other Foods	150.45	145.22
（二）烟酒	Tobacco and Wine	337.91	358.25
1.烟草	Tobacco	213.98	228.63
2.酒类	Wine	123.92	129.62
（三）饮料	Beverage	33.71	38.96
（四）饮食服务	Catering Services Industry	192.83	209.12
1.食堂用餐	Canteen	8.75	12.49
2.其他在外饮食	Others Outside the Diet	175.52	190.15
3.食品加工服务费	Food Processing Service Charge	8.57	6.48
二、衣着	**Clothing**	**552.60**	**594.56**
（一）衣类	Clothing	407.33	436.44
（二）鞋类	Footwear	145.26	158.12
三、居住	**Reside**	**1650.88**	**1698.29**
（一）租赁房房租	Rental Housing Rent	22.46	9.97
（二）住房维修及管理	Housing Maintenance and Management	379.70	359.23
（三）水电燃料及其他	Water and Electricity of Fuel and Others	550.75	581.92
（四）自有住房折算租金	Converted Rent of its Own	697.96	747.17
四、生活用品及服务	**Supplies and Services**	**355.67**	**353.53**
（一）家具及室内装饰品	Furniture and Interior Decorations	52.18	48.25
（二）家用器具	Home Appliances	87.14	76.74

10－16 续表 1 continued

单位：元 unit: yuan

指　　标	Item	2014	2015
（三）家用纺织品	Home Textile	36.83	31.50
（四）家庭日用杂品	The Family Daily Sundry Goods	134.41	143.37
（五）个人用品	Personal Belongings	39.92	48.53
（六）家庭服务	Domestic Service	5.19	5.14
五、交通通信	**Transportation Communication**	**931.21**	**1203.56**
（一）交通	Transportation	604.36	828.18
1.交通工具	Transportation	174.41	321.14
2.交通费	Transportation Costs	149.44	153.29
3.交通工具用燃料	Fuel for Transportation	161.27	201.61
4.交通工具使用及维修	Transportation and Maintenance	119.25	152.13
#车辆保险支出	Among of Them: Vehicle Insurance Expenses	16.63	25.38
（二）通信	Communication	326.85	375.38
1.通信工具	Communication Tools	101.51	119.76
2.通信服务	Communication Services	225.34	255.62
六、教育文化娱乐	**Educational Entertainment**	**1042.19**	**1117.70**
（一）教育	Education	789.63	855.21
1.学前教育	Preschool Education	56.80	62.23
2.小学教育	Primary Education	130.42	155.17
3.初中教育	Junior High School Education	128.71	141.17
4.高中教育	Senior High School Education	153.28	139.11
5.中专职高教育	Secondary Vocational Education	16.02	26.75
6.大专及以上教育	Tertiary Education and Above	271.68	283.00
7.成人教育	Adult Education	32.73	47.77
（二）文化娱乐	Entertainment	252.56	262.49
1.文娱耐用消费品	Entertainment Consumer Goods	99.55	87.54
2.其他文娱用品	Other Recreational Articles	66.74	81.14
3.文化娱乐服务	Cultural Entertainment Service	86.27	93.82
七、医疗保健	**Medical Care**	**1008.05**	**1058.10**
（一）医疗器具及药品	Medical Equipment and Drugs	364.15	358.06
（二）医疗服务	Medical Service	643.90	700.04
1.门诊总费用	Total Outpatient Service	269.15	314.28
2.住院总费用	Total Hospitalization Expenses	374.75	385.76
八、其他用品和服务	**Other Goods and Services**	**187.98**	**206.77**
（一）其他用品	Other Goods	127.34	145.46
（二）其他服务	Other Services	60.64	61.31

10－17 农民家庭平均每人现金支出

Average Expenditure Per Capita of Rural Households

单位：元 unit: yuan

指 标	Item	2014	2015
现金支出	**Cash Expense**	**18065.82**	**18406.08**
一、现金消费支出	**Cash Expense**	**6750.45**	**7292.18**
二、生产经营现金费用支出	**Production and Operating Cash Expense**	**6556.40**	**7248.69**
（一）第一产业经营现金费用支出	First Industry Operating Cash Expense	5979.90	6583.05
1.农业	Agriculture	4491.80	4895.48
2.林业	Forestry	54.39	21.25
3.牧业	Animal Husbandry	1423.88	1654.76
4.渔业	Fishery Industry	9.82	11.56
（二）第二产业经营现金费用支出	Second Industry Operating Cash Expense	78.18	90.76
1.采矿业	Mining	30.23	0.17
2.制造业	Manufacturing Industry	46.84	81.13
3.电力、热力、燃气及水生产和供应业	Electricity, Heat, Gas and Water Production and Supply Industry		0.08
4.建筑业	Construction Industry	1.10	9.38
（三）第三产业经营现金费用支出	Third Industry Operating Cash Expense	498.32	574.88
1.批发和零售业	Wholesale and Retail	261.51	358.12
2.交通运输、仓储和邮政业	Transportation, Storage and Postal Services	79.54	97.93
3.住宿和餐饮业	Accommodation and Catering	19.78	20.70
4.房地产业	Realty Industry	2.55	
5.租赁和商务服务业	Leasing and Business Services	0.50	0.05
6.居民服务、修理和其他服务业	Resident Services, Repairs and Other Services	31.11	20.92
7.其他	Other	17.39	14.30
8.农林牧渔服务业	Agricultural Services Industry	85.94	62.87
三、现金财产性支出	**Cash and Property Expenses**	**10.76**	**9.30**
（一）生活贷款利息支出	Interest Expense of Life Loan	9.23	7.34
（二）其他财产性支出	Other Property Expenses	1.53	1.97
四、现金转移性支出	**Cash Transfer Expenses**	**221.50**	**194.84**
（一）个人所得税	Personal Income Tax	0.17	0.23
（二）社会保障支出	Social Security Contribution	148.77	138.55
（三）外来从业人员寄给家人的支出	Spending by Foreign Employees		
（四）赡养支出	Maintenance Expenses	47.42	40.30
（五）其他转移性支出	Other transfer Expenses	25.14	15.75
五、部分商业保险支出	**Part of Commercial Insurance Expenses**	**40.05**	**57.06**
（一）意外伤害保险	Accident Insurance	3.88	5.60
（二）商业医疗保险（含大病保险）	Commercial Medical Insurance (Including Serious Illness Insurance)	13.11	20.80
（三）其他非储蓄性商业保险	Other Non Savings Commercial Insurance	15.48	13.81
（四）其他储蓄性商业保险	Other Savings Commercial Insurance	7.59	16.84
六、购置资产及非经常性转移支出	**Acquisition of Assets and Non Recurrent Transfer Expenses**	**3428.46**	**2713.09**
（一）购置资产支出	Purchase of Assets	1619.30	997.67
（二）非经常性转移支出	Non Recurrent Expenditure	1809.16	1715.42
七、借贷性支出	**Borrowing Expenses**	**1058.20**	**890.91**
（一）存入储蓄款	Deposit Savings	220.81	147.70
（二）借出款	Loan	22.77	31.16
（三）归还借款	Return of Borrowing	557.06	450.47
（四）购买有价证券	Purchase of Securities	6.54	
（五）其他投资支出	Other Investment Expenses	0.82	
（六）归还住房贷款	Repayment of Housing Loans	18.71	21.42
（七）归还汽车贷款	Repayment of Auto Loan	5.27	3.94
（八）归还教育贷款	Repayment of Educational Loans		
（九）归还其他贷款	Repayment of Other Loans	218.40	230.98
（十）其他借贷支出	Other Borrowing Expenses	7.82	5.25

10－18 农民家庭平均每人现金收入

Per Capita Cash Income of Household

单位：元 unit: yuan

指　　标	Item	2014	2015
现金收入（未扣除生产费用）	**Part Five the Cash Income (Excluding Production Costs)**	**16374.00**	**17125.00**
一、现金工资性收入	**Cash Wage Income**	**1935.16**	**2093.75**
二、现金经营性收入	**Cash Operating Income**	**12945.91**	**13647.85**
（一）第一产业现金经营收入	First Industry Cash Operating Income	11965.66	12367.41
1.农业	Agriculture	9813.57	9947.27
2.林业	Forestry	64.75	40.72
3.牧业	Animal Husbandry	2075.29	2373.16
4.渔业	Fishery Industry	12.05	6.26
（二）第二产业现金经营收入	Second Industrial Cash Operating Income	147.11	193.90
1.采矿业	Mining	72.51	0.04
2.制造业	Manufacturing Industry	67.33	170.27
3.电力、热力、燃气及水生产和供应业	Electricity, Heat, Gas and Water Production and Supply Industry		
4.建筑业	Construction Industry	7.27	23.59
（三）第三产业现金经营收入	Third Industrial Cash Operating Income	833.14	1086.55
1.批发和零售业	Wholesale and Retail	343.17	490.29
2.交通运输、仓储和邮政业	Transportation, Storage and Postal Services	158.28	222.61
3.住宿和餐饮业	Accommodation and Catering	36.83	41.51
4.房地产业	Realty Industry		
5.租赁和商务服务业	Leasing and Business Services	2.25	2.05
6.居民服务、修理和其他服务业	Resident Services, Repairs and Other Services	60.82	73.62
7.其他行业	Other	36.85	45.94
8.农林牧渔服务业	Agricultural Services Industry	194.94	210.52
三、现金财产性收入	**Cash and Property Income**	**192.64**	**207.94**
（一）利息收入	Interest Income	38.05	29.56
（二）红利收入	Dividend Income	0.50	0.50
（三）储蓄性保险收益	Income of Savings Insurance	0.05	0.48
（四）转让承包土地经营权租金收入	Income of the Transfer of Contracted Land Management Right	113.03	146.70
（五）出租房屋财产性净收入	Rental Housing Property Income	8.14	6.39
（六）出租机械、专利、版权等资产的净收入	Rental Machinery, Patents, Copyright and Other Assets of the Revenue	9.87	17.10
（七）其他财产性收入	Other Property Income	22.99	7.20
四、现金转移性收入	**Cash Transfer Income**	**1300.29**	**1175.59**
（一）养老金或离退休金	Pensions	204.20	280.66
（二）社会救济和补助	Social Relief and Subsidies	32.57	28.93
（三）政策性生活补贴	Policy Oriented Living Subsidy	15.60	20.37
（四）家庭外出从业人员寄回带回收入	The Income of Sending Back and Bring Back from Family Goes Out Worker	399.55	265.62
（五）赡养收入	Support Income	114.29	91.14
（六）其他转移性收入	Other Transfer Income	13.11	13.67
（七）现金政策性惠农补贴	The Policy of Agricultural Subsidies Cash	520.97	475.19

10－19 各地区农村常住居民人均可支配收入

Per Capita Disposable Income of Rural Residents in Various Regions

单位：元 unit: yuan

地 区	Region	2010	2011	2012	2013	2014	2015
全 省	**Total**	**6237**	**7510**	**8598**	**9621**	**10780**	**11326**
长 春	Changchun	6665	7965	9064	10060	11286	11749
吉 林	Jilin	6594	7952	8977	10288	11000	11495
四 平	Siping	6586	7718	8760	9960	10723	11281
辽 源	Liaoyuan	6324	7557	8524	9845	10500	10973
通 化	Tonghua	6572	7716	8959	9935	9700	10117
白 山	Baishan	6134	7334	8134	9231	8600	9090
松 原	Songyuan	6167	7597	8562	9373	8708	9561
白 城	Baicheng	4504	5513	6191	6743	7312	7751
延 边	Yanbian	5416	6250	7350	8351	8466	8965

注：2014年农民人均纯收入改为农村常住居民人均可支配收入。
Note: the per capita net income of the farmers in 2014 is the disposable income of the rural residents.

10－20 各地区农村常住居民人均生活消费支出

Per Capita Living Consumption Expenditure of Rural Residents in Various Regions

单位：元 unit: yuan

地 区	Region	2011	2012	2013	2014
全 省	**Total**	**5306**	**6186**	**7380**	**8140**
长 春	Changchun	5245	5855	6798	7752
吉 林	Jilin	5054	6014	7402	8376
四 平	Siping	5467	6328	6964	7776
辽 源	Liaoyuan	5459	6750	6514	8555
通 化	Tonghua	5061	6186	5993	8536
白 山	Baishan	4525	4786	5959	5973
松 原	Songyuan	4945	5720	6491	8085
白 城	Baicheng	4666	5761	5875	7367
延 边	Yanbian	4361	6193	5765	7501

10 – 21 农民家庭平均每百户年末耐用消费品拥有量

Number of durable consumer goods owned of rural household at the yearend

指　　标	Item	2014	2015
家用汽车(辆)	Home Car (Unit)	12.81	16.90
摩托车（辆）	Motorcycle (Unit)	73.99	74.14
助力车（台）	Booster Car (Unit)	11.77	12.73
洗衣机（台）	Washing Machine (set)	85.61	89.39
电冰箱（柜）（台）	Refrigerator (set)	84.89	89.08
微波炉（台）	Microwave Oven (Set)	6.90	6.46
彩色电视机（台）	Color TV Sets (Set)	111.18	111.73
其中：接入有线电视（台）	Access to Cable TV (Set)	79.36	78.62
空调（台）	Air Conditioning (Set)	0.85	0.34
热水器（台）	Water Heater (Set)	9.91	9.51
其中：太阳能热水器（台）	Solar Water Heater (Set)	4.88	5.00
消毒碗柜（台）	Disinfection Cabinet	0.38	0.20
洗碗机（台）	Dishwasher (Set)	0.26	0.04
排油烟机（台）	Range Hood	7.93	8.29
固定电话（部）	Telephone(Set)	36.02	32.53
移动电话（部）	Mobile Phone (Set)	226.61	240.67
其中：接入互联网（部）	Access to the Internet(Set)	35.25	59.65
计算机（台）	Computer (Set)	29.03	31.83
其中：接入互联网（台）	Access to the Internet (Set)	22.27	24.21
摄像机（台）	Video Camera (Set)	0.48	0.46
照相机（台）	Camera (Set)	4.22	2.88
中高档乐器（架）	Middle Grade Musical Instruments (Set)	0.25	0.26
健身器材（台）	Fitness Equipment (Set)	0.29	0.13
组合音响（套）	Combination Audio (Set)	2.15	1.82

10－22 农民家庭平均每人主要消费品消费量
The Average Household Consumption Per Capita of the Rural Households

指　　标	Item	2014	2015
谷物(公斤)	Corn(kg.)	73.98	76.57
薯类（公斤）	Potato(kg.)	7.17	5.83
豆类（公斤）	Beans(kg.)	6.55	7.16
食用油（公斤）	Edible oil(kg.)	10.17	10.43
蔬菜和食用菌（公斤）	Vegetables and Edible Fungi(kg.)	35.62	40.1
肉类（公斤）	Meet(kg.)	13.98	13.89
猪肉	Pork	11.96	11.67
牛肉	Beef	0.46	0.63
羊肉	Mutton	0.11	0.25
其他肉类及制品	Other Meats and Products	1.45	1.33
禽类（公斤）	Poultry(kg.)	1.72	1.81
水产品（公斤）	Aquatic Product(kg.)	4.67	4.86
蛋类（公斤）	Eggs(kg.)	3.72	5.14
奶类（公斤）	Milk(kg.)	4.56	4.49
干鲜瓜果类（公斤）	Dry and Fresh Fruits(kg.)	35.62	34.32
糖果糕点类（公斤）	Confectionery(kg.)	2.56	2.76
其他食品（元）	Other Food (yuan)	138.78	136.05
饮料	Drinks	33.71	38.96
烟酒	Alcohol	337.91	358.25
饮食服务	Food Service	191.28	206.21

10－23 农村居民家庭每百户拥有主要农业生产性固定资产数量
Rural Households Have the Number of Major Productive Fixed Assets

项　　目	Item	2014	2015
大中型农用拖拉机（台）	Large and Medium Sized Agricultural Tractors(unit)	19.61	19.88
小型农用拖拉机（台）	Small Farm Tractor(unit)	64.46	59.16
农用排灌动力机械（台）	Agricultural Irrigation Drainage Machinery(unit)	3.47	4.89
插秧机（台）	Rice Transplanter(unit)	4.38	4.00
收割机（台）	Harvester(unit)	4.12	4.45
脱粒机（台）	Threshing Machine	7.27	4.74
役畜（头）	Draft Animal(head)	13.10	14.51
产品畜（头）	Animal Products(head)	362.62	231.59

10－24 农村居民家庭居住情况
Rural Residents Living Situation

项　　目	Item	2014	2015
现住房建筑面积(平方米)	**Housing Construction Area(sq.m)**	**26.20**	**26.95**
期末拥有房屋情况	The end of the housing situation		
期末拥有房屋面积（平方米）	The End of the House Area(sq.m)	26.50	27.01
期末拥有房屋价值（万元）	The End of the Term Has a House Value(1000yuan)	2.40	2.55
期末拥有房屋市场价月租金（元）	The End of the Month With the Housing Market Price（yuan)	59.50	55.89
期内新购住房情况	Period of New Housing Purchase		
期内新购住房建筑面积（平方米）	Period of New Housing Construction Area(sq.m)	0.08	0.16
新购住房总金额（万元）	Total Amount of New Housing Purchase(1000yuan)	0.02	0.05
期内新建住房情况	Period of New Housing Situation		
期内新建住房竣工建筑面积（平方米）	Period of New Housing Construction Area(sq.m)	0.29	0.23
新建住房总费用（元）	Total Cost of New Housing(1000yuan)	300	0.03

CHAPTER ▶ 11

第十一篇 11

市政公用事业和环境保护

URBAN PUBLIC UTILITIES AND ENVIRONMENT

11－1　市政公用事业基本情况

Basic Statistics on Municipal Public Utilities

指　标	Item	2013	2014	2015
自来水全年供水总量（万立方米）	Annual Volume of Tap Water Supply(10000 cu.m)	107418	86207	106202
# 居民家庭用水量	Water Consumption for Residential Use	29276	28728	31118
人均日生活用水（升）	Per Capita Daily Consumption of Tap Water for Residential Use(unit)	119.3	120.44	122.27
用水普及率（%）	Percetage of Population with Access to Tap Water(%)	93.84	93.79	93.64
年末实有道路长度（公里）	Length of Paved Roads at Year-end(km)	8388	8922	8854
年末实有道路面积（万平方米）	Area of Paved Roads(10000 sq.m)	15344	16887	17009
排水管道长度（公里）	Length of Sewage Pipelines(km)	9607	9870	10319
人工煤气全年供气量（万立方米）	Annual Gaswork Supply(10000 cu.m)	16575	12827	7945
# 家庭用量	Consumption of Gaswork for Residential Use	9554	9200	6055
煤气管道长度（公里）	Length of Gas Pipelines(km)	1858	1881	341
液化气全年供气量（吨）	Annual Supply of LPG(ton)	181419	184553	157752
# 家庭用量	Residential Consumption of Liquefied Petorleum Gas for Residential Use	114193	109049	91248
燃气普及率（%）	Percentage of Population with Access to Gas(%)	91.43	91.98	92.46
集中供热总量（万吉焦）	Total Volume of Centralized Heating(10000 gigajoules)	22047	22921	25437
集中供热面积（万平方米）	Area of Centralized Heating(10000 sq.m)	42823	45006	47990
绿化覆盖面积（公顷）	Green Coverage Areas(hectare)	43430	50909	54180
公园、动物园个数（个）	Number of Parks and Zoos(unit)	173	183	191
公园、动物园面积（公顷）	Area of Parks and Zoos(hectare)	5280	6231	6446
生活垃圾清运量（万吨）	Volume of Garbage Disposal(10000 ton)	485	505	490
清运粪便（万吨）	Volume of Disposal of Excrement and Urine(10000 ton)	66.79	65.08	67.55

11－2 城市建设用地（2015年）

City Constraction Land（2015）

单位：平方公里 unit: sq.km

城　市	City	建成区面积 Area of Built Districts(sq.km)	城市现状建设用地面积 Area of Land Used for Urban Construction(sq.km)	本年征用土地面积 Requistition Land Area (sq.km)
全　省	**Total**	**1399.07**	**1330.14**	**34.37**
长春市	Changchun	506.33	470.05	22.38
榆树市	Yushu	23.40	20.24	
德惠市	Dehui	31.00	32.53	1.52
吉林市	Jilin	185.00	185.00	
蛟河市	Jiaohe	18.50	19.91	
桦甸市	Huadian	19.50	19.50	0.67
舒兰市	Shulan	25.00	24.51	
磐石市	Panshi	23.80	21.12	
四平市	Siping	57.87	59.60	1.43
双辽市	Shuangliao	20.81	20.32	
辽源市	Liaoyuan	46.30	46.30	
通化市	Tonghua	53.16	52.92	0.25
集安市	Ji' an	8.71	7.21	
白山市	Baishan	47.02	41.18	
临江市	Linjiang	9.17	8.68	
松原市	Songyuan	50.08	49.87	1.28
扶余市	Fuyu	13.20	13.20	0.42
白城市	Baicheng	42.87	42.61	1.53
洮南市	Taonan	23.00	22.50	
大安市	Da' an	18.97	18.97	0.14
延吉市	Yanji	35.50	33.91	3.13
图们市	Tumen	10.03	10.03	
敦化市	Dunhua	30.80	27.30	
珲春市	Hunchun	17.89	15.89	
龙井市	Longjing	12.00	10.88	
和龙市	Helong	12.55	10.88	
公主岭市	Gongzhuling	32.58	30.29	1.62
梅河口市	Meihekou	24.03	14.74	

11－3 城市供水（2015年）

Tap Water Supply in City（2015）

城市	City	综合生产能力（万立方米/日）Production Capacity of Tap Water Supply（10000cu.m/day）	供水管道长度（公里）Length of Water Supply Pipelines (km)	全年供水总量(万立方米) Annual Volume of Tap Water Supply（10000cu.m）	#生活用水 For Produtive Use	#生产用水 Residential	用水人口（万人）Number of Residents with Access to Tap Water (10000 persons)	人均日生活用水量(升) Per Capita Daily Consumption of Tap Water for Residential Use（litre）
全省	**Total**	**653.46**	**12155.11**	**106201.81**	**31118.01**	**26025.11**	**1096.84**	**122.27**
长春市	Changchun	136.97	2728.89	37595.73	10116.00	4730.80	400.89	144.55
榆树市	Yushu	3.23	246.95	1141.41	438.38	29.58	23.92	60.56
德惠市	Dehui	8.33	1472.43	1847.50	673.25	749.32	24.21	89.92
吉林市	Jilin	288.00	1288.86	20947.00	4776.00	10884.00	125.77	124.08
蛟河市	Jiaohe	3.00	61.50	915.46	322.25	35.96	13.90	84.87
桦甸市	Huadian	6.72	135.00	838.80	258.80	210.00	15.68	63.04
舒兰市	Shulan	4.00	135.99	1075.80	429.00	440.00	11.00	122.54
磐石市	Panshi	2.00	130.10	730.00	382.00	75.00	12.00	104.16
四平市	Siping	18.99	1147.78	3720.83	1148.00	1103.01	47.80	98.58
双辽市	Shuangliao	2.05	84.05	678.50	230.00	242.30	11.20	92.27
辽源市	Liaoyuan	21.23	508.00	2924.04	683.00	886.73	46.50	70.96
通化市	Tonghua	15.79	554.48	4150.84	1364.04	665.00	43.56	88.96
集安市	Ji' an	3.00	141.74	939.70	145.00	135.00	8.00	84.93
白山市	Baishan	12.70	378.71	2639.53	757.59	701.94	35.59	63.92
临江市	Linjiang	3.10	91.22	508.00	148.00	52.00	9.47	70.30
松原市	Songyuan	19.00	438.50	5369.38	2159.00	1635.02	47.27	159.93
扶余市	Fuyu	2.49	51.00	555.00	268.00	88.00	6.63	168.60
白城市	Baicheng	11.00	397.00	2110.00	840.00	330.00	27.85	123.95
洮南市	Taonan	2.05	110.00	451.90	297.80	60.50	16.50	59.43
大安市	Da' an	2.10	89.00	507.90	211.90	68.50	11.66	51.43
延吉市	Yanji	19.00	472.39	5205.10	1607.00	116.24	49.32	140.48
图们市	Tumen	1.51	114.27	439.00	151.51	39.98	4.00	130.99
敦化市	Dunhua	21.17	230.38	2249.00	614.00	1126.00	23.10	96.03
珲春市	Hunchun	7.40	141.50	2102.20	818.10	478.20	16.51	239.62
龙井市	Longjing	4.50	115.73	822.60	286.50	212.84	10.18	95.57
和龙市	Helong	5.70	351.40	875.00	646.00	69.00	8.70	220.12
公主岭市	Gongzhuling	20.01	322.81	3297.59	849.89	561.19	26.22	111.68
梅河口市	Meihekou	8.42	215.43	1564.00	497.00	299.00	19.41	127.46

11－4 城市天燃气（2015年）

Basic Statisticson Supply of Gas in Cities（2015）

城 市	City	供气管道长度（公里）Length of Gas Pipelines(km)	供气总量合计（万立方米）Total Gas Suppy（10000cu.m）	用气人口（万人）Gas Popula ton (10000 Persons)	用气户数（户）With the Number of Gas (Persons)	家庭用户 Domestic Consumer
全 省	**Total**	**8414.03**	**111432.31**	**676.79**	**2336434**	**2285966**
长春市	Changchun	4449.27	45881.91	365.33	1227397	1215811
九台市	Jiutai	133.29	1086.72	13.50	48077	45000
榆树市	Yushu	103.16	2163.06	4.95	13100	12900
德惠市	Dehui	1009.59	34327.70	111.54	405035	404203
吉林市	Jilin	8.76	252.16		327	
蛟河市	Jiaohe	17.65	89.18	0.44	1475	1024
桦甸市	Huadian	60.44	561.88	6.90	24318	24150
磐石市	Panshi	626.00	3154.00	50.64	150000	147000
四平市	Siping	136.79	3775.77	2.35	7110	7100
双辽市	Shuangliao	113.00	1507.00	11.40	45592	45532
辽源市	Liaoyuan	2.00	10.00	0.21	700	700
白山市	Baishan	209.96	498.00	10.40	34592	34533
松原市	Songyuan	339.70	8030.00	34.30	130197	124200
扶余市	Fuyu	8.00	395.00	0.08	680	180
白城市	Baicheng	121.00	2200.50	6.00	23510	20000
洮南市	Taonan		516.00		600	
大安市	Da' an	68.16	1700.00	7.79	34000	17069
延吉市	Yanji	326.00	3302.00	17.00	67480	67000
图们市	Tumen	77.00	185.47	3.40	17588	17123
敦化市	Dunhua	66.02	75.00	3.00	7577	7573
珲春市	Hunchun	20.40	28.40	0.22	700	690
龙井市	Longjing	48.00	85.54	1.35	4670	4620
和龙市	Helong	32.20	47.02	1.19	4580	4430
公主岭市	Gongzhuling	286.33	1048.00	19.00	63629	62128
梅河口市	Meihekou	151.31	512.00	5.80	23500	23000

11 - 5 城市集中供热（2015年）
Basic Statisics on Heating in Cities（2015）

城市	City	供热能力 Heating Capatity		供热总量 Quantity of Heat Supplied		管道长度 Length pipelines		供热面积(万平方米) Area of Centralized Heating (10000sq.m)
		蒸汽(吨/小时) Steam(ton/h)	热水(兆瓦) Hot Water(mw)	蒸汽(万吉焦) Steam(10000 gigioules)	热水(万吉焦) Hot Water(10000 gigioules)	蒸汽(公里) Steam(km)	热水(公里) Hot Water(km)	
吉　林	**Total**	**1402.50**	**42759.53**	**827.75**	**24608.94**	**723.46**	**18587.42**	**47990.19**
长春市	Changchun	116.00	18449.80	112.73	9177.12	35.00	5574.32	18663.26
九台市	Jiutai		827.00		568.60		207.00	1124.00
榆树市	Yushu		992.00		480.00		756.04	712.00
德惠市	Dehui	594.00	3499.00	44.00	3713.00	2.36	2390.23	6378.67
吉林市	Jilin		630.70		297.50		277.40	633.14
蛟河市	Jiaohe		489.00		359.00		337.00	519.00
桦甸市	Huadian		239.20		139.89		230.90	320.50
舒兰市	Shulan		665.00		377.50		98.00	538.00
磐石市	Panshi		860.00		558.60		914.00	1781.00
四平市	Siping		1129.00		197.10		62.70	392.89
双辽市	Shuangliao	210.00	1470.00	412.25	784.26	8.60	1558.26	1833.62
辽源市	Liaoyuan		1430.00		1010.00	450.00	1277.00	1725.00
通化市	Tonghua		396.00		176.00		187.30	316.11
集安市	Ji' an		1830.00		981.00		651.76	1680.00
白山市	Baishan		416.50		300.00		128.92	433.00
临江市	Linjiang		1828.20		1102.00		737.00	1670.00
松原市	Songyuan		195.00		168.00		175.00	260.00
扶余市	Fuyu		1450.00		668.00		610.00	1335.00
白城市	Baicheng	332.50	18.00	235.35	15.00	189.50	72.50	420.00
洮南市	Taonan		583.18		97.90		90.00	325.00
大安市	Da' an		2336.45		1395.49		1203.00	3303.00
延吉市	Yanji		535.00		205.00		140.00	334.00
图们市	Tumen	150.00	574.00	23.42	316.18	38.00	147.75	892.00
敦化市	Dunhua		279.00		295.00		179.77	557.00
珲春市	Hunchun		278.00		138.00		147.97	252.80
龙井市	Longjing		160.00		140.00		58.00	220.00
和龙市	Helong		843.50		563.80		258.58	820.20
公主岭市	Gongzhuling		356.00		385.00		117.02	551.00
梅河口市	Meihekou							

11－6 城市市政设施（2015年）

Level of Public Facilities in City（2015）

城　市	City	年末实有道路长度（公里）Length of Paved Roads at Year-end(km)	年末实有道路面积（万平方米）Area of Paved Roads（10000sq.m）	城市桥梁（座）Number of Bridges(unit)	城市排水管道长度（公里）Lengtn of Sewer Pipelines(km)	城市污水日处理能力（万立方米）Sewage Disposal Capacity（10000cu.m）	城市道路照明灯（盏）Urban Road Lights (zhan)
全　省	**Total**	**8853.61**	**17009.57**	**776**	**10318.84**	**330.0**	**502560**
长春市	Changchun	3373.83	7655.20	295	5358.29	161.3	138417
榆树市	Yushu	167.72	392.60	5	140.15	3.0	2400
德惠市	Dehui	200.17	251.51	3	129.52	2.1	5626
吉林市	Jilin	1065.65	1595.30	67	1006.85	54.0	43144
蛟河市	Jiaohe	169.30	157.64	16	117.21	1.5	7825
桦甸市	Huadian	76.50	181.30	14	90.38	3.0	7482
舒兰市	Shulan	121.30	120.90	31	36.00	2.0	8008
磐石市	Panshi	94.46	261.00		110.00	3.0	5668
四平市	Siping	360.63	678.26	11	214.00	9.0	14502
双辽市	Shuangliao	84.42	81.75	3	99.82	2.5	2536
辽源市	Liaoyuan	223.12	531.23	50	211.00	10.0	19395
通化市	Tonghua	297.72	414.26	62	164.95	5.1	82593
集安市	Ji' an	28.80	61.34	4	63.00	2.0	1475
白山市	Baishan	325.90	426.19	35	159.83	7.0	15707
临江市	Linjiang	56.22	78.09	14	87.55	2.5	6278
松原市	Songyuan	274.30	928.40	8	238.00	15.0	28957
扶余市	Fuyu	87.02	177.11	6	79.36	3.0	3392
白城市	Baicheng	209.70	325.54	10	330.60	5.0	10005
洮南市	Taonan	134.65	123.50	3	142.80	3.0	6105
大安市	Da' an	128.81	235.74	1	156.58	2.0	4274
延吉市	Yanji	206.82	545.01	19	311.79	10.0	10939
图们市	Tumen	40.89	69.65	13	64.00	2.0	4006
敦化市	Dunhua	256.97	337.58	9	229.29	5.0	12821
珲春市	Hunchun	252.62	306.02	8	186.50	3.0	9565
龙井市	Longjing	86.98	99.08	5	83.56	1.5	6081
和龙市	Helong	50.10	80.40	12	104.58	4.0	11501
公主岭市	Gongzhuling	287.71	454.97	49	294.23	5.0	13198
梅河口市	Meihekou	191.30	440.00	23	109.00	3.5	20660

11－7　城市绿地和园林（2015年）

Basic Statistics on Parlcs and Green Aress in Citics（2015）

城　市	City	绿地面积(公顷) Area of Green Land (hectare)	#公园绿地 Park Green Areas	公　园(个) Number of Parks(unit)	公园面积(公顷) Area of Parks (hectare)	建成区绿化面积(公顷) Developed (hectare)
全　省	**Total**	**54179.66**	**14649.51**	**191**	**6446.23**	**50444.42**
长春市	Changchun	20544.68	5897.35	55	1813.26	19624.15
榆树市	Yushu	696.00	166.60	2	32.00	677.00
德惠市	Dehui	680.07	208.05	4	65.02	602.88
吉林市	Jilin	8588.00	1537.00	8	489.00	8088.00
蛟河市	Jiaohe	496.63	209.40	6	175.00	496.63
桦甸市	Huadian	685.00	274.00	3	16.90	685.00
舒兰市	Shulan	412.00	155.00	1	14.00	390.00
磐石市	Panshi	651.00	126.60	2	126.60	651.00
四平市	Siping	1842.00	551.00	7	424.00	1827.00
双辽市	Shuangliao	358.25	103.00	1	96.50	349.30
辽源市	Liaoyuan	1854.28	451.02	11	382.01	1854.28
通化市	Tonghua	2027.00	605.00	8	556.00	2027.00
集安市	Ji' an	1688.76	90.52	7	86.24	327.42
白山市	Baishan	1306.50	406.30	9	147.00	1283.50
临江市	Linjiang	395.00	217.00	4	137.00	366.00
松原市	Songyuan	2189.00	881.10	13	413.00	2163.00
扶余市	Fuyu	210.00	65.00	1	21.00	210.00
白城市	Baicheng	1376.50	365.50	5	233.50	1344.00
洮南市	Taonan	700.00	151.00	2	61.00	690.00
大安市	Da' an	480.00	236.60	3	173.50	450.00
延吉市	Yanji	1507.00	497.00	4	148.00	1418.00
图们市	Tumen	333.80	91.00	4	73.00	333.80
敦化市	Dunhua	1618.00	531.00	12	330.00	1442.00
珲春市	Hunchun	825.00	179.00	2	150.00	722.00
龙井市	Longjing	509.00	131.00	7	8.00	477.00
和龙市	Helong	259.19	53.97	2	10.00	258.46
公主岭市	Gongzhuling	647.00	179.50	2	34.70	637.00
梅河口市	Meihekou	1300.00	290.00	6	230.00	1050.00

11－8 城市市容环境卫生（2015年）

Basic Statistics on Urban Sanitation in Cities（2015）

城 市	City	清扫保洁面积(万平方米) Area Under Cleaning Program (10000 sq.m)	生活垃圾清运量(万吨) Volume of Garbage Disposal (10000tons)	粪便清运量(万吨) Volume of Excrement and Urine Disposal (10000 tons)	市容环卫专用车辆设备总数(台) Number of Special Vehicles for Environmental Sanitation(unit)	公厕数量(座) Number of Public Lavatories (unit)	#三级以上 Third Grade and Above
全 省	**Total**	**16957**	**490.25**	**67.55**	**6323**	**3643**	**1168**
长春市	Changchun	7330	145.55	4.08	3940	1198	586
榆树市	Yushu	202	12.60	3.00	95	40	6
德惠市	Dehui	291	11.51	0.39	96	89	15
吉林市	Jilin	1686	33.83	4.30	710	269	74
蛟河市	Jiaohe	190	8.40	0.90	27	62	
桦甸市	Huadian	230	10.14	2.11	45	37	9
舒兰市	Shulan	117	9.76	3.16	16	34	
磐石市	Panshi	135	6.00	0.46	42	32	
四平市	Siping	701	18.00	9.65	62	195	95
双辽市	Shuangliao	220	5.90	1.55	37	60	
辽源市	Liaoyuan	395	8.00	3.00	85	182	70
通化市	Tonghua	604	26.41	3.17	214	164	18
集安市	Ji' an	65	6.20	1.60	22	37	23
白山市	Baishan	342	19.59	7.50	119	175	26
临江市	Linjiang	132	7.50	3.20	48	7	3
松原市	Songyuan	848	21.20	1.60	85	129	44
扶余市	Fuyu	120	8.80	2.70	42	39	
白城市	Baicheng	435	19.00	1.54	93	77	
洮南市	Taonan	326	6.30		27	39	18
大安市	Da' an	159	7.67	0.16	40	135	
延吉市	Yanji	620	35.00	4.50	171	125	72
图们市	Tumen	90	5.11	1.20	29	70	6
敦化市	Dunhua	337	11.00	3.00	72	120	37
珲春市	Hunchun	378	8.74	0.30	56	58	20
龙井市	Longjing	75	5.61	0.30	24	92	3
和龙市	Helong	90	4.30	1.20	22	60	3
公主岭市	Gongzhuling	305	16.14	2.61	49	28	
梅河口市	Meihekou	534	12.00	0.37	55	90	40

11-9 城市设施水平（2015年）
Level of Public Facilities in City（2015）

城市	City	用水普及率(%) Urban Water Penetration (%)	燃气普及率(%) City Gas Penetration (%)	建成区供水管道密度(公里/平方公里) Density of Sewer Pipelines（km/sq.km)	人均城市道路面积(平方米) Per Capita Area of Paved Roads (sq.m)	人均公园绿地面积(平方米) Per Capita Public Green Areas (sq.m)	建成区绿地率(%) Bailit-up Area Green Space Rate (%)
全省	**Total**	**93.64**	**92.46**	**8.69**	**14.52**	**12.51**	**36.06**
长春市	Changchun	99.64	98.68	5.39	19.03	14.66	38.76
榆树市	Yushu	80.54	99.66	10.55	13.22	5.61	28.93
德惠市	Dehui	88.26	50.86	47.50	9.17	7.58	19.45
吉林市	Jilin	98.55	98.02	6.97	12.50	12.04	43.72
蛟河市	Jiaohe	97.89	88.73	3.32	11.10	14.75	26.84
桦甸市	Huadian	96.79	77.41	6.92	11.19	16.91	35.13
舒兰市	Shulan	82.71	90.23	5.44	9.09	11.65	15.60
磐石市	Panshi	89.55	87.31	5.47	19.48	9.45	27.35
四平市	Siping	72.42	93.94	19.83	10.28	8.35	31.57
双辽市	Shuangliao	82.66	40.22	4.04	6.03	7.60	16.79
辽源市	Liaoyuan	95.35	92.47	10.97	10.89	9.25	40.05
通化市	Tonghua	93.18	98.40	10.43	8.86	12.94	38.13
集安市	Ji'an	96.74	99.27	16.27	7.42	10.95	37.59
白山市	Baishan	90.19	85.50	8.05	10.80	10.30	27.30
临江市	Linjiang	94.98	94.78	9.95	7.83	21.77	39.91
松原市	Songyuan	95.49	96.97	8.76	18.76	17.80	43.19
扶余市	Fuyu	54.34	0.66	3.86	14.52	5.33	15.91
白城市	Baicheng	98.31	95.31	9.26	11.49	12.90	31.35
洮南市	Taonan	100.00	36.36	4.78	7.48	9.15	30.00
大安市	Da'an	73.70	96.52	4.69	14.90	14.96	23.72
延吉市	Yanji	96.33	99.80	13.31	10.64	9.71	39.94
图们市	Tumen	48.08	92.55	11.39	8.37	10.94	33.28
敦化市	Dunhua	95.77	99.50	7.48	14.00	22.01	46.82
珲春市	Hunchun	82.02	80.77	7.91	15.20	8.89	40.36
龙井市	Longjing	99.51	99.22	9.64	9.69	12.81	39.75
和龙市	Helong	84.71	89.48	28.00	7.83	5.26	20.59
公主岭市	Gongzhuling	94.08	86.11	9.91	16.32	6.44	19.55
梅河口市	Meihekou	97.49	99.45	8.97	22.10	14.57	43.70

11－10　城市集中供热情况
Basic Statistics on Heating in City

指　标	Item	2013	2014	2015
供热能力	**Heating Capacity**			
蒸汽(吨/小时)	Steam (ton/hour)	1536	1597	1403
热水（兆瓦）	Hot Water(mw)	40576	41997	42760
供热总量	**Quantity of Heat Supplied**	**22047**	**22921**	**25437**
蒸汽（万吉焦）	Steam(10000 gigajoules)	387	457	828
热水（万吉焦）	Hot Water(10000 gigajoules)	21660	22464	24609
管道长度	**Length of Pipelines**			
蒸汽（公里）	Steam(km)	230	293	723
热水（公里）	Hot Water(km)	16425	17308	18587
供热面积（万平方米）	**Area of Centralized Heating(10000 sq.m)**	**42823**	**45006**	**47990**

11－11　城市燃气设备能力
Capacity of City Gas Facilities

指　标	Item	2013	2014	2015
液化石油气	**Liquefied Petroleum Gas**			
储气能力(吨)	Capacity of Gas Tank(ton)	20521	22737	19724
天然气	**Natural Gas**			
储气能力（万立方米）	Capacity of Gas Tank(10000 cu.m)	146	268	792
管道长度（公里）	Length of Pipelines(km)	5872	6978	8414
煤气	**Coal Gas**			
储气能力（万立方米）	Capacity of Gas Tank(10000 cu.m)	28	28	9
管道长度（公里）	Length of Pipelines(km)	1858	1881	341

11－12 城市燃气用气户数和供气总量

Number of City Gas Users and Total Gas Supply

指　标	Item	用气户数（户）Gas Users（household）			供气总量（万立方米）Total Gas Supply（10000cu.m）		
		2013	2014	2015	2013	2014	2015
液化石油气	Liquefied Petroleum Gas	1347119	1569531	1126177	181419	184553	157752
# 家庭用量	Residential Use	1247146	1378684	1023015	114193	109049	91248
天然气	Natural Gas	1390421	2334393	2336434	85833	115403	111432
# 家庭用量	Residential Use	1358143	2013772	2285966	21523	27779	33220
煤气	Coal Gas	601266	389445	130000	16575	12827	7945
# 家庭用量	Residential Use	600675	380301	129494	9554	9200	6055

11－13 城市环境卫生情况

Basic Statistics on Urban Sanitation

指　标	Item	2013	2014	2015
清运垃圾粪便工作量	**Volume of Garbage, Excrement and Crine Disposal**			
实际清扫面积(万平方米)	Actually Cleaning Areas(10000 sq.m)	13831	14504	16957
生活垃圾清运量（万吨）	Volume of Garbage Disposal(10000 ton)	485.40	504.60	490.25
清运粪便（万吨）	Volume of Excrement and Urine Disposal(10000 ton)	66.79	65.08	67.55
环境卫生设施	**Environment Sanitation Equipment**			
公共厕所（座）	Public Lavatories(unit)	3959	3729	3643
垃圾无害化处理厂（座）	Garbage Innocuous Disposal Plant(unit)	16	17	25
垃圾无害化处理能力（吨/日）	Capacity of Garbage Innocuous Disposal(ton/day)	10123	10893	13243
粪便无害化处理量（万吨）	Volume of Excrement and Urine Disposal(10000 ton)	37	43	39

11－14 城市固体废物处理利用情况（2015年）
Disposal and Utilization of Municipal Solid Waste（2015）

单位：万吨　　　　unit: 10000tons

地　区 Region		一般工业固体废物产生量 General Industrial solid Waste Generation	一般工业固体废物综合利用量 General Industrial Solid Waste Comprehensive Utilizatio	一般工业固体废物处置量 General Industrial Solid Waste Disposal	一般工业固体废物贮存量 General Industrial Solid Waste Storage
全　省	**Total**	**5384.92**	**2986.43**	**1571.03**	**843.04**
长　春	Changchun	387.90	297.85	89.81	0.27
吉　林	Jilin	1695.50	981.75	148.87	572.68
四　平	Siping	206.88	178.20	22.02	6.66
辽　源	Liaoyuan	141.94	125.18	16.76	
通　化	Tonghua	563.17	500.61	31.57	30.99
白　山	Baishan	509.08	237.32	232.07	42.04
松　原	Songyuan	230.50	229.08	2.71	
白　城	Baicheng	101.11	71.19	3.36	30.66
延　边	Yanbian	1545.03	361.42	1023.87	159.74
长白山管委会	Changbai Mountain Mangement Committee	3.82	3.82		

11－15 企事业污染治理情况
Treatment of Pollution by Enterprises and Institutions

指　标	Item	2013	2014	2015
工业企业数(个)	**Number of Industrial Enterprises(Unit)**	**61**	**61**	**57**
本年施工项目(个)	**Projects of Pollution Treated(Unit)**	**44**	**85**	**67**
治理废水	Treament of Waste Water	13	10	12
治理废气	Treament of Waste Gas	25	63	24
治理固体废物	Treament of Solid Waste		2	2
治理噪声	Treament of Noise Pollution	1	5	3
治理其他	Others	5	5	26
污染治理项目本年完成投资（万元）	**Investment Completed of Pollution Treated Projects(10000 yuan)**	**213719**	**163707**	**121203**
治理废水	Treament of Waste Water	9485	2795	9027
治理废气	Treament of Waste Gas	201631	153382	69568
治理固体废物	Treament of Solid Waste	988	1058	212
治理噪声	Treament of Noise Pollution	9	299	3820
治理其他	Others	1606	6174	112576

11－16　城市废水中主要污染物排放情况（2015年）
Urban Wastewater Emission of Major Pollutants（2015）

地　区 Region		工业废水排放量（万吨）Volume of Industrial Waste Water Emission (10000tons)	工业化学需氧量排放量(吨) Industrial Chemical Oxygen Demand Emissions(ton)	工业氨氮排放量(吨) Industrial Oxygen Ammonia Emissions(ton)	城镇生活污水排放量(万吨) Urban Sewage Emissions (10000 tons)	生活化学需氧量排放量(吨) Chemcial Oxygen Demand Emission(ton)	生活氨氮排放量(吨) Oxygen Living Ammonia Emission (ton)
全　省	**Total**	**38771.79**	**62737.74**	**3842.31**	**88026.71**	**178928.42**	**30830.37**
长　春	Changchun	3768.94	10482.48	1199.69	29550.63	31659.30	7250.37
吉　林	Jilin	8478.37	11377.43	850.92	16816.12	28971.22	5203.88
四　平	Siping	3230.24	7351.35	302.04	7596.20	16543.83	3071.06
辽　源	Liaoyuan	1611.04	2687.99	59.43	3394.86	6223.49	1237.43
通　化	Tonghua	12078.16	7840.58	351.62	5592.00	19902.26	2853.78
白　山	Baishan	1542.86	3043.34	208.04	5764.39	20728.24	2881.23
松　原	Songyuan	2130.53	3655.32	468.73	6368.24	18157.89	2731.23
白　城	Baicheng	1355.33	3111.69	130.61	4265.55	16278.44	2154.62
延　边	Yanbian	4560.31	13074.37	270.56	8374.97	19345.35	3292.10
长白山管委会	Changbai Mountain Mangement Committee	16.02	113.20	0.67	303.75	1118.40	154.67

注：全省总计中未含长白山管委会。（以下同）
Note:Changbai Mountain Administrative Committee of the Province not In Cluded in Statistics.

11－17　城市废气中主要污染物排放情况（2015年）
Urban Wast Emissions of Major Pollutants（2015）

单位：吨　　unit: ton

地　区 Region		工业二氧化硫排放量 Industrial Sulful Emissions	工业氮氧化物排放量 Industrial Nitrogen Oxide Emissions	工业烟(粉)尘排放量 Industrial Soot Emissions	生活二氧化硫排放量 Industrial Sulfur Dioxide Emissions	生活氮氧化物排放量 Life Nitrogen Oxide Emissions	生活烟尘排放量 Life Soot Emissions
全　省	**Total**	**302081.66**	**332760.04**	**338230.90**	**60836.56**	**14453.25**	**92091.53**
长　春	Changchun	52369.36	90159.13	80781.43	7344.00	1600.00	17800.00
吉　林	Jilin	63190.89	78179.48	89240.76	10409.11	1896.65	15614.96
四　平	Siping	42095.18	46384.40	34620.40	6528.90	1560.76	12725.10
辽　源	Liaoyuan	19437.60	10962.07	18499.88	1862.40	451.63	5936.40
通　化	Tonghua	40201.34	34866.06	25433.00	2494.00	374.00	8328.50
白　山	Baishan	14123.26	10880.82	14173.71	14642.74	4188.92	11403.33
松　原	Songyuan	30114.99	20960.21	28621.47	7076.48	1910.11	7573.99
白　城	Baicheng	15553.94	14192.57	10197.72	3146.06	740.25	2961.00
延　边	Yanbian	24385.77	25917.13	35744.05	7118.87	1674.98	9468.56
长白山管委会	Changbai Mountain Mangement Committee	609.32	258.17	918.48	214.00	55.95	279.70

CHAPTER ▶ 12

第十二篇 12

农 业

AGRICULTURE

12－1 农村基层组织情况
Rural Grassroots Organization

年　份 Year	乡政府（个）Township Governments (unit)	镇政府（个）Town Governments (unit)	村民委员会（个）Number of Village' s Committes(unit)	乡村总户数（万户）Number of Rural Households (10000 households)	乡村人口数（万人）Rural Population (10000 persons)
1978	898		9733	295.20	1481.50
1979	902		9907	299.65	1477.64
1980	928		10104	303.90	1477.70
1981	932		10146	310.10	1480.40
1982	930		10163	315.00	1479.50
1983	936		10126	314.20	1477.50
1984	933		10162	317.10	1479.30
1985	656	263	10144	317.84	1464.15
1986	646	265	10163	317.70	1449.97
1987	640	294	10190	320.58	1446.91
1988	641	290	10299	325.26	1447.35
1989	641	288	10273	331.46	1453.58
1990	641	288	10300	340.93	1465.79
1991	638	289	10297	344.02	1475.71
1992	560	366	10288	347.76	1477.36
1993	530	396	10305	348.35	1466.15
1994	482	438	10299	348.40	1445.04
1995	475	443	10234	348.82	1434.54
1996	468	444	10139	351.10	1436.90
1997	466	445	10112	353.99	1430.00
1998	453	445	10121	357.82	1433.05
1999	433	454	10133	364.35	1442.03
2000	398	458	10107	370.01	1440.47
2001	354	452	10005	369.80	1433.00
2002	326	460	9850	376.05	1443.46
2003	315	456	9569	377.91	1439.40
2004	311	454	9365	381.84	1440.08
2005	198	426	9375	383.69	1443.62
2006	198	425	9335	390.67	1443.31
2007	198	423	9317	394.79	1454.96
2008	198	423	9321	399.08	1460.28
2009	196	426	9316	402.84	1470.82
2010	196	425	9319	411.31	1476.02
2011	196	425	9314	416.91	1489.82
2012	194	426	9314	420.42	1491.76
2013	187	431	9313	422.59	1495.78
2014	185	433	9302	426.86	1497.38
2015	182	428	9270	428.18	1492.15

12－2 农业生产条件
Agricultural Production Conditions

项　　目	Item	2013	2014	2015
一、主要农业机械拥有量	Main agricultural machinery			
农业机械总动力（万千瓦）	Total agricultural machinery (Million kilowatts)	2726.6	2919.1	3152.5
大中型拖拉机（混合台）	Large and medium tractors (mixed platform)	440503	480824	541422
小型拖拉机（台）	Small tractors (set)	670853	660819	646438
大中型机引农具（台）	Large and medium-sized machine dragger (set)	778553	811032	834012
联合收割机（台）	combine harvesters(set)	35511	46677	63238
机动脱粒机（台）	Motorized threshing machine (set)	168338	170462	171257
机动水稻插秧机(台)	The automatic rice transplanter (set)	38105	43695	51862
粮食加工机械（台）	Grain processing machinery (set)	121386	121549	122390
油料加工机械（台）	Oil processing machinery (set)	9726	9777	9893
农用载重汽车（辆）	Farm truck (set)	156191	154358	151478
二、农业机械作业面积	Agricultural machinery operating area			
机耕面积（千公顷）	Plowing area (1000 hectares)	4921.2	4980.1	5071.9
占耕地面积比重（%）	Accounting for the proportion of arable land area (%)	84.9	88.6	87.5
机播面积（千公顷）	Sowing area (1000 hectares)	4900.3	5004.6	5158.5
占播种面积比重（%）	Percentage of sown area (%)	84.5	89.1	89.0
机收面积(千公顷)	Machine area (1000 hectares)	2463.1	2917.0	3299.0
占播种面积比重（%）	Percentage of sown area (%)	42.5	51.9	56.9
三、农村用电量	rural power consumption			
农村用电量（万千瓦小时）	Rural power consumption (million kilowatt hours)	482056	487526	496003
每公顷用电量（千瓦时）	Electricity per hectare (kwh)	724.8	820.9	831.1
四、农田水利	irrigation and water conservancy			
农用排灌机械（台）	Agricultural irrigation and drainage machinery (set)	462914	461169	464256
农用水泵(台)	Farm water pump (stage)	594580	594761	595633
有效灌溉面积(千公顷)	Effective irrigation area (thousand ha)	1853.7	1628.8	1790.9
占耕地面积比重（%）	Accounting for the proportion of arable land area (%)	27.9	27.4	30.0
机电灌溉面积(千公顷)	Electromechanical irrigation area (thousand hectares)	990.8	1048.3	1062.4
占有效灌溉面积(%)	Account for effective irrigation area (%)	53.4	64.3	59.3

12－3 各地区设施农业生产情况（2015年）
Regional Facilities for Agricultural Production（2015）

单位：公顷、吨 unit:ha.ton

地区 Region		一、蔬菜 Vegetables		二、瓜果类 Fruits		三、花卉苗木 Flowers and Trees	四、食用菌 Edible Fungus		五、其他作物 Others
		种植面积 Sown Area	产量 Output	种植面积 Sown Area	产量 Output	种植面积 Sown Area	种植面积 Sown Area	产量 Output	种植面积 Sown Area
全 省	**Total**	**24061**	**931571**	**4685**	**139148**	**232**	**930**	**195927**	**2163**
长 春	Changchun	6106	327200	852	27995	73	37	3208	128
吉 林	Jilin	2386	92054	277	9074	14	121	65740	323
四 平	Siping	3253	158731	494	8970	2	27	7800	7
辽 源	Liaoyuan	323	13281	68	2690		20	13556	
通 化	Tonghua	1540	43137	141	3156	128	89	57348	38
白 山	Baishan	1055	46385	242	5852	2	122	28432	24
松 原	Songyuan	5903	155703	1385	40521		4	673	95
白 城	Baicheng	1881	49876	1147	39510				1547
延 边	Yanbian	1614	45204	79	1380	13	510	19170	1

12－3（续） 特种作物生产情况
Special Crop Production

指 标	Item	播种面积（公顷） Seeded Area(ha)			产量（吨） Yield(ton)		
		2013	2014	2015	2013	2014	2015
人参	Ginseng	3442	6523	5657	32198	28924	26996
甘草	Licorice	1	59	57	0.1	135	468
枸杞	Chinese Wolfberry	327	195	6	166	274	12

指 标	Item	产量（吨）Yield(ton)		
		2013	2014	2015
食用菌	Edible Fungus	95058	101228	105058
黑木耳	Black Fungus	68717	67941	69473
香菇	Mushrooms	1466	2843	3511
蘑菇类	Mushroom	22443	26272	28986

12－4　农村基本情况和农村劳动力资源

Rural Basic Situation and Rural Labor Resources

指　　标	Item	2013	2014	2015
一、农村基层组织情况	**Rural Grassroots Organization**			
乡镇个数（个）	Number of Towns (unit)	618	618	610
乡	Township	187	185	182
镇	Town	431	433	428
村民委员会（个）	Villagers Committee (unit)	9313	9302	9270
二、农村社会基础设施	**Rural Social Infrastructure**			
自来水受益村（个）	Tap Water Benefit Village (unit)	6110	6269	6430
通有线电视村（个）	Cable TV Village (unit)		8670	8712
通宽带村（个）	Broadband Village (unit)		8616	8827
三、农村人口	**Rural Population**			
乡村户数（万户）	Rural Households (10000 Subscribers)	422.6	426.9	428.2
乡村人口数（万人）	Rural Population (10000 Person)	1495.8	1497.4	1492.2
四、农村劳动力资源	**Rural Labor Resources**			
乡村劳动力资源数（万人）	Rural Labor Resources (10000 Person)	853.37	855.96	860.84
乡村劳动力（万人）	Rural Labor Force (10000 Person)	756.33	757.95	760.22
按性别分	By Gender			
男劳动力	Male Labor Force	419.9	422.3	423.4
女劳动力	female Labor Force	336.4	335.6	336.8

12－5 历年农林牧渔业总产值和指数

Total Output Value and Index of Forestry and Animal Husbandry and Fishery over the Years

年 份 Year	农林牧渔总产值（亿元） Gross Output Value of Agriculture, Forestry, Animal Husbandry and Fishery（100million yuan）					指数（1949=100） Indices of Agriculture, Forestry Animal Husbandry and Fishery（1949=100）				
	总产值 Total	农业 Farming	林业 Forestry	畜牧业 Animal Husbandry	渔业 Fishery	总产值 Total	农业 Farming	林业 Forestry	牧业 Animal Husbandry	渔业 Fishery
1978	37.78	32.23	0.87	4.61	0.08	289.2	293.8	4225.7	190.9	288.6
1979	42.02	34.99	1.13	5.80	0.08	279.5	276.4	4703.3	214.0	234.6
1980	47.47	35.56	2.47	9.39	0.05	290.8	277.8	7851.3	241.3	246.5
1981	56.89	44.81	0.20	9.97	0.15	311.2	299.8	8486.6	245.4	383.6
1982	60.58	48.95	2.54	8.83	0.26	329.2	314.6	9022.4	268.9	449.8
1983	78.11	65.42	2.10	10.28	0.31	425.2	433.4	9070.9	260.1	521.4
1984	88.99	72.81	3.55	12.23	0.39	469.7	476.3	10585.0	291.1	625.1
1985	85.89	63.91	3.32	18.12	0.55	432.2	407.4	10760.2	385.1	862.8
1986	98.43	76.07	2.94	18.58	0.84	451.0	433.8	9360.2	382.2	1104.9
1987	120.81	93.14	2.93	23.45	1.28	516.1	515.4	8891.9	374.1	1333.3
1988	140.91	106.41	2.84	29.50	2.17	543.8	534.9	8928.8	429.9	1719.5
1989	133.79	91.52	3.46	36.25	2.56	480.4	447.8	8914.9	469.5	1920.4
1990	189.09	140.67	4.19	41.42	2.81	608.4	599.8	7682.6	497.2	2108.7
1991	188.38	135.74	4.42	45.16	3.06	605.1	580.1	7781.2	540.9	2336.9
1992	204.39	146.00	5.10	50.02	3.27	622.8	588.1	7782.7	586.1	2458.2
1993	243.95	174.63	5.10	60.35	3.86	685.2	640.8	7547.9	671.8	2859.0
1994	405.48	270.81	8.54	120.14	5.99	755.3	664.3	7994.5	876.6	3061.3
1995	490.28	301.44	8.28	173.32	7.24	800.2	646.9	7421.2	1117.0	3229.4
1996	581.04	363.68	7.57	201.99	7.80	953.2	760.9	7010.5	1382.8	3544.5
1997	565.54	315.45	7.99	233.39	8.71	932.8	656.4	7564.2	1616.7	3869.7
1998	666.48	394.86	8.08	254.11	9.43	1080.0	825.4	7870.2	1680.4	4150.2
1999	675.30	388.40	10.45	266.84	9.61	1101.0	818.1	9993.9	1766.7	4231.6
2000	609.37	320.27	11.38	268.72	9.00	1039.4	705.2	10243.8	1869.8	4150.2
2001	691.83	405.40	13.83	263.24	9.36	1195.7	787.1	12742.2	2194.6	6184.6
2002	734.21	410.22	33.91	271.13	10.83	1352.8	892.0	29981.7	2276.1	7242.5
2003	792.14	438.34	33.77	298.44	13.56	1438.0	936.4	30731.3	2471.5	7649.4
2004	940.67	486.23	32.85	399.06	13.44	1551.6	1015.3	28232.8	2666.8	7974.9
2005	1050.49	518.13	39.90	467.59	14.87	1733.1	1077.8	33110.5	3151.9	8777.2
2006	1155.50	597.02	44.35	483.46	16.98	1863.1	1181.7	32481.4	3314.2	10007.8
2007	1418.90	653.03	48.79	683.74	18.29	1960.0	1133.3	29135.8	3910.8	10588.2
2008	1614.80	749.20	54.97	770.21	22.52	2156.0	1305.6	28145.2	4137.6	11763.5
2009	1734.26	777.45	58.91	825.52	23.47	2270.3	1280.8	31353.8	4576.2	13163.4
2010	1850.28	866.94	68.34	831.45	25.35	2352.0	1361.5	32890.1	4599.1	13255.5
2011	2275.15	1020.44	81.85	1074.49	31.12	2474.3	1460.9	34830.6	4718.7	13944.8
2012	2502.02	1166.58	98.10	1130.36	34.14	2620.3	1528.1	35910.3	5053.7	14530.5
2013	2670.60	1261.68	98.12	1198.53	36.74	2712.6	1619.8	38179.5	5094.1	14965.8
2014	2763.01	1342.54	104.43	1195.02	40.13	2823.8	1726.7	39706.7	5155.2	16941.3
2015	2880.62	1400.38	109.82	1244.87	39.91	2945.2	1809.6	43875.9	5330.5	17398.7

12－6 农林牧渔业分项产值

Agricultural and Forestry and Animal Husbandry and Fishery Sub Production Value

单位：万元 unit: 10000yuan

指　标	Item	2013	2014	2015	2015年为2014年的%（按可比价计算）2015 as Precentage of 2014 (calculated at constant price)
农林牧渔业总产值	**Gross output value of agriculture , Forestry, Animal Husbandry and fishery**	**26705985**	**27630091**	**28806158**	**104.3**
一、农业产值	Total Value of Agriculture Production	12616759	13425364	14003751	104.8
（一）谷物及其他作物	Cereals and other Crops	8527531	8909010	9659508	111.7
（二）蔬菜园艺作物	Vegetable Horticultural Crops	3062368	3333235	3145610	90.3
（三）水果、坚果、饮料作物	Fruit, Nuts, Beverage Crops	823671	900219	960486	94.5
（四）中药材	Traditional Chinese Medicinal Materials	203189	282100	238147	87.3
二、林业产值	Forestry Output Value	981154	1044278	1098211	110.5
（一）林木的培育和种植	Cultivation and Cultivation of Forest Trees	265270	324718	370326	120.3
（二）竹木采运	Wood Harvesting	518426	323806	312885	101.7
（三）林产品	Forest Product	197458	395754	415000	109.5
三、畜牧业产值	Animal Husbandry Output Value	11985289	11950174	12448681	103.4
（一）牲畜饲养	Livestock Breeding	5182562	4840571	5024825	103.2
（二）猪的饲养	Swine Rearing	3672020	3886169	3758951	95.9
（三）家禽饲养	Poultry Rearing	3071855	3103331	3506146	111.2
（四）狩猎和捕捉动物	Hunting and Catching Animals				
（五）其他畜牧业	Other Animal Husbandry	58852	120104	158759	146.4
四、渔业产值	Fishery Output Value	367419	401280	399064	102.7
五、农林牧渔服务业产值	Animal Husbandry and Fishery Services Industry	755364	808995	856451	104.3

12－7 农林牧渔业中间消耗

Intermediate Consumption of Agriculture, Forestry, Animal Husbandry and Fishery

单位：万元　　　　unit: 10000 yuan

项　　目	Item	2013	2014	2015
农林牧渔业中间消耗总计	**Total of Intermediate Consumption of Agriculture, Forestry, Animal Husbandry and Fishery**	**11612551**	**11928154**	**12359961**
农业中间消耗	Intermediate Consumption of Agriculture	4265726	4539115	4740513
中间物质消耗	Intermediate Substance Consumption	3914281	4078328	4100428
对非物质生产部门劳务支出	Labor Expenses for the Non Material Production Department	351445	460787	640085
林业中间消耗	Forest Intermediate Consumption	367246	390873	429724
中间物质消耗	Intermediate Substance Consumption	298333	319346	339717
对非物质生产部门劳务支出	Labor Expenses for the Non Material Production Department	68913	71527	90007
牧业中间消耗	Animal Husbandry Intermediate Consumption	6508012	6488944	6663919
中间物质消耗	Intermediate Substance Consumption	6365866	6347210	6464312
对非物质生产部门劳务支出	Labor Expenses for the Non Material Production Department	142146	141734	199607
渔业中间消耗	Intermediate Consumption of Fishery	142228	156499	152777
中间物质消耗	Intermediate Substance Consumption	116879	130185	125955
对非物质生产部门劳务支出	Labor Expenses for the Non Material Production Department	25349	26314	26822
农林牧渔服务业中间消耗	Intermediate Cunsumption of Agriculture, Forestry, Manimal Husbandry and Fishery	329339	352722	373028
中间物质消耗	Intermediate Substance Consumption	227133	229012	238012
对非物质生产部门劳务支出	Labor Expenses for the Non Material Production Department	102206	123710	135016

12－8 农业生产主要条件和农用化肥施用量

Effective Irrigation Area and Application of Agricultural Chemical Fertilizer

年份 Year	农业机械总动力（万千瓦）Total Power of Agricultural Machinery (10000kw)	有效灌溉面积（千公顷）Irrigation Area (1000 hextares)	农村用电量（亿千瓦小时）Electricity Consumption in Rural Area(100 Million kw.h)	化肥施用量（实物量）（万吨）Consumption of Chemical Fertilizer(10000tons)	氮肥 Nitrogenous Fertilizer	磷肥 Phosphatic Fertilizer	钾肥 Potassic Fertilizer	复合肥 Compound Fertilizer	每公顷化肥施用量（公斤）Fertilizer Application per Hectare(kg)
1978	284.1	598.6	8.1	66.7					
1979	303.1	570.8	8.8	91.3					
1980	367.5	730.7	9.7	120.2					
1981	395.8	744.9	11.2	144.9					
1982	396.1	733.5	12.3	135.3					
1983	417.7	716.1	12.4	152.2					
1984	452.7	711.4	12.4	180.5					
1985	476.3	696.3	11.9	159.2					
1986	528.5	717.5	13.9	179.1					
1987	534.9	752.9	14.9	195.8					
1988	552.6	774.5	15.8	190.7					
1989	590.5	836.0	16.2	201.2					
1990	629.0	881.9	16.8	233.1					
1991	587.5	923.3	18.2	248.1					
1992	591.4	914.8	19.0	245.0					
1993	607.1	908.9	19.8	236.9					
1994	598.8	910.1	21.5	245.1					
1995	661.4	904.4	21.5	266.6					
1996	718.7	936.0	22.1	283.9	196.1	34.0	12.1	41.8	717.0
1997	773.2	1078.0	22.7	282.7	192.1	34.5	13.1	43.0	709.0
1998	827.5	1250.9	22.5	289.3	195.5	33.9	15.1	44.8	722.0
1999	897.3	1293.2	23.3	293.6	193.6	35.5	17.1	47.4	732.0
2000	1015.4	1315.0	23.8	281.3	181.5	34.5	17.0	48.4	704.0
2001	1096.5	1383.0	24.1	280.6	176.6	34.6	17.0	52.4	694.0
2002	1150.7	1499.0	23.9	283.3	170.1	38.7	17.8	56.6	604.0
2003	1230.6	1546.0	23.1	287.3	164.6	39.2	18.4	65.1	628.0
2004	1319.8	1595.0	26.2	304.7	162.9	44.3	19.5	78.0	708.0
2005	1471.3	1613.7	28.7	306.0	159.3	38.8	20.0	87.9	711.0
2006	1572.3	1636.4	30.2	317.8	159.6	38.9	20.9	98.4	635.8
2007	1678.3	1640.6	32.6	331.9	161.7	40.7	22.1	107.4	663.5
2008	1800.0	1678.9	34.7	343.8	160.4	41.7	23.9	117.9	685.5
2009	2001.2	1683.7	37.5	359.0	162.8	41.4	24.0	130.8	672.6
2010	2144.7	1726.8	39.5	371.7	165.2	41.4	24.0	140.7	666.4
2011	2355.0	1831.7	42.5	391.9	169.5	42.6	26.0	153.3	634.8
2012	2554.7	1851.9	46.1	410.5	172.4	43.6	28.8	165.8	634.0
2013	2726.6	1853.7	48.2	425.8	173.2	44.3	29.3	179.2	640.3
2014	2919.1	1628.8	48.8	440.1	170.6	44.8	31.3	193.4	741.0
2015	3152.5	1790.9	49.6	444.4	167.3	43.7	30.9	202.5	744.6

12－9 农作物播种面积

Crop Sown Area

单位：千公顷 unit: 1000ha

年份 Year	农作物总播种面积（千公顷）Total Sown Area of Crops(1000ha)	粮食播种面积 Grain Sown Area								#油料 Oil
			谷物 Grain				#大豆 Soybean	薯类 Potato		
				水稻 Rice	玉米 Corn	高粱 Sorghum			马铃薯 Potato	
1978	4053.1	3603.1	3019.1	278.1	1520.1	281.9	584.4			106.2
1979	4060.5	3600.1	3023.5	260.5	1595.6	281.9	576.5			118.9
1980	4057.0	3524.3	2967.8	252.5	1681.9	234.0	556.5			186.3
1981	4074.8	3509.3	2904.0	253.7	1551.3	275.5	605.3			232.3
1982	4065.6	3555.2	2968.2	260.4	1605.5	313.1	587.0			192.5
1983	4069.6	3586.5	3086.7	266.4	1714.9	302.7	499.7			175.3
1984	4079.8	3501.7	3104.6	284.7	1854.8	276.2	397.1			288.1
1985	4063.9	3283.5	2805.3	322.5	1679.6	199.8	478.1			437.4
1986	4036.8	3469.5	2980.4	348.5	1989.9	163.9	489.1			272.8
1987	4036.9	3485.7	2999.6	367.5	2122.2	135.4	486.1			241.4
1988	4035.2	3422.5	2877.6	379.6	1987.3	152.5	544.9			248.7
1989	4021.4	3430.9	2893.6	389.7	1983.1	150.3	537.3			232.7
1990	4039.8	3525.9	3062.1	418.4	2219.1	124.3	463.8			200.9
1991	4065.9	3542.0	3110.8	433.4	2280.1	107.5	431.2			187.5
1992	4048.7	3536.9	3099.4	442.4	2234.0	118.3	437.5			154.1
1993	4050.7	3526.7	2832.1	427.7	2039.0	140.6	543.6			153.0
1994	4059.6	3566.7	2870.1	416.5	2100.2	159.9	504.9			154.0
1995	4059.8	3576.9	3051.3	424.1	2344.1	128.4	378.6			151.0
1996	4063.0	3624.5	3198.5	434.1	2481.3	150.3	296.1			119.0
1997	4067.4	3592.1	3133.1	453.1	2454.2	111.5	309.6			112.4
1998	4061.6	3567.2	3104.7	459.0	2421.3	99.9	304.3			121.9
1999	4064.3	3513.4	3074.6	465.2	2375.5	113.6	278.3			165.8
2000	4065.6	3357.1	2567.2	483.9	1821.1	121.8	538.9	123.4		271.9
2001	4045.7	3357.2	2614.2	465.4	1927.2	99.0	476.8	112.5		234
2002	4687.7	4037.6	3385.5	666.1	2579.5	90.0	415.0			257.8
2003	4717.1	4013.8	3318.5	541.0	2627.2	95.2	430.0			301.8
2004	4904.0	4312.1	3562.0	600.1	2901.5	53.6	525.9			222.1
2005	4953.1	4294.5	3554.4	654.0	2775.2	85.2	504.8			288.5
2006	4984.6	4325.5	3582.0	664.0	2805.9	80.2	448.4			287.8
2007	5040.3	4334.7	3618.2	669.9	2853.7	62.3	355.9			305.6
2008	4998.2	4391.2	3777.7	658.7	2922.5	72.9	373.4			212.3
2009	5077.6	4427.7	3747.3	660.4	2957.2	89.3	437.4			243.0
2010	5221.4	4492.2	3865.0	673.5	3046.7	95.6	376.8			303.1
2011	5222.3	4545.1	3977.0	691.3	3134.2	100.8	304.8			245.1
2012	5315.1	4610.3	4161.6	701.2	3284.3	126.8	230.0	81.9	76.4	266.6
2013	5413.1	4789.9	4375.7	726.7	3499.1	115.0	214.5	79.6	74.1	276.6
2014	5615.3	5000.7	4595.0	747.1	3696.6	115.9	213.6	74.1	66.8	266.3
2015	5679.2	5078.0	4722.1	761.7	3800.0	114.5	161.4	71.2	66.9	269.2

12－10 主要农产品产量（一）
Main Farm Output（one）

单位：万吨 unit:

年份 Year	粮食 Grain					豆类 Beans	薯类 Potato
		谷物 Grain	#稻谷 Unhusked Rice	#小麦 Wheat	#玉米 Corn		
1978	914.70		121.15	19.89	489.49		
1980	859.60		107.40	16.80	506.90		
1985	1225.26		183.66	10.33	793.13		
1990	2046.52		289.42	12.75	1529.55		
1995	1992.40	1867.90	296.90	19.10	1478.50	89.70	34.80
1996	2326.60	2211.90	347.40	20.60	1753.40	74.90	39.80
1997	1808.30	1707.20	376.20	13.00	1260.30	73.70	27.40
1998	2506.00	2368.60	385.50	10.60	1924.70	88.10	49.30
1999	2305.60	2184.20	405.90	16.10	1692.60	74.20	47.20
2000	1638.00	1448.30	374.80	16.30	993.20	140.60	49.10
2001	1953.40	1775.57	371.20	11.58	1328.40	134.18	43.65
2002	2214.80	1988.12	370.00	7.94	1540.00	184.96	41.72
2003	2259.60	2015.60	318.20	6.00	1615.30	191.10	52.90
2004	2510.00	2285.36	437.62	3.37	1810.00	166.91	57.73
2005	2581.21	2371.48	478.00	2.68	1815.00	152.83	75.89
2006	2720.00	2531.00	493.00	3.00	1984.00	150.00	39.00
2007	2454.00	2337.00	500.00	1.55	1800.00	92.14	25.00
2008	2840.00	2698.82	579.00	3.22	2083.00	111.18	30.00
2009	2460.00	2348.00	505.00	1.00	1810.00	85.00	27.00
2010	2842.50	2654.11	568.50	1.24	2004.00	112.90	75.49
2011	3171.00	3015.24	623.50	1.30	2339.00	101.26	54.50
2012	3343.00	3221.73	532.03	0.99	2578.78	52.57	68.69
2013	3551.00	3443.80	563.27	0.91	2775.74	58.78	48.44
2014	3532.80	3420.80	587.60	0.10	2733.50	55.45	55.70
2015	3647.04	3538.93	630.10	0.10	2805.73	48.64	59.47

12－10 主要农产品产量（二）

Main farm output（two）

单位：万吨 unit:

年份 Year	油料 Oil Plants	麻类 Hemp	甜菜 Beet	烟叶 Tobacco	园参 Ginseng	蔬菜 Vegetables	水果 Fruits
1978	12.29	1.26	45.13	2.48	0.16	351.04	5.65
1980	26.60	1.56	117.66	1.54	0.22	302.94	4.45
1985	48.36	1.27	87.69	3.79	0.52	329.29	6.59
1990	46.74	0.38	116.40	5.41	1.92	450.16	13.33
1995	25.55	0.25	83.64	3.07	1.35	530.55	27.97
1996	21.70	0.18	70.21	5.79	1.41	587.59	31.06
1997	15.93	0.10	32.90	7.21	1.30	642.43	37.49
1998	21.28	0.05	55.56	4.26	1.37	736.87	45.54
1999	31.40	0.10	25.80	4.90	1.50	822.60	49.60
2000	38.96	0.12	44.39	5.99	1.65	836.43	48.62
2001	34.34	0.33	69.44	4.88	2.02	777.84	200.79
2002	46.12	0.83	76.18	5.13	1.99	859.44	80.27
2003	57.13	0.37	7.02	5.01	2.51	881.01	59.38
2004	38.10	0.30	3.55	5.40	2.51	699.89	68.30
2005	54.45	0.61	7.35	5.97	3.21	832.56	66.20
2006	58.37	0.12	11.08	7.04	2.87	814.00	67.95
2007	43.71	0.05	15.85	6.13	3.13	878.46	65.43
2008	51.84	0.25	24.27	6.53	3.58	857.60	66.29
2009	50.40	0.05	6.63	6.65	2.75	968.42	64.06
2010	70.44	0.02	7.75	7.23	2.82	1078.75	65.08
2011	69.56	0.02	16.27	7.23	3.69	971.38	60.63
2012	80.72	0.01	20.94	8.13	3.21	957.54	59.75
2013	84.02		6.20	6.06	3.22	939.21	61.25
2014	79.69		6.40	5.40	2.89	875.95	58.89
2015	76.42		1.30	4.45	2.70	859.95	53.40

注：水果产量为园林水果产量。
Note: Fruits Production is as garden fruits production.

12－11　主要农业产品产量和大牲畜饲养量

Output of Major Agricultural Products Over the Years and Lorge Number of Liestock Raised

年 份 Year	大牲畜年底头数(万头) End of the Head of large livestock (10000heads)	肉类(万吨) Meat (10000tons)	猪肉 Pork	牛肉 Beef	羊肉 Mutton	奶类(万吨) Milk (10000tons)	水产品(万吨) Aquatic Products (10000tons)
1978	231.62	15.64	15.13	0.34	0.17	2.02	1.03
1979	234.27	21.30				2.78	0.81
1980	236.76	24.57	23.63	0.76	0.18	3.07	0.84
1981	231.83	25.11				3.10	1.30
1982	234.44	28.29				3.47	1.54
1983	245.71	26.33				3.82	1.79
1984	279.59	26.22				4.91	2.14
1985	294.59	32.02	28.53	1.08	0.31	7.43	2.96
1986	284.89	37.46				8.01	3.83
1987	274.52	38.09				8.52	4.51
1988	281.90	41.02				9.47	5.81
1989	292.17	45.07				11.06	6.61
1990	309.07	51.79	38.94	3.63	0.81	12.11	7.09
1991	318.55	56.97				12.66	7.86
1992	341.12	64.04				11.32	8.49
1993	359.26	76.66				9.80	9.79
1994	424.03	101.00	61.75	11.62	1.40	10.89	10.50
1995	498.66	134.60	77.30	17.49	1.87	11.32	11.06
1996	572.20	184.50	102.52	25.74	2.59	8.63	12.08
1997	602.96	211.50	115.00	32.00	3.00	9.89	13.20
1998	494.80	223.71	117.20	28.30	2.60	13.35	14.20
1999	522.10	236.40	121.50	31.30	3.10	14.54	14.47
2000	539.80	247.90	127.10	33.50	3.20	15.00	14.01
2001	551.00	258.20	134.00	35.20	3.40	16.44	11.02
2002	560.39	263.50	134.90	37.00	3.50	18.89	10.51
2003	599.41	275.00	135.10	46.20	3.80	23.28	10.87
2004	615.20	288.00	143.00	49.00	4.00	26.00	11.98
2005	634.94	310.00	158.00	51.00	4.20	30.00	11.89
2006	684.37	315.00	159.00	55.00	4.30	35.00	13.07
2007	740.65	347.80	177.90	59.30	4.60	48.00	15.16
2008	800.90	384.50	200.00	64.50	5.00	65.00	15.50
2009	556.65	226.20	113.20	41.90	3.60	44.50	16.50
2010	537.60	238.90	119.80	43.20	3.80	44.60	16.60
2011	505.60	243.90	122.00	43.40	3.90	46.00	17.28
2012	504.30	260.00	132.70	45.00	4.10	49.76	18.21
2013	503.10	262.60	136.30	45.00	4.20	48.34	18.58
2014	490.65	261.94	140.40	46.00	4.50	49.31	19.01
2015	501.01	260.17	136.00	46.58	4.78	52.33	19.52

12－12 主要农作物播种面积和产量
Main Crop Acreage and Yield

项目	Item	2013			2014			2015		
		播种面积（千公顷）Total Sown Area (1000 ha)	总产量（万吨）Output (10000 tons)	单产（公斤/公顷）Yield Per Unit Area (kg/ha)	播种面积（千公顷）Total Sown Area (1000 ha)	总产量（万吨）Output (10000 tons)	单产（公斤/公顷）Yield Per Unit Area (kg/ha)	播种面积（千公顷）Total Sown Area (1000 ha)	总产量（万吨）Output (10000 tons)	单产（公斤/公顷）Yield Per Unit Area (kg/ha)
农作物总播种面积	Sown Area	5413.10			5615.30			5679.20		
粮食作物合计	Total of Grain Crops	4789.90	3551.02	7413.56	5000.72	3532.80	7064.67	5077.95	3647.04	7182.10
谷物	Cereal	4375.65	3443.80	7870.38	4595.00	3420.85	7444.70	4722.14	3538.93	7494.34
# 水稻	Rice	726.66	563.27	7751.43	747.10	587.60	7865.10	761.71	630.10	8272.24
小麦	Wheat	2.73			0.40	0.10	4005.00	0.26	0.10	4030.20
玉米	Corn	3499.09	2775.74	7932.75	3696.60	2733.50	7394.60	3799.96	2805.73	7383.56
高粱	Grain Sorghum	115.00	85.43	7428.37	115.90	84.80	7616.60	114.54	83.84	7320.00
豆类	Soy Beans	337.40	58.78	1742.15	331.60	55.50	1673.70	284.63	48.64	1708.70
# 大豆	Soy	214.53	45.39	2115.79	213.60	37.40	1750.90	161.37	29.03	1799.10
薯类	Potato				74.10	56.50	7624.80	71.18	59.47	8355.00
# 马铃薯	Potato		48.44		66.80	55.70	8338.30	66.89	55.89	8355.00
油料	Oil－bearing Crops	276.55	84.01	3037.79	266.31	85.70	3218.16	269.16	76.42	2839.32
# 葵花籽	Sunflower Seeds	110.11	25.78	2341.30	96.64	23.76	2458.61	84.84	16.95	1998.17
烟叶	Tobacco Crops	22.49	6.06	2694.53	20.61	5.40	2620.09	15.61	4.45	2850.71
# 烤烟	Flue－cured Tobacco	11.99	3.01	2510.43	10.56	2.82	2670.45	8.31	2.17	2615.48
园参	Garden Ginseng	3.31	3.21	9697.89	6.52	2.89	4432.52	5.66	2.70	4772.19
蔬菜	Vegetables	215.12	938.97	43648.66	211.06	875.95	41502.42	200.52	859.95	42887.07
水果	Fruits	52.37	173.41	33112.47	51.20	170.85	33369.14	46.79	155.57	33244.97

注：1.粮食作物、玉米、水稻播种面积和产量为抽样调查数。2.此表中水果为瓜果类，包含园林水果。
3.此表薯类为折粮产量。4.此表蔬菜产量含食用菌。

note：①The grain crop, corn, rice sown area and yield of the sample survey number. ②This table contains fruits and fruit, fruit garden.
③This table is folded grain Yield of potato. ④This table Vegetable production with edible fungus.

12－13 林业、渔业和其他畜牧业生产情况
Output of Forestry、Fishery and Other Livestock Production

项　　目	Item	2013	2014	2015
造林面积（千公顷）	Area of Afforestation(1000ha)	153.11	153.31	112.00
# 用材林	Commercial Forest	8.26	58.30	44.59
经济林	Economic Forest	0.14	7.78	9.88
防护林	Shelter Forest	112.08	42.40	57.41
零星植树（万株）	Surrounding Tree of Planting(10000plants)	1014.15	933.76	1859.43
年末实有育苗面积（千公顷）	Areas Growing Seeding at End of the Year(1000ha)	13.12	12.99	11.48
水产品产量（吨）	Output of Aquatic Products(ton)	185827.00	190100.00	195200.00
# 养殖产量	Output of Cultured	164975.00	169468.00	175546.00
养殖面积（千公顷）	Areas of Cultured(1000ha)	312.10	313.10	316.90
水果总产量（吨）	Output of Fruits(ton)	612388.00	588991.00	534047.00
年末实有水果面积（千公顷）	Actual Area of Fruits at End of the Year(1000ha)	52.65	52.87	47.95
蚕茧产量（吨）	Output of Silkworm Cocoons(ton)	2668	3378	3422
蜂蜜产量（吨）	Honey(ton)	15255	14782	14865
鹿茸产量（公斤）	Pilose Amtler(kg)	285234	298679	297781

12－14　畜牧业生产情况
Livestock Production

项　　目	Item	2013	2014	2015
大牲畜年末头数(万头)	Large Animals(year－end)(10000 heads)	503.1	490.7	501.0
牛	Cattle and Buffaloes	437.6	430.9	450.7
# 奶牛	#Cows	23.2	24.5	26.2
马	Horses	34.7	30.1	25.6
驴	Donkeys	22.2	21.8	17.3
骡	Mules	8.5	7.9	7.4
肉类总产量(万吨)	Output of Meat(10000 tons)	262.6	261.9	260.2
# 猪 肉	#Prok	136.3	140.4	136.0
牛 肉	Beef	45.0	46.0	46.6
羊 肉	Mutton	4.2	4.5	4.8
肉猪出栏头数(万头)	Slaughtered Fattened Hogs(10000 heads)	1669.1	1721.1	1664.3
猪年末头数(万头)	Hogs(10000 heads)	1001.2	1000.4	972.4
# 能繁殖母猪	#Sow	124.2	123.5	117.6
羊年末只数(万只)	Sheep and Coats(year－end) (10000 heads)	396.2	410.8	452.9
山 羊	Coats	55.1	54.4	54.6
绵 羊	Sheep	341.1	356.4	398.3
鹿年末只数(万只)	Deer (year－end)(10000 heads)	65.4	67.8	67.8
牛 奶(吨)	Cow Milk(ton)	475803.8	493056.4	523267.0
羊 奶(吨)	Goat Milk(ton)	7611.0	5283.0	5179.0
绵 羊 毛(吨)	Sheep Wool(ton)	18972.0	14261.4	15109.0
# 细羊毛	#Semi－fine Wool	13376.0	7469.7	7644.0
家 禽(万只)	Poultry(10000 units)	15241.3	15018.0	16527.0
禽 蛋(万吨)	Poultry Eggs(10000 tons)	97.7	98.5	107.3

12－15 农业事业机构和气象台站
Agricultural Institution and Meteorological Station

单位：个 (unit)

指　　标	Item	2013	2014	2015
农业技术推广站	Agricultural Technology Spreading Stations	748	733	746
畜牧兽医站	Veterinary Stations	672	672	673
气象台、站	Meterological Obsrvatories and Stations	66	66	66
气 象 台	Meterological Obsrvatories	11	11	11
气 象 站	Weather Stations	55	55	55

12－16 农业自然灾害受灾情况
Agricultural Natural Disaster Disaster Situation

指　　标	Item	2013	2014	2015
受灾面积（万公顷）	**Disaster Areas (10000ha)**	**66.1**	**195.6**	**84.6**
#旱　灾	Drought		182.7	70.0
洪涝灾	Flood	47.2	2.4	2.4
风雹灾	Wind and Hail	19.8	8.9	12.2
绝收面积（万公顷）	**Areas Affected(10000ha)**	**176.5**	**27.5**	**7.4**
#旱　灾	Drought		25.3	6.0
洪涝灾	Flood	161.1	0.6	0.4
风雹灾	Wind and Hail	15.1	1.4	1.0
受灾人口(万人)	Disaster Population(10000persons)	907.3	575.0	450.5
转移安置人口(人)	Population Arranged(person)	322243	11508	5008
损坏房屋(间)	Houses Damaged(room)	361902	19438	6885
其中：倒塌房屋	Houses Collapsed	17781	3524	54
直接经济损失(亿元)	Dircet Economic Losses (100million yuan)	58.4	123.5	81.9

12－17 商品粮基地县基本情况（2015年）

Basic Conditions for Commodity Grain County（2015）

市、县 City，County		乡村人口（万人）Pural (10000 Persone)	耕地面积（公顷）Area of Cultivated Land (ha)	农林牧渔业总产值（现价、万元）Total Value of AFAF (Current price) (10000 yuan)	粮食播种面积（公顷）Grain Grops Sown Area (ha)	粮食总产量（吨）Output of Grain (ton)	每公顷粮食产量（公斤）Output of Grain per Hectare(kg)
农安县	Nong' an	88.07	377523	1785899	363182	2941299	8099
榆树市	Yushu	102.26	391007	1964809	378936	3334208	8799
德惠市	Dehui	66.56	217239	1373210	207620	1473545	7097
永吉县	Yongji	29.39	49590	434111	68257	475196	6962
蛟河市	Jiaohe	27.05	113052	749063	106566	629644	5908
桦甸市	Huadian	23.51	83050	850141	111712	721452	6458
舒兰市	Shulan	42.17	140912	999223	137978	951780	6898
磐石市	Panshi	35.61	104118	876254	108563	759671	6998
梨树县	Lishu	55.60	213649	1717472	226252	2149916	9502
伊通满族自治县	Yitong	34.00	124297	884575	122842	1029668	8382
公主岭市	Gongzhuling	79.70	286285	1881609	306433	2972739	9701
双辽市	Shuangliao	23.21	174448	813700	162900	1113937	6838
东丰县	Dongfeng	27.23	130491	633715	128497	850316	6617
东辽县	Dongliao	27.75	107852	402854	98623	588195	5964
通化县	Tonghua	14.79	29070	173529	26246	156743	5972
辉南县	Huinan	17.69	79835	350728	74999	518801	6917
梅河口市	Meihekou	33.16	104000	513194	94085	532839	5663
前郭尔罗斯蒙古族自治县	Qianguo	44.04	306825	1358317	257866	2072382	8037
长岭县	Changling	50.28	332569	1413472	280305	1785317	6369
扶余市	Fuyu	60.97	320942	1464041	275147	2124998	7723
镇赉县	Zhenlai	16.07	205788	559155	194732	1018902	5232
洮南市	Taonan	27.02	202426	552637	215250	928762	4315
大安市	Da' an	23.57	120164	393118	107019	812449	7592
敦化市	Dunhua	20.85	165232	555028	158761	522760	3293

注：农业人口为公安年报数。

Note: the agricultural population security annual report.

12－18　乡镇企业基本情况

Basic Situation of Township Enterprise

指　　标	Item	2010	2011	2012	2013	2014	2015
企业单位数(个)	Number of Enterprises(unit)	680917	689802	689343	608559	610582	607315
第一产业	Primary Industry	54473	55184	55148	48685	48847	48585
第二产业	Secondary Industry	136184	136183	136092	120143	120529	119884
#工业	Industry	115756	115755	115677	102121	102449	101901
第三产业	Tertiary Industry	490260	498435	498103	439731	441206	438846
年末从业人员(人)	Employment at Year－end(person)	2600815	2563807	2723175	2771475	2800813	2790204
第一产业	Primary Industry	182057	179466	190621	194001	196057	195314
第二产业	Secondary Industry	1092343	1076799	1143735	1164021	1176341	1171885
#工业	Industry	928491	915279	972174	989417	999889	996101
第三产业	Tertiary Industry	1326415	1307542	1388819	1413453	1428415	1423005
增加值(万元)	Value Added(10000yuan)	13157000	15130072	17470393	20101310	21847152	23354605
第一产业	Primary Industry	507331	577968	667368	743748	808345	852443
第二产业	Secondary Industry	7740267	8902535	10279579	11833642	12861418	13171997
#工业	Industry	7043565	8101306	9354415	10814504	11753766	12282186
第三产业	Tertiary Industry	4909402	5649569	6523446	7523920	8177389	9330165
营业收入(万元)	Operating Revenue(10000yuan)	43858174	50436268	58956851	67221973	75601997	80818535
利润总额(万元)	Total Profits(10000yuan)	3090528	3445178	4113661	4428664	4725775	4891177
上交税金(实交)(万元)	Taxes Payable(10000yuan)	980600	1127060	1365926	1500750	1658585	1729301
劳动者报酬(万元)	Wages(10000yuan)	2621036	2805395	3351586	4043611	4451897	5324286
年末固定资产原值(万元)	Original Value of Fixed Assets at Year－end(10000yuan)	14035639	18105989	21419019	20303422	18245817	14465212

12－19 全省乡镇企业主要经济指标（2015年）

The Main Economic Indicators of Township Enterprises in the Province (2015)

地区 Region	企业个数（个） Number of Enterprises (unit)	从业人员（人） Employment (person)	营业收入（万元） Operating Revenue (10000yuan)	现价总产值（万元） Gross Value of Current Price (10000yuan)	利润总额（万元） Total Profits (10000yuan)	上交税金（万元） Taxes Payable (10000yuan)	增加值（万元） Value Added (10000yuan)
全 省 Total	**607315**	**2790204**	**80818535**	**85344373**	**4891177**	**1729301**	**23354605**
长 春 Changchun	219847	947181	30498598	32206519	1345614	478722	8945293
吉 林 Jilin	67015	295478	11199858	11827051	1046836	264653	2934896
四 平 Siping	77808	290436	7853304	8293089	379475	159329	2661200
辽 源 Liaoyuan	28812	176649	3837224	4052108	108354	102883	598667
通 化 Tonghua	43659	208994	4867004	5139556	550171	186756	1776297
白 山 Baishan	28035	221988	6403282	6761866	843821	219045	2020396
松 原 Songyuan	57097	332661	8678300	9164285	114031	178394	2537223
白 城 Baicheng	37200	150755	1647218	1739462	146931	38560	444701
延 边 Yanbian	47842	166062	5833747	6160437	355945	100960	1435932

CHAPTER ▶ 13

第十三篇 13

工 业

INDUSTRY

13－1 规模以上工业企业主要指标（2015年）

单位：万元

项　　目	Item	企业单位数(个) Number of Enterprises (unit)	#亏损企业 Loss－making Enterprises
总计	**Total**	**5682**	**483**
一、按登记注册类型分组：	**Grouped by Status Registration**		
内资企业	Domestic Enterprises	5357	416
国有企业	State-owned Enterprises	66	20
中央企业	Central Enterprises	22	10
地方企业	Local Enterprises	44	10
集体企业	Collective-owned Enterprises	36	5
股份合作企业	Stock Cooperative	9	1
联营企业	Joint Venture Enterprises	2	1
国有联营企业	State Joint Ownership Enterprises	1	
集体联营企业	Collective Joint Ownership Enterprises		
国有与集体联营企业	State-owned and Collective Joint Ownership Enterprises		
其他联营企业	Other Joint Ownership Enterprises	1	1
有限责任公司	Limited Liability Corporations	2048	233
国有独资公司	State Sole Funded Corporations	81	22
其他有限责任公司	Other Limited Liability Corporations	1967	211
股份有限公司	Joint Stock Corporations	325	41
私营企业	Private Enterprises	2809	112
私营独资企业	Private-funded Enterprises	106	3
私营合伙企业	Private Partnership Enterprises	6	
私营有限责任公司	Private Limited Liability Corporations	2552	100
私营股份有限公司	Private Joint Stock Corporations	145	9
其他企业	Other Enterprises	62	3
港、澳、台商投资企业	Hong Kong,Macao and Taiwan Invesment Enterprises	70	13
合资经营企业(港或澳、台资)	Joint-venture Enterprises	30	2
合作经营企业(港或澳、台资)	Cooperative Enterprises	4	1
港澳台商独资经营企业	Hong Kong,Macao and Taiwan Investment Enterprises	28	9
港澳台商投资股份有限公司	Hong Kong,Macao and Taiwan Investment Joint Stock Corporations	5	1
其他港澳台商投资企业	Other Hongkong,Macao and Taiwan Enterprises	3	
外商投资企业	Foreign Investment Enterprises	255	54
中外合资经营企业	Sino-foreign Joint Venture	138	26
中外合作经营企业	Sino-foreign Cooperative Operation Enterprises	12	3
外资企业	Foreign Invested Enterprises	99	23
外商投资股份有限公司	Foreign Investment Joint Stock Corporation	4	2
其他外商投资企业	Other Foreign Investment Enterprises	2	

Main Indicators of Industrial Enterprises above Designated Size（2015）

unit: 10000 yuan

工业总产值（当年价格）Gross Industrial Output Value（current price）	工业销售产值（当年价格）Sales Value of Industry（current price）	产成品 Finished Goods	资产总计 Total Assets	流动资产合计 Total Current Assets	应收帐款 Account Receivable	固定资产合计 Total Fixed Assets	固定资产原价 Original Value of Fixed Assets	负债合计 Total Liabilities
230565783	**225292012**	**6285817**	**179932843**	**78722101**	**15721844**	**73660299**	**166166537**	**98622851**
207984404	203214740	5683680	158776983	66495517	12113079	66775403	153743166	85070513
39385107	39219332	1746695	37044268	20669146	997457	9597449	18081131	18785081
37847216	37946225	1696173	35168110	19922024	855024	8631741	16396110	17430473
1537892	1273106	50522	1876158	747122	142433	965708	1685022	1354608
657546	648012	10909	365690	206683	58955	146088	612106	184504
192511	190486	468	45753	18186	6939	21961	86230	12320
26582	25578	22	40199	22547	8392	11070	12847	26182
16855	16855		20693	17273	7978	2981	3692	17302
9727	8722	22	19506	5274	414	8089	9155	8880
59745538	58292813	1187933	46675347	15322818	3864066	24185969	52634745	27127732
6455003	6348089	85429	10474216	2383150	613091	7268469	13133873	7398812
53290535	51944724	1102504	36201131	12939668	3250975	16917500	39500872	19728920
36146485	35256618	1191864	36592819	16118612	3151151	13647070	27061652	19706861
68750469	66523945	1507594	30480392	12642044	3972978	13152334	44154868	16111490
3278546	3227028	13644	734383	266099	40508	391317	3095425	268433
118304	116837	361	24925	11070	901	12135	100004	12529
60779554	58757988	1430717	27658629	11447496	3640634	11918735	39182792	14969388
4574065	4422093	62872	2062455	917379	290935	830148	1776647	861140
3080167	3057956	38195	7532514	1495481	53142	6013462	11099587	3116343
6690645	6557658	177538	4591536	1985913	672069	2196632	3060951	3231644
1962003	2034655	51601	984957	440442	170802	454137	1534041	478351
473003	405660	20634	386605	220964	75562	79197	185870	291097
3555585	3443047	79109	2410891	1083841	366107	1114066	713496	1997770
244742	219865	24495	211791	168460	57177	24268	39047	62999
455312	454431	1699	597292	72206	2420	524964	588497	401428
15890734	15519614	424600	16564324	10240671	2936696	4688264	9362420	10320694
9436455	9245059	214221	10701414	6958176	1859077	2728329	4323867	7207606
557822	590916	5394	876969	336850	33906	423011	1231453	530141
4851181	4679599	158188	3600647	2064076	780980	1224292	3425377	1931194
732799	736710	21669	843426	544748	220172	238051	273443	303100
312477	267330	25129	541868	336821	42561	74580	108281	348653

单位：万元

13－1 续表 1

项 目	Item	企业单位数(个) Number of Enterprises (unit)	#亏损企业 Loss－making Enterprises
二、按经济组织类型分组	**Grouped by Ownership**		
独资企业	Solely－invested Enterprise	335	60
国有企业	State－owned Enterprises	66	20
集体企业	Collective－owned Enterprises	36	5
私营独资企业	Private－funded Enterprises	106	3
港澳台商独资经营企业	Enterprises with Sole Investment form Hong Kong,Macao and Taiwan	28	9
外资企业	Enterprises with Sole Funds	99	23
合作、合伙企业	Cooperation and Partnership Enterprises	100	9
股份合作企业	Stock Cooperative	9	1
国有联营企业	State Joint Ownership Enterprises	1	
集体联营企业	Collective Joint Ownership Enterprises		
国有与集体联营企业	State－owned Collective Joint Ownership Enterprises		
其他联营企业	Other Joint Ownership Enterprises	1	1
私营合伙企业	Private Partnership Enterprises	6	
合作经营企业(港或澳、台资)	Cooperative Enterprises	4	1
中外合作经营企业	Sino－foreign Cooperative Enterprises	12	3
其他企业（内资）	Other Enterprises（domistic Investment）	62	3
其他港澳台商投资企业	Other Hongkong,Macao and Taiwan Enterprises	3	
其他外商投资企业	Other Foreign Funded Enterprises	2	
股份有限公司	Joint Stock Corporation	479	53
股份有限公司(内资)	Joint Stock Corporation（domistic Investment）	325	41
私营股份有限公司	Private Joint Stock Corporations	145	9
港澳台商投资股份有限公司	Hong Kong, Macao and Taiwan Investment Joint Stock Corporation	5	1
外商投资股份有限公司	Joint Stock Corporation Foreign Investment	4	2
有限责任公司	Limited Liability Corporations	4768	361
国有独资公司	State Sole Funded Corporations	81	22
私营有限责任公司	Private Limited Liability Corporations	2552	100
合资经营企业(港或澳、台资)	Joint－venture Entersprises	30	2
中外合资经营企业	Sino－foreign Equity Joint Venture	138	26
其他有限责任公司	Other Limited Liability Corporations	1967	211
三、在总计中:亏损企业	Loss－making Enterprises	483	483
在总计中:国有控股企业	State－owned Holding Enterprises	375	116
在总计中:农村工业	Village Industry	34	3
在总计中:轻工业	Light Industry	2347	140
重工业	Heavy Industry	3335	343
在总计中:大型企业	Large－sized Enterprise	112	34
中型企业	Mdeium－sized Enterprise	536	92
小型企业	Small－sized Enterprise	5034	357

contiued

unit: 10000 yuan

工业总产值（当年价格）Gross Industrial Output Value (current price)	工业销售产值（当年价格）Sales Value of Industry (current price)	产成品 Finished Goods	资产总计 Total Assets	流动资产合计 Total Current Assets	应收帐款 Account Receivable	固定资产合计 Total Fixed Assets	固定资产原价 Original Value of Fixed Assets	负债合计 Total Liabilities
51727965	51217017	2008545	44155880	24289845	2244007	12473212	25927535	23166982
39385107	39219332	1746695	37044268	20669146	997457	9597449	18081131	18785081
657546	648012	10909	365690	206683	58955	146088	612106	184504
3278546	3227028	13644	734383	266099	40508	391317	3095425	268433
3555585	3443047	79109	2410891	1083841	366107	1114066	713496	1997770
4851181	4679599	158188	3600647	2064076	780980	1224292	3425377	1931194
5216177	5109194	91901	10046125	2514126	223823	7160380	13412768	4738694
192511	190486	468	45753	18186	6939	21961	86230	12320
16855	16855		20693	17273	7978	2981	3692	17302
9727	8722	22	19506	5274	414	8089	9155	8880
118304	116837	361	24925	11070	901	12135	100004	12529
473003	405660	20634	386605	220964	75562	79197	185870	291097
557822	590916	5394	876969	336850	33906	423011	1231453	530141
3080167	3057956	38195	7532514	1495481	53142	6013462	11099587	3116343
455312	454431	1699	597292	72206	2420	524964	588497	401428
312477	267330	25129	541868	336821	42561	74580	108281	348653
41698091	40635286	1300900	39710491	17749199	3719435	14739537	29150789	20934099
36146485	35256618	1191864	36592819	16118612	3151151	13647070	27061652	19706861
4574065	4422093	62872	2062455	917379	290935	830148	1776647	861140
244742	219865	24495	211791	168460	57177	24268	39047	62999
732799	736710	21669	843426	544748	220172	238051	273443	303100
131923551	128330515	2884472	86020347	34168932	9534579	39287170	97675445	49783076
6455003	6348089	85429	10474216	2383150	613091	7268469	13133873	7398812
60779554	58757988	1430717	27658629	11447496	3640634	11918735	39182792	14969388
1962003	2034655	51601	984957	440442	170802	454137	1534041	478351
9436455	9245059	214221	10701414	6958176	1859077	2728329	4323867	7207606
53290535	51944724	1102504	36201131	12939668	3250975	16917500	39500872	19728920
20295516	19539902	1591702	43767014	15825018	4241590	21820227	37814646	33946465
71461789	70853572	2876469	90189229	41135135	4700534	37529101	67681692	53612096
707735	690338	9824	154130	88507	22526	48948	60125	50477
77796763	75132669	1958880	40446927	17926366	3860792	14585368	39343519	18982632
152769020	150159343	4326937	139485916	60795735	11861052	59074931	126823018	79640219
81549158	80478955	2740412	91907395	41418596	6157994	36361477	66536644	51840907
35734276	34859266	995234	29299222	11718499	3137568	12468688	29965212	16452836
113282350	109953790	2550172	58726226	25585006	6426283	24830135	69664682	30329108

单位：万元

13-1 续表 2

项　　目	Item	所有者权益合计 Total Owners' Equities	主营业务收入 Revenue from Principal Business
总计	**Total**	**81050830**	**223219630**
一、按登记注册类型分组：	**Grouped by Status Registration**		
内资企业	Domestic Enterprises	73447585	200650811
国有企业	State-owned Enterprises	18297395	44639522
中央企业	Central Enterprises	17775845	43594847
地方企业	Local Enterprises	521550	1044675
集体企业	Collective-owned Enterprises	181186	612382
股份合作企业	Stock Cooperative	32242	182523
联营企业	Joint Venture Enterprises	14017	25549
国有联营企业	State Joint Ownership Enterprises	3390	16827
集体联营企业	Collective Joint Ownership Enterprises		
国有与集体联营企业	State-owned and Collective Joint Ownership Enterprises		
其他联营企业	Other Joint Ownership Enterprises	10627	8722
有限责任公司	Limited Liability Corporations	19421181	55556795
国有独资公司	State Sole Funded Corporations	3067336	6641611
其他有限责任公司	Other Limited Liability Corporations	16353845	48915184
股份有限公司	Joint Stock Corporations	16923713	32827357
私营企业	Private Enterprises	14161682	63822759
私营独资企业	Private-funded Enterprises	461704	3132720
私营合伙企业	Private Partnership Enterprises	12396	116837
私营有限责任公司	Private Limited Liability Corporations	12530500	56391792
私营股份有限公司	Private Joint Stock Corporations	1157083	4181410
其他企业	Other Enterprises	4416171	2983925
港、澳、台商投资企业	Hong Kong,Macao and Taiwan Invesment Enterprises	1359892	6023500
合资经营企业(港或澳、台资)	Joint-venture Enterprises	506606	1609736
合作经营企业(港或澳、台资)	Cooperative Enterprises	95508	337471
港澳台商独资经营企业	Hong Kong,Macao and Taiwan Investment Enterprises	413121	3408455
港澳台商投资股份有限公司	Hong Kong,Macao and Taiwan Investment Joint Stock Corporations	148792	217176
其他港澳台商投资企业	Other Hongkong,Macao and Taiwan Enterprises	195864	450662
外商投资企业	Foreign Investment Enterprises	6243353	16545319
中外合资经营企业	Sino-foreign Joint Venture	3493807	10131973
中外合作经营企业	Sino-foreign Cooperative Operation Enterprises	346827	621288
外资企业	Foreign Invested Enterprises	1669179	4718821
外商投资股份有限公司	Foreign Investment Joint Stock Corporation	540326	804138
其他外商投资企业	Other Foreign Investment Enterprises	193215	269099

contiued

unit: 10000 yuan

主营业务成本 Cost of Principal Business	营业税金及附加 Business Tax and Surcharge	主营业务税金及附加 Taxes and Other Charges on Principal Business	销售费用 Selling Cost	管理费用 Management Cost	财务费用 Finance Cost	利息支出 Interest Expense	利润总额 Total Profits	应交所得税 Income Tax Payable
187620227	**4769190**	**4731904**	**8640697**	**9905396**	**2473874**	**2326215**	**12084731**	**1861774**
168404985	4493286	4456516	7990262	8769519	2074116	1918180	11132630	1604192
35713000	2103257	2099073	2237971	1778283	-14234	161822	4803962	1065031
34866565	1985751	1981610	2188911	1637664	-65505	111511	4772809	1063764
846436	117506	117463	49060	140619	51271	50311	31153	1267
537246	4501	4501	13202	34596	1867	1604	22710	3046
162288	1275	1265	2961	3409	2477	651	10191	513
20921	83	83	597	1152	-25		3062	919
12584	61	61	15	474	-25		3670	919
8337	22	22	582	678			-608	
47994776	765850	759362	1683164	2390827	853849	709938	2404518	218261
6404847	45908	43173	74980	250616	200318	184159	-23968	13914
41589930	719941	716189	1608184	2140211	653531	525779	2428486	204347
26049746	1052917	1047588	2346416	1763303	543433	513164	1145925	161985
55211870	494017	473293	1640694	2563211	608878	437873	3150914	142932
2817721	19858	19750	48424	112410	19799	14513	110287	5772
102431	799	799	3491	3794	962	83	5360	543
48666639	454428	433911	1511404	2298358	553100	398656	2816822	124891
3625079	18933	18833	77375	148650	35017	24620	218445	11726
2715138	71386	71351	65258	234738	77872	93128	-408652	11506
5310103	56851	56822	168190	197778	61334	64151	200023	24020
1325773	5882	5882	48756	76493	11431	8101	96563	7375
301438	813	813	13237	13893	12301	12300	3689	145
3170280	41906	41877	78712	65612	34706	40801	23434	10034
132750	2038	2038	20676	28627	1111	626	33497	5158
379862	6212	6212	6810	13153	1786	2323	42838	1309
13905139	219054	218567	482245	938099	338424	343885	752079	233561
8608428	180950	180798	243925	486498	252532	278790	326173	125466
539024	1327	1032	32258	26804	41424	20437	-11268	1225
3925298	31281	31241	165215	291293	37198	27576	334447	93864
578244	4870	4870	38307	120678	2816	12562	86399	11050
254144	626	626	2541	12826	4454	4519	16328	1957

单位：万元

13－1 续表 3

项　　目	Item	所有者权益合计 Total Owners' Equities	主营业务收入 Revenue from Principal Business
二、按经济组织类型分组	**Grouped by Ownership**		
独资企业	Solely–invested Enterprise	21022584	56511900
国有企业	State–owned Enterprises	18297395	44639522
集体企业	Collective–owned Enterprises	181186	612382
私营独资企业	Private–funded Enterprises	461704	3132720
港澳台商独资经营企业	Enterprises with Sole Investment form Hong Kong,Macao and Taiwan	413121	3408455
外资企业	Enterprises with Sole Funds	1669179	4718821
合作、合伙企业	Cooperation and Partnership Enterprises	5306238	4987354
股份合作企业	Stock Cooperative	32242	182523
国有联营企业	State Joint Ownership Enterprises	3390	16827
集体联营企业	Collective Joint Ownership Enterprises		
国有与集体联营企业	State–owned Collective Joint Ownership Enterprises		
其他联营企业	Other Joint Ownership Enterprises	10627	8722
私营合伙企业	Private Partnership Enterprises	12396	116837
合作经营企业(港或澳、台资)	Cooperative Enterprises	95508	337471
中外合作经营企业	Sino–foreign Cooperative Enterprises	346827	621288
其他企业（内资）	Other Enterprises（domistic Investment）	4416171	2983925
其他港澳台商投资企业	Other Hongkong,Macao and Taiwan Enterprises	195864	450662
其他外商投资企业	Other Foreign Funded Enterprises	193215	269099
股份有限公司	Joint Stock Corporation	18769914	38030080
股份有限公司(内资)	Joint Stock Corporation（domistic Investment）	16923713	32827357
私营股份有限公司	Private Joint Stock Corporations	1157083	4181410
港澳台商投资股份有限公司	Hong Kong, Macao and Taiwan Investment Joint Stock Corporation	148792	217176
外商投资股份有限公司	Joint Stock Corporation Foreign Investment	540326	804138
有限责任公司	Limited Liability Corporations	35952094	123690296
国有独资公司	State Sole Funded Corporations	3067336	6641611
私营有限责任公司	Private Limited Liability Corporations	12530500	56391792
合资经营企业(港或澳、台资)	Joint–venture Entersprises	506606	1609736
中外合资经营企业	Sino–foreign Equity Joint Venture	3493807	10131973
其他有限责任公司	Other Limited Liability Corporations	16353845	48915184
三、在总计中:亏损企业	Loss–making Enterprises	9862503	19179156
在总计中:国有控股企业	State–owned Holding Enterprises	36532504	76311576
在总计中:农村工业	Village Industry	102943	556706
在总计中:轻工业	Light Industry	21333021	70764938
重工业	Heavy Industry	59717810	152454693
在总计中:大型企业	Large–sized Enterprise	40104695	87350199
中型企业	Mdeium–sized Enterprise	12912644	31513219
小型企业	Small–sized Enterprise	28033491	104356212

contiued

unit: 10000 yuan

主营业务成本 Cost of Principal Business	营业税金及附加 Business Tax and Surcharge	主营业务税金及附加 Taxes and Other Charges on Principal Business	销售费用 Selling Cost	管理费用 Management Cost	财务费用 Finance Cost	利息支出 Interest Expense	利润总额 Total Profits	应交所得税 Income Tax Payable
46163546	2200803	2196443	2543524	2282194	79335	246317	5294840	1177746
35713000	2103257	2099073	2237971	1778283	-14234	161822	4803962	1065031
537246	4501	4501	13202	34596	1867	1604	22710	3046
2817721	19858	19750	48424	112410	19799	14513	110287	5772
3170280	41906	41877	78712	65612	34706	40801	23434	10034
3925298	31281	31241	165215	291293	37198	27576	334447	93864
4475246	82521	82180	127152	309769	141250	133440	-338451	18117
162288	1275	1265	2961	3409	2477	651	10191	513
12584	61	61	15	474	-25		3670	919
8337	22	22	582	678			-608	
102431	799	799	3491	3794	962	83	5360	543
301438	813	813	13237	13893	12301	12300	3689	145
539024	1327	1032	32258	26804	41424	20437	-11268	1225
2715138	71386	71351	65258	234738	77872	93128	-408652	11506
379862	6212	6212	6810	13153	1786	2323	42838	1309
254144	626	626	2541	12826	4454	4519	16328	1957
30385819	1078757	1073329	2482773	2061257	582378	550972	1484267	189919
26049746	1052917	1047588	2346416	1763303	543433	513164	1145925	161985
3625079	18933	18833	77375	148650	35017	24620	218445	11726
132750	2038	2038	20676	28627	1111	626	33497	5158
578244	4870	4870	38307	120678	2816	12562	86399	11050
106595616	1407110	1379953	3487249	5252176	1670911	1395486	5644076	475992
6404847	45908	43173	74980	250616	200318	184159	-23968	13914
48666639	454428	433911	1511404	2298358	553100	398656	2816822	124891
1325773	5882	5882	48756	76493	11431	8101	96563	7375
8608428	180950	180798	243925	486498	252532	278790	326173	125466
41589930	719941	716189	1608184	2140211	653531	525779	2428486	204347
17733808	1097456	1090263	356226	1410772	869834	853129	-2742356	-6964
62780259	3697938	3685996	2819874	3633868	1006840	1213856	4355446	1256027
501155	3249	3247	6884	15476	4253	1497	26026	2194
57928888	1136130	1134336	4175399	3118523	677201	549135	4096340	311368
129691339	3633060	3597568	4465299	6786873	1796673	1777080	7988392	1550406
71288397	3570337	3560804	4445183	3956400	776901	989573	5515626	1305788
26033826	440607	437654	1241569	1676637	471517	413281	1820704	240570
90298004	758246	733447	2953946	4272360	1225457	923361	4748401	315416

单位：万元

项　目	Item	亏损企业亏损总额 Total Loss	利税总额 Total Pre-tax Profits
总计	**Total**	**2742356**	**22346555**
一、按登记注册类型分组：	**Grouped by Status Registration**		
内资企业	Domestic Enterprises	2180387	20603972
国有企业	State-owned Enterprises	242803	9014495
中央企业	Central Enterprises	233554	8822107
地方企业	Local Enterprises	9248	192388
集体企业	Collective-owned Enterprises	3371	47515
股份合作企业	Stock Cooperative	236	13334
联营企业	Joint Venture Enterprises	608	3873
国有联营企业	State Joint Ownership Enterprises		4241
集体联营企业	Collective Joint Ownership Enterprises		
国有与集体联营企业	State-owned and Collective Joint Ownership Enterprises		
其他联营企业	Other Joint Ownership Enterprises	608	-368
有限责任公司	Limited Liability Corporations	578361	4127843
国有独资公司	State Sole Funded Corporations	182586	250479
其他有限责任公司	Other Limited Liability Corporations	395775	3877364
股份有限公司	Joint Stock Corporations	785636	3041930
私营企业	Private Enterprises	79129	4586519
私营独资企业	Private-funded Enterprises	161	159719
私营合伙企业	Private Partnership Enterprises		7228
私营有限责任公司	Private Limited Liability Corporations	72681	4081771
私营股份有限公司	Private Joint Stock Corporations	6287	337802
其他企业	Other Enterprises	490245	-231536
港、澳、台商投资企业	Hong Kong,Macao and Taiwan Invesment Enterprises	38713	347178
合资经营企业(港或澳、台资)	Joint-venture Enterprises	2411	129378
合作经营企业(港或澳、台资)	Cooperative Enterprises	1531	8032
港澳台商独资经营企业	Hong Kong,Macao and Taiwan Investment Enterprises	33814	93176
港澳台商投资股份有限公司	Hong Kong,Macao and Taiwan Investment Joint Stock Corporations	958	47309
其他港澳台商投资企业	Other Hongkong,Macao and Taiwan Enterprises		69283
外商投资企业	Foreign Investment Enterprises	523257	1395405
中外合资经营企业	Sino-foreign Joint Venture	388787	776497
中外合作经营企业	Sino-foreign Cooperative Operation Enterprises	53310	3989
外资企业	Foreign Invested Enterprises	80555	484916
外商投资股份有限公司	Foreign Investment Joint Stock Corporation	605	111086
其他外商投资企业	Other Foreign Investment Enterprises		18917

contiued

unit: 10000 yuan

应交税金及附加 Tax Payable and Surcharge	本年应付职工薪酬 The Year of Payable Employees	本年应交增值税 Value Added Tax Payable This Year	全部从业人员年平均人数（人） Annual Average Employed (person)	总资产贡献率（%） Total Assets Contribution Rate(%)	资产负债率（%） Assets-liability Ratio(%)	流动资产周转率（次/年） Current Assets Turnover (times/year)	成本费用利润率（%） Ratio of Pre-tax Profit to Cost(%)	产品销售率（%） Proportion of Products Sold (%)
12644876	**8719599**	**5492633**	**1454536**	**13.6**	**54.8**	**2.9**	**5.7**	**97.7**
11541203	7881730	4978056	1329329	14.0	53.6	3.1	5.8	97.7
5368246	1825076	2107276	192912	24.4	50.7	2.3	11.4	99.6
5201998	1708337	2063547	172472	25.0	49.6	2.4	11.7	100.3
166248	116738	43729	20440	12.9	72.2	1.6	2.9	82.8
29613	28080	20303	6650	13.4	50.5	3.0	3.8	98.6
3777	4035	1868	1131	30.6	26.9	10.0	6.0	99.0
1891	1160	728	188	9.7	65.1	1.1	13.5	96.2
1531	645	510	43	20.6	83.6	1.0	28.1	100.0
360	515	218	145	-1.9	45.5	1.7	-6.3	89.7
2130642	2742633	957475	483760	10.3	58.1	3.7	4.5	97.6
304595	1252998	228538	143584	3.8	70.6	2.9	-0.3	98.3
1826048	1489635	728937	340176	12.1	54.5	3.8	5.2	97.5
2130302	1694997	843088	260886	9.7	53.9	2.1	3.7	97.5
1683699	1214775	941588	348658	16.5	52.9	5.1	5.2	96.8
58583	42445	29574	12679	23.7	36.6	11.8	3.7	98.4
2646	2148	1069	722	28.7	50.3	10.6	4.8	98.8
1483146	1086256	810521	313980	16.2	54.1	4.9	5.3	96.7
139323	83926	100424	21277	17.6	41.8	4.6	5.6	96.7
193033	370973	105730	35144	-2.2	41.4	2.0	-13.2	99.3
184783	164642	90305	29212	8.9	70.4	3.1	3.5	98.0
42732	71118	26932	11828	14.0	48.6	3.7	6.5	103.7
5171	8751	3530	2481	5.3	75.3	1.5	1.1	85.8
81869	69468	27836	13135	5.6	82.9	3.2	0.7	96.8
19192	10440	11775	933	22.4	29.8	1.3	18.3	89.8
35819	4865	20232	835	11.9	67.2	6.2	10.7	99.8
918890	673228	424273	95995	10.4	62.3	1.6	4.8	97.7
596094	454937	269373	52623	9.5	67.4	1.5	3.4	98.0
17972	34431	13930	3961	2.8	60.5	1.8	-1.8	105.9
263803	166107	119189	33091	14.4	53.6	2.3	7.5	96.5
36139	3983	19817	4653	15.8	35.9	1.6	11.4	100.5
4882	13770	1963	1667	4.3	64.3	0.8	5.8	85.6

单位：万元

项　　目	Item	亏损企业亏损总额 Total Loss	利税总额 Total Pre-tax Profits
二、按经济组织类型分组	**Grouped by Ownership**		
独资企业	Solely-invested Enterprise	360703	9799820
国有企业	State-owned Enterprises	242803	9014495
集体企业	Collective-owned Enterprises	3371	47515
私营独资企业	Private-funded Enterprises	161	159719
港澳台商独资经营企业	Enterprises with Sole Investment form Hong Kong,Macao and Taiwan	33814	93176
外资企业	Enterprises with Sole Funds	80555	484916
合作、合伙企业	Cooperation and Partnership Enterprises	545929	-106880
股份合作企业	Stock Cooperative	236	13334
国有联营企业	State Joint Ownership Enterprises		4241
集体联营企业	Collective Joint Ownership Enterprises		
国有与集体联营企业	State-owned Collective Joint Ownership Enterprises		
其他联营企业	Other Joint Ownership Enterprises	608	-368
私营合伙企业	Private Partnership Enterprises		7228
合作经营企业(港或澳、台资)	Cooperative Enterprises	1531	8032
中外合作经营企业	Sino-foreign Cooperative Enterprises	53310	3989
其他企业（内资）	Other Enterprises（domistic Investment）	490245	-231536
其他港澳台商投资企业	Other Hongkong,Macao and Taiwan Enterprises		69283
其他外商投资企业	Other Foreign Funded Enterprises		18917
股份有限公司	Joint Stock Corporation	793486	3538127
股份有限公司(内资)	Joint Stock Corporation（domistic Investment）	785636	3041930
私营股份有限公司	Private Joint Stock Corporations	6287	337802
港澳台商投资股份有限公司	Hong Kong, Macao and Taiwan Investment Joint Stock Corporation	958	47309
外商投资股份有限公司	Joint Stock Corporation Foreign Investment	605	111086
有限责任公司	Limited Liability Corporations	1042239	9115488
国有独资公司	State Sole Funded Corporations	182586	250479
私营有限责任公司	Private Limited Liability Corporations	72681	4081771
合资经营企业(港或澳、台资)	Joint-venture Entersprises	2411	129378
中外合资经营企业	Sino-foreign Equity Joint Venture	388787	776497
其他有限责任公司	Other Limited Liability Corporations	395775	3877364
三、在总计中:亏损企业	Loss-making Enterprises	2742356	-1107931
在总计中:国有控股企业	State-owned Holding Enterprises	2057127	11301113
在总计中:农村工业	Village Industry	201	31003
在总计中:轻工业	Light Industry	198635	6415912
重工业	Heavy Industry	2543721	15930643
在总计中:大型企业	Large-sized Enterprise	1941160	12336340
中型企业	Mdeium-sized Enterprise	405256	3115091
小型企业	Small-sized Enterprise	395940	6895123

continued

unit: 10000 yuan

应交税金及附加 Tax Payable and Surcharge	本年应付职工薪酬 The Year of Payable Employees	本年应交增值税 Value Added Tax Payable This Year	全部从业人员年平均人数（人）Annual Average Employed (person)	总资产贡献率（%）Total Assets Contribution Rate(%)	资产负债率（%）Assets-Liability Ratio(%)	流动资产周转率（次/年）Current Assets Turnover (times/year)	成本费用利润率（%）Ratio of Pre-tax Profit to Cost(%)	产品销售率（%）Proportion of Products Sold (%)
5802115	2131176	2304177	258467	22.4	52.5	2.5	9.9	99.0
5368246	1825076	2107276	192912	24.4	50.7	2.3	11.4	99.6
29613	28080	20303	6650	13.4	50.5	3.0	3.8	98.6
58583	42445	29574	12679	23.7	36.6	11.8	3.7	98.4
81869	69468	27836	13135	5.6	82.9	3.2	0.7	96.8
263803	166107	119189	33091	14.4	53.6	2.3	7.5	96.5
265192	440133	149051	46129		47.2	2.0	-6.7	98.0
3777	4035	1868	1131	30.6	26.9	10.0	6.0	99.0
1531	645	510	43	20.6	83.6	1.0	28.1	100.0
360	515	218	145	-1.9	45.5	1.7	-6.3	89.7
2646	2148	1069	722	28.7	50.3	10.6	4.8	98.8
5171	8751	3530	2481	5.3	75.3	1.5	1.1	85.8
17972	34431	13930	3961	2.8	60.5	1.8	-1.8	105.9
193033	370973	105730	35144	-2.2	41.4	2.0	-13.2	99.3
35819	4865	20232	835	11.9	67.2	6.2	10.7	99.8
4882	13770	1963	1667	4.3	64.3	0.8	5.8	85.6
2324956	1793346	975104	287749	10.3	52.7	2.2	4.1	97.5
2130302	1694997	843088	260886	9.7	53.9	2.1	3.7	97.5
139323	83926	100424	21277	17.6	41.8	4.6	5.6	96.7
19192	10440	11775	933	22.4	29.8	1.3	18.3	89.8
36139	3983	19817	4653	15.8	35.9	1.6	11.4	100.5
4252614	4354944	2064302	862191	12.1	57.9	3.7	4.8	97.3
304595	1252998	228538	143584	3.8	70.6	2.9	-0.3	98.3
1483146	1086256	810521	313980	16.2	54.1	4.9	5.3	96.7
42732	71118	26932	11828	14.0	48.6	3.7	6.5	103.7
596094	454937	269373	52623	9.5	67.4	1.5	3.4	98.0
1826048	1489635	728937	340176	12.1	54.5	3.8	5.2	97.5
1721623	2204967	536970	291167	-0.7	77.6	1.3	-13.1	96.3
8400955	5033075	3247728	530712	13.6	59.4	2.0	5.9	99.2
7368	8903	1727	3143	21.1	32.8	6.4	4.9	97.5
2776805	1914077	1183442	459305	17.2	46.9	4.0	6.2	96.6
9868071	6805522	4309192	995231	12.5	57.1	2.6	5.5	98.3
8311544	5203269	3250377	618098	14.3	56.4	2.2	6.6	98.7
1660114	1423415	853781	292991	12.0	56.2	2.7	6.1	97.6
2673218	2092915	1388476	543447	13.3	51.6	4.1	4.8	97.1

13－2 按行业规模以上工业企业主要指标（2015年）

单位：万元

项 目	Iten	企业单位数(个) Number of Enterprises (unit)	#亏损企业 Loss－making Enterprises	工业总产值（当年价格）Gross Industrial Output Value（current price）
总计	**Total**	**5682**	**483**	**230565783**
煤炭开采和洗选业	Mining and Washing of Coal	65	20	2534968
石油和天然气开采业	Extraction of Petroleum and Natural Gas	41	28	3182672
黑色金属矿采选业	Mining and Procssing of Ferrous Metal Ores	83	8	2667630
有色金属矿采选业	Mining and Processing of Non-ferrous Metal Ores	49	5	1384035
非金属矿采选业	Mining and Processing of Nonmetal Ores	59	1	1085793
开采辅助活动	Mining Support Activities	19	3	811536
其他采矿业	Mining of Other Ores	1		24495
农副食品加工业	Processing of Food form Agricultural Products	1033	46	33605588
食品制造业	Manufacture of Food	201	13	4925522
酒、饮料和精制茶制造业	Manufacture of Wine,Beverages and Tea	218	12	5606927
烟草制品业	Manufacture of Tobacco	5		1540823
纺织业	Manufacture of Textile	43	7	1697835
纺织服装、服饰业	Manufacture of Textile and Apparel	60	5	1271241
皮革、毛皮、羽毛及其制品和制鞋业	Leather,Fur,Feathers and Footwear Industry	9	1	238318
木材加工和木、竹、藤、棕、草制品业	Processing of Timber，Manufacture of Wood，Bamboo，Rattan，Palm and Straw Products	304	10	9562541
家具制造业	Manufacture of Furniture	72	3	1458257
造纸和纸制品业	Manufacture of Paper and Paper Products	80	8	1537974
印刷和记录媒介复制业	Printing，Reproduction of Recording Media	56	6	838715
文教、工美、体育和娱乐用品制造业	Calture Education ,Art,Sports and Entertainment Goods Industry	23		432294
石油加工、炼焦和核燃料加工业	Processing of Petroleum，Coking，Processing of Nuclear Fuel	36	10	1906815
化学原料和化学制品制造业	Manufacture of Raw Chemical Materials and Chemical Products	353	28	15596955
医药制造业	Manufacture of Medicines	324	23	18588630
化学纤维制造业	Manufacture of Chemical Fibers	8	1	627175
橡胶和塑料制品业	Manufacture of Rubber and Plastic	180	8	3512268
非金属矿物制品业	Manufacture of Non-metallic Mineral Products	562	40	16777161
黑色金属冶炼和压延加工业	Smelting and Pressing of Ferrous Metals	74	12	7255121
有色金属冶炼和压延加工业	Smelting and Pressing of Non- ferrous Metals	30	4	1897400
金属制品业	Manufacture of Metal Products	172	11	3609807
通用设备制造业	Manufacture of General Purpose Machinery	204	13	4894007
专用设备制造业	Manufacture of Special Purpose Machinery	251	15	6697202
汽车制造业	Manufacture of Automotive	493	56	54780854
铁路、船舶、航空航天和其他运输设备制造业	Manufacture of Railway,Ship,Aerospace and Other Transport Equipment	37	2	3866162
电气机械和器材制造业	Manufacture of Electrical Machinery and Equipment	139	17	3929439
计算机、通信和其他电子设备制造业	Manufacture of Compater,Communication and Other Electronic Equipment	33	3	912112
仪器仪表制造业	Manufacture of Instrument	29		546044
其他制造业	Other Manufacturing	24		467117
废弃资源综合利用业	Wast Resources Utilization Industry	15	1	305923
金属制品、机械和设备修理业	Metal Products,Machinery and Equipment Repair Industry	6	1	51812
电力、热力生产和供应业	Production and Supply of Electric Power and Heat Power	241	49	8670469
燃气生产和供应业	Production and Supply of Gas	30	5	895574
水的生产和供应业	Production and Supply of Water	20	8	370573

Main Indicators of Industrial Enterprises above Designated Size by Industrial Sector (2015)

unit: 10000 yuan

工业销售产值（当年价格）Sales Value of Industry (current price)	产成品 Finished Goods	资产总计 Total Assets	流动资产合计 Total Current Assets	应收帐款 Account Receivable	固定资产合计 Total Fixed Assets	固定资产原价 Original Value of Fixed Assets
225292012	**6285817**	**179932843**	**78722101**	**15721844**	**73660299**	**166166537**
2418299	41053	3290067	1049057	219553	1820087	4090869
3194883	27000	9055133	1721716	87314	7103651	13054072
2639082	34881	2106473	538005	117726	925969	2853423
1354784	14665	1397054	357521	38902	721266	1218328
1072504	13767	332901	127394	20931	180677	498041
804149	23562	1908852	684913	310905	1104955	2302965
24495	963	10203	1230	856	8973	9210
32769764	854639	12089830	5074665	955550	5113436	14539324
4602950	91413	2842340	1152869	230558	1306306	2877830
5464782	149770	3530492	1211625	213899	1654026	3288105
1507434	9749	1813153	1360244	240459	384114	631557
1632590	27475	973027	288268	152225	659542	2517244
1247418	51477	550250	330462	41093	136273	1546959
223015	4006	75698	27689	5294	40875	296874
9356230	202242	4369113	1305129	207996	2144515	6054940
1421291	18199	499113	191943	41222	231379	534794
1500425	13597	1049045	333283	73198	562462	934806
809021	18417	896534	226537	65668	179359	259284
401364	4884	121264	55320	12896	54425	303404
1850585	41285	733914	266777	41013	386863	1277072
15224213	302116	8823952	2502335	386817	4776889	13952335
17699500	611700	12860695	6441460	1586608	2767789	6666889
575757	37714	737933	322689	25477	316299	758941
3381224	56277	1640725	672174	226207	836987	1647795
16353501	370934	11720510	6453742	1120523	4442449	11408594
7125327	95144	7831039	1532366	244529	4054842	8503574
1798679	98611	6383363	3863945	511334	1942265	2677740
3491907	49381	1873811	840507	234493	741789	2658363
4779792	100352	2169780	1100669	329412	830679	3861282
6326703	131791	2662333	1177981	384043	1173357	4953043
54535583	2627317	47923565	29053926	5333665	10306270	20533424
3792365	43607	4999006	3634172	1196767	893493	1453832
3852159	70040	1989862	975197	280828	727170	2681052
885775	19679	953491	492466	108564	365203	746725
532345	15256	349578	169143	44347	119094	325079
449407	3692	111831	32721	11605	66994	289794
288528	4469	190150	87417	17023	73932	80570
50659	1323	61703	27572	17281	21906	37679
8618178	1271	17321407	2627049	561837	13511007	22112105
865977	1442	882543	212514	16309	465685	797286
369371	657	801115	197410	6922	507048	931335

单位：万元

13－2 续表 1

项 目	Iten	负债合计 Total Liabilities	所有者权益合计 Total Owners' Equities	主营业务收入 Revenue from Principal Business
总计	**Total**	**98622851**	**81050830**	**223219630**
煤炭开采和洗选业	Mining and Washing of Coal	2705107	573674	2368296
石油和天然气开采业	Extraction of Petroleum and Natural Gas	3607449	5401424	3041148
黑色金属矿采选业	Mining and Procssing of Ferrous Metal Ores	1193926	912237	2536512
有色金属矿采选业	Mining and Processing of Non-ferrous Metal Ores	724911	672142	1412195
非金属矿采选业	Mining and Processing of Nonmetal Ores	113858	216543	1043790
开采辅助活动	Mining Support Activities	1662845	246007	1226915
其他采矿业	Mining of Other Ores	3310	6893	24495
农副食品加工业	Processing of Food form Agricultural Products	6654884	5391193	30700348
食品制造业	Manufacture of Food	1295726	1537809	4081580
酒、饮料和精制茶制造业	Manufacture of Wine,Beverages and Tea	1736132	1789392	5346861
烟草制品业	Manufacture of Tobacco	1033831	779322	1493666
纺织业	Manufacture of Textile	421523	551504	1631769
纺织服装、服饰业	Manufacture of Textile and Apparel	282327	263121	1227248
皮革、毛皮、羽毛及其制品和制鞋业	Leather,Fur,Feathers and Footwear Industry	44138	31559	220143
木材加工和木、竹、藤、棕、草制品业	Processing of Timber, Manufacture of Wood, Bamboo, Rattan, Palm and Straw Products	1865298	2456342	8808495
家具制造业	Manufacture of Furniture	200744	298369	1405492
造纸和纸制品业	Manufacture of Paper and Paper Products	605813	407488	1474687
印刷和记录媒介复制业	Printing, Reproduction of Recording Media	293119	603415	777659
文教、工美、体育和娱乐用品制造业	Calture Education ,Art,Sports and Entertainment Goods Industry	65893	55371	407004
石油加工、炼焦和核燃料加工业	Processing of Petroleum, Coking, Processing of Nuclear Fuel	441374	290861	1805444
化学原料和化学制品制造业	Manufacture of Raw Chemical Materials and Chemical Products	4331622	4500548	14557444
医药制造业	Manufacture of Medicines	4734611	8120861	16391763
化学纤维制造业	Manufacture of Chemical Fibers	477096	260836	516823
橡胶和塑料制品业	Manufacture of Rubber and Plastic	764444	875606	3278196
非金属矿物制品业	Manufacture of Non-metallic Mineral Products	6925696	4749473	15523024
黑色金属冶炼和压延加工业	Smelting and Pressing of Ferrous Metals	6083815	1796919	5480764
有色金属冶炼和压延加工业	Smelting and Pressing of Non- ferrous Metals	4893188	1490174	2015291
金属制品业	Manufacture of Metal Products	865216	1006948	3400849
通用设备制造业	Manufacture of General Purpose Machinery	1019731	1129422	4642937
专用设备制造业	Manufacture of Special Purpose Machinery	1201591	1459347	6207588
汽车制造业	Manufacture of Automotive	24845919	23061696	60440920
铁路、船舶、航空航天和其他运输设备制造业	Manufacture of Railway,Ship,Aerospace and Other Transport Equipment	3424936	1574069	3790330
电气机械和器材制造业	Manufacture of Electrical Machinery and Equipment	981910	1007951	3802833
计算机、通信和其他电子设备制造业	Manufacture of Compater,Communication and Other Electronic Equipment	418152	526064	890977
仪器仪表制造业	Manufacture of Instrument	124537	225041	499696
其他制造业	Other Manufacturing	36566	73977	451426
废弃资源综合利用业	Wast Resources Utilization Industry	64451	125699	251826
金属制品、机械和设备修理业	Metal Products,Machinery and Equipment Repair Industry	45722	15982	51470
电力、热力生产和供应业	Production and Supply of Electric Power and Heat Power	11489597	5823740	8785931
燃气生产和供应业	Production and Supply of Gas	574295	308247	849437
水的生产和供应业	Production and Supply of Water	367551	433564	356362

contiued

unit: 10000 yuan

主营业务成本 Cost of Principal Business	营业税金及附加 Business Tax and Surcharge	主营业务税金及附加 Taxes and Other Charges on Principal Business	销售费用 Selling Cost	管理费用 Management Cost	财务费用 Finance Cost	利息支出 Interest Expense	利润总额 Total Profits
187620227	**4769190**	**4731904**	**8640697**	**9905396**	**2473874**	**2326215**	**12084731**
2239822	22236	20794	39011	143660	33277	33093	-67843
2834737	85200	85200	54706	214593	111474	113045	-490735
2252468	24860	24740	43936	101344	45906	36196	74489
1115917	16967	16967	37121	104991	15480	8035	94290
910492	10816	10816	29508	39838	7349	4065	44622
1130896	31635	31179	18462	118762	61944	62952	-61349
14607	256	256	2824	2516	2402	852	1739
27627750	144117	143923	654440	821121	253835	214862	1153738
3510034	24182	24171	188800	211797	84314	70327	228785
4405483	120844	120774	252033	263006	56480	39015	229998
525608	673903	673903	32381	110727	9247	11737	128634
1428360	3904	3889	33862	105548	10137	8404	49352
1119726	3903	3827	29881	46394	8814	6854	16681
180739	1054	1054	6962	19783	1200	813	8916
7675397	45366	44476	253664	359975	108982	81140	386018
1161103	12646	12582	52446	59715	23205	15475	97077
1289628	5556	5529	38862	54917	15032	12602	77295
594180	27420	26896	31049	47249	17462	14680	130475
347071	2792	2785	11070	14753	3734	2712	21698
1538919	130982	130980	18244	75013	15298	11091	29146
12204473	923790	921044	317729	787763	140497	111412	3364
10954475	78165	77993	2657390	1052112	131405	99108	1705477
443688	2959	2700	17002	26909	24183	24437	17786
2852507	16973	16663	75038	146547	32027	25075	153427
13519645	119644	118220	424889	651581	295632	265150	561272
5255732	11014	10912	53203	165824	68240	51726	-24642
1789580	8301	8301	47693	111697	259688	269265	-252059
2894047	26573	26480	87427	162948	43331	34373	188137
3973786	22487	22413	111157	197893	36855	24720	307876
5348750	34102	34075	168174	293836	59088	36853	316461
49165745	2009041	1984781	2473374	2529740	-32821	151922	6197766
3016300	20071	19952	83990	274711	22799	20927	362912
3357046	25494	25364	92929	152510	37413	28500	146459
709700	4615	4230	26606	66264	7085	8352	92292
420964	1874	1862	12480	25507	3099	2189	41616
380313	6705	6705	17193	21395	5818	5358	19427
216724	1554	1547	4839	8731	1971	1292	22162
43361	529	529	290	5485	1354	1236	916
8157965	59914	56713	75240	227421	430381	398008	65719
721574	4442	4439	43942	36491	15298	14250	-1317
290919	2305	2242	20852	44332	4960	4114	6655

13－2 续表 2

单位：万元

项 目	Iten	应交所得税 Income Tax Payable	亏损企业亏损总额 Total Loss	利税总额 Total Pre-tax Profits	应交税金及附加 Tax Payable and Surcharge
总计	**Total**	**1861774**	**2742356**	**22346555**	**12644876**
煤炭开采和洗选业	Mining and Washing of Coal	2935	120336	15411	91423
石油和天然气开采业	Extraction of Petroleum and Natural Gas	4969	587653	−278712	222042
黑色金属矿采选业	Mining and Procssing of Ferrous Metal Ores	2319	36101	140235	72844
有色金属矿采选业	Mining and Processing of Non-ferrous Metal Ores	12297	11738	139351	61211
非金属矿采选业	Mining and Processing of Nonmetal Ores	608	94	78478	36365
开采辅助活动	Mining Support Activities	14606	124456	7940	90685
其他采矿业	Mining of Other Ores			3686	1946
农副食品加工业	Processing of Food form Agricultural Products	38163	104908	1462386	377881
食品制造业	Manufacture of Food	15874	5888	330161	123488
酒、饮料和精制茶制造业	Manufacture of Wine,Beverages and Tea	16051	23408	442953	250200
烟草制品业	Manufacture of Tobacco	31630		953090	859886
纺织业	Manufacture of Textile	1822	3538	62047	18523
纺织服装、服饰业	Manufacture of Textile and Apparel	1177	6916	28415	14374
皮革、毛皮、羽毛及其制品和制鞋业	Leather,Fur,Feathers and Footwear Industry	724	55	15367	8041
木材加工和木、竹、藤、棕、草制品业	Processing of Timber, Manufacture of Wood, Bamboo, Rattan, Palm and Straw Products	16804	8493	493924	136893
家具制造业	Manufacture of Furniture	3107	188	135814	43357
造纸和纸制品业	Manufacture of Paper and Paper Products	4498	8782	98339	29267
印刷和记录媒介复制业	Printing, Reproduction of Recording Media	16686	1545	171746	69798
文教、工美、体育和娱乐用品制造业	Calture Education ,Art,Sports and Entertainment Goods Industry	1115		35739	15676
石油加工、炼焦和核燃料加工业	Processing of Petroleum, Coking, Processing of Nuclear Fuel	5074	20434	195764	187574
化学原料和化学制品制造业	Manufacture of Raw Chemical Materials and Chemical Products	38627	512865	1309297	1420580
医药制造业	Manufacture of Medicines	159440	26094	2319259	819302
化学纤维制造业	Manufacture of Chemical Fibers	735	896	30803	16738
橡胶和塑料制品业	Manufacture of Rubber and Plastic	15789	10263	208622	78177
非金属矿物制品业	Manufacture of Non-metallic Mineral Products	48067	96482	944969	470593
黑色金属冶炼和压延加工业	Smelting and Pressing of Ferrous Metals	5722	152896	48776	103474
有色金属冶炼和压延加工业	Smelting and Pressing of Non- ferrous Metals	3125	345927	−212671	51552
金属制品业	Manufacture of Metal Products	8484	11469	271071	96561
通用设备制造业	Manufacture of General Purpose Machinery	26791	5576	407501	135674
专用设备制造业	Manufacture of Special Purpose Machinery	22026	21101	448837	162689
汽车制造业	Manufacture of Automotive	1254342	159801	10645157	5820014
铁路、船舶、航空航天和其他运输设备制造业	Manufacture of Railway,Ship,Aerospace and Other Transport Equipment	49747	12933	523249	221360
电气机械和器材制造业	Manufacture of Electrical Machinery and Equipment	2534	50498	229520	91103
计算机、通信和其他电子设备制造业	Manufacture of Compater,Communication and Other Electronic Equipment	10415	923	110945	31418
仪器仪表制造业	Manufacture of Instrument	2745		51440	13381
其他制造业	Other Manufacturing	1241		30474	12487
废弃资源综合利用业	Wast Resources Utilization Industry	393	322	29981	8381
金属制品、机械和设备修理业	Metal Products,Machinery and Equipment Repair Industry	53	599	4303	3665
电力、热力生产和供应业	Production and Supply of Electric Power and Heat Power	17010	229739	387762	349283
燃气生产和供应业	Production and Supply of Gas	3456	30695	8203	13921
水的生产和供应业	Production and Supply of Water	578	8743	16926	13049

contiued

unit: 10000 yuan

本年应付职工薪酬 The Year of Payable Employees	本年应交增值税 Value Added Tax Payable This Year	全部从业人员年平均人数（人）Annual Average Employed Persons (person)	总资产贡献率（%）Total Assets Contribution Rate（%）	资产负债率（%）Assets-Liability Ratio（%）	流动资产周转率（次/年）Current Assets Turnover (times/year)	成本费用利润率（%）Ratio of Pre-tax Profit to Cost（%）	产品销售率（%）Proportion of Products Sold（%）
8719599	**5492633**	**1454536**	**13.6**	**54.8**	**2.9**	**5.7**	**97.7**
447199	61017	77058	1.3	82.2	2.5	-2.5	95.4
397326	126824	37095	-2.1	39.8	1.8	-15.3	100.4
71305	40886	16827	8.5	56.7	4.8	3.0	98.9
59684	28094	15997	10.5	51.9	4.0	7.2	97.9
19980	23041	6050	24.8	34.2	8.2	4.5	98.8
216509	37654	22345	3.7	87.1	1.8	-4.6	99.1
149	1690	54	44.5	32.4	19.9	7.8	100.0
452328	164531	129024	13.9	55.1	6.1	3.9	97.5
120023	77194	29794	14.1	45.6	3.7	5.7	93.5
161889	92111	39961	13.6	49.2	4.4	4.6	97.5
111594	150553	4270	53.1	57.0	1.1	17.9	97.8
125964	8791	32242	7.2	43.3	5.7	3.1	96.2
42218	7831	12688	6.4	51.3	3.7	1.4	98.1
7940	5397	1714	21.4	58.3	8.0	4.3	93.6
230947	62541	66019	13.1	42.7	6.8	4.6	97.8
44700	26091	9631	30.1	40.2	7.3	7.5	97.5
42712	15488	10478	10.7	57.8	4.4	5.5	97.6
22781	13851	6015	20.8	32.7	3.4	18.9	96.5
11367	11249	3496	31.6	54.3	7.4	5.8	92.8
31746	35635	8526	28.1	60.1	6.8	1.8	97.1
617066	382143	81500	16.1	49.1	5.9		97.6
588687	535617	135924	18.8	36.8	2.6	11.5	95.2
30320	10058	8745	7.4	64.7	1.7	3.3	91.8
85902	38222	22471	14.2	46.6	4.9	4.9	96.3
368315	264053	77002	10.4	59.1	2.5	3.7	97.5
200110	62403	39461	1.1	77.7	3.6	-0.4	98.2
73130	31087	11780	0.6	76.7	0.5	-11.4	94.8
101499	56361	23080	16.3	46.2	4.1	5.9	96.7
132696	77138	30812	19.8	47.0	4.2	7.1	97.7
139541	98275	34307	18.2	45.1	5.3	5.4	94.5
2236543	2438350	279980	22.2	51.8	2.2	11.0	99.6
221212	140267	24737	10.6	68.5	1.1	10.6	98.1
87815	57567	19818	12.9	49.4	3.9	4.0	98.0
46286	14038	9592	12.4	43.9	1.8	11.4	97.1
21056	7950	4332	15.3	35.6	3.0	9.0	97.5
4884	4342	1863	32.0	32.7	13.8	4.6	96.2
7779	6266	2671	16.4	33.9	2.9	9.5	94.3
2667	2858	1020	9.0	74.1	1.9	1.8	97.8
1032905	262130	98774	4.4	66.3	3.4	0.7	99.4
40145	5079	6514	2.5	65.1	4.0	-0.2	96.7
62687	7965	10869	2.7	45.9	1.9	1.7	99.7

13－3　按行业分大中型工业企业主要指标（2015年）

单位：万元

项　　目	Item	企业单位数(个) Number of Enterprises (unit)	#亏损企业 Loss－making Enterprises	工业总产值（当年价格）Gross Industrial Output Value (current price)
总计	**Total**	**648**	**126**	**117283433**
煤炭开采和洗选业	Mining and Washing of Coal	25	16	1619568
石油和天然气开采业	Extraction of Petroleum and Natural Gas	7	4	2239243
黑色金属矿采选业	Mining and Procsing of Ferrous Metal Ores	11	3	632393
有色金属矿采选业	Mining and Processing of Non-ferrous Metal Ores	15	3	553859
非金属矿采选业	Mining and Processing of Nonmetal Ores	1		14270
开采辅助活动	Mining Support Activities	6	2	549899
其他采矿业	Mining of Other Ores			
农副食品加工业	Processing of Food form Agricultural Products	52	3	11041572
食品制造业	Manufacture of Food	13	1	1535669
酒、饮料和精制茶制造业	Manufacture of Wine,Beverages and Tea	25	4	2003935
烟草制品业	Manufacture of Tobacco	3		1530435
纺织业	Manufacture of Textile	9	3	935266
纺织服装、服饰业	Manufacture of Textile and Apparel	8	3	375650
皮革、毛皮、羽毛及其制品和制鞋业	Leather,Fur,Feathers and Footwear Industry	1		44893
木材加工和木、竹、藤、棕、草制品业	Processing of Timber, Manufacture of Wood, Bamboo, Rattan, Palm and Straw Products	37	2	2411014
家具制造业	Manufacture of Furniture	6		309872
造纸和纸制品业	Manufacture of Paper and Paper Products	7	3	250100
印刷和记录媒介复制业	Printing, Reproduction of Recording Media	5	1	69395
文教、工美、体育和娱乐用品制造业	Calture Education ,Art,Sports and Entertainment Goods Industry	2		82264
石油加工、炼焦和核燃料加工业	Processing of Petroleum, Coking, Processing of Nuclear Fuel	7	4	1102692
化学原料和化学制品制造业	Manufacture of Raw Chemical Materials and Chemical Products	26	8	6991316
医药制造业	Manufacture of Medicines	54	3	11810137
化学纤维制造业	Manufacture of Chemical Fibers	2	1	545148
橡胶和塑料制品业	Manufacture of Rubber and Plastic	10	1	616668
非金属矿物制品业	Manufacture of Non-metallic Mineral Products	40	8	1893662
黑色金属冶炼和压延加工业	Smelting and Pressing of Ferrous Metals	12	6	4928083
有色金属冶炼和压延加工业	Smelting and Pressing of Non- ferrous Metals	7	1	1040808
金属制品业	Manufacture of Metal Products	8	2	240165
通用设备制造业	Manufacture of General Purpose Machinery	20	2	1207947
专用设备制造业	Manufacture of Special Purpose Machinery	16	3	875762
汽车制造业	Manufacture of Automotive	108	14	48202940
铁路、船舶、航空航天和其他运输设备制造业	Manufacture of Railway,Ship,Aerospace and Other Transport Equipment	9	1	3508808
电气机械和器材制造业	Manufacture of Electrical Machinery and Equipment	13	2	1079823
计算机、通信和其他电子设备制造业	Manufacture of Compater,Communication and Other Electronic Equipment	10		411505
仪器仪表制造业	Manufacture of Instrument	2		42324
其他制造业	Other Manufacturing			
废弃资源综合利用业	Wast Resources Utilization Industry	2		129272
金属制品、机械和设备修理业	Metal Products,Machinery and Equipment Repair Industry	1		24689
电力、热力生产和供应业	Production and Supply of Electric Power and Heat Power	55	15	6102322
燃气生产和供应业	Production and Supply of Gas	4	2	168680
水的生产和供应业	Production and Supply of Water	9	5	161386

According to the Industry of Carge and Mediumsized Industrial Enterprises of the Main Indicators (2015)

unit: 10000 yuan

工业销售产值（当年价格）Sales Value of Industry (current price)	产成品 Finished Goods	资产总计 Total Assets	流动资产合计 Total Current Assets	应收帐款 Account Receivable	固定资产合计 Total Fixed Assets	固定资产原价 Original Value of Fixed Assets
115338222	**3735646**	**121206617**	**53137095**	**9295562**	**48830165**	**96501855**
1519918	35394	2985238	919563	182268	1696732	3416811
2238351	25575	8423307	1521874	54269	6892000	12260612
623864	21003	1168026	303640	52308	429980	1298339
530957	8378	1052282	283681	29952	518504	656288
14096	112	2558	1859	110	699	2295
551891	21191	1619022	661792	308206	838258	2012852
10704727	259242	4892076	2352361	532042	2129172	4133051
1311032	27131	1086080	528419	107707	402398	822742
1938693	111073	1716988	612329	108538	811193	1573231
1497426	9623	1801968	1353647	236744	379525	615988
900030	21838	660324	195640	126266	454614	1802797
363461	41132	230174	154625	11568	46139	822544
36401		22625	6312	1023	16313	32875
2369221	123827	1984101	644607	91974	882189	2362867
300596	4833	133013	32010	2758	58337	124894
251689	3215	593607	191309	34494	333292	387767
65463	4384	595983	63807	6306	62445	80088
75949	905	25248	15291	3676	8040	12985
1058217	35421	378883	125296	10275	223934	644150
6914179	164066	5133074	1161628	74528	2919178	7501635
11414802	411837	8795498	4154683	1203761	1533794	3210695
495976	35157	700482	304346	21693	299115	675129
585813	17296	461040	224978	100019	226024	344319
1738731	55877	1914587	863865	298595	895937	2124131
4885636	67796	7262163	1231830	147171	3877690	7095865
963053	83491	6079164	3711599	465376	1842967	2177187
215182	16174	390614	222570	71516	90838	293199
1239899	61184	954286	586634	180924	268561	1077471
789604	72620	712329	308667	106021	362210	1092242
48233295	1913716	40065920	24276978	2995302	8510008	17418837
3447206	27302	4741239	3489142	1140610	806959	1265482
1072344	35793	929728	481721	130795	317437	1121659
397095	11668	594844	339438	76179	206835	377965
39052	6984	171528	84283	19199	54328	69690
119928		81363	58427	12225	7280	11370
24689		27984	8437	7651	10159	15192
6106127	241	11575487	1346112	332069	9737529	16452200
142243	170	591932	135335	7686	274958	381629
161386		651854	178364	3761	404591	732785

单位：万元

13－3 续表 1

项　　目	Item	负债合计 Total Liabilities	所有者权益合计 Total Owners' Equities	主营业务收入 Revenue from Principal Business
总计	**Total**	**68293743**	**53017339**	**118863418**
煤炭开采和洗选业	Mining and Washing of Coal	2544936	440302	1462056
石油和天然气开采业	Extraction of Petroleum and Natural Gas	3279318	5143989	2182164
黑色金属矿采选业	Mining and Procssing of Ferrous Metal Ores	729115	438911	582366
有色金属矿采选业	Mining and Processing of Non-ferrous Metal Ores	577768	474514	581245
非金属矿采选业	Mining and Processing of Nonmetal Ores	1425	1133	14096
开采辅助活动	Mining Support Activities	1646270	-27249	978405
其他采矿业	Mining of Other Ores			
农副食品加工业	Processing of Food form Agricultural Products	3453649	1438427	10151375
食品制造业	Manufacture of Food	650982	435098	1056510
酒、饮料和精制茶制造业	Manufacture of Wine,Beverages and Tea	956694	760293	1963689
烟草制品业	Manufacture of Tobacco	1031397	770571	1483280
纺织业	Manufacture of Textile	331613	328711	919836
纺织服装、服饰业	Manufacture of Textile and Apparel	119015	111159	350430
皮革、毛皮、羽毛及其制品和制鞋业	Leather,Fur,Feathers and Footwear Industry	21625	1000	34794
木材加工和木、竹、藤、棕、草制品业	Processing of Timber, Manufacture of Wood, Bamboo, Rattan, Palm and Straw Products	1183028	801073	2238115
家具制造业	Manufacture of Furniture	69838	63175	287055
造纸和纸制品业	Manufacture of Paper and Paper Products	428664	164942	231258
印刷和记录媒介复制业	Printing, Reproduction of Recording Media	184243	411740	66934
文教、工美、体育和娱乐用品制造业	Calture Education ,Art,Sports and Entertainment Goods Industry	9773	15475	78768
石油加工、炼焦和核燃料加工业	Processing of Petroleum, Coking, Processing of Nuclear Fuel	300630	78253	1066560
化学原料和化学制品制造业	Manufacture of Raw Chemical Materials and Chemical Products	2832055	2339227	6688583
医药制造业	Manufacture of Medicines	2866159	5929338	10807095
化学纤维制造业	Manufacture of Chemical Fibers	458906	241576	443209
橡胶和塑料制品业	Manufacture of Rubber and Plastic	260062	200978	551499
非金属矿物制品业	Manufacture of Non-metallic Mineral Products	1234622	679965	1789826
黑色金属冶炼和压延加工业	Smelting and Pressing of Ferrous Metals	5832752	1495673	3317354
有色金属冶炼和压延加工业	Smelting and Pressing of Non- ferrous Metals	4732344	1346820	1261103
金属制品业	Manufacture of Metal Products	271905	118710	231618
通用设备制造业	Manufacture of General Purpose Machinery	491551	462735	1210143
专用设备制造业	Manufacture of Special Purpose Machinery	337065	375264	745110
汽车制造业	Manufacture of Automotive	19060682	21005238	54282937
铁路、船舶、航空航天和其他运输设备制造业	Manufacture of Railway,Ship,Aerospace and Other Transport Equipment	3286491	1454748	3464519
电气机械和器材制造业	Manufacture of Electrical Machinery and Equipment	403742	525987	1074216
计算机、通信和其他电子设备制造业	Manufacture of Compater,Communication and Other Electronic Equipment	251586	343258	404096
仪器仪表制造业	Manufacture of Instrument	58979	112549	35815
其他制造业	Other Manufacturing			
废弃资源综合利用业	Wast Resources Utilization Industry	23031	58332	110547
金属制品、机械和设备修理业	Metal Products,Machinery and Equipment Repair Industry	24441	3543	24689
电力、热力生产和供应业	Production and Supply of Electric Power and Heat Power	7607750	3967737	6371836
燃气生产和供应业	Production and Supply of Gas	419925	172007	168341
水的生产和供应业	Production and Supply of Water	319714	332140	151951

contiued

unit: 10000 yuan

主营业务成本 Cost of Principal Business	营业税金及附加 Business Tax and Surcharge	主营业务税金及附加 Taxes and Other Charges on Principal Business	销售费用 Selling Cost	管理费用 Management Cost	财务费用 Finance Cost	利息支出 Interest Expense	利润总额 Total Profits
97322223	**4010944**	**3998458**	**5686751**	**5633036**	**1248417**	**1402854**	**7336330**
1405796	15259	13816	23915	126030	29971	31147	-92633
2072119	65514	65514	31171	168334	94553	98732	-477137
502255	4237	4128	12362	42679	19934	18502	3599
399318	11860	11860	19525	58994	10556	6114	53547
11248	362	362	469	442	347		1228
926470	29825	29370	15684	109951	61130	62140	-91222
9259327	30684	30670	203807	238371	78560	95797	371701
919242	5268	5266	97097	100708	50801	50025	56313
1577058	54176	54176	143290	85014	31629	24315	77288
519219	673764	673764	32381	108211	9253	11737	127180
810155	1233	1233	21698	45103	6122	5751	34963
330876	667	653	8057	15334	3330	3142	-4886
27263	78	78	2690	3960	12	12	791
1964263	11618	10764	73979	99619	41697	32455	73931
238241	2188	2188	8765	8207	5381	4643	27141
208205	640	617	9348	11085	3919	5145	5636
54486	1052	534	2215	5461	1914	1744	71415
62251	333	333	2898	4508	1493	1182	7434
881533	127336	127336	3256	50450	9925	8325	-3593
5371599	871142	869545	96795	466818	76372	68847	-357584
6817198	45423	45397	2158002	677868	59164	53807	1304765
377446	2771	2563	16413	24608	23567	24254	14104
488992	1149	1149	8416	22498	9882	7185	18580
1502019	11087	11087	54602	118213	53155	49723	67059
3286400	2954	2851	27947	83492	58007	45915	-81548
1093564	6072	6072	35252	93558	254908	265894	-272224
184226	957	957	6619	30505	5200	5917	7297
991072	6336	6280	28286	60245	7403	7725	118879
630959	3655	3655	21600	34177	13003	9037	41883
43903476	1961722	1957625	2343850	2223131	-93730	107083	5818085
2735138	17380	17261	76289	259041	20109	18918	346635
957632	3884	3884	26857	52982	13037	10868	26365
304744	2591	2553	14936	40825	4712	5968	41451
22356	280	280	1357	5187	1103	1020	8273
96917	221	215	506	2422	371	352	14259
21884	236	236		1207	1199	1084	162
6130344	34606	31861	19778	107306	273727	250945	4911
119566	1569	1569	21672	11173	5092	4915	-23083
117365	819	756	14970	35326	1609	2488	-4634

单位：万元

13－3 续表 2

项目	Item	应交所得税 Income Tax Payable	亏损企业亏损总额 Total Loss	利税总额 Total Pre-tax Profits	应交税金及附加 Tax Payable and Surcharge
总计	**Total**	**1546358**	**2346416**	**15451431**	**9971658**
煤炭开采和洗选业	Mining and Washing of Coal	333	112762	-31773	65904
石油和天然气开采业	Extraction of Petroleum and Natural Gas	1689	546099	-299327	182130
黑色金属矿采选业	Mining and Procssing of Ferrous Metal Ores	1022	24754	22438	21317
有色金属矿采选业	Mining and Processing of Non-ferrous Metal Ores	10183	10579	73326	32194
非金属矿采选业	Mining and Processing of Nonmetal Ores			1721	586
开采辅助活动	Mining Support Activities	8565	124409	-28748	77742
其他采矿业	Mining of Other Ores				
农副食品加工业	Processing of Food form Agricultural Products	3303	12752	415779	56575
食品制造业	Manufacture of Food	1842	3505	91703	38337
酒、饮料和精制茶制造业	Manufacture of Wine,Beverages and Tea	7121	16569	178037	121061
烟草制品业	Manufacture of Tobacco	31282		950330	858197
纺织业	Manufacture of Textile		1630	38227	6274
纺织服装、服饰业	Manufacture of Textile and Apparel	289	6684	-2100	3419
皮革、毛皮、羽毛及其制品和制鞋业	Leather,Fur,Feathers and Footwear Industry			869	78
木材加工和木、竹、藤、棕、草制品业	Processing of Timber，Manufacture of Wood，Bamboo，Rattan，Palm and Straw Products	3777	3781	92696	26191
家具制造业	Manufacture of Furniture	360		36745	10293
造纸和纸制品业	Manufacture of Paper and Paper Products	-5	3697	8869	5267
印刷和记录媒介复制业	Printing，Reproduction of Recording Media	11967	387	75596	16792
文教、工美、体育和娱乐用品制造业	Calture Education ,Art,Sports and Entertainment Goods Industry	899		11081	4842
石油加工、炼焦和核燃料加工业	Processing of Petroleum，Coking，Processing of Nuclear Fuel	538	18503	146437	165754
化学原料和化学制品制造业	Manufacture of Raw Chemical Materials and Chemical Products	9555	483225	787309	1198421
医药制造业	Manufacture of Medicines	131152	15915	1754680	612656
化学纤维制造业	Manufacture of Chemical Fibers	176	896	26218	15225
橡胶和塑料制品业	Manufacture of Rubber and Plastic	1382	4790	23908	7631
非金属矿物制品业	Manufacture of Non-metallic Mineral Products	9889	70424	125699	76758
黑色金属冶炼和压延加工业	Smelting and Pressing of Ferrous Metals	587	148805	-38667	56418
有色金属冶炼和压延加工业	Smelting and Pressing of Non- ferrous Metals	2363	344687	-237899	45078
金属制品业	Manufacture of Metal Products	613	3619	15349	9251
通用设备制造业	Manufacture of General Purpose Machinery	18771	4409	158637	61398
专用设备制造业	Manufacture of Special Purpose Machinery	3862	7036	65814	28877
汽车制造业	Manufacture of Automotive	1214426	139795	10100960	5601427
铁路、船舶、航空航天和其他运输设备制造业	Manufacture of Railway,Ship,Aerospace and Other Transport Equipment	48659	12898	493970	206996
电气机械和器材制造业	Manufacture of Electrical Machinery and Equipment	3812	32744	46476	26344
计算机、通信和其他电子设备制造业	Manufacture of Compater,Communication and Other Electronic Equipment	6003		53909	20509
仪器仪表制造业	Manufacture of Instrument	576		9714	2213
其他制造业	Other Manufacturing				
废弃资源综合利用业	Wast Resources Utilization Industry			16780	2540
金属制品、机械和设备修理业	Metal Products,Machinery and Equipment Repair Industry	10		2535	2526
电力、热力生产和供应业	Production and Supply of Electric Power and Heat Power	10511	156220	284309	293349
燃气生产和供应业	Production and Supply of Gas	810	27339	-21137	3419
水的生产和供应业	Production and Supply of Water	38	7502	962	7671

contiued

unit: 10000 yuan

本年应付职工薪酬 The Year of Payable Employees	本年应交增值税 Value Added Tax Payable This Year	全部从业人员年平均人数（人） Annual Average Employed Persons（person）	总资产贡献率（%） Total Assets Contribution Rate（%）	资产负债率（%） Assets-Liability Ratio（%）	流动资产周转率（次/年） Current Assets Turnover（times/year）	成本费用利润率（%） Ratio of Pre-tax Profit to Cost（%）	产品销售率（%） Proportion of Products Sold（%）
6626684	**4104157**	**911089**	**13.7**	**56.3**	**2.3**	**6.5**	**98.3**
433101	45601	71989	-0.2	85.3	1.9	-5.1	93.9
374346	112296	32670	-2.7	38.9	1.4	-20.2	100.0
43041	14602	9009	3.7	62.4	2.0	0.6	98.7
44137	7919	11701	7.5	54.9	2.1	10.1	95.9
1484	131	305	67.3	55.7	7.6	9.8	98.8
210279	32649	20496	2.0	101.7	1.5	-8.1	100.4
165481	13394	39652	10.4	70.6	4.3	3.8	97.0
51827	30122	9149	13.1	59.9	2.3	4.8	85.4
87366	46573	19334	11.6	55.7	3.2	4.2	96.7
107554	149386	3951	53.3	57.2	1.1	17.9	97.8
107259	2031	27467	6.6	50.2	4.7	4.0	96.2
17005	2119	5538	0.5	51.7	2.3	-1.4	96.8
1800		390	3.9	95.6	5.5	2.3	81.1
120172	7147	29989	6.3	59.6	3.5	3.4	98.3
12571	7415	3075	31.0	52.5	9.0	10.4	97.0
12588	2592	3264	2.6	72.2	1.2	2.4	100.6
8505	3130	1749	13.0	30.9	1.1	110.7	94.3
3740	3314	908	48.3	38.7	5.2	10.5	92.3
20648	22694	5620	40.8	79.4	8.5	-0.4	96.0
495635	273752	47866	16.6	55.2	5.9	-5.7	98.9
484350	404492	103199	20.6	32.6	2.6	13.4	96.7
28041	9344	8113	7.1	65.5	1.6	3.1	91.0
29522	4179	5203	6.6	56.4	2.5	3.4	95.0
90982	47554	21945	9.2	64.5	2.1	3.9	91.8
176974	39928	32535		80.3	2.7	-2.3	99.1
65451	28253	9002	0.2	77.9	0.3	-18.4	92.5
29639	7095	5452	5.4	69.6	1.1	3.2	89.6
68084	33422	12047	17.1	51.5	2.1	10.9	102.7
39194	20276	8445	10.5	47.3	2.4	6.0	90.2
2028639	2321154	235915	25.1	47.6	2.4	11.5	100.1
206246	129955	20966	10.6	69.3	1.0	11.2	98.2
33372	16227	6616	6.1	43.4	2.3	2.5	99.3
31529	9867	6417	10.0	42.3	1.2	11.3	96.5
8126	1161	1333	6.2	34.4	0.4	27.4	92.3
3815	2299	1467	20.9	28.3	1.9	14.2	92.8
996	2137	421	12.9	87.3	2.9	0.7	100.0
900984	244793	75729	4.4	65.7	4.8	0.1	100.1
26949	377	3445	-2.8	70.9	1.3	-13.7	84.3
55253	4777	8717	0.6	49.1	0.9	-2.4	100.0

13－4　按行业分国有及国有控股工业企业主要指标（2015年）

单位：万元

项　　目	Item	企业单位数(个) Number of Enterprises (unit)	#亏损企业 Loss－making Enterprises	工业总产值（当年价格）Gross Industrial Output Value (current price)
总计	**Total**	**375**	**116**	**71461789**
煤炭开采和洗选业	Mining and Washing of Coal	14	11	821170
石油和天然气开采业	Extraction of Petroleum and Natural Gas	9	6	1477812
黑色金属矿采选业	Mining and Procssing of Ferrous Metal Ores	5	4	261559
有色金属矿采选业	Mining and Processing of Non-ferrous Metal Ores	7	3	205454
非金属矿采选业	Mining and Processing of Nonmetal Ores	2		14317
开采辅助活动	Mining Support Activities	3	2	359730
其他采矿业	Mining of Other Ores			
农副食品加工业	Processing of Food form Agricultural Products	20	4	1587239
食品制造业	Manufacture of Food	2	1	628145
酒、饮料和精制茶制造业	Manufacture of Wine,Beverages and Tea	5	2	448748
烟草制品业	Manufacture of Tobacco	5		1540823
纺织业	Manufacture of Textile			
纺织服装、服饰业	Manufacture of Textile and Apparel	1		30183
皮革、毛皮、羽毛及其制品和制鞋业	Leather,Fur,Feathers and Footwear Industry			
木材加工和木、竹、藤、棕、草制品业	Processing of Timber, Manufacture of Wood, Bamboo, Rattan, Palm and Straw Products	22	6	674359
家具制造业	Manufacture of Furniture			
造纸和纸制品业	Manufacture of Paper and Paper Products	2	1	136897
印刷和记录媒介复制业	Printing, Reproduction of Recording Media	2	2	8711
文教、工美、体育和娱乐用品制造业	Calture Education ,Art,Sports and Entertainment Goods Industry	1		5699
石油加工、炼焦和核燃料加工业	Processing of Petroleum, Coking, Processing of Nuclear Fuel	1		29402
化学原料和化学制品制造业	Manufacture of Raw Chemical Materials and Chemical Products	12	5	5138337
医药制造业	Manufacture of Medicines	12	1	400359
化学纤维制造业	Manufacture of Chemical Fibers	1		531000
橡胶和塑料制品业	Manufacture of Rubber and Plastic	5	2	59625
非金属矿物制品业	Manufacture of Non-metallic Mineral Products	28	9	4607636
黑色金属冶炼和压延加工业	Smelting and Pressing of Ferrous Metals	7	3	1057548
有色金属冶炼和压延加工业	Smelting and Pressing of Non- ferrous Metals	1	1	453759
金属制品业	Manufacture of Metal Products	4	1	122383
通用设备制造业	Manufacture of General Purpose Machinery	7	1	363443
专用设备制造业	Manufacture of Special Purpose Machinery	11	1	167006
汽车制造业	Manufacture of Automotive	28	7	39360236
铁路、船舶、航空航天和其他运输设备制造业	Manufacture of Railway,Ship,Aerospace and Other Transport Equipment	5	1	3411477
电气机械和器材制造业	Manufacture of Electrical Machinery and Equipment	4	1	113069
计算机、通信和其他电子设备制造业	Manufacture of Compater,Communication and Other Electronic Equipment	7	1	222004
仪器仪表制造业	Manufacture of Instrument	3		34486
其他制造业	Other Manufacturing			
废弃资源综合利用业	Wast Resources Utilization Industry	1	1	2643
金属制品、机械和设备修理业	Metal Products,Machinery and Equipment Repair Industry	1	1	5680
电力、热力生产和供应业	Production and Supply of Electric Power and Heat Power	121	29	6799756
燃气生产和供应业	Production and Supply of Gas	3	2	147593
水的生产和供应业	Production and Supply of Water	13	7	233501

The main Indicators of Stato-owned and State holding Industrial Enterprises in the Industry (2015)

unit: 10000 yuan

工业销售产值（当年价格）Sales Value of Industry (current price)	产成品 Finished Goods	资产总计 Total Assets	流动资产合计 Total Current Assets	应收帐款 Account Receivable	固定资产合计 Total Fixed Assets	固定资产原价 Original Value of Fixed Assets
70853572	**2876469**	**90189229**	**41135135**	**4700534**	**37529101**	**67681692**
741025	23284	2297342	583200	145562	1447213	2884050
1480299	22203	6918445	1383337	23738	5472447	9521738
256660	7506	903439	130182	55062	486545	697998
193107	5670	688596	194319	22562	309677	366018
14001	607	18489	4161	400	14327	16086
361722	19354	1491816	562628	260915	814582	1973782
1485634	351469	773344	519795	41952	187051	1176340
354067	20394	450235	204710	74670	185446	304522
435301	17517	403579	114401	3278	182689	242327
1507434	9749	1813153	1360244	240459	384114	631557
21497	4362	40122	31185	2302	8937	2660
654326	85472	926302	513371	69072	287045	541933
136222		468155	177630	28651	251182	269992
8409	3156	48695	13875	3502	5961	22959
6268	241	5390	4393	538		
29402		32989	12778	3951	18790	31184
5108415	136533	3276293	600770	17482	2117138	6100852
380196	9301	472742	181769	43206	199886	400631
485372	35157	653063	277670	20205	278372	655433
50518	1473	47416	35233	19588	4955	13005
4596903	218631	6257172	4400255	515297	1769609	2589173
1063418	27267	2704708	577732	57480	1431597	2259641
414387	57857	4596263	2956389	340251	1140147	1425875
114750	11409	256703	136346	50408	58288	104256
407524	30791	447512	248261	74252	141740	415570
107059	47738	223904	173068	56592	39254	72317
39533641	1679526	33875936	20141968	1003536	7141534	13545016
3356678	23824	4641738	3414050	1101137	795368	1243114
141068	11969	187873	114705	15570	34848	44577
212067	5095	252863	131079	26522	115499	155743
34372	7412	117595	71457	17789	22714	37363
2581	12	8547	874	27	7321	8272
5680		21670	12874	7371	6071	14737
6799405	1005	13668973	1558133	347844	11514264	18855933
120803	340	489935	115827	5033	215832	290591
233364	147	708234	176468	4335	438658	766447

单位：万元

13－4 续表 1

项目	Item	负债合计 Total Liabilities	所有者权益合计 Total Owners' Equities	主营业务收入 Revenue from Principal Business
总计	**Total**	**53612096**	**36532504**	**76311576**
煤炭开采和洗选业	Mining and Washing of Coal	1980512	316831	672691
石油和天然气开采业	Extraction of Petroleum and Natural Gas	2958688	3913496	1445011
黑色金属矿采选业	Mining and Procssing of Ferrous Metal Ores	670578	232861	226862
有色金属矿采选业	Mining and Processing of Non-ferrous Metal Ores	438301	250295	191601
非金属矿采选业	Mining and Processing of Nonmetal Ores	4437	14051	14007
开采辅助活动	Mining Support Activities	1526619	-34803	791408
其他采矿业	Mining of Other Ores			
农副食品加工业	Processing of Food form Agricultural Products	719823	53521	1394309
食品制造业	Manufacture of Food	358570	91665	153712
酒、饮料和精制茶制造业	Manufacture of Wine,Beverages and Tea	171793	231785	427457
烟草制品业	Manufacture of Tobacco	1033831	779322	1493666
纺织业	Manufacture of Textile			
纺织服装、服饰业	Manufacture of Textile and Apparel	18154	21967	21497
皮革、毛皮、羽毛及其制品和制鞋业	Leather,Fur,Feathers and Footwear Industry			
木材加工和木、竹、藤、棕、草制品业	Processing of Timber，Manufacture of Wood，Bamboo，Rattan，Palm and Straw Products	658862	267440	622462
家具制造业	Manufacture of Furniture			
造纸和纸制品业	Manufacture of Paper and Paper Products	316456	123193	135247
印刷和记录媒介复制业	Printing，Reproduction of Recording Media	40031	8664	8346
文教、工美、体育和娱乐用品制造业	Calture Education ,Art,Sports and Entertainment Goods Industry	2418	2972	6268
石油加工、炼焦和核燃料加工业	Processing of Petroleum，Coking，Processing of Nuclear Fuel	1373	31616	28504
化学原料和化学制品制造业	Manufacture of Raw Chemical Materials and Chemical Products	1639799	1674702	5343350
医药制造业	Manufacture of Medicines	188222	284520	390195
化学纤维制造业	Manufacture of Chemical Fibers	440030	213032	430631
橡胶和塑料制品业	Manufacture of Rubber and Plastic	31147	16269	34937
非金属矿物制品业	Manufacture of Non-metallic Mineral Products	4358562	1898609	4161213
黑色金属冶炼和压延加工业	Smelting and Pressing of Ferrous Metals	2349098	355610	1000679
有色金属冶炼和压延加工业	Smelting and Pressing of Non- ferrous Metals	3898756	697507	724526
金属制品业	Manufacture of Metal Products	182429	74274	112670
通用设备制造业	Manufacture of General Purpose Machinery	233186	214326	379445
专用设备制造业	Manufacture of Special Purpose Machinery	178688	45216	101695
汽车制造业	Manufacture of Automotive	15797675	18078261	44841644
铁路、船舶、航空航天和其他运输设备制造业	Manufacture of Railway,Ship,Aerospace and Other Transport Equipment	3226521	1415218	3372248
电气机械和器材制造业	Manufacture of Electrical Machinery and Equipment	171162	16711	137023
计算机、通信和其他电子设备制造业	Manufacture of Compater,Communication and Other Electronic Equipment	127075	125787	207009
仪器仪表制造业	Manufacture of Instrument	25516	92079	31870
其他制造业	Other Manufacturing			
废弃资源综合利用业	Wast Resources Utilization Industry	3953	4594	2581
金属制品、机械和设备修理业	Metal Products,Machinery and Equipment Repair Industry	16137	5534	6491
电力、热力生产和供应业	Production and Supply of Electric Power and Heat Power	9178308	4482597	7029596
燃气生产和供应业	Production and Supply of Gas	332753	157182	146901
水的生产和供应业	Production and Supply of Water	332634	375600	223822

contiued

unit: 10000 yuan

主营业务成本 Cost of Principal Business	营业税金及附加 Business Tax and Surcharge	主营业务税金及附加 Taxes and Other Charges on Principal Business	销售费用 Selling Cost	管理费用 Management Cost	财务费用 Finance Cost	利息支出 Interest Expense	利润总额 Total Profits
62780259	**3697938**	**3685996**	**2819874**	**3633868**	**1006840**	**1213856**	**4355446**
662344	12526	11083	18965	104132	21956	23688	-102084
1401254	62251	62251	24190	165165	59444	81870	-495006
191336	5719	5610	4695	40788	23387	19321	-32774
138699	8267	8267	1096	25654	5722	5169	17618
10687	163	163	724	1036	62	62	1261
806171	15117	14662	4827	85718	53511	54874	-102371
1321259	2357	2340	12115	23127	26275	24516	-3692
184658	1616	1616	26405	65259	35376	34601	11951
359485	17247	17247	8446	26392	3485	3727	19374
525608	673903	673903	32381	110727	9247	11737	128634
18132	14		1445	1599	490	503	265
532599	2798	1940	23289	38024	24138	22328	30033
124273	57	33	8378	7655	-202	1428	858
7628	116	116	482	2113	292	293	-907
4948	35	35	130	434	-1		759
22769	167	167	230	956	34	4	4586
4273009	858503	856907	47525	381981	43788	43726	-356640
193471	3252	3248	48643	50533	4811	4773	92690
365861	2765	2558	15643	23098	23599	24254	15000
30867	106	106	1206	2041	229	137	536
3683893	31899	31224	124122	186017	169254	176773	27743
1051850	1140	1135	10897	35852	15874	12481	-108108
690512	3730	3730	23489	70621	223793	242639	-344687
89884	232	232	4662	13293	925	1787	4362
329249	2342	2297	10787	25945	1864	1686	11987
79304	1275	1270	4651	15503	2533	3094	1359
35770091	1926334	1922576	2196494	1682338	-127983	54178	5167040
2675964	16565	16452	72153	248866	18677	17690	327377
119021	300	292	3447	8879	5144	5450	751
138665	1314	928	10666	31810	368	1219	36762
21655	293	281	1302	6203	-163	94	7425
2506	12	12	124	135	126		-322
3657	232	232		3631	35	35	-599
6662034	43304	41159	43530	101341	354546	334037	19998
114043	997	997	16083	7392	2639	2471	-27100
172873	993	930	16652	39612	3566	3210	1368

单位：万元

13－4 续表 2

项　　目	Item	应交所得税 Income Tax Payable	亏损企业亏损总额 Total Loss	利税总额 Total Pre-tax Profits	应交税金及附加 Tax Payable and Surcharge
总计	**Total**	**1256027**	**2057127**	**11301113**	**8400955**
煤炭开采和洗选业	Mining and Washing of Coal	386	104104	-53202	53593
石油和天然气开采业	Extraction of Petroleum and Natural Gas	1999	504973	-339276	161333
黑色金属矿采选业	Mining and Procssing of Ferrous Metal Ores	404	33555	-15086	18935
有色金属矿采选业	Mining and Processing of Non-ferrous Metal Ores	3777	10579	29937	16380
非金属矿采选业	Mining and Processing of Nonmetal Ores			1909	654
开采辅助活动	Mining Support Activities	6093	124409	-63977	50914
其他采矿业	Mining of Other Ores				
农副食品加工业	Processing of Food form Agricultural Products	655	49630	5264	10699
食品制造业	Manufacture of Food	-875	3505	13574	1240
酒、饮料和精制茶制造业	Manufacture of Wine,Beverages and Tea		2415	52638	42168
烟草制品业	Manufacture of Tobacco	31630		953090	859886
纺织业	Manufacture of Textile				
纺织服装、服饰业	Manufacture of Textile and Apparel	168		288	204
皮革、毛皮、羽毛及其制品和制鞋业	Leather,Fur,Feathers and Footwear Industry				
木材加工和木、竹、藤、棕、草制品业	Processing of Timber，Manufacture of Wood，Bamboo，Rattan，Palm and Straw Products	4003	7193	32517	8542
家具制造业	Manufacture of Furniture				
造纸和纸制品业	Manufacture of Paper and Paper Products	-5	3544	1197	1484
印刷和记录媒介复制业	Printing，Reproduction of Recording Media	20	907	-125	905
文教、工美、体育和娱乐用品制造业	Calture Education ,Art,Sports and Entertainment Goods Industry			1088	358
石油加工、炼焦和核燃料加工业	Processing of Petroleum，Coking，Processing of Nuclear Fuel	1171		6146	2810
化学原料和化学制品制造业	Manufacture of Raw Chemical Materials and Chemical Products	2341	379992	741892	1130533
医药制造业	Manufacture of Medicines	13502	4604	108047	30308
化学纤维制造业	Manufacture of Chemical Fibers	176		27065	15087
橡胶和塑料制品业	Manufacture of Rubber and Plastic	187	905	1357	1048
非金属矿物制品业	Manufacture of Non-metallic Mineral Products	13555	14329	143534	143229
黑色金属冶炼和压延加工业	Smelting and Pressing of Ferrous Metals	927	115644	-100631	14487
有色金属冶炼和压延加工业	Smelting and Pressing of Non- ferrous Metals	-8437	344687	-326143	16632
金属制品业	Manufacture of Metal Products	631	1157	6579	3160
通用设备制造业	Manufacture of General Purpose Machinery	934	2794	18095	8254
专用设备制造业	Manufacture of Special Purpose Machinery	552	1671	8025	7844
汽车制造业	Manufacture of Automotive	1113229	107172	9221320	5250852
铁路、船舶、航空航天和其他运输设备制造业	Manufacture of Railway,Ship,Aerospace and Other Transport Equipment	47262	12898	468176	198811
电气机械和器材制造业	Manufacture of Electrical Machinery and Equipment	529	4881	2693	3020
计算机、通信和其他电子设备制造业	Manufacture of Compater,Communication and Other Electronic Equipment	7622	228	45287	16627
仪器仪表制造业	Manufacture of Instrument	943		9226	2985
其他制造业	Other Manufacturing				
废弃资源综合利用业	Wast Resources Utilization Industry		322	-294	28
金属制品、机械和设备修理业	Metal Products,Machinery and Equipment Repair Industry		599	23	694
电力、热力生产和供应业	Production and Supply of Electric Power and Heat Power	12609	184421	318995	317088
燃气生产和供应业	Production and Supply of Gas		27339	-26183	1403
水的生产和供应业	Production and Supply of Water	38	8670	8068	8763

contiued

unit: 10000 yuan

本年应付职工薪酬 The Year of Payable Employees	本年应交增值税 Value Added Tax Payable This Year	全部从业人员年平均人数（人）Annual Average Employed Persons (person)	总资产贡献率（%）Total Assets Contribution Rate (%)	资产负债率（%）Assets-Liability Ratio (%)	流动资产周转率（次/年）Current Assets Turnover (times/year)	成本费用利润率（%）Ratio of Pre-tax Profit to Cost (%)	产品销售率（%）Proportion of Products Sold (%)
5033075	**3247728**	**530712**	**13.6**	**59.4**	**2.0**	**5.9**	**99.2**
387732	36356	61423	-1.6	86.2	1.6	-9.8	90.2
355888	93479	28604	-4.1	42.8	1.0	-30.0	100.2
30323	11969	5566	0.4	74.2	1.9	-11.7	98.1
26012	4052	6901	5.1	63.7	1.0	10.1	94.0
479	485	158	10.7	24.0	3.4	10.1	97.8
203251	23277	18296	-0.7	102.3	1.4	-10.7	100.6
14358	6598	4763	3.9	93.1	2.7	-0.3	93.6
12671	7	2249	10.7	79.6	1.6	3.8	56.4
8851	16018	2138	13.9	42.6	3.7	4.9	97.0
111594	150553	4270	53.1	57.0	1.1	17.9	97.8
671	9	717	2.0	45.3	0.7	1.2	71.2
88878	-314	21219	5.8	71.1	1.2	4.8	97.0
2956	283	731	0.9	67.6	0.8	0.6	99.5
3462	666	643	0.3	82.2	0.7	-8.3	96.5
769	294	205	20.2	44.9	1.5	13.4	110.0
435	1393	69	18.7	4.2	2.2	19.1	100.0
436009	240029	38587	23.9	50.1	9.2	-7.2	99.4
41519	12104	4886	23.8	39.8	2.2	31.1	95.0
26663	9300	7001	7.8	67.4	1.7	3.3	91.4
2223	715	646	3.2	65.7	1.0	1.6	84.7
128771	83892	5859	5.2	69.7	1.1	0.6	99.8
91676	6338	14497	-3.4	86.9	1.8	-9.5	100.6
37294	14814	4416	-2.2	84.8	0.3	-34.2	91.3
23808	1986	3337	3.2	71.1	0.8	4.0	93.8
28618	3766	5371	4.3	52.1	1.6	3.2	112.1
28295	5391	3814	4.9	79.8	0.6	1.3	64.1
1679627	2127945	168580	26.9	46.6	2.4	12.4	100.4
195106	124234	18679	10.2	69.5	1.0	10.8	98.4
7230	1642	1000	4.2	91.1	1.3	0.5	124.8
16994	7211	2863	18.2	50.3	1.6	20.1	95.5
8981	1508	1210	7.9	21.7	0.5	25.2	99.7
120	16	23	-3.4	46.3	3.0	-11.1	97.7
690	390	240	0.3	74.5	0.6	-7.9	100.0
953128	255693	79856	4.6	67.2	4.6	0.3	100.0
20262	-80	2482	-4.9	67.9	1.3	-17.9	81.9
57730	5707	9413	1.6	47.0	1.3	0.5	99.9

13－5 按行业分私营工业企业主要指标（2015年）

单位：万元

项 目	Item	企业单位数(个) Number of Enterprises (unit)	#亏损企业 Loss－making Enterprises	工业总产值（当年价格）Gross Industrial Output Value（current price）
总计	**Total**	**2809**	**112**	**68750469**
煤炭开采和洗选业	Mining and Washing of Coal	25	2	549861
石油和天然气开采业	Extraction of Petroleum and Natural Gas	2		245390
黑色金属矿采选业	Mining and Procssing of Ferrous Metal Ores	46	2	1227310
有色金属矿采选业	Mining and Processing of Non-ferrous Metal Ores	23	1	657712
非金属矿采选业	Mining and Processing of Nonmetal Ores	38		725599
开采辅助活动	Mining Support Activities	1		52562
其他采矿业	Mining of Other Ores	1		24495
农副食品加工业	Processing of Food form Agricultural Products	625	15	14533578
食品制造业	Manufacture of Food	111	6	2109039
酒、饮料和精制茶制造业	Manufacture of Wine,Beverages and Tea	120	1	2865183
烟草制品业	Manufacture of Tobacco			
纺织业	Manufacture of Textile	20	2	489858
纺织服装、服饰业	Manufacture of Textile and Apparel	26	2	344545
皮革、毛皮、羽毛及其制品和制鞋业	Leather,Fur,Feathers and Footwear Industry	6		144529
木材加工和木、竹、藤、棕、草制品业	Processing of Timber，Manufacture of Wood，Bamboo，Rattan，Palm and Straw Products	161	2	4659769
家具制造业	Manufacture of Furniture	42	1	829484
造纸和纸制品业	Manufacture of Paper and Paper Products	54	4	856184
印刷和记录媒介复制业	Printing，Reproduction of Recording Media	14	3	250079
文教、工美、体育和娱乐用品制造业	Calture Education ,Art,Sports and Entertainment Goods Industry	14		259002
石油加工、炼焦和核燃料加工业	Processing of Petroleum，Coking，Processing of Nuclear Fuel	15	5	764721
化学原料和化学制品制造业	Manufacture of Raw Chemical Materials and Chemical Products	172	4	4393013
医药制造业	Manufacture of Medicines	93	8	3322070
化学纤维制造业	Manufacture of Chemical Fibers	3		38606
橡胶和塑料制品业	Manufacture of Rubber and Plastic	85	1	1444110
非金属矿物制品业	Manufacture of Non-metallic Mineral Products	298	9	7003678
黑色金属冶炼和压延加工业	Smelting and Pressing of Ferrous Metals	39	4	2745626
有色金属冶炼和压延加工业	Smelting and Pressing of Non- ferrous Metals	9	2	188014
金属制品业	Manufacture of Metal Products	96	4	2222762
通用设备制造业	Manufacture of General Purpose Machinery	105	4	2265658
专用设备制造业	Manufacture of Special Purpose Machinery	124		3616755
汽车制造业	Manufacture of Automotive	236	17	5740339
铁路、船舶、航空航天和其他运输设备制造业	Manufacture of Railway,Ship,Aerospace and Other Transport Equipment	17		220279
电气机械和器材制造业	Manufacture of Electrical Machinery and Equipment	68	5	1569807
计算机、通信和其他电子设备制造业	Manufacture of Compater,Communication and Other Electronic Equipment	13	1	352962
仪器仪表制造业	Manufacture of Instrument	16		294150
其他制造业	Other Manufacturing	18		362254
废弃资源综合利用业	Wast Resources Utilization Industry	7		123139
金属制品、机械和设备修理业	Metal Products,Machinery and Equipment Repair Industry	2		14587
电力、热力生产和供应业	Production and Supply of Electric Power and Heat Power	49	6	801927
燃气生产和供应业	Production and Supply of Gas	13	1	389288
水的生产和供应业	Production and Supply of Water	2		52549

Main Indicators of Private Industrial Enterprises by Industry（2015）

unit: 10000 yuan

工业销售产值（当年价格）Sales Value of Industry（current price）	产成品 Finished Goods	资产总计 Total Assets	流动资产合计 Total Current Assets	应收帐款 Account Receivable	固定资产合计 Total Fixed Assets	固定资产原价 Original Value of Fixed Assets
66523945	**1507594**	**30480392**	**12642044**	**3972978**	**13152334**	**44154868**
540437	5594	134626	53680	15652	56440	421998
241684	3563	111194	26932	636	84182	177911
1214094	13327	424939	103527	11198	224693	706524
653633	2833	250481	37534	7994	179986	540904
720247	5173	203998	76898	11905	111321	317767
52562		58614	40680	24184	14795	21638
24495	963	10203	1230	856	8973	9210
14120268	210927	4620605	1683855	300078	1987580	6459029
2050593	33122	798281	340592	73176	324706	818020
2821142	97986	1277592	440054	67860	624803	1731094
469495	6372	142427	58578	16960	74314	467366
338120	9830	233913	148425	11810	56939	161234
131375	2925	61721	21701	3607	35138	66251
4556399	55230	1741618	416277	88197	867488	2648716
802300	10882	308011	112112	22458	138130	292749
832138	9034	296951	91545	26046	155384	442406
243069	2668	62944	29163	9598	28470	46907
246582	2815	67193	33077	6691	30233	250163
754329	19084	270182	95919	8164	160226	788797
4219939	46229	1567469	550166	113066	756742	3074392
3100619	52506	1492488	797758	197634	485313	1977864
37120	344	21472	8633	1696	10916	22592
1383299	17105	623480	193167	56119	356419	756520
6763239	82129	2555750	971772	240984	1228119	5151477
2669660	32357	1315493	373873	107660	901583	3886883
183690	1994	86446	35812	9425	43106	350329
2138832	17098	914505	388623	95042	379244	1792569
2149992	23558	762059	329708	85944	370766	1608181
3497450	40834	1105727	383151	91624	636881	3060633
5511067	674235	6463718	3900160	2013572	1506781	3002873
206520	5077	169404	91333	40005	64488	156512
1502277	9025	662120	249391	94032	332807	761212
344024	1214	100659	50425	17943	43447	210151
287905	1732	73176	33179	9186	32906	215613
351329	3088	59738	22139	7443	33545	252384
119409	4426	74548	20484	3668	46641	47100
13128	1191	9022	3835	1455	5187	7084
792630	703	1187348	398675	74077	638227	1203042
386892	421	131604	27440	4890	88709	212316
51960	3	28679	544	442	26707	36458

13－5 续表 1

单位：万元

项　　目	Item	负债合计 Total Liabilities	所有者权益合计 Total Owners' Equities	主营业务收入 Revenue from Principal Business
总计	**Total**	**16111490**	**14161682**	**63822759**
煤炭开采和洗选业	Mining and Washing of Coal	56361	78264	546762
石油和天然气开采业	Extraction of Petroleum and Natural Gas	67124	44070	183873
黑色金属矿采选业	Mining and Procssing of Ferrous Metal Ores	176836	248103	1184031
有色金属矿采选业	Mining and Processing of Non-ferrous Metal Ores	95198	155283	659730
非金属矿采选业	Mining and Processing of Nonmetal Ores	69305	132193	707494
开采辅助活动	Mining Support Activities	52241	6372	52562
其他采矿业	Mining of Other Ores	3310	6893	24495
农副食品加工业	Processing of Food form Agricultural Products	2059638	2548040	13629416
食品制造业	Manufacture of Food	331404	464625	1922717
酒、饮料和精制茶制造业	Manufacture of Wine,Beverages and Tea	589568	683206	2760960
烟草制品业	Manufacture of Tobacco			
纺织业	Manufacture of Textile	51396	91030	466991
纺织服装、服饰业	Manufacture of Textile and Apparel	121791	110123	333998
皮革、毛皮、羽毛及其制品和制鞋业	Leather,Fur,Feathers and Footwear Industry	36784	24937	133363
木材加工和木、竹、藤、棕、草制品业	Processing of Timber，Manufacture of Wood，Bamboo，Rattan，Palm and Straw Products	791138	910939	4157889
家具制造业	Manufacture of Furniture	130453	177558	786136
造纸和纸制品业	Manufacture of Paper and Paper Products	129634	160080	830457
印刷和记录媒介复制业	Printing，Reproduction of Recording Media	35027	27916	238839
文教、工美、体育和娱乐用品制造业	Calture Education ,Art,Sports and Entertainment Goods Industry	33826	33367	256131
石油加工、炼焦和核燃料加工业	Processing of Petroleum，Coking，Processing of Nuclear Fuel	127814	142368	732179
化学原料和化学制品制造业	Manufacture of Raw Chemical Materials and Chemical Products	653349	893749	3843255
医药制造业	Manufacture of Medicines	655928	831339	2761130
化学纤维制造业	Manufacture of Chemical Fibers	12436	9037	36095
橡胶和塑料制品业	Manufacture of Rubber and Plastic	227728	395077	1371648
非金属矿物制品业	Manufacture of Non-metallic Mineral Products	1103328	1408005	6543197
黑色金属冶炼和压延加工业	Smelting and Pressing of Ferrous Metals	848322	450896	2706222
有色金属冶炼和压延加工业	Smelting and Pressing of Non- ferrous Metals	39523	46923	186931
金属制品业	Manufacture of Metal Products	367966	544892	2076574
通用设备制造业	Manufacture of General Purpose Machinery	365190	377434	2109024
专用设备制造业	Manufacture of Special Purpose Machinery	399860	704473	3411195
汽车制造业	Manufacture of Automotive	5255958	1191812	5245823
铁路、船舶、航空航天和其他运输设备制造业	Manufacture of Railway,Ship,Aerospace and Other Transport Equipment	91715	77689	210470
电气机械和器材制造业	Manufacture of Electrical Machinery and Equipment	250286	411834	1479275
计算机、通信和其他电子设备制造业	Manufacture of Compater,Communication and Other Electronic Equipment	48176	43209	351416
仪器仪表制造业	Manufacture of Instrument	33823	39353	276371
其他制造业	Other Manufacturing	25110	33340	352630
废弃资源综合利用业	Wast Resources Utilization Industry	35108	39440	102831
金属制品、机械和设备修理业	Metal Products,Machinery and Equipment Repair Industry	3921	5101	13128
电力、热力生产和供应业	Production and Supply of Electric Power and Heat Power	670446	516902	722128
燃气生产和供应业	Production and Supply of Gas	61166	70438	364000
水的生产和供应业	Production and Supply of Water	3305	25374	51394

contiued

unit: 10000 yuan

主营业务成本 Cost of Principal Business	营业税金及附加 Business Tax and Surcharge	主营业务税金及附加 Taxes and Other Charges on Principal Business	销售费用 Selling Cost	管理费用 Management Cost	财务费用 Finance Cost	利息支出 Interest Expense	利润总额 Total Profits
55211870	**494017**	**473293**	**1640694**	**2563211**	**608878**	**437873**	**3150914**
500769	5372	5372	7656	10579	1576	1434	17773
156756	2150	2150	5355	7924	5249	5160	6735
1018006	13955	13955	31404	42543	15099	8431	62420
567894	2855	2855	13933	38432	2674	1395	34031
621684	8160	8160	16138	25152	6240	3136	29100
45814	178	178		4875	866	673	858
14607	256	256	2824	2516	2402	852	1739
11987076	80735	80640	340131	433462	112756	84648	605094
1628005	12968	12963	67983	80569	19238	12958	108819
2327033	48775	48708	90129	110707	27012	19092	118475
401029	1362	1362	10374	44724	2817	2625	7301
294100	1169	1113	9935	17166	3167	2679	6523
98447	636	636	6452	18611	778	546	6950
3612186	23458	23428	131406	180169	39611	25779	163364
645098	6061	5996	28129	32970	13228	8115	61328
712815	3650	3649	22124	34450	9041	6350	47781
193534	4954	4954	9166	13628	4216	2423	13681
217154	1648	1648	9292	12142	3258	2261	12782
618964	56049	56046	9763	17653	6357	5630	23144
3338800	24387	24387	105159	161776	31456	23413	165918
2340539	9730	9728	87272	111328	22464	13289	150099
30968	118	118	416	1826	206	161	2561
1170522	8458	8416	30374	70379	12046	10282	75809
5562857	55880	55828	194111	300425	70318	46696	351594
2512897	5643	5643	19905	67576	18566	16373	70225
167602	774	774	4069	3188	1378	976	9880
1763201	15415	15331	54776	86011	28344	22675	129414
1800861	8708	8702	48831	79704	20777	14705	151243
2938447	18474	18456	71297	158518	26087	17860	205369
4538822	42091	22050	117204	228866	52858	41805	295721
178650	2268	2263	5302	10578	2227	1555	11496
1268971	12865	12754	40796	53954	13880	8882	88141
314961	985	985	4288	6557	2156	1575	22696
232702	1031	1031	8369	13441	1317	683	20078
289432	6383	6383	14736	18473	5615	5180	17725
87481	1205	1205	2983	4847	954	933	5366
11511	38	38	208	214	88	90	1069
618040	3106	3068	10160	48490	20714	15658	37724
336889	1534	1531	7835	7999	1310	405	8417
46744	535	535	410	791	536	492	2473

单位：万元

13-5 续表 2

项目	Item	应交所得税 Income Tax Payable	亏损企业亏损总额 Total Loss	利税总额 Total Pre-tax Profits	应交税金及附加 Tax Payable and Surcharge
总计	**Total**	**142932**	**79129**	**4586519**	**1683699**
煤炭开采和洗选业	Mining and Washing of Coal	1581	1727	32552	16560
石油和天然气开采业	Extraction of Petroleum and Natural Gas			9851	3215
黑色金属矿采选业	Mining and Procssing of Ferrous Metal Ores	696	1165	93155	34560
有色金属矿采选业	Mining and Processing of Non-ferrous Metal Ores	1138	486	51069	19767
非金属矿采选业	Mining and Processing of Nonmetal Ores	395		54814	27712
开采辅助活动	Mining Support Activities			2408	1552
其他采矿业	Mining of Other Ores			3686	1946
农副食品加工业	Processing of Food form Agricultural Products	19228	30245	799400	228366
食品制造业	Manufacture of Food	7083	950	163962	64877
酒、饮料和精制茶制造业	Manufacture of Wine,Beverages and Tea	3213	567	208523	98745
烟草制品业	Manufacture of Tobacco				
纺织业	Manufacture of Textile	667	939	12217	6264
纺织服装、服饰业	Manufacture of Textile and Apparel	769	3162	10988	6270
皮革、毛皮、羽毛及其制品和制鞋业	Leather,Fur,Feathers and Footwear Industry	724		11970	6544
木材加工和木、竹、藤、棕、草制品业	Processing of Timber，Manufacture of Wood，Bamboo，Rattan，Palm and Straw Products	7420	146	227116	76848
家具制造业	Manufacture of Furniture	2226	38	87274	29004
造纸和纸制品业	Manufacture of Paper and Paper Products	3475	1542	62538	19472
印刷和记录媒介复制业	Printing，Reproduction of Recording Media	1371	630	22388	10737
文教、工美、体育和娱乐用品制造业	Calture Education ,Art,Sports and Entertainment Goods Industry	1095		19886	8499
石油加工、炼焦和核燃料加工业	Processing of Petroleum，Coking，Processing of Nuclear Fuel	2512	2338	91668	71463
化学原料和化学制品制造业	Manufacture of Raw Chemical Materials and Chemical Products	6058	3099	234176	82336
医药制造业	Manufacture of Medicines	6942	4887	240438	102222
化学纤维制造业	Manufacture of Chemical Fibers	472		3383	1340
橡胶和塑料制品业	Manufacture of Rubber and Plastic	6846	28	105162	40642
非金属矿物制品业	Manufacture of Non-metallic Mineral Products	17623	8692	518561	196280
黑色金属冶炼和压延加工业	Smelting and Pressing of Ferrous Metals	2963	2212	99380	42215
有色金属冶炼和压延加工业	Smelting and Pressing of Non- ferrous Metals	746	135	12221	3565
金属制品业	Manufacture of Metal Products	3323	1223	183616	60307
通用设备制造业	Manufacture of General Purpose Machinery	4703	639	204007	60397
专用设备制造业	Manufacture of Special Purpose Machinery	12088		289197	99976
汽车制造业	Manufacture of Automotive	19401	7841	424676	158610
铁路、船舶、航空航天和其他运输设备制造业	Manufacture of Railway,Ship,Aerospace and Other Transport Equipment	771		20820	10470
电气机械和器材制造业	Manufacture of Electrical Machinery and Equipment	2757	3324	132127	47677
计算机、通信和其他电子设备制造业	Manufacture of Compater,Communication and Other Electronic Equipment	28	450	27178	4907
仪器仪表制造业	Manufacture of Instrument	1580		26146	8039
其他制造业	Other Manufacturing	1210		27866	11532
废弃资源综合利用业	Wast Resources Utilization Industry	133		10101	5000
金属制品、机械和设备修理业	Metal Products,Machinery and Equipment Repair Industry	16		1379	330
电力、热力生产和供应业	Production and Supply of Electric Power and Heat Power	681	2496	44592	9114
燃气生产和供应业	Production and Supply of Gas	858	169	12118	4673
水的生产和供应业	Production and Supply of Water	143		3911	1669

contiued

unit: 10000 yuan

本年应付职工薪酬 The Year of Payable Employees	本年应交增值税 Value Added Tax Payable This Year	全部从业人员年平均人数（人） Annual Average Employed Persons (person)	总资产贡献率（%） Total Assets Contribution Rate（%）	资产负债率（%） Assets-Liability Ratio（%）	流动资产周转率（次/年） Current Assets Turnover (times/year)	成本费用利润率（%） Ratio of Pre-tax Profit to Cost（%）	产品销售率（%） Proportion of Products Sold（%）
1214775	**941588**	**348658**	**16.5**	**52.9**	**5.1**	**5.2**	**96.8**
13324	9408	4572	25.2	41.9	10.2	3.4	98.3
11700	966	1200	13.5	60.4	6.8	3.8	98.5
19942	16780	6191	23.9	41.6	11.4	5.6	98.9
10733	14184	3569	20.9	38.0	17.6	5.5	99.4
13688	17554	3867	28.4	34.0	9.2	4.4	99.3
1006	1373	444	5.2	89.1	1.3	1.7	100.0
149	1690	54	44.5	32.4	19.9	7.8	100.0
206056	113571	62203	19.1	44.6	8.1	4.7	97.2
38595	42176	12421	22.1	41.5	5.7	6.0	97.2
67478	41273	16832	17.8	46.2	6.3	4.6	98.5
12450	3553	3151	10.4	36.1	8.0	1.6	95.8
21310	3297	5493	5.8	52.1	2.3	2.0	98.1
4712	4384	1132	20.3	59.6	6.2	5.6	90.9
67612	40295	21697	14.5	45.4	10.0	4.1	97.8
24230	19886	6170	30.7	42.4	7.0	8.5	96.7
22649	11107	5967	23.1	43.7	9.1	6.1	97.2
4020	3753	1441	39.0	55.7	8.2	6.2	97.2
7172	5456	2199	32.8	50.3	7.7	5.3	95.2
10655	12475	3554	36.0	47.3	7.6	3.6	98.6
49904	43870	16310	16.4	41.7	7.0	4.6	96.1
56327	80609	14505	17.1	44.0	3.5	5.9	93.3
1474	705	341	16.3	57.9	4.2	7.7	96.2
28428	20895	9289	18.4	36.5	7.1	5.9	95.8
119077	111087	35787	22.1	43.2	6.7	5.7	96.6
38224	23512	10831	8.8	64.5	7.2	2.7	97.2
2719	1567	1098	15.3	45.7	5.2	5.6	97.7
50391	38788	10322	22.5	40.2	5.4	6.7	96.2
41280	44057	12490	28.7	47.9	6.4	7.8	94.9
56623	65354	16200	27.7	36.2	8.9	6.4	96.7
127417	86864	34151	7.2	81.3	1.4	6.0	96.0
11083	7056	3425	13.2	54.1	2.3	5.8	93.8
27534	31120	8123	21.3	37.8	5.9	6.4	95.7
6634	3497	2066	28.6	47.9	7.0	6.9	97.5
5894	5036	1542	36.6	46.2	8.3	7.9	97.9
4074	3758	1372	55.3	42.0	15.9	5.4	97.0
2209	3531	631	14.8	47.1	5.0	5.6	97.0
734	272	279	16.3	43.5	3.4	8.9	90.0
20932	3762	6044	5.1	56.5	1.8	5.4	98.8
5199	2168	1361	9.5	46.5	13.3	2.4	99.4
1141	903	334	15.3	11.5	94.4	5.1	98.9

13－6 按行业分外商投资和港澳台商投资工业企业主要指标（2015年）

单位：万元

项目	Item	企业单位数(个) Number of Enterprises (unit)	#亏损企业 Loss－making Enterprises	工业总产值（当年价格）Gross Industrial Output Value (current price)
总计	**Total**	**325**	**67**	**22581379**
煤炭开采和洗选业	Mining and Washing of Coal			
石油和天然气开采业	Extraction of Petroleum and Natural Gas	2	2	73323
黑色金属矿采选业	Mining and Procssing of Ferrous Metal Ores			
有色金属矿采选业	Mining and Processing of Non-ferrous Metal Ores	1		5052
非金属矿采选业	Mining and Processing of Nonmetal Ores	4	1	60313
开采辅助活动	Mining Support Activities			
其他采矿业	Mining of Other Ores			
农副食品加工业	Processing of Food form Agricultural Products	29	9	4644783
食品制造业	Manufacture of Food	7	1	300047
酒、饮料和精制茶制造业	Manufacture of Wine,Beverages and Tea	25	5	769091
烟草制品业	Manufacture of Tobacco			
纺织业	Manufacture of Textile	5	1	183668
纺织服装、服饰业	Manufacture of Textile and Apparel	3	1	286573
皮革、毛皮、羽毛及其制品和制鞋业	Leather,Fur,Feathers and Footwear Industry			
木材加工和木、竹、藤、棕、草制品业	Processing of Timber, Manufacture of Wood, Bamboo, Rattan, Palm and Straw Products	16		1311608
家具制造业	Manufacture of Furniture	3	2	34121
造纸和纸制品业	Manufacture of Paper and Paper Products			
印刷和记录媒介复制业	Printing, Reproduction of Recording Media	1		91096
文教、工美、体育和娱乐用品制造业	Calture Education ,Art,Sports and Entertainment Goods Industry	1		98170
石油加工、炼焦和核燃料加工业	Processing of Petroleum, Coking, Processing of Nuclear Fuel	2	1	22307
化学原料和化学制品制造业	Manufacture of Raw Chemical Materials and Chemical Products	19	5	1399510
医药制造业	Manufacture of Medicines	30	3	1325580
化学纤维制造业	Manufacture of Chemical Fibers			
橡胶和塑料制品业	Manufacture of Rubber and Plastic	10	1	343788
非金属矿物制品业	Manufacture of Non-metallic Mineral Products	9	1	153047
黑色金属冶炼和压延加工业	Smelting and Pressing of Ferrous Metals	5	1	309153
有色金属冶炼和压延加工业	Smelting and Pressing of Non- ferrous Metals	5	2	700518
金属制品业	Manufacture of Metal Products	4	3	43249
通用设备制造业	Manufacture of General Purpose Machinery	6	1	275234
专用设备制造业	Manufacture of Special Purpose Machinery	13	2	691602
汽车制造业	Manufacture of Automotive	93	17	8584886
铁路、船舶、航空航天和其他运输设备制造业	Manufacture of Railway,Ship,Aerospace and Other Transport Equipment	2		107845
电气机械和器材制造业	Manufacture of Electrical Machinery and Equipment	10	4	410504
计算机、通信和其他电子设备制造业	Manufacture of Compater,Communication and Other Electronic Equipment	2		28766
仪器仪表制造业	Manufacture of Instrument	1		10313
其他制造业	Other Manufacturing			
废弃资源综合利用业	Wast Resources Utilization Industry			
金属制品、机械和设备修理业	Metal Products,Machinery and Equipment Repair Industry			
电力、热力生产和供应业	Production and Supply of Electric Power and Heat Power	14	3	227043
燃气生产和供应业	Production and Supply of Gas	3	1	90194
水的生产和供应业	Production and Supply of Water			

The Main Indicators of Industrial Enterprises by Foreign Investment and Hongkong、Macao and Taiwan Investment by Industry (2015)

unit: 10000 yuan

工业销售产值（当年价格）Sales Value of Industry (current price)	产成品 Finished Goods	资产总计 Total Assets	流动资产合计 Total Current Assets	应收帐款 Account Receivable	固定资产合计 Total Fixed Assets	固定资产原价 Original Value of Fixed Assets
22077272	**602138**	**21155860**	**12226584**	**3608765**	**6884896**	**12423371**
73323		266473	55217	7070	199919	658346
5052		113541	35695		60799	104117
56200	438	18063	4603	1616	10662	13427
4487466	158017	2982330	1629388	407180	1109011	1208778
345702	11614	487487	272951	24831	125159	168548
715023	10317	916934	287854	77664	462693	641477
179047	1691	51353	17799	7196	26617	125066
282672	2175	30948	13332	4991	13115	765485
1298880	31161	444782	117038	15388	232434	1160148
34036	1052	11506	7280	801	3882	5538
77308	5669	37832	27812	14603	9378	15014
86748		14886	3515	26	5780	6823
22307	470	62999	20611	8046	33708	42544
1325885	46345	1148018	419323	116356	710711	1116141
1269634	21235	1080486	591980	52691	272279	530786
339631	9465	374123	165826	95378	194902	325525
156515	1858	120617	35950	6179	50235	78405
314978	7373	125634	81113	29136	40813	74978
626775	78766	5164981	3247221	457647	1402487	1695238
39579	4964	48081	27019	8991	17410	27693
277886	18808	255995	199449	44381	44269	153859
653588	5092	250892	192658	56053	29574	160727
8533866	164830	5965289	4314848	2064604	1193215	2135069
107279	87	147552	141685	37685	4094	20492
413829	15244	244252	167677	53601	54486	283857
29783	4762	28629	26324	3859	1550	2359
10313		4806	3727	1043	1079	2174
223775	203	657827	99218	8954	505608	806926
90194	505	99546	19473	2796	69028	93832

单位：万元

13－6 续表 1

项　　目	Item	负债合计 Total Liabilities	所有者权益合计 Total Owners' Equities	主营业务收入 Revenue from Principal Business
总计	**Total**	**13552338**	**7603245**	**22568819**
煤炭开采和洗选业	Mining and Washing of Coal			
石油和天然气开采业	Extraction of Petroleum and Natural Gas	268528	-2055	61787
黑色金属矿采选业	Mining and Procssing of Ferrous Metal Ores			
有色金属矿采选业	Mining and Processing of Non-ferrous Metal Ores	58977	54564	48420
非金属矿采选业	Mining and Processing of Nonmetal Ores	11249	6814	42652
开采辅助活动	Mining Support Activities			
其他采矿业	Mining of Other Ores			
农副食品加工业	Processing of Food form Agricultural Products	2415608	566448	4294847
食品制造业	Manufacture of Food	238088	249399	331139
酒、饮料和精制茶制造业	Manufacture of Wine,Beverages and Tea	599799	317135	697244
烟草制品业	Manufacture of Tobacco			
纺织业	Manufacture of Textile	26024	25328	177468
纺织服装、服饰业	Manufacture of Textile and Apparel	16285	14664	282672
皮革、毛皮、羽毛及其制品和制鞋业	Leather,Fur,Feathers and Footwear Industry			
木材加工和木、竹、藤、棕、草制品业	Processing of Timber，Manufacture of Wood，Bamboo，Rattan，Palm and Straw Products	166920	277862	1260624
家具制造业	Manufacture of Furniture	6395	5111	34163
造纸和纸制品业	Manufacture of Paper and Paper Products			
印刷和记录媒介复制业	Printing，Reproduction of Recording Media	228	37603	77308
文教、工美、体育和娱乐用品制造业	Calture Education ,Art,Sports and Entertainment Goods Industry	7661	7225	88748
石油加工、炼焦和核燃料加工业	Processing of Petroleum，Coking，Processing of Nuclear Fuel	35956	27043	23619
化学原料和化学制品制造业	Manufacture of Raw Chemical Materials and Chemical Products	708098	439920	1078448
医药制造业	Manufacture of Medicines	499583	580903	1127797
化学纤维制造业	Manufacture of Chemical Fibers			
橡胶和塑料制品业	Manufacture of Rubber and Plastic	211273	162850	329185
非金属矿物制品业	Manufacture of Non-metallic Mineral Products	71713	48904	158378
黑色金属冶炼和压延加工业	Smelting and Pressing of Ferrous Metals	61864	63770	224069
有色金属冶炼和压延加工业	Smelting and Pressing of Non- ferrous Metals	4229557	935424	932007
金属制品业	Manufacture of Metal Products	43136	4946	59242
通用设备制造业	Manufacture of General Purpose Machinery	107560	148435	281942
专用设备制造业	Manufacture of Special Purpose Machinery	97451	153441	650684
汽车制造业	Manufacture of Automotive	2975357	2989931	9468443
铁路、船舶、航空航天和其他运输设备制造业	Manufacture of Railway,Ship,Aerospace and Other Transport Equipment	106502	41050	107279
电气机械和器材制造业	Manufacture of Electrical Machinery and Equipment	138141	106111	404454
计算机、通信和其他电子设备制造业	Manufacture of Compater,Communication and Other Electronic Equipment	4786	23843	26367
仪器仪表制造业	Manufacture of Instrument	1515	3291	9620
其他制造业	Other Manufacturing			
废弃资源综合利用业	Wast Resources Utilization Industry			
金属制品、机械和设备修理业	Metal Products,Machinery and Equipment Repair Industry			
电力、热力生产和供应业	Production and Supply of Electric Power and Heat Power	366867	290960	223252
燃气生产和供应业	Production and Supply of Gas	77219	22326	66964
水的生产和供应业	Production and Supply of Water			

contiued

unit: 10000 yuan

主营业务成本 Cost of Principal Business	营业税金及附加 Business Tax and Surcharge	主营业务税金及附加 Taxes and Other Charges on Principal Business	销售费用 Selling Cost	管理费用 Management Cost	财务费用 Finance Cost	利息支出 Interest Expense	利润总额 Total Profits
19215242	**275904**	**275389**	**650435**	**1135877**	**399758**	**408035**	**952101**
84498	328	328	1806	1766	26697	8019	-53217
37742	4	4	26	6616	-59		11719
29569	956	956	6524	5074	326	271	202
4114177	23391	23391	70617	67134	32207	44452	26938
266807	655	655	25495	10638	11406	10206	17150
478762	34275	34275	98080	45827	11677	10216	29275
148340	391	376	6301	12473	383	39	9051
276169	210	210	2004	2985	674	293	647
1153921	3786	3786	26449	34815	12121	7220	29472
31322	54	54	453	1281	71	63	926
69305	141	141	18	1471	-14		6033
73054			972	1337	178	168	7026
17992	180	180		2912	1877	335	251
886584	9451	9451	45122	55653	9179	5367	70994
612642	9858	9829	141545	113121	17738	9472	235475
288949	533	533	6737	18537	7242	4797	7761
136198	1203	1203	3815	10297	849	656	6334
212047	542	542	3320	4884	2424	729	1920
859679	4711	4711	31662	84502	235624	252723	-335509
61061	150	150	1240	2765	1054	1050	-6889
207229	1837	1837	2653	10724	-628	746	60426
572882	929	929	32126	26746	4529	4679	14116
7867809	172285	172107	126542	559168	1507	24637	799079
93636	806	806	1578	9573	-2186		3880
361658	6614	6614	8770	31902	3806	1693	-9345
23139	32	32	294	2597	-205		303
8596	60	60	27	731	-47		251
185365	1909	1613	3379	7146	19375	18247	15094
56111	615	615	2880	3204	1956	1958	2738

单位：万元

项　　目	Item	应交所得税 Income Tax Payable	亏损企业亏损总额 Total Loss	利税总额 Total Pre-tax Profits	应交税金及附加 Tax Payable and Surcharge
总计	**Total**	**257582**	**561969**	**1742583**	**1103673**
煤炭开采和洗选业	Mining and Washing of Coal				
石油和天然气开采业	Extraction of Petroleum and Natural Gas	484	53217	-45251	8452
黑色金属矿采选业	Mining and Procssing of Ferrous Metal Ores				
有色金属矿采选业	Mining and Processing of Non-ferrous Metal Ores			11724	171
非金属矿采选业	Mining and Processing of Nonmetal Ores	30	94	1583	1428
开采辅助活动	Mining Support Activities				
其他采矿业	Mining of Other Ores				
农副食品加工业	Processing of Food form Agricultural Products	992	16753	61070	40621
食品制造业	Manufacture of Food	382	958	21617	5236
酒、饮料和精制茶制造业	Manufacture of Wine,Beverages and Tea	8077	13712	84330	66612
烟草制品业	Manufacture of Tobacco				
纺织业	Manufacture of Textile	536	407	9814	1424
纺织服装、服饰业	Manufacture of Textile and Apparel		231	857	370
皮革、毛皮、羽毛及其制品和制鞋业	Leather,Fur,Feathers and Footwear Industry				
木材加工和木、竹、藤、棕、草制品业	Processing of Timber，Manufacture of Wood，Bamboo，Rattan，Palm and Straw Products	249		40299	12179
家具制造业	Manufacture of Furniture	231	150	1446	861
造纸和纸制品业	Manufacture of Paper and Paper Products				
印刷和记录媒介复制业	Printing，Reproduction of Recording Media	961		7352	2360
文教、工美、体育和娱乐用品制造业	Calture Education ,Art,Sports and Entertainment Goods Industry			11499	4573
石油加工、炼焦和核燃料加工业	Processing of Petroleum，Coking，Processing of Nuclear Fuel	141	314	1048	1026
化学原料和化学制品制造业	Manufacture of Raw Chemical Materials and Chemical Products	11240	21365	116108	65024
医药制造业	Manufacture of Medicines	55669	12564	324219	146950
化学纤维制造业	Manufacture of Chemical Fibers				
橡胶和塑料制品业	Manufacture of Rubber and Plastic	1773	4790	12157	7254
非金属矿物制品业	Manufacture of Non-metallic Mineral Products	738	1208	9933	4575
黑色金属冶炼和压延加工业	Smelting and Pressing of Ferrous Metals	1252	2077	6098	5888
有色金属冶炼和压延加工业	Smelting and Pressing of Non- ferrous Metals	-6914	345792	-311109	25558
金属制品业	Manufacture of Metal Products	-303	6892	-5506	1143
通用设备制造业	Manufacture of General Purpose Machinery	14650	66	76548	31311
专用设备制造业	Manufacture of Special Purpose Machinery	1722	1831	18334	6429
汽车制造业	Manufacture of Automotive	162654	40945	1241459	625176
铁路、船舶、航空航天和其他运输设备制造业	Manufacture of Railway,Ship,Aerospace and Other Transport Equipment			4687	991
电气机械和器材制造业	Manufacture of Electrical Machinery and Equipment	1060	31766	9855	20986
计算机、通信和其他电子设备制造业	Manufacture of Compater,Communication and Other Electronic Equipment			488	193
仪器仪表制造业	Manufacture of Instrument	65		311	125
其他制造业	Other Manufacturing				
废弃资源综合利用业	Wast Resources Utilization Industry				
金属制品、机械和设备修理业	Metal Products,Machinery and Equipment Repair Industry				
电力、热力生产和供应业	Production and Supply of Electric Power and Heat Power	776	5114	27120	13681
燃气生产和供应业	Production and Supply of Gas	1116	1724	4490	3081
水的生产和供应业	Production and Supply of Water				

contiued

unit: 10000 yuan

本年应付职工薪酬 The Year of Payable Employees	本年应交增值税 Value Added Tax Payable This Year	全部从业人员年平均人数（人） Annual Average Employed Persons（person）	总资产贡献率（%） Total Assets Contribution Rate（%）	资产负债率（%） Assets-liability Ratio（%）	流动资产周转率（次/年） Current Assets Turnover（times/year）	成本费用利润率（%） Ratio of Pre-tax Profit to Cost（%）	产品销售率（%） Proportion of Products Sold（%）
837870	**514577**	**125207**	**10.1**	**64.1**	**1.9**	**4.4**	**97.8**
6465	7638	1328	-14.0	100.8	1.1	-46.4	100.0
8523	2	618	10.2	51.9	1.4	26.4	100.0
995	425	271	10.3	62.3	9.3	0.5	93.2
69919	10742	17477	3.5	81.0	2.7	0.6	96.6
20194	3812	1496	6.5	48.8	1.2	5.4	115.2
53073	20781	9847	10.4	65.4	2.5	4.6	93.0
4805	372	1249	19.2	50.7	10.0	5.4	97.5
3571		1231	3.6	52.6	21.5	0.2	98.6
21848	7041	6313	10.7	37.5	10.8	2.4	99.0
1259	467	356	12.9	55.6	4.7	2.8	99.8
668	1178	131	19.4	0.6	2.8	8.5	84.9
858	4473	252	78.4	51.5	25.3	9.3	88.4
960	617	128	2.2	57.1	1.2	1.1	100.0
21543	35663	4014	10.5	61.7	2.6	7.0	94.7
24846	78887	5796	30.9	46.2	1.9	26.6	95.8
23228	3863	3031	4.5	56.5	2.0	2.4	98.8
4399	2396	1246	8.6	59.5	4.4	4.2	102.3
4658	3636	731	5.4	49.2	2.9	0.8	101.9
57602	19689	6680	-1.5	81.9	0.3	-27.6	89.5
3096	1234	758	-9.3	89.7	2.2	-10.4	91.5
23658	14285	2179	29.2	42.0	1.4	27.4	101.0
15170	3289	2207	9.1	38.8	3.4	2.2	94.5
416026	270095	51959	21.3	49.9	2.2	9.2	99.4
8968		616	2.6	72.2	0.8	3.8	99.5
20450	12587	2837	4.6	56.6	2.5	-2.3	100.8
402	153	191	1.2	16.7	1.0	1.2	103.5
1410		193	6.5	31.5	2.8	2.5	100.0
13579	10117	1305	6.6	55.8	2.3	7.0	98.6
5697	1137	767	6.5	77.6	3.4	4.3	100.0

13－7 按行业分集体工业企业主要指标（2015年）

单位：万元

项目	Item	企业单位数(个) Number of Enterprises (unit)	#亏损企业 Loss－making Enterprises	工业总产值（当年价格）Gross Industrial Output Value (current price)
总计	**Total**	**36**	**5**	**657546**
煤炭开采和洗选业	Mining and Washing of Coal	1	1	10769
石油和天然气开采业	Extraction of Petroleum and Natural Gas			
黑色金属矿采选业	Mining and Procssing of Ferrous Metal Ores	2		20981
有色金属矿采选业	Mining and Processing of Non-ferrous Metal Ores			
非金属矿采选业	Mining and Processing of Nonmetal Ores	1		9074
开采辅助活动	Mining Support Activities	1		42926
其他采矿业	Mining of Other Ores			
农副食品加工业	Processing of Food form Agricultural Products	3	1	44775
食品制造业	Manufacture of Food	1		75355
酒、饮料和精制茶制造业	Manufacture of Wine,Beverages and Tea			
烟草制品业	Manufacture of Tobacco			
纺织业	Manufacture of Textile			
纺织服装、服饰业	Manufacture of Textile and Apparel			
皮革、毛皮、羽毛及其制品和制鞋业	Leather,Fur,Feathers and Footwear Industry			
木材加工和木、竹、藤、棕、草制品业	Processing of Timber, Manufacture of Wood, Bamboo, Rattan, Palm and Straw Products	3		14575
家具制造业	Manufacture of Furniture			
造纸和纸制品业	Manufacture of Paper and Paper Products			
印刷和记录媒介复制业	Printing, Reproduction of Recording Media	2		10914
文教、工美、体育和娱乐用品制造业	Calture Education ,Art,Sports and Entertainment Goods Industry			
石油加工、炼焦和核燃料加工业	Processing of Petroleum, Coking, Processing of Nuclear Fuel			
化学原料和化学制品制造业	Manufacture of Raw Chemical Materials and Chemical Products	8	1	123500
医药制造业	Manufacture of Medicines			
化学纤维制造业	Manufacture of Chemical Fibers			
橡胶和塑料制品业	Manufacture of Rubber and Plastic	2		25589
非金属矿物制品业	Manufacture of Non-metallic Mineral Products	4	1	43225
黑色金属冶炼和压延加工业	Smelting and Pressing of Ferrous Metals	2	1	4369
有色金属冶炼和压延加工业	Smelting and Pressing of Non- ferrous Metals			
金属制品业	Manufacture of Metal Products			
通用设备制造业	Manufacture of General Purpose Machinery	3		147090
专用设备制造业	Manufacture of Special Purpose Machinery	1		61803
汽车制造业	Manufacture of Automotive	1		17995
铁路、船舶、航空航天和其他运输设备制造业	Manufacture of Railway,Ship,Aerospace and Other Transport Equipment			
电气机械和器材制造业	Manufacture of Electrical Machinery and Equipment			
计算机、通信和其他电子设备制造业	Manufacture of Compater,Communication and Other Electronic Equipment			
仪器仪表制造业	Manufacture of Instrument			
其他制造业	Other Manufacturing			
废弃资源综合利用业	Wast Resources Utilization Industry			
金属制品、机械和设备修理业	Metal Products,Machinery and Equipment Repair Industry	1		4605
电力、热力生产和供应业	Production and Supply of Electric Power and Heat Power			
燃气生产和供应业	Production and Supply of Gas			
水的生产和供应业	Production and Supply of Water			

By the Industry Main Indicators of Collective Industrial Enterpvises（2015）

unit: 10000 yuan

工业销售产值（当年价格）Sales Value of Industry（current price）	产成品 Finished Goods	资产总计 Total Assets	流动资产合计 Total Current Assets	应收帐款 Account Receivable	固定资产合计 Total Fixed Assets	固定资产原价 Original Value of Fixed Assets
648012	**10909**	**365690**	**206683**	**58955**	**146088**	**612106**
10769		8880	6884	1151	1996	7291
21439	252	5064	4434	1188	465	2306
9074		2192	969	795	935	1554
42926	1837	65530	56215	22877	8088	16175
44352	120	19515	6769	2000	10497	9051
75355	19	51468	2809	27	48659	106102
14575		7796	807	390	6989	8296
10914	725	24744	22499	10406	2245	6309
120799	4729	89802	65057	4470	18215	51205
25589	200	6327	2387	444	3244	4742
42724	976	14868	5514	2866	8557	43684
4113	3	8334	4514	2796	2902	4788
145335	1039	33826	14402	1931	19424	320459
57848	903	20125	7545	6386	12580	28304
17594	59	6359	5330	1101	1029	1399
4605	46	861	549	129	265	442

单位：万元

项目	Item	负债合计 Total Liabilities	所有者权益合计 Total Owners' Equities	主营业务收入 Revenue from Principal Business
总计	**Total**	**184504**	**181186**	**612382**
煤炭开采和洗选业	Mining and Washing of Coal	8340	540	8141
石油和天然气开采业	Extraction of Petroleum and Natural Gas			
黑色金属矿采选业	Mining and Procssing of Ferrous Metal Ores	1590	3474	21439
有色金属矿采选业	Mining and Processing of Non-ferrous Metal Ores			
非金属矿采选业	Mining and Processing of Nonmetal Ores	498	1694	7539
开采辅助活动	Mining Support Activities	66285	-755	39754
其他采矿业	Mining of Other Ores			
农副食品加工业	Processing of Food form Agricultural Products	1487	18028	41050
食品制造业	Manufacture of Food	24433	27035	71163
酒、饮料和精制茶制造业	Manufacture of Wine,Beverages and Tea			
烟草制品业	Manufacture of Tobacco			
纺织业	Manufacture of Textile			
纺织服装、服饰业	Manufacture of Textile and Apparel			
皮革、毛皮、羽毛及其制品和制鞋业	Leather,Fur,Feathers and Footwear Industry			
木材加工和木、竹、藤、棕、草制品业	Processing of Timber, Manufacture of Wood, Bamboo, Rattan, Palm and Straw Products	769	7027	14575
家具制造业	Manufacture of Furniture			
造纸和纸制品业	Manufacture of Paper and Paper Products			
印刷和记录媒介复制业	Printing, Reproduction of Recording Media	10267	14477	10914
文教、工美、体育和娱乐用品制造业	Calture Education ,Art,Sports and Entertainment Goods Industry			
石油加工、炼焦和核燃料加工业	Processing of Petroleum, Coking, Processing of Nuclear Fuel			
化学原料和化学制品制造业	Manufacture of Raw Chemical Materials and Chemical Products	20858	68944	120802
医药制造业	Manufacture of Medicines			
化学纤维制造业	Manufacture of Chemical Fibers			
橡胶和塑料制品业	Manufacture of Rubber and Plastic	5188	1139	25389
非金属矿物制品业	Manufacture of Non-metallic Mineral Products	11997	2871	41270
黑色金属冶炼和压延加工业	Smelting and Pressing of Ferrous Metals	8152	182	4551
有色金属冶炼和压延加工业	Smelting and Pressing of Non- ferrous Metals			
金属制品业	Manufacture of Metal Products			
通用设备制造业	Manufacture of General Purpose Machinery	19976	13850	141826
专用设备制造业	Manufacture of Special Purpose Machinery	2393	17732	41770
汽车制造业	Manufacture of Automotive	1957	4403	17594
铁路、船舶、航空航天和其他运输设备制造业	Manufacture of Railway,Ship,Aerospace and Other Transport Equipment			
电气机械和器材制造业	Manufacture of Electrical Machinery and Equipment			
计算机、通信和其他电子设备制造业	Manufacture of Compater,Communication and Other Electronic Equipment			
仪器仪表制造业	Manufacture of Instrument			
其他制造业	Other Manufacturing			
废弃资源综合利用业	Wast Resources Utilization Industry			
金属制品、机械和设备修理业	Metal Products,Machinery and Equipment Repair Industry	317	544	4605
电力、热力生产和供应业	Production and Supply of Electric Power and Heat Power			
燃气生产和供应业	Production and Supply of Gas			
水的生产和供应业	Production and Supply of Water			

contiued

unit: 10000 yuan

主营业务成本 Cost of Principal Business	营业税金及附加 Business Tax and Surcharge	主营业务税金及附加 Taxes and Other Charges on Principal Business	销售费用 Selling Cost	管理费用 Management Cost	财务费用 Finance Cost	利息支出 Interest Expense	利润总额 Total Profits
537246	**4501**	**4501**	**13202**	**34596**	**1867**	**1604**	**22710**
7137	273	273	232	1607	−65		−1631
20043	344	344	3	242	112	112	696
7190	129	129		83			137
34483	338	338	98	6216	160		300
35942	255	255	184	246	114	112	4309
64507	250	250	2730	3655	15	15	7
12843	67	67	202	486	87	2	891
7881	93	93	14	1352	−32	105	1616
99170	863	863	5418	9038	684	568	5851
23638	13	13	403	423	124	14	790
36053	530	530	2093	2843	305	288	−413
4056	26	26		476	−1		−8
130948	1153	1153	456	5910	248	246	3112
36366	69	69	469	281	51	51	4534
12650	81	81	818	1731	58	92	2375
4342	18	18	82	10	7		146

13－7 续表 2

单位：万元

项　　目	Item	应交所得税 Income Tax Payable	亏损企业亏损总额 Total Loss	利税总额 Total Pre-tax Profits	应交税金及附加 Tax Payable and Surcharge
总计	**Total**	**3046**	**3371**	**47515**	**29613**
煤炭开采和洗选业	Mining and Washing of Coal		1631	-552	1078
石油和天然气开采业	Extraction of Petroleum and Natural Gas				
黑色金属矿采选业	Mining and Procssing of Ferrous Metal Ores			1154	466
有色金属矿采选业	Mining and Processing of Non-ferrous Metal Ores				
非金属矿采选业	Mining and Processing of Nonmetal Ores			494	357
开采辅助活动	Mining Support Activities			8548	8405
其他采矿业	Mining of Other Ores				
农副食品加工业	Processing of Food form Agricultural Products	1019	28	4893	1603
食品制造业	Manufacture of Food			2408	2797
酒、饮料和精制茶制造业	Manufacture of Wine,Beverages and Tea				
烟草制品业	Manufacture of Tobacco				
纺织业	Manufacture of Textile				
纺织服装、服饰业	Manufacture of Textile and Apparel				
皮革、毛皮、羽毛及其制品和制鞋业	Leather,Fur,Feathers and Footwear Industry				
木材加工和木、竹、藤、棕、草制品业	Processing of Timber, Manufacture of Wood, Bamboo, Rattan, Palm and Straw Products			1271	474
家具制造业	Manufacture of Furniture				
造纸和纸制品业	Manufacture of Paper and Paper Products				
印刷和记录媒介复制业	Printing, Reproduction of Recording Media	393		2791	1568
文教、工美、体育和娱乐用品制造业	Calture Education ,Art,Sports and Entertainment Goods Industry				
石油加工、炼焦和核燃料加工业	Processing of Petroleum, Coking, Processing of Nuclear Fuel				
化学原料和化学制品制造业	Manufacture of Raw Chemical Materials and Chemical Products	958	232	11963	7827
医药制造业	Manufacture of Medicines				
化学纤维制造业	Manufacture of Chemical Fibers				
橡胶和塑料制品业	Manufacture of Rubber and Plastic	191		828	267
非金属矿物制品业	Manufacture of Non-metallic Mineral Products		1221	437	993
黑色金属冶炼和压延加工业	Smelting and Pressing of Ferrous Metals		260	123	138
有色金属冶炼和压延加工业	Smelting and Pressing of Non- ferrous Metals				
金属制品业	Manufacture of Metal Products				
通用设备制造业	Manufacture of General Purpose Machinery			4564	1452
专用设备制造业	Manufacture of Special Purpose Machinery			5116	582
汽车制造业	Manufacture of Automotive	485		3296	1571
铁路、船舶、航空航天和其他运输设备制造业	Manufacture of Railway,Ship,Aerospace and Other Transport Equipment				
电气机械和器材制造业	Manufacture of Electrical Machinery and Equipment				
计算机、通信和其他电子设备制造业	Manufacture of Compater,Communication and Other Electronic Equipment				
仪器仪表制造业	Manufacture of Instrument				
其他制造业	Other Manufacturing				
废弃资源综合利用业	Wast Resources Utilization Industry				
金属制品、机械和设备修理业	Metal Products,Machinery and Equipment Repair Industry			182	36
电力、热力生产和供应业	Production and Supply of Electric Power and Heat Power				
燃气生产和供应业	Production and Supply of Gas				
水的生产和供应业	Production and Supply of Water				

contiued

unit: 10000 yuan

本年应付职工薪酬 The Year of Payable Employees	本年应交增值税 Value Added Tax Payable This Year	全部从业人员年平均人数（人） Annual Average Employed Persons (person)	总资产贡献率（%） Total Assets Contribution Rate (%)	资产负债率（%） Assets-liability Ratio (%)	流动资产周转率（次/年） Current Assets Turnover (times/year)	成本费用利润率（%） Ratio of Pre-tax Profit to Cost (%)	产品销售率（%） Proportion of Products Sold (%)
28080	**20303**	**6650**	**13.4**	**50.5**	**3.0**	**3.8**	**98.6**
3654	806	443	-5.5	93.9	1.2	-18.3	100.0
606	115	217	25.0	31.4	4.8	3.4	102.2
455	228	111	22.5	22.7	7.8	1.9	100.0
4372	7910	1167	13.0	101.2	0.8	0.7	100.0
1006	329	366	25.6	7.6	6.1	11.8	99.1
586	2151	155	4.7	47.5	25.3		100.0
561	313	194	16.3	9.9	18.1	6.5	100.0
1444	1083	212	12.3	41.5	0.5	17.5	100.0
10495	5249	1457	13.8	23.2	1.9	4.9	97.8
595	26	351	13.3	82.0	10.6	3.2	100.0
1847	321	1075	4.9	80.7	7.5	-1.0	98.8
913	105	348	1.5	97.8	1.0	-0.2	94.2
552	299	264	14.2	59.1	9.9	2.3	98.8
320	513	92	25.7	11.9	5.5	12.2	93.6
581	840	158	52.7	30.8	3.3	15.6	97.8
96	17	40	21.1	36.8	8.4	3.3	100.0

13－8 工业企业产品产量

Industrial Enterprises Major Products Outputs

项　目	Item	2014	2015
原煤（吨）	Total(ton)	30994337	26224599
无烟煤（吨）	Anthracite(ton)	3830000	1550000
烟煤（吨）	Bituminous Coal(ton)	15062086	13304865
一般烟煤	General Bituminous Coal	15062086	13304865
褐煤（吨）	Wood Coal(ton)	12102252	11369734
洗煤（吨）	Coal Washing(ton)	13902729	8814445
#洗精煤	Washed Coal	6966579	4566322
天然原油（吨）	Crude Petroleum Oil(ton)	6639332	6654755
天然气（万立方米）	Natural Gas(10000 cu.m)	222779	193955
铁矿石原矿（吨）	Iron Ore(ton)	20156666	19830064
铜金属含量（吨）	Copper Content(ton)	15249	14291
铅金属含量（吨）	Lead Metal Content(ton)	17944	9980
锌金属含量（吨）	Zinc Content(ton)	23855	7137
稀有稀土金属矿（吨）	Rare Earch Metal Ore (ton)		8933
钼精矿折合量（折纯钼45%）（吨）	Molybdenum in Quantity(ton)	8469	8933
石灰石（吨）	Limestore (ton)		11859398
建筑用天然石料（吨）	Natual Stone for Building (ton)		294606
小麦粉（吨）	Wheat Flour(ton)	24653	
大米（吨）	Rice(ton)	10407368	11190263
饲料（吨）	Feed(ton)	7905575	8073802
#配合饲料	Compound Feed	3301721	3389015
混合饲料	Mixed Feed	3776693	3697612
精制食用植物油（吨）	Refined Edible Vegetable Oil(ton)	766191	732690
鲜、冷藏肉（吨）	Fresh, Frozen Meat(ton)	1926405	1629271
冻肉（吨）	Cold Meat (ton)		2775
冷冻水产品（吨）	Frozen Aquatic Products (ton)		155
膨化食品（吨）	Puffed Foods (ton)		1364
速冻食品（吨）	Quick Frozen Foods (ton)		181833
速冻米面食品（吨）	Frozen Rice food(ton)	120696	149885
方便面（吨）	Instant Noodles(ton)	89481	87613
乳制品（吨）	Dairy(ton)	157100	175836
#液体乳	Liquid Milk	129018	143657
固体及半固体乳制品（吨）	Solid and Semi-solid Dairy Products (ton)		32180
乳粉	Milk	22508	32140
罐头（吨）	Canned Foods(ton)	8448	10908
酱油（吨）	Soy Sauce(ton)	106856	75374
营养、保健食品（吨）	Nutrition and Health Foods (ton)		3402
冷冻饮品（吨）	Frozen Drinks(ton)	393552	332532
食品添加剂（吨）	Food Additives(ton)	30376	18396
饲料添加剂（吨）	Feed Additives (ton)		32336
发酵酒精（折96度，商品量）（千升）	Fermentation Alcohol(Thousands Litres)	1562516	1730163
饮料酒（千升）	Potable Spirit(Thousands Litres)	2261421	2255250
#白酒（折65度，商品量）	Chinese Liquor	594151	677102
啤酒	Beer	1441931	1385144
葡萄酒	Wine	165504	168534
果酒及配制酒（千升）	Fruit Wine and Liquor Preparation (thousard litres)		728
软饮料（吨）	Soft Drink(ton)	8018333	9862976
#碳酸饮料类（汽水）	Carbonated Drink (soft drink)	565618	573585
包装饮用水类	Packaged Water	6833771	8547020
果汁和蔬菜汁饮料类	Fruit and Vegetable Juice Drinks	343824	407321

13－8 续表 1 continued

项 目	Item	2014	2015
卷烟(万支)	Cigarette(10000)	5850000	5840000
纱（吨）	Yarn(ton)	46500	37151
棉纱	Cotton Yarn	12037	9703
棉混纺纱	Blended Yarn	19776	14017
化学纤维纱	Chemical Fiber Yarn	14687	13430
布（万米）	Cloth(10000 million meters)	4458	3640
#棉布	Cotton(10000 million meters)	3408	3640
棉混纺布	Cotton Cloth(10000 million meters)	1050	
毛机织物（呢绒）（万米）	Wool Fabrics(10000 million meters)	1867	1261
亚麻布（含亚麻≥55%）（万米）	Linen(10000 million meters)	122	95
无纺布（无纺织物）（吨）	Non-woven(ton)	1853	944
服装（万件）	Clothing(10000 pieces)	26251	22446
梭织服装	Woven Garments	4015	4805
西服套装	Suits	29	32
衬衫	Shirt	93	105
针织服装	Knitwear	22236	17641
轻革（平方米）	Light Leather(sq.m)	482115	607739
皮革鞋靴（万双）	Leather Footwear(10000 pieces)	159	144
皮革鞋靴（万双）	Leather Footwear(10000 pieces)		144
人造板（立方米）	Wood-based Panels(cu.m)	7505745	7235528
#胶合板	Plywood	1190410	1158500
纤维板	Fiberboard	854275	794308
刨花板	Particleboard	694925	604529
人造板表面装饰板（立方米）	Plywood Cladding(cu.m)	2089075	2472072
细木工板（立方米）	Core-board (cu.m)		68543
实木木地板（立方米）	Solid Wood Flooring(cu.m)	8053967	9771852
复合木地板（立方米）	Laminate Flooring(cu.m)	41281041	37455089
家具（件）	Furniture(set)	3640094	3171226
#木质家具（件）	Wood Furniture (set)	2820579	2327366
金属家具（件）	Metal Furniture (set)		43269
软体家具	Upholstered Furniture	161299	149172
纸浆（原生浆及废纸浆）（吨）	Pulp(ton)	33988	21235
机制纸及纸板（外购原纸加工除外）（吨）	Machine-made Paper and Paperboard (ton)	630752	763727
涂布类印刷用纸（吨）	Coated Printing Paper Category	192887	17641
卫生用纸原纸（吨）	Sanitary Paper Base Paper		274498
包装用纸及纸板（吨）	Packaging Paper and Paperboard (ton)		5411
箱纸板（吨）	Linerboard	20169	5411
纸制品（吨）	Paper Products(ton)	603137	692034
#瓦楞纸箱	Corrugated	422102	480631
单色印刷品（令）	Monochrome Printing(order)	113767	72137
多色印刷品（对开色令）	Multi-color Print(order)	3336773	3558642
原油加工量（吨）	Crude Runs (ton)	9824419	9473410
汽油（吨）	Gasoline(ton)	2082319	1967903
柴油（吨）	Diesel Oil(ton)	3820894	3496057
燃料油（吨）	Fuel Oil(ton)	224824	231986

13－8 续表 2 continued

项　　目	Item	2014	2015
石脑油	Naphtha	767253	829389
液化石油气（吨）	Liquefied Petroleum Gas(ton)	475463	467634
石油焦（吨）	Solvent Oil(ton)	204326	187832
焦炭（吨）	Coke(ton)	4483216	3721503
#机焦	Coke Machine	4483216	3721503
硫酸（折100%）（吨）	Sulfuric Acid(ton)	643784	712841
盐酸（氯化氢,含量31%）（吨）	Hydrochloric Acid(ton)	73756	56114
浓硝酸（折100%）（吨）	Concentrated Nitric Acid(ton)	15497	15396
磷酸（含量85%）	Phosphoric Acid (85% vol)		18000
烧碱（折100%）（吨）	Caustic Soda(ton)	147604	85226
#离子膜法烧碱（折100%）	Ion-exchange Membrane Caustic Soda	147604	85226
乙烯（吨）	Ethylene(ton)	710047	666802
纯苯（吨）	Benzene(ton)	248526	232458
精甲醇（吨）	Refined Methanol(ton)	8065	10237
合成氨（无水氨）（吨）	Synthesis Ammonia(ton)	452631	496636
农用氮、磷、钾化学肥料总计（折纯）（吨）	Agricultural Nitrogen, Phosphorus and Potassium Fertilizers Total(ton)	179337	571107
氮肥（折含N100%）	Nitrogenous Fertilizer	179337	551507
#尿素（折含N100%）	Urea	144724	172260
磷肥（折五氧化二磷100%）	Phosphate		19600
化学农药原药（折有效成分100%）（吨）	Chemical Pesticides(ton)	12525	23080
涂料（吨）	Paint(ton)	131132	119765
初级形态的塑料（吨）	Primary Plastic(ton)	1001647	1050251
高密度聚乙烯树酯（HDPE）	High Density Polyethylene Resin	231947	253538
线性低密度聚乙烯树酯（LLDPE）	Linear Low Density Polyethylene Resin	218458	173871
聚氯乙烯树脂	PVC Resin	102822	32670
ABS树脂	ABS Resin	408886	536386
合成橡胶（吨）	Synthetic Rubber(ton)	177123	150015
合成纤维单体（吨）	Synthetic Fiber Monomers(ton)	435215	429973
化学试剂（吨）	Chemical Reagents(ton)	9731	9573
合成洗涤剂（吨）	Synthetic Detergent(ton)	360588	241828
#合成洗衣粉	Synthetic Detergent	262690	121579
化学药品原药（吨）	Chemical Medicines(ton)	6277	6525
中成药（吨）	Chinese Patent Medicine (ton)	399095	347299
兽用药品（吨）	Veterinary Drugs (ton)		206
化学纤维用浆粕（吨）	Chemical Fiber Pulp(ton)	9551	15511
化学纤维（吨）	Chemical Fiber(ton)	357472	302137
#人造纤维（纤维素纤维）	Man-made Fibers	33004	25116
#粘胶短纤维	Viscose Staple Fiber	11398	
粘胶纤维长丝	Viscose Filament	21606	25116

13－8 续表 3 continued

项 目	Item	2014	2015
合成纤维	Synthetic Fiber	324468	279653
涤纶纤维	Polyester Fiber	25180	27096
腈纶纤维	Acrylic Fiber	227960	249925
橡胶轮胎外胎（条）	Rubber Tire(piece)	3483494	3226214
#子午线轮胎外胎	Radial Tire	3483494	3226214
其中：子午线轮胎外胎（条）	Radial Tire and Outer Tire		3226214
塑料制品（吨）	Plastic Products(ton)	879805	914931
#塑料薄膜	Plastic Film	162152	186864
#农用薄膜	Agricultural Film	162152	186864
泡沫塑料	Foam	12693	21136
塑料人造革、合成革	Plastic Artificial Leather, Synthetic Leather	3927	3571
日用塑料制品	Household Plastic Products	42850	50110
硅酸盐水泥熟料（吨）	Portland Cement Clinker(ton)	31550435	25720097
#窑外分解窑水泥熟料	Outside the Kiln Cement Clinker Kiln	31166594	24368657
水泥（吨）	Cement(ton)	46636988	40410939
#强度等级42.5水泥（含R型）	Strength Grade 42.5 Cement	24070566	20241363
商品混凝土（立方米）	Commercial Concrete (cu.m)	9152319	8372317
水泥混凝土排水管（千米）	Concrete Drainage Pipes(km)	1231	1420
水泥混凝土电杆（根）	Cement Concrete Pole(piece)	33103	33958
预应力混凝土桩（米）	Prestressed Concrete Piles(meter)	10491810	10798084
砖（万块）	Brick(10000 piece)	1549171	1039512
瓦（万片）	Tile(10000 piece)	365326	413307
天然大理石建筑板材（平方米）	Natural Marble Building Boards(sq.m)	970363	1007906
天然花岗石建筑板材（平方米）	Natural Granite Building Boards(sq.m)	15876331	13590685
沥青和改性沥青防水卷材（平方米）	Asphalt and Modified Bitumen Membrane(sq.m)	5335216	5458273
平板玻璃（重量箱）	Plate Glass(box)	11904612	3660699
钢化玻璃（平方米）	Armoured Glass(sq.m)	3537109	2792564
夹层玻璃（平方米）	Laminated Glass(sq.m)	198233	167892
中空玻璃（平方米）	Insulating Glass (sq.m)		50490
日用玻璃制品（吨）	Household Glass Products (ton)	32713	27649
玻璃包装容器（吨）	Glass Containers(ton)	524547	532127
玻璃纤维纱（吨）	Glass Fiber Yarn (ton)		2750
耐火材料制品（吨）	Fire-resisting Materials (ton)	199121	246031
石墨及炭素制品（吨）	Graphite and Carbon Products(ton)	339018	260165
生铁（吨）	Pig Iron(ton)	11327914	9749321
粗钢（吨）	Crude Steel(ton)	12647718	10668141
铸铁件（吨）	Iron Casting(ton)	757638	427559
铸钢件（吨）	Steel Casting(ton)	6781	6518
钢材（吨）	Rolled Steel(ton)	14122078	11524541
大型型钢	Large steel	113931	83876
中小型型钢	Medium,Small Steel	50736	43690
棒材	Bar	1145720	1176555
钢筋	Steel Bar	2289945	1267137
线材（盘条）	Wire Rod	2591636	1812165
中板（吨）	Medium Board (ton)		4471
热轧薄板（吨）	Hot Pressed Sheet (ton)		3140
冷轧薄板	Cold Rolled Sheet	82860	51775
中厚宽钢带	Medium Wide Steel Belt	4852481	4496416
热轧薄宽钢带	Hot-rolled Thin Wide Steel Belt	675960	421112
热轧窄钢带	Hot-rolled Narrow Steel Belt	1068430	1046181

13－8 续表 4 continued

项　　目	Item	2014	2015
冷轧窄钢带	Cold-rolled Narrow Steel Belt	127366	98582
无缝钢管	Seamless Steel Pipe	375565	430814
焊接钢管	Welded Steel Pipe	698530	578940
其他钢材（吨）	Other Steel (ton)		9687
用外购国产钢材再加工生产的钢材（吨）	Domestically Produced Steel Used for Further Processing Production Steel(ton)	993721	908963
用进口钢材再加工生产钢材（吨）	Re-processing of Imported Steel Products (ton)		51226
用外购钢材再加工生产钢材（吨）	Steel Processing Production of Steel (ton)		960189
铁合金（吨）	Ferroalloy(ton)	440164	391884
十种有色金属（吨）	Ten Kind of Ferrous Metals (ton)	5902	
镁（吨）	Magnesium(ton)	5902	1578
黄金（千克）	Gold(kg)	3009.5	2668
铝材（吨）	Aluminum(ton)	135537	153525
钢结构（吨）	Steel Structure (ton)		69398
金属门窗及类似制品（吨）	Metal Cutting Tools(10000 piece)		13299
金属切削工具（万件）	Steel Strand(ton)	731	717
锻件（吨）	Industrial Boiler(Evaporation ton)		
工业锅炉（蒸发量吨）	Engine(kw)	13438	13797
发动机（千瓦）	Automotive Engine	13508	11732
#汽车用发动机	Metal Cutting Machine(set)	287488460	249200949
其中：汽车用发动机	Automolive Engine	287398164	249172110
金属切削机床（台）	Metal Cutting Machine Tool and Numerical Control	161	419
电焊机（台）	Crane(ton)	37084	37806
起重机（吨）	Transportation Machinery(ton)	209328	213196
输送机械（输送机和提升机）（吨）	Pump(set)	34779	31555
泵（台）	Gas Compressor(set)	152850	140021
气体压缩机（台）	Compressors for Refrigerating Equipment	12708	17136
#制冷设备用压缩机（台）	Valve(ton)	8175	11855
非制冷设备用压缩机（台）	Gas Separation and Liquefaction Equipment (set)		5281
阀门（吨）	Antifriction Bearing(10000 set)	730	709
滚动轴承（万套）	Gear(ton)	26025	19714
齿轮（吨）	Industrial Furnace(unit)	3372	4055
风机（台）	Scale(unit)	29156	30766
气体分离及液化设备（台）	Gas Separation and Liquefaction Equipment (set)		1095
衡器（秤）（台）	Special Equipment Package(unit)	4155	5070
包装专用设备（台）	Mine Equipment(ton)	4600	4489
矿山专用设备（吨）	Oil Drilling Equipment(set)	40878	50027
石油钻井设备（台（套））	Metal Smelting Equipment(ton)		
金属冶炼设备（吨）	Refining and Chemical Production Equipment(ton)	36267	18571
炼油、化工生产专用设备（吨）	Mold(set)	31175	34751
模具（套）	Special Equipment for Feed Production(unit)	512581	614225
农产品初加工机械（台）	Primary Processing Mechinery for Agriculture Products (set)		121
印刷专用设备（吨）	Special Prinling Equipment (ton)	195	154
电子工业专用设备	Special Equipment for Electronic Industry		2872
大型拖拉机（台）	Large Tractor(unit)	760	725
中型拖拉机（台）	Medium-sized Tractors(unit)	921	907
小型拖拉机（台）	Small Tractors(unit)	10461	6361

13－8 续表 5 continued

项　　目	Item	2014	2015
机械化农业及园艺机具（台）	Mechanization of Agriculture and Horticulture (set)		63159
其中：土壤耕整机械（台）	Soil Tillage Machine (set)		9179
种植施肥机械（台）	Plantin and Ferfilizing Machine (set)		15289
收获机械（台）	Harvesting Manchinery(unit)	8511	8672
#谷物收获机械（台）	Grain Harvesting Manchinery(unit)	3479	3390
玉米收获机械（台）	Maize Harvester(unit)	5032	5282
收获后处理机械（台）	Post Harvest Handing Machinery(unit)	26118	28975
环境污染防治专用设备（台、套）	Pollution Prevention Special Equipment(unit)	2743	2906
#大气污染防治设备（台）	Air Pollution Control Equipment (unit)	1377	1356
水质污染防治设备（台、套）	Water Pollution Control Equipment(unit)	1366	1550
汽车（辆）	Motor Vehicle(coach)	2550276	2248834
#基本型乘用车（轿车）	Car	1822437	1631337
1升<排量≤1.6升	1 Litre < Displacement ≤ 1.6 Litres	1148808	1077254
1.6升<排量≤2.0升	1.6Litres < Displacement ≤ 2.0 Litres	586834	487932
2.0升<排量≤2.5升	2.0 Litres< Displacement ≤ 2.5 Litres	86795	66151
多功能乘用车（MPV）	Multi-Purpose Vehicle	43879	29589
运动型多用途乘用车（SUV）	Sports Utility Vehicle	408796	349411
客车	Bus	33208	47226
大型客车（车长>10米）	Large Bus	1319	830
中型客车（7米<车长≤10米）	Medium Bus	854	964
轻型客车（车长≤7米）	Light Bus	31035	45432
载货汽车	Lorry	166159	125621
改装汽车（辆）	Modified Car(coach)	26507	24376
动车组（辆）	Electrical Multiple Unit(coach)	880	896
铁路客车（辆）	Railway Passenger Car(coach)	222	166
城市轨道车辆（辆）	Urban Rail Vehicle (set)		1503
发电机组（发电设备）（千瓦）	Generating Set (kw)	224000	144
风力发电机组	Wind Generating Set	224000	
交流电动机（千瓦）	Alternating Current Motor(kw)	35590	
变压器（千伏安）	Transformer(KVA)	9888130	7331075
#电力变压器(额定容量≥8000kVA，电压≥500kV)	Power Transformer	1072120	1330940
电力电容器（千乏）	Power Capacitor(kilovar)	9311	7205
高压开关板（面）	High-voltage Switch Board(piece)	2461	1960
低压开关板（面）	Low-voltage Switch Board(piece)	215910	248760
高压开关设备（11万伏以上）（台）	High-voltage Switchgear(set)	1831	4030
通信及电子网络用电缆（对千米）	Communications and Electronic Networks Used Cable	57180	59656
电力电缆（千米）	Power Cable(km)	436442	506679
绝缘制品（吨）	Insulation Products(ton)	10492	12584
灯具及照明装置（套、台、个）	Lamps and Lighting Fittings(set)	1543623	136787
半导体分立器件（万只）	Semiconductor Discrete Devices(set)	345058	344070
光电子器件（万只、片、套）	Optoelectronic Devices(set)	113637	124042
电子元件（万支）	Eletronic Component (10000 sets)		325
工业自动调节仪表与控制系统（台、套）	Industrial Instrumentation and Control Systems Automatically Adjust		28355
电工仪器仪表（台）	Electric Instruments(set)	40027	9554
分析仪器及装置（台、套）	Analytical Instruments and Devices(set)	1118	1076
试验机（台）	Testing Machine(set)	332	321
环境监测专用仪器仪表（台）	Enviromenttal Monitoring Special Instrumentation(set)	5731	5402
汽车仪器仪表（台）	Automotive Instrumentation(set)	714089	694071
光学仪器（台、个）	Optical Instrument(set)	94370	75860
眼镜成镜（副）	Spectacle Lens (set)		1889000
发电量（万千瓦小时）	Power Capacity(10000 kw.h)	7539260	7110041
#火力发电量	Thermal Power Capacity	6127668	5595520
水力发电量	Hydraulic Power Capacity	685502	547959
风力发电量	Wind Power Capacity	524188	721999
煤气生产量（万立方米）	Gas Production(10000 cu.m)	1492242	1326460
自来水生产量（万立方米）	Water Production(10000 cu.m)	74922	75524

13-9 各地区主要工业产品产量（2015年）

Output of Major Industrial Products by Region (2015)

地区	Region	原煤（万吨）Coal (10000tons)	天然原油（万吨）Crude Oil (10000tons)	原油加工（万吨）Grude Runs (10000 tons)	发电量(亿千瓦小时) Electricity (100 million kw.h)	汽车（万辆）Motor Vehicle (10000 sen)	轿车（万辆）Car (Coach)	水泥（万吨）Cement (10000tons)	粗钢（万吨）Crude Steel (10000tons)	钢材（万吨）Steel (10000tons)
长春	Changchun	343.51	14.70	69.38	228.95	219.74	163.13	1784.30	3.61	14.88
吉林	Jilin	233.25		800.19	102.07	5.15		531.63	417.37	484.69
四平	Siping	10.56	88.22		75.33			504.97	37.50	43.00
辽源	Liaoyuan	921.09			24.30			29.11	183.36	173.89
通化	Tonghua	200.05			38.77			250.67	369.88	375.39
白山	Baishan	195.61			60.21			446.43		
松原	Songyuan		373.55	47.87	36.38			179.27		
白城	Baicheng		171.73		99.10			91.70		9.21
延边	Yanbian	718.39	17.28	29.89	45.90			223.02	55.10	51.39

地区	Region	焦炭（万吨）Coke (10000 tons)	机制纸及纸板(万吨) Machinemade Paper and Paperboard (10000 tons)	化学纤维（万吨）Chemical Fibers (10000 tons)	乙烯（万吨）Ethylene (10000 tons)	合成氨（万吨）Synthetic Ammonia (10000 tons)	农用化肥（万吨）Chemical Fertilizer (10000 tons)	中成药（万吨）Chinee Patert Medicine (10000 tons)	实木地板(万立方米) Solid Wood Flooring (10000 du.m)	服装（万件）Garments (10000 pieces)
长春	Changchun	27.49					31.72	1.07		571.80
吉林	Jilin	117.22	26.75	27.5	66.68	25.37	8.16	1.45	180.17	279.50
四平	Siping		7.18	2.71				1.57		420.30
辽源	Liaoyuan		2.78					2.12		
通化	Tonghua	167.26	10.62			6.20	0.44	17.07		45.00
白山	Baishan	60.18	25.88					0.39		71.60
松原	Songyuan					18.09	12.82	0.27		
白城	Baicheng		3.20					0.82		1376.00
延边	Yanbian							9.46	797.02	19681.00

CHAPTER ▶ 14

第十四篇 14

建筑业

CONSTRUCTION

14-1 1978-2015年建筑业企业主要指标
1978-2015 Main Indicators on Construction Enterprises

年 份 Year	建筑业企业增加值（亿元）Total Value-added of Construction Enterprises (100 million yuan)	资产合计（亿元）Total Assets (100 million yuan)	利润总额（亿元）Total Profits (100 million yuan)	税金总额（亿元）Total Tax (100 million yuan)	按总产值计算劳动生产率（元/人）Overall Labor Productivity by Gross Output Value (yuan/person)	房屋建筑面积（万平方米）Floor Space of Building Construction (10 000 sq.m)	
						施工面积 Under Construction	竣工面积 Completed
1978						388	194
1979						560	280
1980			0.34			673	329
1981			0.76			643	312
1982			0.54			726	342
1983			0.8			872	479
1984			0.64			886	503
1985			0.69			970	508
1986			0.83			989	493
1987			1.04			1007	538
1988			1.65			1135	629
1989			1.31			1041	584
1990			0.78			913	546
1991			1.3			1121	645
1992			1.85			1446	866
1993	27.85	96.15	2.53	3.52	23739	1685	995
1994	35.37	117.35	1.49	3.60	23759	1526	916
1995	39.05	150.59	0.62	3.88	29820	1311	755
1996	46.27	169.31	-0.73	4.25	35488	1345	803
1997	44.31	184.94	1.15	4.37	38556	1290	826
1998	41.00	187.96	-1.65	4.69	42695	1290	814
1999	47.77	201.87	0.07	5.34	47832	1447	929
2000	64.83	252.92	1.73	7.09	61177	2209	1440
2001	65.15	323.16	3.69	9.97	70159	2474	1716
2002	75.18	383.14	2.44	11.29	69734	2476	1597
2003	62.33	405.14	2.35	14.63	76978	2532	1629
2004	76.25	461.69	4.24	13.52	96414	2823	1750
2005	91.97	490.03	2.47	18.67	109612	3166	1745
2006	106.77	525.68	7.52	21.66	128476	3638	1933
2007	304.00	519.78	10.27	22.56	128949	4586	2543
2008	377.65	663.52	41.25	37.16	140431	5436	3378
2009	487.32	652.23	38.56	39.34	158801	5369	3956
2010	583.87	895.92	46.18	45.86	170784	5901	4273
2011	693.53	1128.60	88.93	57.39	244299	7447	4195
2012	794.29	1943.52	73.61	68.12	313780	11321	6034
2013	824.88	2065.64	89.10	73.28	390827	12519	6344
2014	891.40	2086.41	109.15	87.28	311540	13993	7372
2015	927.06	2415.25	98.85	73.14	250282	12237	5603

注：1.自2002年起，建筑业增加值核算口径有所调整。
2.从2004年第一次全国经济普查开始，建筑业增加值按新核算方法核算。

Note:a) Since 2002, the statistical coverage of value added of construction have been adjusted.accordingly.
b) New accounting methods were applied in 2004 during the First Economic Census in calculating the value-added of the construction industry.

14－2 建筑施工企业生产情况（2015年）

项　　目	Item	按经济类型分 Grouped by Type of Economy 总计 Total	内资企业 Domestic Fumded	国有 State-owned
企业个数（个）	Number of Enterprises(unit)	2735	2726	59
建筑业总产值（千元）	Value of Construction Output (1000 yuan)	221631424	219952476	33438719
1.建筑工程	Construction Engineering	186314688	184941065	25650424
2.安装工程	Installation Engineering	24807397	24553052	6638490
3.其他产值	Other	10509339	10458359	1149805
竣工产值(千元)	Output Value of Building Completed(1000 yuan)	172376334	171182696	17166601
房屋建筑施工面积(平方米)	Floor Space of Buildings under Construction(sq.m)	122372472	121843843	11620114
# 本年新开工	#New Starting This Year	67770669	67770669	6455589
# 投标承包	Contract to Tender	88299347	87946397	9598732
年末自有施工机械设备净值(千元)	Year End Meehanical Eguipment Own Construction Machinery net Value (1000 yuan)	8869690	8819086	1106429
年末自有施工机械设备总台数(台)	Year End Meehanical Eguipment Own Construction Machinery (Total value)	67189	66305	18549
年末自有施工机械设备总功率(千瓦)	Year End Meehanical Eguipment Own Construction Machinery Total power(Tatal Power)	2353054	2319806	482967

Production Situation of Construction Enterprises（2015）

按经济类型分 Grouped by Type of Economy				
			港澳台商投资企业 Funded from Hong Kong Macao and Taiwan	外商投资企业 Foreign Funded
集体 Collective-owned	股份合作企业 Stock Coope Rative	私营企业 Private Enterprises		
42	4	1193	6	3
9797500	89216	82547897	1521528	157420
5361901	85955	72458209	1216203	157420
3528224	3261	6356129	254345	
907375		3733559	50980	
7491321	80466	68033204	1136738	56900
2912398	76607	49760472	175679	352950
1949521	76607	27805592		
2342976	76607	32735127		352950
171184	33500	4815643	45604	5000
3019	174	21961	883	1
75514	1813	761335	33168	80

14－2 续表

项　目	Item	按行业类别分 Grouped by Sector		
		房屋建筑业 Construction of Buildings	土木工程建筑业 Civil Engineering	建筑安装业 Construction Installaton
企业个数（个）	Number of Enterprises(unit)			
建筑业总产值（千元）	Value of Construction Output (1000 yuan)	128433356	60481764	27096238
1.建筑工程	Construction Engineering	118639128	50341820	13944636
2.安装工程	Installation Engineering	5216768	6450196	11588532
3.其他产值	Other	4577460	3689748	1563070
竣工产值(千元)	Output Value of Building Completed(1000 yuan)	102032557	42507535	22471688
房屋建筑施工面积(平方米)	Floor Space of Buildings under Construction(sq.m)	105250205	5117432	10806069
# 本年新开工	#New Starting This Year	59434311	2956429	4476082
# 投标承包	Contract to Tender	75173467	3243423	9228027
年末自有施工机械设备净值(千元)	Year End Meehanical Eguipment Own Construction Machinery net Value (1000 yuan)	2695695	3202773	2781910
年末自有施工机械设备总台数(台)	Year End Meehanical Eguipment Own Construction Machinery (Total value)	32773	23672	7675
年末自有施工机械设备总功率(千瓦)	Year End Meehanical Eguipment Own Construction Machinery Total power(Tatal Power)	1105587	921789	235756

continued

建筑装饰业 Building Decoration and Other Constructions	按隶属关系分 Grouped by Subordinate Relationship		
	中央 National	省级 Province	地市 City
375	54	120	364
5620066	20756642	16250811	32084289
3389104	15465332	14336638	26880667
1551901	4987664	1078792	3671049
679061	303646	835381	1532573
5364554	8610994	15139388	23865914
1198766	3171789	7841414	21900739
903847	1928515	3443114	11041348
654430	2656274	6564851	17237162
189312	695482	887220	759619
3069	12796	6818	7123
89922	295826	187958	200884

14－3　建筑施工企业财务状况（2015年）

单位: 千元

项　　目	Item	按经济类型分 Grouped by Type of Economy 总计 Total	内资企业 Domestic Funded	国 有 State-owned
资产合计	Total Assets	241524752	238510127	17943704
流动资产合计	Total Current Assets	185471768	182771303	5287554
固定资产合计	Total Fixed Assets	34771082	34581107	11823463
流动负债合计	Total Current Liabilities	127383372	125109518	8756118
长期负债合计	Total Long-term Liabilities	7666866	7664990	108470
负债合计	Total Liabilities	146441060	144148625	8951992
所有者权益合计	Total Owners ' Equities	95083692	94361502	8991712
工程结算收入	Engineering Setlement in come	207445353	205832714	6550735
工程结算成本	Engineering Settlement Cost	178476634	177019411	5895385
工程结算税金及附加	Clearing and Settlement of Engineering Settlement	6881582	6840586	171241
管理费用	Management Expenses	7778714	7745315	391830
财务费用	Cost of Financing	1653661	1616431	20491
营业利润	Operating Profit	9852020	9805751	-4066
营业外支出	Non-business Expenditure	233080	225616	13010
利润总额	Total Profits	9884919	9845705	-49308
应交所得税	Income Tax Payable	2913710	2898850	22047
应收工程款	Accounts Receivable	70315262	70012191	2267135

Building Construction Company Financial Position（2015）

unit:1000 yuan

					按行业类别分 Grouped by Sector			
集 体 Collctive-owned	股份合作企业 Stock Cooperation	私营企业 Private Enterprises	港澳台商投资企业 Funded from Hong Kong Macao and Taiwan	外商投资企业 Foreign Funded	房屋建筑业 Building Construction	土木工程建筑业 Civil Engineering	建筑安装业 Construction Installaton	建筑装饰业 Building Decoration and Other Constructions
2040455	114570	81056594	2967832	46793	99214621	108811860	24034834	6034674
1611245	83211	64466424	2654122	46343	82421642	76337212	19956035	3877049
228683	15854	8634189	189525	450	8161347	23504034	2244155	543352
1445163	25746	38849726	2234277	39577	57743685	52344490	13613898	1960742
11528		2582058	1876		2348740	4884516	326862	89719
1458311	25756	44829051	2252858	39577	63974408	63782796	14469939	2370546
582144	88814	36227543	714974	7216	35240213	45029064	9564895	3664128
1990050	67053	75913768	1555739	56900	112453095	63738393	24676662	4134411
1341963	54587	63691332	1406678	50545	98107958	54314287	20934532	3196434
64735	803	2446265	39085	1911	4019533	1882396	764154	151554
229138	3291	2690113	31649	1750	2831861	2866638	1374370	383934
6089	16	695283	36572	658	625048	887142	108097	29374
95664	29694	4314558	44233	2036	5401405	3013245	1076574	262923
2184		59741	7464		104369	100768	23858	1742
98411	29694	4370871	37178	2036	5437532	2994448	1100203	262107
26417	671	1177531	13438	1422	1676709	769666	382407	64004
576860	37571	28131317	303071		31268222	28202210	8492270	1718608

14－3　续表

项　　目	Item	按隶属关系分		
		中央 National	省级 Province	地市 City
资产合计	Total Assets	19424970	26364072	30434505
流动资产合计	Total Current Assets	16722579	20378984	23889043
固定资产合计	Total Fixed Assets	1393125	2502304	4151334
流动负债合计	Total Current Liabilities	16673813	12788638	16718186
长期负债合计	Total Long-term Liabilities	447347	114171	797184
负债合计	Total Liabilities	17231807	16991938	18316103
所有者权益合计	Total Owners ' Equities	2193163	9372134	12118402
工程结算收入	Engineering Setlement in come	17315918	16676848	30787774
工程结算成本	Engineering Settlement Cost	15673841	14308768	27322858
工程结算税金及附加	Clearing and Settlement of Engineering Settlement	423156	551558	1050420
管理费用	Management Expenses	904362	555799	1107731
财务费用	Cost of Financing	154783	100601	198300
营业利润	Operating Profit	-21505	722756	1341340
营业外支出	Non-business Expenditure	30481	19814	59274
利润总额	Total Profits	32152	723708	1296882
应交所得税	Income Tax Payable	79583	233216	493967
应收工程款	Accounts Receivable	5498416	5071388	11216880

continued

按企业资质登记分组							
施工总承包 Construction General Contract				专业承包 Specialized Contraction			
特级 Special Grade	一级 First Grade	二级 Second Grade	三级 Third Grade		一级 First Grade	二级 Second Grade	三级 Third Grade
9537739	70800947	64204971	64458355	30378735	6637291	10655669	12799217
7688412	57922857	50703635	43893090	23356521	4673607	8820607	9637221
477674	6229427	7916698	16512920	3530937	521578	1332849	1629084
7366407	43781850	35371219	26289042	13434248	2732100	5309588	5292970
283307	2485427	1324781	3058517	514943	52608	235701	223473
7649715	49462672	39905292	33603101	14660829	2804329	5763727	5976660
1888024	21338275	24299679	30855254	15717906	3832962	4891942	6822557
8500482	57442462	60985350	54092987	25071634	5407391	8545187	10912403
7967541	52529306	51630211	44991943	20231097	4455989	6812941	8783485
229978	1721285	2054319	2070589	766871	170806	229224	360234
216315	1376967	2044781	2046350	2007490	451876	630624	904469
64113	644359	460625	354474	127732	10563	71204	45661
48583	1742998	3328629	3311384	1360004	291647	415968	653449
5101	68476	63556	68962	25433	7795	6779	10963
63807	1807778	3274392	3309154	1372407	288561	433745	650905
101026	773833	922611	781630	315841	58331	89531	164195
3837438	24520338	17796155	15201567	8455576	1896795	3195739	3275048

14－4 各地区建筑业基本情况（2015年）
Regional Construction Basic Situation（2015）

单位：千元　　　　unit：1000 yuan

地　区	Region	企业单位数（个）Number of Enterprises	有工作量的建筑企业个数（个）Enterprises with Projects	签订的合同额 Contract Amount	#上年结转合同额 Last Years Contract	建筑业总产值 Value of Construction output	建筑工程 Construction Engineering
总　计	**Total**	**2735**	**2270**	**348062738**	**141560764**	**221631424**	**186314688**
长　春	Changchun	1316	1057	200846797	93828275	110818907	89796910
吉　林	Jilin	438	387	49285679	19486720	34534984	27847745
四　平	Siping	140	127	12450640	3924523	8660545	7914071
辽　源	Liaoyuan	103	85	9391812	4293757	5207228	4437176
通　化	Tonghua	139	122	18942227	3911606	17747669	15436076
白　山	Baishan	121	100	5847035	2921025	3316598	2655717
松　原	Songyuan	168	147	28643272	5358473	25044499	23026333
白　城	Baicheng	79	70	6778614	2241078	5328981	4704628
延　边	Yanbian	231	175	15876662	5595307	10972013	10496032

地　区	Region	安装工程 Installation Engineering	其他产值 Other	竣工产值 Out put Value of Building	房屋建筑施工面积（平方米）Floor Space Building under Construction(sq.m)	其中：本年新开工 New Starting This Year	其中：实行投标承包 Contract to Tender
总　计	**Total**	**24807397**	**10509339**	**172376334**	**122372472**	**67770669**	**88299347**
长　春	Changchun	13837283	7184714	82957719	62884364	31959223	51116317
吉　林	Jilin	5250213	1437026	25455778	20147254	12074057	13275235
四　平	Siping	499879	246595	7154764	5505054	3185772	2913752
辽　源	Liaoyuan	542290	227762	4141829	3420939	1523081	1806664
通　化	Tonghua	1735611	575982	15456891	6689698	4701659	4404648
白　山	Baishan	453873	207008	2479525	2237012	688421	1230416
松　原	Songyuan	1616592	401574	21571301	11412499	7365526	7308603
白　城	Baicheng	600742	23611	4564892	2492559	1932049	1549831
延　边	Yanbian	270914	205067	8593635	7583093	4340881	4693881

14－5　各地区的建筑业企业房屋竣工价值（2015年）

various Regions of Construction Industry Enterprises in As Built Housing Value（2015）

单位：千元　　　　unit：1000 yuan

地　区	Region	合计 Total	住宅 Residenle	商业及服务用房 Houses for Business Use	办公用 Office Buildings	科研、教育、医疗用房屋 Scientific Research Educution Medical Use	厂房及建筑物 Buildings and Buildings
总　计	**Total**	**84683188**	**60427970**	**4440951**	**4033246**	**2504142**	**6518812**
长　春	Changchun	39629369	25183735	2367887	2067826	1833420	2839348
吉　林	Jilin	9974977	7173435	535153	571555	234071	1472122
四　平	Siping	4111315	3286943	66294	304153	27071	381881
辽　源	Liaoyuan	2023456	1833970	8043	28335	23897	38983
通　化	Tonghua	6916882	5558105	603238	95361	30838	370009
白　山	Baishan	1049802	899029	12578	40336	24516	91358
松　原	Songyuan	14455121	12032102	380106	687780	92997	795300
白　城	Baicheng	1854721	1293046	130873	103830	83114	132555
延　边	Yanbian	4667545	3167605	336779	134070	154218	397256

14－6　各地区建筑企业财务情况（2015年）

Regional Construction Enterprise Financial Situation（2015）

单位：千元　　　　unit：1000 yuan

地　区	Region	资产合计 Total Assets	营业收入 Operating Revenue	营业成本 Operating Costs	营业税金及附加 Taxes and other Charges on Primcipal Business	管理费用 Management Expenses	营业利润 Business Profit	利润总额 Total Profits	应付职工薪酬（本年贷方累计发生额） Employee Benefits Payable（the total amount of credit this year）
总　计	**Total**	**241524752**	**215468365**	**188155943**	**7313689**	**7778714**	**9852020**	**9884919**	**17930804**
长　春	Changchun	144863318	110970484	97426876	3555852	3871047	4917288	4963708	8967615
吉　林	Jilin	30268693	35227044	31289454	1145635	1133738	1350300	1387797	3564569
四　平	Siping	6525424	7632880	6439395	303286	407629	376883	386322	735148
辽　源	Liaoyuan	10909970	5281402	4368195	185608	169994	460936	467879	450320
通　化	Tonghua	9308512	16632692	14708869	645590	644207	543363	523796	1070909
白　山	Baishan	6629261	3308090	2884107	118917	193278	153593	59523	308187
松　原	Songyuan	12708264	20410422	17344783	801640	662998	1233751	1248685	1491940
白　城	Baicheng	5369386	5164578	4390658	168218	306981	198611	224871	460230
延　边	Yanbian	14941924	10840773	9303606	388943	388842	617295	622338	881886

CHAPTER ▶ 15

第十五篇 15

交通运输和邮电通信业

TRANSPORTATION，POSTAL AND TELECOMMUNICATIONS SERVICES

15－1　历年交通运输基本情况

Basic Conditions of Transportation

年　份 Year	铁路里程（公里） Length of Railways (km)	公路里程（公里） Length of Highways (km)	客运量（万人） Passenger Traffic (10000 persons)	#铁路 Railways	#公路 Highways	#水运 Waterways	货运量（万吨） Freight Traffic (10000 tons)	#铁路 Railways	#公路 Highways	#水运 Waterways
1978	3720	23836	11876	7790	4080	3	10666	5048	5602	16
1979	3720	23545	12476	8080	4390	4	11480	6235	5228	17
1980	3719	23545	13205	8380	4819	5	9249	5169	4071	9
1981	3721	24026	14216	8959	5250	5	9023	5191	3821	11
1982	3730	24047	15539	9583	5948	7	9913	5436	4464	13
1983	3730	24115	16530	9917	6605	7	10167	5645	4511	11
1984	3781	24271	17869	10203	7657	7	10812	5459	5339	14
1985	3489	24271	17181	9432	7744	4	11680	5762	5902	16
1986	3482	24625	19299	9145	10142	5	18047	5662	12369	16
1987	3482	24688	21783	9399	12369	6	21172	5842	15311	19
1988	3488	24966	26641	10139	16483	7	22218	6213	15980	25
1989	3488	25326	21403	9421	11956	14	20589	6493	14076	20
1990	3472	26468	18731	7810	10889	17	23148	6122	17005	21
1991	3473	27110	19259	7408	11810	20	23591	6317	17253	21
1992	3473	27192	20135	7630	12458	22	24055	6516	17519	20
1993	3473	28374	18667	7973	10656	13	23497	6844	16629	24
1994	3487	29581	20716	8305	12310	64	26285	6531	19333	421
1995	3480	31321	21367	7894	13371	48	26655	6123	20477	55
1996	3479	32098	20620	6781	13728	52	27604	6154	21394	56
1997	3479	33075	21124	6200	14821	47	27582	6483	21020	79
1998	3474	33812	22376	5849	16431	46	28039	5751	22221	67
1999	3549	34516	23366	5897	17352	60	32435	6058	22261	58
2000	3568	35216	24084	5785	18170	62	33323	5766	23640	46
2001	3568	39747	24492	5346	19001	70	33059	5671	23649	60
2002	3564	41095	25027	4962	19904	78	34291	5781	24777	79
2003	3562	44008	24513	4232	20112	87	34804	6044	25211	72
2004	3555	47255	27192	4687	22293	108	36683	6552	26659	75
2005	3641	50308	27724	4618	22870	113	37529	6634	27441	87
2006	3475	84444	29050	4590	24198	115	38829	6107	28965	89
2007	3635	85445	31651	4855	26506	116	41560	6199	31573	84
2008	3749	87099	56225	5320	50511	198	34373	7118	23558	125
2009	3913	88430	58823	5687	52723	170	38960	7478	27032	261
2010	4037	90437	64783	5770	58577	140	44977	7674	33013	226
2011	4000	91754	68494	6138	61830	215	51905	7877	39308	270
2012	4383	93208	73037	6261	66175	241	59768	7355	47130	331
2013	4395	94218	34562	6628	27403	116	49470	6202	38063	232
2014	4441	96041	35464	6935	27866	202	53023	5761	41830	407
2015	4530	97326	36894	7158	29013	188	47900	4071	38708	193

注：客运量和货运量统计口径调整（以下同）。

Note: Passenger and Freight Traffic Statistics Caliber Adjustment.

15－2 历年旅客周转量和货物周转量

Each Year Passenger Turnover and Goods Turnover

年 份 Year	旅客周转量（百万人公里）Passenger – Kilometers (million passenger–km)	#铁路 Railways	#公路 Highways	#水运 Waterways	货物周转量（百万吨公里）Freight Ton – Kilometers (million ton–km)	#铁路 Railways	#公路 Highways	#水运 Waterways
1978	7802	6514	1286.05	1.77	25782	25042	686.93	53.36
1979	8181	6812	1366.49	2.43			655.33	54.30
1980	8429	6946	1479.61	3.12	24558	23967	562.16	28.98
1981	9169	7555	1610.53	3.28	24663	24009	612.67	41.61
1982	9947	8085	1859.27	3.19	28038	27212	778.44	48.10
1983	10931	8857	2070.72	3.14	31576	30747	790.08	39.08
1984	12392	9817	2571.86	2.99	31882	30726	1095.33	60.46
1985	13464	10671	2790.82	2.28	34316	33077	1160.29	78.89
1986	15113	11209	3901.27	2.55	38130	33556	4491.42	82.58
1987	16753	12259	4491.42	2.68	42257	35992	6162.00	103.01
1988	18773	13976	4794.45	2.90	43373	36865	6369.83	137.89
1989	17649	12968	4674.81	5.94	46623	39838	6657.56	127.22
1990	14788	10430	4350.39	7.49	43471	37858	5479.90	132.74
1991	15511	10625	4877.85	8.32	45028	38760	6148.22	119.96
1992	17221	11721	5491.90	8.56	46776	40599	6086.88	90.05
1993	17171	12812	4352.44	6.85	47980	41146	6731.47	102.76
1994	17809	13059	4733.48	16.29	49564	41350	8002.55	211.80
1995	17711	12552	5148.28	10.52	49731	42023	7600.25	107.26
1996	16821	11398	5411.21	11.44	50188	42230	7850.21	107.66
1997	17609	11717	5881.67	10.28	52070	44132	7827.38	110.64
1998	18409	11616	6785.78	7.25	59094	38543	7872.19	69.12
1999	19683	12347	7329.05	7.09	61781	40971	8127.69	70.68
2000	20667	12952	7679.26	5.89	61204	40621	8564.35	26.57
2001	21223	13263	7951.00	9.12	61394	41372	8601.00	35.81
2002	23232	13274	8416.54	7.00	61552	40916	9293.52	30.00
2003	21649	11505	8841.82	8.11	62017	42255	9056.59	21.29
2004	25615	14680	9002.10	11.79	69917	49986	9592.91	13.00
2005	26602	15185	9279.00	9.00	70825	50668	9875.00	43.00
2006	28063	16262	10024.00	9.06	72212	50464	10625.33	48.94
2007	32247	18184	11249.00	13.52	76403	52988	12400.11	57.07
2008	43232	19120	21290.00	43.00	126425	59227	56360.00	123.00
2009	45600	19771	22858.47	26.59	128300	56969	59621.16	141.86
2010	51131	20593	26958.00	20.06	139194	59590	68314.00	126.94
2011	55188	22894	28653.00	28.18	158169	63525	81600.00	120.75
2012	57232	22914	30676.00	32.54	173129	62106	97406.00	108.32
2013	45517	24476	16869.67	24.90	181356	57730	110000.00	134.23
2014	47263	25095	17327.30	24.80	186154	50981	119078.00	138.16
2015	48357	25222	17782 .00	27.49	157931	37116	105122 .00	59.13

注：本表中2015公路、水路数据以2015年6月调查月为基数。
Note：Highway and waterway data in 2015 is hased on the research month of June,2015.

15－3 交通运输里程
Length of Transportation Routes

单位：公里 unit：km

项　　目	Item	2013	2014	2015
一、铁路	Railways			
正线延展里程	Extention Length of the Track Lines	4395	4441	4530
营业里程	Length of Railways in Operation	3582	3588	3664
二、公路通车里程	Length of Highways	94218	96041	97326
等级路	Expressway and Class I to IV Highways	86658	88667	90087
高速公路	Express way	2325	2348	2629
一级	First Class	1938	2016	2027
二级	Second Class	6978	9109	9300
三级	Third Class	10729	10673	10665
四级	Fourth Class	62668	64520	65465
等外路	Highways Below Class IV	7559	7374	7239
三、内河通航里程	Length of Navigable Inland Waterways	1621	1621	1621

15－4 客运量及旅客周转量
Passenger Traffic and Passenger－kilometers

项　　目	Item	客运量（万人）Passenger Traffic (10000 persons)		旅客周转量（万人公里）Passenger－kilometers (10000 passenger－km)	
		2014	2015	2014	2015
全社会总计	**Total**	**35464**	**36894**	**4726312**	**4835681**
铁　路	Railways	6935	7158	2509527	2522164
公　路	Highways	27866	29013	1732730	1778174
水　运	Waterways	202	188	2483	2749
民　航	Civil Aviation	461	536	481572	532594

15－5 货运量及货物周转量
Freight Transport Quantity and Freight Turnover

项　　目	Item	货运量（万吨） Freight Traffic (10000 tons)		货物周转量（万吨公里） Freight Ton－kilometeters (10000 ton-km)	
		2014	2015	2014	2015
全社会总计	**Total**	**53023**	**47900**	**18615400**	**15793100**
铁路	Railways	5761	4071	5098052	3711570
# 地方铁路	Local Railways	310	356	18482	21170
公路	Highways	41830	38708	11907760	10512239
民航	Civil Aviation	3	3	5383	5994
管道	Pipelines	5022	4925	1590282	1557392
水运	Waterways	407	193	13816	5913

注：本表中2015年公路、水路数据以2015年6月调查月为基数。
Note：Highway and waterway data in 2015 is based on the research month of June,2015.

15－6 各地区公路客货运输量
Passenger and Freight Traffic by Region

地　　区	Region	客运量（万人） Passenger Traffic (10000 Persons)		旅客周转量（万人公里） Passenger－kilometers (10000 passenger－km)		货运量（万吨） Freight Traffic (10000 tons)		货物周转量（万吨公里） Freight ton－kilometeters (10000 ton－km)	
		2014	2015	2014	2015	2014	2015	2014	2015
全　省	**Total**	**27866**	**29013**	**1732730**	**1778174**	**41830**	**38708**	**11907760**	**10512239**
长春	Changchun	8883	7621	589966	467598	9712	10344	3348623	2812268
吉林	Jilin	4213	4096	218713	237429	7295	5167	2394802	1559321
四平	Siping	2030	3554	129022	195129	6238	7600	2315781	2431304
辽源	Liaoyuan	1171	1006	83994	78735	1629	1673	349927	415981
通化	Tonghua	2020	2673	139116	186238	2225	2084	434559	465556
白山	Baishan	1648	1852	75556	108826	1434	1009	336779	266246
松原	Songyuan	2724	3020	156282	162175	7695	5811	1832746	1750081
白城	Baicheng	1567	1581	90507	102259	1110	1446	230521	246458
延边	Yanbian	2280	2462	202788	219298	4427	3509	647752	555124
长白山管委会	Changbai Mountain Management Committee	1330	1148	46786	20487	65	65	16270	9900

注：本表中2015年公路、水路数据以2015年6月调查月为基数。
Note：Highway and waterway data in 2015 is based on the research month of June,2015.

15－7 民用汽车拥有量
Possession of Civil Vehicles

单位：辆　　　　unit：coach

项目	Item	2013	2014	2015
民用汽车合计	**Total**	**2601898**	**2919240**	**3182399**
载客汽车	Passenger Vehicles	2065541	2407444	2710290
# 大型	Large	34450	36414	35925
小轿车	Minicar	1377325	1615694	1833874
载货汽车	Trucks	402344	422215	409959
# 普通载货汽车	Ordinary Truck	223809	229375	212606
其他汽车	Others	134013	89581	62150
在合计中	**In Total**			
私人汽车	**Private Vehicles**	**2178388**	**2494115**	**2796332**
载客汽车	Passenger Vehicles	1777540	2118355	2452012
# 大型	Large	4774	4855	4497
小轿车	Minicar	1228527	1464671	1695056
载货汽车	Trucks	278812	298107	294454
# 普通载货汽车	Ordinary Truck	171627	181715	174866
其他专用汽车	Other Special Purpose Vehicles	122036	77653	49866

注：全省民用汽车拥有量中不包括三轮汽车和低速货车。
Note：It was not include tricar and low－speed trucks in Civil Motor Vehicles Owned.

15－8 各地区民用汽车拥有量（2015年）
Passession of Civil Vehicles by Region（2015）

单位：辆　　　　unit：coach

地区	Region	民用汽车 Civil Vehicles	# 私人 Private	载客汽车 Passenger Vehicles	# 私人 Private	载货汽车 Trucks	# 私人 Private
长春	Changchun	1271058	1111487	1119471	1006987	127842	85020
吉林	Jilin	458834	404658	394902	359161	53291	36748
四平	Siping	315143	279496	246420	229683	62476	44343
辽源	Liaoyuan	102436	89581	85146	76489	15765	12009
通化	Tonghua	167821	144738	139250	124236	24329	17088
白山	Baishan	94279	78861	77802	66833	14345	10392
松原	Songyuan	331927	297888	272725	250250	52039	42229
白城	Baicheng	209505	190806	181134	166550	24817	21218
延边	Yanbian	221863	191117	185653	165583	33491	24100

注：各地区相加不等于全省总计。
Note：The sum of the regions is not the sum of the whole province.

15－9 民用车辆拥有量分组（2015年）

Civil Vehicles Segments of the Group（2015）

单位：辆 unit：coach

项目	Item	总计 Total	#个人 Individual	#营运 Working	#非营运 Non－Working	#校车 School Bus
合计	**Total**	**5788057**	**4197650**	**525621**	**4089091**	**5485**
汽车	**Vehicles**	**3182399**	**2796332**	**460597**	**2716317**	**5485**
载客汽车	Passenger Vehicles	2710290	2452012	111398	2593407	5485
大型	Large	35925	4497	22601	8648	4676
中型	Medium	16444	5432	4638	11006	800
小型	Small	2582389	2370928	84045	2498335	9
微型	Mini car	75532	71155	114	75418	
轿车	Car	1833874	1695056	82328	1751546	
载货汽车	Trucks	409959	294454	311880	98079	
重型	Heavy	124332	64207	116405	7927	
中型	Medium	28133	21226	25095	3038	
轻型	Light	256038	207798	169775	86263	
微型	Mini	1456	1223	605	851	
普通货车车	General	212606	174866	140057	72549	
摩托车	**Motorcycles**	**1393358**	**1388580**	**22310**	**1371048**	
普通	Ordinary	1371796	1367105	22294	1349502	
轻型	Light	21562	21475	16	21546	
拖拉机	**Tractor**	**1167860**				
大型	Large					
小型	Small					
挂车	**Trailers**	**43297**	**12249**	**42354**	**943**	
其他类型车	**Others**	**1110**	**457**	**360**	**750**	

15－10 历年邮电通信业务情况

Postal and Telecommunication Services over the Years

年份 Year	邮电业务总量（万元）Business Volume of Post and Telecommunications (10 000 yuan)	邮政业务总量 Business Volume of Post	电信业务总量 Business Volume of Telecommunications	函件（万件）Number of Letters (10 000 pcs)	本地电话用户（万户）Subscribers of Local Telephone (10 000 subscribers)	移动电话用户（万户）Subscribers of Mobile Telephone (10 000 subscribers)	本地电话局用交换机容量（门）Capacity of Local Telephone Exchanges (line)	长途光缆线路长度（公里）Length of Optical Cable Lines (km)	电话普及率（含移动）（部/百人）Popularization Rate of Telephone (sets/100 persons)
1978	3853			7478	4.4				0.2
1979	3999			8167	4.8				0.2
1980	4055			8333	5.0				0.2
1981	6057			8309	5.4				0.2
1982	6293			8237	5.9				0.3
1983	6779			8646	6.4				0.3
1984	7517			9953	7.2				0.3
1985	8886			12114	8.1		185556		0.4
1986	9503			13278	9.3		200493		0.4
1987	10540			13933	10.7		233586		0.5
1988	13539			16269	13.3		266321		0.6
1989	17046			16545	16.8		335172		0.7
1990	41556			15805	20.3		391408		0.8
1991	51394			13151	25.0		465565		1.0
1992	70063			12369	33.0		564261		1.3
1993	106797			13831	49.9		896393		2.0
1994	155114			15416	75.9		1791260		3.0
1995	212153			15333	107.8		2501105		4.2
1996	290041			14045	137.6		3189912	3793	5.3
1997	375102			11518	164.5		3551886	4493	6.3
1998	538459			10405	192.6		3656308	4702	7.4
1999	839500	85500	754000	9838	223.0	110.0	4060000	5086	12.7
2000	1163500	91500	1072000	9500	260.0	203.3	5560000	5461	17.6
2001	929500	91900	837600	10900	294.0	339.0	5650000	12785	24.0
2002	1122300	100300	1022000	16086	325.0	463.0	7760000	13289	29.7
2003	1582900	112900	1470000	17200	421.3	633.0	8410000	16044	39.7
2004	2113800	112800	2001000	7154	473.3	763.0	9950000	18668	46.4
2005	2858100	133100	2725000	6300	769.0	916.0	10370000	19197	62.0
2006	3382300	155600	3226700	6200	734.0	1138.0	11320000	20000	69.0
2007	4131800	165800	3966000	6600	746.0	1311.0	7060000	19834	74.9
2008	4558500	176500	4382000	7000	622.0	1441.2	5710000	16000	75.5
2009	5326000	205600	5120000	8088	581.3	1574.2	8600000	20161	78.9
2010	6527000	238000	6289000	9319	595.2	1805.4	8370000	21801	87.6
2011	2353000	151000	2202000	6587	579.3	2004.1	7970000	21843	94.1
2012	2622000	223000	2399000	5006	581.0	2257.0	9170000	22704	103.2
2013	2772000	258000	2514000	4369	579.0	2372.1	9038000	23431	111.0
2014	3281600	306600	2975000	3034	574.8	2612.3	8857000	23544	115.8
2015	3894300	361300	3533000	1923	572.3	2604.1	5912000	23877	115.5

15－11 邮电业务总量
Business Volume of Postal and Telecommunication Services

项 目	Item	2013	2014	2015
邮电业务总量(亿元)	**Business Volume of Postal and Telecommunication Services(100 million yuan)**	**277.2**	**328.2**	**389.4**
邮政	Postal	25.8	30.7	36.1
电信	Telecommunication Services	251.4	297.5	353.3
函件(亿元)	Letters(100 million yuan)	0.4	0.3	0.2
包件（万件）	Package(10000 pcs)	135	130	95
特快专递（万件）	Express Mail Services(10000 pcs)	1203	1090	973
订销报纸期发数（万份）	Issue of Newspapers(10000 pcs)	126	123	126
订销杂志期发数（万份）	Issue of Magazines(10000 pcs)	76	74	61
邮政储蓄平均余额（亿元）	Postal Deposits Balance(100 million yuan)	763	811	860
集邮业务（万枚）	Stamps for Collection(10000 pcs)	2971	3415	3633
固定电话用户（万户）	Fixed Telephone Subscribers(10000 subscribers)	579	575	572
移动电话用户（万户）	Mobile Telephone Subscribers(10000 subscribers)	2372	2612	2604
互联网络宽带接入用户（万户）	Internet Broad Band Users(10000 subscribers)	379.6	414.9	426.4
邮政局、所（处）	Postal and Postal Offices(unit)	985	1004	1000
# 农村	#Rural	705	717	720
邮路长度（公里）	Length of Postal Routes(km)	177759	180241	167692
# 铁路邮路	#Railway Routes	21256	8571	7496
航空邮路	Aviation Routes	127061	91514	78860
汽车邮路	Highway Routes	29442	79391	81099
长途光缆线路长度（公里）	Length of Long Distance Optical Cable Lines(km)	23431	23544	23877
本地网中继光缆线路长度（公里）	Local Network Length of Optical Cable Lines(km)	161114	167453	184524
局用交换机容量（万门）	Capacity of Office Telephone Exchanges(10000 line)	904	886	591
火车邮箱（辆）	Railway Postal Boxes(unit)	14	16	15
邮政汽车（辆）	Postal Vehicles(unit)	768	729	927

CHAPTER ▶ 16

第十六篇 16

批发零售贸易和餐饮业

WHOLESALE，RETAIL TRADE AND CATERING SERVICES

16－1 历年社会消费品零售总额
Total Retail Sales of Consumer Goods

单位：万元　　　　unit：10000 yuan

年 份 Year	社会消费品零售总额 Total Retair Sales of Consumer Goods	按城乡分 Grouped by Urban and Rural		按行业分 Grouped by Sector		
		城 镇 Urban	乡 村 Rural	批发零售贸易业 Wholesale and Retail Trades	住宿和餐饮业 Hotels and Catering Services	其他行业 Others
1978	385620	291514	94106	346032	15854	23734
1979	453079	316707	136372	388943	18937	45199
1980	528330	377198	151132	438715	24509	65106
1981	592590	430405	162185	481611	29934	81045
1982	670226	490219	180007	531540	38307	100379
1983	755406	555884	199522	589343	46380	119683
1984	914002	662759	251243	711368	52394	150240
1985	1119958	843468	276490	862671	65462	191825
1986	1278126	979384	298742	972965	71948	233213
1987	1454974	1131042	323932	1086680	81881	286413
1988	1808111	1441649	366462	1344761	104819	358531
1989	1982953	1592980	389973	1479969	112779	390205
1990	1989470	1607039	382431	1478528	108295	402647
1991	2236919	1840771	396148	1666612	117840	452467
1992	2614745	2199504	415241	1924394	143653	546698
1993	3343703	2863910	479793	2424135	205796	713772
1994	4075974	3489145	586829	2835541	311446	928987
1995	4948232	4291301	656931	3352296	393027	1202909
1996	5710259	4851313	858946	3702892	588976	1418391
1997	6363939	5443801	920138	4051446	583022	1729471
1998	6990899	6070339	920560	4380291	637065	1973543
1999	7543181	5980241	1562940	6468115	750146	324920
2000	8335214	6702331	1632883	6934171	1015132	385911
2001	9318770	7604115	1714655	7782754	1230265	305751
2002	10362472	8642210	1720262	8628310	1458547	275615
2003	11409082	9583657	1825425	9778923	1573420	56739
2004	12869444	10870650	1998794	11403545	1415677	50222
2005	14608055	12418366	2189689	12662653	1897789	47613
2006	16758413	14315479	2442934	14400797	2300776	56840
2007	19992025	17058728	2933297	17178073	2768516	45437
2008	24842571	21360896	3481675	21279062	3546703	16806
2009	29573297	25285381	4287916	26981555	2560746	30996
2010	35049165	31071747	3977418	31521763	3496402	31000
2011	41198175	36738161	4460014	37280303	3880872	37000
2012	47729404	42361521	5367883	42227134	5502270	
2013	54264253	48067966	6196287	48038108	6226146	
2014	60808998	53853046	6955952	54004584	6804414	
2015	66464584	58701719	7762866	58836807	7627778	

注：从2005年的数据是按经济普查数据进行调整后的数据。
Note：Data was adjusted by economic census during 2005.

16－2 社会消费品零售总额
Total Retail Sales of Consumer Goods

单位：万元　　　　unit：10000 yuan

项　目	Item	2013	2014	2015
社会消费品零售总额	**Total Retair Sales of Consumer Goods**	**54264253**	**60808998**	**66464584**
一、按销售地区分	Grouped by Region			
城镇的零售额	Urban Retail Sales	48067966	53853046	58701719
乡村的零售额	Rural Retail Sales	6196287	6955952	7762866
二、按行业分	Grouped by Sector			
批发、零售贸易业	Wholesale and Retail Trades	48038108	54004584	58836807
限额以上	Above Designated Size	20902831	21667828	23209629
限额以下及个体户	Under Designated Size and Individual	27135277	32336756	35627178
住宿和餐饮业	Hotels and Catering Services	6226146	6804414	7627778
星级（限额以上）企业	Above Designated Size	1643615	1425507	1517812
星级以外（限额以下）企业和个体户	Below Designated Size and Individual	4582531	5378907	6109966

16－3 各地区社会消费品零售总额
Total Retail Sales of Consumer Goods by Region

单位：亿元　　　　unit：100 million yuan

地　区	Region	2010	2011	2012	2013	2014	2015
长　春	Changchun	1289.85	1515.85	1739.64	1970.04	2217.55	2409.29
吉　林	Jilin	684.02	803.87	935.64	1066.68	1197.11	1313.23
四　平	Siping	287.71	337.66	394.79	449.98	503.82	551.48
辽　源	Liaoyuan	107.51	126.83	147.23	167.55	189.05	206.74
通　化	Tonghua	247.08	290.73	339.37	388.92	439.74	483.28
白　山	Baishan	139.08	163.14	190.28	217.62	244.21	266.19
松　原	Songyuan	329.74	388.62	453.08	514.80	556.46	610.03
白　城	Baicheng	162.24	190.18	221.45	251.46	283.88	310.49
延　边	Yanbian	257.67	302.94	351.45	399.38	449.08	481.30

注：从2005年开始数据调整。
Note:Adjusted Data from 2005.

16－4 限额以上批发零售贸易业商品购进、销售、库存总额（2015年）

单位：万元

项　　目	Item	法人企业数（个）Number of Corporation Units (unit)	产业活动单位（个）Number of Economic Active Units (unit)	从业人数（人）Number of Person Employed (person)
总　计	**Total**	**1714**	**2331**	**116800**
按登记注册类型分	**Grouped by Status of Registration**			
内资企业	Domestic Enterprises	1689	2308	112118
国有企业	State- owned Enterprises	60	506	11259
集体企业	Collective- owned Enterprises	21	3	662
股份合作企业	Cooperative Enterprises	6	6	1983
联营企业	Joint Venture Enterprises			
有限责任公司	Limited Liability Corporations	678	610	46556
股份有限公司	Company Limited by Shares	77	790	17097
私营企业	Private Enterprises	829	393	34099
其他企业	Others	18		462
港、澳、台商投资企业	Hongkong Macao and Taiwan Funded Enterprises	12	19	2438
外商投资企业	Foreign Funded Enterprises	13	4	2244
按国民经济行业分	**Grouped by Sector**			
批发业合计	**Total Wholesale Trade**	**523**	**737**	**33870**
农、林、牧产品批发业	Food, Beverages and Tobacco	168	42	11179
食品、饮料及烟草制品批发业	Food, Beverage and Tobaccos	51	61	6887
#米、面制品及食用油批发业	Rice, Flour and Edible Oil	11		428
烟草制品批发业	Tobaccos	9	48	4922
纺织、服装及日用品批发业	Texitles Garment and Daily Consumer Artides	14		860
#服装批发业	Ganrent	4		127
家用电器批发	Household Appliances	4		560
文化、体育用品及器材批发业	Culture, Sports Goods and Equipments	7		668
医药及医疗器材批发业	Medicines and Medical Appliances	102	4	4750
矿产品、建材及化工产品批发业	Mineral Products, Building Materials and Chemica Products	107	619	6996
#煤炭及制品批发业	Coal and related Products	14		316
石油及制品批发业	Petroleum and Related Products	16	600	5012
金属及金属矿批发业	Metals and Mineral Products	24		511
建材批发业	Construction Materials	25		401
化肥批发业	Chemical Fertilizer	12	19	365

Total Purchases、Sales and Inventory of Enterprises above Designated Size of Wholesale and Retail Trade (2015)

unit: 10000 yuan

购进总额 Total Goods Purchase	#进口 Import	销售总额 Total Sales	批发 Wholesale	#出口 Emport	零售 Retail Trade	年末库存总额 Inventory (year - end)
30668868	**778068**	**35005511**	**15151553**	**174686**	**19853959**	**4794825**
29319502	752620	33475553	13956344	174686	19519209	4741076
4250996	69249	4153201	2733454		1419747	2218259
60509		65749	2119		63630	3569
45580		50154	3983		46171	4327
10474764	428510	11463284	5099007	70417	6364277	1421135
8230221	101032	10599819	3780440	12080	6819379	310528
6137141	153829	6999756	2327422	92190	4672334	776259
120291		143590	9918		133671	7000
147925		174845	77226		97620	10890
1201441	25449	1355113	1117983		237130	42858
16315282	**495642**	**16927559**	**13787999**	**137036**	**3139561**	**3651302**
3417838		2722116	1920008	35594	802109	2766271
1701068	70101	2361602	2312584		49019	212970
103827		113581	112887		693	41288
1428170	69249	2050866	2050866			149648
213909		220131	197584	14792	22548	14883
37838		36952	35956	14792	996	7887
100639		101350	101350			1100
77442		84495	78861		5635	16669
1547206	102489	1785933	1555259	2116	230674	134695
7837749	304622	8041223	6058508	71205	1982715	388888
120325		126177	81327		44850	8882
4768401		4842294	2936689		1905605	72925
1748653	290271	1836339	1830251	69772	6088	105438
253602	11351	261354	244191	33	17163	18106
360724	3000	436348	431792	1400	4557	93573

单位：万元

16－4 续表

项　　目	Item	法人企业数（个）Number of Corporation Units (unit)	产业活动单位（个）Number of Economic Active Units (unit)	从业人数（人）Number of Person Employed (person)
机械设备、五金交电及电子产品批发业	Machinery,Hardware and Electronic Equipment	64	9	2192
#汽车批发	Automobile	3		69
汽车零配件批发	Automobile Parts	8	2	512
摩托车及零配件批发	Motoracycde and Spare Parts	1		47
计算机、软件及辅助设备批发	Computer, Software and Assistant Applicanes	2		43
贸易经纪与代理	Trade Broker and Agency	1		20
其他批发业	Others	9	2	318
零售业合计	**Total Retail Trade**	**1191**	**1594**	**82930**
综合零售业	Synthesize Retail Trade	188	90	33526
#百货零售业	General Merchandise	106	42	19627
超级市场零售业	Supermarkets	54	48	10987
食品、饮料及烟草制品专门零售业	Food Beverage and Tobaccos	79	92	2899
纺织、服装及日用品专门零售业	Texitles, Garments, Daily Consumer Articles	77	28	4814
纺织品及针织品零售	Texitles and Knitwear Retail	3		172
#服装零售业	Garments	50	7	3719
文化、体育用品及器材专门零售业	Culture, Sports Appliances and Equipments	62	50	2491
#体育用品零售业	Sports Goods and Equipment Retail	2		37
图书、报刊零售业	Books and Newspapers	42	34	1972
医药及医疗器材专门零售业	Medicines and Medical Appliances	84	701	7137
#药品零售业	Medicines	74	701	6908
汽车、摩托车、燃料及零配件专门零售业	Motor Vehicles, Motorcycles, Fuel and Parts	436	532	23567
#汽车零售业	Motor Vehicles	351	25	16419
机动车燃料零售业	Fuel of Motor Vehicles	56	507	6269
家用电器及电子产品专门零售业	Household Electric Appliances and Electronic Products	124	90	5272
#家用视听设备零售业	Household Electric Applicance	26	8	1561
计算机、软件及辅助设备零售业	Computer, Software and Assistant Appliances	36		733
通讯设备零售业	Telecommuncation Equipment	9	31	361
五金、家具及室内装修材料专门零售业	Handware, Fumiture and Decoratiou Material	67		1431
货摊、无店铺及其他零售业	Stall Goods, Non- shop and Others Retail	74	11	1793
#邮购及电视、电话零售	Distribution of Post and E- commerce Sales	1		35

continued

unit: 10000 yuan

购进总额 Total Goods Purchase	#进口 Import	销售总额 Total Sales	批发 Wholesale	#出口 Emport	零售 Retail Trade	年末库存总额 Inventory (year - end)
1337795	17836	1516504	1485605	10404	30898	100486
6442		7615	3298		4318	882
1069880	17836	1207531	1207531	7021		28797
9193		10322	10321		1	2578
21995		22618	22618			630
1190		1259	1259			
181085	594	194296	178333	2925	15964	16440
14353586	**282426**	**18077952**	**1363554**	**37651**	**16714398**	**1143523**
4675616	251	7114259	18027	100	7096233	204210
3910557	150	6164775	7359	100	6157416	148137
628796		799053	5705		793349	51013
378947	100	471248	115826		355422	93948
579017	30	767233	22710	6649	744523	63961
11851		12219			12219	231
386296		487451	4931		482521	35830
172008		179863	3512	31	176351	37422
3683		4132			4132	263
104789		110221	11		110210	22634
693997	3337	798233	368760		429474	74830
674424	3337	773985	362338		411647	71289
6725133	277345	7496632	693406	9074	6803225	576639
4176959	277345	4601472	79649		4521822	500812
2478542		2766493	592990		2173503	64020
646166	1364	691723	46279	9734	645444	53063
200311		209890	20309		189581	18863
109207	1364	118900	5241		113658	7240
54738		52175	11681	9734	40494	4550
186635		196312	26653	11969	169659	21127
296067		362449	68381	94	294068	18324
5002		7204			7204	

16－5 限额以上批发零售企业财务状况（2015年）

单位：万元

项　　目	Item	流动资产合计 Total Circulating Funds	固定资产原价 Original Value of Fixed Assets	累计折旧 Depreciation	#本年折旧 Depreciation This Year
批发、零售贸易企业总计	**Total**	**14303699**	**4368528**	**1305837**	**221008**
一、批发企业	**Wholesale Trade**	**9370357**	**1330396**	**551077**	**78496**
（一）按登记注册类型分组	Grouped by Status of Registration				
内资企业	Domestic Investment Enterprises	9258892	1319975	544123	78101
国有企业	State- owned Enterprises	3606704	642339	270064	49697
集体企业	Collective- owned Enterprises				
股份合作企业	Stock Cooperative Enterprises				
联营企业	Joint Venture Enterprises				
有限责任公司	Limited Liability Corporations	3638910	362743	173571	12717
股份有限公司	Joint Stock Corporations	801113	110828	41190	6064
私营企业	Private Enterprises	1209555	200945	58555	9481
其他企业	Others	2609	3120	743	141
港、澳、台商投资企业	Hongkong Macao and Taiwan Investment Enterprises	34950	6876	4036	363
外商投资企业	Foreign Investment Enterprises	76514	3546	2918	32
（二）按国民经济行业分组	Grouped by Sector				
农、林、牧产品批发	Food, Beverages and Tabacco	4593284	483937	222856	18019
食品、饮料及烟草制品批发	Food, Beverage and Tobaccos	761853	283952	111265	14332
#米、面制品及食用油批发	Rice, Flour and Edible Oil	177307	15830	5329	679
烟草制品批发	Tobaccos	525395	253312	101092	13244
纺织、服装及日用品批发	Texitles, Garment and Daily Consumer Articles	45475	3775	1347	176
#服装批发	Garment	11350	554	269	76
家用电器批发	Household Electric Appliances	9690	576	347	21
文化、体育用品及器材批发	Culture, Sports Goods and Appliances	63245	22838	8690	814
医药及医疗器材批发	Medicines and Medical Appliances	931535	83003	18324	4341
矿产品、建材及化工产品批发	Mineral,Construction and Chemical Products	2481593	386191	164579	36505
#煤炭及制品批发	Coal and Related Products	63482	5393	2123	474
石油及制品批发	Petroleum and Related Products	192203	304410	136605	32179
金属及金属矿批发	Metals and Mineral Products	1584907	37754	14047	2613
建材批发	Consmtction Materials	202623	3775	1302	250
化肥批发	Chemical Fertilizer	310246	10266	1702	678
机械设备、五金交电及电子产品批发	Machinery, Hardware and Electronic Equipment	329098	50085	21634	3345
#汽车、摩托车及零配件批发	Motorvehicles, Motorcycles and Parts	3577	306	81	29
汽车零配件批发	Automobile Parts	122206	9446	5330	1179
摩托车及零配件批发	Motoracycde and Spare Parts	4123	4495	1302	208
计算机、软件及辅助设备批发	Computer,Software and Assistant Appliances	5853	31	31	6
贸易经纪与代理	Trade Broker and Agency	267	461		
其他批发	Others	164007	16156	2383	964

Main Financial Indicators of Enterprises Above Designated Size of Wholesale and Retail Trades (2015)

unit: 10000 yuan

资产总计 Total Assets	负债合计 Total Liabilities	实收资本 Paid - up Capital	营业收入 Operating Revenue	主营业务收入 Revenue from Principal Business	营业成本 Operating Cost	主营业务成本 Cost of Principal Business	主营业务税金及附加 Tax and Extra Charges on Principal Business
19784662	**15308951**	**3654987**	**31219701**	**30823187**	**27898741**	**27773160**	**339353**
11036531	**8732218**	**1636595**	**16191575**	**16159896**	**14798116**	**14730304**	**244378**
10913017	8657971	1585080	15001215	14969842	13734825	13667036	242548
4136345	3670706	113656	3848055	3839869	3295082	3238021	210085
4251990	3123562	951286	5034915	5024267	4711059	4707645	8944
1025848	725659	290689	3845366	3835300	3719568	3713877	2996
1493611	1137273	225753	2267513	2265111	2004213	2002590	20519
5223	771	3695	5366	5295	4903	4903	5
44181	9376	39016	74408	74350	71336	71336	95
79333	64872	12500	1115952	1115704	991955	991933	1735
5112438	4176479	840252	2713443	2705497	2548903	2544588	2093
1000893	402761	43206	2253488	2250992	1734177	1679647	210088
190822	169663	15983	115104	114979	110314	109900	161
715450	157435	11507	1945840	1943625	1461721	1409351	209161
53598	47906	6988	212067	210363	198649	198616	382
12952	15954	850	35820	35820	32191	32190	33
10884	12521	1150	95848	95804	91914	91882	132
101221	68373	27135	74398	73120	61699	61571	55
1108672	922462	83839	1713374	1710831	1436156	1436002	6532
3082436	2685116	551087	7543020	7528460	7323923	7315406	20920
77343	60610	11250	126677	126676	117461	117461	2800
520445	517702	219982	4376232	4369064	4294598	4288750	2039
1767200	1497854	228155	1823011	1823007	1760356	1760232	11546
224172	199852	47264	242533	242533	230351	230351	2675
333799	294631	28215	437349	429974	416594	415817	670
397816	289125	67871	1503287	1502136	1333976	1333840	3725
4808	3097	1200	7665	7665	6530	6530	32
131418	84694	16918	1203797	1203315	1069860	1069735	1894
9067	5906	1600	8823	8822	7857	7857	94
5853	3286	2150	20132	20128	19337	19337	7
728	964	3	849	849	803	803	3
178729	139033	16213	177650	177650	159830	159830	580

单位：万元

16－5 续表 1

项　　目	Item	流动资产合计 Total Circulating Funds	固定资产原价 Original Value of Fixed Assets	累计折旧 Depreciation	#本年折旧 Depreciation This Year
二、零售企业	**Total of Retail Trade**	**4933342**	**3038132**	**754760**	**142511**
（一）按登记注册类型分组	Grouped by Status of Registration				
内资企业	Domestic Investment Enterprises	4507486	2858134	667473	132848
国有企业	State- owned Enterprises	17993	2370	686	145
集体企业	Collective- owned Enterprises	3891	3719	857	62
股份合作企业	Stock Coopertive Enterprises	12447	5703	1454	229
联营企业	Joint Venture Enterprises				
有限责任公司	Limited Liability Corporations	2085544	951334	233468	46288
股份有限公司	Joint Stock Corporations	775877	1319152	292141	59826
私营企业	Private Enterprises	1575193	556578	137227	25990
其他企业	Others	36541	19279	1639	309
港、澳、台商投资企业	Hongkong Macao and Taiwan Investment Enterprises	366514	141197	74182	5223
外商投资企业	Foreign Investment Enterprises	59342	38801	13105	4440
（二）按国民经济行业分组	Grouped by Sector				
综合零售	Synthesize Retail Trade	1661423	1899974	414352	77910
#百货零售	General Merchandise	1467487	1659027	359667	67477
超级市场零售	Supermarket	173759	222880	49204	9159
食品、饮料及烟草制品专门零售	Food Beverage and Tobaccos	184644	66237	15910	2831
纺织、服装及日用品专门零售	Texitles, Garments,Doily Consumer Aiticles	203708	158175	35939	3236
#服装零售	Garments	160940	147269	33934	2828
文化、体育用品及器材专门零售	Culture, Sports Appliances and Equipments	70354	31836	12945	1545
#体育用品零售	Sports Goods and Equipment Retail	499	128	4	1
图书、报刊零售	Books and Newspapers	46568	28328	12009	1421
医药及医疗器材专门零售	Medicines and Medical Appliances	449422	55192	14984	3833
#药品零售	Medicines	438946	54487	14802	3795
汽车、摩托车、燃料及零配件专门零售	Motorvehicles Fuel and Parts	1964222	698832	236732	48367
#汽车零售	Motorvehicles	1601682	402840	128383	29711
汽车零配件零售	Motorvehicles Parts Retail	50198	6261	1335	410
摩托车及零配件零售	Motoracycde and Spare Parts	1791	180	95	12
家用电器及电子产品专门零售	Household Electric Appliances and Electronic Products	250643	62512	14020	2837
#家用视听设备零售	Household Audio-visual equipment Retail	92367	26518	7879	1386
日用家电设备零售	Household Appliances Retail	104664	26803	3869	938
计算机、软件及辅助设备零售	Computer, Software andAssistant Applicances	31708	5824	1368	354
通信设备零售	Telecommuncation Equipment	14117	2638	655	58
五金、家具及室内装修材料专门零售	Hardware, Furniture and Decoration Materials	74737	40091	4648	931
货摊、无店铺及其他零售	Stall Goods, Non- shop and Others Retail	74190	25283	5232	1022
#邮购及电视、电话零售	Distribution of Post and E-commerce Sales	1501	92	48	13

continued

unit：10000 yuan

资产总计 Total Assets	负债合计 Total Liabilities	实收资本 Paid – up Capital	营业收入 Operating Revenue	主营业务收入 Revenue from Principal Business	营业成本 Operating Cost	主营业务成本 Cost of Principal Business	主营业务税金及附加 Tax and Extra Charges on Principal Business
8748131	**6576733**	**2018392**	**15028126**	**14663292**	**13100626**	**13042856**	**94975**
7874288	5862191	1973711	14445559	14102175	12615183	12562846	93320
21148	17745	4506	39169	38699	35203	34995	181
8143	4487	3227	61692	61550	53856	53646	693
16852	11767	4303	48795	48795	45309	45309	291
3223036	2560515	575624	5869688	5788263	5108218	5091381	36086
2263583	1665993	152564	3661156	3427957	3148882	3127773	25809
2283724	1565085	1226560	4633775	4605651	4110026	4096066	29954
57802	36598	6926	131284	131260	113690	113677	307
779862	644587	23703	334275	317840	264074	260277	899
93981	69955	20978	248292	243277	221368	219732	756
4016332	3048496	386169	4650722	4346314	3696520	3663233	43844
3600383	2728705	296303	3700735	3415129	2882906	2852663	35709
381525	302428	76671	807455	788997	693550	690917	6183
247457	184270	48976	468779	467638	388393	387438	5387
348456	274969	82711	702562	685990	587532	585362	20181
289958	232502	72082	423559	406997	338311	336141	5725
102007	76272	25048	171847	168919	134522	134237	2026
623	373	200	4132	4132	3433	3433	162
74457	59898	16238	104886	102099	77837	77552	360
527042	420408	54758	773382	769844	670800	669757	2912
516016	412665	52388	750722	747184	652292	651249	2631
2944632	2201942	1304136	7018666	6986856	6550640	6531773	12877
2168953	1568415	1179237	4538698	4517488	4189932	4180883	9946
57829	40560	16099	113576	113511	105299	105299	158
1980	1136	645	13410	13410	11411	11411	277
344586	256033	58205	688042	684297	596106	595195	3114
127531	103746	5864	208403	208403	187817	187817	742
151668	117148	32000	282989	281619	240081	240035	1043
40129	25634	9131	121691	119316	103048	102203	882
16970	6863	7370	52046	52046	44813	44793	362
115748	60831	24488	194648	194638	171818	171818	2457
101872	53512	33902	359479	358797	304295	304043	2177
1679	717	1000	6157	6157	4275	4275	32

单位：万元

16－5 续表 2

项　　目	Item	其他业务利润 Profits of Other Business	销售费用 Sales Expenses
批发、零售贸易企业总计	**Total**	**203818**	**1206106**
一、批发企业	**Wholesale Trade**	**90047**	**587504**
（一）按登记注册类型分组	Grouped by Status of Registration		
内资企业	Domestic Investment Enterprises	89764	478918
国有企业	State- owned Enterprises	12034	175505
集体企业	Collective- owned Enterprises		
股份合作企业	Stock Cooperative Enterprises		
联营企业	Joint Venture Enterprises		
有限责任公司	Limited Liability Corporations	52912	103363
股份有限公司	Joint Stock Corporations	421	103150
私营企业	Private Enterprises	24353	96601
其他企业	Others	44	300
港、澳、台商投资企业	Hongkong Macao and Taiwan Investment Enterprises	58	2094
外商投资企业	Foreign Investment Enterprises	225	106492
（二）按国民经济行业分组	Grouped by Sector		
农、林、牧产品批发	Food, Beverages and Tabacco	25061	79327
食品、饮料及烟草制品批发	Food, Beverage and Tobaccos	-476	70772
#米、面制品及食用油批发	Rice, Flour and Edible Oil		3992
烟草制品批发	Tobaccos	-543	59926
纺织、服装及日用品批发	Texitles, Garment and Daily Consumer Articles	409	7479
#服装批发	Garment		2280
家用电器批发	Household Electric Appliances		3065
文化、体育用品及器材批发	Culture, Sports Goods and Appliances	25	4181
医药及医疗器材批发	Medicines and Medical Appliances	46494	157801
矿产品、建材及化工产品批发	Mineral,Construction and Chemical Products	17596	145094
#煤炭及制品批发	Coal and Related Products		1789
石油及制品批发	Petroleum and Related Products	12664	115666
金属及金属矿批发	Metals and Mineral Products	34	14290
建材批发	Consmtction Materials	575	5485
化肥批发	Chemical Fertilizer	604	4136
机械设备、五金交电及电子产品批发	Machinery, Hardware and Electronic Equipment	939	119954
#汽车、摩托车及零配件批发	Motorvehicles, Motorcycles and Parts		210
汽车零配件批发	Automobile Parts	768	107831
摩托车及零配件批发	Motoracyde and Spare Parts	1	276
计算机、软件及辅助设备批发	Computer,Software and Assistant Appliances	4	
贸易经纪与代理	Trade Broker and Agency		60
其他批发	Others		2837

continued

unit: 10000 yuan

管理费用 Management Expenses	营业利润 Operating Profits	利润总额 Total Profit	应交所得税 Income - tax Payable	应付工资 Wages Payable	本年应交增值税 Value - added Tax Payable
894942	**519866**	**754664**	**137333**	**598229**	**367630**
249075	**168006**	**379687**	**78669**	**268300**	**196215**
242616	156617	368592	74754	256715	181767
100137	46378	183342	43103	162916	95658
70559	47648	93842	11446	48606	60743
14972	-2101	3868	5178	20267	6289
56674	64807	87338	15027	24789	19077
274	-115	204		137	
2074	-202	208	150	531	-13
4385	11590	10887	3765	11054	14461
40429	-90973	124390	12447	39392	-2280
98475	198171	204047	42621	121640	89663
3149	-6977	811	40	2636	169
83564	194490	193123	40971	111443	86111
3093	2572	2655	459	3258	824
1835	-874	-861	19	752	237
247	632	665	159	1540	278
8610	1636	3255	683	2759	1344
39640	61822	47303	7153	19117	47795
33602	-35461	-30176	7566	62014	39746
2942	941	998	88	894	310
6979	-49899	-45304	1612	53405	21010
10894	-12914	-12149	2467	3837	14230
2194	224	476	207	819	201
2790	9037	8747	1352	984	607
22604	20692	18770	5360	19385	18364
399	328	309	16	267	141
6552	18517	16218	4364	12321	15577
457	6	6	3	197	159
598	104	119	30	249	61
1	-65	-65		51	
2621	9612	9507	2379	685	758

单位：万元

16-5 续表 3

项　　目	Item	其他业务利润 Profits of Other Business	销售费用 Sales Expenses
二、零售企业	**Total of Retail Trade**	**113771**	**618602**
（一）按登记注册类型分组	Grouped by Status of Registration		
内资企业	Domestic Investment Enterprises	111918	581893
国有企业	State- owned Enterprises	441	1665
集体企业	Collective- owned Enterprises	2	2570
股份合作企业	Stock Coopertive Enterprises		441
联营企业	Joint Venture Enterprises		
有限责任公司	Limited Liability Corporations	79147	298596
股份有限公司	Joint Stock Corporations	12707	138463
私营企业	Private Enterprises	19619	138819
其他企业	Others	4	1338
港、澳、台商投资企业	Hongkong Macao and Taiwan Investment Enterprises	841	17916
外商投资企业	Foreign Investment Enterprises	1012	18794
（二）按国民经济行业分组	Grouped by Sector		
综合零售	Synthesize Retail Trade	48412	251928
#百货零售	General Merchandise	34750	186994
超级市场零售	Supermarket	13620	57007
食品、饮料及烟草制品专门零售	Food Beverage and Tobaccos	36406	17217
纺织、服装及日用品专门零售	Texitles, Garments,Doily Consumer Aiticles	5392	27487
#服装零售	Garments	4703	22387
文化、体育用品及器材专门零售	Culture, Sports Appliances and Equipments	3087	8680
#体育用品零售	Sports Goods and Equipment Retail		221
图书、报刊零售	Books and Newspapers	3087	7417
医药及医疗器材专门零售	Medicines and Medical Appliances	1571	44163
#药品零售	Medicines	1571	43480
汽车、摩托车、燃料及零配件专门零售	Motorvehicles Fuel and Parts	17115	212586
#汽车零售	Motorvehicles	15735	108686
汽车零配件零售	Motorvehicles Parts Retail	222	4846
摩托车及零配件零售	Motoracyde and Spare Parts	35	1029
家用电器及电子产品专门零售	Household Electric Appliances and Electronic Products	1450	40227
#家用视听设备零售	Household Audio-visual equipment Retail	21	7542
日用家电设备零售	Household Appliances Retail	1047	29040
计算机、软件及辅助设备零售	Computer, Software andAssistant Applicances	200	2976
通信设备零售	Telecommuncation Equipment	151	407
五金、家具及室内装修材料专门零售	Hardware, Furniture and Decoration Materials	333	4782
货摊、无店铺及其他零售	Stall Goods, Non- shop and Others Retail	5	11532
#邮购及电视、电话零售	Distribution of Post and E-commerce Sales		2218

continued

unit：10000 yuan

管理费用 Management Expenses	营业利润 Operating Profits	利润总额 Total Profit	应交所得税 Income - tax Payable	应付工资 Wages Payable	本年应交增值税 Value - added Tax Payable
645867	**351860**	**374977**	**58664**	**329929**	**171415**
613577	347224	367638	56152	311790	164476
1418	400	232	13	940	219
1738	2669	2658	15	1687	46
1661	860	865	124	4014	172
264667	104502	107102	11759	124466	28549
151484	105204	86924	26166	89510	87712
188452	122363	123255	17589	89737	47033
4157	11225	46602	486	1436	745
25116	7153	6747	1793	11074	443
7174	-2517	592	719	7065	6497
336594	197654	185285	30824	119837	26799
299417	163396	155134	29166	86599	23678
29933	29432	27023	1544	30461	2955
34904	18638	21703	4313	9542	8700
38731	19576	19098	1539	20111	4470
31317	17679	16702	1268	16758	3838
16772	7745	4522	152	10126	713
176	120	25	3	83	66
12443	5621	3188	131	8632	404
28424	20611	19915	4518	23949	13248
25969	19976	19364	4394	23160	12476
139458	36646	85227	13464	118762	106419
121187	54955	59782	11878	73348	35941
2579	-140	528	272	2682	414
497	118	64	7	224	179
32102	14665	12629	2285	18082	7138
8141	3877	3477	994	4763	2354
10477	1704	1464	398	9794	2088
7881	6376	5568	791	2240	2425
4577	1532	1364	92	905	141
9705	4909	3323	457	3727	2174
9178	31414	23274	1114	5794	1754
134	-500	-450		123	303

16－6 限额以上餐饮企业主要财务状况（2015年）

单位：万元

项　　目	Item	流动资产合计 Total Circulating Funds	固定资产原价 Original Value of Fixed Assets	累计折旧 Depreciation	#本年折旧 Depreciation This Year
总　　计	**Total**	**483372**	**1017904**	**342694**	**39340**
一、住宿业	**Hotels**	**350787**	**738312**	**267522**	**26538**
按登记注册类型分组	Grouped by Status of Registration				
内资企业	Domestic Investment Enterprises	311573	646718	213810	25220
国有企业	State- owned Enterprises	52487	199523	66984	5587
集体企业	Collective- owned Enterprises	6089	1593	1100	126
股份合作企业	Stock Cooperative Enterprises	47	1260	398	55
联营企业	Joint Venture Enterprises				
有限责任公司	Limited Liability Corporations	136752	305253	103426	10311
股份有限公司	Joint Stock Corporations	3631	31033	13298	427
私营企业	Private Enterprises	111231	102844	26877	8504
其他企业	Others	1336	5212	1728	211
港、澳、台商投资企业	Hongkong Macao and Taiwan Investment Enterprises	9788	6323	4495	387
外商投资企业	Foreign Investment Enterprises	29426	85271	49216	931
按住宿行业小类分组	Grouped by Hotel				
旅游饭店	Tour Restaurant	326673	695453	256826	25160
一般旅馆	General Restaurant	13259	38562	8204	931
其他住宿服务	Other Hotel Services	10855	4297	2492	447
二、餐饮业	**Catering Services**	**132585**	**279592**	**75173**	**12802**
（一）按注册类型分组	Grouped by Status of Registration				
内资企业	Domestic Investment Enterprises	132492	278920	74819	12802
国有企业	State- owned Enterprises	6561	73176	14750	2231
集体企业	Collective- owned Enterprises	823	1475	467	28
股份合作企业	Stock Cooperative Enterprises				
联营企业	Joint Venture Enterprises				
有限责任公司	Limited Liability Corporations	50559	90626	26547	3587
股份有限公司	Joint Stock Corporations	9532	6704	1554	840
私营企业	Private Enterprises	59079	99702	29682	5696
其他企业	Others	5938	7238	1820	419
港、澳、台商投资企业	Hongkong Macao and Taiwan Investment Enterprises				
外商投资企业	Foreign Investment Enterprises	93	672	353	
（二）按国民行业分组	Grouped by Sector				
正餐服务	Restaurant	127691	269371	72243	12242
快餐服务	Fast Food	3260	8770	2675	430
饮料及冷饮服务	Beverages and Drinks				
其他餐饮服务	Others	1634	1452	255	130

Main Financial Indicators of Enterprises above Designated Size of Catering and Hotels (2015)

unit: 10000 yuan

资产总计 Total Assets	负债合计 Total Liabilities	实收资本 Paid – up Capital	营业收入 Operating Revenue	主营业务收入 Revenue from Principal Business	营业成本 Operating Cost	主营业务成本 Cost of Principal Business	主营业务税金及附加 Tax and Extra Charges on Principal Business
1367202	**862369**	**382985**	**594079**	**588851**	**292021**	**286951**	**25786**
943205	**688053**	**239614**	**311848**	**308264**	**138044**	**136297**	**14954**
861033	635576	213439	282920	279363	128237	126490	13426
228557	138720	74851	87025	85379	39816	38776	4317
6735	4864	1325	9248	9248	4671	4671	518
1248	596	552	340	340	143	143	31
389259	314427	80486	108227	107414	43327	43171	5363
26080	11373	5162	9266	9181	4287	4287	565
204183	164349	47637	64334	63319	33067	32515	2493
4972	1249	3426	4482	4482	2926	2926	140
13870	18260	2800	6123	6095	1513	1513	349
68303	34216	23374	22805	22805	8294	8294	1179
882583	642236	218973	265678	262502	112373	110803	12809
47628	31721	16990	31301	30914	20439	20263	1417
12994	14096	3651	14870	14848	5232	5232	728
423997	**174316**	**143371**	**282231**	**280588**	**153977**	**150654**	**10832**
423585	173663	141607	281941	280298	153839	150516	10815
74306	22077	19131	31085	30621	14045	11603	225
2533	1510	577	3506	3506	2158	2158	154
160341	65815	32059	158933	158100	86758	86458	6342
27058	23895	4597	10468	10380	5619	5619	403
147876	52352	84649	73657	73437	43416	42903	3366
11472	8013	594	4293	4254	1843	1774	324
412	653	1764	290	290	138	138	16
406015	168678	133208	246363	244719	134600	131277	10010
15151	4647	9000	33431	33431	17667	17667	799
2831	991	1163	2437	2437	1710	1710	22

单位：万元

16－6 续表

项　　目	Item	其他业务利润 Profits of Other Business	销售费用 Sales Expenses
总　　计	**Total**	**10727**	**145785**
一、住宿业	**Hotels**	**8121**	**79698**
按登记注册类型分组	Grouped by Status of Registration		
内资企业	Domestic Investment Enterprises	8121	73060
国有企业	State- owned Enterprises	427	24271
集体企业	Collective- owned Enterprises		1266
股份合作企业	Stock Cooperative Enterprises		171
联营企业	Joint Venture Enterprises		
有限责任公司	Limited Liability Corporations	6045	32359
股份有限公司	Joint Stock Corporations		1839
私营企业	Private Enterprises	1634	13081
其他企业	Others	15	73
港、澳、台商投资企业	Hongkong Macao and Taiwan Investment Enterprises		2074
外商投资企业	Foreign Investment Enterprises		4564
按住宿行业小类分组	Grouped by Hotel		
旅游饭店	Tour Restaurant	6729	72357
一般旅馆	General Restaurant	591	3764
其他住宿服务	Other Hotel Services	801	3577
二、餐饮业	**Catering Services**	**2606**	**66088**
（一）按注册类型分组	Grouped by Status of Registration		
内资企业	Domestic Investment Enterprises	2606	65946
国有企业	State- owned Enterprises		6566
集体企业	Collective- owned Enterprises	58	764
股份合作企业	Stock Cooperative Enterprises		
联营企业	Joint Venture Enterprises		
有限责任公司	Limited Liability Corporations	963	42056
股份有限公司	Joint Stock Corporations		2282
私营企业	Private Enterprises	1585	13235
其他企业	Others		1045
港、澳、台商投资企业	Hongkong Macao and Taiwan Investment Enterprises		
外商投资企业	Foreign Investment Enterprises		141
（二）按国民行业分组	Grouped by Sector		
正餐服务	Restaurant	2606	55515
快餐服务	Fast Food		10279
饮料及冷饮服务	Beverages and Drinks		
其他餐饮服务	Others		294

continued

unit: 10000 yuan

管理费用 Management Expenses	营业利润 Operating Profits	利润总额 Total Profit	应交所得税 Income - tax Payable	应付工资 Wages Payable
132907	**-15389**	**-19410**	**3507**	**102329**
85224	**-19495**	**-21108**	**2170**	**53091**
76331	-20066	-25084	343	50895
21454	-3917	-8953	4	17274
2670	119	122	18	629
200	-205	-196		200
33150	-15878	-13519	208	21060
2354	684	232	13	1840
16334	-2026	-2673	101	9413
169	1159	-97		481
2856	-1589	-1574		916
6037	2160	5550	1827	1279
75121	-19110	-20752	2040	45377
4874	-357	-354	119	4615
5229	-28	-3	12	3099
47683	**4106**	**1698**	**1337**	**49238**
47631	4184	1777	1334	49128
11773	-1970	-1572	64	3891
232	118	60	26	675
24066	2612	2048	542	32265
2065	-560	-779	101	1682
8998	3729	1720	516	10027
498	255	300	86	589
52	-79	-79	3	110
44011	2929	892	1274	44446
3526	922	572	4	4447
146	255	234	58	345

16－7 限额以上批发零售贸易业、星级住宿业和限额以上餐饮业基本情况

Basic Conditions of Wholesale、Retail Trades、Star－ranking Hotels and Catering Services above Designated Size

项 目	Item	法人企业数（个） Number of Corporation Units (unit)		产业活动单位（个） Number of Economic Active Units (unit)		从业人数（人） Number of Person Employed (person)	
		2014	2015	2014	2015	2014	2015
总 计	**Total**	**1775**	**2080**	**3918**	**2743**	**151151**	**145354**
一、批发业	**Wholesale Trade**	**437**	**523**	**1149**	**737**	**32228**	**33870**
内资企业	Domestic Investment Enterprises	433	519	1145	737	31457	33113
国有企业	State- owned Enterprises	67	53	572	501	11564	10985
集体企业	Collective- owned Enterprises						
股份合作企业	Stock Cooperative Enterprises						
联营企业	Joint Venture Enterprises						
有限责任公司	Limited Liability Corporations	152	193	207	74	10941	12186
股份有限公司	Joint Stock Corporations	21	25	142	123	2397	2611
私营企业	Private Enterprises	188	244	219	39	6452	7271
其他企业	Others	5	4	5		103	60
港、澳、台商投资企业	Hongkong Macao and Taiwan Investment Enterprises	2	3	2		403	436
外商投资企业	Foreign Investment Enterprises	2	1	2		368	321
二、零售业	**Retail Trade**	**991**	**1191**	**2386**	**1594**	**90114**	**82930**
内资企业	Domestic Investment Enterprises	974	1170	2351	1571	85847	79005
国有企业	State- owned Enterprises	6	7	10	5	229	274
集体企业	Collective- owned Enterprises	28	21	30	3	709	662
股份合作企业	Stock Cooperative Enterprises	6	6	11	6	1987	1983
联营企业	Joint Venture Enterprises						
有限责任公司	Limited Liability Corporations	410	485	845	536	44279	34370
股份有限公司	Joint Stock Corporations	54	52	690	667	14170	14486
私营企业	Private Enterprises	458	585	753	354	24107	26828
其他企业	Others	12	14	12		366	402
港、澳、台商投资企业	Hongkong Macao and Taiwan Investment Enterprises	6	9	23	19	1999	2002
外商投资企业	Foreign Investment Enterprisesries	11	12	12	4	2268	1923
三、住宿业	**Hotels**	**185**	**182**	**193**	**193**	**19132**	**17478**
内资企业	Domestic Investment Enterprises	178	177	185	186	17750	16489
国有企业	State- owned Enterprises	51	47	52	49	6404	5408
集体企业	Collective- owned Enterprises	3	3	3	3	208	207
股份合作企业	Stock Cooperative Enterprises	2	1	2	1	90	58
联营企业	Joint Venture Enterprises						
有限责任公司	Limited Liability Corporations	59	66	61	73	5671	6329
股份有限公司	Joint Stock Corporations	8	7	11	7	746	555
私营企业	Private Enterprises	52	49	53	49	4501	3740
其他企业	Others	3	4	3	4	130	192
港、澳、台商投资企业	Hongkong Macao and Taiwan Investment Enterprises	2	2	3	4	391	351
外商投资企业	Foreign Investment Enterprises	5	3	5	3	991	638
四、餐饮业	**Catering Services**	**162**	**184**	**190**	**219**	**9677**	**11076**
内资企业	Domestic Investment Enterprises	160	182	188	217	9627	11026
国有企业	State- owned Enterprises	10	8	10	8	1286	1208
集体企业	Collective- owned Enterprises	6	5	7	7	275	268
股份合作企业	Stock Cooperative Enterprises						
联营企业	Joint Venture Enterprises						
有限责任公司	Limited Liability Corporations	63	68	68	75	4106	5084
股份有限公司	Joint Stock Corporations	10	11	10	14	489	621
私营企业	Private Enterprises	67	83	89	106	3330	3585
其他企业	Others	4	7	4	7	141	260
港、澳、台商投资企业	Hongkong Macao and Taiwan Investment Enterprises						
外商投资企业	Foreign Investment Enterprises	2	2	2	2	50	50

16－8　限额以上餐饮企业主要经营情况

Main Business of Enterprises above Designated Size of Catering and Hotels

单位：万元　　　　unit：10000 yuan

项　　目	Item	法人企业（个）Corporation Units(unit)		产业活动单位（个）Number of Economic Active Units(unit)		营业额 Turnover		餐费收入 Catering Income	
		2014	2015	2014	2015	2014	2015	2014	2015
总　计	**Total**	**347**	**366**	**383**	**412**	**473506**	**599606**	**266530**	**367706**
一、住宿业	**Hotels**	**185**	**182**	**193**	**193**	**289707**	**315207**	**129960**	**136392**
按国民行业分组	Grouped by Sector								
旅游饭店	Tour Restaurant	144	141	149	148	247784	269249	113385	117423
一般旅馆	Greneral Restaurant	34	31	37	35	30361	31101	11169	10707
其他住宿服务	Other Hotel Services	7	10	7	10	11562	14857	5407	8262
二、餐饮业	**Catering Services**	**162**	**184**	**190**	**219**	**183798**	**284399**	**136570**	**231314**
按国民行业分组	Grouped by Sector								
正餐服务	Restaurant	160	180	188	213	171157	248531	125628	195486
快餐服务	Fast Food	1	2	1	4	10941	33431	10941	33422
饮料及冷饮服务	Beverages and Drinks								
其他餐饮服务	Others	1	2	1	2	1700	2437		2405

16－9 各地区限额以上批发零售贸易情况（1）

Basic Conditions on Wholesale and Retail Trades above Designated Size by Region（1）

地 区	Region	批发零售贸易业法人企业（个）Wholesale and Retail Trades Corporation Units (unit)		#零售贸易业 Retail Trade		批发零售贸易从业人员（人）Wholesale and Retail Trades Employees (person)		#零售贸易业 Retail Trade	
		2014	2015	2014	2015	2014	2015	2014	2015
全 省	**Total**	**1428**	**1714**	**991**	**1191**	**122342**	**116800**	**90114**	**82930**
长 春	Changchun	358	540	234	332	42408	47126	32908	35423
吉 林	Jilin	376	414	232	284	17516	18090	11136	12133
四 平	Siping	157	171	116	131	24486	12529	18948	7087
辽 源	Liaoyuan	65	64	53	53	5033	5049	3986	3998
通 化	Tonghua	177	189	132	131	9282	9279	6424	6285
白 山	Baishan	35	53	30	48	3807	4186	3336	3772
松 原	Songyuan	77	81	60	62	6164	5941	3474	3393
白 城	Baicheng	34	50	20	31	3937	4882	2272	3135
延 边	Yanbian	149	152	114	119	9709	9718	7630	7704

16－10 各地区限额以上批发零售贸易情况（2）（2015年）

Basic Conditions on Wholesale and Retail Trades above Designated Size by Region（2）（2015）

地 区	Region	批发零售贸易业购进总额（万元）Total Purchases (10000 yuan)	批发零售贸易销售总额（万元）Total Sales (10000 yuan)	#批 发 Wholesale	#零 售 Retail Trade	批发零售贸易业库存总额（万元）Inventories (10000 yuan)
全 省	**Total**	**30668868**	**35005511**	**15151553**	**19853959**	**4794825**
长 春	Changchun	12501766	15551721	6518096	9033624	1246496
吉 林	Jilin	6304629	6974017	4051557	2922460	831411
四 平	Siping	2585808	2836623	852638	1983985	545709
辽 源	Liaoyuan	520486	604937	208074	396863	235899
通 化	Tonghua	2548916	3029156	1318490	1710666	273602
白 山	Baishan	518843	591802	131731	460070	36289
松 原	Songyuan	2608130	2187451	873264	1314187	955902
白 城	Baicheng	1275176	1259004	418578	840426	287156
延 边	Yanbian	1805113	1970801	779125	1191676	382362

16－11　城乡个体工商户基本情况

Basic Statistics on Urban and Rural Individual Economy

行　业	Item	户数（户）Households (subscribers)		从业人数（人）Employees (person)		注册资金（万元）Registered Funds (10000 yuan)	
		2014	2015	2014	2015	2014	2015
合　计	**Total**	**1266011**	**1362270**	**2899470**	**3360967**	**6550255**	**8153930**
按城乡分	**Grouped by Urban and Rural**						
城　镇	Urban	947255	993195	2088407	2443131	4117133	4897008
乡　村	Rural	318756	369075	811063	917836	2433122	3256922
按行业分	**Grouped by Sector**						
农林牧渔业	Agriculture,Forestry,Animal Husbandry and Fishrey	71239	81919	294388	254521	1183993	1607095
采 矿 业	Mining	941	913	4498	4268	29274	35753
制 造 业	Manufacturing	58450	60489	181952	184308	482087	558474
电力、热力、燃气及水的生产和供应业	Prodction and Supply for Electricity、Gas and Water	235	264	732	832	15094	15147
建 筑 业	Construction	3052	3535	12780	15399	32780	39219
交通运输、仓储业和邮政业	Transport,Storage and Post	70650	60339	106300	83823	616408	477582
信息传输、计算机服务和软件业	Information Transmission,Compture Service and Software	4820	5105	10357	10527	25546	28487
批发零售业	Wholesale and Retail Trades	730925	786248	1427501	1668981	2736385	3482667
住宿和餐饮业	Hotels and Catering Services	150526	169350	390653	627437	710802	959647
房地产业	Real Estate	860	983	1882	2086	3748	4690
租赁和商务服务业	Leasing and Business Services	12033	14098	30979	35026	71361	104290
居民服务和其他服务业	Services to Households and Other Services	127963	141408	361386	389583	480010	621619
卫生、社会保障社会福利业	Health、Solial Security and Social Welfare	6268	7148	14641	16731	36717	60978
文化体育和娱乐业	Culture,Sports and Entertainment	5033	5636	14310	16074	58465	81259
其 他 行 业	Others	23016	25748	47111	51371	67584	77023

16-12 城乡私营企业基本情况

Basic Statistics on Urban and Rural Private Enterprises

行业	Item	户数（户）Household (subscribers)		雇工人数（人）Investors (person)		投资人数（人）Employee (person)		注册资金（万元）Registered Funds (10000 yuan)	
		2014	2015	2014	2015	2014	2015	2014	2015
合计	**Total**	**215671**	**258267**	**1804953**	**1954208**	**419859**	**488376**	**69371629**	**97846970**
按经济类型分	**Crouped by Ownership**								
独资企业	Foreign Funded	26279	29677	170108	189779	25834	29224	1572288	1775729
合伙企业	Partnership Enterprises	1012	1230	4400	7755	4812	6052	1622922	2900910
有限责任公司	Limited liability Corporation	187055	225652	1604716	1723720	383477	446044	62660749	88643553
股份有限公司	Joint Stock Corporations	1325	1708	25729	32954	5736	7056	3515670	4526778
按行业分	**Grouped by Sector**								
农林牧渔业	Farming,Forestry,Animal Husbandry and Fishrey	12370	15382	87473	108075	22147	27060	3184024	4339531
采矿业	Mining	1709	1886	26677	29336	3193	3531	855699	1286694
制造业	Manfacturing	31799	32979	337188	394304	65944	70259	10003137	13290194
电力、势力、燃气及水的生产和供应业	Production and Supply for Elec-tricity、Gas and Water	1394	1629	18515	22439	3731	4062	939062	1312038
建筑业	Constuction	13393	16390	304819	335172	28194	32589	9531481	12673253
交通运输、仓储业和邮政业	Transport,Storage and Post	8054	9523	48049	63988	15685	17719	1452087	2141764
信息传输、计算机服务和软件业	Information、Transmission Computer Service and Software	7531	9945	31768	46457	12392	16347	1078609	1884669
批发零售业	Wholesale and Retail Trade	77643	94094	368960	486856	143856	165163	11610527	17721494
住宿和餐饮业	Hotels and Catering Services	3273	3696	29407	32224	5416	6258	499924	788137
房地产业	Real Estate	8809	10018	325935	76340	19795	21461	6686427	7905623
租赁和商务服务业	Leasing and Business Services	26231	32325	96734	165103	48679	61244	15108200	20396331
居民服务和其他服务业	Household Services and Other Services	6524	7878	39454	49526	11620	13777	634829	1012608
卫生、社会保障社会福利业	Health、Social Security and Social Welfare	383	551	4337	7446	546	813	124418	374176
文化体育和娱乐业	Culture Sports and Entertainment	1232	1783	6965	10472	2204	3169	253865	482866
其他行业	Others	15326	20188	78672	126470	36457	44924	7409339	12237592

16－13　各地区限额以上批发零售贸易企业按商品类别分社会消费品零售总额（2015年）

Total Retail Sales of Social Consumer Goods by Category of Enterprises above Designated Size（2015）

单位：万元　　　　unit：(10000 yuan)

地　区 Region		社会消费品零售总额 Total Retail Sales of Consumer Goods	食品类 Food	粮油、肉禽蛋 Grain,Oil, Meat,Poultry and Eggs	其他食品类 Other Food	烟、酒、茶、饮料 Tobacco, Liquor,Tea and Beverages	衣着类 Clothing	针、纺织品 Knitwear and Textiles	服装鞋帽类 Clothing, Shoes and Hats	用品类 Articles
全　省	**Total**	**23209629**	**3683926**	**1412088**	**1458827**	**813011**	**3578146**	**581425**	**2996721**	**11279734**
长　春	Changchun	9257413	1147892	241727	696178	209987	1478700	246958	1231742	5341099
吉　林	Jilin	3707261	610698	126348	345645	138705	415192	54663	360528	1917024
四　平	Siping	2317090	397898	253764	93650	50485	698470	134820	563650	691051
辽　源	Liaoyuan	491676	96046	33849	36739	25457	74137	5603	68535	201271
通　化	Tonghua	2590731	458722	145007	127283	186432	458011	78060	379951	1443135
白　山	Baishan	566992	89699	13818	19510	56372	63952	8008	55944	179272
松　原	Songyuan	1535618	592305	535027	27214	30064	90639	11158	79481	421728
白　城	Baicheng	1080849	30120	7137	7300	15683	81364	7495	73869	287796
延　边	Yanbian	1658955	260546	55411	105308	99827	217680	34659	183022	796549
长白山管委会	Changbai Mountain Management Committee	3044								809

地　区 Region		#日用品 Atricles for Daily Use	#生活电器 Household Appliances	#文化体育娱乐 Culture and Sports Articles	#化妆品 Cosmetics	#金银珠宝 Jewelry	#中西药品 Transitional Chinese and Western Medicines	#书报杂志 Newspaper and Magazines	#建筑材料 Construction Material	燃料类 Fuel
全　省	**Total**	**733520**	**1605204**	**467394**	**321958**	**693904**	**865445**	**111659**	**818782**	**4667824**
长　春	Changchun	306145	726420	196288	160782	370798	205664	38042	403938	1289722
吉　林	Jilin	84420	187239	50201	32889	134072	114402	25562	177215	764347
四　平	Siping	75031	163540	49033	16513	52509	39305	7948	22457	529671
辽　源	Liaoyuan	19620	41755	11925	8597	12195	21660	3128	4119	120222
通　化	Tonghua	126458	162160	76866	58436	50386	294888	9469	148337	230863
白　山	Baishan	11256	43428	6427	8533	9044	19375	3969	4307	234069
松　原	Songyuan	25348	72052	12574	18356	5601	24929	5686	17010	430946
白　城	Baicheng	9858	66330	3576	8635	15417	32869	12456	18903	681571
延　边	Yanbian	75384	141480	60506	9219	43882	112353	5398	22499	384179
长白山管委会	Changbai Mountain Management Committee		803							2235

16－14　按登记注册类型分连锁零售企业基本情况（2015年）

行　　业	Item	总店数（个）Nunber of head office	门店总数（个）TotalNumber of Store(unit)
合　计	**Total**	**23**	**656**
内资企业	Domestic Funded Enterprises	20	634
国有企业	State-owned Enterprises		
集体企业	Collective-owned Enterprises		
股份合作企业	Cooperative Enterprises	1	218
联营企业	Toint Venture Enterprises		
国有联营企业	State Owned Joint Venture Enterprises		
集体联营企业	Colleetive Owned Joint Venture Entenprises		
国有与集体联营企业	State Owned and Collective Owned Joint Venture Enterprises		
其他联营企业	Others		
有限责任公司	Limilted Liability Corporations	10	145
国有独资公司	State Owned Enterprise		
其他有限责任公司	Other Limited Liability Corporations	10	145
股份有限公司	Share-holding Corporations Limited	1	2
私营企业	Private Enterprise	8	269
私营独资企业	Private-funded Enterprises		
私营合伙企业	Private Partnership Enterprises		
私营有限责任公司	Private Limited Liability Commpany	8	269
私营股份有限公司	Private Share-holding Corporations Ltd		
其他企业	Others		
港、澳、台商投资企业	Hongkong Macao and Taiwan Invested Enterprises	2	21
合资经营企业	Joint Venture Enterprises		
合作经营企业	Cooperative Enterprises		
独资经营企业	Solely Invested Enterprise	2	21
投资股份有限公司	Investment Limited by share Lted		
其他港澳台商投资企业	Other Hongkong Macao and Taiwan Investment Enterpriese		
外商投资企业	Foreign Invested Enterprises	1	1
中外合资经营企业	Joint-ventrue Enterprises	1	1
中外合作经营企业	Cooperative Enterprises		
外资企业	Enterprises with Sole Funds		
外商投资股份有限公司	Companites Limited by Shares with Foreign Investment		
其他外商投资企业	Other Foreign Invested Enterprises		

The Basic Situation of Chain Retail Enterprises by the of Registration（2015）

年末从业人数 (人) Number of Employees end of the year (person)	年末零售营业面积 (万平方米) Retail Sales Area at the end of the year(10000 sq.m)	商品销售额 (亿元) Commodity sales (100 million yuan)	商品购进总额 (亿元) Total Commodity Purchase (100 million yuan)	统一配送商品购进额 (亿元) Unitorm Distribation of Goods prchased(100 million yuan)
7241	**23.93**	**132.17**	**117.55**	**115.42**
6923	22.51	131.25	116.89	114.76
2462	1.70	92.52	84.56	84.56
2360	16.03	31.02	23.85	22.30
2360	16.03	31.02	23.85	22.30
28	0.09	0.04	0.05	0.05
2073	4.69	7.68	8.44	7.85
2073	4.69	7.68	8.44	7.85
151	0.30	0.41	0.26	0.26
151	0.30	0.41	0.26	0.26
167	1.13	0.51	0.39	0.39
167	1.13	0.51	0.39	0.39

16-15 按行业和业态分连锁零售企业基本情况（2015年）

行业	Item	总店数（个）Nunber of Head office	门店总数（个）Total Number of Store(unit)
总计	**Total**	**23**	**656**
按行业分	**By Industry**		
综合零售	Comprehensive Retail	5	25
食品、饮料及烟草制品专门零售	Food、Beverage and Tobacco Products Speciacized Retail	2	51
纺织、服装及日用品专门零售	Textile、clothing and Daily necessities Retail	2	21
文化、体育用品及器材专门零售	Culture、sports goods and Equipment Specialized Retail		
医药及医疗器材专门零售	Medical and Medical Equipment Specialized Retail	7	288
汽车、摩托车、燃料及零配件专门零售	Automobil、Motorcycle、Fuel and Spave Parts Retail	1	218
家用电器及电子产品专门零售	Household Appliances and Electronic Products Specialized Retail	5	48
五金、家具及室内装饰材料专门零售	Hardware、Furniture and Interior Decoration Meterials Specialized Retail		
货摊、无店铺及其他零售业	Stall、Noshops and other Retail	1	5
按业态分	**By Retuil Industry**		
便利店	Convenient Store		
折扣店	Outlet		
超市	Supermarket	3	22
大型超市	Big Supermarket	1	1
仓储会员店	store member		
百货店	Department Store	1	2
专业店	Speciality Store	13	554
#加油站	Gas Station	1	218
专卖店	Store	5	77
家居建材商店	Home Furnishing Store		
厂家直销中心	Factory Direct Sules Center		
其他	Other		

Basic Situation of Retail Enterprises by Industry and Retail Industry（2015 ）

年末从业人数 (人) Number of Employees end of the year (person)	年末零售营业面积 (万平方米) Retail Sales Area at the end of the year(10000 sq.m)	商品销售额 (亿元) Commodity sales (100 million yuan)	商品购进总额 (亿元) Total Commodity Purchase (100 million yuan)	统一配送商品购进额 (亿元) Unitorm Distribation of Goods prchased(100 million yuan)
7241	**23.93**	**132.17**	**117.55**	**115.42**
1553	5.52	12.62	13.08	13.08
515	0.55	3.82	2.28	2.28
151	0.30	0.41	0.26	0.26
1391	3.40	3.40	3.10	2.25
2462	1.70	92.52	84.56	84.56
1134	12.45	18.93	13.66	12.38
35	0.03	0.48	0.59	0.59
1320	4.19	11.98	12.60	12.60
167	1.13	0.51	0.39	0.39
66	0.20	0.12	0.09	0.09
4987	17.55	114.84	101.33	99.20
2462	1.70	92.52	84.56	84.56
701	0.87	4.71	3.13	3.13

16-16 亿元以上商品交易市场基本情况（2015年）

More than millions of the Basic Situation of Commodity Trading Market（2015）

行　业	Item	市场数量(个) Market Quantity(unit)	摊位数(个) Booth Number (unit)	营业面积(万平方米) Business Area (10000 sq.m)	成交额(亿元) Turnover (100 million yuan)
总　计	**Total**	**57**	**53504**	**294.09**	**668.62**
一、综合市场	**Comprehensive Market**	**14**	**16147**	**60.37**	**57.81**
生产资料综合市场	Production Data Integrated market	1	2424	10.00	3.78
工业消费品综合市场	Comprehensive market for Industrial consumer Goods	4	6246	21.62	27.71
农产品综合市场	Integrated Agricultural Products Market	3	1578	7.18	6.42
其他综合市场	Other Commprehensive Markets	6	5899	21.57	19.89
二、专业市场	**Drotessional Market**	43	37357	233.72	610.81
生产资料市场	Production Data Market	11	5478	74.24	48.57
农业生产用具市场	Agricultaral Production Equipment market				
农用生产资料市场	Agricultural Producion Data market	1	60	0.85	2.07
煤炭市场	Coal Market				
木材市场	Timber Market	1	168	22.50	1.23
建材市场	Building Materials Market	3	936	10.82	10.22
化工材料及制品市场	Chemical Materials and Products Market				
金属材料市场	Metal Materials Market	2	2402	14.10	19.88
机械设备市场	Machanical Equipment Market				
其他生产资料市场	Other Production Data Market	4	1912	25.97	15.17
农产品市场	Agricultural Products Market	10	5566	37.85	126.79
粮油市场	Grain and oil Market				
肉禽蛋市场	Poultry egg Market				
水产品市场	Aquatic Products Market	1	1296	12.06	62.00
蔬菜市场	Vegetable Market	3	812	5.68	35.34
干鲜果品市场	Dry tresh Fruit Market	2	178	4.77	9.56
棉麻土畜、烟叶市场	Cotton、tobacco Product Market				
其他农产品市场	Other farm Products market	4	3280	15.34	19.89
食品、饮料及烟酒市场	Food、Beverage and Tobacco Market	1	115	0.13	1.03
食品饮料市场	Food and Beverage Market				
茶叶市场	Tea Market				
烟酒市场	Beverage Market				
其他食品饮料及烟酒市场	Other food、Beverage and Tobacco Market	1	115	0.13	1.03
纺织、服装、鞋帽市场	Textile、Clothing and Footuear Market	10	14624	26.20	55.60
布料及纺织品市场	Fabric and Textile Market				
服装市场	Clothing Market	8	13116	21.80	52.74
鞋帽市场	Foot wear Market				
其他纺织服装鞋帽市场	Other Textile、Clothing and Footwear Market	2	1508	4.40	2.86

16－16　续表 continued

行　业	Item	市场数量(个) Market Quantity(unit)	摊位数(个) Booth Number (unit)	营业面积(万平方米) Business Area (10000 sq.m)	成交额(亿元) Turnover (100 million yuan)
日用品及文化用品市场	Daily neccssities and Cultural Products Market				
小商品市场	Smalll lommodity Market				
箱包市场	Luggage Market				
玩具市场	Tox Market				
文具市场	Stationery Market				
图书、报刊杂志市场	Books and Periodicals Market				
音像制品及电子出版物市场	Audio and Video Products and electronic publications Market				
体育用品市场	Sports Goods Market				
其他日用品及文化用品市场	Other Paily necessities and cultural Market				
黄金、珠宝、玉器等首饰市场	Gold、Jewelry and Jade Jewelry Market				
电器、通讯器材、电子设备市场	Electrical、Communications Equipment and Electronic Equipment Market	2	990	0.43	15.71
家电市场	Home Appliance Market				
通讯器材市场	Communication Equipment Market	1	320	0.15	5.83
照相、摄像器材市场	Photography、Camera Equipment Market				
计算机及辅助设备市场	Computer and Ancillary Equipment Market	1	670	0.28	9.88
其他电器、通讯器材、电子设备市场	Other Electrical Appliances、Communication Equipment and Electronic Equipment Market				
医药、医疗用品及器材市场	Medicine、Medical Supplies and Equipment market	2	1980	4.90	69.10
中药材市场	Chinese Herbal Medicine Market	2	1980	4.90	69.10
其他医药、医疗用品及 器材市场	Other Medicine、Medical Supplies and Equipment Market				
家具、五金及装饰材料市场	Furniture、Hardware and Decoration Materials Market	4	2750	31.37	16.08
家具市场	Furniture Market	2	1000	9.70	8.70
装饰材料市场	Decoration Materials Market				
灯具市场	Lamps Market				
厨具、盥洗设备市场	Kichen utensils、Washing Equipment Market				
五金材料市场	Hardware Material	1	1369	19.93	6.33
其他装修市场	Other Decoration Market	1	381	1.74	1.05
汽车、摩托车及零配件市场	Automobile、Motorcycle and pare parts Market	3	5854	58.59	277.93
汽车市场	Automobile Market	3	5854	58.59	277.93
摩托车市场	Motorcycle Market				
机动车零配件市场	Morlo Vehicle Spare Parts Market				
花、鸟、鱼、虫市场	Flower、Bird、Fish and Worm Market				
花卉市场	Flower Market				
鸟市场	Bird Market				
观赏鱼市场	Ornamental Fish Market				
其他花鸟鱼虫市场	Other Flower、Bird、Fish and Worm Market				
旧货市场	Flea Market				
古玩、古董、字画市场	Antiques、Calligraphy and Painting Market				
邮票、硬币市场	Stamp、Coin Market				
其他旧货市场	Other Flea Market				
其他专业市场	Other Protessional Market				

16-17 亿元以上商品交易市场摊位分类情况（2015年）

More than Millions of the Commodity exchange Market Stalls Classitication（2015）

行　业	Item	摊位数(个)(Unit)	成交额(亿元)(100 million yuan)
总　计	Total	**48878**	**668.62**
粮油、食品类	Food、Beverage、Tobacco	8271	120.21
粮油类	Grain and oil	1089	4.75
肉禽蛋类	Poultry and Eggs	1279	5.52
水产品类	Aquatic Proudcts	1262	41.07
蔬菜类	Vegetable	2084	47.74
干鲜果品类	Dry Fresh Truit	804	17.06
饮料类	Eeverage	455	1.37
烟酒类	Tobacco	600	0.98
服装、鞋帽、针纺织品类	Clothing Shoes and Hats、Needle Textiles	15915	60.56
化妆品类	Cosetics	317	0.77
金银珠宝类	Jewellery	60	1.23
日用品类	Daily Necessities	1495	8.03
儿童玩具类	Children Toys	115	0.29
五金、电料类	Hardware、Electrical Meterials	2746	13.17
体育、娱乐用品类	Sports and Entertainment Products	32	0.13
照相器材类	Photographic Equipment	2	0.01
书报杂志类	Booksand Magazines	33	0.03
电子出版物及音像制品类	Electronic Publications and Aadio-visual Product	278	1.30
家用电器和音像器材类	Household Appliances and Aadio-visual Equipment	461	3.04
中西药品类	Dhamace Uticals	2089	69.93
西药类	Western Medicine	19	0.11
中草药及中成药类	Chinese herbal Medicines and Proprietary Chinese Medicine	2065	69.40
文化办公用品类	Office Supply	1016	9.45
计算机及其配套产品	Computer and Its Supportion Products	652	8.78
家具类	Furniture	1307	12.66
通讯器材类	Communication Equipment	483	5.74
煤炭及制品类	Coal and Products		
木材及制品类	Wood and Products	437	2.07
石油及制品类	Petroceum and Products		
化工材料及制品类	Chemical Meterials and Products	735	2.01
化肥类	Chemical Ferfilizer	724	1.46
金属材料类	Metallic Matericals	1688	16.18
建筑及装潢材料类	Construction and Decoration Meterials	3189	25.16
机电产品及设备类	Mechanical and Electrical Products and Equipment	391	1.61
农机类	Agricultural Machinery	157	1.00
汽车类	Car	3015	282.49
种子饲料类	Seed feed	201	0.70
棉麻类	Cotton	203	0.24
其他类	Other	3461	29.58

CHAPTER ▶ 17

第十七篇 17

教育、科技和文化事业

EDUCATION, SCIENCE AND TECHNOLOGY AND CULTURE

17－1 历年教育基本情况
Basic Statistics on Education

年份 Year	在校学生数（万人） Student Enrollment（10000 persons）				专任教师数（人） Number of Full－time Teachers（person）			
	普通高等学校 Regular Institutions of Higher Education	中等学校 Secondary Schools	#普通中学 Regular Secondary Schools	小学 Primary Schools	普通高等学校 Regular Institutions of Higher Education	中等学校 Secondary Schools	#普通中学 Regular Secondary Schools	小学 Primary Schools
1978	3.00	209.10	205.95	342.97	7221	101705	96732	124978
1979	3.57	196.57	192.26	350.41	7931	106588	100814	133875
1980	3.80	189.29	183.14	355.29	8468	103427	96189	133402
1981	4.65	173.87	169.21	349.30	8641	100443	93508	134664
1982	4.14	165.14	156.42	330.98	9670	98244	89129	133796
1983	4.54	156.39	143.60	306.12	10570	95818	84399	129288
1984	5.10	158.24	141.89	300.88	10956	94443	81494	132786
1985	5.95	158.47	138.70	299.81	12443	96294	82201	134515
1986	6.55	154.42	133.77	306.90	13580	97188	82108	137499
1987	6.87	154.49	133.45	299.39	13752	99868	83609	142040
1988	7.29	152.31	129.77	291.02	14707	102334	84897	144864
1989	7.31	141.80	120.18	283.42	14726	102626	85211	147118
1990	7.28	140.41	119.57	276.12	14791	101692	84492	145952
1991	7.25	145.32	124.02	267.24	14664	104064	86460	147729
1992	7.57	152.36	129.80	259.95	14706	104489	86962	146337
1993	8.63	152.95	129.46	257.35	14864	105149	87622	147678
1994	9.52	151.47	126.64	264.19	14956	106326	88238	150242
1995	10.08	155.18	128.74	269.03	15024	107533	88908	152734
1996	10.50	156.82	128.71	274.91	15497	109883	91241	153537
1997	11.02	158.49	129.00	280.07	15610	110514	92019	149396
1998	11.79	158.35	127.89	274.27	15531	110651	92482	151758
1999	13.96	162.14	133.68	260.38	15166	108245	90943	152052
2000	17.53	167.75	143.12	241.59	17476	106110	90007	150291
2001	21.78	169.18	148.81	221.01	18194	103631	88921	145092
2002	26.47	173.36	155.20	202.22	19975	104834	91291	144586
2003	31.95	177.38	157.76	183.31	21824	109079	92338	141363
2004	36.22	180.51	159.96	174.14	25011	110318	93056	140904
2005	40.73	176.43	154.74	162.52	28129	111590	94248	137675
2006	43.51	174.81	149.01	155.60	29918	113603	94619	134450
2007	47.02	170.55	144.68	153.67	31667	113703	94464	131475
2008	50.41	167.32	139.46	150.07	32539	114192	94202	129118
2009	53.10	166.88	133.76	146.11	33239	115160	95614	128301
2010	54.44	159.03	128.84	144.46	33982	114622	94666	124502
2011	56.28	149.63	122.41	143.92	35647	123544	104417	111487
2012	57.89	140.22	116.96	142.37	37022	124482	105467	108035
2013	59.95	129.08	109.79	136.19	38003	124565	106386	103035
2014	61.82	118.87	103.83	126.89	38549	125464	107839	100146
2015	63.27	113.60	100.15	127.98	39152	122988	106636	96841

17－2　各级各类教育基本情况（2015年）

Basic Statistics on Education by Level and Type（2015）

学校类别	Item	学校数(所) Number of Schools (unit)	教职工数(人) Teachers and Staff (person) 合计 Total	其中：专任教师 Fill－time Teachers	毕业生数（人） Graduates (person)	招生数（人） New Students Enrollment (person)	在校学生数（人） Students Enrollment (person)
一、研究生	Postgraduate	21			18100	19101	58087
科研机构	Scientific Research Insitutions	2			28	43	116
普通高校	Regular Institutions of Higher Education	19			18072	19058	57971
# 地方所属	Local–owned	17			7111	7774	22516
二、高等教育	Higher Education	71	65100	40435	240511	246392	814127
普通高校	Regular Institutions of Higher Education	58	63043	39152	157048	175465	632723
# 地方属	Local–owned	56	49109	32803	142972	161209	574434
成人高等学校	Adult Institutions	13	2057	1283	83463	70927	181404
# 地方属	Local–owned	13	2057	1283	75471	62409	159716
三、高中阶段教育	Senior Secondary Education	528	63804	49989	193382	180660	540500
普通高中教育	Regular Senior Secondary Education	239	42226	33730	139932	135162	406263
中等职业教育	Vocational Secondary Education	289	21578	16259	53450	45498	134237
中等技术学校	Technical Secondary Schools	46	5161	3793	15681	12684	39173
中等师范学校	Teacher Training Schools	3	353	321	920	499	1359
成人中等专业学校	Specialized Secondary Schools for Adults	77	5724	4473	3150	1854	4134
职业高中	Vocational Senior Secondary Schools	163	9600	7227	21875	23363	66872
其他机构（不计校数）	Others (Regardless of number of school)	24	740	445	7601	3841	11696
附设中职班（不计校数）	Secondary Vocational School(Regardless of number of school)	31			4223	3257	11003
四、初中阶段教育	Junior Secondary Education	1181	90457	72999	201437	181172	595518
普通初中	Regular Junior Secondary Schools	1176	90349	72906	201308	181114	595234
职业初中	Junior Secondary Vocational Schools	5	108	93	129	58	284
五、小学教育	Pimary Education	4493	114082	96841	186790	206046	1279766
六、特殊教育	Special Education	47	1773	1463	592	953	6015
七、工读学校	Schools for Juvenile Delingguents	3	110	56	67	94	165
八、幼儿园	Kindergartens	4174	50183	28399	174538	234714	463647

17－3 普通高等教育基本情况（2015年）

单位：人

项 目	Item	本专科毕业生数 Graduates of Undergraduate and Specialized Courses	本专科招生数 New Students Enrollment in Undergraduate and Specialized Courses	本专科在校学生数 Students Enrollment in Undergraduate and Specialized Courses
总 计	**Total**	**157048**	**175465**	**632723**
吉林大学	Jilin University	10560	10841	43887
延边大学	Yanbian University	4488	4848	19743
长春理工大学	Changchun Universiey of Science and Technology	3636	3988	16116
东北电力大学	Northeast Dianli University	4562	4417	16899
长春工业大学	Changchun University of Technology	4512	5022	18073
吉林建筑大学	Jilin Jianzhu University	3771	3689	14783
吉林化工学院	JiLin Chemical College	3278	4201	15566
吉林农业大学	Jilin Agricultural University	3855	3879	15488
长春中医药大学	Changchun University of Chinese Medicine	2174	2320	9584
东北师范大学	Northeast Novmal University	3516	3415	14402
北华大学	Beihua University	6256	6833	25392
通化师范学院	Tonghua Normal University	3164	3352	12598
吉林师范大学	JiLin Normal University	4280	4932	18420
吉林工程技术师范学院	Jilin Engineering Technology Normal College	2214	2818	9604
长春师范大学	Changchun Normal University	5415	6677	21795
白城师范学院	Baicheng Normal University	3019	3249	12346
吉林财经大学	Jilin University of Finance and Economics	3017	2718	11104
吉林体育学院	Jilin Institute of Physical Education	1513	1555	6218
吉林艺术学院	Jilin College of The Arts	1821	1870	7348
辽源职业技术学院	Liaoyuan Vocational Technical School	2025	1733	5794
吉林华桥外国语学院	Jilin HuaQiao University of Foreign Languages	1788	2402	9374
四平职业大学	Siping Professional College	1879	2117	5842
吉林工商学院	Jilin Business and Technology College	3884	4246	14069
长春汽车工业高等专科学校	ChangChun Automobile Industry Institute	2778	2780	9225
长春工程学院	Changchun Institute of Technology	3639	4048	14882
吉林农业科技学院	Jilin Agriculture Science and Technology College	2908	3353	11882
长春金融高等专科学校	ChangChun Finance College	1705	2200	5756
吉林警察学院	Jilin Police College	1851	1794	7163
长春大学	Changchun University	3776	4069	15687
长春医学高等专科学校	ChangChun Medicine College	2026	2028	6005

Basic Statistics on Institutions of Higher Education (2015)

unit: person

专任教师 Full-time Teachers	正高级 Senior Title	副高级 Sub-senior Title	中级 Middle Title	初级 Junior Title	无职称 No Rank
39152	**6089**	**12407**	**15212**	**4759**	**685**
4823	1576	1672	1541	34	
1593	301	585	621	81	5
1190	198	415	487	90	
945	139	297	428	80	1
1110	151	349	557	53	
819	117	323	367	12	
820	100	301	293	103	23
1161	168	361	507	91	34
644	116	200	243	82	3
1526	473	548	459	15	31
1855	235	592	740	233	55
802	71	239	330	159	3
1218	135	395	513	170	5
531	44	164	279	42	2
1160	133	343	497	178	9
629	67	174	223	130	35
676	108	306	248	14	
604	56	125	260	163	
494	50	151	169	124	
332	32	104	113	66	17
527	103	147	172	102	3
247	13	94	64	55	21
671	106	225	241	99	
271	17	76	79	93	6
763	102	287	359	15	
537	59	151	227	79	21
280	24	57	151	48	
335	28	85	118	104	
808	103	268	426	11	
350	30	97	128	88	7

单位：人

17－3 续表

项　　目	Item	本专科毕业生数 Graduates for Undergroduate and Specialized Courses	本专科招生数 New Students Enrollment in Undergroduate and Specialized Courses	本专科在校学生数 Students Enrollment in Undergroduate and Specialized Courses
吉林交通职业技术学院	Jilin Traffic Occupation Technical School	2260	2543	6945
长春东方职业学院	Changchun Dongfang Occupation College	199	1178	2092
吉林司法警官职业学院	Jilin Justice officer Academy	1121	1210	3551
吉林电子信息职业技术学院	Jilin Police Occupation College	3116	3195	9477
吉林工业职业技术学院	Jilin Electronic Information College	1902	2106	7172
吉林工程职业技术学院	Jilin Engineering Vocational College	1535	1935	5411
长春职业技术学院	Jilin Agricultural Engeering College	3238	3475	10403
长春光华学院	Changchun Occupation College	2622	3038	11542
长春工业大学人文信息学院	RenWen Information in Changchun Industrial Universiey	2296	2578	10222
长春理工大学光电信息学院	Electric Information in Changchun Science and Engineeaing Universiey	2124	2460	9508
长春财经学院	Changchun University of Finance and Economics	1830	2672	10528
吉林建筑大学城建学院	The City College of Jilin Jianzhu University	2286	2454	9978
长春建筑学院	Changchun College of Architecture	2557	3502	12580
长春科技学院	Changchun University of Science and Technology	2771	3922	13642
吉林动画学院	Jilin Animation College	2626	3138	12148
吉林师范大学博达学院	Jilin Construction College Boda College	2267	2310	8680
长春大学旅游学院	Traveling in Changchun Traveling College	2162	2283	9490
东北师范大学人文学院	Northeast Normal College Renwen College	2877	2750	11309
吉林医药学院	Jilin Medicine College	2066	2269	9422
白城医学高等专科学校	BaiCheng Medicine Higher Specialized School	2307	2268	6589
长春信息技术职业学院	Changchun and Technical College Information Technology	930	2090	4999
松原职业技术学院	Songyuan Occupation University	997	952	2890
吉林铁道职业技术学院	Jilin Raicway Occupation College	2928	2643	9063
白城职业技术学院	Baicheng Occupation College	237	274	865
长白山职业技术学院	Changbaishan Vocational and Technical	266	640	1516
吉林科技职业技术学院	Jilin Science and Technology Vocational College	1794	2658	7261
延边职业技术学院	Yanbian Vocational Technical College	126	395	1075
吉林城市职业技术学院	Jilin City Vocational and Technical College	64	910	2450
其他	Other	2234	2223	6870

continued

unit: person

专任教师 Full-time Teachers	正高级 Senior Title	副高级 Sub-senior Title	中级 Middle Title	初级 Junior Title	无职称 No Rank
317	26	87	103	89	12
121	28	34	18	9	32
165	26	41	49	47	2
441	20	115	148	140	18
285	16	94	120	42	13
308	20	87	99	87	15
519	33	188	200	98	
540	109	157	233	39	2
543	67	224	203	38	11
525	79	156	238	52	
547	87	148	258	52	2
583	73	198	162	148	2
706	66	136	250	224	30
649	70	148	191	229	11
734	97	228	286	112	11
505	61	85	206	86	67
414	42	116	161	94	1
397	89	57	214	37	
480	67	167	186	60	
284	18	94	100	51	21
273	18	67	61	124	3
507	34	158	181	103	31
352	17	74	119	62	80
173	10	68	65	20	10
250	35	117	70	23	5
509	18	87	364	38	2
206	1	133	59	13	
98	7	12	28	28	23

17－4 各高等学校、科研机构培养研究生情况（2015年）

单位：人

项目	Item	毕业生数 Graduates
总计	**Total**	**1823**
吉林大学	Jilin University	1334
延边大学	Yanbian University	59
长春理工大学	Changchun University of Science and Technology	47
东北电力大学	Northeast Dianli University	
长春工业大学	Changchun University of Technology	
吉林化工学院	Jilin Chemical Indusry University	
吉林建筑大学	Jilin Jianzhu University	
吉林农业大学	Jilin Agriculture University	45
长春中医药大学	Changchun University of Chinese Medicine	20
东北师范大学	Northeast Normal University	318
北华大学	Beihua University	
吉林师范大学	Jilin Normal University	
长春师范大学	Changchun Normal University	
吉林财经大学	Jilin University of Finance and Economics	
吉林体育学院	Jilin Institute of Physical Education	
吉林艺术学院	Jilin College of the Arts	
吉林华桥外国语学院	Jilin Huaqiao University of Foreign Languages	
长春工程学院	Changchun Institute of Technology	
长春大学	Changchun University	
中共吉林省委党校	Jilin Provincial Party School	
长春生物制品研究所	Changchun Institute of Biological Product	

Basic Statistics on Postgraduates in Higher Schools and Research Institutions （2015）

unit：person

博士生数		硕士生数		
招生数 New Students Enrollment	在校生数 Students Enrollment	毕业生数 Graduates	招生数 New Students Enrollment	在校生数 Students Enrollment
2206	**9786**	**16277**	**16895**	**48301**
1552	7514	6053	6193	16877
57	226	1101	1229	3314
82	415	1089	1132	3256
10	16	595	660	1862
11	20	589	648	1821
			26	40
		231	278	833
64	289	761	861	2416
21	72	389	473	1327
402	1218	3256	2869	9846
		522	475	1211
4	9	600	698	1868
3	7	68	117	321
		588	613	1703
		79	119	282
		237	285	832
		49	67	136
		42	63	163
		0	46	77
		18	33	86
		10	10	30

17－5 各级各类成人学校基本情况

单位：人

项　目	Item	招生数New 2014
一、成人高等学校	**Higher Education Schools for Adults**	**10353**
广播电视大学	Radio and TV Universities	1951
职工大学	Schools of Higher Education for Staff and Workers	4482
农民大学	Schools of Higher Education for Peasants	641
管理干部学院	College for Management Cadres	777
教育学院	Pedagogical Colleges	2502
二、成人中等学校	**Secondary Schools for Adults**	**1741**
职工中等专业学校	Specialized Secondary Schools for Staff and Workers	
农民中等专业学校	Specialized Secondary Schools for Peasants	
广播电视和函授中等专业学校	Radio、TV and Corrspondence Specialized Secondary Schools	
三、成人技术培训学校	**Technical Training Schools for Adults**	
四、成人中小学	**Primary Schools for Adults**	
职工中学	The middle School	
农民中学	Secondary Schools for Peasants	
职工小学	The Primary School	
农民小学	Primary School for Peasants	
其中：扫盲班	Literacy Classes	

Student Enrollment in Adult Schools by Level and Type

unit: person

Students Enrollment	在校生数 Students Enrollment		毕业生数 Graduates	
2015	2014	2015	2014	2015
5878	**19760**	**16621**	**9755**	**9514**
699	3562	2639	1562	1577
3003	7904	7466	5432	3384
444	1298	1085	491	625
507	1553	1284	586	776
1225	5443	4147	1684	3152
1854	**5513**	**4134**	**3595**	**3150**
	461715	**422003**	**325167**	**239863**
	16175	**14083**	**7659**	**6496**
	1186	290	926	
	2769	2706	2776	2774
	624			
	11596	11087	3957	3722
	10027	9657	2379	2242

17-6 高等学校研究生情况

Basic Statistics on Postgraduates in Institutions of Higher Education

单位：人　　unit: person

指　　标	Item	研究生合计 Total Postgraduates		博士学位 Doctor		硕士学位 Master	
		2014	2015	2014	2015	2014	2015
毕业生数	Graduates	17003	18100	1817	1823	15186	16277
招生数	New Student Enrollment	19660	19101	2187	2206	17773	16895
在学研究生数	Number of Postgraduate Enrollment	57678	58087	9624	9786	48054	48301
毕业班学生数	Students in Graduating Class	20402	20569	5211	5406	15191	15163

17-7 高等学校分学科研究生情况

Basic Statistics on Postgraduates in Institution of Higher Education by Field of Study

单位：人　　unit: person

指　　标	Item	研究生合计 Total Postgraduates		博士学位 Doctor		硕士学位 Master	
		2014	2015	2014	2015	2014	2015
招生数	**New Students Enrollment**						
总计	**Total**	**19660**	**19101**	**2187**	**2206**	**17773**	**16895**
哲　学	Philosophy	169	173	36	45	133	128
经济学	Economics	692	847	157	145	535	702
法　学	Law	1885	1812	232	217	1653	1595
教育学	Education	3380	1837	77	68	3303	1769
文　学	Literature	1285	1268	116	109	1169	1159
历史学	History	434	430	78	79	356	351
理　学	Science	2274	2390	489	557	1785	1833
工　学	Engineering	4225	4643	506	510	3719	4133
农　学	Agriculture	777	759	78	85	699	674
医　学	Medicine	2087	2439	267	250	1820	2189
军事学	Military	1	1			1	1
管理学	Management	1945	1661	135	123	1810	1538
艺术学	Art	806	841	16	18	790	823
#学术型学位	Academic Degree	11709	11869	2179	2199	9530	9670
#专业学位	Professional Degree	8251	7232	8	7	8243	7225
在校学生数	**Students Enrollment**						
总计	**Total**	**57678**	**58087**	**9624**	**9786**	**48054**	**48301**
哲　学	Philosophy	512	497	166	167	346	330
经济学	Economics	2189	2309	750	770	1439	1539
法　学	Law	5709	5807	999	1019	4710	4788
教育学	Education	6760	6286	225	213	6535	6073
文　学	Literature	4052	3874	522	514	3530	3360
历史学	History	1350	1376	392	381	958	995
理　学	Science	7127	7181	1914	1988	5213	5193
工　学	Engineering	13835	14139	2342	2361	11493	11778
农　学	Agriculture	2134	2200	371	373	1763	1827
医　学	Medicine	6462	6810	1276	1275	5186	5535
军事学	Military	8	6			8	6
管理学	Management	5233	5195	612	671	4621	4524
艺术学	Art	2307	2407	55	54	2252	2353
#学术型学位	Academic Degree	38962	38340	9601	9763	29361	28577
#专业学位	Professional Degree	18716	19747	23	23	18693	19724

17－8 幼儿园基本情况
Basic Statistics on Kindergartens

指　　标	Item	2013	2014	2015
园数(所)	Number of Kindergartens(unit)	3808	4039	4174
在园幼儿数（万人）	Students Enrollment(10000 person)	44	46	46
教职工数（人）	Teachers and Staff(person)	43080	47445	50183
#专任教师数	Number of Full-time Teachers	24904	27381	28399

17－9 特殊教育基本情况
Basic Statistics on Special Education

指　　标	Item	2013	2014	2015
学校数(所)	Number of Schools(unit)	47	47	47
招生数（人）	New Students Enrollment(person)	740	765	953
在校学生数（人）	Students Enrollment(person)	5610	5403	6015
毕业生数（人）	Graduates(person)	805	643	592
教职工数（人）	Teachers and Staff(person)	1717	1768	1773
# 专任教师数	Number of Full-time Teachers	1388	1418	1463

17－10 小学学龄儿童入学率
Percentage of School-age Children Enrolled

指　　标	Item	2013	2014	2015
学龄儿童数(万人）	School-age Children(10000 person)	130.37	121.99	123.89
入学儿童数（万人）	School-age Children Enrollment(10000 person)	129.91	121.65	123.62
学龄儿童入学率（%）	Enrollment Rate(%)	99.65	99.72	99.78
#女儿童数	Female Children	99.61	99.77	99.79

17－11 普通高等教育普通本科在校学生数
General Higher Education Undergraduate Students

单位：人　　　　unit：person

项　目	Item	招生 New Students Enrollment 2014	2015	在校生 Students Enrollment 2014	2015	毕业生 Graduates 2014	2015
总计	**Total**	**116740**	**120284**	**463349**	**471344**	**104859**	**109828**
哲学	Philosophy	72	71	270	266	58	65
经济学	Economics	6594	6721	26395	26805	5633	6345
法学	Law	3659	3376	13652	13910	3167	3180
教育学	Education	4936	5028	20445	20004	4535	5165
文学	Literature	11536	11708	48726	47729	12358	12257
#外语	Foreign Language	6838	6834	30237	29036	7550	7652
历史学	History	658	620	2516	2529	605	570
理学	Science	7971	8210	30367	31362	7526	7362
工学	Engineering	37630	40050	149125	152072	34173	36037
农学	Agriculture	3086	3106	11219	11677	2662	2439
医学	Medicine	6146	6878	27450	28240	5785	5711
管理学	Management	18641	18744	75328	75713	17062	18171
艺术学	Art	15811	15772	57856	61037	11295	12526
总计中：师范生	Normal university student	10420	11119	43150	43376	11134	11142

17－12 普通高等教育分科专任教师数（2015年）
Numbers o f Full Time Teacher by Field of Study in Regular Higher Educational Institutions（2015）

单位：人　　　　unit：person

项　目	Item	合计 Total	正高级 Senior Title	副高级 Sub-Senior Title	中级 Middle Title	初级 Junior Title	无职称 No Rank
总计	**Total**	**39152**	**6089**	**12407**	**15212**	**4759**	**685**
#女	Female	20944	2493	6437	8826	2891	297
哲学	Philosophy	1173	201	365	445	155	7
经济学	Economics	1967	359	725	724	152	7
法学	Law	1688	260	499	654	246	29
教育学	Education	3684	388	1148	1454	611	83
#体育	Sports	1795	154	618	757	244	22
文学	Literature	5890	647	1755	2650	750	88
#外语	Foreign Language	3839	385	1108	1855	452	39
历史学	History	555	127	163	221	30	14
理学	Science	4568	995	1525	1588	374	86
工学	Engineering	10216	1642	3361	3903	1093	217
#计算机	Computer	2293	211	735	1111	224	12
农学	Agriculture	1246	252	370	509	86	29
#林学	Forestry	104	16	26	50	11	1
医学	Medicine	2433	492	805	831	248	57
管理学	Management	2570	396	839	986	315	34
艺术	Art	3162	330	852	1247	699	34

17－13　各级学校教师负担学生数
Student-teacher Ratio by Level of Schools

单位：人　　unit：person

指　　标	Item	2013	2014	2015
高等学校	**Institutions of Higher Education**			
教师数	Number of Teachers	38003	38549	39152
每个教师负担学生	Student-teacher Ratio	17.20	17.50	17.74
中等学校	**Secondary School**			
教师数	Number of Teachers	124565	125464	122988
每个教师负担学生	Student-teacher Ratio	10.36	9.50	10.35
小学	**Primary School**			
教师数	Number of Teachers	103035	100146	96841
每个教师负担学生	Student-teacher Ratio	13.20	12.70	11.63

17－14　平均每万人口在校学生数
Student Enrollment per 10000 Population

指　　标	Item	2013	2014	2015
各级学校在校生数占全省人口比重(%)	Students as Percentage of Total Population(%)	14.3	13.9	13.8
平均每万人口中（人）	Per 10000 Population(person)			
高等学校	Institutions of Higher Education	303	316	317
高中阶段	Senior Secondary	235	222	211
初中阶段	Junior Secondary	234	226	216
小　学	Primary Secondary	495	461	465
幼儿园	Kindergartens	161	168	169

17－15 职业技术培训机构情况（2015年）

Vocational Technical Training Institutions（2015）

单位：人　　unit：person

项目	Item	学校数(所) School of Number(unit)	教职工数 Teachers and staff	#专任教师 Number of Full-time teachers	结业学生数 Garduates	注册学生数 Number of Registered students
总计	**Total**	**2772**	**9476**	**6468**	**239863**	**422003**
职工技术培训学校(机构)	**Staff technical training school(Institution)**	**50**	**971**	**674**	**28210**	**61146**
教育部门办	Education Department	9	549	396	7815	8069
其他部门办	other	17	257	148	15933	48615
民办	Private	24	165	130	4462	4462
农村成人文化技术培训学校(机构)	**Rural Adult Cultural and technical training school(Institution)**	**1509**	**2741**	**1414**	**149519**	**239729**
教育部门办	Education Department	1480	2656	1355	141901	230295
#县办	Country	90	508	347	47454	49262
乡办	Township	199	722	414	58005	128515
村办	Village	1191	1426	594	36442	52518
其他部门办	Other	29	85	59	7618	9434
民办	Private					
其他培训机构(含社会培训机构)	**Other training Institutions**	**1213**	**5764**	**4380**	**62134**	**121128**
教育部门办	Education Department	3	167	148	305	1037
其他部门办	Other	1	10	8	1500	1820
民办	Private	1209	5587	4224	60329	118271

17－16 中等职业学校(机构)情况（2015年）

Secondary Vocational school(Institutions)（2015）

单位：个　　unit：unit

项目	Item	总计 Total	教育部门 Education Department	非教育部门 Non Education Department	地方企业 Local Enterprises	民办 Private
中等职业学校	Secondary vocational school	289	178	39	1	71
普通中等专业学校	General secondary vocational school	49	32	13		4
成人中等专业学校	Adult secondary specialized school	77	62	15		
职业高中学校	Vocational high school	163	84	11	1	67
其他中职机构	Other vocational Institutions	24	17	4		3
附设中职班(不计校数)	Secondary Vocational school (Excluding the number of schools)	31	23	3		5

注：中等职业学校未含技工学校数据(相关表同)。
Note: Secordary Vocational school has not included the data of technical school(related to the same table).

17－17 中等职业学校分学科学生情况（2015年）

Subject Students in Secondary Vocational school（2015）

单位：人　　unit：person

项　目	Item	毕业生数 Graduaes	#获得职业资格证书 Obtain professional aualification certificate	招生数 New student Enrollment	在校学生数 Students Enrollment
总　计	**Total**	**53450**	**31855**	**45498**	**134237**
农林牧渔类	Agriculture、Forestry、Animal、Husbandry and Fishery	16621	6786	7494	26129
资源环境类	Resource Environment	259	199	232	555
能源与新能源类	Energy and New Energy	108	50	75	537
土木水利类	Civil Engineering Water Conservancy	2068	1251	1583	5333
加工制造类	Manufacturing	5314	3656	5779	16649
石油化工类	Petroleum Chemical Industry	252	252	16	176
轻纺食品类	Textile Food	76	72	67	203
交通运输类	Transportation	4169	2830	6634	16186
信息技术类	Information Technology	3865	2235	3955	10751
医药卫生类	Medical Science	7376	4573	6602	20257
休闲保健类	Leisure Health	320	251	545	1017
财经商贸类	Finance and Trade	2537	1554	2888	7796
旅游服务类	Tourism Service	1499	953	1845	4914
文化艺术类	Culture and Art	1499	889	1182	4095
体育与健身	Sports and Fitness	496	245	596	1625
教育类	Education	6204	5489	5485	16449
司法服务类	Judicial Service	293	293		13
公共管理与服务类	Public Management and Service	346	242	470	1189
其他	Other	148	35	50	363

17－18 研究机构情况（2015年）

项　　目	Item	机构数（个）Institutions (unit)	R&D人员（人）R&D personnel (person)
总 计	**Total**	**807**	**24890**
一、按数据来源分组	**Grouped by Data Source**		
1、科技部	Ministry of S&T	111	9291
科研机构	Research Institutions	108	8884
政府部门属科研机构	Govemment Research Institutions		
非工业企业	Non-industrial Enterprises		
其他事业单位	Other Institutions	3	407
部分转制院所及园区企业	Part of Transferring Institute and Park Enterprises		
园区事业单位	Park Institution		
2、工信部	Industry Ministry	1	242
3、教育部	Education Ministry	417	6566
理工农医院校	Science and Technology, Agriculture, Medical Academies	301	4964
人文社科院校	Natural and Science Human Academies	116	1602
4、统计局	Statistics	278	8791
工业企业	Industrial Enterprises	199	7432
大中型	Large and Medium-sized	112	6518
规上小型	Small-size	87	914
规上微型	Mini-size		
其他	Others		
统计部门非工企业	Statistical Non-industrial Enterprises	28	526
统计部门事业单位	Statistical Institutions	51	833
二、按执行部门分组	**Grouped by Executive Department**		
1、企业	Enterprise	227	7958
规模以上	Above Designated Size	199	7432
大中型	Large and Medium-sized	112	6518
2、科研机构	Research Institutions	109	9126
3、高等院校	Institutions of Higher Education	417	6566
4、其他	Others	54	1240
三、按学科分类分组	**Grouped by Subject Category**		
自然科学	Natural Science	80	6409
农业科学	Agricultural Sciences	52	2759
医药科学	Medical Science	82	2001
工程与技术科学	Science Engineering and Technology	450	11645
人文与社会科学	Human and Social Sciences	143	2076
四、按机构服务的国民经济行业分组	**Grouped by Institution Served National Economic Industries**		
农、林、牧、渔业	Agriculture, Forestry, Animal, Husbandry and Fishery	77	2652
采矿业	Mining	7	1313
制造业	Manufacturing	267	7516
电力、热力、燃气及水的生产和供应业	Production and Supply of Electricity, Gas and Water	17	368
建筑业	Construction	12	493
交通运输、仓储和邮政业	Transport, Storage and Post	1	56
信息传输、计算机服务和软件业	Information Transmission, Computer Services and Software	23	341
批发和零售业	Wholesale and Retail Trades	1	18
住宿和餐饮业	Hotels and Catering Services		
金融业	Financial	1	7
房地产业	Real Estate		
租赁和商务服务业	Leasing and Business Services		

Research Institution Situations (2015)

# 博士毕业 PHD Graduate	# 硕士毕业 Master Graduate	R&D经费支出（万元） R&D Expenditure (10000yuan)	科研用仪器设备原价（万元） Scientific Instruments and Equipment Regular Price(10000yuan)	# 进口 Import
5669	**6459**	**558220**	**1065628**	**399940**
2249	2729	296384	297901	156898
2169	2616	287436	285251	156898
80	113	8949	12649	
	37	2729	2684	
3056	2374	46008	428519	210098
2143	1887	41440	427360	210074
913	487	4568	1159	24
364	1319	213098	336525	32944
159	953	207229	317082	28236
124	862	185910	273719	26068
35	91	21319	43363	2168
4	21	4627	10442	3810
201	345	1242	9001	898
163	974	211856	327524	32047
159	953	207229	317082	28236
124	862	185910	273719	26068
2169	2653	290165	287935	156898
3056	2374	46008	428519	210098
281	458	10191	21650	898
2621	1993	233175	332550	212967
405	716	55706	49681	10687
405	944	17279	191438	76026
1282	2160	240331	484310	99213
956	646	11728	7650	1046
449	727	45346	43145	9983
9	149	38249	24249	2026
563	1178	180760	349397	57063
171	140	344	9017	3048
4	19	3434	9519	3810
6	15	1010	1664	856
27	69	3679	14335	4707
9	9	32	200	50
	2	309	109	

17－18 续表

单位：万元

项　　目	Item	机构数（个）Institutions (unit)	R&D人员（人）R&D personnel (person)
科学研究、技术服务和地质勘查业	Scientific Research,Technical Service and Geologic Prospecting	224	10882
水利、环境和公共设施管理业	Management of Water Conservation，Environment and Public Facilities	16	140
居民服务和其他服务员	Services to Households and Other Services	2	20
教育	Education	64	35
卫生、社会保障和社会福利业	Health，Social Security and Social Welfare	67	605
文化、体育和娱乐业	Culture，Sports and Entertainment	17	153
公共管理和社会组织	Public and Management Organization	9	287
国际组织	International Organization	2	4
五、按机构组成类型分组	**Grouped by According to Organizational Type**		
政府部门办	Government Departments	148	10149
与国内高校合办	Jointly With Domestic Universities	9	83
与国内独立研究机构合办	Jointly With Domestic Independent Research Institution	60	842
与境外机构合办	Jointly With Foreign Institutions		
与境内注册外商独资企业合办	Jointly With Domestic Registed Foreign-owned Enterprises		
与境内注册其他企业合办	Jointly With Other Domestic Registration Enterprises	12	91
单位自办	Units of their Own	574	13661
其他	Others	4	64
六、按隶属关系分组	**Group by Administration**		
中　央	National	141	11506
地　方	Local	666	13384
七、按行业分组	**Grouped by Industry**		
农、林、牧、渔业	Agriculture，Forestry，Animal，Husbandry and Fishery	14	
采矿业	Mining	6	1221
制造业	Manufacturing	193	6211
电力、热力、燃气及水的生产和供应业	Production and Supply of Electricity，Gas and Water		
建筑业	Construction	11	493
交通运输、仓储和邮政业	Transport, Storage and Post		
信息传输、计算机服务和软件业	Information Transmission，Computer Services and Software	16	294
金融业	Financial	2	14
租赁和商务服务业	Leasing and Business Services	2	
科学研究、技术服务和地质勘查业	Scientific Research,Technical Service and Geologic Prospecting	111	9291
水利、环境和公共设施管理业	Management of Water Conservation，Environment and Public Facilities		
教育	Education	417	6566
卫生、社会保障和社会福利业	Health，Social Security and Social Welfare	34	797
文化、体育和娱乐业	Culture，Sports and Entertainment	1	3
八、按地区分组	**Grouped by Region**		
长春	Changchun	514	17209
吉林	Jilin	121	3481
四平	Siping	34	447
辽源	Liaoyuan	15	120
通化	Tonghua	29	1022
白山	Baishan	20	141
松原	Songyuan	10	1241
白城	Baicheng	17	228
延边	Yanbian	47	1001

continued

unit: 10000 yuan

		R&D经费支出（万元）R&D Expenditure (10000yuan)	科研用仪器设备原价（万元）Scientific Instruments and Equipment Regular Price(10000yuan)	
#博士毕业 PHD Graduate	#硕士毕业 Master Graduate			#进口 Import
4208	3656	271756	585164	311343
45	25	4676	7367	2082
14	60	553	10	
15	14	222	567	
44	227	7104	19626	4951
51	55	547	1116	
54	112	199	142	21
	2	1	3	
2660	2930	302996	302804	156898
62	10	1622	10628	6256
206	347	1246	9016	898
45	27	975	6219	1733
2668	3116	251343	736844	234135
28	29	38	118	20
3637	2901	377896	465696	244167
2032	3558	180323	599932	155773
7	128		68	
9	148	37403	24002	2026
150	805	169826	293080	26210
4	19	3434	8342	3810
	39	3922	4716	
	4	618	218	
2251	2729	296480	306695	156898
3047	2374	45913	428472	210098
201	213	568	36	21
		56		
4920	5328	413323	760376	365561
430	549	82013	165231	10619
35	74	2583	8605	298
6	12	1167	2922	423
39	74	7993	39358	5504
10	31	4872	8555	947
12	152	37634	24022	1766
10	92	1285	24990	512
207	147	7349	31570	14309

17－19 科技活动人员情况

单位：人

项 目	Item	2014		2015	
		科技活动人员 Personnel Engaged in S&T Activities	#大学本科及以上学历 University Degree or Above	科技活动人员 Personnel Engaged in S&T Activities	#大学本科及以上学历 University Degree or Above
总 计	**Total**	**146433**	**72642**	**141112**	**72646**
一、按数据来源分组	**Grouped by Data Source**				
1、科技部	Ministry of S&T	12524	9805	12338	9637
科研机构	Research Institutions	11330	8919	12338	9637
非工业企业	Non-industrial Enterprises	863	652	395	325
事业单位	Institutions	331	234	875	594
部分转制院所及园区企业	Part of Transferring Institute and Park Enterprises				
园区事业单位	Park Institution				
2、工信部	Industry Ministry	277	216	242	218
3、教育部	Education Ministry	43147	39204	45282	43171
理工农医院校	Science and Technology, Agriculture, Medical Academies	25868	22939	27112	25430
人文社科院校	Natural and Science Human Academies	17279	16265	18170	17741
4、统计局	Statistics	90485	23417	83250	19620
工业企业	Industrial Enterprises	81844	20932	74609	17135
大中型	Large and Medium-sized	72466	18225	66059	14551
规上小型	Small-size	8709	2643	8537	2582
规上微型	Mini-size	669	64	13	2
重点服务业企业	Service Enterprises	2366	468	2366	468
统计部门非工企业	Statistical Non-industrial Enterprises	2430	752	2430	752
统计部门事业单位	Statistical Institutions	3845	1265	3845	1265
二、按执行部门分组	**Grouped by Executive Department**				
1、企业	Enterprise	87503	22804	79800	18680
规模以上	Above Designated Size	81844	20932	74609	17135
大中型	Large and Medium-sized	72466	18225	66059	14551
2、科研机构	Research Institutions	11607	9135	11310	8936
3、高等院校	Institutions of Higher Education	43147	39204	45282	43171
4、其他	Others	4176	1499	4720	1859
三、按隶属关系分组	**Group by Administration**				
中 央	National	68635	27604	67906	24922
地 方	Local	77798	45038	73206	47724

Technological Activities Human Resource Situation

unit: person

项　　目	Item	2014 科技活动人员 Personnel Engaged in S&T Activities	2014 #大学本科及以上学历 University Degree or Above	2015 科技活动人员 Personnel Engaged in S&T Activities	2015 #大学本科及以上学历 University Degree or Above
四、按行业分组	**Grouped by Industry**				
农、林、牧、渔业	Agriculture, Forestry, Animal, Husbandry and Fishery	100	50	100	50
采矿业	Mining	2586	1279	2378	1272
制造业	Manufacturing	78079	19445	71080	15609
电力、热力、燃气及水的生产和供应业	Production and Supply of Electricity, Gas and Water	1179	208	1151	254
建筑业	Construction	1802	694	1802	694
交通运输、仓储和邮政业	Transport, Storage and Post	524	122	524	122
信息传输、计算机服务和软件业	Information Transmission, Computer Services and Software	2754	772	2719	774
金融业	Financial	185	3	185	3
租赁和商务服务业	Leasing and Business Services	1289	10	1289	10
科学研究、技术服务和地质勘查业	Scientific Research,Technical Service and Geologic Prospecting	12524	9805	12338	9637
水利、环境和公共设施管理业	Management of Water Conservation, Environment and Public Facilities				
教育	Education	43147	39204	45282	43171
卫生、社会保障和社会福利业	Health, Social Security and Social Welfare	2191	1023	2191	1023
文化、体育和娱乐业	Culture, Sports and Entertainment	73	27	73	27
五、按地区分组	**Grouped by Region**				
长　春	Changchun	106276	50331	102396	49023
吉　林	Jilin	17686	10211	16274	10086
四　平	Siping	3159	1893	3239	1972
辽　源	Liaoyuan	2363	603	2065	557
通　化	Tonghua	5858	3104	5336	2908
白　山	Baishan	1206	665	903	544
松　原	Songyuan	2307	1268	2452	1464
白　城	Baicheng	1683	1169	2291	1717
延　边	Yanbian	5895	3398	6156	4375

17－20 研究与试验发展（R&D）人员情况（2015年）

项　　目	Item	单位数（个）Numerous of Enterprises(unit)	#有R&D活动单位 Unit of R&D Activities
总　　计	**Total**	**6829**	**466**
一、按数据来源分组	**Grouped by Data Source**		
1、科技部	Ministry of S&T	128	59
科研机构	Research Institutions	108	54
非工业企业	Non-industrial Enterprises	3	2
事业单位	Institutions	17	3
部分转制院所及园区企业	Part of Transferring Institute and Park Enterprises		
园区事业单位	Park Institution		
2、工信部	Industry Ministry	1	1
3、教育部	Education Ministry	99	84
理工农医院校	Science and Technology, Agriculture, Medical Academies	47	43
人文社科院校	Human Social Sciences School	52	41
4、统计局	Statistics	6601	322
工业企业	Industrial Enterprises	5682	274
大中型	Large and Medium-sized	648	116
规上小型	Small-size	4770	158
规上微型	Mini-size	264	
其他	Others		
重点服务业企业	Service Enterprises	767	4
统计部门非工企业	Statistical Non-industrial Enterprises	62	11
统计部门事业单位	Statistical Institutions	90	33
二、按执行部门分组	**Grouped by Executive Department**		
1、企业	Enterprise	6514	291
规模以上	Above Designated Size	5682	274
大中型	Large and Medium-sized	648	116
2、科研机构	Research Institutions	109	55
3、高等院校	Institutions of Higher Education	99	84
4、其他	Others	107	36
三、按隶属关系分组	**Group by Administration**		
中　央	National	183	60
地　方	Local	6646	406
四、按行业分组	**Grouped by Industry**		
农、林、牧、渔业	Agriculture，Forestry，Animal，Husbandry and Fishery	16	
采矿业	Mining	317	4
制造业	Manufacturing	5074	268
电力、热力、燃气及水的生产和供应业	Production and Supply of Electricity，Gas and Water	291	2
建筑业	Construction	27	6
交通运输、仓储和邮政业	Transport，Storage and Post	417	1
信息传输、计算机服务和软件业	Information Transmission，Computer Services and Software	91	3
金融业	Financial	10	6
租赁和商务服务业	Leasing and Business Services	182	
科学研究、技术服务和地质勘查业	Scientific Research,Technical Service and Geologic Prospecting	156	65
水利、环境和公共设施管理业	Management of Water Conservation，Environment and Public Facilities	35	
教育	Education	99	84
卫生、社会保障和社会福利业	Health，Social Security and Social Welfare	70	25
文化、体育和娱乐业	Culture，Sports and Entertainment	44	2
五、按地区分组	**Grouped by Region**		
长　春	Changchun	1809	230
吉　林	Jilin	1314	83
四　平	Siping	633	24
辽　源	Liaoyuan	344	17
通　化	Tonghua	681	46
白　山	Baishan	423	17
松　原	Songyuan	693	9
白　城	Baicheng	368	15
延　边	Yanbian	564	25

Research and Experiment Development（R&D）Human Resource Situation（2015）

R&D人员（人） R&D Personnel (person)	#其中:女性 Female	#其中:研究人员 Researchers	其中 Include 全时人员 Full-time Personnel	其中 Include 非全时人员 Part-time Personnel	其中 Include 博士毕业 PHD Graduate
80935	**30338**	**43632**	**49348**	**31587**	**12663**
9720	3058	4208	5545	4175	2265
8884	2715	3983	5129	3755	2169
363	128	136	185	178	4
473	215	89	231	242	92
242	60	216	242		
32725	15489	27292	14337	18388	9905
17824	6978	15316	14258	3566	5968
14901	8511	11976	79	14822	3937
38248	11731	11916	29224	9024	493
33753	9616	9889	27007	6746	192
30306	8450	8734	24705	5601	156
3447	1166	1155	2302	1145	36
137	30	21	132	5	1
1263	362	1044	771	492	4
3095	1723	962	1314	1781	296
35516	10136	11090	28095	7421	201
33753	9616	9889	27007	6746	192
30306	8450	8734	24705	5601	156
9126	2775	4199	5371	3755	2169
32725	15489	27292	14337	18388	9905
3568	1938	1051	1545	2023	388
46906	14061	20835	31400	15647	9109
34029	16277	22797	17948	15940	3554
1295	486	648	546	749	9
32440	9128	9232	26456	5984	183
18	2	9	5	13	
1073	277	899	689	384	10
1		1		1	
375	89	234	371	4	1
60	6	44	54	6	
9720	3058	4208	5545	4175	2265
33798	15766	28191	15026	18772	9909
2109	1505	149	618	1491	286
46	21	17	38	8	
62872	25867	36812	39782	23090	11198
8055	1740	3298	4748	3307	695
1474	181	227	511	963	137
809	174	242	590	219	6
2976	972	928	1415	1561	90
302	90	124	215	87	12
1377	534	685	585	792	15
524	169	164	259	265	18
2546	611	1152	1243	1303	492

17－20 续表

项　　目	Item	其中 Include	
		硕士毕业 Master Graduate	本科毕业 Undergraduate Graduates
总　　计	**Total**	**19039**	**17448**
一、按数据来源分组	**Grouped by Data Source**		
1、科技部	Ministry of S&T	2837	3008
科研机构	Research Institutions	2616	2671
非工业企业	Non-industrial Enterprises	82	221
事业单位	Institutions	139	116
部分转制院所及园区企业	Part of Transferring Institute and Park Enterprises		
园区事业单位	Park Institution		
2、工信部	Industry Ministry	37	181
3、教育部	Education Ministry	13983	8347
理工农医院校	Science and Technology, Agriculture, Medical Academies	7113	4386
人文社科院校	Human Social Sciences School	6870	3961
4、统计局	Statistics	2182	5912
工业企业	Industrial Enterprises	1106	5029
大中型	Large and Medium-sized	1007	4525
规上小型	Small-size	99	504
规上微型	Mini-size		
其他	Others		
重点服务业企业	Service Enterprises	13	27
统计部门非工企业	Statistical Non-industrial Enterprises	24	585
统计部门事业单位	Statistical Institutions	1039	271
二、按执行部门分组	**Grouped by Executive Department**		
1、企业	Enterprise	1225	5862
规模以上	Above Designated Size	1106	5029
大中型	Large and Medium-sized	1007	4525
2、科研机构	Research Institutions	2653	2852
3、高等院校	Institutions of Higher Education	13983	8347
4、其他	Others	1178	387
三、按隶属关系分组	**Group by Administration**		
中　央	National	9392	7406
地　方	Local	9647	10042
四、按行业分组	**Grouped by Industry**		
农、林、牧、渔业	Agriculture，Forestry，Animal，Husbandry and Fishery		
采矿业	Mining	150	696
制造业	Manufacturing	956	4333
电力、热力、燃气及水的生产和供应业	Production and Supply of Electricity，Gas and Water		
建筑业	Construction	36	121
交通运输、仓储和邮政业	Transport，Storage and Post		
信息传输、计算机服务和软件业	Information Transmission，Computer Services and Software	50	205
金融业	Financial	4	2
租赁和商务服务业	Leasing and Business Services		
科学研究、技术服务和地质勘查业	Scientific Research,Technical Service and Geologic Prospecting	2837	3008
水利、环境和公共设施管理业	Management of Water Conservation，Environment and Public Facilities		
教育	Education	12963	8931
卫生、社会保障和社会福利业	Health，Social Security and Social Welfare	1001	146
文化、体育和娱乐业	Culture，Sports and Entertainment	1042	6
五、按地区分组	**Grouped by Region**		
长　春	Changchun	15294	11355
吉　林	Jilin	1829	2901
四　平	Siping	543	382
辽　源	Liaoyuan	16	132
通　化	Tonghua	478	825
白　山	Baishan	36	66
松　原	Songyuan	157	709
白　城	Baicheng	154	141
延　边	Yanbian	532	937

continued

其他学历 Others	R&D人员折合全时当量（人年） Full-time Equivalent of R&D Personnel (person-year)	#研究人员 Researchers	其中 Include		
			基础研究 Basic Research	应用研究 Applied Research	试验发展 Experimental Development
31785	**49276**	**25085**	**8287**	**13245**	**27744**
1610	7697	3416	1087	2945	3665
1428	7107	3263	1012	2808	3287
56	239	88	1	52	186
126	351	65	74	85	192
24	242	216			242
490	14886	12759	6887	7539	460
357	11879	10208	5267	6152	460
133	3007	2551	1620	1387	
29661	26451	8693	313	2761	23377
27426	23202	7040	8	1446	21748
24618	21512	6433	8	1401	20104
2808	1690	606		45	1645
96	95	11			95
650	1128	953		19	1108
1489	2025	690	305	1296	425
28228	24665	8091	9	1517	23138
27426	23202	7040	8	1446	21748
24618	21512	6433	8	1401	20104
1452	7349	3479	1012	2808	3529
490	14886	12759	6887	7539	460
1615	2376	755	379	1381	617
20435	31004	14400	4820	8718	17443
11350	18272	10685	3467	4527	10301
440	1265	634			1265
26968	21933	6404	8	1446	20479
18	4	2			4
906	1014	583		619	395
1					
119	334	225			334
54	40	36			40
1610	7697	3416	1087	2945	3665
953	15900	13612	6887	7558	1454
676	1042	156	280	659	104
40	46	17	25	18	3
25025	39010	20532	6668	11734	20608
2630	4618	2265	655	1094	2869
412	645	132	174	31	441
655	429	124			429
1583	1609	583	128	103	1379
188	145	63	8		137
496	1289	640		12	1277
211	193	87	44	51	97
585	1337	659	610	221	506

17－21 研究与试验发展（R&D）经费情况（2015年）

单位：万元

项目	Item	R&D经费内部支出 Internal Expenditures	其中 Include 基础研究 Basic Research
总　计	**Total**	**1414089**	**123496**
一、按数据来源分组	**Grouped by Data Source**		
1、科技部	Ministry of S&T	302080	24418
科研机构	Research Institutions	287436	23375
非工业企业	Non-industrial Enterprises	5233	30
事业单位	Institutions	9412	1014
部分转制院所及园区企业	Part of Transferring Institute and Park Enterprises		
园区事业单位	Park Institution		
2、工信部	Industry Ministry	2729	
3、教育部	Education Ministry	226777	96540
理工农医院校	Science and Technology, Agriculture, Medical Academies	201074	84761
人文社科院校	Human Social Sciences School	25703	11780
4、统计局	Statistics	882503	2537
工业企业	Industrial Enterprises	861541	103
大中型	Large and Medium-sized	791318	103
规上小型	Small-size	70222	
规上微型	Mini-size		
其他	Other		
重点服务业	Service Industry	1826	
统计部门非工企业	Statistical Non-industrial Enterprises	6881	
统计部门事业单位	Statistical Institutions	12256	2434
二、按执行部门分组	**Grouped by Executive Department**		
1、企业	Enterprise	875480	133
规模以上	Above Designated Size	861541	103
大中型	Large and Medium-sized	791318	103
2、科研机构	Research Institutions	290165	23375
3、高等院校	Institutions of Higher Education	226777	96540
4、其他	Others	21667	3448
三、按隶属关系分组	**Group by Administration**		
中　央	National	1007604	96533
地　方	Local	406485	26963
四、按行业分组	**Grouped by Industry**		
农、林、牧、渔业	Agriculture, Forestry, Animal, Husbandry and Fishery	40	21
采矿业	Mining	37915	
制造业	Manufacturing	823557	103
电力、热力、燃气及水的生产和供应业	Production and Supply of Electricity, Gas and Water	69	
建筑业	Construction	5018	
交通运输、仓储和邮政业	Transport,Storage and Post		
信息传输、计算机服务和软件业	Information Transmission, Computer Services and Software	5167	
金融业	Financial	1427	
租赁和商务服务业	Leasing and Business Services	130	
科学研究、技术服务和地质勘查业	Scientific Research,Technical Service and Geologic Prospecting	302080	24418
水利、环境和公共设施管理业	Management of Water Conservation, Environment and Public Facilities	46	
教育	Education	226777	96540
卫生、社会保障和社会福利业	Health, Social Security and Social Welfare	11220	2345
文化、体育和娱乐业	Culture, Sports and Entertainment	643	68
五、按地区分组	**Grouped by Region**		
长　春	Changchun	1151485	114646
吉　林	Jilin	123718	4267
四　平	Siping	9437	636
辽　源	Liaoyuan	16832	
通　化	Tonghua	37532	457
白　山	Baishan	12709	103
松　原	Songyuan	40239	
白　城	Baicheng	5288	102
延　边	Yanbian	16850	3286

Research and Experiment Development（R&D）Expenditure Situation（2015）

unit: 10000 yuan

		其中 Include				其中 Include
应用研究 Applied Research	试验发展 Experimental Development	日常性支出 Ordinary Expenditure	#人员劳务费 Labor Costs	资产性支出 Assets Expenditure	#仪器和设备 Apparatus and Equipment	政府资金 Government Funds
277262	**1013331**	**1272163**	**373494**	**141926**	**119249**	**511991**
122102	155560	240433	88870	61648	43786	281262
118244	145817	226171	82986	61264	43645	273364
1760	3443	5167	3242	67	67	184
2098	6300	9095	2643	317	74	7714
	2729	2289	1365	440	249	2604
115561	14676	210655	31042	16122	13990	185727
101637	14676	187190	23795	13884	11763	170796
13924		23465	7247	2238	2228	14931
39599	840366	818787	252217	63716	61224	42398
31267	830170	801112	241254	60429	58406	32760
30919	760296	743879	229426	47440	45525	26915
348	69874	57233	11828	12989	12881	5845
	1826	1544	384	282	281	127
508	6373	5310	1322	1570	1534	256
7824	1997	10821	9258	1435	1003	9254
33535	841812	813133	246201	62347	60288	33328
31267	830170	801112	241254	60429	58406	32760
30919	760296	743879	229426	47440	45525	26915
118244	148546	228460	84351	61704	43894	275968
115561	14676	210655	31042	16122	13990	185727
9922	8297	19916	11900	1752	1077	16968
220094	690977	935590	263957	72014	53187	382709
57168	322355	336573	109537	69912	66062	129481
	19	40	2			
	37915	33086	26262	4830	4829	5007
31267	792186	767962	214981	55595	53573	27697
	69	65	11	4	4	56
199	4819	3882	974	1136	1128	254
	5167	4434	2157	733	535	2821
309	118	1005	108	422	394	
	130	130	79			118
122102	155560	240433	88870	61648	43786	281262
	46	33	16	13	13	
115561	14676	210655	31042	16122	13990	185727
7279	1596	9814	8462	1406	981	9048
545	29	627	530	16	16	
264051	772788	1060283	301710	91201	69341	467896
10413	109038	97651	21965	26067	25630	21681
75	8727	8001	2704	1437	1423	716
	16832	15651	3759	1180	1165	1146
1369	35705	30387	7851	7144	6857	5361
	12606	9227	3257	3482	3430	2140
	40239	35177	26577	5062	5062	5124
98	5089	2362	1075	2927	2921	1592
1256	12307	13424	4496	3426	3421	6335

单位：万元

项　目	Item	其中 Include	
		企业资金 Enterprise Funds	境外资金 Overseas Funds
总　计	**Total**	**880938**	**1601**
一、按数据来源分组	**Grouped by Data Source**		
1、科技部	Ministry of S&T	8736	439
科研机构	Research Institutions	4010	439
非工业企业	Non-industrial Enterprises	4726	
事业单位	Institutions		
部分转制院所及园区企业	Part of Transferring Institute and Park Enterprises		
园区事业单位	Park Institution		
2、工信部	Industry Ministry		
3、教育部	Education Ministry	33575	1113
理工农医院校	Science and Technology, Agriculture, Medical Academies	26500	951
人文社科院校	Human Social Sciences School	7074	162
4、统计局	Statistics	838628	48
工业企业	Industrial Enterprises	827711	48
大中型	Large and Medium-sized	763765	32
规上小型	Small-size	63946	16
规上微型	Mini-size		
其他	Other		
重点服务业	Service Industry	1699	
统计部门非工企业	Statistical Non-industrial Enterprises	6624	
统计部门事业单位	Statistical Institutions	2593	
二、按执行部门分组	**Grouped by Executive Department**		
1、企业	Enterprise	840760	48
规模以上	Above Designated Size	827711	48
大中型	Large and Medium-sized	763765	32
2、科研机构	Research Institutions	4010	439
3、高等院校	Institutions of Higher Education	33575	1113
4、其他	Others	2593	
三、按隶属关系分组	**Group by Administration**		
中　央	National	615353	1052
地　方	Local	265585	549
四、按行业分组	**Grouped by Industry**		
农、林、牧、渔业	Agriculture, Forestry, Animal, Husbandry and Fishery	20	
采矿业	Mining	32908	
制造业	Manufacturing	794790	48
电力、热力、燃气及水的生产和供应业	Production and Supply of Electricity, Gas and Water	13	
建筑业	Construction	4764	
交通运输、仓储和邮政业	Transport,Storage and Post		
信息传输、计算机服务和软件业	Information Transmission, Computer Services and Software	2220	
金融业	Financial	1427	
租赁和商务服务业	Leasing and Business Services		
科学研究、技术服务和地质勘查业	Scientific Research,Technical Service and Geologic Prospecting	8736	439
水利、环境和公共设施管理业	Management of Water Conservation, Environment and Public Facilities	46	
教育	Education	33575	1113
卫生、社会保障和社会福利业	Health, Social Security and Social Welfare	1796	
文化、体育和娱乐业	Culture, Sports and Entertainment	643	
五、按地区分组	**Grouped by Region**		
长　春	Changchun	667435	1337
吉　林	Jilin	98776	32
四　平	Siping	8527	
辽　源	Liaoyuan	15686	
通　化	Tonghua	31399	16
白　山	Baishan	10559	
松　原	Songyuan	35115	
白　城	Baicheng	3243	
延　边	Yanbian	10199	216

continued

unit: 10000 yuan

其他资金 Others	R&D经费外部支出 R&D Exterior Expenditures	对国内研究机构支出 Expenditure on Domestic Research Institutions	对国内高等学校支出 Expenditure on Domestic Higher Learning	对国内企业支出 Expenditure on Domestic Enterprises	对境外支出 Expenditure on Overseas
19560	**91556**	**32475**	**13166**	**31301**	**14600**
11644	202		202		
9623	202		202		
323					
1698					
125	350	129	155	66	
6362	12260	4581	3371	4014	280
2826	12213	4570	3353	4010	280
3536	48	11	19	4	
1428	78743	27765	9438	27221	14320
1021	78464	27749	9426	26968	14320
605	73128	23778	8944	26136	14270
415	5335	3971	483	832	50
	204			204	
	76	16	11	49	
408					
1344	78743	27765	9438	27221	14320
1021	78464	27749	9426	26968	14320
605	73128	23778	8944	26136	14270
9748	552	129	357	66	
6362	12260	4581	3371	4014	280
2106					
8587	67713	16207	8478	28733	14294
10972	23843	16268	4688	2567	306
20					
	3293	1732	1561		
1021	75148	26017	7865	26946	14320
	22			22	
	46	20	22	4	
125	684	193	218	273	
	12	3		9	
	10		10		
11644	202		202		
6362	12260	4581	3371	4014	280
388	41	3		38	
14817	71081	18751	8011	29761	14543
3229	3655	2570	612	456	18
195	591	478	113		
	759	684	65	10	
756	4917	4644	51	221	
11	2067	37	2030		
	3295	1749	1545		
453	1172	1076	58		39
100	4019	2487	680	852	

17－22 研究与试验发展（R&D）产出情况（2015年）

项　　目	Item	专利申请数（件）Number of Patent Applications(piece)
总　　计	**Total**	**6232**
一、按数据来源分组	**Grouped by Data Source**	
1、科技部	Ministry of S&T	1156
科研机构	Research Institutions	790
非工业企业	Non-industrial Enterprises	327
事业单位	Institutions	39
部分转制院所及园区企业	Part of Transferring Institute and Park Enterprises	
园区事业单位	Park Institution	
2、工信部	Industry Ministry	19
3、教育部	Education Ministry	2995
理工农医院校	Science and Technology, Agriculture, Medical Academies	2992
人文社科院校	Natural and Science Human Academies	3
4、统计局	Statistics	2062
工业企业	Industrial Enterprises	1972
大中型	Large and Medium-sized	1516
规上小型	Small-size	456
规上微型	Mini-size	
其他	Others	
重点服务业	Service Industry	18
统计部门非工企业	Statistical Non-industrial Enterprises	27
统计部门事业单位	Statistical Institutions	45
二、按执行部门分组	**Grouped by Executive Department**	
1、企业	Enterprise	2344
规模以上	Above Designated size	1972
大中型	Large and Medium-sized	1516
2、科研机构	Research Institutions	809
3、高等院校	Institutions of Higher Education	2995
4、其他	Others	84
三、按隶属关系分组	**Group by Administration**	
中 央	National	3486
地 方	Local	2746
四、按行业分组	**Grouped by Industry**	
农、林、牧、渔业	Agriculture，Forestry，Animal，Husbandry and Fishery	1
采矿业	Mining	23
制造业	Manufacturing	1749
电力、热力、燃气及水的生产和供应业	Production and Supply of Electricity，Gas and Water	200
建筑业	Construction	26
交通运输、仓储和邮政业	Transport, Storage and Post	
信息传输、计算机服务和软件业	Information Transmission，Computer Services and Software	37
金融业	Financial	
租赁和商务服务业	Leasing and Business Services	
科学研究、技术服务和地质勘查业	Scientific Research,Technical Service and Geologic Prospecting	1156
水利、环境和公共设施管理业	Management of Water Conservation，Environment and Public Facilities	
教育	Education	2995
卫生、社会保障和社会福利业	Health，Social Security and Social Welfare	45
文化、体育和娱乐业	Culture，Sports and Entertainment	
五、按地区分组	**Grouped by Region**	
长 春	Changchun	4947
吉 林	Jilin	779
四 平	Siping	48
辽 源	Liaoyuan	22
通 化	Tonghua	195
白 山	Baishan	42
松 原	Songyuan	34
白 城	Baicheng	32
延 边	Yanbian	133

#发明专利 Invention Patents	专利授权数（件） Number of Patents(piece)	#发明专利 Invention Patents	有效发明专利数（件） Number of Effective Patents(piece)	专利所有权转让及许可数（件） Patent Right of Ownership Transfer and the License Number(piece)
3391	**2978**	**1408**	**8768**	**70**
834	816	528	3460	30
740	543	505	3027	30
82	244	12	379	
12	29	11	54	
11	10	4	14	
1716	2152	876	2623	5
1716	2145	876	2623	5
	7			
830			2671	35
787			2649	35
601			1963	29
186			686	6
11			7	
7			15	
25				
887	244	12	3050	35
787			2649	35
601			1963	29
751	553	509	3041	30
1716	2152	876	2623	5
37	29	11	54	
2181	2034	1145	5673	2
1210	944	263	3095	68
7			7	
663			2616	35
117			26	
7			15	
22	10	4	21	
834	816	528	3460	30
1716	2152	876	2623	5
25				
2867	2646	1334	6997	51
259	281	59	1001	3
16			52	3
8			71	
120	17	5	287	1
32			55	11
13			13	
9	3	1	86	
67	31	9	206	1

17－22　续表

项　　目	Item	专利所有权转让及许可收入(万元) Patent Right of Ownership Transfer and Licensing Revenue(10000yuan)
总　　计	**Total**	**1096**
一、按数据来源分组	**Grouped by Data Source**	
1、科技部	Ministry of S&T	360
科研机构	Research Institutions	360
非工业企业	Non-industrial Enterprises	
事业单位	Institutions	
部分转制院所及园区企业	Part of Transferring Institute and Park Enterprises	
园区事业单位	Park Institution	
2、工信部	Industry Ministry	
3、教育部	Education Ministry	86
理工农医院校	Science and Technology, Agriculture, Medical Academies	86
人文社科院校	Natural and Science Human Academies	
4、统计局	Statistics	650
工业企业	Industrial Enterprises	650
大中型	Large and Medium-sized	
规上小型	Small-size	650
规上微型	Mini-size	
其他	Others	
重点服务业	Service Industry	
统计部门非工企业	Statistical Non-industrial Enterprises	
统计部门事业单位	Statistical Institutions	
二、按执行部门分组	**Grouped by Executive Department**	
1、企业	Enterprise	650
规模以上	Above Designated size	650
大中型	Large and Medium-sized	
2、科研机构	Research Institutions	360
3、高等院校	Institutions of Higher Education	86
4、其他	Others	
三、按隶属关系分组	**Group by Administration**	
中　央	National	410
地　方	Local	686
四、按行业分组	**Grouped by Industry**	
农、林、牧、渔业	Agriculture，Forestry，Animal，Husbandry and Fishery	
采矿业	Mining	
制造业	Manufacturing	650
电力、热力、燃气及水的生产和供应业	Production and Supply of Electricity，Gas and Water	
建筑业	Construction	
交通运输、仓储和邮政业	Transport, Storage and Post	
信息传输、计算机服务和软件业	Information Transmission，Computer Services and Software	
金融业	Financial	
租赁和商务服务业	Leasing and Business Services	
科学研究、技术服务和地质勘查业	Scientific Research,Technical Service and Geologic Prospecting	360
水利、环境和公共设施管理业	Management of Water Conservation，Environment and Public Facilities	
教育	Education	86
卫生、社会保障和社会福利业	Health，Social Security and Social Welfare	
文化、体育和娱乐业	Culture，Sports and Entertainment	
五、按地区分组	**Grouped by Region**	
长　春	Changchun	446
吉　林	Jilin	
四　平	Siping	650
辽　源	Liaoyuan	
通　化	Tonghua	
白　山	Baishan	
松　原	Songyuan	
白　城	Baicheng	
延　边	Yanbian	

continued

集成电路布图设计登记数(件) Number of Integrated Circuits Design(piece)	植物新品种权授予数(项) Number of New Plant Variety Rights Granted (item)	形成国家或行业标准数(项) National or Industry Standard Digital(item)	发表科技论文(篇) S&T Thesis Issued (piece)	出版科技著作(种) S&T Works Published (kind)
	28	**604**	**44687**	**1119**
	10	56	3957	56
	10	36	3518	24
		8	68	
		12	371	32
			30	
	18		34501	963
	18		25566	240
			8935	723
		548	6199	100
		535	1292	
		379	1269	
		156	23	
		7	54	
		6	245	
			4608	100
		556	1659	
		535	1292	
		379	1269	
	10	36	3548	24
	18		34501	963
		12	4979	132
	4	108	15956	129
	24	496	28731	990
			6	
			146	
		535	974	
		8	172	
		5	133	
			30	
	10	56	3957	56
	18		34661	963
			4608	100
	26	220	34964	843
		55	4501	127
		22	694	40
		9	153	
		211	649	4
		3	97	
		1	117	1
		2	744	14
	2	81	2768	90

17－23 研究与试验发展（R&D）项目（课题）情况
Research and Experiment Development（R&D）Project (topic) Situation

项 目	Item	2014 项目(课题)数(项) Number of Project (topic) (item)	2014 项目(课题)参加人员折合全时当量(人年) Project (topic) to Full-time Equivalent of Personnel (person-year)	2014 项目（课题）经费内部支出（万元） Project (topic) Internal Expenditures (10000yuan)	2015 项目(课题)数(项) Number of Project (topic) (item)	2015 项目(课题)参加人员折合全时当量(人年) Project (topic) to Full-time Equivalent of Personnel (person-year)	2015 项目（课题）经费内部支出（万元） Project (topic) Internal Expenditures (10000yuan)
总 计	**Total**	**23503**	**43503**	**1035626**	**25060**	**41169**	**1108585**
一、按数据来源分组	**Grouped by Data Source**						
1、科技部	Ministry of S&T	2604	6414	155475	2698	6095	168150
科研机构	Research Institutions	2419	5958	146300	2517	5624	161794
非工业企业	Non-industrial Enterprises	179	424	9029	55	221	4450
事业单位	Institutions	6	32	146	126	250	1907
部分转制院所及园区企业	Part of Transferring Institute and Park Enterprises						
园区事业单位	Park Institution						
2、工信部	Industry Ministry	16	219	1418	22	232	2295
3、教育部	Education Ministry	18206	13861	189604	19913	14876	189824
理工农医院校	Science and Technology, Agriculture, Medical Academies	8881	10974	175310	9730	11879	176056
人文社科院校	Human Social Sciences School	9325	2887	14295	10183	2997	13768
4、统计局	Statistics	2677	23009	689129	2427	19966	748316
工业企业	Industrial Enterprises	2264	21009	680706	2014	17986	739894
大中型	Large and Medium-sized	1749	18942	617713	1611	16443	679831
规上小型	Small-size	512	2019	62890	403	1543	60062
规上微型	Mini-size	3	49	103			
其他	Others						
重点服务业	Service Industry	21	91	1531	21	72	1531
统计部门非工企业	Statistical Non-industrial Enterprises	63	790	5176	63	790	5176
统计部门事业单位	Statistical Institutions	329	1118	1716	329	1118	1716
二、按执行部门分组	**Grouped by Executive Department**						
1、企业	Enterprise	2527	22315	696442	2153	19088	751050
规模以上	Above Designated Size	2264	21009	680706	2014	17986	739894
大中型	Large and Medium-sized	1749	18942	617713	1611	16443	679831
2、科研机构	Research Institutions	2435	6177	147718	2539	5856	164089
3、高等院校	Institutions of Higher Education	18206	13861	189604	19913	14876	189824
4、其他	Others	335	1150	1861	455	1349	3622
三、按项目（课题）来源分组	**Grouped by Projects (topic) Source**						
1.国家科技项目	National Science and Technology Project	6097	8037	160501	6758	8753	225096
2.地方科技项目	Local Technology Projects	8383	8467	112872	9037	10230	123935
3.企业委托科技项目	Enterprises Entrust Technological Projects	3220	2979	47249	3769	4002	77278
4.自选科技项目	Optional Projects	2754	2333	17301	4437	17215	657155
5.来自国外的科技项目	Projects from Foreign Technology	83	90	2149	100	105	1060
6.其它科技项目	Other Technology Projects	2966	21597	695555	959	864	24061
四、按项目（课题）合作形式分组	**Grouped by Projects (topic) Cooperating Types**						
1.与境外机构合作	Cooperation with Foreign Institutions	43	56	1796	68	162	8018
2.与国内高校合作	Cooperation with Domestic Universities	619	1762	15098	1290	2061	30922
3.与国内独立研究机构合作	Cooperate with Domestic Independent Research Institution	573	1259	22552	799	2279	66760
4.与境内注册外商独资企业合作	Cooperate with Domestic Registed Foreign-owned Enterprises	2		366	5	29	1332
5.与境内注册其他企业合作	Cooperate with Other Domestic Registration Enterprises	593	773	13240	393	573	14765

项　　目	Item	2014 项目(课题)数(项) Number of Project (topic) (item)	2014 项目(课题)参加人员折合全时当量(人年) Project (topic) to Full-time Equivalent of Personnel (person-year)	2014 项目（课题）经费内部支出（万元） Project (topic) Internal Expenditures (10000yuan)	2015 项目(课题)数(项) Number of Project (topic) (item)	2015 项目(课题)参加人员折合全时当量(人年) Project (topic) to Full-time Equivalent of Personnel (person-year)	2015 项目（课题）经费内部支出（万元） Project (topic) Internal Expenditures (10000yuan)
6.独立完成	Independently	18940	18482	301048	22035	35723	980484
7.其他	Others	2733	21172	681527	470	343	6305
五、按项目（课题）活动类型分组	**Grouped by Projects (topic) Activities Types**						
1.基础研究	Basic Research	9394	9056	124194	9777	8472	98427
2.应用研究	Applied Research	10429	10055	150474	11924	12785	198995
3.试验发展	Experimental Development	3680	24392	760958	3359	19913	811165
六、按学科分类分组	**Grouped by Subject Category**						
自然科学	Natural Science	3149	5241	114179	3336	5004	107491
农业科学	Agricultural Sciences	1444	2140	38467	1579	1974	31459
医药科学	Medical Science	2338	3489	40896	2747	3403	47642
工程与技术科学	Science Engineering and Technology	6868	28768	821848	6811	26803	903629
人文与社会科学	Human and Social Sciences	9704	3865	20235	10587	3986	18364
七、按项目（课题）服务的国民经济行业分组	**Grouped by Projects (topic) Served National Economic Iindustries**						
农、林、牧、渔业	Agriculture, Forestry, Animal, Husbandry and Fishery	1341	1954	30510	1286	1662	24675
采矿业	Mining	303	1538	19067	96	1003	14723
制造业	Manufacturing	4199	22433	729035	3879	19962	795728
电力、热力、燃气及水的生产和供应业	Production and Supply of Electricity, Gas and Water	108	286	2483	113	258	2216
建筑业	Construction	207	858	4417	140	907	5895
交通运输、仓储和邮政业	Transport, Storage and Post	58	84	342	28	57	479
信息传输、计算机服务和软件业	Information Transmission, Computer Services and Software	294	632	4245	270	603	5251
批发和零售业	Wholesale and Retail Trades	35	23	55	25	17	21
住宿和餐饮业	Hotels and Catering Services	93	135	1268	61	77	1251
金融业	Financial	315	174	1603	105	107	1269
房地产业	Real Estate	48	19	67	29	11	39
租赁和商务服务业	Leasing and Business Services	321	98	497	18	16	497
科学研究、技术服务和地质勘查业	Scientific Research,Technical Service and Geologic Prospecting	7230	10301	219890	8601	10666	229716
水利、环境和公共设施管理业	Management of Water Conservation, Environment and Public Facilities	336	401	6514	371	515	8620
居民服务和其他服务员	Resident Services and Other Services	471	171	810	13	17	53
教育	Education	5262	1867	8425	6507	2735	13360
卫生、社会保障和社会福利业	Health, Social Security and Social Welfare	800	939	2540	1352	1556	3593
文化、体育和娱乐业	Culture, Sports and Entertainment	934	810	1720	1039	541	715
公共管理和社会组织	Public Management and Ssocial Organizations	1145	783	2136	1125	459	481
国际组织	International Organizations	3	1	5	2	1	3
八、按项目（课题）社会经济目标分组	**Grouped by Projects (topic) Society Economic Aids Target**						
环境保护、生态建设及污染防治	Environmental Protection, Ecological Construction and Pollution Prevention	692	718	13632	701	831	17490
能源生产、分配和合理利用	Promote Energy Production, Distribution and Reasonable Use	267	797	11377	353	864	34384
卫生事业的发展	Promote the Development of Public Health Undertakings	828	975	8565	791	730	11464

17－23 续表 1 continued

项　　目	Item	2014			2015		
		项目(课题)数(项) Number of Project (topic) (item)	项目(课题)参加人员折合全时当量(人年) Project (topic) to Full-time Equivalent of Personnel (person-year)	项目（课题）经费内部支出（万元） Project (topic) Internal Expenditures (10000yuan)	项目(课题)数(项) Number of Project (topic) (item)	项目(课题)参加人员折合全时当量(人年) Project (topic) to Full-time Equivalent of Personnel (person-year)	项目（课题）经费内部支出（万元） Project (topic) Internal Expenditures (10000yuan)
教育事业的发展	Promote the Development of Education	5768	2033	9072	6166	1942	8630
基础设施以及城市和农村规划	Urban and Rural Infrastructure and Planning	258	673	957	269	192	1234
社会发展和社会服务	Social Development and Docial Services	2287	1046	6183	2546	1498	7437
地球和大气层的探索与利用	The Earth and the Atmosphere of Exploration and Use	19	23	217	23	42	234
民用空间探测及开发	Civilian Space Exploration and Development	7	2	11	11	9	188
农林牧渔业发展	Promote the Development of Agriculture, Forestry, Animal, Husbandry and Fishery	1294	2130	32186	1462	1912	27844
工商业发展	Promotion of Industrial and Commercial Development	3887	22671	694514	3629	20042	722630
非定向研究	Non-oriented Research	7746	11158	203673	8514	11837	203835
其他民用目标	Other Civilian Targets	82	124	4189	51	31	2022
国防	National Defense	368	1154	51050	544	1241	71194
九、按隶属关系分组	**Group by Administration**						
中 央	National	11364	24084	681470	12369	23961	806963
地 方	Local	12139	19419	354156	12691	17208	301622
十、按行业分组	**Grouped by Industry**						
农、林、牧、渔业	Agriculture, Forestry, Animal, Husbandry and Fishery	3	14	10	3	14	10
采矿业	Mining	214	1331	13298	36	804	10403
制造业	Manufacturing	2043	19545	666382	1976	17178	729429
电力、热力、燃气及水的生产和供应业	Production and Supply of Electricity, Gas and Water	7	134	1026	2	4	62
建筑业	Construction	41	684	3697	41	684	3697
交通运输、仓储和邮政业	Transport, Storage and Post	1			1		
信息传输、计算机服务和软件业	Information Transmission, Computer Services and Software	47	365	3249	53	378	4126
金融业	Financial	5	17	1135	5	17	1135
租赁和商务服务业	Leasing and Business Services	8	114	78	8	114	78
科学研究、技术服务和地质勘查业	Scientific Research,Technical Service and Geologic Prospecting	2604	6414	155475	2698	6095	168150
水利、环境和公共设施管理业	Management of Water Conservation, Environment and Public Facilities						
教育	Education	18206	13861	189604	19913	14857	189824
卫生、社会保障和社会福利业	Health, Social Security and Social Welfare	318	987	1598	318	987	1598
文化、体育和娱乐业	Culture, Sports and Entertainment	6	37	74	6	37	74
十一、按地区分组	**Grouped by Region**						
长 春	Changchun	18897	32273	831458	20587	32221	926726
吉 林	Jilin	2295	5033	106157	2194	4136	90961
四 平	Siping	462	716	8884	456	583	7497
辽 源	Liaoyuan	82	633	15198	85	360	16168
通 化	Tonghua	542	1999	33381	509	1444	28858
白 山	Baishan	76	227	8714	45	128	9613
松 原	Songyuan	221	1223	15645	48	839	12570
白 城	Baicheng	120	234	5995	181	172	2991
延 边	Yanbian	808	1166	10195	955	1288	13201

17－24　科技事业发展情况

Development of Science and Technology

指标	Item	2010年	2011年	2012年	2013年	2014年	2015年
研究与实验发展(R&D)活动	**R&D Activities**						
研究与实验发展折合全时人员（人年）	Full-time Equivalent of R&D Personnel(Year)	45314	44815	49961	44607	49774	49276
研究与实验发展经费支出（万元）	Expenditure on R&D(10000 yuan)	758005	934767	1098010	1182863	1307243	1414089
研究与实验发展经费支出占地区生产总值比重（%）	R&D Expenditure as GDP Proportion(%)	0.87	0.88	0.92	0.91	0.95	1.01
技术成果	**Technological Achievement and Natioral Awards**						
科技成果总数（项）	Number of Achievements in Sciernce and Technology(Item)	487	500	606	680	696	816
#应用技术成果（项）	Application of Technology Results(Item)	398	419	480	577	592	639
国家奖励	**Natioral awards**						
#国家自然科学奖（项）	State Natural Science Award(Item)	2	1	2	3	5	3
国家技术发明奖（项）	State Technological Invention Award(Item)	1		1	1	2	1
国家科技进步奖（项）	Number of National Scientific and Technological Progress Prizes Awarded(Item)	3	1	1	2	2	6
技术市场成交额（亿元）	**Technical Market(100 million yuan)**	18.8	26.3	25.1	34.7	28.2	26.4
科技服务	**Technology Services**						
气象观测站点(气象台站总数)（个）	Meteorological Observation Site(unit)	56	56	56	55	55	55
地震台站（个）	Seismic Stations(unit)	14	18	18	37	37	37
质量监督	**Quality Supervision**						
产品质量检验机构（个）	Product Quality Inspection Agency(unit)	709	723	750	807	823	85
监督抽查产品（种）	Quality Checks of Products(kind)	37	28	35	35	30	33
监督抽查产品（批次）	Supervision and Checking of Products(batch)	775	625	755	725	625	668
专利	**Patents**						
专利申请受理量（件）	Number of Paterts Application Accepted(piece)	6445	8196	9171	10751	11933	14800
专利申请授权量（件）	Number of Patents Application Granted(piece)	4343	4920	5923	6219	6696	8878

注：2015年产品质量检验机构统计口径有变更，2014年以前为全省口径数据，2015年仅为吉林省质量技术监督局所掌握数据。
Note: 2015 product quality inspection agencies to change the size of the statics, 2014 grandmother previously for province's caliber data, in 2015 only province, a quality and technical supervision of the data.

17－25　全部规模以上工业企业限额以上R&D项目情况

Industrial Enterprises R&D Projects Situation

项　　目	Item	2014 全部科技项目数(项) All the Technology Projects (Item)	2014 参加科技项目人员(人) Project Personnel for S&T (person)	2014 本年度项目经费内部支出(万元) Annual Project Internal Expenditures (10000yuan)	2015 全部科技项目数(项) All the Technology Projects (Item)	2015 参加科技项目人员(人) Project Personnel for S&T (person)	2015 本年度项目经费内部支出(万元) Annual Project Internal Expenditures (10000yuan)
总计	**Total**	**1582**	**18619**	**654878**	**2014**	**26716**	**739894**
一、按项目来源分组	**Grouped by Projects (topic) Source**						
国家科技项目	National Science and Technology Project	53	1313	61448	34	800	41306
地方科技项目	Local Technology Projects	108	1561	32657	117	1374	18584
其他企业委托科技项目	Enterprises Entrust Technological Projects	80	345	10955	65	824	30565
本企业自选科技项目	Optional Projects	1300	15008	518193	1774	23589	647979
来自境外的科技项目	Projects from Foreign Technology	6	122	15043	5	18	91
其他科技项目	Other Technology Projects	35	270	16583	19	111	1369
二、按项目合作形式分组	**Grouped by Projects (topic) Cooperating Types**						
与境外机构合作	Cooperation with Foreign Institutions	15	185	5298	10	135	7007
与境内高校合作	Cooperation with Domestic Universities	130	2156	61394	106	1259	17316
与境内独立研究院所合作	Cooperate with Domestic Independent Research Institution	140	1636	62283	126	1224	49863
与境内注册的外商独资企业合作	Cooperate with Domestic Registed Foreign-owned Enterprises	2	15	777	3	29	965
与境内注册的其他企业合作	Cooperate with Other Domestic Registration Enterprises	76	740	15903	45	390	7904
独立研究	Independently	1198	13570	501521	1692	23298	651450
其他	Others	21	317	7702	32	381	5388
三、按项目活动类型分组	**Grouped by Projects (topic) Activities Types**						
基础研究	Basic Research	4	18	114	4	19	103
应用研究	Applied Research	201	2396	160868	225	2311	28570
试验发展	Experimental Development	1377	16205	493896	1785	24386	711220
四、按项目成果形式分组	**Grouped by Projects Results**						
论文或专著	Papers or Monographs	19	356	4399	21	171	5368
自主研制的新产品原型或样机、样件、样品、配方、新装置	Independently Developed New Prodact Prototype,Sample,Recjpes,New Device	668	6077	167520	564	4846	99722
自主开发的新技术或新工艺、新工法	Independently Developed of New Technology or New Techniques,New Constrution Method	792	10612	458213	1336	20287	595326
发明专利	Patents for Inventions	101	1549	24000	92	1396	38917
实用新型专利	Utility Model Patent						
外观设计专利	Design Patent						
带有技术、工艺参数的图纸、技术标准、操作规范	Technology、Drawing of the Prdess Parameters、Technical Standard、practices						
基础软件	Basic Software	2	25	746	1	16	560
应用软件	Application Software						
其他	Others						
五、按项目技术经济目标分组	**Grouped by Projects Technical and Economic Target**						
科学原理的探索、发现	Scientific Principles of Exploration、Discovery	14	214	4026	26	126	1628
技术原理的研究	Technical Principles Research	344	4345	247314	232	2457	30456
开发全新产品	Development of New Products	711	7212	273089	722	6670	177074
增加产品功能或提高性能	Add Product Features or Improve Performance	313	3633	72575	833	14570	461948
提高劳动生产率	Increase Labor Productivity	17	236	3626	42	574	10631
减少能源消耗或提高能源使用效率	Reduce Energy Consumption or Improve Energy Efficiency in the use	88	1514	23629	56	638	26840
节约原材料	Conservation of Raw Materials	24	238	4098	50	957	18352
减少环境污染	Reduce Environmental Pollution	14	177	3419	25	252	5510
其他	Others	57	1050	23103	28	472	7454

17－25 续表 continued

项　　目	Item	2014 全部科技项目数(项) All the Technology Projects (Item)	2014 参加科技项目人员(人) Project Personnel for S&T (person)	2014 本年度项目经费内部支出(万元) Annual Project Internal Expenditures (10000yuan)	2015 全部科技项目数(项) All the Technology Projects (Item)	2015 参加科技项目人员(人) Project Personnel for S&T (person)	2015 本年度项目经费内部支出(万元) Annual Project Internal Expenditures (10000yuan)
六、企业规模分组	**Group by Size of Enterprises**						
大 型	Large-sized Enterprise	709	12308	526617	1197	20142	629126
中 型	Mdeium-sized Enterprise	484	3618	67231	414	3458	50705
小 型	Small-sized Enterprise	386	2662	60928	403	3116	60062
微 型	Mini-sized Enterprise	3	31	103			
七、隶属关系分组	**Group by Administration**						
中 央	National	502	6968	398549	834	15064	510455
省(自治区、直辖市)	Province	117	1835	16892	112	1067	11290
地(区、市、州、盟)	City	265	2661	95109	295	2381	51678
县(区、市、旗)	Country	124	2258	25585	138	2111	47313
街 道	Street						
镇	Town	2	14	450	3	13	37
乡	Township	3	16	347	1	9	19
(社区)居委会	Neighborhood						
村委会	Village Committee						
其 他	Others	569	4867	117947	631	6071	119101
八、登记注册类型分组	**Grouped by Status Registration**						
内资企业	Domestic Enterprises	1287	16079	585789	1726	23802	653385
港、澳、台商投资企业	Enterprises with Funds Hong Kong,Macao and Taiwan	45	891	32967	106	1324	40699
外商投资企业	Foreign Funded Enterprises	250	1649	36122	182	1590	45809
九、按新国民经济行业大类分组	**Grouping by National Economy Industry**						
采矿业	Mining	41	853	10187	36	823	10403
制造业	Manufacturing	1538	17600	643964	1976	25881	729429
电力、热力、燃气及水的生产和供应业	Production and Supply of Electricity，Gas and Water	3	166	728	2	12	62
十、企业控股情况分组	**Grouping by Enterprises Share Holding Situation**						
国有控股	State-owned Holding	667	9864	473526	1009	16861	540319
集体控股	Collective Holding	54	1144	11441	49	763	13719
私人控股	Private Holding	513	4247	79083	625	5229	70242
港澳台商控股	Hong Kong, Macao and Taiwan Funded Holding	20	344	26385	60	523	27384
外商控股	Foreign Holdings	59	358	9431	85	365	14012
其 他	Others	269	2662	55013	186	2975	74218
十一、按地区分组	**Grouped by Region**						
长 春	Changchun	880	9773	477385	1213	17984	575796
吉 林	Jilin	253	3504	93665	282	3423	79390
四 平	Siping	96	528	8042	97	549	7159
辽 源	Liaoyuan	57	696	14900	84	697	16164
通 化	Tonghua	161	2267	29814	192	1900	26687
白 山	Baishan	39	293	7436	29	236	9413
松 原	Songyuan	47	873	12246	46	903	12570
白 城	Baicheng	14	186	5533	18	208	2643
延 边	Yanbian	35	499	5858	53	816	10071

17－26 工业企业R&D人员情况（2015年）

项　　目	Item	研究与试验发展(R&D)人员（人） Research and Development (R&D) Personnel(person)
总计	**Total**	**33753**
一、按企业规模分组	**Group by Size of Enterprises**	
大 型	Large-sized Enterprise	26183
中 型	Mdeium-sized Enterprise	4123
小 型	Small-sized Enterprise	3447
微 型	Mini-sized Enterprise	
二、按隶属关系分组	**Group by Administration**	
中 央	National	20909
省(自治区、直辖市)	Province	1276
地(区、市、州、盟)	City	2640
县(区、市、旗)	Country	2224
街 道	Street	
镇	Town	13
乡	Township	9
(社区)居委会	Neighborhood	
村委会	Village Committee	
其 他	Others	6682
三、按登记注册类型分组	**Grouped by Status Registration**	
内资企业	Domestic Funded	30675
港、澳、台商投资企业	Enterprises with Funds Hong Kong,Macao and Taiwan	1373
外商投资企业	Foreign Funded Enterprises	1705
四、按新国民经济行业大类分组	**Grouping by National Economy Industry**	
采矿业	Mining	1295
制造业	Manufacturing	32440
电力、热力、燃气及水的生产和供应业	Production and Supply of Electricity，Gas and Water	18
五、按企业控股情况分组	**Grouping by Enterprises Share Holding Situation**	
国有控股	State-owned Holding	22988
集体控股	Collective Holding	970
私人控股	Private Holding	5721
港澳台商控股	Hong Kong, Macao and Taiwan Funded Holding	566
外商控股	Foreign Holdings	405
其 他	Others	3103
六、按地区分组	**Grouped by Region**	
长 春	Changchun	23711
吉 林	Jilin	3797
四 平	Siping	647
辽 源	Liaoyuan	801
通 化	Tonghua	2086
白 山	Baishan	247
松 原	Songyuan	1359
白 城	Baicheng	217
延 边	Yanbian	888

注：按企业规模分组包含部分规模以下小型工业企业数据（下同）。
Note:Contains some small sized industrial enterprise data.(the same below)

Industrial Enterprises R&D Human Resource Situation （2015）

其中：				其中
#本年度参加项目人员 Personnel Involved in the Project This Year	# 科技管理和服务人员 S&T Management and Service Personnel	#女性 Female	#研究人员 Researchers	全时人员 Full-time Personnel
26716	**7037**	**9616**	**9889**	**27007**
20142	6041	7253	7319	22012
3458	665	1197	1415	2693
3116	331	1166	1155	2302
15064	5845	5992	5372	17988
1067	209	357	488	894
2381	259	781	984	1707
2111	113	677	805	1696
13			1	1
9		1	2	4
6071	611	1808	2237	4717
23802	6873	8941	8908	24735
1324	49	259	399	995
1590	115	416	582	1277
823	472	486	648	546
25881	6559	9128	9232	26456
12	6	2	9	5
16861	6127	6468	6133	19401
763	207	403	400	714
5229	492	1754	1869	3942
523	43	114	161	318
365	40	79	121	284
2975	128	798	1205	2348
17984	5727	6614	6087	20591
3423	374	877	1467	2761
549	98	159	200	479
697	104	172	234	582
1900	186	873	761	1242
236	11	77	104	196
903	456	520	673	571
208	9	73	54	142
816	72	251	309	443

17－26 续表

项　　目	Item	非全时人员 Part-time Personnel
总计	**Total**	**6746**
一、按企业规模分组	**Group by Size of Enterprises**	
大　型	Large-sized Enterprise	4171
中　型	Mdeium-sized Enterprise	1430
小　型	Small-sized Enterprise	1145
微　型	Mini-sized Enterprise	
二、按隶属关系分组	**Group by Administration**	
中　央	National	2921
省(自治区、直辖市)	Province	382
地(区、市、州、盟)	City	933
县(区、市、旗)	Country	528
街　道	Street	
镇	Town	12
乡	Township	5
(社区)居委会	Neighborhood	
村委会	Village Committee	
其　他	Others	1965
三、按登记注册类型分组	**Grouped by Status Registration**	
内资企业	Domestic Funded	5940
港、澳、台商投资企业	Enterprises with Funds Hong Kong,Macao and Taiwan	378
外商投资企业	Foreign Funded Enterprises	428
四、按新国民经济行业大类分组	**Grouping by National Economy Industry**	
采矿业	Mining	749
制造业	Manufacturing	5984
电力、热力、燃气及水的生产和供应业	Production and Supply of Electricity，Gas and Water	13
五、按企业控股情况分组	**Grouping by Enterprises Share Holding Situation**	
国有控股	State-owned Holding	3587
集体控股	Collective Holding	256
私人控股	Private Holding	1779
港澳台商控股	Hong Kong, Macao and Taiwan Funded Holding	248
外商控股	Foreign Holdings	121
其　他	Others	755
六、按地区分组	**Grouped by Region**	
长　春	Changchun	3120
吉　林	Jilin	1036
四　平	Siping	168
辽　源	Liaoyuan	219
通　化	Tonghua	844
白　山	Baishan	51
松　原	Songyuan	788
白　城	Baicheng	75
延　边	Yanbian	445

contiued

R&D人员折合全时当量（人年）Full-time Equivalent of R&D Personnel (person-year)	其中		
	#研究人员 Researchers	应用研究人员 Applied Researchers	试验发展人员 Personnel of Experimental Development
23202	**7040**	**1446**	**21748**
19013	5550	1334	17672
2499	884	67	2432
1690	606	45	1645
15268	4079	1300	13968
685	251	3	681
1699	645	1	1690
1620	609	18	1602
3			3
9	2		9
3918	1453	123	3796
21387	6419	1362	20017
677	196	84	593
1138	424		1138
1265	634		1265
21932	6404	1446	20479
4	2		4
16393	4476	1301	15091
659	272	10	649
3200	1170	50	3142
316	86	84	233
231	67		231
2402	969		2402
16746	4420	1247	15499
2461	1052	180	2281
418	114		418
428	122		428
1283	472	10	1273
110	50		102
1277	632		1277
44	14		44
434	163	8	426

17－27 工业企业R&D经费情况（2015年）

单位：万元

项 目	Item	R&D经费内部支出合计 R&D Internal Expenditures	应用研究支出 Applied Research Expenditures
总计	**Total**	**861541**	**31267**
一、按企业规模分组	**Group by Size of Enterprises**		
大 型	Large-sized Enterprise	736369	29954
中 型	Mdeium-sized Enterprise	54949	966
小 型	Small-sized Enterprise	70222	348
微 型	Mini-sized Enterprise		
二、按隶属关系分组	**Group by Administration**		
中 央	National	593567	25475
省(自治区、直辖市)	Province	12248	200
地(区、市、州、盟)	City	61287	1
县(区、市、旗)	Country	61967	325
街 道	Street		
镇	Town	37	
乡	Township	20	
(社区)居委会	Neighborhood		
村委会	Village Committee		
其 他	Others	132414	5266
三、按登记注册类型分组	**Grouped by Status Registration**		
内资企业	Domestic Funded	772844	26302
港、澳、台商投资企业	Enterprises with Funds Hong Kong,Macao and Taiwan	42349	4965
外商投资企业	Foreign Funded Enterprises	46347	
四、按新国民经济行业大类分组	**Grouping by National Economy Industry**		
采矿业	Mining	37915	
制造业	Manufacturing	823557	31267
电力、热力、燃气及水的生产和供应业	Production and Supply of Electricity，Gas and Water	69	
五、按企业控股情况分组	**Grouping by Enterprises Share Holding Situation**		
国有控股	State-owned Holding	626632	25476
集体控股	Collective Holding	15272	200
私人控股	Private Holding	84274	626
港澳台商控股	Hong Kong, Macao and Taiwan Funded Holding	28898	4965
外商控股	Foreign Holdings	14125	
其 他	Others	92340	
六、按地区分组	**Grouped by Region**		
长 春	Changchun	635761	28193
吉 林	Jilin	98451	2749
四 平	Siping	8629	
辽 源	Liaoyuan	16807	
通 化	Tonghua	33811	200
白 山	Baishan	12382	
松 原	Songyuan	40239	
白 城	Baicheng	4364	
延 边	Yanbian	11098	125

Industrial Enterprises R&D Expenditure Situation（2015）

unit: 10000 yuan

试验发展支出 Experimental Development Expenditures	其中				
	经常费支出 Ordinary Expenditure	#劳务费 Labor Costs	资产性支出 Assets Expenditure	土建工程支出 Civil Works Expenditures	仪器设备 Equipment
830170	**801112**	**241254**	**60429**	**2022**	**58406**
706312	694235	211401	42134	1815	40319
53984	49644	18025	5306	100	5206
69874	57233	11828	12989	108	12881
568092	580950	177980	12617	1150	11467
12048	10157	3394	2091	49	2042
61183	47222	15227	14065	247	13818
61642	43327	6531	18640	267	18373
37	37	7			
20	20	7			
127148	119399	38108	13016	310	12706
746439	717751	212063	55094	1966	53128
37384	39903	9634	2446	10	2436
46347	43458	19557	2889	47	2842
37915	33086	26262	4830	1	4829
792186	767962	214981	55595	2022	53573
69	65	11	4		4
601156	603538	186330	23094	1208	21886
15072	13383	3968	1889	144	1744
83545	71719	20017	12555	101	12454
23933	26749	5489	2149		2149
14125	13503	1773	622	2	620
92340	72220	23677	20120	567	19553
607567	621860	181419	13901	1471	12429
95702	74084	14730	24367	179	24188
8629	7227	2288	1402	13	1388
16807	15636	3754	1170	15	1155
33611	27600	6667	6211	280	5931
12279	8911	2980	3471	53	3418
40239	35177	26577	5062		5062
4364	1505	560	2859	6	2853
10973	9112	2279	1986	5	1982

单位：万元

17－27 续表

项 目	Item	其中	
		政府资金 Government Funds	企业资金 Enterprise Funds
总计	**Total**	**32760**	**827711**
一、按企业规模分组	**Group by Size of Enterprises**		
大 型	Large-sized Enterprise	23546	712234
中 型	Mdeium-sized Enterprise	3369	51531
小 型	Small-sized Enterprise	5845	63946
微 型	Mini-sized Enterprise		
二、按隶属关系分组	**Group by Administration**		
中 央	National	19074	574474
省(自治区、直辖市)	Province	448	11247
地(区、市、州、盟)	City	3453	57808
县(区、市、旗)	Country	2223	59744
街 道	Street		
镇	Town		37
乡	Township		20
(社区)居委会	Neighborhood		
村委会	Village Committee		
其 他	Others	7562	124382
三、按登记注册类型分组	**Grouped by Status Registration**		
内资企业	Domestic Funded	29807	741968
港、澳、台商投资企业	Enterprises with Funds Hong Kong,Macao and Taiwan	2781	39568
外商投资企业	Foreign Funded Enterprises	172	46175
四、按新国民经济行业大类分组	**Grouping by National Economy Industry**		
采矿业	Mining	5007	32908
制造业	Manufacturing	27697	794790
电力、热力、燃气及水的生产和供应业	Production and Supply of Electricity，Gas and Water	56	13
五、按企业控股情况分组	**Grouping by Enterprises Share Holding Situation**		
国有控股	State-owned Holding	20373	606202
集体控股	Collective Holding	974	13745
私人控股	Private Holding	7261	76571
港澳台商控股	Hong Kong, Macao and Taiwan Funded Holding	2532	26366
外商控股	Foreign Holdings	30	14095
其 他	Others	1591	90733
六、按地区分组	**Grouped by Region**		
长 春	Changchun	16252	618760
吉 林	Jilin	3657	94538
四 平	Siping	64	8527
辽 源	Liaoyuan	1146	15661
通 化	Tonghua	2455	31341
白 山	Baishan	1813	10559
松 原	Songyuan	5124	35115
白 城	Baicheng	1121	3243
延 边	Yanbian	1130	9968

contiued

unit: 10000 yuan

其中		R&D经费外部支出合计 R&D Exterior Expenditures	#对国内研究机构的支出 Expenditure on Domestic Research Institutions	#对国内高等学校支出 Expenditure on Domestic Higher Learning	#对境外支出 Expenditure on Overseas
国外资金 Foreign Funds	其他资金 Others				
48	**1021**	**78464**	**27749**	**9426**	**14320**
	588	67419	19495	8766	14185
32	17	5709	4283	177	85
16	415	5335	3971	483	50
	20	57742	12647	5966	14185
	553	2708	2333	37	
	26	8966	6449	2445	
		2567	1905	402	39
48	422	6482	4415	577	96
48	1021	75049	25005	9297	14270
		237	10	107	
		3177	2734	22	50
		3293	1732	1561	
48	1021	75148	26017	7865	14320
		22			
	57	61384	15841	6053	14224
	553	4910	4463	276	28
48	395	7421	3380	2949	18
		237	10	107	
		2896	2484		50
	16	1616	1571	41	
	749	58272	14028	4290	14263
32	224	3383	2567	594	18
	38	591	478	113	
		749	684	65	
16		4917	4644	51	
	11	2067	37	2030	
		3295	1749	1545	
		1172	1076	58	39
		4019	2487	680	

17－28　工业企业办科技机构情况（2015年）

项　　目	Item	国内机构数（个） Domestic Institutions (unit)	机构科技活动人员（人） S&T Activities Personnel(person)
总计	**Total**	**199**	**14672**
一、按企业规模分组	**Group by Size of Enterprises**		
大 型	Large-sized Enterprise	53	8829
中 型	Mdeium-sized Enterprise	59	3572
小 型	Small-sized Enterprise	87	2271
微 型	Mini-sized Enterprise		
二、按隶属关系分组	**Group by Administration**		
中 央	National	17	3947
省(自治区、直辖市)	Province	15	1524
地(区、市、州、盟)	City	59	3661
县(区、市、旗)	Country	22	1987
街 道	Street		
镇	Town	2	34
乡	Township		
(社区)居委会	Neighborhood		
村委会	Village Committee		
其 他	Others	84	3519
三、按登记注册类型分组	**Grouped by Status Registration**		
内资企业	Domestic Funded	180	13086
港、澳、台商投资企业	Enterprises with Funds Hong Kong,Macao and Taiwan	11	416
外商投资企业	Foreign Funded Enterprises	8	1170
四、按新国民经济行业大类分组	**Grouping by National Economy Industry**		
采矿业	Mining	6	1846
制造业	Manufacturing	193	12826
电力、热力、燃气及水的生产和供应业	Production and Supply of Electricity，Gas and Water		
五、按企业控股情况分组	**Grouping by Enterprises Share Holding Situation**		
国有控股	State-owned Holding	49	6360
集体控股	Collective Holding	9	465
私人控股	Private Holding	96	4645
港澳台商控股	Hong Kong, Macao and Taiwan Funded Holding	3	294
外商控股	Foreign Holdings	2	168
其 他	Others	40	2740
六、按地区分组	**Grouped by Region**		
长 春	Changchun	53	4078
吉 林	Jilin	43	3840
四 平	Siping	23	1043
辽 源	Liaoyuan	14	304
通 化	Tonghua	19	1809
白 山	Baishan	13	389
松 原	Songyuan	8	1841
白 城	Baicheng	7	294
延 边	Yanbian	19	1074

Industrial Enterprises Science and Technology Agency Situation (2015)

#博士毕业 PHD Graduate	#硕士毕业 Master Graduate	#本科毕业 University Graduate	机构内部开展科技活动经费支出(万元) Expenditure of Situation Inner Develop Technology Activities (10000yuan)	#仪器设备原价 Equipment	#进口 Import	企业在国外设立的科技机构个数(个) Number of Enterprises Setting Up Science and Technology Agency Situation in Foreign Countries (unit)
314	**1696**	**9053**	**352780**	**317082**	**28236**	
138	1251	5607	287464	228177	24078	
78	232	2299	33385	45542	1990	
98	213	1147	31931	43363	2168	
62	669	2325	153712	76261	7293	
16	149	814	9699	27892	5006	
96	393	2466	98040	103448	3918	
39	99	1371	33089	45030	741	
1		8	33	53		
100	386	2069	58206	64398	11278	
297	1518	8115	307594	288299	19278	
6	18	165	19236	3798	10	
11	160	773	25950	24985	8948	
13	221	1019	37700	24002	2026	
301	1475	8034	315080	293080	26210	
128	1022	3730	229678	161578	12192	
9	21	414	2862	3723	93	
133	373	2784	40492	61514	4029	
	16	67	17347	2472		
	15	110	6880	773		
44	249	1948	55520	87023	11922	
82	805	2665	133586	78067	11415	
87	363	2480	138509	123471	3760	
29	41	393	6655	7406	298	
12	21	199	2361	2922	423	
49	92	1043	14957	34943	3766	
15	62	216	8169	8391	947	
21	230	1023	37965	24022	1766	
1	10	228	1512	21274		
18	72	806	9066	16586	5861	

17－29　工业企业全部R&D项目情况

项　目	Item	2014 全部科技项目数(项) All the Technology Projects(Item)	参加科技项目人员(人) Project Personnel for S&T(person)
总计	**Total**	**2264**	**27710**
一、按企业规模分组	**Group by Size of Enterprises**		
大 型	Large-sized Enterprise	1068	19257
中 型	Mdeium-sized Enterprise	681	5050
小 型	Small-sized Enterprise	512	3334
微 型	Mini-sized Enterprise	3	69
二、按隶属关系分组	**Group by Administration**		
中 央	National	853	13238
省(自治区、直辖市)	Province	154	2192
地(区、市、州、盟)	City	340	3291
县(区、市、旗)	Country	188	2658
街 道	Street		
镇	Town	3	132
乡	Township	3	29
(社区)居委会	Neighborhood		
村委会	Village Committee		
其 他	Others	723	6170
三、按登记注册类型分组	**Grouped by Status Registration**		
内资企业	Domestic Funded	1943	24407
港、澳、台商投资企业	Enterprises with Funds Hong Kong,Macao and Taiwan	47	1499
外商投资企业	Foreign Funded Enterprises	274	1804
四、按新国民经济行业大类分组	**Grouping by National Economy Industry**		
采矿业	Mining	214	1375
制造业	Manufacturing	2043	26127
电力、热力、燃气及水的生产和供应业	Production and Supply of Electricity，Gas and Water	7	208
五、按企业控股情况分组	**Grouping by Enterprises Share Holding Situation**		
国有控股	State-owned Holding	1076	16704
集体控股	Collective Holding	64	1263
私人控股	Private Holding	741	5461
港澳台商控股	Hong Kong, Macao and Taiwan Funded Holding	20	894
外商控股	Foreign Holdings	72	443
其 他	Others	291	2945
六、按地区分组	**Grouped by Region**		
长 春	Changchun	1155	16116
吉 林	Jilin	328	4393
四 平	Siping	134	854
辽 源	Liaoyuan	77	1047
通 化	Tonghua	229	2764
白 山	Baishan	67	470
松 原	Songyuan	221	1282
白 城	Baicheng	14	219
延 边	Yanbian	39	565

Industrial Enterprises All R&D Projects Situations

		2015			
参加项目人员折合全时当量(人年) Project Personnel in Full-time Equivalent (person-year)	本年度项目经费内部支出(万元) Annual Project Internal Expenditures (10000yuan)	全部科技项目数(项) All the Technology Projects(Item)	参加科技项目人员(人) Project Personnel for S&T(person)	参加项目人员折合全时当量(人年) Project Personnel in Full-time Equivalent (person-year)	本年度项目经费内部支出(万元) Annual Project Internal Expenditures (10000yuan)
21009	**680706**	**2014**	**26716**	**5182**	**739894**
16016	546431	1197	20142	3108	629126
2926	71282	414	3458	1201	50705
2019	62890	403	3116	872	60062
49	103				
11822	402369	834	15064	1250	510455
1529	17390	112	1067	409	11290
1993	98046	295	2381	689	51678
1678	27092	138	2111	1467	47313
8	922	3	13	3	37
27	347	1	9	9	19
3953	134541	631	6071	1355	119101
18503	596723	1726	23802	4902	653385
1131	47164	106	1324	112	40699
1376	36819	182	1590	168	45809
1331	13298	36	823	804	10403
19545	666382	1976	25881	4377	729429
134	1026	2	12	1	62
14142	477975	1009	16861	1599	540319
719	12540	49	763	373	13719
3026	83935	625	5229	2008	70242
791	40551	60	523	59	27384
193	9941	85	365	73	14012
2140	55764	186	2975	1069	74218
13304	494301	1213	17984		575796
3042	94726	282	3423	2121	79390
504	8596	97	549	173	7159
621	15193	84	697	359	16164
1688	31611	192	1900	1141	26687
208	8626	29	236	103	9413
1223	15645	46	903	827	12570
85	5680	18	208	44	2643
335	6328	53	816	414	10071

17－30 工业企业自主知识产权保护情况（2015年）

项 目	Item	专利申请数（件）Number of Patent Applications(piece)	#发明专利 Invention Patents
总计	**Total**	**1972**	**787**
一、按企业规模分组	**Group by Size of Enterprises**		
大 型	Large-sized Enterprise	1102	442
中 型	Mdeium-sized Enterprise	414	159
小 型	Small-sized Enterprise	456	186
微 型	Mini-sized Enterprise		
二、按隶属关系分组	**Group by Administration**		
中 央	National	786	295
省(自治区、直辖市)	Province	74	31
地(区、市、州、盟)	City	300	114
县(区、市、旗)	Country	122	75
街 道	Street		
镇	Town	1	1
乡	Township	1	1
(社区)居委会	Neighborhood		
村委会	Village Committee		
其 他	Others	688	270
三、按登记注册类型分组	**Grouped by Status Registration**		
内资企业	Domestic Funded	1680	706
港、澳、台商投资企业	Enterprises with Funds Hong Kong,Macao and Taiwan	53	18
外商投资企业	Foreign Funded Enterprises	239	63
四、按新国民经济行业大类分组	**Grouping by National Economy Industry**		
采矿业	Mining	23	7
制造业	Manufacturing	1749	663
电力、热力、燃气及水的生产和供应业	Production and Supply of Electricity，Gas and Water	200	117
五、按企业控股情况分组	**Grouping by Enterprises Share Holding Situation**		
国有控股	State-owned Holding	948	352
集体控股	Collective Holding	47	9
私人控股	Private Holding	585	284
港澳台商控股	Hong Kong, Macao and Taiwan Funded Holding	15	6
外商控股	Foreign Holdings	84	21
其 他	Others	293	115
六、按地区分组	**Grouped by Region**		
长 春	Changchun	1244	447
吉 林	Jilin	303	106
四 平	Siping	47	16
辽 源	Liaoyuan	22	8
通 化	Tonghua	168	103
白 山	Baishan	42	32
松 原	Songyuan	34	13
白 城	Baicheng	27	8
延 边	Yanbian	85	54

Industrial Interprise Independent Intellectual Property Rights Protection（2015）

拥有发明专利数（件）Inventive Patents Owned（piece)	#国外授权 Foreign Authorized	专利所有权转让及许可数(项) Patent Right of Ownership Transfer and the License Number(item)	专利所有权转让与许可收入(万元) Patent Right of Ownership Transfer and Licensing Revenue (10000yuan)	发表科技论文(篇) S&T Thesis Issued（piece）	拥有注册商标数(件) Number of Registered Trademarks (pieces)	#境外注册 Overseas Registration	形成国家或行业标准数(项) Formation of National or Industry Standard Digital (item）
2649	**15**	**35**	**650**	**1292**	**3184**	**44**	**535**
1278	9	16		1187	1873	12	126
685	4	13		82	702	26	253
686	2	6	650	23	609	6	156
964	6			783	592	2	81
101	1	1		302	184	5	15
418	7	18	650	145	972	4	55
210		12		30	524	1	174
2					4		3
8					2		
946	1	4		32	906	32	207
2274	15	24	650	1252	3115	43	475
122		11		3	51	1	1
253				37	18		59
7				146			
2616	15	35	650	974	3184	44	527
26				172			8
1157	8	16		1095	748	8	92
66		1		2	127		24
934	6	5	650	130	1554	32	323
56		10		2	11	1	
124					9		4
312	1	3		63	735	3	92
1270	8	16		638	668	2	168
682	1	3		236	253	5	42
48		3	650	7	375	4	22
71				153	205	1	9
260		1		133	1257	28	207
54	6	11		77	108	1	3
13				1	16		1
82					17		2
169		1		47	285	3	81

17－31 工业企业新产品开发和经费支出情况

Expenditures for New Product Development and Fanding of Industrial Enterprises

单位：万元

unit: 10000 yuan

项　　目	Item	2014		2015	
		新产品开发项目数 Number of New Products Development Pprojects	新产品开发经费支出 Expenditure on New Products Development	新产品开发项目数 Number of New Products Development Pprojects	新产品开发经费支出 Expenditure on New Products Development
总计	**Total**	**2356**	**783328**	**2548**	**1167919**
一、按企业规模分组	**Group by Size of Enterprises**				
大　型	Large-sized Enterprise	645	501864	1263	969599
中　型	Mdeium-sized Enterprise	937	168932	622	122327
小　型	Small-sized Enterprise	768	110845	663	75994
微　型	Mini-sized Enterprise	6	1687		
二、按隶属关系分组	**Group by Administration**				
中　央	National	257	182416	873	736231
省(自治区、直辖市)	Province	194	43556	131	24886
地(区、市、州、盟)	City	582	219255	442	159820
县(区、市、旗)	Country	234	84583	180	62750
街　道	Street				
镇	Town	5	1420	6	214
乡	Township	2	193	1	134
(社区)居委会	Neighborhood				
村委会	Village Committee				
其　他	Others	1082	251905	915	183884
三、按登记注册类型分组	**Grouped by Status Registration**				
内资企业	Domestic Funded	1854	599574	2119	1087639
港、澳、台商投资企业	Enterprises with Funds Hong Kong,Macao and Taiwan	45	43463	81	13312
外商投资企业	Foreign Funded Enterprises	457	140291	348	66968
四、按新国民经济行业大类分组	**Grouping by National Economy Industry**				
采矿业	Mining	9	1500	3	515
制造业	Manufacturing	2347	781828	2538	1166989
电力、热力、燃气及水的生产和供应业	Production and Supply of Electricity，Gas and Water			7	415
五、按企业控股情况分组	**Grouping by Enterprises Share Holding Situation**				
国有控股	State-owned Holding	568	335514	1164	888252
集体控股	Collective Holding	108	23640	56	15666
私人控股	Private Holding	1093	175134	844	127968
港澳台商控股	Hong Kong, Macao and Taiwan Funded Holding	8	34748	51	3633
外商控股	Foreign Holdings	188	83983	169	28424
其　他	Others	391	130308	264	103977
六、按地区分组	**Grouped by Region**				
长　春	Changchun	1200	427930	1549	860482
吉　林	Jilin	371	183067	340	168069
四　平	Siping	150	10249	111	9827
辽　源	Liaoyuan	92	25748	111	18706
通　化	Tonghua	306	85906	267	74165
白　山	Baishan	76	12148	38	8048
松　原	Songyuan	29	3499	16	3499
白　城	Baicheng	15	6600	25	6923
延　边	Yanbian	117	28181	91	18200

17－32 工业企业技术获取和技术改造情况

Industrial Enterprises Technology Acquiring and Technology Transforming Situation

单位：万元　　　　unit: 10000 yuan

项　目	Item	2014				2015			
		引进国外技术经费支出 Expenditure for Import Foreign Technology	引进技术的消化吸收经费支出 Expenditure for Absorb and Digest of Introduction Technology	购买国内技术经费支出 Expenditures for Inner Technology	技术改造经费支出 Expenditures for Technical Renovation	引进国外技术经费支出 Expenditure for Import Foreign Technology	引进技术的消化吸收经费支出 Expenditure for Absorb and Digest of Introduction Technology	购买国内技术经费支出 Expenditures for Inner Technology	技术改造经费支出 Expenditures for Technical Renovation
总计	**Total**	**8853**	**2446**	**14499**	**1024641**	**268421**	**6779**	**86504**	**286305**
一、按企业规模分组	**Group by Size of Enterprises**								
大　型	Large-sized Enterprise	8348	1056	13657	956832	266262	4457	79666	234903
中　型	Mdeium-sized Enterprise	313	961	264	54389	2112	2261	2175	43467
小　型	Small-sized Enterprise	191	429	578	13420	47	61	4664	7935
微　型	Mini-sized Enterprise								
二、按隶属关系分组	**Group by Administration**								
中　央	National	8248		5411	544819	266262		79643	175458
省(自治区、直辖市)	Province		8	395	405688			482	19247
地(区、市、州、盟)	City	5	979	526	37055		4507		43600
县(区、市、旗)	Country	313	1027	201	13182	589	1445	79	11854
街　道	Street								
镇	Town				22				
乡	Township								
(社区)居委会	Neighborhood								
村委会	Village Committee								
其　他	Others	286	432	7966	23875	1571	827	6301	36146
三、按登记注册类型分组	**Grouped by Status Registration**								
内资企业	Domestic Funded	8699	2446	14499	1019826	266898	6779	86354	277275
港、澳、台商投资企业	Enterprises with Funds Hong Kong, Macao and Taiwan				500			150	130
外商投资企业	Foreign Funded Enterprises	154			4315	1523			8900
四、按新国民经济行业大类分组	**Grouping by National Economy Industry**								
采矿业	Mining				1448	268421	6779	86504	255268
制造业	Manufacturing	8853	2438	14499	975114				31037
电力、热力、燃气及水的生产和供应业	Production and Supply of Electricity, Gas and Water		8		48080				
五、按企业控股情况分组	**Grouping by Enterprises Share Holding Situation**								
国有控股	State-owned Holding	8431	853	13582	976392	266721	1405	80125	212180
集体控股	Collective Holding				5297				5420
私人控股	Private Holding	263	540	783	31381	177	917	6230	42184
港澳台商控股	Hong Kong, Macao and Taiwan Funded Holding							150	130
外商控股	Foreign Holdings	154				1523			
其　他	Others	5	1053	134	11572		4457		26392
六、按地区分组	**Grouped by Region**								
长　春	Changchun	8093	10	5747	341017	267833	70	80208	140680
吉　林	Jilin	442	272	224	228492		280	6270	69679
四　平	Siping				2707		156	4	4539
辽　源	Liaoyuan	130	46	12	13497	130	30		1006
通　化	Tonghua	5	904	133	409711		4457	23	50681
白　山	Baishan			477	6884				6878
松　原	Songyuan		7	7785	8385				8
白　城	Baicheng	183	1206	121	9356	459	1785		9963
延　边	Yanbian		1		4593		1		2871

17－33 群众文化事业基本情况
Basic Statistics on Mass Culture

指　　标	Item	2013	2014	2015
机构数（个）	**Number of Institutions(unit)**	**975**	**974**	**979**
群众艺术馆	Mass Art Centers	14	14	14
文化馆	Cultural Centers	64	64	64
文化站	Cultural Stations	897	896	901
从业人员数（人）	**Employment(person)**	**4452**	**4561**	**4534**
文化活动情况	**Cultural Activities**			
举办展览（次）	Number of Exhibitions(time)	1420	1565	1781
组织文艺活动（次）	Organization of Artistic Activities(time)	13421	15380	14977
举办训练班（班）	Training Courses(class)	5498	6901	8096

17－34 公共图书馆、博物馆和文物保护单位基本情况
Basic Statistics on Public Libraries, Museums and Cultural Relic Agencies

指　　标	Item	单位 unit	2013	2014	2015
公共图书馆	**Public Libraries**				
单位数	Institutions	个 unit	66	66	66
从业人员数	Number of Empolyed Persons	人 person	1652	1642	1628
藏书	Collections	万册/件 10000volume/pcs	1597	1663	1768
阅览室座席	Seating Capacity of Reading Rooms	千个 1000seats	16	20	19
建筑面积	Floor Space of Public Buildings	千平方米 1000sq.m	194	247	272
# 阅览室	Reading Room	千平方米 1000sq.m	56	77	81
书库	Stack Rooms	千平方米 1000sq.m	40	45	46
借阅人次	Total Number of Circulation	万人次 10000 person-times	540	318	353
借阅册次	Number of Books Borrowed by Reader	万册次 10000 volume-times	462	612	748
博物馆	**Museums**				
单位数	Institutions	个 unit	73	78	76
从业人员数	Number of Empolyed Persons	人 person	1214	1214	1127
文物藏品	Number of Collections	万件 10000pcs	36	37	42
举办展览	Number of Exhibitions	次 time	362	428	381
参观人次	Number of Visitors	千人次 1000 person-times	7259	9594	9491
文物保护单位	**Agencies of Historical Relics Preservation**				
单位数	Institutions	个 unit	49	52	52
从业人员	Number of Person Empolyed	人 person	172	137	138
藏品	Number of Collections	万件 10000pcs	1	5	0.5

17－35　电影事业基本情况
Basic Statistics on Film

指　标	Item	2013	2014	2015
电影制片厂(个)	Number of Film Studios (unit)	1	1	1
电影发行放映管理机构(个)	Film Administrations(unit)	52	52	52
专业电影放映单位(个)	Film Projection Institutions(unit)	618	621	661
电影院（个）	Cinemas(unit)	74	88	128
农村电影放映队（个）	Rural Film Projection Teams(unit)	544	533	533
电影放映从业人员（人）	Personnel for Film(person)	4000	4300	4500
放映场次合计（千场）	Number of Shows(1000 times)	506.8	649.9	781.7
观众人次（千人次）	Number of Spectators(1000 person/times)	16570	17448	21016

17－36　图书出版
Books Published

指　标	Item	种类（种） Number of Publications(kind)			总印数（万册） Total Printed Copies(10000 copies)		
		2013	2014	2015	2013	2014	2015
总计	**Total**	**27010**	**21565**	**23823**	**41306**	**25500**	**24792**
书籍	Books	27010	21564	23823	41306	25497	24792

17－37 期刊出版
Magazines Published

指　标	Item	种类（种） Number of Publications(kind)			总印数（万册） Total Printed Copies (10000 copies)			总印张（万印张） Printed Sheets (10000 sheets)		
		2013	2014	2015	2013	2014	2015	2013	2014	2015
总计	**Total**	**240**	**236**	**239**	**38100**	**9490**	**8433**	**157817**	**431489**	**406213**
综合	General Books	30	3	3	11640	65	47	46570	4335	3169
哲学、社会科学	Philosophy and Social Sciences	58	60	62	7353	2063	1799	32156	97108	84438
自然科学、技术	Natural Sciences and Technology	99	103	103	3164	559	516	18001	52011	49631
文化、教育	Culture and Education	30	42	43	10895	1408	1269	38802	52501	48315
文学、艺术	Literature and Arts	18	28	28	3908	5395	4801	17268	225534	220660
少年儿童读物	Children Books	4	8	7	1115	288	515	4980	11820	21800
画刊	Illustrated Periodical	1	2	1	25	23	11	40	1251	752

17－38 报纸出版
Newspapers Published

指　标	Item	种类（种） Number of Publications(kind)			总印数（万份） Total Printed Copies (10000 copies)			总印张（万印张） Printed Sheets (10000 sheets)		
		2013	2014	2015	2013	2014	2015	2013	2014	2015
总计	**Total**	**81**	**52**	**52**	**180002**	**92605**	**81153**	**897131**	**3130344**	**2513952**
综合报	General Newspapers	49	22	23	107001	40135	35304	596129	2116182	1745939
专业报	Specialized Newspapers	32	30	17	73001	52470	43555	301002	1014162	705420
省级报纸合计	Total Newspapers of Provincial Level	37	24	24	93609	70087	60515	457025	2410416	1891094
综合报	General Newspapers	16	4	4	26001	21368	18296	191024	1442586	1168404
专业报	Specialized Newspapers	21	20	12	67608	48719	40505	266001	967830	677652
市级报纸合计	Total Newspapers of Municipal Level	44	28	28	84453	22519	20638	440106	719928	622858
综合报	General Newspapers	33	18	19	80312	18766	17008	405103	673596	577535
专业报	Specialized Newspapers	11	10	5	4141	3753	3050	35003	46332	27768

17－39 工会基本情况

Basic Statistics on Trade Union

指　　标	Item	2013	2014	2015
基层工会组织数（个）	Number of Grassroot Trade Unions (unit)	40440	28189	27429
职工人数（万人）	Staff and Workers(10000 persons)	529	370	345
#女职工人数	Female Workers	178	127	126
会员人数（万人）	Membership(10000 persons)	517	358	337
#女会员人数	Female Members	176	124	124
女职工工作委员会（个）	Female Worker's Committee(unit)	25339	27779	27055
建立工会经费审查组织（个）	Investigating Expenses of Trade Union Organizations(unit)	11233	6264	10102
建立职工代表大会制度的单位（个）	Staff and Worker's Congress Regulation (unit)	43653	22956	22536
实行厂务公开的单位（个）	Opening Service Unit(unit)	105797	22271	22146
建立工会劳动保护监督检查委员会（个）	Labor Protective Supervising and Investigating Committee(unit)	14054	10006	10805
建立工会劳动法律监督组织（个）	Labor Law Supervising Organizations (unit)	10006	4509	5736
建立劳动争议调解委员会的单位（个）	Labor Dispute Mediating Commission (unit)	14844	7395	8607
建有职工技协组织（个）	Organization for Staff and Workers (unit)	1859	2689	1677

CHAPTER ▶ 18

第十八篇 18

体育、卫生和其他事业

SPORTS, PUBLIC HEALTH AND OTHERS

18－1 体委系统体育工作者
Personnel of Physical Culture and Sports Commissions

单位：人 unit：person

项 目	Item	2013	2014	2015
合计	**Total**	**4957**	**4467**	**4268**
专职教练员	Full-time Coaches	734	786	810
运动员	Athletes	761	717	675
管理干部	Administrative Cadre	1587	1124	834
文化教师	Full-time Teachers	652	342	419
科技人员	Scientific and Technical Personnel	94	49	49
医务人员	Medical Personnel	24	37	32
公务员	Civil Servants	570	547	580
公勤人员	Logistics Workers	244	293	323
其他	Others	291	572	546

18－2 运动员获奖情况
Players Awards

单位：枚 (unit)

项 目	Item	获得金牌 Gold		获得银牌 Silver		获得铜牌 Bronze	
		2014	2015	2014	2015	2014	2015
全国比赛	National Competitions	69	61	84	75	83	79
竞技体育在世界大赛中	Sports in the World Series	8	16	8	11	3	8

18－3 裁判员、运动员发展人数

Athletes and Referees in Grades by Type of Sports

单位：人 unit：person

指　　标	Item	2013	2014	2015
等级裁判员合计	**Number of Referees in Grades**	**2659**	**2214**	**1480**
一级裁判员	First Grade Referees	1489	843	828
二级裁判员	Secondary Grade Referees	1170	1356	652
等级运动员合计	**Number of Athletes in Grades**	**1250**	**781**	**904**
国际级运动健将	International Master of Sports	2	9	2
发展国家运动健将	National Master of Sports	38	18	34
一级运动员	First Grade Athletes	220	239	247
二级运动员	Second Grade Athletes	990	515	621

18－4 历年卫生事业基本情况

Basic Statistics on Health

年 份 Year	卫生机构数（个）Number of Health Institutions (unit)	# 医院、卫生院 Hospitals and Health Centers	卫生机构床位数（万张）Number of Beds in Health Institutions (10000 beds)	# 医院、卫生院 Hospitals and Health Centers	卫生技术人员数（万人）Medical Technical Personnel (10000 persons)	执业（助理）医师 Certified (Assistant) Doctors	每万人口 Per10000persons 床位数（张）Number of Beds(bed)	每万人口 Per10000persons 医生数（人）Number of Doctors (person)
1978	3889	1220	6.27	5.80	7.36	3.03	29.2	14.1
1979	4263	1227	6.57	5.97	8.19	3.15	30.1	14.5
1980	4274	1249	6.71	6.06	8.57	3.45	30.4	15.6
1981	4565	1251	6.84	6.17	9.44	3.60	30.7	16.1
1982	4494	1268	7.20	6.49	9.70	3.66	31.9	16.2
1983	4540	1266	7.38	6.61	9.99	3.77	32.5	16.7
1984	4557	1275	7.69	6.83	10.35	3.90	33.6	17.1
1985	4568	1269	7.88	6.97	10.54	3.98	34.3	17.3
1986	4539	1268	8.23	7.30	10.79	4.01	35.5	17.3
1987	4566	1281	8.65	7.61	11.04	4.11	37.0	17.6
1988	4447	1272	8.93	7.82	11.34	4.60	37.9	19.5
1989	4425	1290	9.07	7.95	11.70	4.79	37.8	20.0
1990	4407	1299	9.21	8.06	12.00	5.03	37.8	20.6
1991	4369	1295	9.27	8.14	12.43	5.13	37.7	20.8
1992	4189	1290	9.49	8.40	12.77	5.15	38.3	20.8
1993	4006	1306	9.65	8.58	12.91	5.26	38.7	21.0
1994	3920	1341	9.47	8.45	13.23	5.39	37.7	21.3
1995	3891	1310	9.66	8.41	13.42	5.61	37.9	22.0
1996	3720	1327	9.49	8.41	13.42	5.56	36.8	21.6
1997	3663	1329	9.50	8.44	13.51	5.63	36.5	21.6
1998	3832	1324	9.32	8.33	13.56	5.89	35.8	22.6
1999	3912	1314	9.21	8.27	13.71	6.15	35.2	23.5
2000	3323	1293	8.93	8.05	13.20	5.97	34.0	22.7
2001	7417	1299	9.15	8.25	13.37	6.17	34.7	23.4
2002	2080	1432	8.51	7.97	11.63	4.21	32.1	19.3
2003	7695	1431	8.61	8.18	12.86	4.76	32.4	21.5
2004	8219	1425	8.64	8.11	12.87	5.83	32.5	21.9
2005	8755	1380	8.77	8.21	12.57	5.64	32.3	18.5
2006	9696	1386	9.09	8.55	12.85	5.91	33.4	21.7
2007	9683	1388	9.44	8.92	12.58	5.70	34.6	20.9
2008	9659	1370	9.93	9.35	12.79	5.75	36.3	21.1
2009	9565	1361	10.83	10.07	13.10	5.87	39.6	21.4
2010	9532	1346	11.51	10.65	13.84	6.21	41.9	22.6
2011	8178	1329	12.14	9.54	13.91	5.96	44.2	21.7
2012	19729	1345	12.81	11.87	14.41	6.15	46.6	22.4
2013	19913	1351	13.32	12.41	14.60	6.20	48.4	22.5
2014	19891	1355	14.11	13.20	15.14	6.32	51.3	23.0
2015	20619	1391	14.47	13.54	15.91	6.73	52.6	24.4

18－5 卫生机构、床位、技术人员情况（2015年）

单位：人

项　目	Item	卫生机构（个）Number of Health Institutions (unit)	卫生机构实有床位（张）Number of Bed in Health Institutions (Bed)	卫生技术人员 Health teachnical Personnel	执业（助理）医师 Certified (Assistant) Doctors	执业医师 Certified Doctors
总 计	**Total**	**20619**	**144695**	**159103**	**67279**	**59101**
一、医 院	Hospital	616	117906	100937	38766	36293
综合医院	General Hospital	353	80760	71203	27390	25787
中医医院	Traditional Chinese Medicine Hospital	79	13189	13581	5458	5018
中西医结合医院	Synthetical Hospital	9	2481	2198	859	830
民族医院	National Hospital	3	137	140	58	57
专科医院	Specialized Hospital	170	21059	13753	4986	4590
二、基层医疗卫生机构	Basic Medical Institutions	19411	21030	44941	23014	17997
社区卫生服务中心(站)	Community Health Service Centers(stations)	425	3288	7191	2921	2497
乡镇卫生院	Health Center of Township	775	17492	18928	8383	5803
中心卫生院	Central Health Center	207	7430	7987	3634	2632
乡卫生院	Health Center of Township	568	10062	10941	4749	3171
村卫生室	Village Health Clinic	10231		2068	1875	978
门诊部	Clinics	517	191	3315	1944	1705
三、专业公共卫生机构	Professional Public Health Institutions	437	3061	11695	4925	4338
疾病预防控制中心	Disease Precaution and Control Centre	68		3703	1872	1617
专科疾病防治所(站、中心)	Special Disease Prevention and Cure Hospital	54	1003	1146	565	498
妇幼保健院(所、站)	Mathernity and Child Health Care Centre	70	2058	4413	2090	1883
卫生监督所(中心)	Health Supervision Stations	43		1259		

Health Institution、Beds、Teachnical Pevsonnel（2015）

unit：person

注册护士 Registered Nurses	药师（士）Pharmacists（Person）	技师（士）Technicians（Person）	检验师（士）Examiner（Person）	其他 Other	见习医师 Trainee Doctors	其他技术人员 Other Technical Personnel
60742	**7903**	**7955**	**5441**	**15224**	**2716**	**8149**
45460	5133	5138	3360	6440	1918	5088
32875	3304	3627	2369	4007	1187	3103
5115	994	691	413	1323	419	607
959	153	87	55	140	79	116
42	22	8	4	10	7	6
6431	658	723	518	955	226	1250
12433	2330	1479	908	5685	561	1663
2723	487	345	222	715	142	515
5036	1253	941	572	3315	300	1110
2309	547	434	254	1063	129	336
2727	706	507	318	2252	171	774
193						
1022	82	124	81	143	26	36
2401	357	1214	1066	2798	214	1089
293	79	610	588	849	43	358
291	78	112	83	100	6	126
1385	182	314	222	442	159	278
				1259		53

18－6 各地区卫生机构情况（2015年）

Basic Statistics on Health Institutions by Region（2015）

单位: 个　　　　(unit)

地　区	Region	卫生机构 Number of Health Institutions	医院 Hospital	卫生院 Health Center	妇幼机构 Maternity and Child Care Centers	疾病控制机构 Disease Control Center
全　省	**Total**	**20619**	**616**	**776**	**70**	**68**
长　春	Changchun	4317	166	135	11	14
吉　林	Jilin	3416	135	97	12	12
四　平	Siping	2099	58	94	7	5
辽　源	Liaoyuan	987	18	42	3	3
通　化	Tonghua	2060	61	90	8	6
白　山	Baishan	1181	34	63	7	6
松　原	Songyuan	2751	40	88	6	6
白　城	Baicheng	1675	39	92	7	6
延　边	Yanbian	2133	65	75	9	10

注：卫生机构包含乡卫生室。
Note:Health Institutions Inclaece Township Health.

18－7 各地区卫生床位、人员情况（2015年）

Beds and Employed Personnel by Region（2015）

单位: 张、人　　　　unit：bed，person

地　区	Region	卫生机构实有床位 Health Institutions Beds	医院床位 Hospital Beds	卫生技术人员 Medical Technical Personnel	执业(助理)医师 Certified (Assistants) Physicians	注册护士 Registered Nurses
全　省	**Total**	**144695**	**117906**	**159103**	**67279**	**60742**
长　春	Changchun	47343	42597	47502	20571	18948
吉　林	Jilin	26585	21943	28943	11499	12081
四　平	Siping	15210	11375	16407	6733	5936
辽　源	Liaoyuan	5759	4404	6854	2791	2755
通　化	Tonghua	13380	9701	12660	5728	4516
白　山	Baishan	8585	6161	8427	3482	3189
松　原	Songyuan	8615	6918	12838	5432	3950
白　城	Baicheng	7977	5524	9960	4555	3215
延　边	Yanbian	11241	9283	15512	6488	6152

注：医院床位数为实际营业数。
Note:the number of hospital beds is actual sales.

18－8 各地区医疗卫生机构住院服务情况（2015年）

Medical and Health Institutions in Various Regions of Hospital Sewices（2015）

项目	Item	入院人数(万人) Admission Number (10000 Persons)	出院人数(万人) Discharge Number (10000 Persons)	住院病人手术人次(万人次) Number of Patients hospitalized (10000 Persons /time)	死亡率(%) Death Rate (%)	病床工作日(日) Bed working day(day)	每百门急诊入院人数(人) Number of Admission Per hundred out patient and Emergency Department (person)	居民年住院率（%） Residents Annual Hospitalization Rate(%)
全　省	**Total**	**341.53**	**337.33**	**67.85**	**0.95**	**286.34**	**5.40**	**12.83**
长　春	Changchun	124.72	123.38	29.86	0.84	296.35	5.30	16.54
吉　林	Jilin	59.64	58.82	13.17	1.38	297.14	5.27	13.99
四　平	Siping	34.49	34.22	5.38	0.69	269.17	6.20	10.57
辽　源	Liaoyuan	17.44	17.18	2.14	0.65	331.78	7.47	14.43
通　化	Tonghua	26.61	26.37	4.83	1.02	259.59	5.05	12.04
白　山	Baishan	12.69	12.53	1.76	1.11	265.34	6.26	10.12
松　原	Songyuan	23.96	23.37	4.12	0.49	290.50	6.53	8.62
白　城	Baicheng	17.42	17.11	2.57	0.83	264.84	6.46	8.86
延　边	Yanbian	24.56	24.33	4.02	1.46	267.50	3.59	11.50

注：居民年住院率为入院人数除以当地人口数。表中使用的人口数为公安厅统计结果。
Note: Resident' s annual Rate of hospitalization for admission divided by the number of local population.

18－9 医疗机构运营情况（2015年）

Operation of medial Institutions（2015）

项目	Item	合计 Total	医院 Hospitals	卫生院 Health centers	门诊部 out-patient Department	妇幼保健院 Mother and Child Health Care Hospital	专科疾病防治院 Specialist disease Prevention and treatment Institute
门诊服务	**Outpatient Service**						
诊疗人次（万人次）	Person(10000 person/time)	10478.05	4835.24	939.44	172.48	176.23	22.30
#门诊	Outpatient	8753.77	4249.20	890.83	148.24	144.00	21.95
#急诊	Emergency Treatment	568.04	490.15	27.61		23.67	0.13
住院服务	**Admission service**						
入院人数（万人）	Admission Number(10000 person)	341.53	313.95	17.28	0.18	4.53	0.88
住院病人手术人次（万人）	Patient Operation(10000 person)	67.85	66.56			1.27	
每百门急诊的入院人数（人）	Number of Admissions Per hundred outpatient and Emergency Department(person)	5.40	6.62	1.88		2.70	3.98
床位利用	**Bed utilization**						
平均床位周转率（次）	Average Bed turnover Rate(time)	24.4	27.3	10.5		23.7	8.4
平均床位工作日（日）	Average Bed working days(Day)	257.0	286.3	103.2		132.0	260.2
床位使用率(%)	Bed Utilization(%)	70.41	78.45	28.27		36.17	71.29
出院者平均住院日（日）	Average length of hospital stay(day)	9.7	9.8	7.5		5.4	30.3

18－10 残疾人事业基本情况
Basic Information of Person with Disabilities

项　　目	Item	2013	2014	2015
康　　复	**Rehabilitation**			
视力残疾康复	Rehabilitation of Persons with Sight Disability			
白内障复明手术（例）	Sight-restoring Cataract Surgeries(case)	15441	15467	14957
贫困白内障患者免费手术（例）	Free Surgeries for Poor Cataract Patients(case)	2812	3326	2180
低视力者配用助视器（人）	Vision-aids Provided for Persons of Low-vision(person)	3756	3038	3044
盲人定向行走训练（人）	Blindman Trained with Direction Walking(person)	4250	4254	1489
聋儿康复	Rehabilitation of Chindren with Hearing Disability			
年收训聋儿（人）	Hearing and Speech Training(person)	378	362	349
聋儿入普幼普小率（%）	Enrollment Rate of Trained Children to Ordinary Kindergartens and Primary Schools(%)	64.7	63.6	58.9
培训家长（人）	Parents Trained(person)	994	1100	1100
精神病防治康复	Prevention and Treatment of Psychiatric Diseases			
开展精神病防治康复工作市县数（个）	Counties Carried on the Works of Prevention and Treatment of Psychiatric Diseases(unit)	63	69	69
综合防治康复精神病人数（万人）	Prevention and Treatment Provided for Patients with Severe Diseases(10 000 persons)	16.0	16.2	16.3
监护率（%）	Guardianship Rate(%)	96.8	96.8	97.0
显好率（%）	Significant Improvement Rate(%)	66.7	69.7	67.5
社会参与率(%)	Social Involvement Rate(%)	55.6	57.6	55.8
肇事率（%）	Violent Events Rate(%)	0.03	0.03	0.02
孤独症儿童训练数（人）	Trained Persons with Infantile Autism(person)	612	567	799
肢体残疾康复	Rehabilitation of Persons with Physical Disability(person)			
成人肢体残疾人社区、家庭康复数（人）	Adult physical disabled community，Family Rehabilitation Number(person)	4464	4751	4699
肢体残疾儿童、社区、家庭康复数（人）	Physically Disabled children community、Family Rehabilitation Number(person)	473	80	69
智力残疾康复	Rehabilitation of Persons with Intellectual Disability			
智力残疾儿童康复训练数（人）	Children Rehabilitated(person)	1880	1912	2092
辅助器具配置	The Distribution of Assistant Appliance			
辅助器具供应数量（件）	Quantity of Assistant Appliance Supply(supply)	9978	102515	113454
免费发放辅助器具数量（件）	Quantity of Free Assistant Appliance Supply(supply)	6654	95582	108306
教　　育	**Education**			
未入学适龄残疾儿童少年（人）	School-age Disabled Children without Schooling(person)	2896	2498	2304
职业教育与培训机构数（个）	Vocational Education and Training(unit)	180	205	214
就　　业	**Employment**			
城镇残疾人就业状况	Employment of Urban Handicapped			

18－10 续表

项　　目	Item	2013	2014	2015
当年安排在业人数（人）	Number of people in the Industry(person)	159153	158163	159431
按比例就业	Employed by Quota Scheme	26019	25212	25006
集中就业	Employed at Welfare Enterprises	39998	36965	35560
个体就业	Self-employed	89893	91550	94165
农村残疾人就业状况	Employment of Rural Handicapped			
就业（人）	Employed(person)	305285	305778	305827
盲人按摩	**Massage by Persons with Visual Disability**			
保健按摩员培训（人）	Massage Therapists Training(person)	1092	1080	1129
医疗按摩员培训（人）	Keep-fit Massager Training(preson)	321	265	99
扶　　贫	**Poverty Alleviation**			
本年扶持贫困残疾人（人次）	Supports the impoverished Disable Person(person-time)	29548	28513	26062
本年实际脱贫人数（人）	Actual Escaping from Poverty Population in this Year(person)	21410	21826	22901
残联组织建设	**Organization of the Disabled Persons Federation**			
全省残疾人总数（万人）	Total Population of Disabled Persons in the Whole Province (10 000 persons)	193.28	193.28	193.28
残疾人工作者（人）	Works Working for the Disabled(person)	2857	2865	3004
残疾人信访	**Disabled Persons' Letters and Visits from People**			
残疾人来信（件）	Disabled Persons Letters(piece)	672	401	431
残疾人来访	Disabled Persons Visitors			
个人访（人次）	Personal Visits(person-time)	4923	3497	5410
集体访（批次）	Congregated Visits(batch)	42	80	99
集体访（人次）	Congregate Visits(person-time)	807	2328	1721

18－11　律师、调解工作基本情况
Basic Statistics on Lawyers and Mediation

项　　目	Item	2013	2014	2015
律师工作	**Lawyers**			
律师机构（处）	Law Offices(unit)	599	423	447
# 律师（人）	# Full-time Lawyers(person)	3610	3694	3951
聘请担任常年法律顾问单位（处）	Number of Units with Permanent Legal Advisors(unit)	3596	3808	3571
民事代理（件）	Agent of Civil Cases(piece)	17078	11482	14868
刑事辩护、代理（件）	Defender of Criminal Cases(piece)	4367	2734	3571
非诉讼法律事务（件）	Agent of Non-litigious Legal Affairs(piece)	835	431	478
解答法律咨询（件）	Agent of Legal Advisory Services(piece)	1289	1241	743
代写法律事务文书（件）	Agent of Legal Documents Written on Behalf of Clients(piece)	507	437	370
人民调解工作	**People' s Mediation Work**			
专职司法助理员（人）	Full-time Judical Assistants(person)	2673	1008	1973
人民调解委员会（个）	People' s Mediation Committees(unit)	15421	15382	15295
调解人员（人）	Mediators(person)	75873	74477	71843
调解民间纠纷（件）	Civil Disputes Mediated(piece)	223090	237514	216710

18－12　婚姻登记情况
Basic Statistics on Marriage Registrations and Divorces

项　　目	Item	2014	2015
结婚登记(万对）	Marriage Registration(10000 couple)	25	24
#涉外、港澳台、华侨及出国人员结婚登记(对)	Foreign、Hongkong、Macao and Taiwan、overseas chinese and overseas personnel to getmarried(couple)	958	593
离婚登记（万对）	Divorce Registration(10000 couple)	11	12
#涉外、港澳台、华侨及出国人员离婚登记(对)	Foreign、Hongkong、Macao and Taiwan、overseas chinese and overseas personnel to Divorce(couple)	108	119

18－13　公证工作基本情况
Basic Statistics on Notarization

项　　目	Item	2013	2014	2015
公证机构和人员	**Institutions and Personnel**			
公证处（个）	**Nortarial Offices(unit)**	**70**	**70**	**70**
公证人员（人）	**Nortarial Personel(person)**	**628**	**610**	711
#公　证　员	# Notaries	371	368	364
助理公证员	Assistant Notaries	257	242	347
办理公证（项目）总计（件）	**Notarized Documents(piece)**	**464713**	**423196**	**413245**
国内公证合计	Domestic Justice Total	258157	225780	245942
涉外公证合计	International Justice Total	205350	186883	165814
涉台、港、澳公证合计	Relate to Taiwan、Hongkong and Macao Notarization Summation	1206	10533	1489
涉台公证合计	Relate to Taiwan Notarization Summation	710	5259	689
涉港澳公证合计	Relate to Hongkong and Macao Notarization Summation	496	5274	800

18－14　社会救助情况（2015年）
Basic Statistics on Social Assistance（2015）

项　　目	Item	2015
城乡最低生活保障人数（万人）	Urban and Rural Minimum Living Accowance (10000 person)	155
其中：城市最低生活保障人数（万人）	The Number of Urban Minimum Living Accowance (10000 person)	72
农村最低生活保障人数（万人）	The Number of Rural Minimum Living Accowance (10000 person)	83
城乡最低生活保障救助资金（亿元）	Urban and Rural Minimum Living Accowance Relief Fund (100 million)	49.57
农村五保供养对象人数（万人）	The Number of Rural Five Objects Support (10000 person)	11.30
农村五保供养对象救助资金（亿元）	The Beneticiaries Bailout Fonds (100 million)	4.10
城乡医疗救助人次数（万人次）	The Number of Urban and Rural Medical Assistance People (10000 person pertimes)	237.54
城乡医疗救助资金（亿元）	Urban and Rural Medical Assistance Funds (100 million)	6.89

说明：按照《中央财政困难群众基本生活救助补助资金管理办法》（财社〔2015〕1号）文件规定，城乡低保资金统筹使用。
Note:As"Central Financial Difficulties of the Masses Basic Living Assistance Grant Funds Management Approach""Financial Socilty 2015#1"Document rule,urban and rural minimum auiwance co-ordinate using.

18 – 15　交通事故情况

Basic Statistics on Traffic Auidents

项　　目	Item	2013	2014	2015
交通事故数(起)	**Traffic Accidents**	**2456**	**2792**	**2801**
城　市	Urban Area	1131	1392	1429
农　村	Rural Area	1325	1400	1372
机 动 车	Vehicles	2407	2727	2695
汽　车	Motor Vehicles	1831	2177	2127
摩托车	Motorcycles	490	500	517
拖拉机	Tractors	36	25	37
其　他	Others	50	25	14
非机动车	Non-motor-driven Vehicles	38	57	62
# 自行车	# Bicycles	13	10	21
行人、乘车人	Pedestrians and Passengers	9	8	13
其　他	Others	1	5	4
死亡人数（人）	**Number of Deaths**	**1345**	**1323**	**1308**
城　市	Urban Area	422	428	465
农　村	Rural Area	923	895	843
受伤人数（人）	**Number of Injuries**	**2310**	**2688**	**2721**
城　市	Urban Area	1088	1336	1315
农　村	Rural Area	1222	1352	1406
损失金额（万元）	**Losses Converted into Cash**	**3118**	**3447**	**3207**
城　市	Urban Area	1585	1628	1191
农　村	Rural Area	1533	1819	2016

18－16 人民法院审理刑事一审案件收结案情况
First Trial Criminal Cases Accepted and Concluded by Courts

单位: 件 (case)

项目	Item	收案 Cases Accepted 2014	收案 Cases Accepted 2015	结案 Cases Concluded 2014	结案 Cases Concluded 2015
合计	**Total**	**19342**	**22098**	**18459**	**22601**
危害公共安全罪	Crimes of Endangering Public Security	4345	4880	4191	4983
破坏社会主义市场经济秩序罪	Crimes of Disrupting the Order of the Socialist Market Economy	977	1127	880	1155
侵犯公民人身权利民主权利罪	Crimes of Infringing upon Citizens' Right of the Person and Democratic Rights	4233	4059	4131	4203
侵犯财产罪	Crimes of Property Violation	5162	6181	4847	6417
妨害社会管理秩序罪	Crimes of Obstructing Administration of Public Order	3595	4938	3473	5009
危害国防利益罪	Crimes of Impairing the Interests of National Defence	4	4	4	3
贪污贿赂罪	Crimes of Embezzlement and Bribery	808	743	715	625
渎职罪	Crimes of Dereliction of Duty	215	164	188	203
其他	Others	3	2	6	3
合计中含自诉案件	Private Prosecution of Total	217	322	207	283

注：结案中含上年旧存（以下各表同）。
Note: Data of cases settled include cases turned over from previous year.The same applies to the tables following.

18－17 人民法院审理婚姻家庭、继承一审案件收结案情况（2015年）
First Trial Civil Cases of Marriages,Family Affairs and Inheritance Accepted and Concluded by Courts（2015）

单位: 件 (case)

项目	Item	收案 Cases Accepted	结案 Cases Concluded	调解 Mediation	判决 Judgement	驳回 Reject	撤诉 Withdrawal	其他 Other
合计	**Total**	**36683**	**36752**	**12997**	**11854**	**686**	**10195**	**491**
婚姻家庭	Marriages and Family Affairs	34043	34246	11414	11359	632	9910	465
离婚	Divorce	27491	27800	9127	9055	498	8436	363
赡养纠纷	Support Disputes	1092	1046	292	381	15	318	16
抚养、扶养关系纠纷	Upbringing and Maintenance Relationship Disputes	1707	1679	963	375	18	236	15
抚养费纠纷	Upbringing Fee Disputes	1010	1030	365	350	33	224	17
其他	Others	2743	2691	667	1198	68	696	54
继承	Inheritance	2640	2506	1583	495	54	285	26
法定继承	Legal Inheritance	640	608	449	85	3	59	3
遗嘱继承	Testament Inheritance	82	84	30	33	2	16	1
其他	Others	1918	1814	1104	377	49	210	22

18－18 人民法院审理合同纠纷一审案件收结案情况（2015年）
First Trial Cases of Contracts Disputes Accepted and Concluded by Courts（2015）

单位: 件 (case)

项目	Item	收案 Cases Accepted	结案 Cases Concluded	调解 Mediation	判决 Judgement	驳回 Reject	撤诉 Withdrawal	其他 Other
合计	**Total**	**115066**	**110943**	**25289**	**45769**	**5943**	**30430**	**3512**
借款合同	Loan Contracts	50707	49358	12041	22218	2349	11486	1264
买卖合同	Trade Contracts	19120	18549	4643	7504	773	5051	578
电信合同	Telecom Contracts	439	457	21	417	3	13	3
租赁合同	Lease Contracts	2994	2797	572	1214	121	837	53
劳动争议	Labour Disputes	7148	6775	1521	2837	417	1522	478
房地产合同	Real Estate Contracts	2463	2342	679	801	60	754	48
供用动力合同	Labor Contracts	1831	2027	143	144	524	1192	24
建设工程合同	Construction Contracts	2709	2565	491	1214	153	593	114
农村承包合同	Rural Contracts	1400	1294	198	738	39	308	11
承揽合同	Contracts for Work	846	811	188	334	28	229	32
担保合同	Contract of Guaranty	1804	1730	1165	257	31	251	26
服务合同	Service Contract	5999	5697	462	1060	533	3487	155
其他	Others	17606	16541	3165	7031	912	4707	726

18－19 人民法院审理权属、侵权纠纷及其他民事一审案件收结案情况（2015年）
First Trial Cases of Disputes of Right,Infringement of Right and Other Civil Affairs Accepted and Concluded by Courts（2015）

单位: 件 (case)

项目	Item	收案 Cases Accepted	结案 Cases Concluded	调解 Mediation	判决 Judgement	驳回 Reject	撤诉 Withdrawal	其他 Other
合计	**Total**	**38110**	**36225**	**7012**	**16852**	**1266**	**7883**	**3212**
所有权及其相关权利	Ownership and Related Rights	10308	9629	1938	3856	740	2843	252
特别程序	Special Proceedings	2871	2965	48	726	42	319	1830
人身权纠纷	Personal Rights Disputes	19004	18098	4158	9846	335	2975	784
特殊侵权纠纷	Disputes of Special In-fringement	2163	2178	406	1102	51	439	176
不当得利	Unjustified Enrichment	1755	1624	272	540	42	736	34
票据、证券、股票纠纷	Disputes of Bills,Securities and Stocks	168	8	1	5			2
其他	Others	1841	1723	189	777	56	571	134

CHAPTER ▶ 19

第十九篇 19

市（州）和县（市）概况

GENERAL SURVEY OF CITY（STATE）AND COUNTY（CITY）

19－1　城市社会经济基本情况（2015年）

指　　标	Item	长春市 Changchun
		全市 Total
一、土地面积及水资源	**Land Area and Water Resources**	
行政区域土地面积（平方公里）	Administrative Area Land Area(sq.km)	20594
其中：居住用地面积	Residential land area	185
公共设施用地面积	Land Area of Public Facilities	50
工业用地面积	Industrial Land Area	117
水资源总量（万立方米）	Total Amount of Water Resources（10000 cu.m）	244400
二、人口与就业（万人）	**Population and Employment(10000 persons)**	
(一)人口	Population	
城镇人口	Urban Population	358.16
从业人员期末人数(城镇)	Final Number of employees (urban)	126.06
第一产业(农、林、牧、渔业)	Primary Industry (Agriculture, Forestry, Animal Husbandry and Fishery)	1.24
第二产业	Secondary Industry	60.84
(1)采矿业	Mining	1.02
(2)制造业	Manufacturing	38.25
(3)电力、热力、燃气及水的生产和供应业	Production and Supply of Power ,Gas and Water	6.63
(4)建筑业	Construction	14.94
第三产业	Tertiary Industry	63.98
(1)批发和零售业	Wholesale and Retail Trades	5.94
(2)交通运输、仓储及邮政业	Transportation, Storage and Post	5.16
(3)住宿和餐饮业	Hotels and Catering Services	1.76
(4)信息传输、软件和信息技术服务业	Information Transmission, Compater Services and Software	3.61
(5)金融业	Financial Intermediation	4.62
(6)房地产业	Real Estate	3.38
(7)租赁和商业服务业	Leasing and Business Services	3.22
(8)科学研究和技术服务业	Scientific Research and Technical Services	4.29
(9)水利、环境和公共设施管理业	Management of Water Conservancy, Environment and Public Facilities	2.82
(10)居民服务、修理和其他服务业	Neighborhood Service Repair and other Services	1.22
(11)教育	Education	12.45
(12)卫生和社会工作	Health and Social Work	5.91
(13)文化、体育和娱乐业	Culture, Sports and Entertainment	1.69
(14)公共管理、社会保障和社会组织	Public Management, Social Security and Social Organizations	7.90
(15)国际组织	International Organization	
城镇私营和个体从业人员(人)	Urban Private and Individual Employees（person）	1777064
城镇登记失业人员数(人)	Urban Registered Unemployed Persons（person）	70148
三、综合经济（万元）	**Comprehensive Economy(10000 yuan)**	
公共财政支出	Public Finance Expenditure	7657246
文化体育与传媒支出	Cultural Sports and Media Expenses	137187
城乡社区事务支出	Urban and Rural Community Affairs	1735633

Basic Statistics Urban Social and Economical Indicators（2015）

市区 District	吉林市 Jilin 全市 Total	吉林市 Jilin 市区 District	四平市 Siping 全市 Total	四平市 Siping 市区 District	辽源市 Liaoyuan 全市 Total	辽源市 Liaoyuan 市区 District
4789	27711	3774	14382	1076	5140	432
144	104	58	57	23	34	28
46	16	10	10	4	3	2
106	66	55	25	11	12	9
	529200		104600		47700	
	223.05		119.56		58.54	
113.42	40.02	26.39	19.81	7.63	12.75	9.36
0.42	0.99	0.09	0.80	0.13	0.25	0.02
57.64	18.59	13.62	5.87	2.57	7.06	6.37
1.02	1.14	0.00	0.12	0.08	2.04	2.01
36.02	12.18	9.74	3.17	1.40	4.02	3.53
6.22	1.37	0.92	0.78	0.40	0.43	0.36
14.38	3.90	2.96	1.80	0.69	0.57	0.47
55.37	20.44	12.68	13.14	4.93	5.44	2.97
5.34	1.08	0.78	0.73	0.31	0.25	0.14
4.76	1.06	0.69	0.69	0.30	0.31	0.22
1.73	0.22	0.20	0.09	0.05	0.03	0.02
3.46	0.58	0.54	0.52	0.34	0.18	0.14
4.16	1.18	0.89	0.85	0.36	0.48	0.33
3.25	0.72	0.54	0.30	0.12	0.20	0.14
3.15	0.32	0.23	0.03	0.01	0.06	0.05
4.11	0.69	0.48	0.52	0.20	0.15	0.09
2.39	1.22	0.76	0.71	0.37	0.23	0.13
1.21	0.04	0.02	0.04	0.01	0.02	0.01
9.09	5.04	2.56	3.65	0.98	1.34	0.51
4.97	2.82	1.66	2.12	0.88	0.69	0.33
1.54	0.28	0.22	0.24	0.06	0.10	0.06
6.21	5.17	3.10	2.66	0.94	1.42	0.80
1510400	810737	449511	393849	124598	235208	141893
55029	29267	18754	10676	3140	11867	8448
6092326	3665378	2188535	2211062	728245	1107002	621314
117343	66354	48199	28966	6919	17912	9623
1615054	377969	259175	196994	48124	70792	48169

指 标	Item	长春市 Changchun 全市 Total
交通运输支出	Transportation Expenses	194504
住房保障支出	Housing Security Expenses	199826
三、金融（万元）	Finance（10000 yuan）	
年末金融机构各项存款余额	The end of the Financial Institutions of the Deposit Balance	98486300
其中：居民储蓄存款余额	Savings Deposits	37927800
年末金融机构各项贷款余额	The end of the Financial Institutions of the Loan Balance	89351400
(四)保险	Insurance	
保费收入	Premium Income	1616557
其中：财产险	Property Insurance	606194
人身险	Personal Insurance	1010363
赔款、给付	Indemnity	554224
其中：财产险	Property Insurance	334902
人身险	Personal Insurance	219322
四、工业	**Industry**	
规模以上工业法人企业	Above scale Industrial Corporation	
（一）企业个数（个）	Industrial Enterprises	1340
(1)内资企业	Domestic Investment Enterprises	1180
其中：国有企业	State-owned Enterprises	16
私营企业	Private Enterprises	625
(2)港、澳、台商投资企业	Investment Hong Kong, Macao and Taiwan	24
(3)外商投资企业	Foreign Investment	136
(二)工业总产值(当年价)（万元）	Industrial Output Value (10000 yuan)	85963907
(1)内资企业	Domestic Investment Enterprises	72753059
其中：国有企业	State-owned Enterprises	37482846
私营企业	Private Enterprises	10543834
(2)港、澳、台商投资企业	Investment Hong Kong, Macao and Taiwan	3569723
(3)外商投资企业	Foreign Investment	9641125
五、交通运输、通讯与能源	**Transport,Post,Telecommunication and Power**	
(一)交通运输	Transport	
铁路旅客运量（万人）	Railway passenger Traffic(10000 persons)	3231
铁路货物运量（万吨）	Railway Faeight Traffic(10000 tons)	360
公路客运量（全社会）（万人）	Highway Passenger Traffic (Whole Society)(10000 persons)	8594
公路货运量（全社会）（万吨）	Highway Freight Traffic (Whole Socieyt)(10000 tons)	10300
水运客运量（全社会）（万人）	Waterway Passenger Traffic (Whole Society)(10000 persons)	30.00
水运货运量（全社会）（万吨）	Waterway Freight (Whole Society)(10000 tons)	71
民用航空客运量（万人）	Civil Aviation Passenger Traffic(10000 persons)	433
民用航空货邮运量（吨）	Civil Aviation Cargo Traffic(ton)	77794
沿海港口货物吞吐量(规模以上)(万吨)	Coastal Port Cargo Throughput (Above Scale)(10000 tons)	
内河港口货物吞吐量(规模以上)(万吨)	Inland Port Cargo Throughput (Above Scale)(10000 tons)	
公路里程（公里）	Highway Mileage(km)	22824
境内高速公路里程（公里）	Domestic Highway Mileage(km)	382
(二)邮电通信	Post and Telecommunications	
年末邮政局(所)数（处）	Post Year-end Number(unit)	205

continued

	吉林市 Jilin		四平市 Siping		辽源市 Liaoyuan	
市区 District	全市 Total	市区 District	全市 Total	市区 District	全市 Total	市区 District
142335	83675	47498	48868	11396	21516	12075
132809	185565	132119	84251	40205	79713	69068
91259403	24688234	20758842	10644422	3915041	4581614	2843509
32148083	15825757	10788700	7885183	2833512	3386635	1943788
82569264	16984912	11960793	9314965	3380773	3537426	2130154
	716855		345051		152276	
	163537		93624		28058	
	553318		251427		124218	
	222921		105691		35839	
	79807		47655		12292	
	143114		58036		23547	
912	1073	485	564	223	316	163
760	1042	463	548	214	309	157
11	17	10	8	5	2	1
429	735	280	266	50	230	101
23	11	7	9	7	3	2
129	20	15	7	2	4	4
76430173	31009923	18901813	22054588	7819913	14526333	9185718
63758874	28955331	17647548	20826661	7553626	14023038	8700310
36784053	1011166	881124	342467	322140	79500	73369
7001993	14878508	6487584	8183074	1766234	9981743	5292919
3529033	988542	793805	831532	236128	289625	271738
9142266	1066050	460460	396395	30159	213670	213670
	1260		801		54	
	1439		214		150	
	4096		3554		1006	
	5167		7600		1673	
	87.80		12.40			
	14768		9298		4577	
	360		382		151	
86	143	56	108	20	49	7

19－1 续表 2

指　　标	Item	长春市 Changchun 全市 Total
邮政业务收入（万元）	Postal Revenue (10000 yuan)	166501
电信业务收入（万元）	Telecom Business Revenue(10000 yuan)	688551
固定电话年末用户数（万户）	Fixed Telepbone end of the year(10000 subscribers)	121.80
移动电话年末用户数（万户）	Mobile Phone Users of the year(10000 subscribers)	1080.90
其中：3G移动电话用户	3G Mobile Phone Users	517.53
互联网宽带接入用户数（万户）	Internet Broadband Access Users(10000 subscribers)	106.00
(三)能源电力	Energy Power	
规模以上工业能源消费量（万吨标准煤）	Above Scale Industrial Energy Consumption (1000 ton standard coal)	983
全社会用电量（万千瓦时）	Total Electricity Consumption(million kw.h)	1929273
其中：工业用电	Industrial Electricity	1013788
城乡居民生活用电	Urban and Rural Residents Electricity Consamption	330176
六、贸易、外经与旅游	**Trade, Foreign Economic and Tourism**	
(一)贸易	Trade	
限额以上批发零售贸易业商品销售总额（万元）	Total Sales for Whole Sale and Tetail Trades Above Quota(10000 yuan)	15551720.5
限额以上批发零售企业数（法人数)(个）	Wholesale and Retail Trades Corporation Units Above Quota(unit)	540
其中：零售业	Retail Trades	332
限额以上批发零售贸易业企业财务	Wholesale and Retail Trade Corporate Finanle Above Quota	
年末从业人数（万人）	Number of Employment(10000 persons)	5.01
流动资产合计（万元）	Total Circulating Funds (10000 yuan)	6604992
固定资产合计（万元）	Total Fixed Assets(10000 yuan)	1487191
主营业务收入（万元）	Revenue From Principal Business(10000 yuan)	12569971
主营业务成本（万元）	Cost of Principal Business(10000 yuan)	11396941
主营业务税金及附加（万元）	Tax and Extra Charyes on Principal Business(10000 yuan)	103992
本年应交增值税（万元）	Value-Added Tax Payable(10000 yuan)	150962
利润总额（万元）	Total Pofit(10000 yuan)	216145
(二)外经	Foreign Economic	
货物进口额（海关数)（万美元）	Total Imports (Castoms Number)(USD10000)	1207213
货物出口额（海关数）（万美元）	Total Exports (Castoms Number)(USD10000)	192773
外商直接投资合同项目（个）	Direct Foreign Investment(unit)	30
当年实际使用外资额（万美元）	Total Amount of Foreign Capital Actually Used(USD10000)	520520
(三)旅游	Tourism	
入境游客人数（含一日游游客）（人）	Number of International Tourists (One Day Visitors)(persons)	430600
其中：外国人	Forigners	339600
港、澳、台同胞	Compatriots from Hong Kong, Macao and Taiwan	90100
国际旅游（外汇）收入（万美元）	Foreign Exchange Earnings from Tourism(USD10000)	31850
七、固定资产投资	**Fixed Asset Investment**	
(一)固定资产投资	Fixed Asset Investment	
固定资产投资（不含农户）（万元）	Fixed Asset Investment(10000 yuan)	43274731
其中：房地产开发投资	Real Estate Development adn Investment	5060231
全年新增固定资产（万元）	Total New Fixed Investment(10000 yuan)	34420980
(二)房地产	Real Estate	
商品房销售面积（万平方米）	Commercial Housing Sales Area(10000sq.m)	810.71
其中：住宅	Residence	713.18
其中：别墅、高档公寓	Vila,Apartments	33.40
商品房销售额（万元）	Commercial Sales (10000yuan)	5342083
其中：住宅	Residence	4512852
其中：别墅、高档公寓	Vila,Apartments	393245
待售面积（万平方米）	Pending Sales Area(10000sq.m)	570.13
八、教育、科技、文化与卫生	**Education, Science and Technology, Culture and Health**	

continued

	吉林市 Jilin		四平市 Siping		辽源市 Liaoyuan	
市区 District	全市 Total	市区 District	全市 Total	市区 District	全市 Total	市区 District
	59997		35793		14609	
	261254		159827		62004	
	90.04		43.45		27.00	
	398.25		282.56		117.00	
	213.92		133.39		53.65	
	72.77		36.24		17.68	
	1381		378		256	
1421374	1475064	979313	578408	196921	211357	
733616	1124345	797786	336828	108055	138131	
210833	170306	78102	111819	23457	42134	
15199606	6974017	6184632	2808296	857695	604937	375241
477	414	224	171	58	64	45
307	284	170	131	54	53	41
4.39	1.67	1.16	0.66	0.21	0.50	0.20
6289626	2013404	1268430	938153	125160	448555	96262
1418168	391479	287315	256010	102832	138433	70966
12224892	6419709	5631461	2598441	908997	568243	307294
11084676	5908536	5246041	2227033	792446	484847	260859
102303	55400	44420	34586	31273	14215	10743
151189	52743	46651	18097	15902	4448	4127
206968	135118	88533	145696	69464	20913	4195
	44488		33355		12295	
	61578		3310		15150	
	2	1			2	1
	104830	36356	26000	12650	29500	20000
	104512		4838		367	
	63577		4808		367	
	40935					
	4157		136		15	
35778611	25429349	16217042	7998139	2673922	5983300	3240994
4812288	1393617	1147472	246936	39920	163608	119770
27728296	26918445	16217042	6624338	2290122	4836904	3051654
782.87	223.08	168.44	46.29	8.52	34.17	32.48
687.71	204.93	153.95	38.27	6.82	32.72	31.09
33.40	1.58	1.58			2.00	2.00
5247559	1053094	886190	175552	34558	116909	111768
4430427	925264	776484	137724	26698	105104	100353
393245	19914	19914			2240	2240
507.19	234.85	183.79	44.27	17.31	120.70	100.13

指　　标	Item	长春市 Changchun 全市 Total
(一)教育	Education	
普通高等学校数（所）	Regular Institutions of Higher Education(unit)	37
普通高等学校专任教师数（人）	The Number of Full-time Teachers in Higher Education(person)	26383
普通高等学校在校学生数（人）	The Number of Student Enrollment in Higher Education(person)	426081
(二)科技	Science and Technology	
专利申请受理量（项）	Number of Patents Application Accepted (Item)	10184
专利申请授权量（项）	Number of Patents Application Granted(Item)	5979
其中：发明	Imention	1831
(三)文化	Cultare	
体育场馆数（个）	Stadium Number(unit)	64
剧场、影剧院数（个）	Theater Number(unit)	35
公共图书馆图书总藏量（千册）	Total Storage Quantity of Public Library Books(1000 Volume)	4631
订销报刊杂志累计份数（千份）	Total Number of Copies of the Magazine(1000 Volume)	92588
广播节目综合人口覆盖率（%）	Radio Program Comprehensive Population Coverage(%)	100.00
电视节目综合人口覆盖率（%）	TV Program Comprehensive Coverage(%)	100.00
有线电视入户率（%）	Cable TV Households(%)	66.89
(四)卫生	Health	
医院、卫生院床位数(张)	Hospital Beds（bed）	45787
医生数（执业医师+执业助理医师）(人)	Doctors (Practicing Doctors + Practicing Assistant Doctors)（person）	20571
九、人民生活	**People´s Live**	
(一)居民收支（元）	Residents Income and Expenditure(yuan)	
工资性收入	Wage Income	
经营净收入	Operating Income	
财产净收入	Property Income	
转移净收入	Transfer Income	
城镇居民人均可支配收入	Disposable Incomr	
城镇居民人均消费支出	Percapite Consumption	
其中：(1)食品烟酒	Food Alcohol and Tobacco	
(2)衣着	Clothing	
(3)居住	Live	
(4)生活用品及服务	Daily Necessitics and Services	
(5)交通和通信	Communications and transportation	
(6)教育、文化和娱乐	Education, culture and Entertainment	
(7)医疗保健	Medical Care	
(8)其他用品及服务	Others	

continued

	吉林市 Jilin		四平市 Siping		辽源市 Liaoyuan	
市区 District	全市 Total	市区 District	全市 Total	市区 District	全市 Total	市区 District
37	8	8	4	4	1	1
26383	5715	5715	2278	2278	332	332
426081	104873	104873	38353	38353	5794	5794
	2178		458		179	
	1411		327		113	
	174		45		19	
62	62	20	9	2	4	2
30	5	4	2	1	2	2
4310	2290	1671	698	498	405	266
61032	45003	24319	25411	9205	10379	5793
100.00	98.09	100.00	100.00	100.00	96.50	100.00
100.00	96.84	100.00	100.00	100.00	97.00	100.00
83.67	62.79	80.93	47.88	51.50	50.52	57.77
37374	24449	15322	13754	6493	5655	2714
16378	11499	7267	6721	2394	2791	1569
16345		17987		17322		17267
1279		1987		2796		3240
2547		1688		1278		669
8920		7314		6975		6833
29090		28977		28371		28009
23231		21365		18438		21894
5545		5295		4612		5797
1891		1853		1814		2912
5183		4080		3655		2557
1313		1120		1401		1322
3082		3301		2524		3896
3085		2361		2110		2768
2543		2656		1781		1568
661		699		541		1073

指　　标	Item	长春市 Changchun 全市 Total
(二)居民生活	Resident Life	
每百户居民家庭拥有量	Per 100 Households Own Volume	
(1)家用汽车（辆）	Home Car(Coach)	
(2)消毒碗柜（台）	Disinfection Cabinet(unit)	
(3)洗碗机（台）	Dishwasher(unit)	
(4)固定电话（部）	Telephone(set)	
(5)移动电话（部）	Mobile Phone(set)	
其中：接入互联网	Access to the Internet	
(6)计算机（台）	Computer(unit)	
其中：接入互联网	Access to the Internet	
(7)电冰箱(柜)（台）	Refrigerabor(unit)	
(8)彩色电视机（台）	Color TV sets(unit)	
(9)中高档乐器（架）	Middle Grade Musical Instrument(set)	
(10)照相机（架）	Camera(set)	
(11)摄像机（架）	Video Camera(set)	
(12)洗衣机（台）	Washing Machine(unit)	
城镇居民人均住房建筑面积（平方米）	Urban Residents Per Capita Housing Construction Area(sq.m)	
十、社会保障	**Social Security**	
城镇职工基本养老保险参保人数（人）	Town Workers Basic Endowment Insurance Insured Number (person)	2042021
城镇居民社会养老保险参保人数（人）	Town Residents Society Endowment Insurance Insured Number (person)	1864403
城镇职工基本医疗保险参保人数（人）	Town Workers Basic Health Care Insurance Insured Number (person)	1614800
城镇居民基本医疗保险参保人数（人）	Town Residats Basic Health Care Insurance Insured Number (person)	2459101
失业保险参保人数（人）	Unemployment Insurance(person)	952861
工伤保险参保人数（人）	Number of Insurance for Work-Related Injury Insurance(person)	1380095
生育保险参保人数（人）	Number of Maternity Insurance(person)	1133324
社会福利院数（个）	Social Welfare Institute(unit)	519
社会福利院床位数（张）	Social Welfare Institute(unit)	37743
社区服务设施数（个）	Community Service Facilities(unit)	414
城市社区综合服务设施覆盖率（%）	Coverage of Urban Community Service Facilities(%)	100.00
城市居民最低生活保障人数（人）	Urban Residents Minimum Living Security(person)	120530
十一、公共管理	**Public Management**	
(一)事故	Accident	
交通事故死亡人数（人）	Traffic Accident Death Toll(person)	542
交通事故损失额（万元）	Traffic Accident Loss(10000 yuan)	1747
火灾事故死亡人数（人）	Death Toll from Fire Accident(person)	7
火灾事故损失额（万元）	Fire Accident Loss(10000 yuan)	2510

continued

	吉林市 Jilin		四平市 Siping		辽源市 Liaoyuan	
市区 District	全市 Total	市区 District	全市 Total	市区 District	全市 Total	市区 District
28		28		28		17
6		3		2		1
2		1				
61		54		50		32
233		231		240		209
128		85		72		44
74		86		92		78
64		77		85		75
97		94		95		96
111		107		106		100
5		4		8		3
37		44		31		25
6		9		10		10
100		95		96		96
29		30		31		25
1722645	650679	429670	251018	149531	255711	182291
394262	1043440	255248	595671	69287	338147	33601
1396361	946391	610216	563108	235278	264006	185905
1945270	1418862	836121	791018	249011	347050	234033
800343	417350	300299	192989	114432	77857	49427
1275662	817604	658551	320188	127183	205075	133750
1000783	552344	382649	285131	107126	156211	101793
364	253	161	116	58	121	91
26435	23093	14009	10083	3018	7097	4807
376	275	207	136	81	41	30
100.00	100.00	100.00	100.00	100.00	100.00	100.00
51149	106029	47320	61498	22946	62609	42230
312	170	84	105	17	61	27
1540	147	47	74	30	33	16
4	1	1	4	1	1	
1517	609	109	258	61	201	70

指　　标	Item	长春市 Changchun 全市 Total
(二)社会治安	Public Security	
刑事案件立案数（起）	Criminal Case Filing Number(unit)	5958
罪犯人数（人）	Crime(person)	6322
其中：青少年人数(年龄14–25周岁)	Number of Teenagers (Age 14–25 years old)	1180
十二、市政公用事业	**Municipal Utility**	
(一)基础设施	Infrastructure	
城市维护建设资金支出（万元）	City Maintenance and Construction Fund(10000 yuan)	611360
售水量（万吨）	The Sale of Water(10000 tons)	55437
供气总量(人工煤气、天然气)（万立方米）	Total Gas Supply (Artificial Gas, Natural Gas)(10000 cu.m)	
其中：家庭用量	Family Dosage	
用气人口（万人）	Gas Population(10000 person)	
液化石油气供气总量（吨）	Liquefied Petroleum Gas Supply(ton)	
其中：家庭用量	Family Dosage	
用液化气人口（万人）	Liquefied Gas Population(10000 person)	
(二)公共交通	Public Transportation	
年末实有公共汽(电)车营运车辆数（辆）	The end of the year Number of Bus operatin Vehicles	
全年公共汽(电)车客运总量（万人次）	Total Passenger Traffic(10000 person–times)	
年末实有出租汽车数（辆）	Taxi Nubmer at the end of the Year(coach)	
轨道交通线路长度（公里）	Rail Transit Line Length(km)	
轨道交通客运总量（万人次）	Total Rail Transit Passenger(10000 person–times)	
十三、环境保护	**Environmental Protection**	
工业废气排放量（万立方米）	Industrial Emissions(10000 cu.m)	21146982
工业二氧化硫产生量（吨）	Industrial Sulfur Dioxide Production(ton)	137383
工业氮氧化物产生量（吨）	Industrial Nitrogen Oxide(ton)	142051
工业烟（粉）尘产生量（吨）	Industrial Soot Production(ton)	3717363
工业重金属产生量（吨）	Industrial Heavy Metal Production(ton)	1
工业重金属排放量（吨）	Industrial Heavy Metal Emissions(ton)	
一般工业固体废物综合利用率（%）	General Industrial Solid Waste Comprehensive Utilization(%)	96.50
污水处理率(%)	Sewage Treatment Rate(%)	91.52
污水处理厂集中处理率(%)	Centralized Treatment Rate of Sewage Treatment Plant(%)	90.00
生活垃圾无害化处理率(%)	Living Garbage Harmless Treatment Rate(%)	100.00
空气质量达到及好于二级的天数(天）	Air Auality to Reach and Better Second Level(day)	237

continued

市区 District	吉林市 Jilin 全市 Total	吉林市 Jilin 市区 District	四平市 Siping 全市 Total	四平市 Siping 市区 District	辽源市 Liaoyuan 全市 Total	辽源市 Liaoyuan 市区 District
3646	3356	1563	2488	397	892	422
4318	4376	2026	2832	437	717	469
764	390	169	14	13	34	13
550262	104034	76000	58485	31255	70421	32653
26064	31791	25918	10326	5815	5342	1875
50075		34328		3154		1507
24026		4228		2310		40
365		112		51		11
37743		32913		2230		2064
7634		6800		2130		1002
32		14		11		34
4852		1300		337		395
71684		26041		5238		5298
15401		5259		3062		1201
64						
7661						
	22935079		9241901		5860650	
	182591		63723		36702	
	105985		46470		18579	
	2934920		1683520		866698	
	1		1		2	
			1			
	57.90		83.99		88.65	
	91.84		82.53		81.80	
	91.84		82.53		81.80	
	72.86		40.70		100.00	
	240		233		278	

19－1 续表 6

指标	Item	通化市 Tonghua 全市 Total
一、土地面积及水资源	**Land Area and Water Resources**	
行政区域土地面积（平方公里）	Administrative Area Land Area(sq.km)	15612
其中：居住用地面积	Residential land area	42
公共设施用地面积	Land Area of Public Facilities	7
工业用地面积	Industrial Land Area	7
水资源总量（万立方米）	Total Amount of Water Resources（10000 cu.m）	407500
二、人口与就业（万人）	**Population and Employment(10000 persons)**	
(一)人口	Population	
城镇人口	Urban Population	116.05
(二) 从业人员期末人数(城镇)	Final Number of employees (urban)	28.07
第一产业(农、林、牧、渔业)	Primary Industry (Agriculture, Forestry, Animal Husbandry and Fishery)	0.44
第二产业	Secondary Industry	15.74
(1)采矿业	Mining	0.73
(2)制造业	Manufacturing	11.75
(3)电力、热力、燃气及水的生产和供应业	Production and Supply of Power ,Gas and Water	0.74
(4)建筑业	Construction	2.52
第三产业	Tertiary Industry	11.88
(1)批发和零售业	Wholesale and Retail Trades	0.79
(2)交通运输、仓储及邮政业	Transportation, Storage and Post	0.62
(3)住宿和餐饮业	Hotels and Catering Services	0.12
(4)信息传输、软件和信息技术服务业	Information Transmission, Compater Services and Software	0.46
(5)金融业	Financial Intermediation	0.99
(6)房地产业	Real Estate	0.43
(7)租赁和商业服务业	Leasing and Business Services	0.26
(8)科学研究和技术服务业	Scientific Research and Technical Services	0.38
(9)水利、环境和公共设施管理业	Management of Water Conservancy, Environment and Public Facilities	0.54
(10)居民服务、修理和其他服务业	Neighborhood Service Repair and other Services	0.16
(11)教育	Education	2.48
(12)卫生和社会工作	Health and Social Work	1.31
(13)文化、体育和娱乐业	Culture, Sports and Entertainment	0.23
(14)公共管理、社会保障和社会组织	Public Management, Social Security and Social Organizations	3.11
(15)国际组织	International Organization	
城镇私营和个体从业人员(人)	Urban Private and Individual Employees（person）	354812
城镇登记失业人员数(人)	Urban Registered Unemployed Persons（person）	8400
三、综合经济（万元）	**Comprehensive Economy(10000 yuan)**	
公共财政支出	Public Finance Expenditure	2302612
文化体育与传媒支出	Cultural Sports and Media Expenses	52609
城乡社区事务支出	Urban and Rural Community Affairs	232433

continued

	白山市 Baishan		松原市 Songyuan		白城市 Baicheng	
市区 District	全市 Total	市区 District	全市 Total	市区 District	全市 Total	市区 District
746	17505	2736	21089	1250	25759	2578
18	33	20	31	16	43	12
4	4	2	8	4	8	3
5	8	6	11	7	21	12
	697000		134100		252600	
	91.67		112.34		84.84	
15.02	17.83	9.66	26.06	11.39	20.77	9.51
0.01	1.96	0.44	2.05	0.07	2.29	0.84
10.48	6.98	4.62	11.88	6.83	4.46	2.07
0.06	2.83	2.53	5.00	4.80	0.04	0.00
9.23	2.48	1.02	4.31	1.17	2.44	1.11
0.37	0.70	0.31	0.86	0.15	0.57	0.20
0.82	0.97	0.77	1.72	0.71	1.41	0.76
4.53	8.89	4.59	12.12	4.50	14.02	6.60
0.31	0.32	0.22	0.70	0.31	0.66	0.39
0.35	0.38	0.25	0.66	0.16	0.53	0.13
0.05	0.06	0.05	0.22	0.06	0.12	0.07
0.28	0.24	0.20	0.30	0.27	0.30	0.17
0.60	0.61	0.43	0.78	0.45	0.89	0.52
0.19	0.16	0.10	0.25	0.10	0.22	0.11
0.11	0.50	0.28	0.15	0.08	0.15	0.07
0.13	0.20	0.12	0.30	0.09	0.57	0.43
0.14	0.28	0.20	0.63	0.29	1.06	0.41
0.11	0.03	0.02	0.12	0.10	0.42	0.40
0.68	1.70	0.70	3.15	0.86	3.32	1.45
0.48	0.89	0.44	1.40	0.39	1.48	0.72
0.11	0.27	0.07	0.20	0.10	0.15	0.07
1.02	3.25	1.50	3.27	1.22	4.15	1.66
99009	288902	121091	351655	104018	192491	83526
2610	12365	6842	12940	5560	13006	4607
695870	1575478	651358	1829262	627147	2030517	637078
24324	25013	9064	29417	8350	32363	7080
70962	190988	70946	147704	89253	145416	73085

指 标	Item	通化市 Tonghua 全市 Total
交通运输支出	Transportation Expenses	73741
住房保障支出	Housing Security Expenses	138476
三、金融（万元）	**Finance（10000 yuan）**	
年末金融机构各项存款余额	The end of the Financial Institutions of the Deposit Balance	10403324
其中：居民储蓄存款余额	Savings Deposits	7212460
年末金融机构各项贷款余额	The end of the Financial Institutions of the Loan Balance	6616889
(四)保险	Insurance	
保费收入	Premium Income	336458
其中：财产险	Property Insurance	64690
人身险	Personal Insurance	271768
赔款、给付	Indemnity	72321
其中：财产险	Property Insurance	27760
人身险	Personal Insurance	44561
四、工业	**Industry**	
规模以上工业法人企业	Above scale Industrial Corporation	
（一）企业个数（个）	Industrial Enterprises（unit）	596
(1)内资企业	Domestic Investment Enterprises	574
其中：国有企业	State-owned Enterprises	7
私营企业	Private Enterprises	258
(2)港、澳、台商投资企业	Investment Hong Kong, Macao and Taiwan	5
(3)外商投资企业	Foreign Investment	17
(二)工业总产值(当年价)（万元）	Industrial Output Value (10000 yuan)	21450859
(1)内资企业	Domestic Investment Enterprises	20231772
其中：国有企业	State-owned Enterprises	46242
私营企业	Private Enterprises	6080630
(2)港、澳、台商投资企业	Investment Hong Kong, Macao and Taiwan	363204
(3)外商投资企业	Foreign Investment	855883
五、交通运输、通讯与能源	**Transport,Post,Telecommunication and Power**	
(一)交通运输	Transport	
铁路旅客运量（万人）	Railway passenger Traffic(10000 persons)	319
铁路货物运量（万吨）	Railway Faeight Traffic(10000 tons)	601
公路客运量（全社会）（万人）	Highway Passenger Traffic (Whole Society)(10000 persons)	2673
公路货运量（全社会）（万吨）	Highway Freight Traffic (Whole Socieyt)(10000 tons)	2084
水运客运量（全社会）（万人）	Waterway Passenger Traffic (Whole Society)(10000 persons)	24.90
水运货运量（全社会）（万吨）	Waterway Freight (Whole Society)(10000 tons)	
民用航空客运量（万人）	Civil Aviation Passenger Traffic(10000 persons)	4
民用航空货邮运量（吨）	Civil Aviation Cargo Traffic(ton)	249
沿海港口货物吞吐量(规模以上)(万吨)	Coastal Port Cargo Throughput (Above Scale)(10000 tons)	
内河港口货物吞吐量(规模以上)(万吨)	Inland Port Cargo Throughput (Above Scale)(10000 tons)	
公路里程（公里）	Highway Mileage(km)	7100
境内高速公路里程（公里）	Domestic Highway Mileage(km)	314
(二)邮电通信	Post and Telecommunications	
年末邮政局(所)数（处）	Post Year-end Number(unit)	114

continued

	白山市 Baishan		松原市 Songyuan		白城市 Baicheng	
市区 District	全市 Total	市区 District	全市 Total	市区 District	全市 Total	市区 District
27028	61830	26414	92955	35358	93479	18824
56097	117142	63252	52415	24321	95426	33926
3661680	6217593	3134578	9355695	3706381	6498640	2644298
2192458	4159864	2127985	5903139	2385838	3839214	1619016
2507276	4280433	2696118	8090108	2037960	6059946	1909294
	251541		289064		194505	
	37054		77216		49859	
	214487		211848		144646	
	53966		81312		43760	
	16673		39882		20327	
	37293		41430		23433	
138	382	133	615	166	321	103
134	364	129	607	161	302	96
2	1		8	2	1	1
20	140	27	250	37	97	25
1	6	1	3	1	5	3
3	12	3	5	4	14	4
9933905	14073646	6110781	20823379	6085885	6596518	1935057
9791579	13158068	5918778	20484343	5825892	5673000	1223329
9439	30698		233627	34412	346	346
388166	5121331	1423229	7405484	1323699	1858296	295943
108731	419815	97053	51748	3267	52405	25690
33595	495763	94950	287288	256726	871113	686038
	145		356		431	
	110		150		220	
	1852		3020		1581	
	1009		5811		1446	
	9.25		14.50		1.07	
			91		26	
	25					
	1720					
					12	
	6753		12269		10392	
	140		366		219	
19	62	9	96	38	87	20

19－1 续表 8

指 标	Item	通化市 Tonghua 全市 Total
邮政业务收入（万元）	Postal Revenue (10000 yuan)	34442
电信业务收入（万元）	Telecom Business Revenue(10000 yuan)	120237
固定电话年末用户数（万户）	Fixed Telepbone end of the year(10000 subscribers)	53.00
移动电话年末用户数（万户）	Mobile Phone Users of the year(10000 subscribers)	185.00
其中：3G移动电话用户	3G Mobile Phone Users	94.06
互联网宽带接入用户数（万户）	Internet Broadband Access Users(10000 subscribers)	34.63
(三)能源电力	Energy Power	
综合能源消费量（万吨标准煤）	Comprehensive Energy Consumption(10000 tons of SCE)	624
全社会用电量（万千瓦时）	Total Electricity Consumption(million kw.h)	508203
其中：工业用电	Industrial Electricity	351831
城乡居民生活用电	Urban and Rural Residents Electricity Consamption	83358
六、贸易、外经与旅游	**Trade, Foreign Economic and Tourism**	
(一)贸易	Trade	
限额以上批发零售贸易业商品销售总额（万元)	Total Sales for Whole Sale and Tetail Trades Above Quota(10000 yuan)	3029156
限额以上批发零售企业数（法人数)(个）	Wholesale and Retail Trades Corporation Units Above Quota(unit)	189
其中：零售业	Retail Trades	131
限额以上批发零售贸易业企业财务	Wholesale and Retail Trade Corporate Finanle Above Quota	
年末从业人数（万人）	Number of Employment(10000 persons)	1.00
流动资产合计（万元）	Total Circulating Funds (10000 yuan)	922286
固定资产合计（万元）	Total Fixed Assets(10000 yuan)	247372
主营业务收入（万元）	Revenue From Principal Business(10000 yuan)	2987159
主营业务成本（万元）	Cost of Principal Business(10000 yuan)	2637918
主营业务税金及附加（万元）	Tax and Extra Charyes on Principal Business(10000 yuan)	51615
本年应交增值税（万元）	Value-Added Tax Payable(10000 yuan)	42845
利润总额（万元）	Total Pofit(10000 yuan)	71407
(二)外经	Foreign Economic	
货物进口额（海关数)（万美元）	Total Imports (Castoms Number)(USD10000)	38000
货物出口额（海关数）（万美元）	Total Exports (Castoms Number)(USD10000)	25094
外商直接投资合同项目（个）	Direct Foreign Investment(unit)	3
当年实际使用外资额（万美元）	Total Amount of Foreign Capital Actually Used(USD10000)	43085
(三)旅游	Tourism	
入境游客人数（含一日游游客）（人）	Number of International Tourists (One Day Visitors)(persons)	199018
其中：外国人	Forigners	196789
港、澳、台同胞	Compatriots from Hong Kong, Macao and Taiwan	2229
国际旅游（外汇）收入（万美元）	Foreign Exchange Earnings from Tourism(USD10000)	4356
七、固定资产投资	**Fixed Asset Investment**	
(一)固定资产投资	Fixed Asset Investment	
固定资产投资（不含农户）（万元）	Fixed Asset Investment(10000 yuan)	9640251
其中：房地产开发投资	Real Estate Development adn Investment	632000
全年新增固定资产（万元）	Total New Fixed Investment(10000 yuan)	7371895
(二)房地产	Real Estate	
商品房销售面积（万平方米）	Commercial Housing Sales Area(10000sq.m)	148.96
其中：住宅	Residence	115.17
其中：别墅、高档公寓	Vila,Apartments	
商品房销售额（万元）	Commercial Sales (10000yuan)	570427
其中：住宅	Residence	383094
其中：别墅、高档公寓	Vila,Apartments	
待售面积（万平方米）	Pending Sales Area(10000sq.m)	214.25
八、教育、科技、文化与卫生	**Education, Science and Technology, Culture and Health**	

continued

	白山市 Baishan		松原市 Songyuan		白城市 Baicheng	
市区 District	全市 Total	市区 District	全市 Total	市区 District	全市 Total	市区 District
	23691		23336		19500	
	70591		135536		100400	
	38.21		38.33		36.69	
	111.90		263.16		176.24	
	59.97		95.88		90.53	
	20.40		29.46		26.74	
	309		324		152	
198210	339481	206191	516406	356643	399511	
148861	229607	155608	324428	268416	233084	
30842	58079	27851	85586	31124	79048	
1931172	591802	479022	2187451	888921	1259004	1062735
70	53	25	81	28	50	17
52	48	22	62	21	31	11
	0.43	0.26	0.55	0.32	0.37	0.22
524644	108585	66093	1391837	231993	1086116	157842
132878	88316	71893	174182	134475	111688	73581
1880771	523069	413657	2176545	884599	1249700	1052422
1612576	462487	369498	1996449	805576	1154560	968079
42971	12399	10902	19848	18217	15145	15038
36303	25303	25113	13706	10057	9454	9346
50867	11525	2408	83957	10913	11997	8840
	8562		204		3144	
	21755		14068		9180	
	3		3	1	8	5
14137	26840	7387	35108	4500	15907	10427
	48044		24800		15073	
	39369		12207		7727	
	8675		12593		7346	
	2122		1270		429	
1919501	6314605	2709264	12864514	4424241	6599440	1581601
165631	145226	66131	502647	308016	275879	228198
1220183	5875634	2644035	11807768	3493535	5223140	1037620
55.53	18.37	8.71	55.01	22.89	14.83	0.52
39.62	15.79	7.71	48.23	21.22	11.36	0.39
	0.12	0.12	0.32	0.32	0.21	0.21
229047	50159	28019	232794	108809	33340	3117
137997	40175	22778	187120	98882	20834	2198
	401	401	1884	1884	1431	1431
99.8	105.81	56.26	130.56	96.63	9.85	3.80

指 标	Item	通化市 Tonghua 全市 Total
(一)教育	Education	
普通高等学校数（所）	Regular Institutions of Higher Education(unit)	1
普通高等学校专任教师数（人）	The Number of Full-time Teachers in Higher Education(person)	802
普通高等学校在校学生数（人）	The Number of Student Enrollment in Higher Education(person)	12598
(二)科技	Science and Technology	
专利申请受理量（项）	Number of Patents Application Accepted (Item)	436
专利申请授权量（项）	Number of Patents Application Granted(Item)	275
其中：发明	Imention	62
(三)文化	Cultare	
体育场馆数（个）	Stadium Number(unit)	9
剧场、影剧院数（个）	Theater Number(unit)	1
公共图书馆图书总藏量（千册）	Total Storage Quantity of Public Library Books(1000 Volume)	884
订销报刊杂志累计份数（千份）	Total Number of Copies of the Magazine(1000 Volume)	24731
广播节目综合人口覆盖率（%）	Radio Program Comprehensive Population Coverage(%)	98.82
电视节目综合人口覆盖率（%）	TV Program Comprehensive Coverage(%)	99.22
有线电视入户率（%）	Cable TV Households(%)	69.16
(四)卫生	Health	
医院、卫生院床位数(张)	Hospital Beds（bed）	12257
医生数（执业医师+执业助理医师）(人)	Doctors (Practicing Doctors + Practicing Assistant Doctors)（person）	5728
九、人民生活	**People´s Live**	
(一)居民收支（元）	Residents Income and Expenditure(yuan)	
工资性收入	Wage Income	
经营净收入	Operating Income	
财产净收入	Property Income	
转移净收入	Transfer Income	
城镇居民人均可支配收入	Disposable Incomr	
城镇居民人均消费支出	Percapite Consumption	
其中：(1)食品烟酒	Food Alcohol and Tobacco	
(2)衣着	Clothing	
(3)居住	Live	
(4)生活用品及服务	Daily Necessities and Services	
(5)交通和通信	Communications and transportation	
(6)教育、文化和娱乐	Education, culture and Entertainment	
(7)医疗保健	Medical Care	
(8)其他用品及服务	Others	

continued

市区 District	白山市 Baishan 全市 Total	白山市 Baishan 市区 District	松原市 Songyuan 全市 Total	松原市 Songyuan 市区 District	白城市 Baicheng 全市 Total	白城市 Baicheng 市区 District
1	1	1	1	1	3	3
802	250	250	507	507	1086	1086
12598	1516	1516	2890	2890	19800	19800
	215		371		262	
	105		201		161	
	17		17		17	
3	7	2	7	3	12	6
	2	1	1	1	4	2
333	845	236	773	292	521	274
8659	19332	9121	24097	12533	15556	5850
98.04	88.80	90.30	98.14	99.21	99.27	100.00
99.95	95.30	94.00	98.94	99.00	99.94	100.00
92.21	78.30	71.30	46.74	63.29	40.34	54.66
4224	7781	4307	8450	3386	7042	2758
1532	3482	1655	5440	1914	4555	1553
15629		19605		20296		20054
3828		2113		2673		2727
1611		1299		1617		928
7362		5404		4364		2965
28430		28420		28950		26674
19807		18920		21159		18577
6182		5294		4800		4586
2323		2746		2469		1917
3538		3121		3998		3255
1010		1042		1295		1015
2032		2011		2764		3145
1969		1675		2257		2056
1869		2484		2823		1985
583		546		753		617

指 标	Item	通化市 Tonghua 全市 Total
(二)居民生活	Resident Life	
每百户居民家庭拥有量	Per 100 Households Own Volume	
(1)家用汽车（辆）	Home Car(Coach)	
(2)消毒碗柜（台）	Disinfection Cabinet(unit)	
(3)洗碗机（台）	Dishwasher(unit)	
(4)固定电话（部）	Telephone(set)	
(5)移动电话（部）	Mobile Phone(set)	
其中：接入互联网	Access to the Internet	
(6)计算机（台）	Computer(unit)	
其中：接入互联网	Access to the Internet	
(7)电冰箱(柜)（台）	Refrigerabor(unit)	
(8)彩色电视机（台）	Color TV sets(unit)	
(9)中高档乐器（架）	Middle Grade Musical Instrument(set)	
(10)照相机（架）	Camera(set)	
(11)摄像机（架）	Video Camera(set)	
(12)洗衣机（台）	Washing Machine(unit)	
城镇居民人均住房建筑面积（平方米）	Urban Residents Per Capita Housing Construction Area(sq.m)	
十、社会保障	**Social Security**	
城镇职工基本养老保险参保人数（人）	Town Workers Basic Endowment Insurance Insured Number (person)	546989
城镇居民社会养老保险参保人数（人）	Town Residents Society Endowment Insurance Insured Number (person)	291803
城镇职工基本医疗保险参保人数（人）	Town Workers Basic Health Care Insurance Insured Number (person)	1154812
城镇居民基本医疗保险参保人数（人）	Town Residats Basic Health Care Insurance Insured Number (person)	671245
失业保险参保人数（人）	Unemployment Insurance(person)	145076
工伤保险参保人数（人）	Number of Insurance for Work-Related Injury Insurance(person)	305289
生育保险参保人数（人）	Number of Maternity Insurance(person)	273973
社会福利院数（个）	Social Welfare Institute(unit)	161
社会福利院床位数（张）	Social Welfare Institute(unit)	8751
社区服务设施数（个）	Community Service Facilities(unit)	100
城市社区综合服务设施覆盖率（%）	Coverage of Urban Community Service Facilities(%)	100.00
城市居民最低生活保障人数（人）	Urban Residents Minimum Living Security(person)	69926
十一、公共管理	**Public Management**	
(一)事故	Accident	
交通事故死亡人数（人）	Traffic Accident Death Toll(person)	81
交通事故损失额（万元）	Traffic Accident Loss(10000 yuan)	72
火灾事故死亡人数（人）	Death Toll from Fire Accident(person)	
火灾事故损失额（万元）	Fire Accident Loss(10000 yuan)	532

continued

	白山市 Baishan		松原市 Songyuan		白城市 Baicheng	
市区 District	全市 Total	市区 District	全市 Total	市区 District	全市 Total	市区 District
7		12		36		21
1				4		2
				3		
59		42		50		17
197		221		251		221
39		77		78		146
63		76		90		72
62		75		81		64
89		99		102		97
110		102		104		100
9		3		6		2
24		21		27		19
3		7		13		3
99		101		100		97
29		26		30		36
231922	214729	97716	353637	184604	175786	70399
132518	175449	67591	129442	57518	472839	71502
15854	429263	229227	404043	222891	372167	134207
238749	539031	287131	502000	19908	298042	166200
76391	115442	50300	161635	100579	109359	50655
166178	295011	153664	345470	209073	246690	63000
111646	235234	129009	315144	134402	280310	64060
66	48	29	140	66	80	16
1094	3761	2422	6118	3367	5781	959
46	85	52	104	60	411	246
100.00	100.00	100.00	100.00	100.00	100.00	100.00
20597	92603	44731	52067	23192	69767	22414
13	77	46	60	17	34	8
5	41	18	36	15	25	12
43	410	201	280	111	777	508

指　　标	Item	通化市 Tonghua
		全市 Total
(二)社会治安		
刑事案件立案数（起）	Criminal Case Filing Number(unit)	2186
罪犯人数（人）	Crime(person)	2482
其中：青少年人数(年龄14-25周岁)	Number of Teenagers (Age 14-25 years old)	149
十二、市政公用事业	**Municipal Utility**	
(一)基础设施	Infrastructure	
城市维护建设资金支出（万元）	City Maintenance and Construction Fund(10000 yuan)	121200
售水量（万吨）	The Sale of Water(10000 tons)	9615
供气总量(人工煤气、天然气)（万立方米）	Total Gas Supply (Artificial Gas, Natural Gas)(10000 cu.m)	
其中：家庭用量	Family Dosage	
用气人口（万人）	Gas Population(10000 person)	
液化石油气供气总量（吨）	Liquefied Petroleum Gas Supply(ton)	
其中：家庭用量	Family Dosage	
用液化气人口（万人）	Liquefied Gas Population(10000 person)	
(二)公共交通	Public Transportation	
年末实有公共汽(电)车营运车辆数（辆）	The end of the year Number of Bus operatin Vehicles	
全年公共汽(电)车客运总量（万人次）	Total Passenger Traffic(10000 person-times)	
年末实有出租汽车数（辆）	Taxi Nubmer at the end of the Year(coach)	
轨道交通线路长度（公里）	Rail Transit Line Length(km)	
轨道交通客运总量（万人次）	Total Rail Transit Passenger(10000 person-times)	
十三、环境保护	**Environmental Protection**	
工业废气排放量（万立方米）	Industrial Emissions(10000 cu.m)	22872273
工业二氧化硫产生量（吨）	Industrial Sulfur Dioxide Production(ton)	58489
工业氮氧化物产生量（吨）	Industrial Nitrogen Oxide(ton)	34866
工业烟（粉）尘产生量（吨）	Industrial Soot Production(ton)	1430439
工业重金属产生量（吨）	Industrial Heavy Metal Production(ton)	
工业重金属排放量（吨）	Industrial Heavy Metal Emissions(ton)	
一般工业固体废物综合利用率（%)	General Industrial Solid Waste Comprehensive Utilization(%)	88.89
污水处理率(%)	Sewage Treatment Rate(%)	89.80
污水处理厂集中处理率(%)	Centralized Treatment Rate of Sewage Treatment Plant(%)	89.80
生活垃圾无害化处理率(%)	Living Garbage Harmless Treatment Rate(%)	97.82
空气质量达到及好于二级的天数(天）	Air Auality to Reach and Better Second Level(day)	278

continued

	白山市 Baishan		松原市 Songyuan		白城市 Baicheng	
市区 District	全市 Total	市区 District	全市 Total	市区 District	全市 Total	市区 District
560	952	382	2046	597	1074	316
500	1313	579	2469	518	1517	423
4	59	5	95	67	191	75
29346	74816	49088	31792	6449	152055	114056
2747	5513	2990	11918	4779	3002	1640
3752		498		8030		2201
2575		240		2204		200
41		10		34		6
2037		4215		6434		5004
1300		3585		6434		5000
5		23		14		21
398		338		546		234
7780		3442		9360		2300
1503		1402		2177		1815
	3789875		6158853		5425405.33	
	79327		42728		37714	
	22439		23121		21245	
	1254067		721348		729702	
					2	
	46.56		99.39		70.40	
	79.32		95.90		80.03	
	79.32		95.90		80.03	
	26.99		95.75		84.51	
	265		290		284	

19-2 各市县生产总值（2015年）

单位:万元

市、县 City, County		各市县生产总值 Gross Domestic Product by City and County	农林牧渔业 Agriculture forestry animal husbandry and fishery	工业 Industry	建筑业 Construction	批发和零售业 Wholesale and Retail Trades	交通运输仓储及邮政业 Transport, Storage and Post	住宿和餐饮业 Hotels and Catering Services	信息传输、计算机服务、和软件业 Information Transmission, Computer Services and Software	金融业 Financial Industry
长春市	**Changchun**	**55300345**	**3516371**	**23563187**	**4256186**	**5510846**	**2615071**	**1076209**	**1751784**	**2372720**
榆树市	Yushu	4055378	1068342	729178	342660	334958	549327	83128	29627	67117
德惠市	Dehui	4050499	733003	1251046	347006	308026	249988	33992	24440	26570
农安县	Nong' an	4055037	977949	844699	357297	325822	304539	95947	28425	273595
吉林市	**Jilin**	**23941860**	**2639515**	**9476809**	**1439420**	**1931133**	**1649640**	**557041**	**580418**	**851262**
桦甸市	Huadian	2556656	449196	1275357	105595	140011	118723	44077	37423	25557
蛟河市	Jiaohe	1968643	378335	782476	149129	116688	137268	50348	19622	40270
磐石市	Panshi	2448576	491405	858822	172780	158929	282249	57377	20254	76232
舒兰市	Shulan	1953201	572150	495023	109325	194662	127871	27273	22612	73304
永吉县	Yongji	1029548	214676	299802	118184	73574	77896	18989	6519	21893
四平市	**Siping**	**12332487**	**3266429**	**5002028**	**355782**	**713387**	**491073**	**351490**	**270153**	**283295**
公主岭市	Gongzhuling	4431017	1068029	1642397	161474	282556	250757	30108	103374	97549
梨树县	Lishu	2330043	972437	686256	12720	96868	144628	47124	45172	8515
伊通满族自治县	Yitong	1672525	559693	537010	55900	152327	93232	22974	9737	23554
双辽市	Shuangliao	1693881	472522	795617	17400	88750	84245	33988	20104	7537
辽源市	**Liaoyuan**	**7266404**	**613912**	**3892435**	**298146**	**532641**	**294248**	**175006**	**124357**	**210360**
东丰县	Dongfeng	1901098	343747	990366	31055	165148	90360	61579	21745	62890
东辽县	Dongliao	1504009	231053	884665	34416	47853	68347	17399	54728	50333
通化市	**Tonghua**	**10012129**	**986127**	**4537546**	**582497**	**1107834**	**608694**	**186628**	**230116**	**253486**
梅河口市	Meihekou	3254232	276298	1373140	219696	336750	188001	128140	58764	78603
集安市	Ji' an	1020839	98285	366409	59580	123996	132355	29913	27912	57597
通化县	Tonghua	1319308	97166	641696	74998	52942	47406	36162	31460	17986
辉南县	Huinan	1010039	200054	290801	138470	113488	54947	35062	13226	22426
柳河县	Liuhe	935132	201811	407897	29299	41027	34449	13114	8354	53276

注：各市县相加不等于地区数。
Note: The sum of data by city and county is not equal to the region.

Gross Domestic Product by City and County (2015)

unit:10000 yuan

房地产业 Real Estate	租赁和商务服务业 Leasing and Business Services	科学研究、技术服务和地质勘查业 Scientific Research Technical Services and Geological Prospecting	水利、环境和公共设施管理业 Management of Water Conservancy、Environment and Public Facilities	居民服务和其他服务业 Resident Services and Other Services	教育 Education	卫生和社会工作 Health and Social Work	文化、体育和娱乐业 Culture, Sports and Entertainment	公共管理、社会保障和社会组织 Public Management Social Security and Social Organization	第一产业 Primary Industry	第二产业 Secondary Industry	第三产业 Tertiary Industry	人均生产总值（元） Per Capita CDP(yuan)
1274492	**2165149**	**909997**	**198696**	**1167444**	**2013672**	**797276**	**723189**	**1388056**	**3432410**	**27709805**	**24158130**	**73324**
68714	37034	24495	30375	70848	146975	117580	184526	170494	1049965	1071523	1933890	34795
59713	2673	3587	2621	914610	34706	9907	19048	29563	715515	1598052	1736932	43270
76135	1290	4673	9993	369457	159389	122104	22455	81268	949828	1201996	1903213	35154
1123537	**502254**	**225540**	**99098**	**475374**	**950232**	**683541**	**161611**	**595435**	**2525626**	**10875208**	**10541026**	**56076**
64918	38696	6932	5549	50773	52585	40608	38764	61892	435216	1375850	745590	57551
58322	6991	4757	10117	47775	56382	33996	16472	59695	365640	928569	674434	44567
72821	32382	6048	4858	45321	80612	23851	9413	55222	468648	1020975	958953	48487
89008	16424	5289	8311	59731	55707	36247	10454	49810	548996	604348	799857	30485
43558	5520	3036	5646	24585	59553	19732	2268	34117	201074	417986	410488	30325
284228	**80145**	**73078**	**58211**	**161368**	**299845**	**295000**	**75745**	**271230**	**3172812**	**5344789**	**3814886**	**37714**
186097	64270	32642	22409	125361	130526	79653	73288	80527	1026614	1803871	1600532	42180
60939	8157	12127	17741	48299	51390	49258	11987	56425	947299	693486	689258	33358
60622	8235	10928	12259	41276	37580	18094	9931	19173	546363	592480	533682	36681
27383	8781	7541	5996	32510	33681	21982	2912	32932	463622	811152	419107	45781
220647	**60806**	**9507**	**8021**	**310857**	**122363**	**68030**	**47588**	**277480**	**608977**	**4172876**	**2484551**	**59855**
35877	1485	1799	2050	10122	18551	10891	9182	44251	342564	1019910	538624	47527
20816	867	1673	2166	3972	31550	16782	4125	33264	228125	916798	359086	43632
381572	**211518**	**51195**	**23752**	**119517**	**221760**	**131221**	**54329**	**324337**	**924120**	**5120043**	**3967966**	**45171**
112235	25377	22348	13716	65634	115665	57524	44517	137824	253240	1592836	1408156	54432
31973	3952	1611	2742	15253	23663	11750	12445	21403	95825	425989	499025	47087
25704	40898	26872	35270	29887	45345	52063	55054	8399	96589	715090	507629	54971
60119	8169	6135	2789	10892	13943	12752	6613	20153	185812	429268	394959	29533
33800	5803	348	2530	14703	21531	25927	11941	29322	186675	437196	311261	25411

单位: 万元

19－2 续表

市、县 City, County		各市县生产总值 Gross Domestic Product by City and County	农林牧渔业 Agriculture forestry animal husbandry and fishery	工业 Industry	建筑业 Construction	批发和零售业 Wholesale and Retail Trades	交通运输仓储及邮政业 Transport, Storage and Post	住宿和餐饮业 Hotels and Catering Services	信息传输、计算机服务、和软件业 Information Transmission, Computer Services and Software	金融业 Financial Industry
白山市	**Baishan**	**6685521**	**630389**	**3591786**	**199354**	**460802**	**272523**	**249819**	**111219**	**245673**
临江市	Linjiang	978651	82413	521012	7979	31674	46913	30891	7747	10085
抚松县	Fusong	1769861	236871	867788	20137	141912	66517	107558	14242	43957
靖宇县	Jingyu	686994	75280	378022	11621	38479	25739	24223	4307	3577
长白朝鲜族自治县	Changbai	386747	50738	179996	8053	13998	16510	14001	11560	10045
松原市	**Songyuan**	**16373003**	**2917565**	**6484461**	**956438**	**1422839**	**991944**	**476293**	**251431**	**380280**
长岭县	Changling	3001048	813535	1060194	72800	262663	168769	60824	42824	56983
前郭尔罗斯蒙古族自治县	Qianguo	3382243	806603	1106758	104254	336410	199419	144059	53749	95718
乾安县	Qian' an	1980347	249800	1140956	79157	119135	85005	32903	23525	29388
扶余市	Fuyu	3575094	856271	1233082	96253	354909	352785	81096	56938	82770
白城市	**Baicheng**	**6996822**	**1218937**	**3031075**	**154890**	**496110**	**221067**	**145046**	**160636**	**216942**
洮南市	Taonan	1395378	284341	538590	92438	88391	65543	14585	39086	30845
大安市	Da' an	1418453	204215	778945	23000	51020	38800	10778	25195	23617
镇赉县	Zhenlai	1355421	282698	605156	11000	66951	17853	34200	25520	34558
通榆县	Tongyu	1198485	221099	415117	5446	69678	41136	46041	35186	25518
延边朝鲜族自治州	**Yanbian**	**8588402**	**765619**	**3880347**	**374499**	**967028**	**417882**	**224094**	**121927**	**310377**
延吉市	Yanji	3094730	58306	1176680	111708	384156	236084	160118	123231	120289
图们市	Tumen	437406	18595	216844	31766	29984	16900	10007	7194	25532
敦化市	Dunhua	1760678	316928	760468	71147	204204	42522	52145	15699	57160
龙井市	Longjing	389718	49406	119909	31038	21372	15693	10115	8603	20471
珲春市	Hunchun	1412608	58351	939223	57869	58742	66290	26112	14022	15237
和龙市	Helong	556015	64263	303737	32345	10854	27823	7757	6763	25457
汪清县	Wangqing	664733	119213	262138	48762	38286	15945	13799	11619	32005
安图县	Antu	682493	80503	199153	37048	48810	42552	17545	7856	24638

continued

unit: 10000 yuan

房地产业 Real Estate	租赁和商务服务业 Leasing and Business Services	科学研究、技术服务和地质勘查业 Scientific Research Technical Services and Geological Prospecting	水利、环境和公共设施管理业 Management of Water Conservancy、Environment and Public Facilities	居民服务和其他服务业 Resident Services and Other Services	教育 Education	卫生和社会工作 Health and Social Work	文化、体育和娱乐业 Culture, Sports and Entertainment	公共管理、社会保障和社会组织 Public Management Social Security and Social Organization	第一产业 Primary Industry	第二产业 Secondary Industry	第三产业 Tertiary Industry	人均生产总值（元） Per Capita CDP(yuan)
137417	**156557**	**16774**	**18849**	**106648**	**150044**	**129647**	**54034**	**153986**	**624005**	**3791140**	**2270376**	**53136**
20844	1940	8062	8558	107315	40270	28694	11948	12306	82071	528991	367589	58990
88868	7985	3673	25282	42392	31479	15430	10227	45543	235091	887925	646845	59193
13644	2226	5501	2017	14147	20010	13659	3053	51489	73928	389643	223423	49071
9778	3497	2939	3687	3582	14080	7729	5299	31255	50438	185533	150776	47452
400034	**155422**	**85239**	**45494**	**458947**	**411335**	**242194**	**79298**	**613789**	**2850136**	**7216246**	**6306621**	**58841**
76811	34204	16061	11177	80494	69277	38198	11365	124869	803515	1132994	1064539	47201
90813	43359	23452	18834	90953	90118	55217	22364	100163	782727	1176258	1423258	58516
33703	21195	2250	6475	37541	33009	19600	5852	60853	243100	1220113	517134	71986
97157	11117	9257	4698	74629	84847	49678	3862	125745	834495	1324711	1415888	49318
356889	**96177**	**25049**	**226358**	**109885**	**119318**	**114578**	**91210**	**212655**	**1181450**	**3185965**	**2629407**	**35571**
54225	24058	2335	4898	30138	35638	29436	4487	56344	266947	631028	497403	32610
29425	72259	1499	3197	31534	27274	23279	29474	44942	200809	801945	415699	35631
62533	28824	8000	4646	33257	42906	21534	5373	70412	281986	616156	457279	49333
64646	36844	2292	16880	35678	58115	24486	14095	86228	219593	420563	558329	32835
291449	**161037**	**58599**	**22261**	**116012**	**278126**	**156716**	**60484**	**381945**	**752497**	**4254846**	**3581059**	**40118**
114741	93790	50954	14259	58718	119720	86912	53708	131356	55417	1288388	1750925	57455
18596	1090	848	1735	12146	12780	7995	1838	23556	18427	248610	170369	36511
53911	4539	4542	5944	13075	48245	31612	9270	69267	311491	831615	617572	37330
15826	5673	4287	2284	3630	31590	21760	3430	24631	48876	150947	189895	23534
50423	5791	5354	6094	16893	27123	6346	4387	54351	57489	997092	358027	62639
10941	2355	1370	2990	3571	19822	7930	2197	25840	63242	336082	156691	30695
23136	8206	1907	3398	2658	29479	14090	12586	27506	118253	310900	235580	29015
35662	69173	4465	4811	4353	25878	11884	2986	65176	79288	236201	367004	33003

19－3 各市县生产总值指数（2015年）

单位：%

市、县	City，County	各市县生产总值 Gross Domestic Product by City and County	农林牧渔业 Agriculture forestry animal husbandry and fishery	工业 Industry	建筑业 Construction	批发和零售业 Wholesale and Retail Trades	交通运输仓储及邮政业 Transport, Storage and Post	住宿和餐饮业 Hotels and Catering Services	信息传输、计算机服务、和软件业 Information Transmission, Computer Services and Software	金融业 Financial Industry
长春市	**Changchun**	**106.5**	**104.9**	**103.4**	**108.0**	**107.7**	**102.1**	**109.1**	**112.3**	**118.6**
榆树市	Yushu	106.0	104.9	105.6	107.1	108.6	95.9	107.8	126.4	129.6
德惠市	Dehiu	107.0	105.9	111.3	85.2	104.6	103.3	103.8	115.9	112.8
农安县	Nong' an	107.8	104.5	108.7	102.6	108.2	103.8	107.2	106.8	130.3
吉林市	**Jilin**	**106.4**	**104.8**	**106.2**	**108.8**	**105.4**	**102.8**	**108.5**	**109.1**	**120.5**
桦甸市	Huadian	104.6	105.2	103.9	107.6	105.5	100.3	111.4	92.7	114.8
蛟河市	Jiaohe	107.7	105.2	107.9	114.3	105.6	101.9	105.9	113.5	113.7
磐石市	Panshi	105.1	105.0	105.9	103.7	106.1	102.1	107.0	95.1	113.0
舒兰市	Shulan	108.1	105.3	111.7	118.0	105.2	101.4	108.0	107.6	123.6
永吉县	Yongji	105.8	105.1	111.9	93.6	105.3	101.1	109.4	111.5	126.4
四平市	**Siping**	**106.4**	**105.1**	**106.3**	**104.6**	**107.1**	**108.2**	**105.4**	**113.0**	**111.4**
公主岭市	Gongzhuling	108.3	105.2	110.9	107.8	111.7	103.5	110.8	108.9	126.1
梨树县	Lishu	107.7	103.3	111.8	125.3	113.6	103.0	110.6	112.0	115.0
伊通满族自治县	Yitong	104.6	106.4	99.2	138.5	111.9	104.4	101.5	107.8	112.5
双辽市	Shuangliao	106.4	106.9	107.5	110.8	87.6	102.4	102.6	106.8	118.3
辽源市	**Liaoyuan**	**107.0**	**105.3**	**108.2**	**86.3**	**106.5**	**108.0**	**109.6**	**104.5**	**110.5**
东丰县	Dongfeng	108.0	110.0	111.9	47.9	106.5	112.1	108.9	111.5	112.8
东辽县	Dongliao	107.3	104.3	109.0	82.7	111.0	107.2	113.0	106.6	108.0
通化市	**Tonghua**	**107.2**	**104.5**	**109.3**	**98.7**	**105.5**	**102.3**	**108.9**	**110.0**	**119.3**
梅河口市	Meihekou	108.3	105.0	111.2	100.6	107.7	100.7	103.5	122.9	118.7
集安市	Ji' an	107.2	103.9	109.3	90.5	105.8	104.5	106.6	109.0	119.3
通化县	Tonghua	107.2	102.3	109.2	93.7	104.2	102.1	102.4	105.6	120.4
辉南县	Huinan	107.5	104.7	110.2	104.5	110.8	102.6	110.9	106.5	108.3
柳河县	Liuhe	106.9	103.7	109.5	90.7	108.3	101.6	90.7	104.0	117.1

Gross Domestic Product and Indices by City and County (2015)

unit: %

房地产业 Real Estate	租赁和商务服务业 Leasing and Business Services	科学研究、技术服务和地质勘查业 Scientific Research Technical Services and Geological Prospecting	水利、环境和公共设施管理业 Management of Water Conservancy、Environment and Public Facilities	居民服务和其他服务业 Resident Services and Other Services	教育 Education	卫生和社会工作 Health and Social Work	文化、体育和娱乐业 Culture, Sports and Entertainment	公共管理、社会保障和社会组织 Public Management Social Security and Social Organization	第一产业 Primary Industry	第二产业 Secondary Industry	第三产业 Tertiary Industry	人均生产总值 Per Capita CDP
104.7	**111.8**	**107.5**	**107.5**	**113.8**	**116.7**	**115.7**	**111.9**	**105.1**	**105.0**	**104.1**	**109.8**	**106.4**
106.3	112.3	105.6	103.6	116.9	108.5	105.3	127.1	105.3	105.0	106.0	106.5	105.8
105.4	114.6	109.2	109.2	114.5	109.1	107.1	116.8	104.9	106.0	104.8	109.8	107.3
105.0	122.6	105.6	107.7	114.7	102.8	102.1	125.8	103.4	104.5	107.0	110.1	107.7
104.7	**106.2**	**91.8**	**106.2**	**108.4**	**111.8**	**116.2**	**113.8**	**95.0**	**105.0**	**106.5**	**106.8**	**106.8**
100.3	86.5	110.5	111.0	92.5	134.7	127.3	114.8	111.1	105.4	104.1	105.2	106.0
102.5	124.0	111.2	117.6	103.1	115.9	116.8	116.4	110.9	105.3	108.8	107.3	108.3
89.9	102.8	93.2	94.4	124.4	114.2	110.0	89.0	104.8	105.4	105.9	103.9	105.1
96.7	107.6	110.3	110.3	107.6	110.3	110.3	107.6	110.3	105.3	112.7	106.3	109.2
96.5	115.6	103.0	113.0	105.9	106.3	108.9	94.3	112.5	105.1	106.3	105.6	106.1
106.4	**112.5**	**104.5**	**102.5**	**111.1**	**106.9**	**107.4**	**106.0**	**108.2**	**105.1**	**106.2**	**107.8**	**106.8**
97.6	114.1	121.0	86.4	114.1	108.1	107.8	114.2	100.5	105.2	110.6	107.7	109.0
106.6	113.4	101.0	111.6	112.0	110.2	114.0	111.1	122.0	103.4	111.9	109.7	112.3
104.5	109.7	106.9	106.9	111.2	106.9	106.9	109.7	106.9	106.0	100.9	108.3	104.9
106.6	106.9	104.0	103.7	104.0	111.1	108.4	100.2	108.5	107.1	107.6	102.4	106.4
109.5	**111.5**	**111.1**	**106.5**	**110.0**	**114.6**	**111.5**	**106.8**	**105.1**	**105.3**	**106.6**	**108.4**	**107.6**
106.8	109.9	114.9	121.2	109.5	116.8	107.6	119.0	104.9	110.0	106.9	108.9	108.0
106.1	110.0	111.4	117.4	110.9	110.4	114.3	107.2	110.8	104.8	107.6	108.5	108.9
103.4	**106.0**	**108.8**	**113.8**	**106.5**	**109.8**	**113.9**	**109.2**	**105.2**	**105.2**	**108.0**	**106.5**	**107.5**
104.2	109.6	103.6	106.0	112.5	104.5	104.8	115.9	106.6	104.9	109.6	107.4	108.3
107.5	124.3	103.6	107.0	113.5	120.0	119.1	113.1	109.5	103.8	106.1	108.8	107.9
105.0	109.0	110.7	111.5	107.2	109.6	110.5	110.0	112.9	102.3	107.2	108.2	107.2
106.3	111.7	105.4	105.6	108.4	109.2	106.0	106.6	108.7	104.6	108.3	107.9	107.8
103.5	109.7	113.0	112.9	109.7	113.0	113.0	109.7	108.5	103.2	108.2	107.5	107.4

单位: %

19 -3 续表

市、县 City, County		各市县生产总值 Gross Domestic Product by City and County	农林牧渔业 Agriculture forestry animal husbandry and fishery	工业 Industry	建筑业 Construction	批发和零售业 Wholesale and Retail Trades	交通运输仓储及邮政业 Transport, Storage and Post	住宿和餐饮业 Hotels and Catering Services	信息传输、计算机服务、和软件业 Information Transmission, Computer Services and Software	金融业 Financial Industry
白山市	**Baishan**	**107.1**	**105.3**	**108.7**	**87.4**	**106.6**	**100.5**	**111.2**	**112.9**	**119.7**
临江市	Linjiang	107.0	105.5	110.2	26.3	108.5	104.3	107.2	127.1	104.1
抚松县	Fusong	107.2	106.0	106.2	72.2	112.4	110.8	110.5	115.0	110.2
靖宇县	Jingyu	107.5	103.6	108.6	101.9	111.0	105.1	108.6	109.7	106.1
长白朝鲜族自治县	Changbai	106.7	98.4	109.9	104.2	106.5	106.4	107.4	106.0	112.7
松原市	**Songyuan**	**106.3**	**105.1**	**106.0**	**102.8**	**106.8**	**102.3**	**108.6**	**118.6**	**125.8**
长岭县	Changling	107.5	105.4	107.4	100.1	106.1	109.6	108.3	109.7	141.8
前郭尔罗斯蒙古族自治县	Qianguo	104.8	105.4	104.5	98.0	105.0	103.8	104.8	137.5	118.6
乾安县	Qian' an	105.2	102.7	104.3	129.0	107.8	101.5	107.0	105.9	126.5
扶余市	Fuyu	104.9	104.9	102.1	114.7	107.2	104.9	106.1	107.4	134.2
白城市	**Baicheng**	**107.3**	**104.5**	**107.3**	**110.3**	**106.9**	**92.9**	**109.7**	**109.3**	**123.4**
洮南市	Taonan	107.6	106.6	108.6	109.9	107.6	108.4	106.9	102.0	109.2
大安市	Da' an	107.8	104.5	109.6	111.8	112.1	99.5	116.7	111.0	107.6
镇赉县	Zhenlai	107.4	104.5	108.7	112.9	111.0	92.3	113.0	108.5	112.7
通榆县	Tongyu	107.3	104.6	107.1	122.0	109.8	103.1	111.2	104.5	123.1
延边朝鲜族自治州	**Yanbian**	**107.0**	**104.7**	**108.5**	**107.7**	**107.6**	**101.4**	**107.2**	**111.1**	**115.3**
延吉市	Yanji	106.9	104.5	104.6	102.9	106.6	109.3	112.6	107.3	114.2
图们市	Tumen	107.0	104.7	107.0	104.8	103.0	103.4	107.4	107.6	107.1
敦化市	Dunhua	107.8	104.4	108.7	114.2	104.4	103.3	111.5	104.8	113.3
龙井市	Longjing	106.8	104.2	106.9	105.0	109.3	107.6	108.1	107.9	108.8
珲春市	Hunchun	108.0	104.3	108.9	93.0	106.1	109.0	113.3	117.0	115.1
和龙市	Helong	106.6	104.7	107.1	109.9	106.7	104.2	112.5	110.1	109.5
汪清县	Wangqing	107.2	104.6	105.7	120.8	108.4	104.5	105.8	109.4	110.0
安图县	Antu	107.1	104.6	108.9	103.9	112.7	106.2	108.8	103.1	119.9

continued

unit: %

房地产业 Real Estate	租赁和商务服务业 Leasing and Business Services	科学研究、技术服务和地质勘查业 Scientific Research Technical Services and Geological Prospecting	水利、环境和公共设施管理业 Management of Water Conservancy、Environment and Public Facilities	居民服务和其他服务业 Resident Services and Other Services	教育 Education	卫生和社会工作 Health and Social Work	文化、体育和娱乐业 Culture, Sports and Entertainment	公共管理、社会保障和社会组织 Public Management Social Security and Social Organization	第一产业 Primary Industry	第二产业 Secondary Industry	第三产业 Tertiary Industry	人均生产总值 Per Capita CDP
85.8	**120.2**	**125.2**	**105.8**	**119.4**	**105.3**	**105.0**	**118.5**	**104.4**	**105.3**	**107.3**	**107.3**	**107.9**
105.1	122.7	112.8	131.9	105.6	104.2	117.0	122.2	112.5	105.5	106.5	108.2	108.0
107.2	113.6	105.1	136.0	106.5	109.9	107.1	113.3	108.2	105.9	104.9	110.9	107.7
97.8	107.9	107.3	107.5	108.7	107.0	106.5	107.2	106.9	103.6	108.4	107.1	107.5
100.4	106.2	105.9	107.2	106.1	107.8	106.2	106.4	105.6	98.4	109.7	106.4	107.6
95.1	**117.7**	**108.2**	**110.5**	**115.1**	**109.1**	**110.8**	**108.9**	**107.7**	**105.1**	**105.6**	**108.0**	**107.3**
105.1	109.7	109.7	109.7	109.7	105.9	110.1	108.5	112.5	105.4	106.8	109.7	107.2
104.4	97.3	85.2	104.1	78.6	102.1	106.8	112.8	114.3	105.4	104.2	105.1	104.4
104.3	109.4	99.3	99.4	109.4	99.4	99.3	109.4	98.4	102.7	105.7	105.1	110.3
106.6	107.4	102.8	102.9	107.3	103.5	102.6	107.4	102.2	105.0	103.0	106.8	94.6
114.1	**109.9**	**106.4**	**107.4**	**110.0**	**106.8**	**108.5**	**108.2**	**107.6**	**104.5**	**107.4**	**108.3**	**108.0**
105.9	103.0	110.8	111.9	103.9	105.7	111.5	106.8	106.8	104.6	108.8	107.8	109.3
95.2	107.4	108.3	115.9	111.6	100.7	101.3	116.9	98.2	104.5	109.6	105.6	109.6
109.0	108.5	103.0	103.0	108.5	103.0	103.0	108.5	103.0	104.5	108.8	106.9	109.6
128.1	101.0	109.0	107.0	102.5	105.0	107.0	103.0	107.0	104.6	107.3	108.6	108.8
97.9	**115.6**	**103.7**	**97.0**	**107.6**	**102.8**	**101.8**	**107.8**	**102.0**	**104.6**	**108.4**	**105.6**	**107.3**
110.3	106.7	107.5	107.6	108.3	108.3	114.2	118.3	105.1	104.6	104.4	109.1	105.8
111.5	107.6	111.9	111.9	107.6	112.1	111.6	107.3	111.8	104.6	106.7	107.6	108.4
109.0	109.6	103.8	104.3	109.6	108.0	105.9	109.8	114.3	104.3	109.2	107.7	108.3
105.5	108.3	105.1	108.2	107.5	107.5	108.3	108.3	107.3	104.2	106.5	107.8	108.6
108.6	103.5	102.5	106.9	105.1	118.4	90.0	108.6	107.6	104.3	107.9	108.9	107.5
85.9	106.0	109.6	110.3	110.3	111.9	105.5	101.5	105.0	104.6	107.3	105.8	108.0
105.5	106.8	103.0	108.5	108.6	109.7	108.8	107.0	107.7	104.6	107.7	107.8	108.7
83.5	107.7	86.6	83.4	110.9	103.4	109.3	117.8	113.7	104.3	108.2	107.0	108.2

19-4 各市县户数和人口数（2015年末）
Households and Population by City and County（end of 2015）

市、县	City, County	总户数（万户）Total Households (10000 households)	按城乡分(万人) Grouped by Urban and Rural (10000 persons) 乡村人口 Rural Population	城镇人口 Urban Population	总人口（万人）Population (10000 persons)	按性别分(万人) Grouped by Sex（10000 Persons）男 Male	女 Female
全 省	**Total**	**1009.87**	**1373.06**	**1289.02**	**2662.08**	**1341.19**	**1320.89**
长春市	**Changchun**	**273.81**	**395.68**	**358.16**	**753.84**	**379.08**	**374.76**
市辖区	City	166.25	138.79	297.32	436.11	216.61	219.50
南关区	Nanguan	26.68	5.55	64.31	69.86	33.99	35.87
宽城区	Kuancheng	25.41	24.84	39.49	64.33	31.95	32.38
朝阳区	Chaoyang	26.41	4.48	67.35	71.83	34.98	36.85
二道区	Erdao	22.34	19.07	38.16	57.23	28.34	28.89
绿园区	Lvyuan	25.63	9.93	55.98	65.91	32.80	33.11
双阳区	Shuangyang	14.41	25.78	11.86	37.64	19.13	18.51
九台区	Jiutai	25.37	49.14	20.17	69.31	35.42	33.89
农安县	Nong' an	36.16	88.07	20.61	108.68	55.69	52.99
榆树市	Yushu	44.32	102.26	24.06	126.32	64.71	61.61
德惠市	Dehui	27.08	66.56	16.17	82.73	42.07	40.66
吉林市	**Jilin**	**156.26**	**203.19**	**223.05**	**426.24**	**214.63**	**211.61**
市辖区	City	68.31	45.46	136.42	181.88	90.03	91.85
昌邑区	Changyi	23.56	11.77	50.21	61.98	30.61	31.37
龙潭区	Longtan	17.22	14.90	31.00	45.90	22.88	23.02
船营区	Chuanying	17.10	9.81	36.73	46.54	23.02	23.52
丰满区	Fengman	10.43	8.98	18.48	27.46	13.52	13.94
永吉县	Yongji	13.72	29.39	9.86	39.25	19.96	19.29
蛟河市	Jiaohe	14.53	27.05	16.99	44.04	22.39	21.65
桦甸市	Huadian	16.69	23.51	20.81	44.32	22.55	21.77
舒兰市	Shulan	24.78	42.17	21.67	63.84	32.60	31.24
磐石市	Panshi	18.23	35.61	17.30	52.91	27.10	25.81
四平市	**Siping**	**123.99**	**206.85**	**119.56**	**326.41**	**165.06**	**161.35**
市辖区	City	26.12	14.34	44.06	58.40	28.90	29.50
铁西区	Tiexi	11.20	4.19	21.47	25.66	12.56	13.10
铁东区	Tiedong	14.92	10.15	22.59	32.74	16.34	16.40
梨树县	Lishu	28.16	55.60	21.19	76.79	39.46	37.33
伊通满族自治县	Yitong	16.43	34.00	11.52	45.52	23.37	22.15
公主岭市	Gongzhuling	36.93	79.70	26.04	105.74	53.05	52.69
双辽市	Shuangliao	16.35	23.21	16.75	39.96	20.28	19.68
辽源市	**Liaoyuan**	**45.02**	**62.26**	**58.54**	**120.80**	**61.40**	**59.40**
市辖区	City	19.46	7.28	39.33	46.61	23.15	23.46
龙山区	Longshan	11.84	5.10	25.09	30.19	14.87	15.32
西安区	Xi' an	7.62	2.18	14.24	16.42	8.28	8.14
东丰县	Dongfeng	13.29	27.23	12.58	39.81	20.43	19.38
东辽县	Dongliao	12.27	27.75	6.63	34.38	17.82	16.56
通化市	**Tonghua**	**85.25**	**105.05**	**116.05**	**221.10**	**112.21**	**108.89**
市辖区	City	17.38	2.36	41.69	44.05	21.77	22.28

注：表内数据为公安部门户籍人口数。表内数据四舍五入。
Note:Data were obtained from the annual reports of the public security department.Data were rounded.

市、县	City, County	总户数（万户）Total Households (10000 households)	按城乡分(万人) Grouped by Urban and Rural (10000 persons)		总人口（万人）Population (10000 persons)	按性别分(万人) Grouped by Sex（10000 Persons）	
			乡村人口 Rural Population	城镇人口 Urban Population		男 Male	女 Female
东昌区	Dongchang	11.99	1.07	30.47	31.54	15.52	16.02
二道江区	Erdaojiang	5.39	1.29	11.22	12.51	6.25	6.26
通化县	Tonghua	9.93	14.79	9.30	24.09	12.30	11.79
辉南县	Huinan	13.10	17.69	16.46	34.15	17.42	16.73
柳河县	Liuhe	13.07	24.55	12.16	36.71	18.99	17.72
梅河口	Meihekou	23.23	33.16	27.37	60.53	30.77	29.76
集安市	Ji' an	8.54	12.50	9.07	21.57	10.96	10.61
白山市	**Baishan**	**56.68**	**33.70**	**91.67**	**125.37**	**62.93**	**62.44**
市辖区	City	25.36	9.90	46.86	56.76	28.24	28.52
浑江区	Badaojiang	14.66	4.55	29.17	33.72	16.59	17.13
江源区	Jiangyuan	10.70	5.35	17.69	23.04	11.65	11.39
抚松县	Fusong	13.13	8.73	21.09	29.82	15.05	14.77
靖宇县	Jingyu	6.95	6.03	8.13	14.16	7.23	6.93
长白朝鲜族自治县	Changbai	3.87	3.32	4.79	8.11	4.08	4.03
临江市	Linjiang	7.37	5.72	10.80	16.52	8.33	8.19
松原市	**Songyuan**	**102.81**	**190.97**	**87.10**	**278.07**	**140.31**	**137.76**
市辖区	City	23.87	16.43	40.47	56.90	28.31	28.59
宁江区	Ningjiang	23.87	16.43	40.47	56.90	28.31	28.59
前郭尔罗斯蒙古族自治县	Qianguo	21.97	44.04	13.80	57.84	29.31	28.53
长岭县	Changling	21.50	50.28	13.13	63.41	32.59	30.82
乾安县	Qian' an	12.16	19.25	8.27	27.52	13.88	13.64
扶余市	Fuyu	23.31	60.97	11.43	72.40	36.22	36.18
白城市	**Baicheng**	**85.37**	**111.83**	**84.84**	**196.67**	**99.18**	**97.49**
市辖区	City	21.95	20.22	29.49	49.71	24.71	25.00
洮北区	Taobei	21.95	20.22	29.49	49.71	24.71	25.00
镇赉县	Zhenlai	12.61	16.07	11.34	27.41	13.91	13.50
通榆县	Tongyu	15.18	24.95	11.48	36.43	18.42	18.01
洮南市	Taonan	18.46	27.02	16.02	43.04	21.78	21.26
大安市	Da' an	17.17	23.57	16.51	40.08	20.36	19.72
延边朝鲜族自治州	**Yanbian**	**80.68**	**63.53**	**150.05**	**213.58**	**106.39**	**107.19**
延吉市	Yanji	20.07	4.59	49.54	54.13	26.19	27.94
图们市	Tumen	4.62	2.20	9.71	11.91	5.86	6.05
敦化市	Dunhua	17.31	20.85	26.15	47.00	23.80	23.20
珲春市	Hunchun	7.39	5.54	17.25	22.79	11.40	11.39
龙井市	Longjing	6.37	5.62	10.78	16.40	8.18	8.22
和龙市	Helong	7.13	6.70	11.27	17.97	9.07	8.90
汪清县	Wangqing	9.98	9.69	13.17	22.86	11.51	11.35
安图县	Antu	7.81	8.34	12.18	20.52	10.38	10.14

19－5 各市县分年龄人口情况（2015年末）

Age Composition of Population by City and County（end of 2015）

单位：万人　　unit:10000 persons

市、县	City, County	总人口 Total Population	18岁以下 Age0-17	18-34岁 Age18-34	35-60岁 Age35-60	60岁以上 Age Over 60
全 省	**Total**	**2662.08**	**392.08**	**615.59**	**1155.02**	**499.39**
长春市	**Changchun**	**753.84**	**112.35**	**184.31**	**316.64**	**140.54**
市辖区	City	436.11	63.84	105.87	184.33	82.07
南关区	Nanguan	69.86	9.95	17.47	29.34	13.10
宽城区	Kuancheng	64.33	9.56	15.80	27.19	11.78
朝阳区	Chaoyang	71.83	10.33	17.79	30.05	13.66
二道区	Erdao	57.23	8.67	14.29	24.24	10.03
绿园区	Lvyuan	65.91	9.45	16.17	27.51	12.78
双阳区	Shuangyang	37.64	5.70	8.46	16.11	7.37
九台区	Jiutai	69.31	10.18	15.89	29.89	13.35
农安县	Nong ' an	108.68	16.17	27.70	44.41	20.40
榆树市	Yushu	126.32	19.41	29.38	54.38	23.15
德惠市	Dehui	82.73	12.93	21.36	33.52	14.92
吉林市	**Jilin**	**426.24**	**54.98**	**91.04**	**192.98**	**87.24**
市辖区	City	181.88	21.26	37.57	82.98	40.07
昌邑区	Changyi	61.98	6.93	12.59	28.40	14.06
龙潭区	Longtan	45.90	5.10	9.45	21.16	10.19
船营区	Chuanying	46.54	5.69	9.60	21.07	10.18
丰满区	Fengman	27.46	3.54	5.93	12.35	5.64
永吉县	Yongji	39.25	5.11	8.76	17.49	7.89
蛟河市	Jiaohe	44.04	5.90	9.24	19.89	9.01
桦甸市	Huadian	44.32	6.66	10.39	19.57	7.70
舒兰市	Shulan	63.84	8.76	13.17	29.51	12.40
磐石市	Panshi	52.91	7.29	11.91	23.54	10.17
四平市	**Siping**	**326.41**	**51.31**	**74.96**	**138.12**	**62.02**
市辖区	City	58.40	7.75	12.50	26.37	11.78
铁西区	Tiexi	25.66	3.43	5.59	11.51	5.13
铁东区	Tiedong	32.74	4.32	6.91	14.86	6.65
梨树县	Lishu	76.79	13.15	17.42	31.89	14.33
伊通满族自治县	Yitong	45.52	7.19	9.50	20.03	8.80
公主岭市	Gongzhuling	105.74	16.65	27.07	41.99	20.03
双辽市	Shuangliao	39.96	6.57	8.47	17.84	7.08
辽源市	**Liaoyuan**	**120.80**	**16.14**	**25.06**	**55.91**	**23.69**
市辖区	City	46.61	5.39	9.44	21.96	9.82
龙山区	Longshan	30.19	3.93	6.13	14.01	6.12
西安区	Xi' an	16.42	1.46	3.31	7.95	3.70

注：表内数据为公安部门户籍人口数。表内数据四舍五入。
Note:Data were obtained from the annual reports of the public security department.Data were rounded.

19－5 续表 continued

市、县	City, County	总人口 Total Population	18岁以下 Age0–17	18–34岁 Age18–34	35–60岁 Age35–60	60岁以上 Age Over 60
东丰县	Dongfeng	39.81	5.90	8.33	18.11	7.47
东辽县	Dongliao	34.38	4.85	7.29	15.84	6.40
通化市	**Tonghua**	**221.10**	**30.25**	**47.69**	**100.88**	**42.28**
市辖区	City	44.05	5.09	8.52	20.97	9.47
东昌区	Dongchang	31.54	3.78	6.23	14.93	6.60
二道江区	Erdaojiang	12.51	1.31	2.29	6.04	2.87
通化县	Tonghua	24.09	3.24	5.27	11.07	4.51
辉南县	Huinan	34.15	5.09	7.16	15.50	6.40
柳河县	Liuhe	36.71	5.46	8.73	16.02	6.50
梅河口	Meihekou	60.53	8.62	13.77	27.02	11.12
集安市	Ji' an	21.57	2.75	4.24	10.30	4.28
白山市	**Baishan**	**125.37**	**19.43**	**28.26**	**54.93**	**22.75**
市辖区	City	56.76	7.85	12.70	24.94	11.27
浑江区	Badaojiang	33.72	4.86	7.99	14.43	6.44
江源区	Jiangyuan	23.04	2.99	4.71	10.51	4.83
抚松县	Fusong	29.82	6.28	7.08	12.33	4.13
靖宇县	Jingyu	14.16	2.20	3.44	6.09	2.43
长白朝鲜族自治县	Changbai	8.11	1.06	1.62	3.87	1.56
临江市	Linjiang	16.52	2.04	3.42	7.70	3.36
松原市	**Songyuan**	**278.07**	**54.26**	**73.55**	**107.40**	**42.86**
市辖区	City	56.90	9.01	12.84	24.93	10.12
宁江区	Ningjiang	56.90	9.01	12.84	24.93	10.12
前郭尔罗斯蒙古族自治县	Qianguo	57.84	10.03	14.61	24.55	8.65
长岭县	Changling	63.41	10.94	17.18	25.67	9.62
乾安县	Qian' an	27.52	4.00	6.78	12.37	4.37
扶余市	Fuyu	72.40	20.28	22.14	19.88	10.10
白城市	**Baicheng**	**196.67**	**27.26**	**42.63**	**90.66**	**36.12**
市辖区	City	49.71	6.90	10.77	22.61	9.43
洮北区	Taobei	49.71	6.90	10.77	22.61	9.43
镇赉县	Zhenlai	27.41	3.69	5.68	12.65	5.39
通榆县	Tongyu	36.43	5.63	8.04	16.72	6.04
洮南市	Taonan	43.04	6.20	9.55	19.60	7.69
大安市	Da' an	40.08	4.84	8.59	19.08	7.57
延边朝鲜族自治州	**Yanbian**	**213.58**	**26.10**	**48.09**	**97.50**	**41.89**
延吉市	Yanji	54.13	7.37	12.79	24.41	9.56
图们市	Tumen	11.91	1.01	2.57	5.58	2.75
敦化市	Dunhua	47.00	6.23	10.10	21.58	9.09
珲春市	Hunchun	22.79	2.85	5.43	10.41	4.10
龙井市	Longjing	16.40	1.44	3.48	7.54	3.94
和龙市	Helong	17.97	1.81	3.92	8.34	3.90
汪清县	Wangqing	22.86	2.60	5.01	10.59	4.66
安图县	Antu	20.52	2.79	4.79	9.05	3.89

19－6 各市县人口自然变动情况（2015年末）

Basic Statistics on Natural Population Changes by City and County（end of 2015）

单位: 人　　　　unit:persons

市、县	City, County	年平均人口 Annual Average Population	出生 Birth		死亡 Death		自然增长 Natural Growth	
			人数 Number of Birth	出生率（‰）Birth Rate（‰）	人数 Number of Death	死亡率（‰）Death Rate（‰）	人数 Numberof Natural Growth	自然增长率（‰）Natural Growth Rate(‰)
全　省	**Total**	**26667024**	**181270**	**6.80**	**166013**	**6.23**	**15257**	**0.57**
长春市	**Changchun**	**7541904**	**55205**	**7.32**	**38977**	**5.17**	**16228**	**2.15**
市辖区	City	4357571	34675	7.96	25785	5.92	8890	2.04
南关区	Nanguan	681639	6361	9.33	4722	6.93	1639	2.40
宽城区	Kuancheng	658510	5071	7.70	3658	5.55	1413	2.15
朝阳区	Chaoyang	724685	6076	8.38	4509	6.22	1567	2.16
二道区	Erdao	569922	4975	8.73	3300	5.79	1675	2.94
绿园区	Lvyuan	651498	5572	8.55	4048	6.21	1524	2.34
双阳区	Shuangyang	377068	2358	6.25	1244	3.30	1114	2.95
九台区	Jiutai	694251	4262	6.14	4304	6.20	−42	−0.06
农安县	Nong' an	1087169	7353	6.76	3369	3.10	3984	3.66
榆树市	Yushu	1269190	7450	5.87	7066	5.57	384	0.30
德惠市	Dehui	827974	5727	6.92	2757	3.33	2970	3.59
吉林市	**Jilin**	**4269471**	**25811**	**6.05**	**27494**	**6.44**	**−1683**	**−0.39**
市辖区	City	1818818	10684	5.87	9186	5.05	1498	0.82
昌邑区	Changyi	619893	3425	5.53	2629	4.24	796	1.29
龙潭区	Longtan	460809	2422	5.26	2375	5.15	47	0.11
船营区	Chuanying	465235	2895	6.22	2714	5.83	181	0.39
丰满区	Fengman	272882	1942	7.12	1468	5.38	474	1.74
永吉县	Yongji	393068	2370	6.03	2049	5.21	321	0.82
蛟河市	Jiaohe	441727	2708	6.13	3552	8.04	−844	−1.91
桦甸市	Huadian	444622	2962	6.66	2901	6.52	61	0.14
舒兰市	Shulan	640702	3666	5.72	5474	8.54	−1808	−2.82
磐石市	Panshi	530535	3421	6.45	4332	8.17	−911	−1.72
四平市	**Siping**	**3272562**	**21089**	**6.44**	**21568**	**6.59**	**−479**	**−0.15**
市辖区	City	585697	3124	5.33	4740	8.09	−1616	−2.76
铁西区	Tiexi	257267	1347	5.24	1815	7.05	−468	−1.81
铁东区	Tiedong	328431	1777	5.41	2925	8.91	−1148	−3.50
梨树县	Lishu	769055	5053	6.57	3146	4.09	1907	2.48
伊通满族自治县	Yitong	455967	2835	6.22	1930	4.23	905	1.99
公主岭市	Gongzhuling	1062238	7208	6.79	9726	9.16	−2518	−2.37
双辽市	Shuangliao	399606	2869	7.18	2026	5.07	843	2.11
辽源市	**Liaoyuan**	**1212993**	**7943**	**6.55**	**13345**	**11.00**	**−5402**	**−4.45**
市辖区	City	469164	2992	6.38	8171	17.42	−5179	−11.04
龙山区	Longshan	301792	2207	7.31	3971	13.16	−1764	−5.85
西安区	Xi' an	167372	785	4.69	4200	25.09	−3415	−20.40
东丰县	Dongfeng	399085	2714	6.80	3393	8.50	−679	−1.70
东辽县	Dongliao	344744	2237	6.49	1781	5.17	456	1.32
通化市	**Tonghua**	**2216472**	**14477**	**6.53**	**14199**	**6.41**	**278**	**0.12**

注：表内数据为公安部门户籍人口数。表内数据四舍五入。

Note:Data were obtained from the annual reports of the public security department.Data were rounded.

单位: 人 unit:person

市、县	City, County	年平均人口 Annual Average Population	出生 Birth		死亡 Death		自然增长 Natural Growth	
			人数 Number of Birth	出生率（‰）Birth Rate（‰）	人数 Number of Death	死亡率（‰）Death Rate（‰）	人数 Numberof Natural Growth	自然增长率（‰）Natural Growth Rate(‰)
市辖区	City	441773	2439	5.52	2986	6.76	-547	-1.24
东昌区	Dongchang	315678	1880	5.96	2093	6.63	-213	-0.67
二道江区	Erdaojiang	126095	559	4.43	893	7.08	-334	-2.65
通化县	Tonghua	242014	1716	7.09	2708	11.19	-992	-4.10
辉南县	Huinan	342004	2073	6.06	1637	4.79	436	1.27
柳河县	Liuhe	368046	2718	7.38	1852	5.03	866	2.35
梅河口	Meihekou	605856	4130	6.82	3374	5.57	756	1.25
集安市	Ji' an	216780	1401	6.46	1642	7.57	-241	-1.11
白山市	**Baishan**	**1258170**	**7973**	**6.34**	**9658**	**7.68**	**-1685**	**-1.34**
市辖区	City	570096	3280	5.75	4216	7.40	-936	-1.65
浑江区	Badaojiang	338086	2139	6.33	2356	6.97	-217	-0.64
江源区	Jiangyuan	232010	1141	4.92	1860	8.02	-719	-3.10
抚松县	Fusong	298960	2069	6.92	2546	8.52	-477	-1.60
靖宇县	Jingyu	141714	1184	8.35	640	4.52	544	3.83
长白朝鲜族自治县	Changbai	81502	487	5.98	691	8.48	-204	-2.50
临江市	Linjiang	165898	953	5.74	1565	9.43	-612	-3.69
松原市	**Songyuan**	**2782587**	**22736**	**8.17**	**7312**	**2.63**	**15424**	**5.54**
市辖区	City	568970	3987	7.01	1896	3.33	2091	3.68
宁江区	Ningjiang	568970	3987	7.01	1896	3.33	2091	3.68
前郭尔罗斯蒙古族自治县	Qianguo	578187	4402	7.61	1488	2.57	2914	5.04
长岭县	Changling	635495	5065	7.97	1391	2.19	3674	5.78
乾安县	Qian' an	275095	1751	6.37	1028	3.74	723	2.63
扶余市	Fuyu	724841	7531	10.39	1509	2.08	6022	8.31
白城市	**Baicheng**	**1972113**	**11147**	**5.65**	**17001**	**8.62**	**-5854**	**-2.97**
市辖区	City	497756	2854	5.73	3395	6.82	-541	-1.09
洮北区	Taobei	497756	2854	5.73	3395	6.82	-541	-1.09
镇赉县	Zhenlai	274722	1503	5.47	2173	7.91	-670	-2.44
通榆县	Tongyu	365533	2264	6.19	2124	5.81	140	0.38
洮南市	Taonan	431404	2661	6.17	3705	8.59	-1044	-2.42
大安市	Da' an	402699	1865	4.63	5604	13.92	-3739	-9.29
延边朝鲜族自治州	**Yanbian**	**2140755**	**14889**	**6.96**	**16459**	**7.69**	**-1570**	**-0.73**
延吉市	Yanji	538632	5227	9.70	3601	6.69	1626	3.01
图们市	Tumen	119854	582	4.86	851	7.10	-269	-2.24
敦化市	Dunhua	471657	2692	5.71	3275	6.94	-583	-1.23
珲春市	Hunchun	227229	1732	7.62	1354	5.96	378	1.66
龙井市	Longjing	165571	907	5.48	2020	12.20	-1113	-6.72
和龙市	Helong	181140	1019	5.63	1781	9.83	-762	-4.20
汪清县	Wangqing	229860	1350	5.87	1869	8.13	-519	-2.26
安图县	Antu	206814	1380	6.67	1708	8.26	-328	-1.59

19-7 各市县单位从业人员（2015年）

单位: 人

市、县	City, County	单位从业人员合计 Employment Persons	国有经济 State-owned	集体经济 Collective-owned
全　　省	**Total**	**3250620**	**1639270**	**62596**
长 春 市	**Changchun**	**1260604**	**549364**	**18772**
市　　区	District	1134231	463579	15376
农 安 县	Nong' an	41242	30266	1605
榆 树 市	Yushu	42108	29954	667
德 惠 市	Dehui	43023	25565	1124
吉 林 市	**Jilin**	**400216**	**206052**	**10240**
市　　区	District	263918	121470	6135
永 吉 县	Yongji	16964	10857	913
蛟 河 市	Jiaohe	24140	19216	668
桦 甸 市	Huadian	33637	16709	1199
舒 兰 市	Shulan	31631	20333	785
磐 石 市	Panshi	29926	17467	540
四 平 市	**Siping**	**198127**	**123818**	**4305**
市　　区	District	83379	47867	417
梨 树 县	Lishu	30119	20679	837
伊通满族自治县	Yitong	19512	13015	1015
公 主 岭 市	Gongzhuling	43493	25355	1573
双 辽 市	Shuangliao	21624	16902	463
辽 源 市	**Liaoyuan**	**127528**	**52226**	**1912**
市　　区	District	93573	27060	460
东 丰 县	Dongfeng	18237	15049	907
东 辽 县	Dongliao	15718	10117	545
通 化 市	**Tonghua**	**280660**	**106857**	**7978**
市　　区	District	150246	37609	3044
通 化 县	Tonghua	19076	9975	801
辉 南 县	Huinan	20770	14066	1061
柳 河 县	Liuhe	20093	11728	62
梅 河 口 市	Meihekou	50583	23316	2146
集 安 市	Ji' an	19892	10163	864

注：各地区相加不等于全省总计。
Note:The sum of data by every city is not equal to the total.

Number of Employed Persons by City and County (2015)

unit:person

其他单位合计 Others	内资 Domestic Funds	港澳台投资经济 Funds from Hongkong Macao and Taiwan	外商投资经济 Foreign Funded
1548754	**1390995**	**51562**	**106197**
692468	**585266**	**31794**	**75408**
655276	554762	31518	68996
9371	8684		687
11487	10078	276	1133
16334	11742		4592
183924	**169167**	**6844**	**7913**
136313	127105	5954	3254
5194	5156		38
4256	4161	95	
15729	15654		75
10513	9544	496	473
11919	7547	299	4073
70004	**63569**	**4389**	**2046**
35095	31572	3205	318
8603	8603		
5482	5482		
16565	13653	1184	1728
4259	4259		
73390	**69889**	**1499**	**2002**
66053	63028	1023	2002
2281	1805	476	
5056	5056		
165825	**160228**	**1967**	**3630**
109593	107237	1637	719
8300	7773		527
5643	5484	95	64
8303	8303		
25121	22845	225	2051
8865	8586	10	269

单位: 人

19－7 续表

市、县	City，County	单位从业人员合计 Total Employment Persons	国有经济 State-owned	集体经济 Collective-owned
白 山 市	**Baishan**	**178344**	**99422**	**2225**
市　　区	District	96600	44633	966
抚 松 县	Fusong	36853	23207	335
靖 宇 县	Jingyu	11319	9228	281
长白朝鲜族自治县	Changbai	10326	7805	182
临 江 市	Linjiang	23246	14549	461
松 原 市	**Songyuan**	**260576**	**128238**	**7622**
市　　区	District	113921	35771	3049
前郭尔罗斯蒙古族自治县	Qianguo	54592	40562	2345
长 岭 县	Changling	27151	20993	1259
乾 安 县	Qian' an	25664	14795	314
扶 余 市	Fuyu	39248	16117	655
白 城 市	**Baicheng**	**207679**	**145620**	**5095**
市　　区	District	95131	60131	2607
镇 赉 县	Zhenlai	26266	21553	238
通 榆 县	Tongyu	25124	19686	1278
洮 南 市	Taonan	27912	19983	815
大 安 市	Da' an	33246	24267	157
延边朝鲜族自治州	**Yanbian**	**263943**	**154730**	**4447**
延 吉 市	Yanji	79779	44179	1063
图 们 市	Tumen	8365	5669	707
敦 化 市	Dunhua	54973	30122	804
珲 春 市	Hunchun	42513	13907	475
龙 井 市	Longjing	10256	7964	40
和 龙 市	Helong	18111	13213	721
汪 清 县	Wangqing	25874	23220	422
安 图 县	Antu	24072	16456	215

continued

unit:person

其他单位合计 Others	内资 Domestic Funds	港澳台投资经济 Funds from Hongkong Macao and Taiwan	外商投资经济 Foreign Funded
76697	**73248**	**2077**	**1372**
51001	50211	290	500
13311	10753	1756	802
1810	1810		
2339	2238	31	70
8236	8236		
124716	**122920**	**493**	**1303**
75101	73339	459	1303
11685	11685		
4899	4899		
10555	10521	34	
22476	22476		
56964	**53178**	**873**	**2913**
32393	29581	735	2077
4475	4400		75
4160	4022	15	123
7114	7028		86
8822	8147	123	552
104766	**93530**	**1626**	**9610**
34537	29462	672	4403
1989	1612		377
24047	22518	909	620
28131	25231		2900
2252	2068		184
4177	3878		299
2232	2232		
7401	6529	45	827

19－8　各市县单位从业人员工资（2015年）

Earning of Employed Persons LivingExpenses by City and County（2015）

市、县	City，County	单位从业人员工资总额(万元) Earning of Employed Persons (10000 yuan)	在岗职工工资 Wages of Staff and Workers	其他从业人员工资总额 Others	单位从业人员平均工资（元） Average Earning of Employed Persons (yuan)	#在岗职工平均工资 Average Wages of Staff and Workers
全　省	**Total**	**17186936**	**16699862**	**487074**	**51558**	**52927**
长春市	**Changchun**	**7936582**	**7718309**	**218273**	**61039**	**62519**
市　区	District	7416874	7211657	205217	63185	64751
农安县	Nong' an	169550	161484	8065	41504	42970
榆树市	Yushu	179633	176635	2998	42578	43137
德惠市	Dehui	170526	168533	1992	39312	39864
吉林市	**Jilin**	**2063149**	**2020554**	**42595**	**48544**	**49234**
市　区	District	1469597	1438195	31403	51630	52463
永吉县	Yongji	74368	74215	153	42363	42460
蛟河市	Jiaohe	105563	105402	162	42451	42471
桦甸市	Huadian	151642	143178	8464	42184	43127
舒兰市	Shulan	134365	132351	2014	42661	43488
磐石市	Panshi	127613	127214	400	41840	41942
四平市	**Siping**	**899979**	**876424**	**23554**	**44702**	**45948**
市　区	District	387385	369568	17817	46491	49145
梨树县	Lishu	125318	123338	1981	41720	42235
伊通满族自治县	Yitong	81166	78200	2967	41684	43185
公主岭市	Gongzhuling	206410	205714	696	44095	44149
双辽市	Shuangliao	99699	99605	94	45978	46032
辽源市	**Liaoyuan**	**559127**	**544543**	**14584**	**42986**	**43872**
市　区	District	408911	396030	12881	42969	44029
东丰县	Dongfeng	84574	83943	631	44398	44629
东辽县	Dongliao	65642	64570	1072	41391	42027
通化市	**Tonghua**	**1253568**	**1215312**	**38256**	**43671**	**44405**
市　区	District	683975	669766	14209	44933	45501
通化县	Tonghua	87543	87265	278	43647	43740
辉南县	Huinan	80275	77444	2831	38670	39569
柳河县	Liuhe	84518	80274	4244	42080	44311
梅河口市	Meihekou	226057	215333	10724	44853	45826
集安市	Ji' an	91200	85230	5970	38767	38982

注：工资总额各地区相加不等于全省数据。
Note: The sum of uages in the rigion is not equivalent to the province data.

19－8 续表 continued

市、县	City，County	单位从业人员工资总额（万元）Earning of Employed Persons (10000 yuan)	在岗职工工资 Wages of Staff and Workers	其他从业人员工资总额 Others	单位从业人员平均工资(元) Average Earning of Employed Persons (yuan)	#在岗职工平均工资 Average Wages of Staff and Workers
白山市	**Baishan**	**750384**	**707180**	**43204**	**41354**	**44532**
市区	District	392422	371335	21087	39856	42137
抚松县	Fusong	167513	159760	7753	44640	47362
靖宇县	Jingyu	46696	43518	3178	41273	46271
长白朝鲜族自治县	Changbai	46871	44456	2415	45488	51892
临江市	Linjiang	96882	88111	8771	40620	46443
松原市	**Songyuan**	**1241059**	**1211575**	**29484**	**47692**	**48170**
市区	District	646605	640045	6560	56665	57295
前郭尔罗斯蒙古族自治县	Qianguo	226812	214990	11822	40482	40352
长岭县	Changling	119396	119095	301	44053	44296
乾安县	Qian' an	105561	103892	1669	41275	41664
扶余市	Fuyu	142685	133553	9132	38145	38478
白城市	**Baicheng**	**790763**	**758940**	**31823**	**37586**	**39493**
市区	District	390416	377299	13117	40086	40600
镇赉县	Zhenglai	87882	87259	623	33418	33389
通榆县	Tongyu	91925	88819	3106	36574	38999
洮南市	Taonan	94502	88999	5503	34136	38240
大安市	Da' an	126038	116564	9474	37205	43081
延边朝鲜族自治州	**Yanbian**	**1129369**	**1084808**	**44562**	**42894**	**44270**
延吉市	Yanji	377876	356039	21837	46178	47896
图们市	Tumen	34306	33558	748	38271	39089
敦化市	Dunhua	218338	211706	6632	40848	42741
珲春市	Hunchun	197579	193658	3921	46025	46687
龙井市	Longjing	38132	36531	1601	36722	37645
和龙市	Helong	69208	64108	5100	38432	40385
汪清县	Wangqing	102730	101777	953	43557	43977
安图县	Antu	91202	87433	3770	37776	39053

19－9 各市县固定资产投资（不含农户）（2015年）

City and County of Investment in Fixed Assets (Exduding Rural)（2015）

单位：万元 unit:10000yuan

市、县	City, County	总计 Total	#国有单位 State ouned units	#房地产开发 Real Estate Developmend
全　省	**Total**	**125085936**	**28145920**	**9242409**
长春市	**Changchun**	**42182331**	**11165923**	**5060231**
市　区	District	34955701	10208473	4812288
农安县	Nong' an	2614318	476101	111293
榆树市	Yushu	2268455	80669	45656
德惠市	Dehui	2343857	400680	90994
吉林市	**Jilin**	**25429300**	**3488108**	**1393617**
市　区	District	15967225	1464993	1147472
永吉县	Yongji	965920	272149	64324
蛟河市	Jiaohe	2020547	283517	25739
桦甸市	Huadian	2217674	393372	113590
舒兰市	Shulan	1793852	275774	15733
磐石市	Panshi	2464082	798303	26759
四平市	**Siping**	**7998136**	**1772977**	**246936**
市　区	District	2932349	534403	42500
梨树县	Lishu	642750	124382	
伊通满族自治县	Yitong	504254	83068	20801
公主岭市	Gongzhuling	3078500	708055	183635
双辽市	Shuangliao	840283	323069	
辽源市	**Liaoyuan**	**5983320**	**744165**	**163608**
市　区	District	3258114	271083	119770
东丰县	Dongfeng	1418345	347410	22538
东辽县	Dongliao	1306861	125672	21300
通化市	**Tonghua**	**9640251**	**1913693**	**632000**
市　区	District	1919501	224001	165631
通化县	Tonghua	1399564	247700	54774
辉南县	Huinan	1128564	317900	11074

19－9　续表

单位：万元　　unit:10000yuan

市、县	City, County	总计 Total	#国有单位 State Owned Units	#房地产开发 Real Estate Developmend
柳 河 县	Liuhe	1149762	385811	17282
梅河口市	Meihekou	2934767	489123	352074
集 安 市	ji' an	1108093	249158	31165
白 山 市	**Baishan**	**6314605**	**1453845**	**145226**
市　　区	District	2775387	241367	66131
抚 松 县	Fusong	1358389	464149	32783
靖 宇 县	Jingyu	659804	277233	7143
长白朝鲜族自治县	Changbai	581010	191252	150
临 江 市	Linjiang	940015	279844	39019
松 原 市	**Songyuan**	**12864543**	**506101**	**502647**
市　　区	District	4424241	63888	308016
前郭尔罗斯蒙古族自治县	Qianguo	2520040	87362	68930
长 岭 县	Changling	2210069	222468	21501
乾 安 县	Qian' an	1760096	104000	500
扶 余 县	Fuyu	1950097	28383	103700
白 城 市	**Baicheng**	**6599440**	**3787746**	**275879**
市　　区	District	1581601	501721	228198
镇 赉 县	Zhenlai	1308007	663660	7010
通 榆 县	Tongyu	1096100	778117	20780
洮 南 市	Taonan	1458788	1105935	11310
大 安 市	Da' an	1154944	738313	8581
延边朝鲜族自治州	**Yanbian**	**8074010**	**3313362**	**822265**
延 吉 市	Yanji	2414002	737755	430120
图 们 市	Tumen	431650	249184	17270
敦 化 市	Dunhua	1513141	739386	147368
珲 春 市	Hunchun	1319313	618855	79051
龙 井 市	Longjing	450283	162005	31774
和 龙 市	Helong	556702	296742	29927
汪 清 县	Wangqing	694943	165807	38985
安 图 县	Antu	693976	343628	47770

19－10 各市县地方公共财政收入（2015年）

Local Public Finance Revenue in Cities and Counties（2015）

单位: 万元　　　　unit:10000 yuan

市、县 City，County		地方公共财政收入 Local Government Revenue	税收收入 Tax revenue	#增值税 Value-added Tax	#营业税 Business Tax	#企业所得税 Corporate Income Tax	#个人所得税 Individual Income Tax	#城市维护建设税 Urban Maintenance and Construction tax	#耕地占用税 Farmland Occupancx Tax	#非税收入 Non Tax Revenue
长春市	**Changchun**	**3882213**	**2999644**	**444759**	**473447**	**583295**	**133726**	**377661**	**170873**	**882569**
市本级	District	2887728	2253010	356739	307733	449841	93435	357811	101631	634718
榆树市	Yushu	88403	47903	4047	16522	8116	1432	2163	1767	40500
德惠市	Dehui	111189	74644	6837	18484	16834	825	3234	4216	36545
农安县	Nong' an	119677	89219	11776	19961	5309	1424	4851	22072	30458
吉林市	**Jilin**	**1328429**	**882612**	**95521**	**155732**	**64950**	**23881**	**83495**	**99916**	**445817**
市本级	District	675464	435451	34378	63301	21286	11562	43911	47331	240013
桦甸市	Huadian	131018	71936	13132	14155	8958	2412	3119	942	59082
蛟河市	Jiaohe	74134	47014	10829	11791	8520	1583	3798	827	27120
舒兰市	Shulan	65224	40264	2521	12336	2142	884	1443	673	24960
磐石市	Panshi	94370	60573	8251	7881	8147	2374	2829	11270	33797
永吉县	Yongji	53784	31780	3737	7811	6806	734	925	367	22004
四平市	**Siping**	**622849**	**400868**	**45778**	**96461**	**33749**	**8862**	**28844**	**79416**	**221981**
市本级	District	186631	106413	14345	14845	8155	2012	17454	20271	80218
公主岭市	Gongzhuling	210283	122399	16892	41222	13498	2419	4971	9054	87884
双辽市	Shuangliao	47489	32884	2645	11901	3387	869	1533	1889	14605
梨树县	Lishu	47663	32658	3228	10724	3079	1143	1208	1670	15005
伊通满族自治县	Yitong	46818	32258	5927	9210	2553	547	1444	2101	14560
辽源市	**Liaoyuan**	**281179**	**124914**	**11469**	**31490**	**17162**	**3985**	**9630**	**1407**	**156265**
市本级	District	157972	61382	6120	9926	6561	2014	7904	70	96590
东丰县	Dongfeng	56556	26767	2219	8923	5869	676	807	760	29789
东辽县	Dongliao	39868	16666	1974	6000	3141	450	919	65	23202
通化市	**Tonghua**	**781264**	**566531**	**46485**	**94150**	**66527**	**15983**	**28538**	**125971**	**214733**
市本级	District	70591	44198	11357	6981	6504	1623	8666	1614	26393
梅河口市	Meihekou	281120	183961	12692	32582	34764	4044	7254	8765	97159
集安市	Ji' an	64395	43865	3810	13929	4671	4694	4357	1318	20530
通化县	Tonghua	103517	70101	5483	10602	8749	1872	1221	34836	33416
辉南县	Huinan	77129	56625	4191	9134	4699	1589	1315	9951	20504
柳河县	Liuhe	99656	87913	4076	14504	3806	922	1846	48722	11743

注：各市、县相加不等于地区数。
Note:The sum of data by every city and county is not equal to the total.

19－10 续表 continued

单位: 万元 unit:10000 yuan

市、县 City, County		地方公共财政收入 Local Government Revenue	税收收入 Tax Revenue	#增值税 Value-added Tax	#营业税 Business Tax	#企业所得税 Corporate Income Tax	#个人所得税 Individual Income Tax	#城市维护建设税 Urban Maintenance and Construction tax	#耕地占用税 Farmland Occupancx Tax	#非税收入 Non Tax Revenue
白山市	**Baishan**	**447965**	**304001**	**26668**	**51137**	**19171**	**8185**	**13118**	**126805**	**143964**
市本级	District	74175	41273	8336	4485	3681	3419	6099	252	32902
临江市	Linjiang	62333	43390	2337	3933	2666	558	878	28183	18943
抚松县	Fusong	118518	91465	6119	20645	4454	1639	2316	48887	27053
靖宇县	Jingyu	44451	34227	2808	8309	4872	494	987	11974	10224
长白朝鲜族自治县	Changbai	32109	21926	2085	2685	943	420	594	12830	10183
松原市	**Songyuan**	**502083**	**302749**	**40490**	**76900**	**19702**	**8564**	**23478**	**4955**	**199334**
市本级	District	183452	96901	8014	19757	5869	3158	14377	951	86551
长岭县	Changling	55894	38607	4382	13385	3253	874	1629	534	17287
前郭尔罗斯蒙古族自治县	Qianguo	108881	72150	15367	17214	5171	2156	3851	919	36731
乾安县	Qian' an	67041	37000	7555	6149	1707	687	2098	1549	30041
扶余市	Fuyu	48469	27024	2310	12670	1631	450	1445	857	21445
白城市	**Baicheng**	**401809**	**236146**	**26009**	**70440**	**21554**	**8341**	**15267**	**9793**	**165663**
市本级	District	124108	64153	7396	13648	5797	3098	6640	3322	59955
洮南市	Taonan	68888	37291	3649	15280	4559	955	1931	319	31597
大安市	Da' an	70418	51229	8621	12393	5387	1024	2994	1362	19189
镇赉县	Zhenlai	67890	38264	3945	12058	3038	1057	1558	940	29626
通榆县	Tongyu	50529	28125	1853	12703	1806	588	1168	2284	22404
延边朝鲜族自治州	**Yanbian**	**933064**	**495944**	**53434**	**153164**	**64374**	**19336**	**48766**	**13024**	**437120**
州本级	District	91490	20330	9817		10506				71160
延吉市	Yanji	275383	197628	16417	59779	13906	10109	36695	1824	77755
图门市	Tumen	23593	14128	2112	5602	2422	444	718		9465
敦化市	Dunhua	144531	87496	10850	27419	16362	4036	4492	3576	57035
龙井市	Longjing	32913	14043	1458	6282	1382	317	822	281	18870
珲春市	Hunchun	203771	85863	6887	31114	9115	2061	3434	549	117908
和龙市	Helong	47315	20876	2612	5497	2235	827	1003	2886	26439
汪清县	Wangqing	65941	36660	1824	10507	6794	843	882	238	29281
安图县	Antu	48127	18920	1457	6964	1652	699	720	3670	29207

19－11　各市县公共财政支出（2015年）

Local Government Expenditure by City and County（2015）

单位: 万元　　unit:10000 yuan

市、县	City, County	财政支出 Covernment Expenditure	#一般公共服务 General Public Services	#公共安全 Public Safety	#教育 Education	#科学技术 Science and Technology	#社会保障和就业 Social Security and Employment	#医疗卫生与计划生育 Health and Family Planning	#节能保护 Energy Saving and Environmental Protection	#农林水事务 Angriculture, Forestry, Water Affairs
长春市	**Changchun**	**7657246**	**738956**	**367797**	**1067720**	**89975**	**1057033**	**624869**	**246151**	**462737**
市本级	District	4131959	304647	237427	331539	77778	441681	227481	148246	116872
榆树市	Yushu	525428	33204	21594	101894	637	132238	67949	4380	58951
德惠市	Dehui	486921	33550	27181	79369	403	111892	71327	11041	63911
农安县	Nong' an	552571	18589	15170	123835	288	90117	69461	13608	81013
吉林市	**Jilin**	**3665378**	**256110**	**195338**	**562400**	**34798**	**708756**	**386767**	**187868**	**316721**
市本级	District	1657973	116173	112139	147782	24189	400194	121265	111304	56718
桦甸市	Huadian	346962	16478	14892	61548	1068	46612	50308	12829	44987
蛟河市	Jiaohe	296299	15995	11400	52805	4105	59435	38302	11498	58880
舒兰市	Shulan	343352	20007	12581	70421	734	83038	42315	5599	39454
磐石市	Panshi	290083	17675	11705	68649	2264	39822	36559	7313	36408
永吉县	Yongji	200147	11849	8892	45422	185	31547	25762	5552	34609
四平市	**Siping**	**2211062**	**143792**	**111299**	**398671**	**5799**	**467376**	**237615**	**50538**	**269147**
市本级	District	526288	36530	42477	51213	2309	155477	42671	15445	25032
公主岭市	Gongzhuling	620777	29117	27881	115786	2087	97126	68129	12806	86287
双辽市	Shuangliao	257990	20517	8807	48986	375	53743	32130	6932	51478
梨树县	Lishu	362535	17272	12463	72946	334	80564	48611	8419	60904
伊通满族自治县	Yitong	241515	14188	13590	49245	360	48122	28750	2378	34937
辽源市	**Liaoyuan**	**1107002**	**77403**	**65563**	**174272**	**7856**	**272944**	**102315**	**33128**	**117764**
市本级	District	512214	30695	35695	47083	6089	146050	30341	18383	24339
东丰县	Dongfeng	256300	20279	13475	54550	397	49558	32057	6550	40729
东辽县	Dongliao	229388	15504	10161	49175	530	37374	31484	5509	47921
通化市	**Tonghua**	**2302612**	**157926**	**107710**	**348004**	**47010**	**398885**	**179217**	**74247**	**241304**
市本级	District	470271	34397	35606	55444	14592	95839	26259	24488	16344
梅河口市	Meihekou	564271	22450	17732	90769	11058	114209	40586	16942	56132
集安市	Ji' an	221748	16299	9640	35978	1833	38998	17329	6541	25201
通化县	Tonghua	260578	18987	10031	46907	3847	33805	30217	2778	37575
辉南县	Huinan	272368	20855	11823	44243	3588	48731	22095	15814	34619
柳河县	Liuhe	287777	22240	12692	43651	9019	42593	24188	6225	57119

注：各市、县相加不等于地区数。
Note:The sum of data by every city and county is not equal to the total.

19－11 续表 continued

单位: 万元 unit:10000 yuan

市、县 City, County		财政支出 Covernment Expenditure	#一般公共服务 General Public Services	#公共安全 Public Safety	#教育 Education	#科学技术 Science and Technology	#社会保障和就业 Social Security and Employment	#医疗卫生与计划生育 Health and Family Planning	#节能保护 Energy Saving and Environmental Protection	#农林水事务 Angriculture, Forestry, Water Affairs
白山市	**Baishan**	**1575478**	**118868**	**85314**	**207268**	**8006**	**314810**	**118351**	**38462**	**211829**
市本级	District	274631	26735	26786	23907	3019	56582	12884	3208	22335
临江市	Linjiang	252638	13661	10859	33315	1212	46445	21956	7328	54002
抚松县	Fusong	341206	19963	13895	50452	1120	61980	26166	10043	54020
靖宇县	Jingyu	171551	11957	8512	21168	628	23458	11205	7242	24217
长白朝鲜族自治县	Changbai	158725	12299	10829	20538	1354	32228	7609	5192	25579
松原市	**Songyuan**	**1829262**	**140937**	**100893**	**325241**	**2099**	**274065**	**180611**	**57464**	**305845**
市本级	District	484446	47221	39047	51583	687	41117	27968	39569	42405
长岭县	Changling	345323	22306	19525	72937	269	46973	40973	3865	70034
前郭尔罗斯蒙古族自治县	Qianguo	377512	26679	11162	67454	447	54848	34164	4246	79960
乾安县	Qian' an	198493	17168	14918	38246	298	31439	25130	3974	43653
扶余市	Fuyu	280787	15693	10440	57944	210	55909	36262	5274	51180
白城市	**Baicheng**	**2030517**	**127712**	**81106**	**288870**	**9443**	**358920**	**175309**	**97217**	**433535**
市本级	District	457506	35406	24243	25939	4284	99181	26732	57723	40509
洮南市	Taonan	385787	20141	10678	42164	2394	83234	34553	12655	92116
大安市	Da' an	362598	14556	11837	66811	993	61379	42653	6374	72644
镇赉县	Zhenlai	284478	25920	15823	48269	1003	36283	21772	3722	73672
通榆县	Tongyu	360576	18546	12537	60129	306	46533	29185	14485	116577
延边朝鲜族自治州	**Yanbian**	**3038599**	**278105**	**164292**	**396828**	**31426**	**464579**	**195241**	**259572**	**406338**
州本级	District	555071	42011	40771	26662	14567	26917	27147	127659	83651
延吉市	Yanji	560096	46979	24764	89027	6568	72029	35793	63417	36209
图门市	Tumen	169159	13758	9680	21761	507	37772	10367	10573	19860
敦化市	Dunhua	458801	60498	20083	73402	6579	93715	30436	20558	77889
龙井市	Longjing	198141	16805	11336	25485	926	50550	14411	3798	29546
珲春市	Hunchun	411329	40545	17668	66811	791	40374	22446	11298	28993
和龙市	Helong	224817	15508	14020	28517	467	52107	16207	10147	36039
汪清县	Wangqing	265053	25144	13791	37081	636	53380	21236	9244	59758
安图县	Antu	196132	16857	12179	28082	385	37735	17198	2878	34393

19－12 各市县农村基层组织和乡村建设情况（2015年）

The Situation of Rural Primary Organizations and Rural Construction in the Cities and Counties（2015）

市、县 City，County		乡政府（个）Township Governments (unit)	镇政府（个）Town Governments (unit)	乡村户数（户）Number of Rural Households (household)	乡村人口（人）Rural Population (person)	村民委员会（个）Number of Villager's Committees(unit)	#自来水受益村 Tap Water Benefit Village	#通有线电视村 Cable TV Village	#通宽带村 Broadband Village
全　　省	**Total**	**182**	**428**	**4281770**	**14921514**	**9270**	**6430**	**8712**	**8827**
长春市	**Changchun**	**30**	**60**	**1190552**	**4322762**	**1668**	**736**	**1468**	**1488**
市　　区	District	7	21	399075	1363895	661	276	528	502
农安县	Nong' an	10	12	279320	1019520	357	190	244	302
榆树市	Yushu	9	15	304638	1124799	388	198	388	376
德惠市	Dehui	4	12	207519	814548	262	72	308	308
吉林市	**Jilin**	**20**	**56**	**603383**	**2174977**	**1378**	**1023**	**1274**	**1236**
市　　区	District	7	12	178843	615125	365	260	349	347
永吉县	Yongji	2	7	74306	262566	123	87	108	108
蛟河市	Jiaohe	2	8	82823	285742	256	178	256	255
桦甸市	Huadian	3	6	63620	230222	156	140	156	153
舒兰市	Shulan	5	10	118626	449070	210	123	171	112
磐石市	Panshi	1	13	85165	332252	268	235	234	261
四平市	**Siping**	**17**	**55**	**601073**	**2122826**	**1152**	**550**	**1109**	**1150**
市　　区	District	2	3	58561	198680	74	40	84	84
梨树县	Lishu	6	14	167318	586237	304	153	295	295
伊通满族自治县	Yitong	3	12	105512	369608	174	154	187	182
公主岭市	Gongzhuling	2	18	192773	698926	404	152	353	399
双辽市	Shuangliao	4	8	76909	269375	196	51	190	190
辽源市	**Liaoyuan**	**7**	**23**	**201739**	**666631**	**510**	**223**	**514**	**513**
市　　区	District	1	2	29720	96155	48	38	57	57
东丰县	Dongfeng	2	12	92541	305058	229	112	229	229
东辽县	Dongliao	4	9	79478	265418	233	73	228	227
通化市	**Tonghua**	**17**	**61**	**364291**	**1246996**	**988**	**889**	**988**	**972**
市　　区	District	3	4	22447	66528	38	38	38	38
通化县	Tonghua	5	10	53731	163009	159	145	159	159
辉南县	Huinan	1	10	62042	221470	143	124	143	136
柳河县	Liuhe	3	12	70433	264457	219	214	219	219

19－12 续表 continued

市、县 City，County		乡政府（个）Township Governments (unit)	镇政府（个）Town Governments (unit)	乡村户数（户）Number of Rural Households (household)	乡村人口（人）Rural Population (person)	村民委员会（个）Number of Villager's Committees(unit)	#自来水受益村 Tap water benefit Village	#通有线电视村 Cable TV Village	#通宽带村 broadband Village
梅河口市	Meihekou	3	16	105213	373200	303	248	303	294
集安市	Ji'an	2	9	50425	158332	126	120	126	126
白山市	**Baishan**	**6**	**41**	**129083**	**399054**	**506**	**495**	**462**	**475**
市区	District		10	40326	127862	115	114	99	111
抚松县	Fusong	3	11	33577	104578	133	129	120	116
靖宇县	Jingyu	1	7	23564	71708	111	105	96	111
长白朝鲜族自治县	Changbai	1	7	10825	32798	77	77	77	76
临江市	Linjiang	1	6	20791	62108	70	70	70	61
松原市	**Songyuan**	**35**	**43**	**570402**	**2066634**	**1106**	**769**	**1035**	**1079**
市区	District	3	4	69368	231368	112	102	112	112
前郭尔罗斯蒙古族自治县	Qianguo	13	9	123804	436228	229	135	233	193
长岭县	Changling	10	12	148165	528769	232	147	134	210
乾安县	Qian'an	4	6	63079	221993	150	185	173	181
扶余市	Fuyu	5	12	165986	648276	383	200	383	383
白城市	**Baicheng**	**35**	**38**	**388946**	**1206236**	**912**	**708**	**814**	**867**
市区	District	5	7	73940	229551	162	107	162	162
镇赉县	Zhenlai	4	7	60706	184264	141	132	141	140
通榆县	Tongyu	8	8	81516	253681	172	150	132	129
洮南市	Taonan	10	6	92036	287138	212	116	193	221
大安市	Da'an	8	10	80748	251602	225	203	186	215
延边朝鲜族自治州	**Yanbian**	**15**	**51**	**232301**	**715398**	**1050**	**1037**	**1048**	**1047**
延吉市	Yanji		4	23797	69079	54	52	54	54
图们市	Tumen		4	6165	17943	50	50	50	50
敦化市	Dunhua	5	11	66427	216503	303	296	303	303
珲春市	Hunchun	5	4	27656	80740	121	119	121	121
龙井市	Longjing	2	5	19719	61807	65	65	65	65
和龙市	Helong		8	25873	71607	76	76	76	76
汪清县	Wangqing	1	8	35861	103517	200	198	200	200
安图县	Antu	2	7	26803	94202	181	181	179	178

19－13 各市县农林牧渔总产值（2015年）

Output Value of Agriculture、Forestry、Animal Husbandry and Fishery by City and County（2015）

单位：万元 unit: 10000yuan

市、县	City, County	农林牧渔业总产值 Total	农业 Farming	林业 Forestry	牧业 Animal Husbandry	渔业 Fishery	农林牧渔业总产值指数 Indices
全　省	**Total**	**28806158**	**14003751**	**1098211**	**12448681**	**399064**	**104.3**
长春市	**Changchun**	**6495784**	**3214298**	**35252**	**3021298**	**55344**	**106.2**
市　区	District	1371866	681102	7278	621676	19878	251.3
农安县	Nong' an	1785899	850461	10793	866860	12559	105.7
榆树市	Yushu	1964809	1067224	7358	833898	11643	106.1
德惠市	Dehui	1373210	615511	9823	698864	11264	107.5
吉林市	**Jilin**	**4888698**	**2508702**	**123617**	**1964323**	**87666**	**105.4**
市　区	District	979906	500039	11129	397078	27954	101.3
永吉县	Yongji	434111	255756	14962	138045	5918	107.4
蛟河市	Jiaohe	749063	463121	29114	220635	15503	108.8
桦甸市	Huadian	850141	456584	37675	313295	7889	105.7
舒兰市	Shulan	999223	438899	22987	481111	15874	105.8
磐石市	Panshi	876254	394303	7750	414159	14528	105.8
四平市	**Siping**	**5608918**	**2210628**	**101271**	**3185945**	**15144**	**109.7**
市　区	District	311562	114054	2527	186765	5416	101.5
梨树县	Lishu	1717472	706679	73340	908046	1757	108.4
伊通满族自治县	Yitong	884575	224349	791	643111	2994	112.9
公主岭市	Gongzhuling	1881609	877443	11563	945545	3808	110.5
双辽市	Shuangliao	813700	288103	13050	502478	1169	108.6
辽源市	**Liaoyuan**	**1102579**	**457930**	**26194**	**603430**	**6622**	**106.8**
市　区	District	66010	27209	930	36359	187	95.0
东丰县	Dongfeng	633715	247816	14564	366354	3131	105.7
东辽县	Dongliao	402854	182905	10700	200717	3304	110.9
通化市	**Tonghua**	**1749592**	**907404**	**97857**	**592494**	**45130**	**105.2**
市　区	District	105224	35895	3171	63726	496	108.2
通化县	Tonghua	173529	96287	13983	51355	9727	105.7
辉南县	Huinan	350728	182714	4036	133698	8082	102.2
柳河县	Liuhe	431202	223159	59466	110142	3607	104.6
梅河口市	Meihekou	513194	239198	5743	215444	12046	105.0

注：各地区相加不等于全省总计。

Note: The Sum of data by every region is not equal to the whole province.

19－13 续表 continued

单位：万元 unit: 10000yuan

市、县	City，County	农林牧渔业总产值 Total	农业 Farming	林业 Forestry	牧业 Animal Husbandry	渔业 Fishery	农林牧渔业总产值指数 Indices
集安市	Ji' an	175715	130151	11458	18129	11172	104.2
白山市	**Baishan**	**1092523**	**740022**	**141709**	**170367**	**31008**	**105.3**
市区	District	318388	176599	61556	66408	9823	108.3
抚松县	Fusong	402534	304102	40159	43323	12650	105.7
靖宇县	Jingyu	136745	89073	10576	31689	3617	107.1
长白朝鲜族自治县	Changbai	86961	65563	9872	10109	817	90.8
临江市	Linjiang	147895	104685	19546	18838	4101	106.1
松原市	**Songyuan**	**4997758**	**3068800**	**54553**	**1672216**	**92313**	**106.8**
市区	District	301416	222451	7532	52992	11430	109.1
前郭尔罗斯蒙古族自治县	Qianguo	1358317	759395	17000	511913	35409	106.2
长岭县	Changling	1413472	888866	8098	494104	3764	109.2
乾安县	Qian' an	460512	313023	5583	121214	7360	103.6
扶余市	Fuyu	1464041	885065	16340	491993	34350	105.7
白城市	**Baicheng**	**2357875**	**1533176**	**68873**	**618671**	**56846**	**106.8**
市区	District	443333	344654	10383	82574	436	106.1
镇赉县	Zhenlai	559155	321794	21251	171329	27569	104.6
通榆县	Tongyu	409632	263337	10989	111865	6229	110.5
洮南市	Taonan	552637	350184	10302	155583	8374	102.0
大安市	Da' an	393118	253207	15948	97320	14238	114.8
延边朝鲜族自治州	**Yanbian**	**1410561**	**1015003**	**170392**	**188623**	**17881**	**104.7**
延吉市	Yanji	95612	66352	4580	20275	311	104.6
图们市	Tumen	33766	23848	1410	8022	218	104.8
敦化市	Dunhua	555028	417483	54100	66215	9200	104.8
珲春市	Hunchun	111076	77165	10641	19160	2910	104.6
龙井市	Longjing	84898	58530	3330	21610	698	105.0
和龙市	Helong	140384	84070	34877	19510	627	104.7
汪清县	Wangqing	224790	164980	42750	13015	2555	104.6
安图县	Antu	165007	122575	18704	20816	1362	104.4

19－14 各市县主要农业机械拥有量（2015年）

Possession of Major Agricultural Machinery by City and County（2015）

市、县 City，County	农业机械总动力（万千瓦）Total Power of Agricultural Machinery (10000kw)	大中型农用拖拉机（混合台）Large and Medium Tractors Towing Farm Machinery (unit)	农用小型及手扶拖拉机（台）Mini－Tractors (unit)	大中型机引农具（部）Large and Medium Tractors Towing Farm Machinery (unit)	农用排灌动力机械（台）Irrigating Machinery (unit)	联合收割机（台）Combine Harvester (unoit)	移动水稻插秧机（台）Mobile Rice Transplanter (unit)	粮食加工机械（台）Machine of Grain Processing (unit)
全　省 Total	**3153**	**521422**	**646438**	**834012**	**464256**	**63238**	**51862**	**122390**
长春市 Changchun	**654**	**126420**	**74678**	**179419**	**79821**	**13274**	**7739**	**29942**
市　区 District	169	15861	36986	38113	25900	2826	1929	7762
农安县 Nong' an	187	53489	14417	70719	9919	3598	566	5610
榆树市 Yushu	172	38874	9141	39215	15002	4269	3438	9209
德惠市 Dehui	126	18196	14134	31372	29000	2581	1806	7361
吉林市 Jilin	**385**	**19466**	**191284**	**21039**	**64849**	**6583**	**6178**	**16900**
市　区 District	79	4101	36672	3615	8494	947	1273	2088
永吉县 Yongji	44	2115	21064	717	5545	812	822	3660
蛟河市 Jiaohe	57	4483	22545	2799	10570	999	310	2703
桦甸市 Huadian	54	1636	24995	1202	2400	1147	206	3756
舒兰市 Shulan	101	5275	46982	11242	32380	1282	3095	2283
磐石市 Panshi	51	1856	39026	1464	5460	1396	472	2410
四平市 Siping	**358**	**54734**	**50210**	**51479**	**71542**	**10480**	**3077**	**16089**
市　区 District	33	4749	1202	3627	13095	530	986	577
梨树县 Lishu	77	8641	7751	15982	21950	1959	43	4956
伊通满族自治县 Yitong	42	5098	9346	6992	4196	799	80	1258
公主岭市 Gongzhuling	132	24554	19451	16282	13119	4297	452	7998
双辽市 Shuangliao	74	11692	12460	8596	19182	2895	1516	1300
辽源市 Liaoyuan	**134**	**9315**	**51383**	**20078**	**32582**	**1341**	**304**	**5933**
市　区 District	5	91	2930	85	600	2		705
东丰县 Dongfeng	65	6872	23217	16287	21432	876	251	3078
东辽县 Dongliao	64	2352	25236	3706	10550	463	53	2150
通化市 Tonghua	**169**	**14299**	**71714**	**16592**	**25809**	**3055**	**1694**	**10803**
市　区 District	10	201	918	58	1872	10	2	405
通化县 Tonghua	20	1369	7307	1138	284	130	33	3726
辉南县 Huinan	39	2910	22131	1766	4520	900	480	1871
柳河县 Liuhe	36	2423	23378	1485	4171	737	317	1496
梅河口市 Meihekou	47	6641	14390	11830	9318	1203	845	1060

市、县 City, County		农业机械总动力（万千瓦）Total Power of Agricultural Machinery (10000kw)	大中型农用拖拉机（混合台）Large and Medium Tractors Towing Farm Machinery (unit)	农用小型及手扶拖拉机（台）Mini－Tractors (unit)	大中型机引农具（部）Large and Medium Tractors Towing Farm Machinery (unit)	农用排灌动力机械（台）Irrigating Machinery (unit)	联合收割机（台）Combine Harvester (unoit)	移动水稻插秧机（台）Mobile Rice Transplanter (unit)	粮食加工机械（台）Machine of Grain Processing (unit)
集安市	Ji' an	17	755	3590	315	5644	75	17	2245
白山市	**Baishan**	**46**	**2656**	**2838**	**2793**	**8508**	**90**	**7**	**4968**
市区	District	15	309	686	707	3171	10	2	2137
抚松县	Fusong	9	483	705	760	2616	10		910
靖宇县	Jingyu	11	1308	701	732	1173	37	5	339
长白朝鲜族自治县	Changbai	3	254	22	48	623	8		484
临江市	Linjiang	9	302	724	546	925	25		1098
松原市	**Songyuan**	**665**	**123911**	**126769**	**201719**	**67877**	**13698**	**11187**	**18808**
市区	District	86	13887	10553	5960	12495	1512	946	1303
前郭尔罗斯蒙古族自治县	Qianguo	171	20038	39035	67560	17603	5189	7956	3900
长岭县	Changling	159	33632	37702	29386	8866	2983	84	2089
乾安县	Qian' an	107	32365	9600	46824	6500	2191	129	1550
扶余市	Fuyu	143	23989	29879	51989	22413	1823	2072	9966
白城市	**Baicheng**	**514**	**117948**	**42712**	**231873**	**105885**	**9844**	**16812**	**13766**
市区	District	130	22454	8290	34855	32535	3804	2054	2422
镇赉县	Zhenlai	95	26026	360	76127	21320	2020	10752	1958
通榆县	Tongyu	123	40937	3118	74295	15955	1083		5560
洮南市	Taonan	94	13737	18509	21362	24460	1721	2174	2365
大安市	Da' an	71	14794	12435	25234	11615	1216	1832	1461
延边朝鲜族自治州	**Yanbian**	**228**	**52673**	**34850**	**109020**	**7383**	**4873**	**4864**	**5181**
延吉市	Yanji	15	2576	3054	2477	689	214	487	310
图们市	Tumen	8	1780	1178	2383	124	208	119	371
敦化市	Dunhua	80	20551	11629	49574	3085	1682	495	2164
珲春市	Hunchun	24	4641	5446	4077	73	871	1094	209
龙井市	Longjing	17	3236	3716	3816	137	592	911	512
和龙市	Helong	18	3141	4041	3343	29	554	1032	695
汪清县	Wangqing	40	10099	1901	37875	2664	426	421	705
安图县	Antu	27	6649	3885	5475	582	326	305	215

19－15 各市县农业现代化水平（2015年）

Agricultural Modernizing Level of the City and County（2015）

市、县 City，County		机耕面积（千公顷）Area of Machinery Cultivated Land (1000ha)	机播面积（千公顷）Area of Machinery Sowed Land (1000ha)	农村用电量（千千瓦小时）Electrical Consumption in Rual (10000kwh)	有效灌溉面积（千公顷）Effective Irrigated Area (1000ha)	配套机电井（眼）Electrical Machinery of Well (unit)	化肥施用量（实物量）（吨）Consumption of Chemical Fertilizer (ton)	#氮肥 Nitrogenous Fertilizers	#磷肥 Phosphate Fertilizer
全　省	**Total**	**5071.9**	**5158.5**	**4960033**	**1790.9**	**160976**	**4444486**	**1673029**	**437499**
长春市	**Changchun**	**1013.6**	**1163.5**	**1363413**	**251.4**	**31139**	**1047438**	**436254**	**114800**
市　区	District	250.0	274.7	647614	89.3	12076	282997	92241	21314
农安县	Nong' an	305.0	347.0	256094	48.6	4992	280821	133973	36427
榆树市	Yushu	289.1	363.3	249561	53.9	7909	322318	137046	36065
德惠市	Dehui	169.5	178.5	210144	59.7	6162	161302	72994	20994
吉林市	**Jilin**	**614.4**	**534.7**	**525823**	**159.7**	**9324**	**601386**	**215440**	**46337**
市　区	District	101.9	84.3	194241	39.0	4215	111598	49213	8509
永吉县	Yongji	70.2	66.5	71078	31.3	2550	71132	17850	6050
蛟河市	Jiaohe	115.6	103.4	73990	14.9	345	108449	36792	15198
桦甸市	Huadian	97.7	93.3	49200	7.7	314	100445	44148	3385
舒兰市	Shulan	137.0	102.4	74747	40.9	1301	107673	34998	10695
磐石市	Panshi	92.0	84.8	62567	25.9	599	102089	32439	2500
四平市	**Siping**	**756.6**	**781.5**	**630686**	**206.3**	**18042**	**725043**	**166804**	**25348**
市　区	District	50.0	49.5	151719	16.2	318	45970	15803	2001
梨树县	Lishu	211.2	247.2	88296	78.0	2541	186665	39245	5759
伊通满族自治县	Yitong	117.6	108.0	85065	14.6	1695	111370	7771	1731
公主岭市	Gongzhuling	283.6	276.9	204948	29.5	4711	271538	49393	7238
双辽市	Shuangliao	94.2	99.9	100658	68.1	8777	109500	54592	8619
辽源市	**Liaoyuan**	**208.0**	**185.7**	**228802**	**23.0**	**5498**	**197741**	**66370**	**11293**
市　区	District	8.1	8.1	9004	0.5	169	13732	4475	966
东丰县	Dongfeng	108.2	84.2	183620	18.0	4531	111569	42914	5267
东辽县	Dongliao	91.7	93.4	36178	4.6	798	72440	18981	5060
通化市	**Tonghua**	**292.5**	**173.8**	**314289**	**99.6**	**1815**	**314705**	**148578**	**33929**
市　区	District	2.2	0.6	32886	1.0	84	6231	4019	346
通化县	Tonghua	19.6	2.2	37034	5.1	44	28698	17721	1296
辉南县	Huinan	73.0	42.2	55123	38.1	145	72390	38071	4180
柳河县	Liuhe	91.7	46.5	60582	18.3	368	77934	31893	10254
梅河口市	Meihekou	98.6	79.2	80047	33.0	1047	112725	48472	15624

19－15 续表 continued

市、县 City, County		机耕面积（千公顷）Area of Machinery Cultivated Land (1000ha)	机播面积（千公顷）Area of Machinery Sowed Land (1000ha)	农村用电量（千千瓦小时）Electrical Consumption in Rual (10000kwh)	有效灌溉面积（千公顷）Effective Irrigated Area (1000ha)	配套机电井（眼）Electrical Machinery of Well (unit)	化肥施用量（实物量）（吨）Consumption of Chemical Fertilizer (ton)	#氮肥 Nitrogenous Fertilizers	#磷肥 Phosphate Fertilizer
集安市	Ji' an	7.4	3.1	48617	4.1	127	16727	8402	2229
白山市	**Baishan**	**28.7**	**14.6**	**90401**	**1.9**	**452**	**37367**	**18621**	**1509**
市　区	District	6.0	2.6	32489	0.6	175	11666	6702	442
抚松县	Fusong	9.0	6.7	15218	0.2	123	9746	3805	365
靖宇县	Jingyu	8.3	3.6	19011	0.4	81	7222	3286	274
长白朝鲜族自治县	Changbai	2.5	0.6	7673	0.4	6	2027	1078	22
临江市	Linjiang	2.9	1.1	16010	0.3	67	6706	3750	406
松原市	**Songyuan**	**1010.3**	**1086.1**	**562383**	**460.2**	**45744**	**838936**	**343855**	**128283**
市　区	District	58.0	58.5	59602	28.0	3753	61768	26786	9693
前郭尔罗斯蒙古族自治县	Qianguo	291.5	315.6	154000	121.8	9485	178880	65549	29353
长岭县	Changling	266.3	267.4	176335	111.2	13025	292078	132961	62451
乾安县	Qian' an	135.0	151.8	56463	92.4	8992	122475	37357	6514
扶余市	Fuyu	259.5	292.8	115983	106.8	10489	183735	81202	20272
白城市	**Baicheng**	**823.4**	**884.2**	**393227**	**520.2**	**47661**	**509120**	**211743**	**55270**
市　区	District	147.8	152.7	46146	101.6	16071	83794	40574	8180
镇赉县	Zhenlai	171.3	190.2	110961	127.3	7735	104377	40247	5422
通榆县	Tongyu	261.4	280.0	57092	110.0	8839	104313	35703	14411
洮南市	Taonan	146.9	148.0	103033	80.5	5494	129896	53047	17295
大安市	Da' an	96.0	113.3	75995	100.9	9522	86740	42172	9962
延边朝鲜族自治州	**Yanbian**	**324.4**	**334.4**	**851009**	**68.6**	**1301**	**172750**	**65364**	**20730**
延吉市	Yanji	15.8	15.8	150164	5.4	236	10882	4308	1244
图们市	Tumen	6.4	7.9	46099	2.0	52	6771	2819	362
敦化市	Dunhua	145.5	148.0	248216	16.1	531	57559	20133	9259
珲春市	Hunchun	28.7	28.5	89579	10.7	161	17290	6812	1412
龙井市	Longjing	21.1	23.2	100780	6.2	147	18602	6624	1241
和龙市	Helong	15.9	24.6	96889	13.1	44	17404	11146	2078
汪清县	Wangqing	58.3	57.5	80755	11.5	64	29943	9557	3572
安图县	Antu	32.7	28.9	38527	3.6	66	14299	3965	1562

19－16 各市县总播种面积和产量（2015年）

Total Sown Areas and Output of Major Farm Crops by City and County（2015）

市、县	City，County	总播种面积（公顷）Total Sown Area (ha)	粮食 Grain Crops 播种面积 Sown Area（公顷）(ha)	总产量 Output（吨）(ton)	#水稻 Rice 播种面积 Sown Area（公顷）(ha)	总产量 Output（吨）(ton)	#玉米 Corn 播种面积 Sown Area（公顷）(ha)	总产量 Output（吨）(ton)
长春市	**Changchun**	**1334123**	**1250636**	**9557275**	**168339**	**1365546**	**1051074**	**7966166**
南关区	Nanguan	186	186	975			186	975
宽城区	Kuancheng	5124	3560	19576	260	2270	3300	17306
朝阳区	Chaoyang	9183	8806	40454	1308	6409	7498	34045
二道区	Erdao	1803	1760	8594	21	187	1739	8407
绿园区	Lvyuan	9330	4832	24432	488	3033	4343	21397
双阳区	Shuangyang	89556	84493	557586	11313	75740	71880	480836
九台区	Jiutai	180361	169061	1064013	22805	171044	141783	851220
净月潭旅游开发区	Jnngyue Tan Tourism Development Zone	8408	8271	25237	368	1799	7903	23438
经济开发区	Economic Development Zone	2292	2208	8044			2208	8044
高新开发区	Gaoxin Development Zone	4638	4283	10857	716	1790	3537	8842
汽车产业开发区	Automotive Industry Development Zone	2622	2322	6230	370	3463	1933	2555
莲花山生态旅游度假区	Lianhuashan	11190	11116	42225	458	3249	10638	38824
农安县	Nong' an	393945	363182	2941299	12204	114900	337997	2740000
榆树市	Yushu	391126	378936	3334208	72054	558130	298668	2717665
德惠市	Dehui	224359	207620	1473545	45974	423532	157461	1012612
吉林市	**Jilin**	**676226**	**637871**	**4230008.6**	**133320**	**1029938**	**474241**	**3085090**
昌邑区	Changyi	31284	29989	209008	12861	85584	17091	123287
龙潭区	Longtan	30078	27448	194421	8795	63235	18576	130576
船营区	Chuanying	22778	20770	123207	4686	31456	16076	91736
丰满区	Fengman	12746	9543	62356	1418	10311	8105	51987
高新区	Gaoxin	4523	4200	26003	1600	11044	2600	14959
开发区	Kaifaqu	3050	2937	19994	757	5728	2180	14266
中新食品区	Zhongxin food area	10322	9908	57277	4218	26020	5664	31127
永吉县	Yongji	70019	68257	475196	16015	142542	51304	329908
蛟河市	Jiaohe	112311	106566	629644	11756	95874	76469	471227
桦甸市	Huadian	117859	111712	721452	7513	57747	99156	649981
舒兰市	Shulan	142989	137978	951780	44852	352507	89664	576590
磐石市	Panshi	118267	108563	759671	18849	147890	87356	599446
四平市	**Siping**	**916060**	**875216**	**7621753**	**49278**	**463143**	**809259**	**7074998**
铁西区	Tiexi	10812	9470	45162	115	859	9345	44243
铁东区	Tiedong	20957	20653	112681	187	1315	20443	111307
辽河农垦管理区	Liaohe	27000	26666	197650	7333	56500	19266	141000
梨树县	Lishu	242541	226252	2149916	2453	24530	216914	2091315
伊通满族自治县	Yitong	124297	122842	1029668	5673	48450	116335	977050
公主岭市	Gongzhuling	316005	306433	2972739	10493	104928	291455	2838328
双辽市	Shuangliao	174448	162900	1113937	23024	226561	135501	871755
辽源市	**Liaoyuan**	**244036**	**238449**	**1511367**	**19933**	**139455**	**215550**	**1357567**
龙山区	Longshan	5727	5425	34071	238	1990	5184	32070

市、县 City，County		总播种面积（公顷）Total Sown Area (ha)	粮食 Grain Crops 播种面积 Sown Area（公顷）(ha)	总产量 Output（吨）(ton)	#水稻 Rice 播种面积 Sown Area（公顷）(ha)	总产量 Output（吨）(ton)	#玉米 Corn 播种面积 Sown Area（公顷）(ha)	总产量 Output（吨）(ton)
西安区	Xi,an	4533	4217	29133	268	1600	3898	27283
民营经济开发区	Private Elonomic Development Zone	1819	1687	9652	46	299	1637	9344
东丰县	Dongfeng	130489	128497	850316	16155	112661	110708	732515
东辽县	Dongliao	101468	98623	588195	3226	22905	94123	556355
通化市	**Tonghua**	**325747**	**293194**	**1818480**	**90585**	**635951**	**190430**	**1141984**
东昌区	Dongchang	2486	992	5761	97	679	811	4843
二道江区	Erdaojiang	2366	1850	10735	202	1495	1493	8872
通化经济开发区	Tonghua Economic Development Zone	345	256	2139	104	819	123	1200
通化县	Tonghua	30865	26246	156743	5122	37346	17712	108369
辉南县	Huinan	80892	74999	518801	27059	216398	46563	299040
柳河县	Liuhe	88899	83369	518798	21330	145168	60012	362708
梅河口市	Meihekou	97378	94085	532839	34187	214308	56394	308979
集安市	Ji' an	22516	11397	72664	2484	19738	7322	47973
白山市	**Baishan**	**67117**	**52299**	**272735**	**953**	**6417**	**34303**	**225005**
八道江区	Badaojiang	6881	5031	27755	308	2037	3526	22573
江源区	Jiangyuan	6191	4929	28170	20	150	3196	23930
抚松县	Fusong	20850	17517	86642			11551	72971
靖宇县	Jingyu	14978	11152	61315	160	1002	8070	52681
长白朝鲜族自治县	Changbai	6360	4316	24060	252	1453	2514	17714
临江市	Linjiang	11857	9354	44794	213	1775	5446	35136
松原市	**Songyuan**	**1224453**	**1035471**	**7379364**	**110311**	**1063010**	**823816**	**5855488**
宁江区	Ningjiang	72209	56617	484624	14528	141825	40135	334302
前郭尔罗斯蒙古族自治县	Qianguo	314904	257866	2072382	69265	692600	175774	1291073
长岭县	Changling	335222	280305	1785317	706	7046	231587	1582948
乾安县	Qian' an	178763	165536	912043	2927	15574	134444	790462
扶余市	Fuyu	323355	275147	2124998	22885	205965	241876	1856703
白城市	**Baicheng**	**1055907**	**894895**	**4176215**	**148928**	**967626**	**529035**	**2605830**
洮北区	Taobei	173369	140080	813140	40999	294819	80011	446375
镇赉县	Zhenlai	205788	194732	1018902	74376	406860	100668	513406
通榆县	Tongyu	309291	237814	602961	7761	18648	113074	324274
洮南市	Taonan	242680	215250	928762	16562	162756	154055	667622
大安市	Da' an	124779	107019	812449	9230	84543	81227	654153
延边朝鲜族自治州	**Yanbian**	**392184**	**356673**	**1426624**	**36817**	**183414**	**208175**	**1029158**
延吉市	Yanji	18213	15732	97104	2484	15291	12142	79263
图们市	Tumen	10104	9355	47529	1090	6594	7682	39713
敦化市	Dunhua	166423	158761	522760	5053	21230	93142	394960
珲春市	Hunchun	35032	32421	116199	9172	32893	18322	77392
龙井市	Longjing	28144	27149	140877	4292	23280	21654	115264
和龙市	Helong	29336	27691	131875	8170	40313	16515	86378
汪清县	Wangqing	67730	55786	254814	4308	32267	24870	158571
安图县	Antu	37202	29778	115466	2248	11546	13848	77617

市、县 City，County		#大豆 Soybean		#薯类 Potato		#马铃薯 Potato	
		播种面积 Sown Area（公顷）(ha)	总产量 Output（吨）(ton)	播种面积 Sown Area（公顷）(ha)	总产量 Output（吨）(ton)	播种面积 Sown Area（公顷）(ha)	总产量 Output（吨）(ton)
长春市	**Changchun**	**4783**	**21456**	**22030**	**862875**	**21697**	**853140**
南关区	Nanguan						
宽城区	Kuancheng						
朝阳区	Chaoyang						
二道区	Erdao						
绿园区	Lvyuan	1	2				
双阳区	Shuangyang	98	284	1189	3455	1189	3455
九台区	Jiutai	178	747	3547	187835	3543	187675
净月潭旅游开发区	Jnngyue Tan Tourism Development Zone						
经济开发区	Economic Development Zone						
高新开发区	Gaoxin Development Zone			30	1125	30	1125
汽车产业开发区	Automotive Industry Development Zone			19	1060	19	1060
莲花山生态旅游度假区	Lianhuashan	1	2	19	750	19	750
农安县	Nong' an	3631	17190	6028	212695	5708	203550
榆树市	Yushu	592	2350	7610	279895	7610	279895
德惠市	Dehui	282	881	3588	176060	3579	175630
吉林市	**Jilin**	**21622**	**68012**	**6775**	**192398**	**6061**	**176121**
昌邑区	Changyi	37	137				
龙潭区	Longtan	55	410				
船营区	Chuanying	8	15				
丰满区	Fengman	19	56				
高新区	Gaoxin						
开发区	Kaifaqu						
中新食品区	New food area			26	650	17	418
永吉县	Yongji	289	866	474	8003	474	8003
蛟河市	Jiaohe	16389	51804	1506	45720	1200	39600
桦甸市	Huadian	3725	8818	1114	21975	993	19306
舒兰市	Shulan	862	5158	1735	60635	1735	60635
磐石市	Panshi	238	748	1920	55415	1642	48159
四平市	**Siping**	**3406**	**7580**	**9730**	**310502**	**9428**	**303572**
铁西区	Tiexi			10	300	10	300
铁东区	Tiedong	23	59				
辽河农垦管理区	Liaohe						
梨树县	Lishu	2747	5571	4053	141070	3881	136330
伊通满族自治县	Yitong	3	13	831	20775	829	20725
公主岭市	Gongzhuling	117	394	4303	142797	4303	142797
双辽市	Shuangliao	516	1543	533	5560	405	3420
辽源市	**Liaoyuan**	**240**	**903**	**2705**	**66945**	**2475**	**61900**
龙山区	Longshan	3	11				

19－16 续表 3 continued

市、县 City，County		大豆 Soybean		#薯类 Potato		#马铃薯 Potato	
		播种面积 Sown Area （公顷） (ha)	总产量 Output （吨） (ton)	播种面积 Sown Area （公顷） (ha)	总产量 Output （吨） (ton)	播种面积 Sown Area （公顷） (ha)	总产量 Output （吨） (ton)
西安区	Xi,an	51	250				
民营经济开发区	Private Economic Development Zone	2	6	2	15	2	15
东丰县	Dongfeng	71	190	1563	24750	1399	22155
东辽县	Dongliao	113	446	1140	42180	1074	39730
通化市	**Tonghua**	**5832**	**14884**	**6107**	**125435**	**4381**	**95212**
东昌区	Dongchang	74	207	4	70	4	70
二道江区	Erdaojiang	121	182	22	656	18	561
通化经济开发区	Tonghua Economic Development Zone			29	600	29	600
通化县	Tonghua	2509	5986	828	24450	691	20455
辉南县	Huinan	629	2205	708	4955	543	3885
柳河县	Liuhe	644	1874	1383	45240	1067	34810
梅河口市	Meihekou	970	2548	2477	34545	1553	23399
集安市	Ji' an	885	1882	656	14919	476	11432
白山市	**Baishan**	**15032**	**34141**	**1640**	**31134**	**1364**	**27570**
八道江区	Badaojiang	1033	2543	124	2733	124	2733
江源区	Jiangyuan	1543	3269	143	3880	143	3880
抚松县	Fusong	5545	12776	278	2174	261	2082
靖宇县	Jingyu	2323	5314	541	10779	388	8544
长白朝鲜族自治县	Changbai	1191	2802	328	10103	287	9476
临江市	Linjiang	3397	7437	226	1465	161	855
松原市	**Songyuan**	**990**	**4133**	**11594**	**409225**	**11017**	**392903**
宁江区	Ningjiang	321	825	463	15595	391	13940
前郭尔罗斯蒙古族自治县	Qianguo	275	1727	263	9205	263	9205
长岭县	Changling	284	1306	7500	256680	7000	242200
乾安县	Qian' an	47	86	189	8840	189	8840
扶余市	Fuyu	63	189	3179	118905	3174	118718
白城市	**Baicheng**	**2879**	**7382**	**5428**	**79563**	**5260**	**77751**
洮北区	Taobei	104	72	3867	53537	3782	52415
镇赉县	Zhenlai	400	1191	69	3105	69	3105
通榆县	Tongyu	642	655	510	2920	510	2920
洮南市	Taonan	353	670	651	16850	646	16800
大安市	Da' an	1380	4794	331	3151	253	2511
延边朝鲜族自治州	**Yanbian**	**106728**	**193908**	**4568**	**96685**	**4566**	**96655**
延吉市	Yanji	859	1528	247	5110	247	5110
图们市	Tumen	422	689	152	2530	150	2500
敦化市	Dunhua	59401	102170	929	19960	929	19960
珲春市	Hunchun	4248	4103	614	8225	614	8225
龙井市	Longjing	1000	1824	199	2475	199	2475
和龙市	Helong	2609	4513	397	3355	397	3355
汪清县	Wangqing	25738	59455	839	22025	839	22025
安图县	Antu	12451	19626	1191	33005	1191	33005

市、县 City，County		油 料 Oil-bearing		甜 菜 Beetroots		烟 叶 Tobacco	
		播种面积 Sown Area （公顷）(ha)	总产量 Output （吨）(ton)	播种面积 Sown Area （公顷）(ha)	总产量 Output （吨）(ton)	播种面积 Sown Area （公顷）(ha)	总产量 Output （吨）(ton)
长春市	**Changchun**	**5462**	**13776**			**5036**	**14681**
南关区	Nanguan						
宽城区	Kuancheng						
朝阳区	Chaoyang						
二道区	Erdao						
绿园区	Lvyuan						
双阳区	Shuangyang						
九台区	Jiutai	29	121			203	608
净月潭旅游开发区	Jnngyue Tan Tourism Development Zone						
经济开发区	Economic Development Zone						
高新开发区	Gaoxin Development Zone						
汽车产业开发区	Automotive Industry Development Zone						
莲花山生态旅游度假区	Lianhuashan						
农安县	Nong' an	4375	10836			3824	11472
榆树市	Yushu	49	196			430	1096
德惠市	Dehui	1009	2623			579	1505
吉林市	**Jilin**	**1582**	**3934**			**1484**	**5413**
昌邑区	Changyi						
龙潭区	Longtan						
船营区	Chuanying	21	36				
丰满区	Fengman						
高新区	Gaoxin						
开发区	Kaifaqu						
中新食品区	Zhongxin food area						
永吉县	Yongji	197	352				
蛟河市	Jiaohe	336	642			1118	4526
桦甸市	Huadian	885	2381			187	513
舒兰市	Shulan	5	20				
磐石市	Panshi	138	503			179	374
四平市	**Siping**	**12225**	**27964**				
铁西区	Tiexi						
铁东区	Tiedong						
辽河农垦管理区	Liaohe	67	120				
梨树县	Lishu	2582	7610				
伊通满族自治县	Yitong						
公主岭市	Gongzhuling	163	343				
双辽市	Shuangliao	9413	19891				
辽源市	**Liaoyuan**	**2**	**14**	**1**	**1**		
龙山区	Longshan						

市、县 City，County		油料 Oil-bearing		甜菜 Beetroots		烟叶 Tobacco	
		播种面积 Sown Area （公顷） (ha)	总产量 Output （吨） (ton)	播种面积 Sown Area （公顷） (ha)	总产量 Output （吨） (ton)	播种面积 Sown Area （公顷） (ha)	总产量 Output （吨） (ton)
西安区	Xi,an						
民营经济开发区	Private Economic Development Zone						
东丰县	Dongfeng	2	14	1	1		
东辽县	Dongliao						
通化市	**Tonghua**	**315**	**898**			**2961**	**8415**
东昌区	Dongchang						
二道江区	Erdaojiang	5	14				
通化经济开发区	Tonghua Economic Development Zone						
通化县	Tonghua	129	382			273	741
辉南县	Huinan	16	84			1130	3490
柳河县	Liuhe	24	101			1547	4150
梅河口市	Meihekou	1	3			10	33
集安市	Ji' an	140	314			1	1
白山市	**Baishan**	**2617**	**4825**			**324**	**954**
八道江区	Badaojiang	36	68			25	75
江源区	Jiangyuan	100	292			25	60
抚松县	Fusong	891	1142			14	83
靖宇县	Jingyu	1263	2322				
长白朝鲜族自治县	Changbai	31	114			62	155
临江市	Linjiang	296	887			198	581
松原市	**Songyuan**	**142039**	**484352**	**266**	**4210**	**285**	**1130**
宁江区	Ningjiang	11285	35514	11	385		
前郭尔罗斯蒙古族自治县	Qianguo	45439	124443	255	3825		
长岭县	Changling	33964	155454				
乾安县	Qian' an	8395	19567				
扶余市	Fuyu	42956	149374			285	1130
白城市	**Baicheng**	**101521**	**222921**	**286**	**8755**	**2101**	**5721**
洮北区	Taobei	20672	69951			404	1131
镇赉县	Zhenlai	5958	20905			797	1923
通榆县	Tongyu	43750	57297	1	3		
洮南市	Taonan	21687	46350				
大安市	Da' an	9454	28418	285	8752	900	2667
延边朝鲜族自治州	**Yanbian**	**3398**	**5551**	**1**	**20**	**3423**	**8197**
延吉市	Yanji	437	401			186	391
图们市	Tumen	92	131			50	125
敦化市	Dunhua	282	648	1	20	1131	2941
珲春市	Hunchun	185	1023			14	38
龙井市	Longjing	26	59			145	282
和龙市	Helong	67	85			475	1067
汪清县	Wangqing	3	5			1277	2933
安图县	Antu	2306	3199			145	420

市、县 City, County		园参 Garden Ginseng		蔬菜 Vegetables		瓜果类 Melon class		葵花籽 Sunflower Seed	
		收获面积 Sown Area （公顷） (ha)	总产量 Output （吨） (ton)	播种面积 Sown Area （公顷） (ha)	总产量 Output （吨） (ton)	播种面积 Sown Area （公顷） (ha)	总产量 Output （吨） (ton)	播种面积 Sown Area （公顷） (ha)	总产量 Output （吨） (ton)
长春市	**Changchun**			**64048**	**2885783**	**8501**	**276172**	**3213**	**7980**
南关区	Nanguan								
宽城区	Kuancheng			1544	32646	20	211		
朝阳区	Chaoyang			313	7810	44	1270		
二道区	Erdao			43	1550				
绿园区	Lvyuan			4423	148286	75	1325		
双阳区	Shuangyang			4727	84850	137	4222		
九台市	Jiutai			9866	403792	982	27925	9	45
净月潭旅游开发区	Jnngyue Tan Tourism Development Zone			110	2088	27	559		
经济开发区	Economic Development Zone			74	480	10	25		
高新开发区	Gaoxin Development Zone			290	3519	65	1625		
汽车产业开发区	Automotive Industry Development Zone			260	7279	40	542		
莲花山生态旅游度假区	Lianhuashan			49	1227	25	499		
农安县	Nong' an			17675	756648	4889	145769	2219	5369
榆树市	Yushu			10405	664259	1306	59495		
德惠市	Dehui			14269	771349	881	32705	985	2566
吉林市	**Jilin**	**534**	**9073**	**28736**	**1459331**	**4299**	**129314**	**372**	**960**
昌邑区	Changyi			1168	51035	127	4198		
龙潭区	Longtan			2203	120283	427	12990		
船营区	Chuanying			1863	58693	122	1384	10	8
丰满区	Fengman			3112	124993	91	763		
高新区	Gaoxin			323	17417				
开发区	Kaifaqu			107	4974	6	215		
中新食品区	Zhongxin food area			409	7141	5	148		
永吉县	Yongji			1403	50083	57	2085		
蛟河市	Jiaohe	145		2851	211556	1227	20124	171	294
桦甸市	Huadian	297	5831	3283	165256	673	18382	56	148
舒兰市	Shulan	32	182	4478	280249	496	9784	5	20
磐石市	Panshi	60	3060	7536	367651	1068	59241	130	490
四平市	**Siping**			**24158**	**1061611**	**4422**	**170610**	**782**	**1763**
铁西区	Tiexi			1327	55859	15	385		
铁东区	Tiedong			304	13928				
辽河农垦管理区	Liaohe			267	8000			67	120
梨树县	Lishu			11947	499183	1760	73960	10	5
伊通满族自治县	Yitong			1390	28643	65	880		
公主岭市	Gongzhuling			7626	416540	1744	79000	3	3
双辽市	Shuangliao			1297	39458	838	16385	702	1635
辽源市	**Liaoyuan**			**5092**	**190964**	**423**	**9444**	**1**	**7**
龙山区	Longshan			287	12365	15	450		

19－16 续表 7 continued

市、县 City, County		园参 Garden Ginseng		蔬菜 Vegetables		瓜果类 Melon class		葵花籽 Sunflower Seed	
		收获面积 Sown Area （公顷） (ha)	总产量 Output （吨） (ton)	播种面积 Sown Area （公顷） (ha)	总产量 Output （吨） (ton)	播种面积 Sown Area （公顷） (ha)	总产量 Output （吨） (ton)	播种面积 Sown Area （公顷） (ha)	总产量 Output （吨） (ton)
西安区	Xi,an			308	7650	8	212		
民营经济开发区	Private Economic Development Zone			132	3800				
东丰县	Dongfeng	2	1	1624	60006	296	7602	1	7
东辽县	Dongliao			2741	107143	104	1180		
通化市	**Tonghua**	**1365**	**38299**	**13743**	**464569**	**2043**	**60970**	**106**	**320**
东昌区	Dongchang	9	140	1258	33878	31	375		
二道江区	Erdaojiang	1	10	301	13353	35	1629	3	6
通化经济开发区	Tonghua Economic Development Zone			88	1438	1	1		
通化县	Tonghua	80	657	2017	63562	429	17613	77	214
辉南县	Huinan	11		3433	105591	1070	29184	5	15
柳河县	Liuhe	178	406	2835	119990	226	5397	17	73
梅河口市	Meihekou	87	386	2849	98397	76	1605		
集安市	Ji' an	999	36700	962	28359	175	5166	4	12
白山市	**Baishan**	**2221**	**158817**	**5408**	**246010**	**885**	**25629**	**734**	**1678**
八道江区	Badaojiang	34	6064	1190	64450	98	2643	36	68
江源区	Jiangyuan	15	135	890	39837	168	5160	89	262
抚松县	Fusong	479	100870	1048	48349	172	5681	132	231
靖宇县	Jingyu	227	6618	795	23066	156	5685	256	545
长白朝鲜族自治县	Changbai	1307	28450	268	3738	72	1239	3	20
临江市	Linjiang	159	16680	1217	66572	219	5221	218	552
松原市	**Songyuan**			**33249**	**1429407**	**13127**	**495734**	**29785**	**97990**
宁江区	Ningjiang			3522	147853	773	22816	6	3
前郭尔罗斯蒙古族自治县	Qianguo			8240	272000	3089	118936	547	1210
长岭县	Changling			14991	710928	5962	269347	21967	80443
乾安县	Qian' an			2105	47416	2727	61115	7175	16073
扶余市	Fuyu			4391	251210	576	23520	90	261
白城市	**Baicheng**			**15438**	**448656**	**11274**	**333787**	**49450**	**57994**
洮北区	Taobei			9509	266252	1121	21328	2667	6934
镇赉县	Zhenlai			1113	39465	1587	47876	1515	4462
通榆县	Tongyu			800	45586	3511	97208	36882	42532
洮南市	Taonan			3200	61489	2543	72080	6841	963
大安市	Da' an			816	35864	2512	95295	1545	3103
延边朝鲜族自治州	**Yanbian**	**1535**	**63773**	**10643**	**413169**	**1820**	**54005**	**400**	**839**
延吉市	Yanji	20	1	1679	85877	115	2503	14	19
图们市	Tumen	34		478	14219	80	2257		
敦化市	Dunhua	124	5295	3000	139859	446	8527	282	648
珲春市	Hunchun	106	7300	1568	40719	62	1479		
龙井市	Longjing	4		622	24862	21	519	24	56
和龙市	Helong	33	3785	655	34715	7	120		
汪清县	Wangqing	630	13330	1379	43579	94	3122	2	4
安图县	Antu	584	34062	1262	29339	995	35478	78	112

注：①各地区数相加不等于全省数。②薯类及马铃薯产量为鲜薯产量。
Note:①The Sun of Data by Every Region is not Equal to the Whole Province. ②the Yield of Potato and Potato tuber yield Vegetable Production with edible fungus.

19－17 各市县畜牧业生产情况（2015年）

Production of Livestock in Various Cities and Counties (2015)

市、县 City, County		年底大牲畜头数（头）Large Animals (head) (year－end)	猪年末存栏（头）Hogs (head) (year－end)	羊年底只数（只）Sheep and Goats (head) (year－end)	肉猪出栏头数（头）Slanghtere Fattened Hogs (head)	肉类总产量（吨）Output of Meat (ton)				禽蛋产量（吨）Poultry Eggs (ton)
							#猪 Hogs	#牛 Cattles	#羊 Sheeps	
长春市	**Changchun**	**2192079**	**3853954**	**594790**	**6193808**	**1133103**	**523135**	**170617**	**5852**	**333538**
市区	District	580767	780526	43217	1552964	242229	120997	52018	636	124726
农安县	Nong' an	411322	1189070	362672	1895903	342972	153297	41061	3921	23546
榆树市	Yushu	786795	1085710	106501	1380887	253726	126102	52733	674	86293
德惠市	Dehui	413195	798648	82400	1364054	294176	122739	24805	621	98973
吉林市	**Jilin**	**560660**	**1800437**	**141174**	**3121505**	**489670**	**260710**	**96974**	**2313**	**175362**
市区	District	84690	324708	34388	526750	90012	43642	19427	681	46197
永吉县	Yongji	16598	98790	12806	193200	28012	15928	659	97	3444
蛟河市	Jiaohe	114935	406960	20144	701984	87419	59250	23090	416	3485
桦甸市	Huadian	85388	77664	23164	151934	32409	12956	13664	336	15213
舒兰市	Shulan	148359	520289	23083	891350	130068	70565	24868	425	25904
磐石市	Panshi	110690	372026	27589	656287	121750	58369	15266	358	81119
四平市	**Siping**	**1273184**	**3818560**	**701785**	**5598796**	**702930**	**456893**	**102683**	**12112**	**334164**
市区	District	45250	185519	42396	217395	32442	16576	3658	728	32236
梨树县	Lishu	318058	1354960	147289	2295425	257900	192816	24377	3495	62422
伊通满族自治县	Yitong	416879	747150	54035	969658	120099	77577	32980	845	95623
公主岭市	Gongzhuling	286138	906581	137562	1298491	169994	108587	20393	1798	87953
双辽市	Shuangliao	206859	624350	320503	817827	122495	61337	21275	5246	55930
辽源市	**Liaoyuan**	**253803**	**302229**	**60752**	**507508**	**92476**	**42866**	**29836**	**604**	**54888**
市区	District	8598	32336	8216	47043	7421	4132	1075	164	6871
东丰县	Dongfeng	199875	178265	35616	268972	49273	23122	16108	204	30492
东辽县	Dongliao	45330	91628	16920	191493	35782	15612	12653	236	17525
通化市	**Tonghua**	**411565**	**469544**	**128052**	**839389**	**148412**	**72099**	**41575**	**1315**	**43512**
市区	District	18120	32930	7499	79602	11692	6709	2957	253	7981
通化县	Tonghua	35177	49118	21309	78763	13474	7823	2433	227	7385
辉南县	Huinan	130215	60133	27858	116659	32813	10489	13319	292	9350
柳河县	Liuhe	106170	104854	32046	220260	38003	18741	11291	223	8584
梅河口市	Meihekou	106288	186214	25124	299873	46452	24590	10254	182	7215
集安市	Ji' an	15595	36295	14216	44232	5978	3747	1321	138	2997

市、县 City，County		年底大牲畜头数（头）Large Animals (head) (year－end)	猪年末存栏（头）Hogs (head) (year－end)	羊年底只数（只）Sheep and Goats (head) (year－end)	肉猪出栏头数（头）Slanghtere Fattened Hogs (head)	肉类总产量（吨）Output of Meat (ton)				禽蛋产量（吨）Poultry Eggs (ton)
							#猪 Hogs	#牛 Cattles	#羊 Sheeps	
白山市	**Baishan**	**126762**	**157142**	**71646**	**202765**	**31021**	**17054**	**9672**	**1091**	**17424**
市区	District	44419	66697	35312	84818	11700	7157	3108	530	5683
抚松县	Fusong	27213	36847	5854	42328	5850	3529	1493	84	5233
靖宇县	Jingyu	28164	23856	11643	35036	6691	2978	2884	256	2569
长白朝鲜族自治县	Changbai	10591	13440	7275	14432	1935	1167	519	77	1482
临江市	Linjiang	16375	16302	11562	26151	4845	2223	1668	144	2457
松原市	**Songyuan**	**527209**	**1451545**	**1755477**	**2376055**	**344353**	**214334**	**44836**	**18124**	**162069**
市区	District	31965	69649	62232	76593	9744	5910	1969	529	6306
前郭尔罗斯蒙古族自治县	Qianguo	132020	428402	577564	484478	108158	45896	13767	6918	45406
长岭县	Changling	141987	415254	713590	680110	89734	58186	13568	6402	40712
乾安县	Qian' an	89646	95229	239600	162707	24648	14110	2359	2830	12644
扶余市	Fuyu	131591	443011	162491	972167	112069	90232	13173	1445	57001
白城市	**Baicheng**	**298997**	**496896**	**1287848**	**930455**	**118441**	**77189**	**7638**	**13699**	**60984**
市区	District	38792	66464	312194	205409	22211	16725	780	1817	16460
镇赉县	Zhenlai	88150	72188	151977	147178	20637	11984	1304	2397	8806
通榆县	Tongyu	72832	52662	439658	138334	20300	11072	2311	3285	14696
洮南市	Taonan	72427	264350	239366	337361	38323	27805	2304	3430	18395
大安市	Da' an	26796	41232	144653	102173	16970	9603	939	2770	2627
延边朝鲜族自治州	**Yanbian**	**351148**	**215182**	**165236**	**330949**	**59344**	**27519**	**23073**	**1748**	**23393**
延吉市	Yanji	10573	27026	7171	43459	4678	3443	798	147	2467
图们市	Tumen	9741	13266	9840	17562	2394	1473	652	99	1048
敦化市	Dunhua	88921	57998	69789	102428	19113	8461	6414	638	9992
珲春市	Hunchun	36587	25500	14088	29107	7500	2322	4496	180	3841
龙井市	Longjing	30145	23364	17230	32827	5314	2977	1726	161	1723
和龙市	Helong	31504	23170	11772	38794	7325	3448	3289	198	1916
汪清县	Wangqing	92129	20073	23635	32362	6653	2505	2766	235	1646
安图县	Antu	51548	24785	11711	34410	6367	2890	2932	90	760

注：1.各地区数相加不等于全省总计。
Note: 1.The sum of data by every city is not equal to the whole provice.

19－18 各市县规模以上工业企业主要指标（2015年）

单位：万元

市、县	City，County	企业单位数(个) Number of Enterprises (unit)	#亏损企业 Loss－making Enterprises	工业总产值（当年价格）Gross Industrial Output Value (current price)
吉林省	**Jilin**	**5682**	**483**	**230565783**
长春市	**Changchun**	**1340**	**166**	**85957864**
市　区	District	1020	140	78594256
农安县	Nong' an	96	17	1869855
榆树市	Yushu	100	9	1916254
德惠市	Dehui	124		3577499
吉林市	**Jilin**	**1073**	**72**	**31009923**
市　区	District	485	47	18901814
永吉县	Yongji	56	7	1325906
蛟河市	Jiaohe	119	3	2588187
桦甸市	Huadian	157	5	3305754
舒兰市	Shulan	123	2	1992913
磐石市	Panshi	133	8	2895350
四平市	**Siping**	**564**	**42**	**22054588**
市　区	District	223	25	7819913
梨树县	Lishu	66	3	4521880
伊通满族自治县	Yitong	39	3	1324315
公主岭市	Gongzhuling	166	5	5120203
双辽市	Shuangliao	70	6	3268277
辽源市	**Liaoyuan**	**316**	**24**	**14526333**
市　区	District	163	21	9185718
东丰县	Dongfeng	90	1	3033745
东辽县	Dongliao	63	2	2306871
通化市	**Tonghua**	**596**	**28**	**21450859**
市　区	District	138	13	9933904
通化县	Tonghua	94	2	1746392
辉南县	Huinan	67	4	936841
柳河县	Liuhe	87	4	1755634
梅河口市	Meihekou	155	2	6264928

注：各地区相加不等于全省总计。
Note:The sun of data by every city is not equal to the total.

Main Indicators of Industrial Enterprises above Designated Size by City and County (2015)

unit: 10000 yuan

工业销售产值（当年价格）Sales Value of Industry (current price)	产成品 Finished Goods	资产总计 Total Assets	流动资产合计 Total Current Assets	应收帐款 Account Receivable	固定资产合计 Total Fixed Assets	固定资产原价 Original Value of Fixed Assets
225292012	**6285817**	**179932843**	**78722101**	**15721844**	**73660299**	**166166537**
84539466	**3663717**	**79921837**	**44530137**	**8342242**	**24140534**	**38266462**
77585242	3504058	76656166	43115342	8068175	22762448	36304885
1824989	55435	835860	290950	48984	400396	484288
1858331	43925	1339271	651845	62336	497824	629459
3270904	60299	1090540	471999	162747	479866	847830
29948876	**663829**	**27052441**	**9468418**	**1602884**	**13022049**	**24270915**
18436097	384319	15959340	4374752	801505	8645233	17796904
989744	20023	528078	189843	38881	251977	292784
2527998	25902	1066030	385699	31610	488680	515024
3289610	49426	2030525	449471	111329	1055032	1719219
1941355	46401	736977	304780	51307	425436	1248213
2764074	137757	6731493	3763874	568252	2155691	2698772
21911077	**421522**	**9578494**	**3520867**	**858154**	**4768639**	**15661429**
7790562	110944	3361241	1452434	361619	1100091	5633806
4517263	29203	1140498	424088	88083	520811	1680263
1315763	17420	1516286	158956	53860	1344302	2487437
5027024	98664	2333492	1125421	283607	979681	1967117
3260465	165292	1226978	359968	70986	823755	3892806
14176371	**197845**	**7959455**	**2855835**	**764147**	**4520679**	**27171353**
8917662	117146	5676366	2021026	472954	3216004	18297968
3004830	50794	1569467	531527	170860	1009428	4769208
2253879	29905	713622	303282	120333	295247	4104177
20762983	**673575**	**13077683**	**6183300**	**1514610**	**4116989**	**7191489**
9639011	322455	7459450	3250877	993148	2562905	5017628
1636124	41725	1147859	635323	108157	247334	402950
903216	36492	664042	400482	99008	164140	221859
1719362	80594	837675	470885	101920	203576	335513
6088848	135408	2042748	823192	151262	747366	965160

单位：万元

19－18 续表 1

市、县	City，County	企业单位数(个) Number of Enterprises (unit)	#亏损企业 Loss－making Enterprises	工业总产值（当年价格） Gross Industrial Output Value (current price)
集安市	Ji'an	55	3	813160
白山市	**Baishan**	**382**	**33**	**14073646**
市区	District	133	20	6110781
抚松县	Fusong	93	3	3217881
靖宇县	Jingyu	58	1	1951481
长白朝鲜族自治县	Changbai	33	2	533077
临江市	Linjiang	65	7	2260425
松原市	**Songyuan**	**615**	**44**	**20823379**
市区	District	166	23	6085886
前郭尔罗斯蒙古族自治县	Qianguo	133	10	3804158
长岭县	Changling	108	1	3729937
乾安县	Qian'an	93	2	3187663
扶余市	Fuyu	115	8	4015736
白城市	**Baicheng**	**321**	**34**	**6596518**
市区	District	103	15	1935057
镇赉县	Zhenlai	51	8	862018
通榆县	Tongyu	43	4	836070
洮南市	Taonan	52	1	1340311
大安市	Da'an	72	6	1623063
延边朝鲜族自治州	**Yanbian**	**471**	**39**	**13763214**
延吉市	Yanji	75	8	3408850
图们市	Tumen	32	6	795071
敦化市	Dunhua	119	2	3073617
珲春市	Hunchun	104	8	3548334
龙井市	Longjing	29	1	567058
和龙市	Helong	29	2	876418
汪清县	Wangqing	52	5	954678
安图县	Antu	31	7	539188

contiued

unit: 10000 yuan

工业销售产值（当年价格）Sales Value of Industry（current price）	产成品 Finished Goods	资产总计 Total Assets	流动资产合计 Total Current Assets	应收帐款 Account Receivable	固定资产合计 Total Fixed Assets	固定资产原价 Original Value of Fixed Assets
776422	56901	925911	602541	61114	191668	248380
13652136	**124819**	**7240658**	**2319307**	**576110**	**3716688**	**10991335**
5940077	41544	3696562	1129958	293295	2267737	7085037
3055791	43410	1413927	470891	108862	705000	1972166
1915949	15704	1146224	365394	71445	333248	1221254
426478	4125	228933	91787	16450	85355	97371
2313842	20036	755012	261277	86058	325349	615508
20219556	**134761**	**17676828**	**3767023**	**623053**	**12872180**	**25475743**
5675923	81947	10841499	2510180	459411	7938023	13194038
3750906	18340	1494328	270355	43910	1042021	1250400
3714111	7241	1564591	475127	37691	1060386	5599477
3155176	18929	1890690	286897	50343	1564906	3725203
3923441	8304	1885721	224464	31698	1266845	1706626
6438357	**71167**	**5564645**	**2005578**	**695831**	**2408326**	**3753353**
1842183	35920	1926557	842719	459107	736091	917428
842564	1901	685691	217363	51078	275101	292396
826177	13313	497928	174480	41232	279918	392996
1277136	3745	1028593	417777	70468	201850	684218
1650298	16288	1425877	353239	73946	915366	1466316
13341173	**322143**	**9762529**	**3745970**	**715338**	**3946901**	**13188768**
3282376	79657	2280974	1304412	243310	801343	1409955
783030	10488	356388	122246	18193	186179	210236
2965967	113894	3188525	822973	174004	1329852	3128255
3450231	59194	1784697	710027	150759	769125	5839100
556781	2607	167617	75679	8503	71335	196089
843689	37555	744997	315369	43798	152148	1269908
930988	12463	539181	221757	47676	267821	543962
528113	6286	700149	173507	29096	369099	591264

单位：万元

19－18 续表 2

市、县	City，County	负债合计 Total Liabilities	所有者权益合计 Total Owners' Equities	主营业务收入 Revenue from Principal Business
吉林省	**Jilin**	**98622851**	**81050830**	**223219630**
长春市	**Changchun**	**45325616**	**34571132**	**89894923**
市　区	District	43364936	33266143	83540151
农安县	Nong' an	562470	273389	1765829
榆树市	Yushu	811481	527790	1814792
德惠市	Dehui	586729	503810	2774151
吉林市	**Jilin**	**16144510**	**10872242**	**30136635**
市　区	District	9086667	6866830	18533966
永吉县	Yongji	298477	229600	984838
蛟河市	Jiaohe	501874	564155	2495954
桦甸市	Huadian	853532	1176992	3296029
舒兰市	Shulan	448663	288314	1934355
磐石市	Panshi	4955297	1746351	2891494
四平市	**Siping**	**5107615**	**4468870**	**16998641**
市　区	District	2374415	1087685	5702470
梨树县	Lishu	547735	535507	3281348
伊通满族自治县	Yitong	111522	1404763	1234974
公主岭市	Gongzhuling	1156525	1143396	4554961
双辽市	Shuangliao	917418	297520	2224889
辽源市	**Liaoyuan**	**4607712**	**3330657**	**13802989**
市　区	District	3163149	2496948	8557313
东丰县	Dongfeng	988422	581046	2979059
东辽县	Dongliao	456142	252664	2266617
通化市	**Tonghua**	**6648710**	**6413024**	**19840255**
市　区	District	3894455	3555387	9090484
通化县	Tonghua	580353	563430	1443372
辉南县	Huinan	379591	284450	762816
柳河县	Liuhe	413233	423485	1701939
梅河口市	Meihekou	907008	1135739	6116128

continued

unit: 10000 yuan

主营业务成本 Cost of Principal Business	营业税金及附加 Business Tax and Surcharge	主营业务税金及附加 Taxes and Other Charges on Principal Business	销售费用 Selling Cost	管理费用 Management Cost	财务费用 Finance Cost	利息支出 Interest Expense	利润总额 Total Profits
187620227	**4769190**	**4731904**	**8640697**	**9905396**	**2473874**	**2326215**	**12084731**
74254481	**2422441**	**2417287**	**3328630**	**3883709**	**582181**	**718448**	**7653740**
68500170	2324425	2319348	3184050	3671784	511684	661562	7379257
1440565	79682	79638	26894	45916	13604	11293	162009
1729179	7704	7704	24778	40543	13204	8923	24520
2584566	10630	10598	92908	125465	43689	36670	87954
25072492	**1063761**	**1055535**	**1079550**	**1849145**	**593930**	**532674**	**437891**
15680134	976184	968455	440515	978682	228509	199568	249430
872986	6132	6132	17134	46083	14649	11464	34621
1981492	32547	32442	212826	112768	21408	19207	132228
2534989	19453	19160	155354	320930	59112	24476	187898
1502861	2039	1987	141455	212700	2977	2920	76079
2500030	27406	27360	112266	177983	267276	275039	-242365
15351206	**166623**	**165375**	**391102**	**476444**	**156658**	**117593**	**513967**
4893085	139775	138631	213600	223988	76156	50854	189371
3096632	3580	3578	54027	52206	21112	15221	71183
1120851	4018	4013	11017	17573	7818	7492	71389
4107717	15968	15871	88036	143640	19938	14470	198654
2132922	3284	3282	24423	39037	31635	29556	-16630
12616312	**44266**	**43121**	**201803**	**539243**	**139158**	**133350**	**289999**
7810454	25497	24415	96486	370504	94133	89944	173859
2782739	4523	4478	52595	55963	16880	16398	69083
2023118	14246	14228	52721	112775	28144	27008	47056
14991509	**163271**	**163076**	**2015523**	**872076**	**181525**	**119595**	**1366729**
6783012	25361	25206	1429624	427573	53308	42770	413720
1105096	16011	16011	76660	55808	16450	11088	135282
666925	2775	2751	44262	22686	7714	5148	21445
1326056	47041	47041	76410	68502	57785	26397	130399
4545030	64478	64463	331966	262312	37417	27360	612179

单位：万元

19－18　续表　3

市、县	City，County	负债合计 Total Liabilities	所有者权益合计 Total Owners' Equities	主营业务收入 Revenue from Principal Business
集安市	Ji' an	474069	450533	725515
白 山 市	**Baishan**	**4767188**	**2422556**	**13081278**
市　区	District	2709904	978871	5770638
抚 松 县	Fusong	857382	513419	3065410
靖 宇 县	Jingyu	648625	497599	1920380
长白朝鲜族自治县	Changbai	108841	120093	217492
临 江 市	Linjiang	442437	312575	2107358
松 原 市	**Songyuan**	**6905124**	**10733300**	**20592900**
市　区	District	4726554	6114944	6121810
前郭尔罗斯蒙古族自治县	Qianguo	847893	635259	3728948
长 岭 县	Changling	651707	885657	3717965
乾 安 县	Qian' an	439146	1451544	3096569
扶 余 市	Fuyu	239825	1645896	3927608
白 城 市	**Baicheng**	**3281939**	**2249985**	**6273616**
市　区	District	881915	1044642	1693809
镇 赉 县	Zhenlai	477240	208451	852227
通 榆 县	Tongyu	282029	215899	799993
洮 南 市	Taonan	583507	443766	1309749
大 安 市	Da' an	1057249	337227	1617837
延边朝鲜族自治州	**Yanbian**	**5571190**	**4154038**	**12336999**
延 吉 市	Yanji	1322649	958324	3202087
图 们 市	Tumen	195770	132113	753558
敦 化 市	Dunhua	1655282	1533243	2485194
珲 春 市	Hunchun	1174090	608882	3397742
龙 井 市	Longjing	95722	71894	461739
和 龙 市	Helong	423067	319302	715295
汪 清 县	Wangqing	326160	208581	812669
安 图 县	Antu	378450	321698	508716

continued

unit: 10000 yuan

主营业务成本 Cost of Principal Business	营业税金及附加 Business Tax and Surcharge	主营业务税金及附加 Taxes and Other Charges on Principal Business	销售费用 Selling Cost	管理费用 Management Cost	财务费用 Finance Cost	利息支出 Interest Expense	利润总额 Total Profits
565389	7605	7605	56600	35196	8852	6831	53704
11398566	**92979**	**92413**	**512490**	**644359**	**213045**	**146138**	**227841**
5365169	33147	32987	151233	138336	76457	64565	50948
2613077	19754	19658	114966	162112	75633	43287	68680
1565934	10518	10217	127081	130232	22068	19170	64493
187883	4840	4832	4150	6804	3871	2204	13781
1666503	24720	24720	115060	206875	35016	16912	29938
17761601	**364025**	**344111**	**490161**	**803217**	**348668**	**333567**	**686717**
5075927	244075	224175	194624	439783	207869	225243	-176658
3372771	40876	40876	45831	71794	57852	52863	140366
3179423	44391	44391	115333	160726	15106	10961	202703
2786030	26729	26729	54982	57888	14469	9959	157242
3347450	7954	7940	79392	73027	53372	34541	363064
5545298	**35878**	**35481**	**127659**	**289594**	**138794**	**109844**	**166752**
1475853	5665	5528	38739	60443	37785	31504	90132
790381	2447	2255	8689	19823	18758	17845	17176
747504	2025	2021	5612	6511	11978	12821	27361
1058033	5933	5933	39833	151337	11918	9527	46130
1473527	19807	19744	34786	51480	58355	38148	-14047
10525446	**412469**	**412031**	**404395**	**517062**	**120291**	**112634**	**463190**
2348285	375683	375621	130303	153728	26449	26079	169236
662677	7698	7698	7869	69834	5000	2956	763
2090886	8023	7948	152493	116869	29456	29562	148947
3197102	13531	13235	34901	86852	30918	27089	63711
432779	514	514	4661	8892	1964	2028	13627
620075	1203	1200	39694	19232	8356	10181	30762
706498	4514	4514	23982	48546	13625	11518	23390
467144	1302	1302	10492	13109	4523	3221	12754

19－18 续表 4

单位：万元

市、县	City，County	应交所得税 Income Tax Payable	亏损企业亏损总额 Total Loss	利税总额 Total Pre-tax Profits	应交税金及附加 Tax Payable and Surcharge
吉 林 省	**Jilin**	**1861774**	**2742356**	**22346555**	**12644876**
长 春 市	**Changchun**	**1437305**	**435378**	**13239912**	**7188963**
市 区	District	1431614	408390	12819860	7031418
农 安 县	Nong' an	2864	9479	257076	99001
榆 树 市	Yushu	248	17509	52033	30752
德 惠 市	Dehui	2578		110943	27791
吉 林 市	**Jilin**	**65123**	**1042883**	**2444263**	**2212038**
市 区	District	27510	639935	1796315	1681833
永 吉 县	Yongji	4332	4803	50792	20899
蛟 河 市	Jiaohe	5131	995	255046	129106
桦 甸 市	Huadian	18335	40711	382619	232271
舒 兰 市	Shulan	8909	5031	85810	19046
磐 石 市	Panshi	906	351406	-126319	128883
四 平 市	**Siping**	**22994**	**142470**	**859452**	**384303**
市 区	District	5090	44091	408887	230198
梨 树 县	Lishu	176	7378	84041	13665
伊通满族自治县	Yitong	2190	8836	92875	23834
公主岭市	Gongzhuling	12978	4141	276943	99659
双 辽 市	Shuangliao	2560	78023	-3295	16947
辽 源 市	**Liaoyuan**	**28030**	**60888**	**425980**	**187043**
市 区	District	15224	55797	265491	118449
东 丰 县	Dongfeng	2532	1182	79849	14120
东 辽 县	Dongliao	10274	3909	80640	54474
通 化 市	**Tonghua**	**128291**	**147282**	**1984435**	**794813**
市 区	District	32370	115937	521342	148151
通 化 县	Tonghua	14183	700	165494	45456
辉 南 县	Huinan	2115	9111	37203	18604
柳 河 县	Liuhe	2033	381	194971	73118
梅河口市	Meihekou	69372	17790	1003493	491038

contiued

unit: 10000 yuan

本年应付职工薪酬 The Year of Payable Employees	本年应交增值税 Value Added Tax Payable This Year	全部从业人员年平均人数（人） Annual Average Employed Persons （person）	总资产贡献率（%） Total Assets Contribution Rate （%）	资产负债率（%） Assets-liability Ratio （%）	流动资产周转率（次/年） Current Assets Turnover （times/year）	成本费用利润率（%） Ratio of Pre-tax Profit to Cost （%）	产品销售率（%） Proportion of Products Sold （%）
8719599	**5492633**	**1454536**	**13.6**	**54.8**	**2.9**	**5.7**	**97.7**
3939344	**3163731**	**495040**	**17.2**	**56.7**	**2.1**	**9.0**	**98.4**
3783895	3116178	450855	17.4	56.6	2.0	9.4	98.7
36461	15385	10648	32.1	67.3	6.1	10.6	97.6
55333	19808	14565	4.5	60.6	2.8	1.3	97.0
63655	12359	18972	13.5	53.8	6.2	3.1	91.4
1327787	**942610**	**227751**	**10.9**	**59.7**	**3.2**	**1.5**	**96.6**
959774	570701	135087	12.4	56.9	4.3	1.4	97.5
27987	10039	6267	11.8	56.5	5.2	3.6	74.7
48728	90272	15445	25.7	47.1	6.5	5.6	97.7
99361	175267	27647	20.0	42.0	7.4	6.1	99.5
75559	7692	20255	12.0	60.9	6.4	4.0	97.4
116376	88640	23050	1.9	73.6	0.8	-7.9	95.5
324967	**178863**	**84457**	**10.1**	**53.3**	**4.9**	**3.1**	**99.4**
143744	79742	37798	13.6	70.6	3.9	3.5	99.6
47659	9279	10713	8.4	48.0	7.8	2.2	99.9
20391	17468	6042	6.6	7.4	7.8	6.2	99.4
79460	62321	22929	12.4	49.6	4.1	4.5	98.2
33712	10052	6975	2.1	74.8	6.3	-0.7	99.8
470679	**91716**	**105514**	**7.0**	**57.9**	**4.9**	**2.1**	**97.6**
378800	66134	76198	6.2	55.7	4.3	2.1	97.1
61166	6243	18687	6.1	63.0	5.6	2.4	99.1
30712	19339	10629	15.1	63.9	7.5	2.1	97.7
727893	**454435**	**167695**	**16.1**	**50.8**	**3.2**	**7.5**	**96.8**
469510	82261	100796	7.5	52.2	2.8	4.8	97.0
33624	14201	11333	15.3	50.6	2.3	10.5	93.7
34948	12982	7741	6.3	57.2	1.9	2.9	96.4
70979	17532	14606	26.4	49.3	3.6	8.5	97.9
96472	326836	25612	50.5	44.4	7.5	11.8	97.2

单位：万元

市、县	City，County	应交所得税 Income Tax Payable	亏损企业亏损总额 Total Loss	利税总额 Total Pre-tax Profits	应交税金及附加 Tax Payable and Surcharge
集安市	Ji' an	8217	3364	61932	18447
白山市	**Baishan**	**18986**	**138084**	**442838**	**267230**
市区	District	4134	110188	164696	127126
抚松县	Fusong	5672	5965	112330	53485
靖宇县	Jingyu	7498	63	84731	33661
长白朝鲜族自治县	Changbai	177	1458	20327	6918
临江市	Linjiang	1506	20410	60755	46040
松原市	**Songyuan**	**97458**	**653133**	**1311801**	**768956**
市区	District	74772	587102	254015	538077
前郭尔罗斯蒙古族自治县	Qianguo	661	53311	187833	54064
长岭县	Changling		1174	275273	76163
乾安县	Qian' an	22227	6330	223242	92189
扶余市	Fuyu	-202	5215	371438	8463
白城市	**Baicheng**	**7337**	**79295**	**279128**	**127552**
市区	District	109	15704	130761	42936
镇赉县	Zhenlai	150	6397	23435	7053
通榆县	Tongyu	747	1803	41321	14919
洮南市	Taonan	3482	527	73749	35341
大安市	Da' an	2848	54865	9862	27302
延边朝鲜族自治州	**Yanbian**	**51568**	**42000**	**1049250**	**676380**
延吉市	Yanji	23406	2702	651618	511644
图们市	Tumen	907	6037	11086	37434
敦化市	Dunhua	17436	9330	184623	55832
珲春市	Hunchun	5063	16174	92156	34916
龙井市	Longjing	202	11	16259	3068
和龙市	Helong	493	1383	41878	12255
汪清县	Wangqing	3675	845	34239	15671
安图县	Antu	386	5518	17391	5561

contiued

unit: 10000 yuan

本年应付职工薪酬 The Year of Payable Employees	本年应交增值税 Value Added Tax Payable This Year	全部从业人员年平均人数（人） Annual Average Employed Persons (person)	总资产贡献率（%） Total Assets Contribution Rate (%)	资产负债率（%） Assets-liability Ratio (%)	流动资产周转率（次/年） Current Assets Turnover (times/year)	成本费用利润率（%） Ratio of Pre-tax Profit to Cost (%)	产品销售率（%） Proportion of Products Sold (%)
22360	623	7607	7.4	51.2	1.2	8.1	95.5
360950	**122018**	**88433**	**8.1**	**65.8**	**5.7**	**1.8**	**97.0**
224425	80600	51430	6.2	73.3	5.2	0.9	97.2
61995	23895	13647	11.0	60.6	6.5	2.3	95.0
27600	9720	7566	9.1	56.6	5.3	3.5	98.2
8380	1706	2767	9.8	47.5	2.4	6.7	80.0
38550	6097	13023	10.3	58.6	8.1	1.5	102.4
982889	**261059**	**151118**	**9.2**	**39.1**	**5.5**	**3.5**	**97.1**
635342	186598	67411	4.2	43.6	2.4	-3.0	93.3
101951	6592	20164	16.1	56.7	13.8	4.0	98.6
71680	28178	15895	18.3	41.7	7.8	5.8	99.6
74656	39271	20500	12.3	23.2	10.8	5.4	99.0
99260	421	27148	21.5	12.7	17.5	10.2	97.7
131357	**76498**	**35878**	**6.9**	**59.0**	**3.1**	**2.7**	**97.6**
46629	34964	11076	8.4	45.8	2.0	5.6	95.2
13482	3812	4005	6.0	69.6	3.9	2.1	97.7
11278	11935	3346	10.5	56.6	4.6	3.5	98.8
22687	21686	7740	8.1	56.7	3.1	3.7	95.3
37281	4102	9711	3.3	74.2	4.6	-0.9	101.7
435801	**173592**	**95704**	**11.9**	**57.1**	**3.3**	**4.0**	**96.9**
99297	106699	12020	29.7	58.0	2.5	6.3	96.3
16731	2624	6305	3.9	54.9	6.2	0.1	98.5
101403	27653	31469	6.7	51.9	3.0	6.1	96.5
139749	14913	27161	6.7	65.8	4.9	1.9	97.2
8531	2118	2545	10.8	57.1	6.1	3.0	98.2
20947	9914	4939	7.3	56.8	2.3	4.5	96.3
27310	6336	5964	8.5	60.5	3.7	3.0	97.5
21833	3335	5301	2.9	54.1	2.9	2.6	98.0

19－19 各市县社会消费品零售总额（2015年）
Total Retail Sales of Consumer Goods by City and County（2015）

单位：万元 unit：10000 yuan

市、县	City, County	社会消费品零售总额 Total Retair Sales of Consumer Goods	按销售地区分 Grouped by Region		按行业分 Grouped by Sector	
			城镇 Urban	乡村 Rural	批发零售贸易业 Wholesale and Retail Trades	住宿和餐饮业 Hotels and Catering Services
全　省	**Total**	**66464584**	**58701719**	**7762866**	**58836807**	**7627778**
长春市	**Changchun**	**24092939**	**21253682**	**2839258**	**21721191**	**2371749**
市　区	District	20130268	18119455	2010812	18564609	1565659
榆树市	Yushu	1323015	1038567	284448	902614	420401
德惠市	Dehui	1334095	1048599	285496	1206032	128063
农安县	Nong' an	1305562	1047061	258501	1047936	257626
吉林市	**Jilin**	**13132308**	**12055477**	**1076831**	**11758138**	**1374170**
市　区	District	9303790	9177288	126502	8334977	968813
桦甸市	Huadian	935542	654230	281312	872111	63431
蛟河市	Jiaohe	803502	750898	52605	698448	105054
舒兰市	Shulan	810480	587996	222484	733273	77207
磐石市	Panshi	942157	669426	272731	819087	123070
永吉县	Yongji	336837	215639	121198	300242	36595
四平市	**Siping**	**5514838**	**4609309**	**905529**	**4922236**	**592602**
市　区	District	1668039	1460458	207581	1409043	258996
公主岭市	Gongzhuling	1885522	1779401	106120	1759723	125799
双辽市	Shuangliao	549322	503578	45745	506701	42621
梨树县	Lishu	755620	420012	335609	639643	115978
伊通满族自治县	Yitong	509565	299905	209660	461548	48017
辽河垦区	Liaoheken	146770	145955	815	145578	1192
辽源市	**Liaoyuan**	**2067431**	**1886852**	**180580**	**1847972**	**219460**
市　区	District	1342454	1332873	9581	1212556	129898
东丰县	Dongfeng	518315	415267	103049	452421	65894
东辽县	Dongliao	206662	138712	67950	182994	23668
通化市	**Tonghua**	**4832797**	**4304533**	**528264**	**4464753**	**368044**
市　区	District	1335938	1231111	104827	1225286	110652
梅河口市	Meihekou	1480161	1317344	162817	1365815	114346
集安市	Ji' an	478751	416513	62238	444185	34566
通化县	Tonghua	401688	345453	56235	371138	30550
辉南县	Huinan	579600	504252	75348	541518	38082

单位：万元　　　　unit：10000 yuan

市、县	City, County	社会消费品零售总额 Total Retail Sales of Consumer Goods	按销售地区分 Grouped by Region		按行业分 Grouped by Sector	
			城镇 Urban	乡村 Rural	批发零售贸易业 Wholesale and Retail Trades	住宿和餐饮业 Hotels and Catering Services
柳河县	Liuhe	556659	489860	66799	516811	39848
白山市	**Baishan**	**2661915**	**2357456**	**304459**	**2201764**	**460151**
市　区	District	1091353	1002433	88921	1000641	90712
临江市	Linjiang	362401	317548	44853	276535	85866
抚松县	Fusong	548504	467762	80742	398548	149956
靖宇县	Jingyu	213359	187664	25696	163753	49606
长白朝鲜族自治县	Changbai	105359	93718	11641	75616	29743
江源县	Jiangyuan	340939	288332	52607	286672	54267
松原市	**Songyuan**	**6100348**	**5011399**	**1088949**	**5179487**	**920861**
市　区	District	1559298	1370904	188393	1324650	234647
长岭县	Changling	1157026	912155	244872	977883	179144
前郭尔罗斯蒙古族自治县	Qianguo	1535838	1175519	360319	1231486	304352
乾安县	Qian' an	579767	445429	134338	500585	79182
扶余市	Fuyu	1268419	1107392	161027	1144883	123536
白城市	**Baicheng**	**3104943**	**2676470**	**428473**	**2852438**	**252504**
市　区	District	1736203	1631902	104301	1649130	87073
洮南市	Taonan	376122	302940	73182	336986	39135
大安市	Da' an	359212	286521	72691	313107	46105
镇赉县	Zhenlai	298912	200577	98335	254605	44307
通榆县	Tongyu	334494	254530	79965	298610	35884
延边朝鲜族自治州	**Yanbian**	**4812951**	**4421278**	**391673**	**3785811**	**1027140**
延吉市	Yanji	2263170	2191472	71698	1747794	515376
图们市	Tumen	260626	251650	8976	117899	142727
敦化市	Dunhua	1043500	846432	197068	900697	142803
龙井市	Longjing	145564	117632	27932	104675	40889
珲春市	Hunchun	527183	520504	6679	469062	58121
和龙市	Helong	185888	146047	39841	142872	43016
汪清县	Wangqing	228266	216197	12069	178546	49720
安图县	Antu	158754	131344	27410	124266	34488

19－20 各市县各级各类教育基本情况（2015年）
Basic Statistics on Education by Type of City and County（2015）

市、县	City，County	小学 Primary Schools 学校数（所）Number of Schools (unit)	#乡村 Rural	毕业生（人）Graduates (person)	#乡村 Rural	招生数（人）New Student Enrollment (person)	#乡村 Rural	在校学生数（人）Students Enrollment (person)	#乡村 Rural	专任教师数（人）Number of Full－time Teachers (person)	#乡村 Rural
全　省	**Total**	**4493**	**3366**	**186790**	**49649**	**206046**	**48257**	**1279766**	**320927**	**96841**	**35735**
长 春 市	**Changchun**	**1126**	**882**	**54044**	**16049**	**66438**	**16928**	**395705**	**113418**	**26301**	**11364**
市　区	District	381	211	30053	4819	40146	4677	230354	31533	12614	2323
农安县	Nong' an	306	282	7390	3692	9683	5148	58200	31698	4642	3338
榆树市	Yushu	275	245	8938	3960	9285	3555	60575	25910	5187	3222
德惠市	Dehui	164	144	7663	3578	7324	3548	46576	24277	3858	2481
吉 林 市	**Jilin**	**607**	**424**	**29301**	**7386**	**28696**	**5191**	**178500**	**34840**	**14196**	**4160**
市　区	District	140	56	10208	1082	12358	959	72543	5967	5114	529
永吉县	Yongji	30	18	2207	418	2341	393	14817	2842	1031	253
蛟河市	Jiaohe	99	83	2854	814	2745	729	19561	5786	1643	879
桦甸市	Huadian	94	68	3513	936	3571	996	23358	6546	1767	648
舒兰市	Shulan	138	113	6325	2737	4001	1180	26395	8361	2356	1000
磐石市	Panshi	106	86	4194	1399	3680	934	21826	5338	2285	851
四 平 市	**Siping**	**875**	**709**	**24026**	**7614**	**28686**	**7906**	**178783**	**49174**	**13634**	**5378**
市　区	District	78	37	3285	116	4104	78	25683	614	2468	248
梨树县	Lishu	246	204	5567	1720	7125	2255	42759	12821	2919	1250
伊通县	Yitong	153	134	3869	2039	3370	1514	22643	10605	2131	1340
公主岭市	Gongzhuling	227	194	7733	2230	10646	2735	63848	15939	3660	1256
双辽市	Shuangliao	171	140	3572	1509	3441	1324	23850	9195	2456	1284
辽 源 市	**Liaoyuan**	**308**	**252**	**8394**	**2717**	**7589**	**2204**	**51185**	**16420**	**5440**	**2435**
市　区	District	37	13	2618	197	2841	190	17314	1216	1513	249
东丰县	Dongfeng	149	129	3252	1404	2715	1075	18878	8235	2020	1137
东辽县	Dongliao	122	110	2524	1116	2033	939	14993	6969	1907	1049
通 化 市	**Tonghua**	**215**	**130**	**14621**	**2827**	**14544**	**2842**	**93024**	**18600**	**6539**	**1761**
市　区	District	35	7	2536	71	2662	19	16496	243	1364	60

市、县	City，County	小学 Primary Schools 学校数（所）Number of Schools (unit)	#乡村 Rural	毕业生（人）Graduates (person)	#乡村 Rural	招生数（人）New Student Enrollment (person)	#乡村 Rural	在校学生数（人）Students Enrollment (person)	#乡村 Rural	专任教师数（人）Number of Full－time Teachers (person)	#乡村 Rural
通化县	Tonghua	25	18	1621	478	1421	352	9599	2749	791	365
辉南县	Huinan	49	34	2717	662	2492	584	16351	4024	1315	424
柳河县	Liuhe	25	12	2280	271	2648	297	16630	2073	1027	200
梅河口市	Meihekou	50	36	3853	912	4149	1321	25649	7514	1402	536
集安市	Ji' an	31	23	1614	433	1172	269	8299	1997	640	176
白山市	**Baishan**	**182**	**109**	**7478**	**670**	**7227**	**683**	**46423**	**4368**	**3958**	**614**
市区	District	46	17	2898	222	3061	223	18932	1560	1476	263
抚松县	Fusong	24	6	2125	191	1935	185	12896	1213	1150	75
靖宇县	Jingyu	36	30	989	132	949	153	6151	873	432	147
长白县	Changbai	28	18	529	40	440	26	3019	209	449	51
临江市	Linjiang	48	38	937	85	842	96	5425	513	451	78
松原市	**Songyuan**	**712**	**596**	**22461**	**8029**	**25559**	**8474**	**159534**	**56296**	**11698**	**6398**
市区	District	87	46	5748	764	6432	742	39505	5122	2380	593
前郭县	Qianguo	135	113	5202	2377	5226	2284	34509	15467	2904	1777
长岭县	Changling	234	212	4330	2029	6212	2726	36940	17136	2315	1545
乾安县	Qian' an	61	48	1976	611	2027	543	12652	3448	1210	616
扶余县	Fuyu	195	177	5205	2248	5662	2179	35928	15123	2889	1867
白城市	**Baicheng**	**345**	**236**	**13916**	**3131**	**13240**	**2977**	**89031**	**20706**	**8341**	**2848**
市区	District	55	21	3874	594	3498	500	24479	3697	1734	404
镇赉县	Zhenlai	104	81	1841	343	2100	499	13156	2793	1514	635
通榆县	Tongyu	53	37	2795	527	2644	415	16976	3056	1204	29
洮南市	Taonan	29	15	2899	1060	2939	1067	19891	7438	1846	1009
大安市	Da' an	104	82	2507	607	2059	496	14529	3722	2043	771
延边州	**Yanbian**	**123**	**28**	**12549**	**1226**	**14067**	**1052**	**87581**	**7105**	**6734**	**777**
延吉市	Yanji	27	5	3680	76	4944	44	28888	315	1712	70
图们市	Tumen	7		418		434		2814		317	
敦化市	Dunhua	18		2937	316	3071	343	21194	2480	1141	82
珲春市	Hunchun	12	3	1473	54	1823	39	10509	286	890	55
龙井市	Longjing	10	3	644	32	651	35	3776	173	459	42
和龙市	Helong	13	4	710	98	689	51	4439	418	608	139
汪清县	Wangqing	16	3	1194	213	1126	144	7523	1065	827	139
安图县	Antu	20	10	1493	437	1329	396	8438	2368	780	250

19－20 续表 2 continued

市、县	City, County	普通中学 学校数（所）Number of Schools (unit)	#乡村 Rural	毕业生（人）Graduates (person)	#乡村 Rural	招生数（人）New Student Enrollment (person)	#乡村 Rural	在校学生数（人）Students Enrollment (person)	#乡村 Rural	专任教师数（人）Number of Full－time Teachers (person)	#乡村 Rural
全　省	**Total**	**1415**	**440**	**341240**	**32947**	**316276**	**31733**	**1001497**	**98449**	**106636**	**19668**
长春市	**Changchun**	**333**	**119**	**105131**	**12112**	**91666**	**11314**	**298603**	**35636**	**30521**	**6012**
市　区	District	184	40	62148	4928	53317	4639	176749	14409	20300	2857
农安县	Nong' an	53	28	13920	2272	12865	2625	40100	7946	3608	1171
榆树市	Yushu	54	28	16614	2470	14419	1756	45703	5998	3608	994
德惠市	Dehui	42	23	12449	2442	11065	2294	36051	7283	2990	990
吉林市	**Jilin**	**180**	**36**	**51058**	**3148**	**46003**	**2972**	**144031**	**8962**	**15019**	**1876**
市　区	District	69	13	22625	889	19085	864	62543	2730	6185	554
永吉县	Yongji	17	3	4296	222	3823	186	12287	656	1442	199
蛟河市	Jiaohe	23	5	4540	303	4802	351	14170	913	1911	334
桦甸市	Huadian	18	4	5687	451	5928	528	17443	1495	1549	204
舒兰市	Shulan	28	7	7150	812	6505	731	19762	2145	1817	346
磐石市	Panshi	25	4	6760	471	5860	312	17826	1023	2115	239
四平市	**Siping**	**184**	**58**	**42230**	**4632**	**40418**	**4118**	**126101**	**12560**	**11422**	**2006**
市　区	District	27	1	9364	18	7776	11	26120	32	2325	27
梨树县	Lishu	46	17	8456	1534	8185	1246	25560	3985	2375	514
伊通县	Yitong	29	13	6518	1547	6038	1336	18144	4161	1787	676
公主岭市	Gongzhuling	52	14	12766	804	13547	834	41191	2155	3443	440
双辽市	Shuangliao	30	13	5126	729	4872	691	15086	2227	1492	349
辽源市	**Liaoyuan**	**61**	**21**	**15053**	**2043**	**14628**	**1978**	**45095**	**6162**	**4401**	**909**
市　区	District	16	3	5619	268	5414	196	16858	770	1614	141
东丰县	Dongfeng	26	9	5214	810	5211	763	15653	2339	1561	374
东辽县	Dongliao	19	9	4220	965	4003	1019	12584	3053	1226	394
通化市	**Tonghua**	**130**	**35**	**27811**	**2222**	**25166**	**1715**	**80468**	**5987**	**9944**	**1694**
市　区	District	20		6545	77	4867		16807		1703	

19－20 续表 3 continued

市、县	City，County	普通中学 学校数（所）Number of Schools (unit)	#乡村 Rural	毕业生（人）Graduates (person)	#乡村 Rural	招生数（人）New Student Enrollment (person)	#乡村 Rural	在校学生数（人）Students Enrollment (person)	#乡村 Rural	专任教师数（人）Number of Full－time Teachers (person)	#乡村 Rural
通化县	Tonghua	21	7	3088	305	2740	267	9223	914	1458	339
辉南县	Huinan	21	7	4637	707	4545	581	13892	1880	1336	278
柳河县	Liuhe	23	7	3752	209	3583	229	11403	701	1141	193
梅河口市	Meihekou	28	9	7211	785	6920	508	21199	2023	3103	616
集安市	Ji' an	17	5	2578	139	2511	130	7944	469	1203	268
白山市	**Baishan**	**110**	**24**	**15335**	**351**	**14076**	**380**	**44363**	**1194**	**6901**	**815**
市区	District	36	4	6773	71	5850	48	18745	194	2650	168
抚松县	Fusong	27	7	4260	141	3790	169	12482	503	1889	241
靖宇县	Jingyu	18	7	1287	70	1483	71	4535	236	990	274
长白县	Changbai	13	4	901	38	875	33	2615	117	454	86
临江市	Linjiang	16	2	2114	31	2078	59	5986	144	918	46
松原市	**Songyuan**	**148**	**64**	**36648**	**4709**	**39174**	**5347**	**120148**	**15847**	**10387**	**2550**
市区	District	27	4	13877	346	12924	346	40720	1041	2719	156
前郭县	Qianguo	35	21	7000	1786	7777	2106	23870	6203	2455	1021
长岭县	Changling	37	18	6996	1085	7074	1094	21941	3365	1740	474
乾安县	Qian' an	18	8	2882	472	3048	494	9269	1401	1056	269
扶余县	Fuyu	31	13	5893	1020	8351	1307	24348	3837	2417	630
白城市	**Baicheng**	**122**	**44**	**24473**	**2292**	**23694**	**2423**	**74377**	**7592**	**8752**	**2443**
市区	District	30	8	7881	410	7163	417	23145	1401	2041	288
镇赉县	Zhenlai	17	6	3497	301	3233	288	10324	785	1179	229
通榆县	Tongyu	24	9	4115	390	4736	415	13939	1279	2405	924
洮南市	Taonan	20	8	4733	609	4633	691	14674	2307	1267	304
大安市	Da' an	31	13	4247	582	3929	612	12295	1820	1860	698
延边州	**Yanbian**	**147**	**39**	**23501**	**1438**	**21451**	**1486**	**68311**	**4509**	**9304**	**1363**
延吉市	Yanji	25	3	7496	371	6888	349	22619	1070	2182	132
图们市	Tumen	9		927		676		2172		459	
敦化市	Dunhua	27	8	5838	453	5321	416	16782	1386	2134	473
珲春市	Hunchun	16	3	2641	38	2536	38	7991	105	1043	54
龙井市	Longjing	14	4	1109	31	921	29	2887	105	592	82
和龙市	Helong	17	6	1202	56	1104	57	3635	173	824	122
汪清县	Wangqing	23	8	2160	153	1953	170	6098	474	1071	197
安图县	Antu	16	7	2128	336	2052	427	6127	1196	999	303

19－20 续表 4 continued

市、县 City，County		普通高中									
		学校数（所）Number of Schools (unit)	# 乡村 Rural	毕业生（人）Graduates (person)	# 乡村 Rural	招生数（人）New Student Enrollment (person)	# 乡村 Rural	在校学生数（人）Students Enrollment (person)	# 乡村 Rural	专任教师数（人）Number of Full－time Teachers (person)	# 乡村 Rural
全　　省	**Total**	**239**	**9**	**139932**	**749**	**135162**	**1090**	**406263**	**2509**	**33730**	**737**
长 春 市	**Changchun**	**67**	**4**	**44589**	**555**	**39033**	**690**	**121948**	**1673**	**10183**	**475**
市　区	District	47	3	26830	510	23080	584	73924	1489	6717	280
农安县	Nong' an	10	1	6238	45	5720	106	16571	184	1627	195
榆树市	Yushu	6		6730		5857		17499		984	
德惠市	Dehui	4		4791		4376		13954		855	
吉 林 市	**Jilin**	**37**	**1**	**20901**	**130**	**20241**	**150**	**60489**	**355**	**5137**	**66**
市　区	District	18	1	9812	130	8906	150	27268	355	2586	66
永吉县	Yongji	3		1894		1712		5541		493	
蛟河市	Jiaohe	4		1694		1977		5548		375	
桦甸市	Huadian	3		2394		2553		7513		539	
舒兰市	Shulan	5		2629		2627		7711		522	
磐石市	Panshi	4		2478		2466		6908		622	
四 平 市	**Siping**	**27**	**3**	**15907**	**64**	**16821**	**250**	**48427**	**481**	**3586**	**173**
市　区	District	3		4093		3548		11151		634	
梨树县	Lishu	7		2710		3423		9261		753	
伊通县	Yitong	5	2	2403	64	2542	180	6959	411	537	128
公主岭市	Gongzhuling	9	1	5147		5814	70	16630	70	1327	45
双辽市	Shuangliao	3		1554		1494		4426		335	
辽 源 市	**Liaoyuan**	**9**		**5914**		**6307**		**18011**		**1322**	
市　区	District	4		2422		2736		7476		593	
东丰县	Dongfeng	3		1816		1941		5598		397	
东辽县	Dongliao	2		1676		1630		4937		332	
通 化 市	**Tonghua**	20		11338		10741		32383		2984	
市　区	District	6		2917		2319		7604		800	

市、县	City, County	普通高中 学校数（所）Number of Schools (unit)	#乡村 Rural	毕业生（人）Graduates (person)	#乡村 Rural	招生数（人）New Student Enrollment (person)	#乡村 Rural	在校学生数（人）Students Enrollment (person)	#乡村 Rural	专任教师数（人）Number of Full－time Teachers (person)	#乡村 Rural
通化县	Tonghua	2		1350		1142		3813		296	
辉南县	Huinan	2		1783		1881		5384		300	
柳河县	Liuhe	2		1451		1360		4078		217	
梅河口市	Meihekou	5		2820		3083		8563		1075	
集安市	Ji' an	3		1017		956		2941		296	
白山市	**Baishan**	**15**		**6869**		**6738**		**19708**		**1695**	
市区	District	6		2990		3008		8615		668	
抚松县	Fusong	4		2062		1733		5621		558	
靖宇县	Jingyu	1		454		521		1535		116	
长白县	Changbai	2		352		352		1020		136	
临江市	Linjiang	2		1011		1124		2917		217	
松原市	**Songyuan**	**19**		**14885**		**16521**		**48455**		**3552**	
市区	District	7		6849		6636		19381		1254	
前郭县	Qianguo	4		2360		2478		8119		663	
长岭县	Changling	3		2601		2865		8431		518	
乾安县	Qian' an	2		998		1124		3233		282	
扶余县	Fuyu	3		2077		3418		9291		835	
白城市	**Baicheng**	**17**	**1**	**9696**		**9688**		**29231**		**2317**	**23**
市区	District	6	1	3379		3158		9940		727	23
镇赉县	Zhenlai	3		1482		1392		4345		415	
通榆县	Tongyu	3		1382		1805		4924		496	
洮南市	Taonan	2		1741		1734		5141		314	
大安市	Da' an	3		1712		1599		4881		365	
延边州	**Yanbian**	**28**		**9833**		**9072**		**27611**		**2954**	
延吉市	Yanji	7		3302		3067		9222		703	
图们市	Tumen	2		412		310		895		159	
敦化市	Dunhua	7		2559		2423		7279		935	
珲春市	Hunchun	2		1007		1006		3171		309	
龙井市	Longjing	2		424		323		1093		184	
和龙市	Helong	2		423		461		1492		155	
汪清县	Wangqing	3		833		786		2285		244	
安图县	Antu	3		873		696		2174		265	

19－21 县市（卡）社会经济基本情况（2015年）

指　　标	Item	农安县 Nongan	榆树市 Yushu
行政区域面积(平方公里)	The administrative area（sq.km）	5415	4712
财政供养人员(人)	Financial Support Personnel（person）	33425	37529
财政供养人员全年工资总额(万元)	Annual gross wages of fiscal supported personnel（10000yuan）	114469	175005
年末金融机构各项存款余额(万元)	Balance of deposits in financial institutions at end of the year（10000yuan）	2679418	2150245
居民人民币储蓄存款余额(万元)	RMB savings deposit of residents （10000yuan)	2141150	1722896
年末金融机构各项贷款余额(万元)	Balance of loans for financial institutions at end of the year（10000yuan）	2837377	2511978
耕地面积(公顷)	Arable land（ha）	377523	391007
设施农业占地面积(公顷)	Facility agriculture area（ha）	548	2712
农药使用量(吨)	The use of pesticide（ton）	1957	2937
地膜使用量(吨)	Used quantity of mulch（ton）	1096	1600
机收面积(公顷)	Mechanical harvesting area（ha）	209000	224560
粮食作物播种面积;小麦(公顷)	Grain crop sown area; wheat（ha）		
油料作物播种面积;花生(公顷)	Oil crops sown area; peanut（ha）	2134	
棉花播种面积(公顷)	Cotton sown area（ha）		
糖料作物播种面积(公顷)	Sugar crop sown area（ha）		
粮食总产量;小麦(吨)	Total grain output; wheat（ton）		
油料产量;花生(吨)	Total oil production;peanut（ton）	5418	
棉花产量(吨)	Cotton yield（ton）		
糖料产量(吨)	Sugar yield（ton）		
园林水果产量(吨)	Garden frait Production（ton）	4974	18329
年末牛存栏(头)	At the end of cattle（head）	385881	713663
奶类产量(吨)	Milk yield （ton）	4395	28788
水产品产量(吨)	Aquatic Product output （ton）	6233	5778
建筑业企业单位数(个)	Unit number of construction enterprises（unit）	13	10
公路里程(公里)	Highway mileage （km）	4249	5285
民用汽车拥有量(辆)	Possession of civil automobile（coach）	82455	33852
公交车路数(路)	Number of bus at the end of the year（ road）	257	53
年末实有公共汽（电）车营运车辆数(辆)	Number of actual buses, (electric) vehicle, operations vehicle at the end of the year（coach）	564	528
年末实有出租汽车数(辆)	Number of actual taxi at the end of the year（coach）	1437	1359
固定电话用户(户)	The fixed telephone users (subscriber)	113375	109516
移动电话用户(户)	Mobile phone users (subscriber)	515984	577565
互联网宽带接入用户(户)	Broadband Internet access users (subscriber)	69761	78525
全社会用电量(万千瓦时)	Consumption of the whole society（10000kw.h)	101165	78977
居民生活用电量(万千瓦时)	Residents living with electricity（10000kw.h)	78848	30674

Basic Statistics on Social and Economy by County (city) (2015)

德惠市 Dehui	永吉县 Yongji	蛟河市 Jiaohe	桦甸市 Huadian	舒兰市 Shulan	磐石市 Panshi	梨树县 Lishu	伊通满族自治县 Yitong	公主岭市 Gongzhuling	双辽市 Shuangliao	东丰县 Dongfeng
3435	2399	6370	6625	4557	3895	3232	2524	4141	3121	2522
30729	11116	15023	18599	21935	20621	26069	15849	29299	19395	17078
114120	65500	82995	93936	94839	81067	97286	54153	138376	85035	106183
2397226	1191054	1439900	1375468	1520737	1289788	1594455	1016435	3029460	892253	1019031
1915624	904037	1016016	975757	1147288	921825	1236667	656580	2381764	662327	873654
1432748	1178079	1011425	811421	971611	1065223	1192381	621894	2658359	1277767	709918
217238	69996	115137	87948	143289	104118	213649	124297	315813	174448	130491
848	104	186	182	383	450	1550	203	946	360	183
1731	1400	1502	1658	2463	2099	1015	1684	2946	1029	2447
784	178	461	371	326	247	466	99	1165	204	645
117000	35200	33200	22300	66400	42533	165200	58000	170780	142000	37700
									45	
24		164	391			2572		160	8711	1
										1
									120	
57		347	1591			7605		340	18256	7
										1
24536	21218	40007	12442	25189	36517	6525	4795	12514	637	12234
398933	15923	104512	82050	126569	104251	277581	413266	263415	191867	197078
2842	213	411	300	1096	1112	7720	3450	21184	22369	1685
5590	2937	6655	3915	7937	7210	873	1486	1890	580	1470
17	75	9	20	27	16	10	7	29	20	18
2238	1853	1934	3032	2621	2153	2435	1579	2618	1446	2297
63440	23599	9462	28738	6532	33093	7324	39191	16998	17878	20130
185	233	116	205	59	149	195	88	234	22	87
490	331	328	434	314	375	375	275	526	115	188
1373	495	1481	513	1040	513	1470	950	1996	2576	600
96446	33566	60172	56071	71001	98480	54300	37625	233524	57153	37947
712591	295271	244573	352315	482154	484100	583000	374642	508810	443400	300256
74424	34888	45620	48347	29587	59380	61600	28241	50186	49133	31909
90770	52930	62370	62583	50715	137032	64239	36022	97623	40366	29387
26684	10253	13214	18732	7162	16078	29633	11800	31618	17676	12316

19－21 续表 1

指 标	Item	农安县 Nongan	榆树市 Yushu
出口总额(万美元)	Total exports （$10000)	1863	718
当年实际使用外资金额(万美元)	The amount of actually used foreign capital （$10000)	10983	8495
星级饭店客房总数(间)	Newly increased fixed assets（unit)		
新增固定资产(万元)	New fixed assets（10000yuan)	2101788	2014125
房地产开发投资;住宅(万元)	Investment real estate development;Residential （10000yuan)	83074	14524
住宅竣工面积(万平方米)	The completion of the residential area(10000square meters)	33.91	3
专业技术人员(人)	Number of professional and technical personnel（person）	46103	20401
#农业技术人员(人)	Agricultural technical personnel（person）	2086	1274
专利授权数(件)	Number of patents（piece）	224	54
公共图书馆图书总藏量(千册)	Number of books in public library(1000volume)	143	120
剧场、影剧院个数(个)	Theatres and music halls （unit）	3	2
体育场馆个数(个)	Number of stadium（unit）	3	1
医疗卫生机构床位数(床)	Bed number of medical and health institutions（bed）	3117	2990
医疗卫生机构技术人员(人)	Technical personnel of medical and health institutions（person）	3095	2432
#执业（助理）医师(人)	Occupational physician（person）	1178	1281
城镇居民人均可支配收入(元)	Per capita disposable income of urban residents（yuan）	19505	19413
农村居民人均可支配收入((元)	Per capita dispossable income of rural residents（yuan）	11564	11748
各种社会福利收养性单位数(个)	Number of social welfare institutions for adoption（unit）	18	42
各种社会福利收养性单位床位数(床)	Adopting social welfare unit beds（bed）	3700	2369
城镇职工基本养老保险参保人数(人)	The number of basic old-age insurance for urban workers（person）	45430	68102
城镇职工基本医疗保险参保人数(人)	Basic medical insurance number of urban workers（person）	144126	165147
失业保险参保人数(人)	Number of Unemployment insurance（person）	32370	40845
新型农村合作医疗参保人数(人)	The new rural cooperative medical insurance number（person）	548188	976201
新型农村社会养老保险参保人数(人)	The number of new rural pension insarance society （person）	314861	409914
城镇居民最低生活保障人数(人)	The number of minimum subsistence guarantee of urban resident（person）	16614	25411
农村居民最低生活保障人数(人)	Number of minimum subsistence guarantee for rural residents(person)	33244	51389
森林面积(公顷)	Forest area(ha)	51309	44724
自然保护区面积(公顷)	atural protection area(ha)		
工业二氧化硫排放量(吨)	Industrial sulfur dioxide emissions(ton)	2501	3520
氮氧化物排放量(吨)	Nitrogen oxide emissions(ton)	3787	1885
工业烟（粉）尘排放量(吨)	Industrial soot emissions(ton)	6763	3910
污水处理厂数(座)	Number of sewage disposal plants(unit)	1	2
污水处理厂集中处理率(%)	Centralized treatment rate of sewage treatment plant(%)	93	100
垃圾处理站数(个)	Number of garbage disposal stations(unit)	1	1
城区空气质量优良以上天数(天)	Good uran air quality days over (day)	341	309

continued

德惠市 Dehui	永吉县 Yongji	蛟河市 Jiaohe	桦甸市 Huadian	舒兰市 Shulan	磐石市 Panshi	梨树县 Lishu	伊通满族自治县 Yitong	公主岭市 Gongzhuling	双辽市 Shuangliao	东丰县 Dongfeng
7595	2088	1477	1030	2676	15415			387		8583
10229	7258	7368	7300	5922	7200			81240		5000
			132	109	70			228		
1187630	981035	1949067	2186970	1707331	2502600	544537	43399	2866658	762572	187300
86531	41498	23768	72373	11555	20201		15406	158439		17970
44.52	7.91	17.25	47.50	19.00	3.76		0.60	42.90		20.00
35670	7769	22124	20619	15865	20670	10532	6443	14106	8067	7875
1380	384	1437	1367	2803	2620	1916	857	1324	1077	1338
39	47		56	44	84		9		3	
113	68	69	527	34	157	70	45	92	30	60
2	2	1	2	2	3	1	1	9	1	1
2	2	2	2	2	1	2	2	1	1	1
2996	1343	1680	1630	2451	2084	1902	1616	3995	1495	1566
1922	1659	2232	2059	2035	2019	2145	1742	5749	2179	1422
1191	666	1452	751	862	983	1022	685	2443	797	538
21815	21026	19023	23658	18815	21448	18696	19609	24764	18822	21467
11855	11267	11577	11733	11366	11737	11515	9923	11722	10057	11380
18	11	26	16	36	25	23	31	83	15	33
1593	1707	1374	1861	1840	2047	2366	1976	7827	1351	1936
81229	23380	67652	53180	50585	82832	40178	35185	122800	40202	41298
78103	53588	124350	216660	223254	193386	79003	105000	198225	45532	66012
33526	20004	3093	25672	22521	26190	38912	13781	35700	25864	18171
709201	262190	268663	225805	371277	347783	458952	319797	672287	264935	281073
403018	159413	114947	106525	153680	180764	249898	149000	370000	129009	170330
12225	7366	43240	8916	28498	5059	13245	5386	14518	3369	12973
25880	15406	13148	8424	23671	17254	23447	24715	43525	8181	23127
15564	97698	456000	426179	142482	156756	28237	56072	25365	56946	85882
		2480	3239	9442	2630		24257			
2800	1827	286	5322	916	6500	7736	3050	8039	7563	11650
1922	2809	290	1919	827	8813	5669	1435	4632	22362	1733
6986	654	1760	2056	555	10494	323606	4758	3992	4749	11681
8	2	1	2	1	1	1	1	1	1	1
60	86	91	92	85	100	75	76	70	100	33
1	1	2	1	1	1		1	1	1	1
338	321	319	283	338	310	320	255	280	258	298

19－21 续表 2

指　　标	Item	东辽县 Dongliao	通化县 Tonghua
行政区域面积(平方公里)	The administrative area (sq.km)	2173	3726
财政供养人员(人)	Financial Support Personnel (person)	14166	10531
财政供养人员全年工资总额(万元)	Annual gross wages of fiscal supported personnel (10000yuan)	52388	54617
年末金融机构各项存款余额(万元)	Balance of deposits in financial institutions at end of the year (10000yuan)	719014	902976
居民人民币储蓄存款余额(万元)	RMB savings deposit of residents (10000yuan)	569193	696863
年末金融机构各项贷款余额(万元)	Balance of loans for financial institutions at end of the year (10000yuan)	697355	927701
耕地面积(公顷)	Arable land (ha)	107852	29070
设施农业占地面积(公顷)	Facility agriculture area (ha)	65	418
农药使用量(吨)	The use of pesticide (ton)	1002	548
地膜使用量(吨)	Used quantity of mulch (ton)	518	219
机收面积(公顷)	Mechanical harvesting area (ha)	36000	2800
粮食作物播种面积;其中小麦(公顷)	Grain crop sown area; wheat (ha)		
油料作物播种面积;花生(公顷)	Oil crops sown area; peanut (ha)		30
棉花播种面积(公顷)	Cotton sown area (ha)		
糖料作物播种面积(公顷)	Sugar crop sown area (ha)		
粮食总产量;小麦(吨)	Total grain output; wheat (ton)		
油料产量;花生(吨)	Total oil production;peanut (ton)		115
棉花产量(吨)	Cotton yield (ton)		
糖料产量(吨)	Sugar yield (ton)		
园林水果产量(吨)	Garden frait Production (ton)	8958	954
年末牛存栏(头)	At the end of cattle (head)	43358	34549
奶类产量(吨)	Milk yield (ton)	838	
水产品产量(吨)	Aquatic Product output (ton)	1410	3813
建筑业企业单位数(个)	Unit number of construction enterprises (unit)	6	13
公路里程(公里)	Highway mileage (km)	2011	2000
民用汽车拥有量(辆)	Possession of civil automobile (coach)	25714	19629
公交车路数(路)	Number of bus at the end of the year (road)	80	20
年末实有公共汽（电）车营运车辆数(辆)	Number of actual buses, (electric) vehicle, operations vehicle at the end of the year (coach)	105	71
年末实有出租汽车数(辆)	Number of actual taxi at the end of the year (coach)	112	461
固定电话用户(户)	The fixed telephone users (subscriber)	22650	43373
移动电话用户(户)	Mobile phone users (subscriber)	243921	192107
互联网宽带接入用户(户)	Broadband Internet access users (subscriber)	17046	54322
全社会用电量(万千瓦时)	Consumption of the whole society (10000kw.h)	26478	23515
居民生活用电量(万千瓦时)	Residents living with electricity (10000kw.h)	8667	8092

continued

辉南县 Huinan	柳河县 Liuhe	梅河口市 Meihekou	集安市 Jian	抚松县 Fusong	靖宇县 Jingyu	长白朝鲜族自治县 Changbai	临江市 Linjiang	前郭尔罗斯蒙古族自治县 Qianguo	长岭县 Changling	乾安县 Qianan
2272	3346	2179	3341	6150	3094	2498	3009	6979	5728	3617
15000	13444	23602	10514	15216	8097	6647	9812	25981	24695	16935
63000	54015	96929	55392	76689	51298	32857	41700	110552.5	113583	69725
1155923	1186831	2454129	1077481	1313155	496022	500524	777000	2420486	1102131	820016
843114	709994	1880487	830100	898656	327667	405380	510752	1537717	652108	487737
523735	790883	1273163	594134	777109	311559	194513	302673	2762945	1517966	468789
79835	89070	100370	11219	18492	13690	5083	11260	311319	332569	178705
262	76	699	193	403	167	41	135	1000	3600	262
771	1029	1653	657	305	321	57	198	3400	2528	489
217	138	321	201	289	107	104	158	4670	1106	589
16000	33300	40000	2200	200	1170	600	700	270000	204640	121300
	7	1	136	27	141	26	77	44862	10936	1112
								255		
	28	3	302	97	339	88	332	119233	66462	3384
								3825		
14466	14059	3447	30079	2378	2939	1457	6999	24020	622	12614
124624	105252	105770	15354	24750	22883	10591	16151	114348	118960	47066
232	122	2614		1100	252		354	95000	67860	7350
4011	1861	5882	3780	6278	1585	508	1397	16765	1782	2855
14	11	21	13	18	12	7	8	39	12	5
2172	2271	1490	1233	1528	1515	1222	1596	4209	2053	1548
19871	17938	37584	16618	15500	4963	1395	4878	38000	4862	28264
30	81	105	38	107	21	43	12	30	138	97
53	224	290	64	303	73	45	90	266	263	130
800	704	1300	800	1000	842	763	858		1919	582
45695	50075	97600	45127	64533	10035	22620	25000	225000	62021	33655
205107	315532	517824	177693	312104	177000	83348	149000	616600	589472	395497
35121	44571	73213	34141	61622	18780	12023	21000	107000	37412	26756
25257	30100	55399	25412	61622	54211.5	9607	43693	209100	37096	27852
10841	11478	21242	8788	14215	6333.1	4530	10084	68020	17561	8418

19－21 续表 3

指　　标	Item	东辽县 Dongliao	通化县 Tonghua
出口总额(万美元)	Total exports （$10000)	1200	2479
当年实际使用外资金额(万美元)	The amount of actually used foreign capital （$10000)	7200	5316
星级饭店客房总数(间)	Newly increased fixed assets（unit)		88
新增固定资产(万元)	New fixed assets（10000yuan)	931236	1001791
房地产开发投资;住宅(万元)	Investment real estate development;Residential （10000yuan)	21200	36570
住宅竣工面积(万平方米)	The completion of the residential area(10000square meters)		
专业技术人员(人)	Number of professional and technical personnel（person）	8967	17279
#农业技术人员(人)	Agricultural technical personnel（person）	526	3167
专利授权数(件)	Number of patents（piece）	28	16
公共图书馆图书总藏量(千册)	Number of books in public library(1000volume)	63	80
剧场、影剧院个数(个)	Theatres and music halls （unit）	1	1
体育场馆个数(个)	Number of stadium（unit）	1	1
医疗卫生机构床位数(床)	Bed number of medical and health institutions（bed）	857	1636
医疗卫生机构技术人员(人)	Technical personnel of medical and health institutions（person）	1091	1591
#执业（助理）医师(人)	Occupational physician（person）	405	702
城镇居民人均可支配收入(元)	Per capita disposable income of urban residents（yuan）	20154	21518
农村居民人均可支配收入(元)	Per capita dispossable income of rural residents（yuan）	10447	10560
各种社会福利收养性单位数(个)	Number of social welfare institutions for adoption（unit）	15	17
各种社会福利收养性单位床位数(床)	Adopting social welfare unit beds（bed）	1628	1150
城镇职工基本养老保险参保人数(人)	The number of basic old-age insurance for urban workers（person）	16673	29446
城镇职工基本医疗保险参保人数(人)	Basic medical insurance number of urban workers（person）	47008	90725
失业保险参保人数(人)	Number of Unemployment insurance（person）	10259	20043
新型农村合作医疗参保人数(人)	The new rural cooperative medical insurance number（person）	270749	160728
新型农村社会养老保险参保人数(人)	The number of new rural pension insarance society （person）	134118	70902
城镇居民最低生活保障人数(人)	The number of minimum subsistence guarantee of urban resident（person）	8448	6174
农村居民最低生活保障人数(人)	Number of minimum subsistence guarantee for rural residents(person)	15633	9016
森林面积(公顷)	Forest area(ha)	69335	278005
自然保护区面积(公顷)	atural protection area(ha)		1520
工业二氧化硫排放量(吨)	Industrial sulfur dioxide emissions(ton)	1159	2811
氮氧化物排放量(吨)	Nitrogen oxide emissions(ton)	2621	553
工业烟（粉）尘排放量(吨)	Industrial soot emissions(ton)	5342	1076
污水处理厂数(座)	Number of sewage disposal plants(unit)	1	1
污水处理厂集中处理率(%)	Centralized treatment rate of sewage treatment plant(%)	37	95
垃圾处理站数(个)	Number of garbage disposal stations(unit)	4	1
城区空气质量优良以上天数(天)	Good uran air quality days over (day)	278	345

continued

辉南县 Huinan	柳河县 Liuhe	梅河口市 Meihekou	集安市 Jian	抚松县 Fusong	靖宇县 Jingyu	长白朝鲜族自治县 Changbai	临江市 Linjiang	前郭尔罗斯蒙古族自治县 Qianguo	长岭县 Changling	乾安县 Qianan
239	183	6796	1786	13700	1140	1442	2210	2872	1903	37
5611	5623	7061	5821	5000	4100		1500	4100		4100
	126	136	374	897	84	50	95	251		59
1117490	745538	2398806	1115686	1647810	605898	573563	880496	2555740	2173898	1760175
11074	10539	230609	22678	25531	7143		28000	34399	21171	300
0.50		31.67	17.35	6.00	8.50		5.50	5.38	11.80	
22916	12975	42198	12779	8821	4401	3447	5019	17468	9646	11231
4006	633	3463	1251	264	311	508	101	5015	326	360
27	19	42	2	22	3	9	6	26	2	3
90	180	142	56	37	62	78	12	290	138	75
4	2	5	1	5	1	3	1	4	1	1
1	1	2	2	5		1	1	9	1	1
1536	1799	2974	936	2039	520	312	983	1671	1678	1350
1544	1754	3792	827	1941	833	408	1338	2582	2049	2209
801	642	1678	395	951	320	262	559	1277	1464	828
19132	21484	24742	19612	19589	18071	18644	19312	21646	18700	19134
11548	10206	11872	11325	11774	7085	8645	11234	9579	9444	10068
21	25	35	16	15	4	11	14	15	23	13
1202	1785	2273	901	691	241	301	456	1301	650	542
30206	55363	100614	44383	56902	12795	13894	33422	59000	24190	34355
140339	114214	287179	90210	208791	74005	20537	119709	137000	116822	106859
15405	9226	24985	12274	36344	7163	5359	20008	19252	13872	9159
200352	244798	338361	132083	109098	61796	39028	62020	397408	473447	182228
81929	141155	162873	51810	46539	26761	3996	20461	183754	159871	91623
8212	14575	12604	7765	18797	10867	9853	12032	7294	7001	5734
17868	13465	20212	8745	12062	8821	6406	6868	23929	36866	4285
52419	196296	58641	270530	389228	37748	218564	243648	98893	98000	34582
15061	24946		13822	190781	423270	16128		50684	30966	11000
749	1493	12700	1265	2577	733	960	2967	9345	1602	3781
492	588	6900	327	802	229	278	673	5356	569	1757
341	1638	961	541	2050	466	380	4204	9278	2926	3777
1	1	1	1	1	1	1	1	1	1	1
95	100	98	93	38	85	70	87	100	100	98
1	1	1	1	1	1	1	1	1	1	1
340	343	248	340	355	300	360	362	285	320	320

19－21 续表 4

指 标	Item	扶余市 Fuyu	镇赉县 Zhenlai
行政区域面积(平方公里)	The administrative area (sq.km)	4654	4717
财政供养人员(人)	Financial Support Personnel (person)	17940	17546
财政供养人员全年工资总额(万元)	Annual gross wages of fiscal supported personnel (10000yuan)	68287	64700
年末金融机构各项存款余额(万元)	Balance of deposits in financial institutions at end of the year (10000yuan)	1194905	833683
居民人民币储蓄存款余额(万元)	RMB savings deposit of residents (10000yuan)	827687	496268
年末金融机构各项贷款余额(万元)	Balance of loans for financial institutions at end of the year (10000yuan)	1267178	1295482
耕地面积(公顷)	Arable land (ha)	320942	205788
设施农业占地面积(公顷)	Facility agriculture area (ha)	1075	1697
农药使用量(吨)	The use of pesticide (ton)	2582	1045
地膜使用量(吨)	Used quantity of mulch (ton)	2607	969
机收面积(公顷)	Mechanical harvesting area (ha)	193500	127310
粮食作物播种面积;其中小麦(公顷)	Grain crop sown area; wheat (ha)	50	66
油料作物播种面积;花生(公顷)	Oil crops sown area; peanut (ha)	42825	4443
棉花播种面积(公顷)	Cotton sown area (ha)		
糖料作物播种面积(公顷)	Sugar crop sown area (ha)		
粮食总产量;小麦(吨)	Total grain output; wheat (ton)		264
油料产量;花生(吨)	Total oil production;peanut (ton)	149031	16443
棉花产量(吨)	Cotton yield (ton)		
糖料产量(吨)	Sugar yield (ton)		
园林水果产量(吨)	Garden frait Production (ton)	3030	197
年末牛存栏(头)	At the end of cattle (head)	122473	46002
奶类产量(吨)	Milk yield (ton)	19009	25419
水产品产量(吨)	Aquatic Product output (ton)	13200	16500
建筑业企业单位数(个)	Unit number of construction enterprises (unit)	9	12
公路里程(公里)	Highway mileage (km)	2836	1553
民用汽车拥有量(辆)	Possession of civil automobile (coach)	32210	25247
公交车路数(路)	Number of bus at the end of the year (road)	127	45
年末实有公共汽（电）车营运车辆数(辆)	Number of actual buses, (electric) vehicle, operations vehicle at the end of the year (coach)	318	156
年末实有出租汽车数(辆)	Number of actual taxi at the end of the year (coach)	606	663
固定电话用户(户)	The fixed telephone users (subscriber)	61207	24719
移动电话用户(户)	Mobile phone users (subscriber)	619311	271302
互联网宽带接入用户(户)	Broadband Internet access users (subscriber)	48398	21723
全社会用电量(万千瓦时)	Consumption of the whole society (10000kw.h)	46057	34473
居民生活用电量(万千瓦时)	Residents living with electricity (10000kw.h)	16858	17338

continued

通榆县 Tongyu	洮南市 Taonan	大安市 Daan	延吉市 Yanji	图们市 Tumen	敦化市 Dunhua	珲春市 Hunchun	龙井市 Longjing	和龙市 Helong	汪清县 Wangqing	安图县 Antu
8496	5031	4879	1748	1143	11957	5184	2208	5069	8918	7444
20364	21414	22706	18934	6247	18632	14007	10037	10987	11909	10268
89186	77534	98200	105387	35151	111445	61418	42661	435485	58655.8	49549
797372	976952	1248295	6413455	587256	2520739	1462111	708730	675083	1024543	1105024
408713	574055	742703	4041695	453611	1586535	1009878	585185	475084	711637	717725
531396	1167922	1155854	3387626	199242	1537950	1068446	244991	427332	407587	630101
290569	202426	122825	16651	9901	165232	34731	27394	29336	68528	32655
500	1006	1538	258	61	235	550	102	62	143	172
734	1822	456	244	97	2115	534	362	314	414	328
1001	380	916	172	30	734	71	49	95	213	199
127900	122900	49785	9000	5400	116400	20800	18800	19300	32500	14500
5	181	95							5	
4259	13138	7906	2			6			1	
1		285			1					
2000	878	356								
11762	33782	25311	2			6			1	
3		8752			20					
95	935	16	25932	1659	8114	22803	32992	5790	53	367
70540	94364	14792	10457	9741	80427	35014	30145	30790	87015	48654
25382	193140	3702	353	93	7132	660		224	8	
3431	4456	8250	195	70	4507	1978	292	209	642	676
6	7	19	123	13	31	27	23	9	10	15
2336	1970	2409	489	644	2067	927	734	1519	1394	1348
7210	6042	3705	117331	1620	38486	58481	8504	2475	7129	2580
68	68	78	63	18	88	45	6	20	31	22
172	187	308	757	130	465	245	133	194	216	148
1080	869	1238	2649	450	968	900	364	500	500	481
28990	33768	58754	199554	23565	81109	61000	29364	26724	35000	37826
345990	359623	97363	713660	114025	460238	225000	161252	82004	162848	176754
24950	39867	18430	181877	21544	86315	60000	22572	18168	37272	36996
25931	58982	37749	113246	15869	96455	62135	20073	13294	12200	30139
13606	8150	12970	37837	5083	19485	10466	8048	3796	8075	10240

19－21　续表　5

指　　标	Item	扶余市 Fuyu	镇赉县 Zhenlai
出口总额(万美元)	Total exports （$10000)	590	399
当年实际使用外资金额(万美元)	The amount of actually used foreign capital （$10000)		2500
星级饭店客房总数(间)	Newly increased fixed assets (unit)	85	97
新增固定资产(万元)	New fixed assets (10000yuan)	1759104	1096968
房地产开发投资;住宅(万元)	Investment real estate development;Residential （10000yuan)	65190	7010
住宅竣工面积(万平方米)	The completion of the residential area(10000square meters)	27.40	27.60
专业技术人员(人)	Number of professional and technical personnel (person)	20880	9427
#农业技术人员(人)	Agricultural technical personnel (person)	458	313
专利授权数(件)	Number of patents (piece)		
公共图书馆图书总藏量(千册)	Number of books in public library(1000volume)		52
剧场、影剧院个数(个)	Theatres and music halls （unit)	1	1
体育场馆个数(个)	Number of stadium (unit)	1	1
医疗卫生机构床位数(床)	Bed number of medical and health institutions (bed)	862	784
医疗卫生机构技术人员(人)	Technical personnel of medical and health institutions (person)	922	1250
#执业（助理）医师(人)	Occupational physician (person)	450	562
城镇居民人均可支配收入(元)	Per capita disposable income of urban residents (yuan)	18803	18665
农村居民人均可支配收入(元)	Per capita dispossable income of rural residents (yuan)	10847	7221
各种社会福利收养性单位数(个)	Number of social welfare institutions for adoption (unit)	18	12
各种社会福利收养性单位床位数(床)	Adopting social welfare unit beds (bed)	1045	1864
城镇职工基本养老保险参保人数(人)	The number of basic old-age insurance for urban workers (person)	37086	23754
城镇职工基本医疗保险参保人数(人)	Basic medical insurance number of urban workers (person)	105831	48226
失业保险参保人数(人)	Number of Unemployment insurance (person)	15379	15182
新型农村合作医疗参保人数(人)	The new rural cooperative medical insurance number (person)	501356	167615
新型农村社会养老保险参保人数(人)	The number of new rural pension insarance society （person)	291832	88946
城镇居民最低生活保障人数(人)	The number of minimum subsistence guarantee of urban resident (person)	7080	9642
农村居民最低生活保障人数(人)	Number of minimum subsistence guarantee for rural residents(person)	37110	26128
森林面积(公顷)	Forest area(ha)	43729	45773
自然保护区面积(公顷)	atural protection area(ha)	61010	144000
工业二氧化硫排放量(吨)	Industrial sulfur dioxide emissions(ton)	1238	2714
氮氧化物排放量(吨)	Nitrogen oxide emissions(ton)	552	1182
工业烟（粉）尘排放量(吨)	Industrial soot emissions(ton)	2464	814
污水处理厂数(座)	Number of sewage disposal plants(unit)	1	1
污水处理厂集中处理率(%)	Centralized treatment rate of sewage treatment plant(%)	100	97
垃圾处理站数(个)	Number of garbage disposal stations(unit)		1
城区空气质量优良以上天数(天)	Good uran air quality days over (day)	362	358

continued

通榆县 Tongyu	洮南市 Taonan	大安市 Daan	延吉市 Yanji	图们市 Tumen	敦化市 Dunhua	珲春市 Hunchun	龙井市 Longjing	和龙市 Helong	汪清县 Wangqing	安图县 Antu
1704	3155	2017	16790	7409	18921	69874	2559	2309	3377	4431
900		3200	3679	133	889	2068	64	204		8000
184		70	1255	120	849	367			4	704
1136036	1440756	798340	1958203	626173	1926133	97966	352478	361568	532674	374016
13763	9364	4350	282470	12899	108383	59986	31774	24642	26835	8085
0.40		1.70	40.99	0.35	66.70	42.40	4.30	15.40	1.00	
9610	10233	11897	25690	2976	30446	8769	3576	5761	5600	7758
692	476	1938	435	148	492	501	72	176	290	345
19	16	19	177	12	39	30	21	6	8	1
30	70	27	940	100	314	125	110	160	256	134
1	2	2	3	2	1	3	2	1	2	2
2	3	2	3	2	6	4	4	1	1	2
1152	2232	1500	4289	476	2241	1080	652	841	879	867
1820	1547	1731	4590	610	3320	1260	612	847	1375	1260
1354	645	1019	1860	256	1443	590	251	216	490	348
18060	18704	18365	28500	21495	21481	21469	18128	18135	18067	18378
7282	8536	6237	12287	8820	11860	10440	7381	7214	7146	7183
17	18	19	54	5	17	22	20	11	9	12
1186	1557	1134	3000	1320	2286	1156	1040	625	416	1111
17753	28070	35810	162620	44660	192123	57716	27836	67363	77613	25835
63152	133321	83996	461270	110018	164005	160017	121048	76006	87056	47009
13718	16995	14311	78014	24616	70757	28303	25682	25229	37351	20480
232499	259714	207573	63600	20138	232403	85401	36187	48010	80104	91474
89201	121128	104310	42734	14445	102325	38512	30982	38910	54263	32124
13978	14144	13911	13774	5840	12269	11381	7626	21631	11529	8717
18300	18442	19495	4867	2824	8452	4740	5661	8321	13362	10829
139621	99980	34745	85384	63793	216381	405262	150374	520868	847716	384626
105467				3073	53940	108700	77317			196465
882	2966	545	5908	3551	1807		599	4831	1733	405
339	1668	902	9742	1754	1198		1111	848	2308	112
408	2706	484	12270	5641	2534		2279	1100	4003	655
1	1	1	1	2	1	1	1	1	1	1
79	88	90	90	78	95		90	85	95	93
1	1	1	2	6	2	1	6	1	1	1
327	350	350	314	334	305	314	314	297	346	330

APPENDIX

附　录

EXPLANATORY NOTES ON MAIN STATISTICAL INDICATORS

附录1：

企业“一套表”

什么是企业“一套表”

“企业一套表”是指以统计调查对象为核心，整合现行报表制度，消除不同统计调查制度对同一调查单位的重复布置和重复统计，充分运用现代信息技术，实现数据采集方式的统一组织管理和统计资源共享的一种新的统计调查制度。“企业一套表”制度下，统计部门只向企业布置一套统计报表，由企业通过网络直接向国家统计局数据中心报送数据，各级统计部门在线审核、查询及汇总处理统计数据。

整合现行报表制度，就是改革统计生产方式，将对企业（单位）分散实施的各项调查整合统一到一起，统一布置报表，统一采集原生性指标数据，统一不同专业报表中相同指标的涵义、计算方法、分类标准和统计编码，推进统计调查业务一体化。运用现代信息技术，实现数据采集方式的统一组织管理和统计资源共享，就是充分利用计算机和网络技术，采用统一数据采集系统（或软件）采集数据，由基层企业采取网上在线填报方式向国家统计局网络数据平台提供统计报表。纳入一套表的企业通过网络载体只需向统计部门报送一套报表，即可满足各级统计部门各专业的需求。这样极大地减轻了企业的负担，各级统计部门也从层层上报统计报表中解脱出来，把工作的主要精力放在在线审核、查询及汇总处理统计数据上。

企业“一套表”统计调查内容和范围

“企业一套表”分为通用表和行业表两部分。通用表是指将对各行业调查对象都要调查的内容，如单位基本情况、各行业财务状况指标、劳动情况、能源消费情况、水消费情况、信息化情况等报表作为通用表，统一设置。行业表是指将反映各行业特性内容的报表作为行业表，分行业设置。其分为：规模以上工业企业一套表、资质内建筑业企业一套表、限额以上批发和零售业企业一套表、限额以上住宿和餐饮业企业一套表、房地产开发经营业企业一套表、部分第三产业企业一套表。

目前企业“一套表”的统计范围：是三上企业和房地产开发经营企业(即规模以上工业、有资质的建筑业、限额以上批发和零售业、限额以上住宿和餐饮业、房地产开发经营业)5个主体专业，实行统一的“企业一套表”制度，此外，将劳资和能源两个专业报表也归并到“企业一套表”制度中。

确定各行业及重点耗能单位的标准为：

（1）规模以上工业：年主营业务收入2000万元及以上的工业法人单位。

（2）有资质的建筑业：有总承包、专业承包和劳务分包资质的建筑法人单位。

（3）限额以上批发和零售业：年主营业务收入2000万元及以上的批发业、年主营业务收入500万元及以上的零售业法人单位。

（4）限额以上住宿和餐饮业：年主营业务收入200万元及以上住宿和餐饮业法人单位。

（5）房地产开发经营业：全部房地产开发经营业法人单位。

（6）能源消费：除以上规定的调查单位外，还包括年综合能源消费量1万吨标准煤及以上的其他第三产业法人单位（不包括批发和零售业、住宿和餐饮业、房地产开发经营业）。

实施企业一套表的意义

长期以来，我国实行的统计调查制度，就是统计部门按国民经济各行业分别向企业布置统计报表，再层层上报统计数据。在这种工作模式下，各专业独立采集原始数据，自成体系地完成各环节统计业务，客观上导致了各统计专业之间互补性不强，统计制度方法及数据处理软件标准化程度不高，不仅制约了现代信息技术在统计工作中的应用，增加了基层统计部门和调查对象的工作负担，也影响了统计工作整体水平和各级、各专业统计数据的衔接及匹配性。“企业一套表”制度对统计调查流程和数据产生系统进行了再造，有利于减少中间环节，提高统计生产过程的透明度与可控性，保证统计数据的客观真实；有利于避免统计任务的多头布置、调查单位重复填报，减轻调查单位统计负担；有利于统一规范数据采集、处理、汇总工作流程，提升政府统计科学化、信息化水平。这既能解决当前统计工作中存在的制度设计缺陷、统计手段落后、口径不统一和标准不规范等问题，又能保证数据质量，避免重复上报，节省企业的人力财力。

“企业一套表”改革的主要目的是整合统计资源，统一设计和布置统计调查报表，统一采集原生性指标数据，统一不同专业报表中相同指标的涵义、计算方法、分类标准和统计编码，统一数据处理软件及平台，推进统计工作一体化，从而实现由各专业独立设计转变为统一设计，由各专业分散布置转变为统一布置，由各专业自行确定调查单位转变为统一确定调查单位，由间接采集数据转变为直接采集，建立与市场经济体制和宏观调控需要相适应的新型统计制度和工作机制。所以说，实施“企业一套表”改革工作，是提高统计数据的权威性和政府的公信力的重大举措，是适应社会主义市场经济发展的客观需要，是服务科学决策的需要，对于推动统计建设和发展、有效发挥政府统计在宏观调控和社会管理中的基础性作用具有极为重要的意义。

“企业一套表”的实施，是利用计算机和网络技术优势，采用统一数据处理平台，集中统一对企业采集数据，避免统计机构多头向企业布置报表收集数据的重复劳动；实现数据在线审核，提高源头数据质量；实现统计机构专业间、上下级间数据的共享，保证统计数据的完整性和一致性，提高统计工作能力和工作效率。

推行企业“一套表”要坚持的“四条红线”

1、坚持“先进库、再有数”，“不在库、不出数”；

2、坚持由企业独立报送真实的统计数据，绝不干预企业独立报送真实数据；

3、坚持由企业自己上报联网直报数据，绝不代填代报企业数据；

4、坚持由企业修改差错或补填不完整报表的原始数据，绝不自行修改企业任何数据。

The enterprise table

The Enterprise Table

“The enterprise table" refers to the statistical investigation objects as the core, the integration of the current reporting system, the elimination of different statistical survey system on the same survey of the repeat units arranged and repetitive statistics, making full use of modern information technology, to realize the data acquisition mode of unified management and statistics resource sharing a new statistical survey system. Under "The enterprise of list" system, the statistical department only need to layout a set of statistics the enterprise, enterprises directly submit data to the National Bureau of Statistics Data Center through the network, the statistical departments at various levels could review、 examine and summarize statistics data online.

The integration of the current report system, is reforming the statistical mode of production, gathering the dispersion of implementation of the survey integration, unified arrangement of statements, unified collect primary data, unify the different professional statements the same index calculation method, meaning, classification and statistical coding, promoting business integration of statistical survey. using modern information technology to realize the data acquisition mode of unified management and statistics resource sharing, is the full use of computer and network technology, using unified data acquisition system (or software) collect data, via basic level enterprise take online reporting methods to the National Bureau of statistics of network data platform statistics report. Included in a set of tables of enterprise through the network only needs to submit a set of statements to statistical departments, which can satisfied the professional needs of various statistic branch. This greatly reduced the burden of the enterprise, the statistical departments at various levels, from layers of reporting statistics out, put working focus in the online review, inquiries and summary statistics data.

Content and Scope of Table

"The enterprise table" is divided into universal table and professional table two parts. Universal table refers to the industry survey object to investigate the content, such as the basic unit of each industry situation, financial status indicators, labor, energy consumption, water consumption, information etc as common table, unified setting. Professional table refers to reflect the characteristics of various sectors the statements as the industry scale, industries setting. It is divided into : Industrial Enterprises above Designated Size of a table, qualified enterprises in the construction industry in a table, above Designated Size in wholesale and retail enterprises above designated size table set, accommodation and catering enterprises a set of tables, real estate development business enterprise a table, part of the tertiary industry enterprises a set of table.

At present the enterprise" a table" statistical range: three business and real estate development enterprises (namely the dimensions above industry, quality of the construction industry, enterprises above Designated Size in wholesale and retail trade above Designated Size, accommodation and catering industry, the real estate development business)5 main professional," a unified enterprise set table" system, in addition, the labor and energy in two major statements also merge into" enterprise a table" system.

Determination of various industries and key energy-consuming unit standard:

(1)Industry of above dimensions :main business income of 20000000 Yuan a year and above the industrial corporation.

(2) Qualified construction industry: a general contract, major contracts and labor subcontractor qualification of

building corporate units.

(3) Wholesale and retail trade above Designated Size: in the main business income of 20000000yuan and above the wholesale industry, in the main business income of 5000000yuan and above the retail corporation.

(4) Above Designated Size in hotel and catering industry: in the main business income of 2000000yuan and above accommodation and catering industry corporate units.

(5) The real estate development business: the entire real estate development business legal person unit.

(6) the energy consumption: in addition to the above provisions investigation unit, also includes the comprehensive energy consumption of 10000 tons of standard coal one above the other and the tertiary industry corporate units (not including the wholesale and retail trade, accommodation and catering industry, the real estate development business).

significance of implementing Table for enterprise

Long-term since, the statistical investigation system in our country, is statistics departments according to national economy each industry separately to the enterprise layout statistics, again layer upon layer reporting statistics. In this mode, the professional independence of collecting original data, since the system to complete each link of statistical business, objectively has led to various statistics between complementary sex is not strong, the statistical system method and data processing software, the degree of standardization is not high, not only the constraints of modern information technology in the application of statistical, increased base statistics and survey work burden, also affect the overall level of statistical work and various, each professional statistic data convergence and matching. "The enterprise of a list" system on the survey procedure and data generation system for reconstruction, to reduce intermediate links, improve statistical process transparency and controllable, guarantee the objectivity of statistics data; to avoid statistical task bull layout, survey unit repeated reporting, reduce survey statistical units burden; beneficial standardization of data acquisition, processing, summarizing the work flow, enhance the government statistical science, informatization level. It can not only solve the current existing in the statistical work system design flaws, statistical method is backward, caliber is not unified and standard non-standard wait for a problem, but also can ensure the data quality, avoid duplication of reporting, save the enterprise human resources.

the main purpose of "The enterprise a table" is to integrate statistical resources, uniform design and layout survey report, unified collection of original data, the uniformity of different professional statements the same index calculation method, meaning, classification and statistical coding, unified data processing software and platform, promote the integration of statistical work, so as to realize by the professional design into a unified design, by the professional dispersed into the uniform arrangement, by the professional to determine survey units into unified investigation unit, by the indirect acquisition data are transformed into direct acquisition, establishment of market economy system and the macro-control needs to adapt to the new statistical system and working mechanism. Therefore, the implementation of " enterprise table" reform work, is to improve the statistical data on the authority and credibility of the government 's major move, be used to development of socialist market economy is the objective need of service, scientific decision-making needs, to promote the construction and development of effective statistics, play government statistics in macroscopical adjusting control and social management the fundamental role of has extremely important significance.

The implement of "The enterprise table" , is the use of computer and network technology, using unified data processing platform, unified to enterprise data collection, avoid the statistical institutions longs to enterprise layout report data collection duplication; realize data online audit, improve the source data quality; statistical agencies specializing in between, between superiors and subordinates the sharing of data, to ensure data integrity and consistency, improve statistical work ability and work efficiency.

" Four Red Lines" for Enterprise Table Implementing

1、Adhere to the "Enterprise data in Table is valid ";

2、adhere to submitted by enterprises real statistical data independently , not intervene the enterprise independently submit real data;

3、Stick by the enterprises themselves report data to the network directly , not acting out substitute for enterprise data on behalf;

4、insisted that the enterprise to revise the error or fill incomplete reporting of raw data, does not modify any data.

附录2：

主 要 统 计 指 标 解 释

行政区划 指国家对行政区域的划分。根据宪法规定，我国的行政区域划分如下：(1)全国分为省、自治区、直辖市；(2)省、自治区分为自治州、县、自治县、市；(3)自治州分为县、自治县、市；(4)县、自治县分为乡、民族乡、镇；(5)直辖市和较大的市分为区、县；(6)国家在必要时设立的特别行政区。

气候 指地球与大气之间长期能量交换与质量交换所形成的一种自然环境状态，它是多种因素综合作用的结果。气候既是人类生活和生产的环境要素之一，又是供给人类生活和生产的重要资源。气温、降水、湿度等气象要素的多年平均值是用来描述一个地区气候状况的主要参数，而各种气象要素某年、某月的平均值(或总量)则可以反映出该时期天气气候状况的重要特征。

自然资源 指人类可以直接从自然界获得，并用于生产和生活的物质资源。自然资源一般可以分成可再生资源和非再生资源两大类。可再生资源指在较短时间内可以再生、可以循环利用的资源，包括土地资源、水资源、气候资源、生物资源和海洋资源等。非再生资源指在使用后不能再生的资源，包括矿产资源和地热能源。

土地资源 土地指陆地的表层部分，它主要由岩石、岩石的风化物和土壤构成。土地资源按利用类型可以分为农用地、建筑用地和未利用地。农用地包括耕地、园地、林地、牧草地和水面。建筑用地包括居民点及工矿用地、交通用地和水利设施用地。未利用地指农用地和建筑用地以外的土地，包括滩涂、荒漠、戈壁、冰川和石山等。

耕地面积 指经过开垦用以种植农作物并经常进行耕耘的土地面积。包括种有作物的土地面积、休闲地、新开荒地和抛荒未满三年的土地面积。

林业用地面积 指生长乔木、竹类、灌木、沿海红树林等林木的土地面积，包括有林地、灌木林、疏林地、未成林造林地、迹地、苗圃等。

草地面积 指牧区和农区用于放牧牲畜或割草，植被盖度在5%以上的草原、草坡、草山等面积。包括天然的和人工种植或改良的草地面积。

森林资源 指森林、林木、林地以及依托森林、林木、林地生存的野生动物、植物和微生物。林木指树木和竹子。森林指以乔木为主体的植物群落，是集生的乔木及与共同作用的植物、动物、微生物和土壤、气候等的总体。

活立木总蓄积量 指一定范围内土地上全部树木蓄积的总量，包括森林蓄积、疏林蓄积、散生木蓄积和四旁树蓄积。

森林面积 指由乔木树种构成，郁闭度0.2以上(含0.2)的林地或冠幅宽度10米以上的林带的面积，即有林地面积。森林面积包括天然起源和人工起源的针叶林面积、阔叶林面积、针阔混交林面积和竹林面积，不包括灌木林地面积和疏林地面积。

森林蓄积量 指一定森林面积上存在着的林木树干部分的总材积。它是反映一个国家或地区森林资源总规模和水平的基本指标之一，也是反映森林资源的丰富程度、衡量森林生态环境优劣的重要依据。

森林覆盖率 指一个国家或地区森林面积占土地总面积的百分比。森林覆盖率是反映森林资源的丰富程度和生态平衡状况的重要指标。在计算森林覆盖率时，森林面积包括郁闭度0.2以上的乔木林地面积和竹林地面积，国家特别规定的灌木林地面积、农田林网以及四旁(村旁、路旁、水旁、宅旁)林木的覆盖面积。计算公式为：

森林覆盖率（%）=森林面积/土地总面积×100%

水资源 水在自然界中以固体、液体和气态三种聚集状态存在，分布于海洋、陆地(包括土壤)以及大气之中，通过水循环形成水资源。水资源包括经人类控制并直接可供灌溉、发电、给水、航运、养殖等用途的地表水和地下水，以及江河、湖泊、井、泉、潮汐、港湾和养殖水域等。水资源是发展国民经济不可缺少的重要自然资源。

地表水和地下水 陆地上的水因空间分布不同，分为地表水和地下水。地表水指分别存在于河流、湖泊、沼泽、冰川和冰盖等水体中水分的总称，又称陆地水。地下水指储存在地面以下饱和岩土孔隙、裂隙及溶洞中的水。

径流 指陆地上接受降水后扣除损耗外，从地表和地下向流域出口断面汇集的水流。径流可分为地表径流、地下径流和壤中流。地表径流指沿地表向河流、湖泊、沼泽、海洋等汇集的水流；地下径流指沿潜水层或隔水层间的含水层，向河流、湖泊、沼泽、海洋等汇集的地下水水流。

径流量 指在一定时段内通过河流某一过水断面的水量，用以反映一个国家或地区水资源的丰歉程度。计算公式为：

径流量=降水量–蒸发量

矿产资源 矿产指由地质作用形成，富集于地壳中或出露于地表达到工农业利用要求的有用矿物。矿产是一种重要的自然资源，是社会发展的重要物质基础。

矿产基础储量 基础储量是查明矿产资源的一部分。它能满足现行采矿和生产所需的指标要求，是控制的、探明的并通过可行性或预可行性研究认为属于经济的、边界经济的部分，用未扣除设计、采矿损失的数量表示。

流域 每条河流都有自己的干流和支流，干支流共同组成这条河流的水系。每条河流都有自己的集水区域，这个集水区域就称为该河流的流域。

气温 指空气的温度，我国一般以摄氏度(℃)为单位表示。气象观测的温度表是放在离地面约1.5米处通风良好的百叶箱里测量的，因此，通常说的气温指的是离地面1.5米处百叶箱中的温度。其统计计算方法为：

月平均气温是将全月各日的平均气温相加，除以该月的天数而得。

年平均气温是将12个月的月平均气温累加后除以12而得。

相对湿度 指空气中实际所含水蒸气密度和同温度下饱和水蒸气密度的百分比值。其统计方法与气温相同。

降水量 指从天空降落到地面的液态或固态(经融化后)水，未经蒸发、渗透、流失而在地面上积聚的深度。其统计计算方法为：

月降水量是将全月各日的降水量累加而得。

年降水量是将12个月的月降水量累加而得。

日照时数 指太阳实际照射地面的时间。其统计方法与降水量相同

水资源总量 一定区域内的水资源总量指当地降水形成的地表和地下产水量，即地表径流量与降水入渗补给量之和，不包括过境水量。

地表水资源量 指河流、湖泊、冰川等地表水体中由当地降水形成的、可以逐年更新的动态水量，即天然河川径流量。

地下水资源量 指当地降水和地表水对饱水岩土层的补给量。

地表水与地下水资源重复计算量 指地表水和地下水相互转化的部分，即在河川径流量中包括一部分地下水排泄量，地下水补给量中包括一部分来源于地表水的入渗量。

可比价格 指计算各种总量指标所采用的扣除了价格变动因素的价格，可进行不同时期总量指标的对比。按可比价格计算总量指标有两种方法：一种是直接用产品产量乘某一年的不变价格计算；另一种是用价格指数

进行缩减。

不变价格 指以同类产品某年的平均价格作为固定价格，用于计算各年的产品价值。按不变价格计算的产品价值消除了价格变动因素，不同时期对比可以反映生产的发展速度。新中国成立后，随着工农业产品价格水平的变化，国家统计局先后五次制定了全国统一的工业产品不变价格和农业产品不变价格。从1952年到1957年使用1952年工(农)业产品不变价格，从1957年到1970年使用1957年不变价格，从1971年到1980年使用1970年不变价格，从1981年到1990年使用1980年不变价格，从1991年开始使用1990年不变价格。

平均增长速度 我国计算平均增长速度有两种方法：一种是习惯上经常使用的“水平法”，又称几何平均法，是以间隔期最后一年的水平同基期水平对比来计算平均每年增长(或下降)速度；另一种是“累计法”，又称代数平均法或方程法，是以间隔期内各年水平的总和同基期水平对比来计算平均每年增长(或下降)速度。在一般正常情况下，两种方法计算的平均每年增长速度比较接近；但在经济发展不平衡、出现大起大落时，两种方法计算的结果差别较大。

国民经济行业分类 自2003年定期报表开始使用新的《国民经济行业分类》（GB/T4754-2002）该分类是由国家统计局组织修订，经国家质量监督检验检疫总局批准，于2002年5月10日发布实施。这次修订是在1994年分类标准的基础上，参照联合国《全部经济活动的国际标准产业分类》（ISIC/Rev.3）进行的。修订后的《国民经济行业分类》（GB/T4754-2002）共有门类20个，大类95个，中类396个，小类913个。新增门类4个，大类增加3个，中类增加28个，小类增加67个。

企业(单位)登记注册类型 是以在工商行政管理机关登记注册的各类企业为划分对象，以工商行政管理部门对企业登记注册的类型为依据，将企业登记注册类型分为内资企业、港澳台商投资企业和外商投资企业三大类。内资企业包括国有企业、集体企业、股份合作企业、联营企业、有限责任公司、股份有限公司、私营公司和其他企业；港澳台商投资企业和外商投资企业分别包括合资经营企业、合作经营企业、独资经营企业和股份有限公司。对不在工商行政管理部门进行登记注册的行政机关、事业单位和社会团体，主要按其经费来源和管理方式进行划分。

国有企业 指企业全部资产归国家所有，并按《中华人民共和国企业法人登记管理条例》规定登记注册的非公司制的经济组织。不包括有限责任公司中的国有独资公司。

集体企业 指企业资产归集体所有，并按《中华人民共和国企业法人登记管理条例》规定登记注册的经济组织。

股份合作企业 指以合作制为基础，由企业职工共同出资入股，吸收一定比例的社会资产投资组建，实行自主经营，自负盈亏，共同劳动，民主管理，按劳分配与按股分红相结合的一种集体经济组织。

联营企业 指两个及两个以上相同或不同所有制性质的企业法人或事业单位法人，按自愿、平等、互利的原则，共同投资组成的经济组织。联营企业包括国有联营企业、集体联营企业、国有与集体联营企业和其他联营企业。

有限责任公司 指根据《中华人民共和国公司登记管理条例》规定登记注册，由两个以上、五十个以下的股东共同出资，每个股东以其所认缴的出资额对公司承担有限责任，公司以其全部资产对其债务承担责任的经济组织。有限责任公司包括国有独资公司以及其他有限责任公司。

股份有限公司 指根据《中华人民共和国公司登记管理条例》规定登记注册，其全部注册资本由等额股份构成并通过发行股票筹集资本，股东以其认购的股份对公司承担有限责任，公司以其全部资产对其债务承担责任的经济组织。

私营企业 指由自然人投资设立或由自然人控股，以雇佣劳动为基础的营利性经济组织。包括按照《公司法》、《合伙企业法》、《私营企业暂行条例》规定登记注册的私营有限责任公司、私营股份有限公司、私营合伙企业和私营独资企业。

其他企业 指上述企业之外的其他内资经济组织。

与港澳台商合资经营企业 指港澳台地区投资者与内地企业依照《中华人民共和国中外合资经营企业法》及有关法律的规定，按合同规定的比例投资设立、分享利润和分担风险的企业。

与港澳台商合作经营企业 指港澳台地区投资者与内地企业依照《中华人民共和国中外合作经营企业法》及有关法律的规定，依照合作合同的约定进行投资或提供条件设立、分配利润和分担风险的企业。

港澳台商独资经营企业 指依照《中华人民共和国外资企业法》及有关法律的规定，在内地由港澳台地区投资者全额投资设立的企业。

港澳台商投资股份有限公司 指根据国家有关规定，经原外经贸部依法批准设立，其中港、澳、台商的股本占公司注册资本的比例达25%以上的股份有限公司。凡其中港、澳、台商的股本占公司注册资本的比例小于25%的，属于内资企业中的股份有限公司。

中外合资经营企业 指外国企业或外国人与中国内地企业依照《中华人民共和国中外合资经营企业法》及有关法律的规定，按合同规定的比例投资设立、分享利润和分担风险的企业。

中外合作经营企业 指外国企业或外国人与中国内地企业依照《中华人民共和国中外合作经营企业法》及有关法律的规定，依照合作合同的约定进行投资或提供条件设立、分配利润和分担风险的企业。

外资企业 指依照《中华人民共和国外资企业法》及有关法律的规定，在中国内地由外国投资者全额投资设立的企业。

外商投资股份有限公司 指根据国家有关规定，经原外经贸部依法批准设立，其中外资的股本占公司注册资本的比例达25%以上的股份有限公司。凡其中外资股本占公司注册资本的比例小于25%的，属于内资企业中的股份有限公司。

行政机关、事业单位和社会团体 参照企业登记注册类型，主要按其经费来源和管理方式划分。具体规定如下：

⑴行政机关：包括国家机关和政党机关，原则上均列为“国有”。但有特殊规定的，如供销社等，则列为“集体”。

⑵事业单位：包括经国家机构编制部门和有关业务主管部门批准成立的各类事业单位，不包括实行企业化管理的事业单位。事业单位的划分办法如下：

①由国家财政预算拨款或列入财政预算外资金管理以及经费主要来源于国有主管部门或国有上级单位的事业单位，列为“国有”。

②经费主要来源于集体单位的事业单位，列为“集体”。

③公民个人(或个人合伙)开办的事业单位，列为“私营”。

④上述以外的其他事业单位，如果其经费来源不明确，按管理方式进行归类。

⑶社会团体：包括经民政部门批准成立以及未纳入社会团体管理条例范围的工会、妇联等各类社会团体。社会团体的划分办法如下：

①未纳入民政部社会团体管理条例范围的工会、妇联、共青团、青联、工商联、科协、侨联等社会团体，国家拨款设立的基金会或基金管理组织以及经费主要来源于国有业务主管部门或国有上级单位的社会团体，列为“国有”。

②经费主要来源于集体单位的社会团体，列为“集体”。

③公民个人(或个人合伙)开办的社会团体，划为“私营”。

④上述以外的其他社会团体，如果其经费来源不明确，改按管理方式进行归类。

地区生产总值(GDP) 指按市场价格计算的一个国家(或地区)所有常住单位在一定时期内生产活动的最终成果。地区生产总值有三种表现形态，即价值形态、收入形态和产品形态。

从价值形态看，它是所有常住单位在一定时期内生产的全部货物和服务价值超过同期投入的全部非固定资产货物和服务价值的差额，即所有常住单位的增加值之和；从收入形态看，它是所有常住单位在一定时期内创造并分配给常住单位和非常住单位的初次收入之和；从产品形态看，它是所有常住单位在一定时期内最终使用的货物和服务价值减去货物和服务进口价值。在实际核算中，地区生产总值有三种计算方法，即生产法、收入法和支出法。三种方法分别从不同的方面反映地区生产总值及其构成。

三次产业 三产业的划分是世界上较为常用的产业结构分类，但各国的划分不尽一致。我国的三次产业划分是：

第一产业是指农、林、牧、渔业。

第二产业是指采矿业，制造业，电力、煤气及水的生产和供应业，建筑业。

第三产业是指除第一、二产业以外的其他行业。

支出法地区生产总值 是从最终使用的角度反映一个国家(或地区)一定时期内生产活动最终成果的一种方法，包括最终消费、资本形成总额及货物和服务净出口三部分。计算公式为：

支出法地区生产总值=最终消费+资本形成总额+货物和服务净出口

最终消费 指常住单位为满足物质、文化和精神生活的需要，从本国经济领土和国外购买的货物和服务的支出。它不包括非常住单位在本国经济领土内的消费支出。最终消费分为居民消费和政府消费。

居民消费 指常住住户在一定时期内对于货物和服务的全部最终消费支出。居民消费除了直接以货币形式购买的货物和服务的消费支出外，还包括以其他方式获得的货物和服务的消费支出，即所谓的虚拟消费支出。居民虚拟消费支出包括如下几种类型：单位以实物报酬及实物转移的形式提供给劳动者的货物和服务；住户生产并由本住户消费了的货物和服务，其中的服务仅指住户的自有住房服务和付酬的家庭雇员提供的家庭和个人服务；金融机构提供的金融媒介服务；保险公司提供的保险服务。

政府消费 指政府部门为全社会提供的公共服务的消费支出和免费或以较低的价格向居民住户提供的货物和服务的净支出，前者等于政府服务的产出价值减去政府单位所获得的经营收入的价值，后者等于政府部门免费或以较低价格向居民住户提供的货物和服务的市场价值减去向住户收取的价值。

资本形成总额 指常住单位在一定时期内获得减去处置的固定资产和存货的净额，包括固定资本形成总额和存货增加两部分。

固定资本形成总额 指生产者在一定时期内获得的固定资产减处置的固定资产的价值总额。固定资产是通过生产活动生产出来的，且其使用年限在一年以上、单位价值在规定标准以上的资产，不包括自然资产。可分为有形固定资本形成总额和无形固定资本形成总额。有形固定资本形成总额包括一定时期内完成的建筑工程、安装工程和设备工器具购置(减处置)价值，以及土地改良、新增役、种、奶、毛、娱乐用牲畜和新增经济林木价值。无形固定资本形成总额包括矿藏的勘探、计算机软件等获得减处置。

存货增加 指常住单位在一定时期内存货实物量变动的市场价值，即期末价值减期初价值的差额，再扣除当期由于价格变动而产生的持有收益。存货增加可以是正值，也可以是负值，正值表示存货上升，负值表示存货下降。存货包括生产单位购进的原材料、燃料和储备物资等存货，以及生产单位生产的产成品、在制品和半成品等存货。

货物和服务净出口 指货物和服务出口减货物和服务进口的差额。出口包括常住单位向非常住单位出售或无偿转让的各种货物和服务的价值；进口包括常住单位从非常住单位购买或无偿得到的各种货物和服务的价值。由于服务活动的提供与使用同时发生，一般把常住单位从非常住单位得到的服务作为进口，非常住单位从常住单位得到的服务作为出口。货物的出口和进口都按离岸价格计算。

人口数 指一定时点、一定地区范围内有生命的个人总和。

城镇人口和乡村人口的划分 城镇人口是指居住在城镇范围内的全部人口；乡村人口是除上述人口以外的

全部人口。

历年城乡人口数据是按照当时国家《关于统计上划分城乡的规定》计算的。

三次普查之间年份的城乡人口根据1990年和2000年人口普查数据进行了调整。

出生率(又称粗出生率) 指在一定时期内(通常为一年)一定地区的出生人数与同期内平均人数(或期中人数)之比，用千分率表示。本资料中的出生率指年出生率，其计算公式为：

出生率=年出生人数/年平均人数×1000‰

式中：出生人数指活产婴儿，即胎儿脱离母体时(不管怀孕月数)，有过呼吸或其他生命现象。年平均人数指年初、年底人口数的平均数，也可用年中人口数代替。

死亡率(又称粗死亡率) 指在一定时期内(通常为一年)一定地区的死亡人数与同期内平均人数(或期中人数)之比，用千分率表示。本资料中的死亡率指年死亡率，其计算公式为：

死亡率=年死亡人数/年平均人数×1000‰

人口自然增长率 指在一定时期内(通常为一年)人口自然增加数(出生人数减死亡人数)与该时期内平均人数(或期中人数)之比，用千分率表示。计算公式为：

人口自然增长率=(本年出生人数-本年死亡人数)/年平均人数×1000‰=人口出生率-人口死亡率

总负担系数 指人口总体中非劳动年龄人口数与劳动年龄人口数之比。通常用百分比表示。说明每100名劳动年龄人口大致要负担多少名非劳动年龄人口。用于从人口角度反映人口与经济发展的基本关系。计算公式为：

$$GDR=(P_{0\sim14}+P_{65+})/P15\sim64\times100\%$$

其中：GDP为总抚养比；

$P_{0\sim14}$为0～14岁少年儿童人口数；

P_{65+}为65岁及65岁以上的老年人口数；

$P_{15\sim64}$为15～64岁劳动年龄人口数。

老年人口抚养比 也称老年人口抚养系数。指某一人口中老年人口数与劳动年龄人口数之比。通常用百分比表示。用以表明每100名劳动年龄人口要负担多少名老年人。老年人口抚养比是从经济角度反映人口老化社会后果的指标之一。计算公式为：

$$ODR=P_{65}+/P_{15\sim64}\times100\%$$

其中：ODR为老年人口抚养比；

P_{65}+为65岁及65岁以上的老年人口数；

$P_{15\sim64}$为15～64岁的劳动年龄人口数。

少年儿童抚养比 也称少年儿童抚养系数。指某一人口中少年儿童人口数与劳动年龄人口数之比。通常用百分比表示。以反映每100名劳动年龄人口要负担多少名少年儿童。计算公式为：

$$CDR=P_{0\sim14}/P_{15\sim64}\times100\%$$

其中：CDR为少年儿童抚养比；

$P_{0\sim14}$为0～14岁少年儿童人口数；

$P_{15\sim64}$为15～64岁劳动年龄人口数。

经济活动人口 指在16岁以上，有劳动能力，参加或要求参加社会经济活动的人口。包括就业人员和失业人员。

就业人员 指从事一定社会劳动并取得劳动报酬或经营收入的人员，包括在岗职工、再就业的离退休人员、私营业主、个体户主、私营和个体就业人员、乡镇企业就业人员、农村就业人员、其他就业人员(包括民办教师、宗教职业者、现役军人等)。这一指标反映了一定时期内全部劳动力资源的实际利用情况，是研究我国基本国情国力的重要指标。

各单位的就业人员 指在各级国家机关、政党机关、社会团体及企业、事业单位中工作，取得工资或其他形式的劳动报酬的全部人员。包括在岗职工、再就业的离退休人员、民办教师以及在各单位中工作的外方人员和港澳台方人员、兼职人员、借用的外单位人员和第二职业者。不包括离开本单位仍保留劳动关系的职工。各单位的就业人员反映了各单位实际参加生产或工作的全部劳动力。

城镇私营和个体就业人员 城镇私营就业人员指在工商管理部门注册登记，其经营地址设在县城关镇(含县城关镇)以上的私营企业就业人员，包括私营企业投资者和雇工。城镇个体就业人员指在工商管理部门注册登记，并持有城镇户口或在城镇长期居住，经批准从事个体工商经营的就业人员，包括个体经营者和在个体工商户劳动的家庭帮工和雇工。

城镇登记失业人员 指有非农业户口，在一定的劳动年龄内(16岁以上及男50岁以下、女45岁以下)，有劳动能力，无业而要求就业，并在当地就业服务机构进行求职登记的人员。

城镇登记失业率 城镇登记失业人员与城镇单位就业人员(扣除使用的农村劳动力、聘用的离退休人员、港澳台及外方人员)、城镇单位中的不在岗职工、城镇私营业主、个体户主、城镇私营企业和个体就业人员、城镇登记失业人员之和的比。计算公式为：

城镇登记失业率=城镇登记失业人数/［（城镇单位就业人员–使用的农村劳动力–聘用的离退休人员–聘用的港澳台及外方人员）+不在岗职工+城镇私营业主+城镇个体户主+城镇私营企业及个体就业人员+城镇登记失业人数］×100%

职工 指在国有、城镇集体、联营、股份制、外商和港、澳、台投资、其他单位及其附属机构工作，并由其支付工资的各类人员。不包括下列人员：(1)乡镇企业就业人员；(2)私营企业就业人员；(3)城镇个体劳动者；(4)离休、退休、退职人员；(5)再就业的离、退休人员；(6)民办教师；(7)在城镇单位中工作的外方及港、澳、台人员；(8)其他按有关规定不列入职工统计范围的人员。(1998年及以后的数据均为在岗职工数据，其他相关指标如职工工资总额，职工平均工资等指标也从1998年按此口径进行了相应调整)。

国有单位 指资产归国家所有的经济组织。包括按《中华人民共和国企业法人登记管理条例》规定登记注册的非公司制的经济组织，以及中央、地方各级国家机关、事业单位和社会团体。

集体单位 指生产资料归集体所有，并按《中华人民共和国企业法人登记管理条例》规定登记注册的经济组织。

其他单位 包括股份合作单位、联营单位、有限责任公司、股份有限公司、港澳台商投资单位以及外商投资单位等其他登记注册类型单位。

在岗职工 指在本单位工作并由单位支付工资的人员，以及有工作岗位，但由于学习、病伤产假等原因暂未工作，仍由单位支付工资的人员。

工资总额 指各单位在一定时期内直接支付给本单位全部职工的劳动报酬总额。工资总额的计算原则应以直接支付给职工的全部劳动报酬为根据。各单位支付给职工的劳动报酬以及其他根据有关规定支付的工资，不论是计入成本的还是不计入成本的，不论是按国家规定列入计征奖金税项目的，还是未列入计征奖金税项目的，不论是以货币形式支付的还是以实物形式支付的，均包括在工资总额内。

平均工资 指企业、事业、机关单位的职工在一定时期内平均每人所得的货币工资额。它表明一定时期职工工资收入的高低程度，是反映职工工资水平的主要指标。计算公式为:

平均工资=报告期实际支付的全部职工工资总额/报告期全部职工平均人数

平均工资指数 指报告期职工平均工资与基期职工平均工资的比率，是反映不同时期职工货币工资水平变动情况的相对数。计算公式为:

平均工资指数=报告期职工平均工资/基期职工平均工资×100%

平均实际工资指数 职工平均实际工资指扣除物价变动因素后的职工平均工资。职工平均实际工资指数是反映实际工资变动情况的相对数，表明职工实际工资水平提高或降低的程度。计算公式为：

平均实际工资指数=报告期职工平均工资指数/报告期城镇居民消费价格指数×100%

全社会固定资产投资 以货币形式表现的在一定时期内全社会建造和购置固定资产的工作量以及与此有关的费用的总称。该指标是反映固定资产投资规模、结构和发展速度的综合性指标,又是观察工程进度和考核投资效果的重要依据。全社会固定资产投资按登记注册类型可分为国有、集体、个体、联营、股份制、外商、港澳台商、其他等。

房地产开发投资 指各种登记注册类型的房地产开发公司、商品房建设公司及其他房地产开发法人单位和附属于其他法人单位实际从事房地产开发或经营活动的单位统一开发的包括统代建、拆迁还建的住宅、厂房、仓库、饭店、宾馆、度假村、写字楼、办公楼等房屋建筑物和配套的服务设施，土地开发工程（如道路、给水、排水、供电、供热、通讯、平整场地等基础设施工程）的投资；不包括单纯的土地交易活动。

其他固定资产投资 指全社会固定资产投资中未列入基本建设、更新改造和房地产开发投资的总投资在50万元以上的城镇范围内建造和购置固定资产的活动，以及城镇私人建房和农村企业、事业、行政单位和农村个人固定资产投资活动。具体包括：

(1)国有单位未纳入基本建设计划和更新改造计划管理，计划总投资（或实际需要总投资）在50万元以上的以下工程：①用油田维护费和石油开发基金进行的油田维护和开发工程；②煤炭、铁矿、森工等采掘采伐业用维简费进行的开拓延伸工程；③交通部门用公路养路费对原有公路、桥梁进行改建的工程；④商业部门用简易建筑费建造的仓库工程。

(2)城镇集体固定资产投资：指所有隶属直辖市、省辖市、县级市和县城所在地城关镇区域范围内的集体经济单位（乡镇企业局管理的除外）建造和购置固定资产其计划总投资（或实际需要总投资）在50万元及50万元以上，未列入基本建设和更新改造计划的单位(项目)投资。

(3)除上述以外的其他各种登记注册类型的企、事业单位(包括城镇私营企、事业单位和个体户)建造和购置固定资产总投资在50万元及50万元以上、未列入基本建设计划和更新改造计划的单位(项目)。其中个体经营户只统计50万元以上非建房投资。

(4)城镇和工矿区私人建房投资：包括市、县城、城关镇、工矿区所辖范围内的全部私人建房，不论其房主是否系本地的常住户口均应包括。

(5)农村投资：包括农村区域范围内进行固定资产投资活动的企业、事业、行政单位及农村个人投资。

固定资产投资的资金来源 根据固定资产投资的资金来源不同，分为国家预算内资金、国内贷款、利用外资、自筹资金和其他资金来源。

(1)国家预算内资金：分为财政拨款和财政安排的贷款两部分。包括中央财政的基本建设基金(分经营性基金和非经营性基金两部分)、专项支出(如煤代油专项等)、收回再贷、贴息资金，财政安排的挖潜改造和新产品试制支出、城建支出、商业部门简易建筑支出、不发达地区发展基金等资金中用于固定资产投资的资金；地方财政中由国家统筹安排的资金等。

(2)国内贷款：指报告期固定资产投资单位向银行及非银行金融机构借入的用于固定资产投资的各种国内借款，包括银行利用自有资金及吸收的存款发放的贷款、上级主管部门拨入的国内贷款、国家专项贷款(包括煤代油贷款、劳改煤矿专项贷款等)、地方财政专项资金安排的贷款、国内储备贷款、周转贷款等。

(3)利用外资：指报告期收到的用于固定资产建造和购置的国外资金(包括设备、材料、技术在内)。包括对外借款(外国政府、国际金融组织贷款、出口信贷、外国银行商业贷款、对外发行债券和股票)、外商直接投资及外商其他投资。不包括我国自有外汇资金(国家外汇、地方外汇、留成外汇、调剂外汇和中国银行自有资金发行的外汇贷款等)。计算利用外资时，需要折算成人民币，折算中所使用的外汇汇率按现汇计算，即按使用外汇时的汇率计算。

(4)自筹资金：指固定资产投资单位报告期收到的，由各地区、各部门及企、事业单位筹集用于固定资产投资的预算外资金，包括中央各部门、各级地方和企、事业单位的自筹资金。

(5)其他资金来源：指在报告期收到的除以上各种资金之外其他用于固定资产投资的资金，包括企业或金融机构通过发行各种债券筹集到的资金、群众集资、个人资金、无偿捐赠的资金及其他单位拨入的资金等。

固定资产投资按国民经济行业分　建设项目归哪个行业，按其建成投产后的主要产品或主要用途及社会经济活动性质来确定。基本建设按建设项目划分国民经济行业，更新改造、其他固定资产投资根据整个企业、事业单位所属的行业来划分。一般情况下，一个建设项目或一个企业、事业单位只能属于一种国民经济行业。为了更准确地反映国民经济各行业之间的比例关系，联合企业(总厂)所属分厂属于不同行业的，原则上按分厂划分行业。

固定资产投资按建设性质分　建设项目的性质一般分为新建、扩建、改建、迁建、恢复。房地产开发单位、农村投资、城镇工矿区私人建房投资不划分建设性质。基本建设按建设项目划分建设性质，更新改造、国有经济中其他固定资产投资及城镇集体投资等按整个企业、事业单位的建设情况确定建设性质。

(1)新建：一般指从无到有“平地起家”开始建设的企业、事业和行政单位或独立的工程。现有企业、事业、行政单位一般不属于新建。但如有的单位原有基础很小，经过建设后新增的固定资产价值超过该企、事业、行政单位原有固定资产价值(原值)三倍以上的也应作为新建。

(2)扩建：指在厂内或其他地点，为扩大原有产品的生产能力(或效益)或增加新的产品生产能力，而增建主要的生产车间(或主要工程)、分厂、独立的生产线。行政、事业单位在原单位增建业务用房(如学校增建教学用房、医院增建门诊部、病房等)也作为扩建。现有企、事业单位为扩大原有主要产品生产能力或增加新的产品生产能力，增建一个或几个主要生产车间(或主要工程)、分厂，同时进行一些更新改造工程的，也应作为扩建。

(3)改建：指对原有设施进行技术改造或更新(包括相应配套的辅助性生产、生活福利设施)，没有增建主要生产车间、分厂等。现有企、事业单位为适应市场变化的需要，而改变企业的主要产品种类(如军工企业转产民品等)，或原有产品生产作业线由于各工序(车间)之间能力不平衡，为填平补齐充分发挥原有生产能力而增建不增加本企业主要产品设计能力的车间，也应作为改建。

固定资产投资按构成分　固定资产投资活动按其工作内容和实现方式分为建筑安装工程，设备、工具、器具购置，其他费用三个部分。

(1)建筑安装工程(建筑安装工作量)：指各种房屋、建筑物的建造工程和各种设备、装置的安装工程。包括各种房屋建造工程，各种用途设备基础和各种工业窑炉的砌筑工程及金属结构工程；为施工而进行的各种准备工作和临时工程以及完工后的清理工作等；铁路、道路的铺设，矿井的开凿及石油管道的架设等；水利工程；防空地下建筑等特殊工程；列入房屋工程预算内的暖气、卫生、通风、照明、煤气等设备的价值及装设油饰工程；列入建筑工程预算内的各种管道(蒸汽、压缩空气、石油、给排水等管道)、电力、电讯电缆导线等的敷设工程；以及各种机械设备的安装工程；为测定安装工程质量，对设备进行的试运工作；房地产开发单位进行的商品房屋开发建设工程、土地开发工程。在安装工程中，不包括被安装设备本身的价值。

(2)设备、工具、器具购置：指建设单位或企、事业单位购置或自制的，达到固定资产标准的设备、工具、器具的价值。新建单位及扩建单位的新建车间，按照设计或计划要求购置或自制的全部设备、工具、器具，不论是否达到固定资产标准均计入“设备、工具、器具购置”中。

(3)其他费用：指在固定资产建造和购置过程中发生的，除上述几项内容以外的各种应分摊计入固定资产的费用。

基本建设项目按大中小型划分　基本建设划分大中小型项目原则上应按照上级批准的设计任务书或初步设计所确定的总规模或总投资划分，没有正式批准设计任务书或初步设计的，按国家或省、自治区、直辖市年度基本建设投资计划中所列的总规模或总投资划分。上述两条均不具备的，按本年计划施工工程的建设总规模或总投资划分。生产单一产品的工业项目，按产品的设计能力划分；生产多种产品的工业项目，按其主要产品的设计能力划分。品种繁多，难以按生产能力划分的，按全部计划总投资划分。划分标准以国家颁发的《大中小型建设项目划分标准》为依据。国家曾在1953年、1962年、1972年、1977年和1979年先后五次修订《大中小型建设项目划分标准》，因此各历史时期的大中型项目数不完全可比。

施工项目 指报告期内进行过建筑或安装施工活动的项目。凡是报告期内施过工的建设项目，不论施工时间长短，均作为施工项目统计。施工项目个数可以反映一定时期固定资产投资的实际规模，与同期建成投产的建设项目个数相比，可以从建设速度的角度反映固定资产投资的效果。根据建设项目施工活动的不同性质，施工项目又分为：本年正式施工项目、本年收尾项目和以前年度全部停缓建项目。

全部建成投产项目 工业项目指设计文件规定形成生产能力的主体工程及其相应配套的辅助设施全部建成，经负荷试运转，证明具备生产设计规定合格产品的条件，并经过验收鉴定合格或达到竣工验收标准，与生产性工程配套的生活福利设施可以满足近期正常生产的需要，正式移交生产的建设项目。非工业项目指设计文件规定的主体工程和相应的配套工程全部建成，能够发挥设计规定的全部效益，经验收鉴定合格或达到竣工验收标准，正式移交使用的建设项目。

新增生产能力(或工程效益) 指通过固定资产投资活动而增加的设计能力(或工程效益)，该指标是以实物形态表现的反映固定资产投资成果的指标，也是考核投资经济效果的重要依据之一。

新增生产能力(或工程效益)一般有以下几种表现形式：

(1)用产品数量表示，以工程在单位时间内(一般是一年)所能生产的产品数量(即年产量)表示。如原煤开采用万吨／年表示，化学农药用吨／年表示，拖拉机制造用台／年表示等。某些化工产品由于含量差别较大，按其设计含量计算折合量表示，如硫酸、纯碱、烧碱等。

(2)用单位时间内所能处理的原料数量表示，以工程每天(或小时)所能处理原料的数量表示。如机制糖工程日处理原料吨，食用植物油日处理原料吨，城市污水处理能力用万吨／日表示等。

(3)用新增加的主要设备的数量或容量表示，如新增棉布织机、丝织机等台数，毛纺锭等锭数，发电厂新增发电机组容量用千瓦表示等。

(4)以节约的原材料、燃料、动力实物量表示，适用于反映更新改造节约项目的效益。

(5)用建筑物容积、容量、面积、长度表示，是非工业项目或工程新增效益的一种表现形式。如铁路里程、公路里程、水库容量、仓库容量、房屋建筑面积、学校学生席位、医院病床、灌区灌溉面积等。

根据工程的特点，有时需要用两种或两种以上的复合计量单位表示新增生产能力(或工程效益)，如新增内燃机生产能力同时用年产台数、千瓦数表示等。

为了规范新增生产能力(或工程效益)的名称和计算单位，国家统计局制订了《新增生产能力(或工程效益)目录》和《节约原材料、燃料、动力目录》，各固定资产投资单位在统计新增生产能力(或工程效益)时，必须按目录中规定的名称和计量单位填报。

房屋建筑面积 指房屋建筑物勒脚以上外墙外围的水平截面面积，包括房屋建筑物的有效面积和结构面积。该指标是从实物形态上反映建设规模和建设成果的重要指标之一，也是检查工程形象进度、计算工程造价、分析投资效果、研究施工任务和建筑材料之间平衡情况的重要依据。

住宅建筑面积 指施工和竣工房屋建筑面积中供居住用的房屋建筑面积。

施工面积 指报告期内施工的全部房屋建筑面积。包括本期新开工的面积和上期开工跨入本期继续施工的房屋面积，以及上期已停建在本期恢复施工的房屋面积。本期竣工和本期施工后又停缓建的房屋，其建筑面积仍计入本期房屋施工面积中。

竣工面积 指在报告期内房屋建筑按照设计要求已经全部完工，达到住人和使用条件，经验收鉴定合格(或达到竣工验收标准)，正式移交使用单位的各栋房屋建筑面积的总和。

房屋建筑面积竣工率 指一定时期内房屋竣工面积占同期房屋施工面积的比率。该指标从房屋建筑施工速度的角度反映投资效果的指标。

新增固定资产 指报告期内已经完成建造和购置过程，并已交付生产或使用单位的固定资产价值。该指标是表示固定资产投资成果的价值指标，也是反映建设进度，计算固定资产投资效果的重要指标。

建设项目投产率 指一定时期内全部建成投产项目个数与同期施工项目个数的比率。该指标是从建设单位建设速度的角度反映投资效果的指标。

固定资产交付使用率 指一定时期新增固定资产与同期完成投资额的比率。该指标是反映固定资产动用速度，衡量建设过程中宏观投资效果的综合指标。由于新增固定资产是较长时期内形成的结果，而投资额则是当年完成的，因此，该指标一般适宜于反映较长时期内固定资产的动用情况。

经济适用房 指根据国家经济适用房计划安排建设的政策性住宅。经济是指房屋建筑造价和销售价格低于一般商品住宅；适用是指适合中低收入家庭购买使用。经济适用房主要是由国家统一下达投资计划，房地产公司开发，对外销售；用地一般采用行政划拨或招标投标方式，免收土地出让金；对各种经批准的收费减半征收，开发利润不超过3%；销售价格实行政府指导价。该指标可以分析房地产投资结构，反映中低收入家庭商品住宅的供求平衡情况。

能源生产总量 指一定时期内全国一次能源生产量的总和，是观察全国能源生产水平、规模、构成和发展速度的总量指标。一次能源生产量包括原煤，原油，天然气，水电、核能及其他动力能(如风能、地热能等)发电量，不包括低热值燃料生产量、生物质能、太阳能等的利用和由一次能源加工转换而成的二次能源产量。

能源消费总量 指一定时期内全国物质生产部门、非物质生产部门和生活消费的各种能源的总和，是观察能源消费水平、构成和增长速度的总量指标。能源消费总量包括原煤和原油及其制品、天然气、电力，不包括低热值燃料、生物质能和太阳能等的利用。能源消费总量分为终端能源消费量、能源加工转换损失量和损失量三部分。

⑴终端能源消费量:指一定时期内全国生产和生活消费的各种能源在扣除了用于加工转换二次能源消费量和损失量以后的数量。

⑵能源加工转换损失量:指一定时期内全国投入加工转换的各种能源数量之和与产出各种能源产品之和的差额，是观察能源在加工转换过程中损失量变化的指标。

⑶能源损失量:指一定时期内能源在输送、分配、储存过程中发生的损失和由客观原因造成的各种损失量，不包括各种气体能源放空、放散量。

能源生产弹性系数 是研究能源生产增长速度与国民经济增长速度之间关系的指标。计算公式为:

能源生产弹性系数＝能源生产总量年平均增长速度／国民经济年平均增长速度

国民经济年平均增长速度，可根据不同的目的或需要，用国民生产总值、国内生产总值等指标来计算，本年鉴是采用国内生产总值指标计算的。

能源消费弹性系数 是反映能源消费增长速度与国民经济增长速度之间比例关系的指标。计算公式为:

能源消费弹性系数＝能源消费量年平均增长速度／国民经济年平均增长速度

财政收入 指国家财政参与社会产品分配所取得的收入，是实现国家职能的财力保证。财政收入所包括的内容几经变化，目前主要包括：

⑴各项税收：包括增值税、营业税、消费税、土地增值税、城市维护建设税、资源税、城市土地使用税、企业所得税、个人所得税、关税、证券交易印花税、车辆购置税、农牧业税和耕地占用税等。

⑵专项收入：包括排污费收入、城市水资源费收入、矿产资源补偿费收入、教育费附加收入等。

⑶其他收入：包括利息收入、基本建设贷款归还收入、基本建设收入、捐赠收入等。

(4)国有企业亏损补贴：此项为负收入，冲减财政收入。主要包括对工业企业、商业企业、粮食企业的补贴。

财政支出　国家财政将筹集起来的资金进行分配使用，以满足经济建设和各项事业的需要，主要包括：

(1)基本建设支出：指按国家有关规定，属于基本建设范围内的基本建设有偿使用、拨款、资本金支出以及经国家批准对专项和政策性基建投资贷款，在部门的基建投资额中统筹支付的贴息支出。

(2)企业挖潜改造资金：指国家预算内拨给的用于企业挖潜、革新和改造方面的资金。包括各部门企业挖潜改造资金和企业挖潜改造贷款资金，为农业服务的县办“五小”企业技术改造补助，挖潜改造贷款贴息资金。

(3)地质勘探费用：指国家预算用于地质勘探单位的勘探工作费用，包括地质勘探管理机构及其事业单位经费、地质勘探经费。

(4)科技三项费用：指国家预算用于科技支出的费用，包括新产品试制费、中间试验费、重要科学研究补助费。

(5)支援农村生产支出：指国家财政支援农村集体(户)各项生产的支出。包括对农村举办的小型农田水利和打井、喷灌等的补助费，对农村水土保持措施的补助费，对农村举办的小水电站的补助费，特大抗旱的补助费，农村开荒补助费，扶持乡镇企业资金，支援农村合作生产组织资金、农村农技推广和植保补助费，农村草场和畜禽保护补助费，农村造林和林木保护补助费，农村水产补助费，发展粮食生产专项资金。

(6)农林水利气象等部门的事业费用：指国家财政用于农垦、农场、农业、畜牧、农机、林业、森工、水利、水产、气象、乡镇企业的技术推广、良种推广(示范)、动植物(畜禽、森林)保护、水质监测、勘探设计、资源调查、干部训练等项费用，园艺特产场补助费，中等专业学校经费，飞播牧草试验补助费，营林机构、气象机构经费，渔政费以及农业管理事业费等。

(7)工业交通商业等部门的事业费：指国家预算支付给工交商各部门用于事业发展的人员和公用经费支出，包括勘探设计费、中等专业学校经费、技术学校经费、干部训练费。

(8)文教科学卫生事业费：指国家预算用于文化、出版、文物、教育、卫生、中医、公费医疗、体育、档案、地震、海洋、通讯、电影电视、计划生育、党政群干部训练、自然科学、社会科学、科协等项事业的人员和公用经费支出以及高技术研究专项经费。主要包括工资、补助工资、福利费、离退休费、助学金、公务费、设备购置费、修缮费、业务费、差额补助费。

(9)抚恤和社会福利救济费：指国家预算用于抚恤和社会福利救济事业的经费。包括由民政部门开支的烈士家属和牺牲病残人员家属的一次性、定期抚恤金，革命伤残人员的抚恤金，各种伤残补助费，烈军属、复员退伍军人生活补助费，退伍军人安置费，优抚事业单位经费，烈士纪念建筑物管理、维修费，自然灾害救济事业费和特大自然灾害灾后重建补助费等。

(10)行政事业单位离退休支出：指实行归口管理的行政事业单位离退休经费。

(11)社会保障补助支出：指国家预算用于社会保障的补助支出，包括对社会保险基金的补助、促进就业补助、国有企业下岗职工补助、补充全国社会保障基金等。

(12)国防支出：指国家预算用于国防建设和保卫国家安全的支出，包括国防费、国防科研事业费、民兵建设以及专项工程支出等。

(13)行政管理费：包括行政管理支出，党派团体补助支出，外交支出，公安安全支出，司法支出，法院支出，检察院支出和公检法办案费用补助。

(14)政策性补贴支出：指经国家批准，由国家财政拨给用于粮棉油等产品的价格补贴支出。主要包括粮、棉、油差价补贴，平抑物价和储备糖补贴，农业生产资料价差补贴，粮食风险基金，副食品风险基金，地方煤炭风险基金等。

(15)债务利息支出：指国家预算中用于偿还国内外债务利息的支出。

中央财政收入和地方财政收入 指按现行分税制财政体制划分的中央本级收入和地方本级收入。1994年实行分税制财政体制以后，属于中央财政的收入包括关税、海关代征消费税和增值税，消费税，中央企业所得税，地方银行和外资银行及非银行金融企业所得税，铁道部门、各银行总行、各保险总公司等集中缴纳的营业税、利润和城市维护建设税，车辆购置税，船舶吨税，增值税的75%部分，证券交易税(印花税)94%部分，个人所得税中的利息所得税，利息所得税之外的个人所得税中央分享的部分，海洋石油资源税。属于地方财政的收入包括营业税，地方企业所得税，利息所得税之外的个人所得税地方分享的部分，城镇土地使用税，固定资产投资方向调节税，城镇维护建设税，房产税，车船使用税，印花税，屠宰税，农牧业税，农业特产税，耕地占用税，契税，土地增值税、国有土地有偿使用收入，增值税25%部分，证券交易税(印花税)6%部分和除海洋石油资源税以外的其他资源税。

中央财政支出和地方财政支出 指根据政府在经济和社会活动中的不同职责，划分中央和地方政府的责权，按照政府的责权划分确定的支出。中央财政支出包括国防支出，武装警察部队支出，中央级行政管理费和各项事业费，重点建设支出以及中央政府调整国民经济结构、协调地区发展、实施宏观调控的支出。地方财政支出主要包括地方行政管理和各项事业费，地方统筹的基本建设、技术改造支出，支援农村生产支出，城市维护和建设经费，价格补贴支出等。

预算外资金收支 预算外资金指国家机关、事业单位和社会团体为履行或代行政府职能，依据国家法律、法规和具有法律效力的规章而收取、提取和安排使用的未纳入国家预算管理的各种财政性资金。其范围主要包括：法律、法规规定的行政事业性收费、政府性基金和附加收入等；国务院或省级人民政府及其财政、计划（物价）部门审批的行政事业性收费；国务院及财政部审批建立的政府性基金、附加收入等；主管部门所属单位集中上缴资金；用于乡镇政府开支的乡自筹和乡统筹资金；其他未纳入预算管理的财政性资金。社会保障基金在国家财政尚未建立社会保障预算制度以前，先按预算外资金管理制度进行管理，专款专用。财政部门在银行开设统一的专户，用于预算外资金收入和支出管理。部门和单位的预算外收入必须上缴同级财政专户，支出由同级财政按预算外资金收支计划和单位财务收支计划统筹安排，从财政专户中拨付，实行收支两条线管理。

信贷资金 指金融机构以信用方式积聚和分配的货币资金。金融机构信贷资金的来源有各项存款、金融债券发行、应付及暂收款、对国际金融机构负债、流通中货币、各项准备、所有者权益和其他项目等；信贷资金的运用有各项贷款、有价证券及投资、应收及预付款、委托投资、金银占款、外汇占款、库存现金、财政借款及在国际金融机构中的资产等。

存款 指企业、机关、团体或居民根据资金必须收回的原则，把货币资金存入银行或其他信贷机构保管并取得一定利息的一种信用活动形式。根据存款对象或性质的不同可划分为企业存款、财政存款、机关团体存款、基本建设存款、储蓄存款、农村存款、委托存款、其他存款等科目。它是银行信贷资金的主要来源。

贷款 指银行或其他信贷机构根据资金必须归还的原则，按一定利率，为企业、个人等提供资金的一种信用活动形式。我国银行贷款分为短期贷款、中期流动资金贷款、中长期贷款、信托贷款、融资租赁、委托贷款、票据融资、各项垫款等。

保险公司 在中国境内的、经过保险监督管理部门批准设立，并依法登记注册的各类商业保险公司。

保险金额 指保险人承担赔偿或者给付保险金责任的最高限额。

保费 指投保人为取得保险人在约定范围内所承担赔偿责任而支付给保险人的费用。

赔款 指保险人根据保险合同的规定，向被保险人支付的赔偿保险责任损失的金额。

给付 包括死伤医疗给付和满期给付。死伤医疗给付是指保险人根据人寿保险及长期健康保险合同的规定，因被保险人在保险期内发生保险责任范围内的保险事故支付给被保险人(或受益人)的金额。满期给付是指被保险人生存期满，保险人按人寿保险合同规定支付给被保险人的满期保险金额。

居民消费价格指数 是反映一定时期内城乡居民所购买的生活消费品价格和服务项目价格变动趋势和程度

的相对数，是对城市居民消费价格指数和农村居民消费价格指数进行综合汇总计算的结果。该指数可以观察和分析消费品的零售价格和服务价格变动对城乡居民实际生活费支出的影响程度。

城市居民消费价格指数 是反映一定时期内城市居民家庭所购买的生活消费品价格和服务项目价格变动趋势和程度的相对数。该指数可以观察和分析消费品的零售价格和服务项目价格变动对职工货币工资的影响，作为研究职工生活和确定工资政策的依据。

农村居民消费价格指数 是反映一定时期内农村居民家庭所购买的生活消费品价格和服务项目价格变动趋势和程度的相对数。该指数可以观察农村消费品的零售价格和服务项目价格变动对农村居民生活消费支出的影响，直接反映农民生活水平的实际变化情况，为分析和研究农村居民生活问题提供依据。

商品零售价格指数 是反映一定时期内城乡商品零售价格变动趋势和程度的相对数。商品零售物价的变动直接影响到城乡居民的生活支出和国家的财政收入，影响居民购买力和市场供需的平衡，影响到消费与积累的比例关系。因此，该指数可以从一个侧面对上述经济活动进行观察和分析。

农业生产资料价格指数 指反映一定时期内农业生产资料价格变动趋势和程度的相对数。农业生产资料价格指数分为小农具、饲料、幼禽家畜、半机械化农具、机械化农具、化学肥料、农药及农药械、农机用油等八大类。其编制目的是了解农业生产中物质资料投入价格的变动状况，服务于国民经济核算。1994年以前，农业生产资料价格指数仅仅是商品零售价格指数的一个类别，此后，从商品零售价格指数中分离出来，单独编制。

农产品生产价格指数 是反映一定时期内，农产品生产者出售农产品价格水平变动趋势及幅度的相对数。该指数可以客观反映全国农产品生产价格水平和结构变动情况，满足农业与国民经济核算需要。其中某代表品生产价格指数是通过对全部有出售该产品行为的调查单位的个体指数进行几何平均求得的，类价格指数是通过对其所属的类（或代表品）的价格指数进行加权平均求得的。季度累计价格指数的计算方法与分季指数的计算方法相同。

工业品出厂价格指数 是反映一定时期内全部工业产品出厂价格总水平的变动趋势和程度的相对数，包括工业企业售给本企业以外所有单位的各种产品和直接售给居民用于生活消费的产品。该指数可以观察出厂价格变动对工业总产值及增加值的影响。

原材料、燃料和动力购进价格指数 是反映工业企业作为生产投入，而从物资交易市场和能源、原材料生产企业购买原材料、燃料和动力产品时，所支付的价格水平变动趋势和程度的统计指标，是扣除工业企业物质消耗成本中的价格变动影响的重要依据。

目前，我国编制的原材料、燃料和动力购进价格指数所调查的产品包括燃料动力、黑色金属、有色金属、化工、建材等九大类的900多种产品。

固定资产投资价格指数 是反映一定时期内固定资产投资品及项目的价格变动趋势和程度的相对数。固定资产投资额是由建筑安装工程投资完成额、设备工器具购置投资完成额和其他费用投资完成额三部分组成的。编制固定资产投资价格指数应首先分别编制上述三部分投资的价格指数，然后采用加权算术平均法求出固定资产投资价格总指数。

该指数可以准确地反映固定资产投资中涉及的各类投资品和取费项目价格变动趋势和变动幅度，消除按现价计算的固定资产投资指标中的价格变动因素，真实地反映固定资产投资的规模、速度、结构和效益，为国家科学地制定、检查固定资产投资计划并提高宏观调控水平，为完善国民经济核算体系提供科学的、可靠的依据。

城镇家庭人口 指居住在一起，经济上合在一起共同生活的家庭成员。凡计算为家庭人口的成员其全部收支都包括在本家庭中。

城镇就业面 指就业人口占家庭人口的百分比。

城镇就业者负担人数 指家庭人口与就业人口之比。

城市居民家庭总收入 指调查户中生活在一起的所有家庭成员在调查期得到的工薪收入、经营净收入、财产性收入、转移性收入的总和，不包括出售财物和借贷收入。收入的统计标准以实际发生的数额为准，无论收入是补发还是预发，只要是调查期得到的都应如实计算，不作分摊。

城市居民家庭可支配收入 指调查户可用于最终消费支出和其它非义务性支出以及储蓄的总和，即居民家庭可以用来自由支配的收入。它是家庭总收入扣除个人所得税、个人交纳的社会保障费以及调查户的记帐补贴后的收入。计算公式为：

可支配收入=家庭总收入–个人所得税–个人交纳的社会保障支出–记帐补贴

城市居民家庭总支出 指家庭除借贷支出以外的全部实际支出。包括消费性支出、购房建房支出、转移性支出、财产性支出、社会保障支出。支出统计是以实际购得的商品或服务的总价值填报，不论其付款方式是一次付清、分期付款，还是赊购，只要商品或服务已被消费就要按其总价值计量。如果采用分期付款或赊购形式，则要在借贷收入类相应的项目填入实付款与总的应付款的差额。

城市居民家庭消费支出 指调查户用于本家庭日常生活的全部支出，包括食品、衣着、家庭设备用品及服务、医疗保健、交通和通讯、娱乐教育文化服务、居住、杂项商品和服务八大类等。不包括用于赠送的商品或服务。消费支出按商品（服务）的用途分类。

城镇家庭服务性消费支出 指家庭用于支付社会提供的各种非商品性服务费用。

城镇家庭收入分组方法 将所有调查户依户人均可支配收入由低到高排队，按10%，10%，20%，20%，20%，10%，10%的比例依次分成：最低收入户、低收入户、中等偏下收入户、中等收入户、中等偏上收入户、高收入户、最高收入户等七组。总体中最低5%的户为困难户。

恩格尔系数 指食物支出金额在生活消费总支出金额中所占的比例。计算公式为：

恩格尔系数=食品支出金额/生活消费总支出金额×100%

农村住户 指农村常住户。农村常住户指长期(一年以上)居住在乡镇(不包括城关镇)行政管理区域内的住户，以及长期居住在城关镇所辖行政村范围内的农村住户。户口不在本地而在本地居住一年及以上的住户也包括在本地农村常住户范围内；有本地户口，但举家外出谋生一年以上的住户，无论是否保留承包耕地都不包括在本地农村住户范围内。

常住人口 指全年经常在家或在家居住6个月以上，而且经济和生活与本户连成一体的人口。外出从业人员在外居住时间虽然在6个月以上，但收入主要带回家中，经济与本户连为一体，仍视为家庭常住人口；在家居住，生活和本户连成一体的国家职工、退休人员也为家庭常住人口。但是现役军人、中专及以上(走读生除外)的在校学生、以及常年在外(不包括探亲、看病等)且已有稳定的职业与居住场所的外出从业人员，不算家庭常住人口。家庭常住人口主要作为计算农村住户平均每人收入、消费和积累水平及分析家庭人口状况的依据。

整、半劳动力 整劳动力指男子18周岁到50周岁，女子18周岁到45周岁；半劳动力指男子16周岁到17周岁，51周岁到60周岁；女子16周岁到17周岁，46周岁到55周岁，同时具有劳动能力的人。虽然在劳动年龄之内，但已丧失劳动能力的人，不应算为劳动力；超过劳动年龄，但能经常参加劳动，计入半劳动力数内。常住人口中的职工，若这些职工为劳动力，就包括在本户的整半劳动力中。

总收入 指调查期内农村住户和住户成员从各种来源渠道得到的收入总和。按收入的性质划分为工资性收入、家庭经营收入、财产性收入和转移性收入。

工资性收入 指农村住户成员受雇于单位或个人，靠出卖劳动而获得的收入。家庭经营收入 指农村住户以家庭为生产经营单位进行生产筹划和管理而获得的收入。农村住户家庭经营活动按行业划分为农业、林业、牧业、渔业、工业、建筑业、交通运输业邮电业、批发和零售贸易餐饮业、社会服务业、文教卫生业和其他家庭经营。

财产性收入 指金融资产或有形非生产性资产的所有者向其他机构单位提供资金或将有形非生产性资产供

其支配，作为回报而从中获得的收入。

转移性收入 指农村住户和住户成员无须付出任何对应物而获得的货物、服务、资金或资产所有权等，不包括无偿提供的用于固定资本形成的资金。一般情况下，是指农村住户在二次分配中的所有收入。

现金收入 指农村住户和住户成员在调查期内得到以现金形态表现的收入。按来源分成工资性收入、家庭经营现金收入、财产性收入、转移性收入。

纯收入 指农村住户当年从各个来源得到的总收入相应地扣除所发生的费用后的收入总和。计算方法：

纯收入=总收入-税费支出-家庭经营费用支出-生产性固定资产折旧-调查补贴-赠送农村外部亲友支出

纯收入主要用于再生产投入和当年生活消费支出，也可用于储蓄和各种非义务性支出。“农民人均纯收入”按人口平均的纯收入水平，反映的是一个地区或一个农户农村居民的平均收入水平。

总支出 指农村住户用于生产、生活和再分配的全部支出。家庭经营费用支出、购置生产性固定资产支出、生产性固定资产折旧、税费支出、生活消费支出、财产性支出和转移性支出。

供水综合生产能力 指按供水设施取水、净化、送水、出厂输水干管等环节设计能力计算的综合生产能力。包括在原设计能力的基础上，经挖、革、改增加的生产能力。计算时，以四个环节中最薄弱的环节为主确定能力。

年末供水管道长度 指从送水泵至用户水表之间所有管道的长度。不包括新安装尚未使用的管道。

全年供水总量 指报告期供水企业(单位)供出的全部水量。包括有效供水量和漏损水量。

生活用水量 包括公共服务用水和居民家庭用水。公共服务用水指为城市社会公共生活服务的用水。包括行政事业单位、部队营区和公共设施服务、社会服务业、批发零售贸易业、旅馆饮食业以及其他公共服务业等单位的用水。居民家庭用水指城市范围内所有居民家庭的日常生活用水。包括城市居民、农民家庭、公共供水站用水。

用水普及率 指城市用水人口数与城市人口总数的比率。计算公式：

用水普及率=城市用水人口数/城市人口总数×100%

人工煤气生产能力 指报告期末人工煤气生产厂制气、净化、输送等环节的综合生产能力，不包括备用设备能力。一般按设计能力计算，如果实际生产能力大于设计能力时，应按实际测定的生产能力计算。测定时应以制气、净化、输送三个环节中最薄弱的环节为主。

供气管道长度 指报告期末从气源厂压缩机的出口或门站出口至各类用户引入管之间的全部已经通气投入使用的管道长度。不包括煤气生产厂、输配站、液化气储存站、灌瓶站、储配站、气化站、混气站、供应站等厂(站)内的管道。

全年供气总量 指全年燃气企业(单位)向用户供应的燃气数量。包括销售量和损失量。

用气普及率 指报告期末使用燃气的城市人口数与城市人口总数的比率。计算公式为：

用气普及率=城市用气人口数/城市人口总数×100%

城市供热能力 指供热企业(单位)向城市热用户输送热能的设计能力。

城市供热总量 指在报告期供热企业(单位)向城市热用户输送全部蒸汽和热水的总热量。

城市供热管道长度 指从各类热源到热用户建筑物接入口之间的全部蒸汽和热水的管道长度。不包括各类热源厂内部的管道长度。

年末道路长度 指年末道路长度和与道路相通的广场、桥梁、隧道的长度，按车行道中心线计算。在统计时只统计路面宽度在3.5米(含3.5米)以上的各种铺装道路，包括开放型工业区和住宅区道路在内。

城市桥梁 指为跨越天然或人工障碍物而修建的构筑物。包括跨河桥、立交桥、人行天桥以及人行地下通道等。包括永久性桥和半永久性桥。

城市排水管道长度 指所有排水总管、干管、支管、检查井及连接井进出口等长度之和。

城市污水日处理能力 指污水处理厂(或处理装置)每昼夜处理污水量的设计能力。

年末运营车数 指年末公交企业(单位)用于运营业务的全部车辆数。以企业(单位)固定资产台帐中已投入运营的车辆数为准。

城市园林绿地面积 指报告期末用作园林和绿化的各种绿地面积。包括公共绿地、居住区绿地、单位附属绿地、防护绿地、生产绿地、道路绿地和风景林地面积。

不包括：

1.屋顶绿化、垂直绿化、阳台绿化和室内绿化。

2.以物质生产为主的林地、耕地、牧草地、果园和竹园等。

3.城市总体规划中不列入绿地的水域。

公共绿地 指向公众开放的市级、区级、居住区级各类公园、街旁游园，包括其范围内的水域。其中居住区级公园应不小于1万平方米，街旁游园的宽度不小于8米，面积不小于400平方米。

农林牧渔业总产值 指以货币表现的农、林、牧、渔业全部产品和对农林牧渔业生产活动进行的各种支持性服务活动的价值总量，它反映一定时期内农林牧渔业生产总规模和总成果。1957年以前的农林牧渔业总产值中包括了厩肥和农民自给性手工业(如农民自制衣服、鞋、袜，自己从事粮食初步加工等)。1958年及以后，林业中增加了村及村以下竹木采伐产值；牧业中取消了厩肥产值；副业中取消了农民自给性手工业产值，增加了村及村以下办的工业产值；渔业中增加了海洋捕捞水产品产值。1980年及以后，在副业中增加了农民家庭兼营工业商品部分的产值。从1984年起村及村以下工业产值划归工业。从1993年起取消副业，将野生动物的捕猎划入牧业、野生植物采集和农民家庭兼营商品性工业划归农业。从2003年起，执行新的国民经济行业分类标准，农林牧渔业总产值中包括了农林牧渔服务业产值。林业中增加了森林采运业产值。农业中取消了家庭兼营商品性工业产值，将野生林产品的采集划归林业。第一次农业普查以后，由于畜牧业产品年报数据与普查数据之间存在一定的差距，国家统计局农调总队对畜牧业年报数据与普查数据进行衔接，相应的畜牧业产值进行调整。

农林牧渔业总产值的计算方法通常是按农、林、牧、渔业产品及其副产品的产量分别乘以各自单位产品价格求得；少数生产周期较长，当年没有产品或产品产量不易统计的，则采用间接方法匡算其产值；然后将四业产品产值相加即为农林牧渔业总产值。

粮食产量 指全社会的产量。包括国有经济经营的、集体统一经营的和农民家庭经营的粮食产量，还包括工矿企业办的农场和其他生产单位的产量。粮食除包括稻谷、小麦、玉米、高粱、谷子及其他杂粮外，还包括薯类和豆类。其产量计算方法，豆类按去豆荚后的干豆计算；薯类(包括甘薯和马铃薯，不包括芋头和木薯)1963年以前按每4公斤鲜薯折1公斤粮食计算，从1964年开始改为按5公斤鲜薯折1公斤粮食计算。城市郊区作为蔬菜的薯类(如马铃薯等)按鲜品计算，并且不作粮食统计。其他粮食一律按脱粒后的原粮计算。棉花产量 指全社会的产量。包括春播棉和夏播棉。产量按皮棉计算。3公斤籽棉折1公斤皮棉，不包括木棉。

油料产量 指全部油料作物的生产量。包括花生、油菜籽、芝麻、向日葵籽、胡麻籽（亚麻籽）和其他油料。不包括大豆、木本油料和野生油料。花生以带壳干花生计算。

水产品产量 指人工养殖的水产品和天然生长的水产品的捕捞量。包括海水的鱼类、虾蟹类、贝类和藻类以及内陆水域的鱼类、虾蟹类和贝类，不包括淡水生植物。

猪、牛、羊肉产量 指当年出栏并已屠宰、除去头蹄下水后带骨肉(即胴体重)的重量。期初(末)畜禽存栏头(只)数 指报告期初(末)农村各种合作经济组织和国营农场、农民个人、机关、团体、学校、工矿企业、部队等单位以及城镇居民饲养的大牲畜、猪、羊、家禽等畜禽的存栏数。数据上报方式及数据调整情况同猪、牛、羊肉产量。

常用耕地 是指耕地总资源中专门种植农作物并经常进行耕种、能够正常收获的土地。包括当年实际耕种的熟地；弃耕、休闲不满三年，随时可以复耕的地；开荒利用三年以上的土地。在统计口径上包括南方小于1

米、北方小于2米宽的沟、渠、路和田埸。不包括临时种植农作物的坡度在25度以上的陡坡地；在河套、湖畔、库区临时开发的成片或零星土地；也不包括已列为国家和省（区、市）退耕计划但临时耕种的土地。常用耕地是国家需要重点保护的耕地，是反映我国农业综合生产能力的一个重要指标。

农作物播种面积 指实际播种或移植有农作物面积。凡是实际种植有农作物的面积，不论种植在耕地上还是种植在非耕地上，均包括在农作物播种面积中。在播种季节基本结束后，因遭灾而重新改种和补种的农作物面积，也包括在内。

有效灌溉面积 指具有一定的水源，地块比较平整，灌溉工程或设备已经配套，在一般年景下当年能够进行正常灌溉的耕地面积。在一般情况下，有效灌溉面积应等于灌溉工程或设备已经配备，能够进行正常灌溉的水田和水浇地面积之和。它是反映我国耕地抗旱能力的一个重要指标。

农用化肥施用量 指本年内实际用于农业生产的化肥数量，包括氮肥、磷肥、钾肥和复合肥。化肥施用量要求按折纯量计算数量。折纯量是指把氮肥、磷肥、钾肥分别按含氮、含五氧化二磷、含氧化钾的百分之百成份进行折算后的数量。复合肥按其所含主要成分折算。公式为：

折纯量=实物量×某种化肥有效成份含量的百分比

农业机械总动力 指主要用于农、林、牧、渔业的各种动力机械的动力总和。包括耕作机械、排灌机械、收获机械、农用运输机械、植物保护机械、牧业机械、林业机械、渔业机械和其他农业机械〔内燃机按引擎马力折成瓦(特)计算、电动机按功率折成瓦(特)计算〕。不包括专门用于乡、镇、村、组办工业、基本建设、非农业运输、科学试验和教学等非农业生产方面用的动力机械与作业机械。这个指标的统计数据主要来源于农机部门。

乡村从业人员 指乡村人口中劳动年龄在16周岁以上实际参加生产经营活动并取得实物或货币收入的人员，包括劳动年龄内经常参加劳动的人员，也包括超过劳动年龄但经常参加劳动的人员，但不包括户口在家的在外学生、现役军人和丧失劳动能力的人，也不包括待业人员和家务劳动者。从业人员按从事主业时间最长（时间相同按收入）分为农业从业人员、工业从业人员、建筑业从业人员、交运仓储及邮电业从业人员、批零贸易及餐饮业从业人员、其它从业人员。

工业 指从事自然资源的开采，对采掘品和农产品进行加工和再加工的物质生产部门。具体包括：(1)对自然资源的开采，如采矿、晒盐等(但不包括禽兽捕猎和水产捕捞)；(2)对农副产品的加工、再加工，如粮油加工、食品加工、缫丝、纺织、制革等；(3)对采掘品的加工、再加工，如炼铁、炼钢、化工生产、石油加工、机器制造、木材加工等，以及电力、自来水、煤气的生产和供应等；(4)对工业品的修理、翻新，如机器设备的修理、交通运输工具(包括小卧车)的修理等。

1984年以前农村的村及村以下办工业归属农业，1984年以后划归工业。

工业统计调查单位为独立核算法人工业企业。

独立核算法人工业企业指从事工业生产经营活动的单位。独立核算法人工业企业应同时具备以下条件：①依法成立，有自己的名称、组织机构和场所，能够承担民事责任；②独立拥有和使用资产，承担负债，有权与其他单位签订合同；③独立核算盈亏，并能够编制资产负债表。本年鉴中涉及的企业登记注册类型：

国有及国有控股企业 指国有企业加上国有控股企业。国有企业(即原全民所有制工业或国营工业)指企业全部资产归国家所有，并按《中华人民共和国企业法人登记管理条例》规定登记注册的非公司制的经济组织。包括国有企业、国有独资公司和国有联营企业。1957年以前的公私合营和私营工业，后均改造为国营工业，1992年改为国有工业，这部分工业的资料不单独分列时，均包括在国有企业内。国有控股企业是对混合所有制经济的企业进行的"国有控股"分类。它是指这些企业的全部资产中国有资产(股份)相对其他所有者中的任何一个所有者占资(股)最多的企业。该分组反映了国有经济控股情况。

集体企业 指企业资产归集体所有，并按《中华人民共和国企业法人登记管理条例》规定登记注册的经济组织。是社会主义公有制经济的组成部分。包括城乡所有使用集体投资举办的企业，以及部分个人通过集资自愿放弃所有权并依法经工商行政管理机关认定为集体所有制的企业。

股份合作企业 指以合作制为基础，由企业职工共同出资入股，吸收一定比例的社会资产投资组建，实行自主经营，自负盈亏，共同劳动，民主管理，按劳分配与按股分红相结合的一种集体经济组织。

联营企业 指两个及两个以上相同或不同所有制性质的企业法人或事业单位法人，按自愿、平等、互利的原则，共同投资组成的经济组织。联营企业包括：

国有联营企业指国有企业与国有企业间的联营；

集体联营企业指集体企业与集体企业间的联营；

国有与集体联营企业指国有企业与集体企业间的联营。

有限责任公司 指根据《中华人民共和国公司登记管理条例》规定登记注册，由两个以上，五十个以下的股东共同出资，每个股东以其所认缴的出资额对公司承担有限责任，公司以其全部资产对其债务承担责任的经济组织。

有限责任公司包括国有独资公司以及其他有限责任公司。

股份有限公司 指根据《中华人民共和国企业法人登记管理条例》规定登记注册，其全部注册资本由等额股份构成并通过发行股票筹集资本，股东以其认购的股份对公司承担有限责任，公司以其全部资产对其债务承担责任的经济组织。

私营企业 指由自然人投资设立或由自然人控股，以雇佣劳动为基础的营利性经济组织。包括按照《公司法》、《合伙企业法》、《私营企业暂行条例》规定登记注册的私营有限责任公司、私营股份有限公司、私营合伙企业和私营独资企业。

港、澳、台商投资企业 指企业注册登记类型中的港、澳、台资合资、合作、独资经营企业和股份有限公司之和。

外商投资企业 指企业注册登记类型中的中外合资、合作经营企业、外资企业和外商投资股份有限公司之和。

“三资”企业系指港、澳、台商投资企业和外资企业的简称。

轻工业 指主要提供生活消费品和制作手工工具的工业。按其所使用的原料不同，可分为两大类：(1)以农产品为原料的轻工业，是指直接或间接以农产品为基本原料的轻工业。主要包括食品制造、饮料制造、烟草加工、纺织、缝纫、皮革和毛皮制作、造纸以及印刷等工业；(2)以非农产品为原料的轻工业，是指以工业品为原料的轻工业。主要包括文教体育用品、化学药品制造、合成纤维制造、日用化学制品、日用玻璃制品、日用金属制品、手工工具制造、医疗器械制造、文化和办公用机械制造等工业。

重工业 指为国民经济各部门提供物质技术基础的主要生产资料的工业。按其生产性质和产品用途，可以分为下列三类：(1)采掘(伐)工业，是指对自然资源的开采，包括石油开采、煤炭开采、金属矿开采、非金属矿开采等工业；(2)原材料工业，指向国民经济各部门提供基本材料、动力和燃料的工业。包括金属冶炼及加工、炼焦及焦炭、化学、化工原料、水泥、人造板以及电力、石油和煤炭加工等工业；(3)加工工业，是指对工业原材料进行再加工制造的工业。包括装备国民经济各部门的机械设备制造工业、金属结构、水泥制品等工业，以及为农业提供的生产资料如化肥、农药等工业。

根据上述划分原则，修理业中以重工业产品为修理作业对象的划为重工业，反之划为轻工业。

工业总产值

(1)定义：工业总产值是以货币形式表现的，工业企业在一定时期内生产的工业最终产品或提供工业性劳务活动的总价值量。它反映一定时间内工业生产的总规模和总水平。

(2)计算原则：

工业生产的原则，即凡是企业在报告期生产的经检验合格的产品，不管是否在报告期销售，均包括在内。

最终产品的原则，即凡是计入工业总产值的产品，必须是本企业生产的经检验合格的，不需要再进行任何加工的最终产品。如果企业有中间产品(半成品)对外销售，则对外销售的中间产品应视为企业的最终产品。

工厂法原则，即工业总产值是以工业企业作为基本计算(核算)单位，即按企业的最终产品计算工业总产值。按这种方法计算的工业总产值，不允许同一产品价值在企业内部重复计算，不能把企业内部各个车间(分厂)生产的成果相加，但允许企业间的重复计算。

(3)内容及计算方法：1995年全国工业普查对工业总产值(原规定)的内容及计算原则和方法做了某些修订，修订后的工业总产值(新规定)包括三项内容：即本期生产成品价值、对外加工费收入、在制品半成品期末期初差额价值三部分。本期生产成品价值：指企业本期生产，并在报告期内不再进行加工，经检验、包装入库的全部工业成品(半产品)价值合计，包括企业生产的自制设备及提供给本企业在建工程、其他非工业部门和福利部门等单位使用的成品价值。

本期生产成品价值为按自备原材料生产的产品的数量乘以本期不含增值税(销项税额)的产品实际销售平均单价计算；会计核算中按成本价格转帐的自制设备和自产自用的成品，按成本价格计算生产成品价值。生产成品价值中不包括用定货者来料加工的成品(半产品)价值。

对外加工费收入：指企业在报告期内完成的对外承接的工业品加工(包括用定货者来料加工产品)的加工费收入和对外工业修理作业所取得的加工费收入。对外加工费收入按不含增值税(销项税额)的价格计算，可根据会计“产品销售收入”科目的有关资料取得。

对于本企业对内非工业部门提供的加工修理、设备安装的劳务收入，如果企业会计核算基础较好，能取得这部分资料，而且这部分价值所占比重较大，应包括在对外加工费收入中。

自制半成品在制品期末期初差额价值：指企业报告期在制品期末减期初的差额价值，本指标一般可以从会计核算资料中取得。如果会计产品成本核算中不计算半成品、在制品的成本，则总产值中也不包括这部分价值，反之则包括。

(4)工业总产值统计范围变化和计算方法修订情况：

1984年以前工业总产值不包括村办工业，村办工业总产值划归农业。1984年以后工业总产值包括村办工业。

1995年工业普查对工业总产值计算方法做了修订，即从1995年始按新修订(新规定)方法计算工业总产值。新规定与原规定的区别如下：

全价与加工费的计算原则不同：新规定为凡自备原材料，不论其生产繁简程度如何，一律按全价计算工业总产值；凡来料加工，允许按加工费计算工业总产值。原规定则视生产加工的繁简程度不同，规定哪些行业按全价，哪些行业按加工费计算工业总产值。

自制半成品、在产品期末期初差额价值的计算原则不同：新规定要求，凡会计产品成本核算时计算了成本的差额价值，总产值中就应包括，否则可不包括；原规定则按生产周期六个月的界限区分，凡生产周期六个月以上的企业，总产值计算中应包括这部分差额价值，否则可不包括。

计算价格不同：新规定按不含增值税(销项税额)的价格计算；原规定则按含增值税(销项税额)的价格计算。

工业增加值　指工业企业在报告期内以货币表现的工业生产活动的最终成果。工业增加值有两种计算方法：一是生产法，即工业总产出减去工业中间投入加上应交增值税；二是收入法，即从收入的角度出发，根据生产要素在生产过程中应得到的收入份额计算，具体构成项目有固定资产折旧、劳动者报酬、生产税净额、营业盈余，这种方法也称要素分配法。本年鉴中的工业增加值是以生产法计算的。

生产法工业增加值的计算方法为：

工业增加值=工业总产出-工业中间投入+应交增值税

(1)工业总产出：指工业企业在一定时期内工业生产活动的总成果。工业总产出包括：成品生产价值，对外加工费收入，自制半成品、在产品期末期初差额价值。1995年后用新规定计算的工业总产值代替。

(2)工业中间投入：指工业企业在工业生产活动中消耗的外购物质产品和对外支付的服务费用。服务费用包括支付给物质生产部门(工业、农业、批发零售贸易业、建筑业、运输邮电业)的服务费用和支付给非物质生产部门(如保险、金融、文化教育、科学研究、医疗卫生、行政管理等)的服务费用。工业中间投入的确定须遵循以下原则：必须从外部购入的，并已计入工业总产出的产品和服务价值；必须是本期投入生产，并一次性消耗掉(包括本期摊销的低值易耗品等)的产品和服务价值。

工业中间投入包括直接材料费用、制造费用中的工业中间投入、管理费用中的工业中间投入、销售费用中的工业中间投入和利息支出五部分。

实收资本：指企业实际收到投资者的可作为长期周转使用的经营资金。根据现行会计制度规定，实收资本按投资主体分为：国家资本、集体资本、法人资本、个人资本、港澳台资本和外商资本。

国家资本：指有权代表国家投资的政府部门或者机构以国有资产投入企业形成的资本。

集体资本：指有权代表国家投资的集体部门或者机构以国有资产投入企业形成的资本。

法人资本：指其他法人单位以其依法可以支配的资产投入企业形成的资本。

个人资本：指社会个人或者本企业内部职工以个人合法财产投放到企业形成的资本。

港澳台资本：指我国香港、澳门和台湾地区投资者以各种形式的资产进行投资形成的资本。

外商资本：指外国投资者对企业投资形成的资本。

资产总计　指企业拥有或控制的能以货币计量的经济资源，包括各种财产、债权和其他权利。资产按流动性分为流动资产、长期投资、固定资产、无形资产、递延资产和其他资产。该指标根据企业会计“资产负债表”中“资产总计”项目的期末数增列。

流动资产合计　指可以在一年或者超过一年的一个营业周期内变现或者耗用的资产，包括现金及各种存款、短期投资、应收及预付货款、存款等。

流动资产平均余额　指企业在报告期内全部流动资产的平均余额。

固定资产原价　指企业在建造、购置、安装、改建、扩建、技术改造某项固定资产时所支出的全部货币总额。它一般包括买价、包装费、运杂费和安装费等。

固定资产净值年平均余额　指固定资产净值在报告期内余额的平均数。计算公式为：

固定资产净值年平均余额=1至12月各月月初、月末固定资产净值之和/24

该指标根据“资产负债表”中“固定资产原价”、“累计折旧”指标的期初、期末数计算填列。

固定资产净值指固定资产原价减去历年已提折旧额后的净额。计算公式为：

固定资产净值=固定资产原价-累计折旧

流动负债合计　指将在一年或超过一年的一个营业周期内偿还的债务。流动负债包括短期负债、应付票据、应付帐款、预收帐款、应付工资、应付福利费、应交税金、应付利润、其他应付款、预提费用等。

流动负债具有偿还期限短，在债权人提出要求时即期偿付，或在一年内必须偿还的特点。

长期负债合计　指偿还期在一年或超过一年的一个营业周期以上的债务，它是除了投资人投入企业的资本以外，企业向债权人筹集、可供企业长期使用的资金，是企业必须以资产或劳务偿还的经济责任，包括长期借款、应付债款、长期应付款、其他长期负债等。与流动负债相比，长期负债具有为数较大、偿还期限较长的特点，且对投资者来说可带来更大的利益。

所有者权益　指企业投资人对企业净资产的所有权。企业净资产等于企业全部资产减去全部负债后的余额，包括企业投资人对企业的最初投入的实际到位的资产及资本公积金、盈余公积金和未分配利润。所有者权益合计数小于零，表示企业资不抵债。

产品销售收入 指企业在报告期内生产的成品、自制半成品和工业性劳务取得的收入。

产品销售成本 指企业在报告期内销售本企业生产的成品、自制半成品和工业性劳务等的实际成本。

产品销售税金及附加 指企业在报告期内销售产品、提供的劳务等主要经营业务应负担的城市维护建设税、消费税、资源税和教育费附加等。

利润总额 指企业生产经营活动的最终成果，是企业在一定时期内实现的盈亏相抵后的利润总额(亏损以“–”号表示)，它等于营业利润加上补贴收入加上投资收益加上营业外净收入再加上以前年度损益调整。

本年应交增值税 指企业在报告期内应交纳的增值税额。它等于本年销项税额加上出口退税加上进项税额转出数减去本年进项税额。小规模纳税企业直接按全年计税销售额乘以征收率计算取得。

年末从业人员平均人数 从业人员是指在企业工作并取得劳动报酬的全部人员数。包括在岗职工、再就业的离退休人员、民办教师及在企业工作的外方人员和港澳台方人员、兼职人员、借用的外单位人员和第二职业者。不包括离开本单位但仍保留劳动关系的职工。

从业人员平均人数是指报告期内每天拥有的从业人员人数。其计算公式为：

月平均人数=报告月内每天实有人数之和/报告月日历日数

季平均人数=季内各月平均人数之和/3

年平均人数=年内各月平均人数之和/12

总资产贡献率 反映企业全部资产的获利能力，是企业经营业绩和管理水平的集中体现，是评价和考核企业盈利能力的核心指标。计算公式为：

总资产贡献率（%）=利润总额+税金总额+利息支出/平均资金总额×100%

公式中：税金总额为产品销售税金及附加与应交增值税之和；平均资产总额为期初期末资产之和的算术平均值。

资产负债率 该指标既反映企业经营风险的大小，也反映企业利用债权人提供的资金从事经营活动的能力。计算公式为：

资产负债率（%）=负债总额/资产总额×100%

资产与负债均为报告期期末数。

流动资产周转次数 指一定时期内流动资产完成的周转次数，反映投入工业企业流动资金的周转速度。计算公式为：

流动资产周转次数=产品销售收入/全部流动资产平均余额

公式中：全部流动资产平均余额为期初和期末的流动资产之和的算术平均值。

成本费用利润率 反映企业投入的生产成本及费用的经济效益，同时也反映企业降低成本所取得的经济效益。计算公式为：

成本费用利润（%）=利润总额/成本费用总额×100%

公式中：成本费用总额为产品销售成本、销售费用、管理费用、财务费用之和。

全员劳动生产率 该指标反映企业的生产效率和劳动投入的经济效益。计算公式为：

全员劳动生产率（元/人）=工业增加值/全部从业人员平均人数

产品销售率 该指标反映工业产品已实现销售的程度，是分析工业产销衔接情况、研究工业产品满足社会需求的指标。计算公式为：

产品销售率（%）=工业销售产值/工业总产值（现价）×100%

建筑业统计单位 指从事房屋、构筑物建造和设备安装活动的法人企业。建筑业法人企业应具有建筑业资质并能够独立核算；同时应具备以下条件：①依法成立，有自己的名称、组织机构和场所，能够承担民事责任；②独立拥有和使用资产，承担负债，有权与其他单位签订合同；③独立核算盈亏，能够编制资产负债表。

建筑业总产值 是以货币形式表现的建筑业企业在一定时期内生产的建筑业产品和提供的服务的总和。建筑业总产值包括：

⑴建筑工程产值：指列入建筑工程预算内的各种工程价值。

⑵安装工程产值：指设备安装工程价值，不包括被安装设备本身的价值。

⑶其他产值：建筑业总产值中除建筑工程、安装工程以外的产值。包括房屋构筑物修理产值、非标准设备制造产值、总包企业向分包企业收取的管理费以及不能明确划分的施工活动所完成的产值。

a.房屋构筑物修理产值：指房屋和构筑物修理所完成的产值，但不包括被修理房屋、构筑物本身价值和生产设备的修理产值。

b.非标准设备制造产值：指加工制造没有定型的非标准生产设备的加工费和原材料价值(如化工厂、炼油厂用的各种罐、槽，矿井生产统一使用的各种漏斗、三角槽、阀门等)以及附属加工厂为本企业承建工程制作的非标准设备的价值。

建筑业增加值 指建筑业企业在报告期内以货币形式表现的建筑业生产经营活动的最终成果。目前建筑业增加值采用分配法(收入法)计算，即从收入的角度出发，根据生产要素在生产过程中应得的收入份额计算。具体计算公式为：

建筑业增加值=本年提取的固定资产折旧+应付工资+应付福利费+管理费用中的劳动待业保险费、税金+工程结算税金及附加+营业利润

房屋建筑施工面积 指在报告期内施过工的全部房屋建筑面积，包括本期新开工的房屋面积、上期施工跨入本期继续施工的房屋面积、上期停缓建在本期恢复施工的房屋面积、本期竣工的房屋面积及本期施工后又停缓建的房屋面积。

房屋建筑竣工面积 指在报告期内房屋建筑按照设计要求全部完工，达到了使用条件，经验收鉴定合格，正式移交使用单位的房屋建筑面积。

自有机械设备年末总台数 指归本企业所有，属于本企业固定资产的生产性机械设备年末总台数。包括施工机械、生产设备、运输设备以及其他设备。

自有机械设备年末总功率 指本企业自有施工机械、生产设备、运输设备以及其他设备等列为在册固定资产的生产性机械设备年末总功率，按设定能力或查定能力计算。包括机械本身的动力和为该机械服务的单独动力设备，如电动机等。计算单位用千瓦，动力换算可按1马力＝0.735千瓦折合成千瓦数。电焊机、变压器、锅炉不计算动力。

工程结算收入 指企业承包工程实现的工程价款结算收入，以及向发包单位收取的除工程价款以外的按规定列作营业收入的各种款项，如临时设施费、劳动保险费、施工机械调迁费等以及向发包单位收取的各种索赔款。

工程结算利润 指已结算工程实现的利润，如亏损以“-”号表示。计算公式为：

工程结算利润=工程结算收入-工程结算成本-工税结算税金及附加

企业总收入 指与企业生产经营直接有关的各项收入，包括工程结算收入和其他业务收入。计算公式为：

企业总收入=工程结算收入+其他业务收入

铁路营业里程 又称营业长度(包括正式营业和临时营业里程)，指办理客货运输业务的铁路正线总长度。凡是全线或部分建成双线及以上的线路，以第一线的实际长度计算；复线、站线、段管线、岔线和特殊用途线以及不计算运费的联络线都不计算营业里程。该指标可以反映铁路运输业基础设施的发展水平，也是计算客货周转量、运输密度和机车车辆运用效率等指标的基础资料。

铁路电气化里程 指在全部铁路营业里程中已安装了供电线路及设备，可以供电力机车牵引列车运行的区段的总里程。

铁路自动、半自动闭塞里程　指装有列车自动或人工完成闭塞状态的铁路设备里程。为保证列车安全运行，在一个区间、同一时间内，一般只允许一列列车运行，这种保证列车在这个区间安全间隔运行的技术方法称为“闭塞”。自动或半自动闭塞里程占铁路营业里程的比重是反映铁路现代化的重要标志之一。

公路里程　指在一定时期内实际达到《公路工程[WTBZ]技术标准JTJ01-88》规定的等级公路，并经公路主管部门正式验收交付使用的公路里程数。包括大中城市的郊区公路以及通过小城镇街道部分的公路里程和桥梁、渡口的长度，不包括大中城市的街道、厂矿、林区生产用道和农业生产用道的里程。两条或多条公路共同经由同一路段，只计算一次，不得重复计算里程长度。该指标可以反映公路建设的发展规模，也是计算运输网密度等指标的基础资料。

内河航道里程　也称内河通航里程，指在一定时期内，能通航运输船舶及排筏的天然河流、

湖泊水库、运河及通航渠道的长度。包括全年季节性通航累计三个月以上的航道，不包括仅供零散流放竹、木排的河道。该指标可以反映内河水运网的规模、水平和发展情况。

民用航空航线里程　指民航运输定期班机飞行的航线长度的总和。航线长度按机场之间的距离计算，通常有两种计算方法：一是将每条航线长度相加称为重复计算航线里程；一是将两线或两条以上航线经过同一区段里程，只计算一次航线长度称为不重复计算航线里程。一般常用的是后者，该指标可以确切反映民航运输网的规模，是表明民航事业为国民经济服务和方便人民生活程度的主要指标。

输油(气)管道长度　也称输油(气)里程，指油品(或天然气)的实际输送距离，一般按输油(气)管道的单线长度计算。若包括复线和备用线长度则称为输油(气)管道延展长度，是指管道铺设的实际长度。我们通常使用的是不包括复线的“输油(气)管道里程”，该指标可以反映管道运输的发展规模和水平。

货(客)运量　指在一定时期内，各种运输工具实际运送的货物(旅客)数量。该指标是反映运输业为国民经济和人民生活服务的数量指标，也是制定和检查运输生产计划、研究运输发展规模和速度的重要指标。货运按吨计算，客运按人计算。货物不论运输距离长短、货物类别，均按实际重量统计。旅客不论行程远近或票价多少，均按一人一次客运量统计；半价票、小孩票也按一人统计。

货(客)运密度　指在一定时期内某种运输方式在营运线路的某一区段平均每公里线路通过的货物(旅客)运输周转量。计算公式为：

货（客）运密度=货物（旅客）周转量/营业线路长度

该指标可以反映交通运输线路上的货物(旅客)运输量运输繁忙程度，是平衡运输线路运输能力和通过能力，规划线路建设及改造、配备技术设备，研究运输网布局的重要依据。

货物(旅客)周转量　指在一定时期内，由各种运输工具运送的货物(旅客)数量与其相应运输距离的乘积之总和。该指标可以反映运输业生产的总成果，也是编制和检查运输生产计划，计算运输效率、劳动生产率以及核算运输单位成本的主要基础资料。计算货物周转量通常按发出站与到达站之间的最短距离，也就是计费距离计算。计算公式为：

货物（旅客）周转量=∑货物（旅客）运输量×运输距离

铁路货车平均静载重　指铁路货车在始发站静止状态下平均每车装载的货物重量，用以分析货车完成装车时车辆载重力的利用情况。计算公式为：

货车平均静载量=货物发送吨数/装车数

静载重的多少取决于运送货物的性质、种类、车辆的类型和装载技术的高低。根据货车的平均标记载重与静载重进行对比，可以反映货车载重能力的利用程度。计算公式为：

货车载重力利用率（%）=货车平均静载重/货车平均标记载重×100%

铁路货运机车日产量　指在一定时期内，平均每台货运机车在一昼夜内所完成的总重吨公里数，包括载运货物的重量和车辆本身的自重。该指标从时间和牵引能力两方面反映了机车运用效率。计算公式为：

货运机车平均日产量=货运总重吨公里数/货运机车台日数

沿海主要港口货物吞吐量 指经水运进出沿海主要港区范围，并经过装卸的货物数量，包括邮件及办理托运手续的行李、包裹以及补给运输船舶的燃、物料和淡水。货物吞吐量按货物流向分为进口、出口吞吐量，按货物交流性质分为外贸货物吞吐量和国内贸易货物吞吐量。货物吞吐量的货类构成及其流向，是衡量港口生产能力大小的重要指标。

民用汽车拥有量 指报告期末，在公安交通管理部门按照《机动车注册登记工作规范》，已注册登记领有民用车辆牌照的全部汽车数量。汽车拥有量统计的主要分类：根据汽车结构分为载客汽车、载货汽车及其他汽车；根据汽车所有者不同分为个人(私人)汽车、单位汽车；根据汽车的使用性质分为营运汽车、非营运汽车和特种汽车；根据汽车大小规格不同载客汽车分为大型、中型、小型和微型，载货汽车分为重型、中型、轻型和微型。

邮电业务总量 指以价值量形式表现的邮电通信企业为社会提供各类邮电通信服务的总数量。邮电业务量按专业分类包括函件、包件、汇票、报刊发行、邮政快件、特快专递、邮政储蓄、集邮、公众电报、用户电报、传真、长途电话、出租电路、无线寻呼、移动电话、分组交换数据通信、出租代维等。计算方法为各类产品乘以相应的平均单价(不变价)之和，再加上出租电路和设备、代用户维护电话交换机和线路等的服务收入。该指标综合反映了一定时期邮电业务发展的总成果，是研究邮电业务量构成和发展趋势的重要指标。计算公式为：

邮电业务总量=∑（各类邮电业务量×不变单价）+出租代维及其他业务收入=邮电业务总量+电信业务总量

无线寻呼用户 无线寻呼是指电话用户通过无线寻呼中心，在规定范围内向携带小型寻呼机的用户发出声音、数字或文字显示信息。在寻呼台办理登记手续携带小型寻呼机的用户，称为无线寻呼用户。

移动电话用户 指通过移动电话交换机进入移动电话网、占用移动电话号码的各类电话用户。包括签约用户和智能网预付费用户。一个移动电话号码统计为一户。

互联网上网人数 指平均每周使用互联网至少1小时的中国公民人数。

本地电话用户 指接入本地电信运营商固定电话网上的电话用户。包括：住宅用户、单位用户、公用电话用户等。按电话用户位置又分为市内电话用户和农村电话用户。1997年以前，“市内电话用户”是指接入县城及县以上城市的电话网上的电话用户；“农村电话用户”是指接入县邮电局农话台及县以下农村电话交换点，以县城为中心(除市话用户外)联通县、乡(镇)、行政村、村民小组的用户。从1997年起，电话用户数分组调整为以用户所在区域划分为“城市电话用户”和“乡村电话用户”，与过去的按市内电话和农村电话划分方法不同。而电话用户总数、电话机总部数统计范围不变。

城市电话用户 指直辖市、省辖市、地级市、县级市的市区、市郊区及县城(包括县人民政府所在地的县城关区或行政建制相当于县人民政府所在地的镇)范围内接入局用交换机的电话用户数，包括分布在农村地区的独立工矿区、林区、驻军等电话用户数。

乡村电话用户 指按行政区划属于城市范围以外的乡(镇)、村的电话用户数。

住宅电话用户 指安装在居民住宅或农民家里并按照住宅电话用户登记注册和收费的电话用户。包括私人付费、单位付费和按规定免费安装的住宅电话用户。

长途电话交换机容量 指用于接入长途电话网的电话交换机设备的额定容量，包括国际电话交换机容量。

局用交换机容量 指安装在电信运营企业内用于接续本地固定电话的电话交换机容量，包括现用和备用的人工或自动交换机的全部容量。不包括用户交换机容量。

移动电话交换机容量 指移动电话交换机根据一定话务模型和交换机处理能力计算出来的最大同时服务用户的数量。

社会消费品零售总额 批发和零售业、餐饮业、新闻出版业、邮政业和其他服务业等，售予城乡居民用于生活消费的商品和社会集团用于公共消费的商品之总量。社会消费品零售总额包括：

一、批发和零售业企业（单位）：

1.售予城乡居民的各种生活消费品；

2.售予入境旅游的外国人、华侨、港澳台同胞的各类商品；

3.售予行政事业单位、社会团体、军队和武警等机构的商品，以及以零售方式售予各类企业的商品。具体包括：用于非生产和社会交往的办公用品，如通讯设备、计算器具和设备、电讯网络设备、文印设备、音像视听器材和设备、纸张、本册、文具及装订文印材料、家具、日用电器、针纺织品、清洁卫生用品、文体用品、奖品、纪念品、礼品等；供内部人员乘坐的交通工具和燃料；用于办公设施修缮的各类配件、材料、工具等；用于取暖和防暑降温的设备、燃料、材料及食品等；专用于教学的用品和设备；非营利医疗机构的中、西药品、中药材和医疗设备器材；非专用的劳动保护用品；不对外营业的内部食堂用的餐具、炊具、设备、清洁卫生工具和食品、燃料等；军队、武警用于其人员生活的衣着品和个人用品；其他各类非生产性设备和用品。

二、餐饮业出售的主食、菜肴、烟酒饮料和其他商品。

三、新闻出版业、邮政业售予城乡居民、企事业单位、军队和武警等机构的书报杂志、音像制品、邮品等。

四、其他服务业出售的食品、烟酒饮料、服装鞋帽、日常生活用品、医药保健用品、艺术品、工艺美术品、玩具、殡葬用品以及其他消费品。

批发零售贸易业商品购、销、存总额　指各种登记注册类型的批发、零售业企业(单位)以本企业(单位)为总体的，从国内、国外市场购进的商品总量，销售和出口的商品总量、库存商品总量等情况。该指标可以反映商品流转过程中商品的购进、销售、库存之间的比例关系和存在的问题。

商品购进总额　指从本企业(单位)以外的单位和个人购进(包括从境外直接进口)作为转卖或加工后转卖的商品总额。它反映批发零售贸易业从国内、国外市场上购进商品的总量。商品购进总额包括：(1)从工农业生产者购进的商品；(2)从出版社、报社的出版发行部门购进的图书、杂志和报纸；(3)从各种登记注册类型的批发零售贸易企业(单位)购进的商品；(4)从其他单位购进的商品，如从机关、团体、企业等单位购进的剩余物资，从餐饮业、服务业购进的商品，从海关、市场管理部门购进的缉私和没收的商品，从居民手中收购的废旧商品等；(5)从国(境)外直接进口的商品。不包括企业(单位)为自身经营用和未通过买卖行为而收入的商品以及销售退回、商品升溢等。

商品销售总额　指对本企业(单位)以外的单位和个人出售(包括对境外直接出口)的商品总额。它反映批发零售贸易业在国内市场上销售商品以及出口商品的总量。商品销售总额包括：(1)售给城乡居民和社会集团消费用的商品；(2)售给工业、农业、建筑业、运输邮电业、批发零售贸易业、餐饮业、服务业等作为生产、经营使用的商品；(3)售给批发零售贸易业作为转卖或加工后转卖的商品；(4)对国(境)外直接出口的商品。不包括出售本企业(单位)自用的废旧包装用品；未通过买卖行为付出的商品；经本单位介绍，由买卖双方直接结算，本单位只收取手续费的业务；购货退出的商品以及商品损耗和损失等。

批发零售贸易业库存　指报告期末各种登记注册类型的批发零售贸易企业(单位)已取得所有权的商品。它反映批发零售贸易企业(单位)的商品库存情况和对市场商品供应的保证程度。期末库存包括：(1)存放在批发零售贸易业经营单位(如门市部、批发站、经营处)仓库、货场、货柜和货架中的商品；(2)挑选、整理、包装中的商品；(3)已记入购进而尚未运到本单位的商品，即发货单或银行承兑凭证已到而货未到的部分；(4)寄放他处的商品，如因购货方拒绝承付而暂时存放在购货方的商品和已办完加工成品收回手续而未提回的商品；(5)委托其他单位代销(未作销售或调出)尚未售出的商品；(6)代其他单位购进尚未交付的商品。不包括所有权不属于本单位的商品、拨付除批发零售贸易业以外的其他行业所属独立核算加工厂等加工生产尚未收回成品的商品、代国家物资储备部门保管的商品等。

库存总额采用的计算价格是：农副产品采购单位按购进价计算；批发单位按进货价计算；

零售单位按核算价格计算，即按什么价格核算就按什么价格计算。

餐饮业营业收入 指餐饮企业、产业活动单位或个体户的全部营业额，包括商品零售额和其他服务性收入。其主要反映餐饮企业、活动单位或个体户的经营情况及发展变化趋势。

餐饮业商品零售额 指餐饮企业、产业活动单位或个体户直接对居民和社会集团零售的各种商品。包括：(1)经烹饪、调制加工后出售的各种食品，如主食、炒菜、凉拌菜等；(2)不经加工直接转卖的各种外购商品，如卷烟、酒、饮料、熟食、水果等；(3)附设非独立核算的专门销售商品的小卖部出售的各种食品及其他商品。

消费品市场成交额 指在全国消费品交易市场成交的全部商品金额。消费品市场包括农副产品市场和工业消费品市场。

亿元商品交易市场成交额 指年销售额达到亿元以上，经工商部门批准、专门从事商品批发、零售业务活动的市场。其市场所有摊位销售总额称为商品交易市场成交额。

连锁企业(或称连锁店、连锁公司) 指在核心企业或总店的领导下，由分散的、经营同类商品或服务的企业或活动单位，采取共同方针，实行集中采购和分散销售的有机结合，通过规范化经营，实现规模效益的经济联合组织形式。一般连锁店应由若干个分店组成。其经营特征：(1)经营同类商品；(2)使用统一商号；(3)统一采购配送，采购与销售相分离（部分商品可根据物流合理和保质保鲜原则，由供应商直接送货到门店，其余均由总部统一配送）。

连锁门店包括下列两种形式：

直营连锁：指正规连锁。连锁门店均由总部独资或控股开设，在总部的直接领导下统一经营。

加盟连锁：指特许连锁。各连锁门店（被特许人）通过合同形式，取得使用总部（特许人）商标、商号、经营技术和销售总部开发的商品的特许权，各加盟连锁门店为独立法人，在总部指导下统一经营。

进出口总额 指实际进出我国国境的货物总金额。包括对外贸易实际进出口货物，来料加工装配进出口货物，国家间、联合国及国际组织无偿援助物资和赠送品，华侨、港澳台同胞和外籍华人捐赠品，租赁期满归承租人所有的租赁货物，进料加工进出口货物，边境地方贸易及边境地区小额贸易进出口货物(边民互市贸易除外)，中外合资企业、中外合作经营企业、外商独资经营企业进出口货物和公用物品，到、离岸价格在规定限额以上的进出口货样和广告品(无商业价值、无使用价值和免费提供出口的除外)，从保税仓库提取在中国境内销售的进口货物，以及其他进出口货物。该指标可以观察一个国家在对外贸易方面的总规模。我国规定出口货物按离岸价格统计，进口货物按到岸价格统计。

商品经营单位所在地进、出口额 指所在地海关注册登记的有进出口经营权的企业实际进、出口额。

商品目的地进口额和商品货源地出口额 目的地进口额指进口货物的消费、使用或最终抵运地的实际进口额，货源地出口额指出口货物的产地或原始发货地的实际出口额。

利用外资 指我国各级政府、部门、企业和其他经济组织通过对外借款、吸收外商直接投资以及用其他方式筹措的境外现汇、设备、技术等。

对外借款 指通过对外正式签订借款协议，从境外筹措的资金，包括外国政府贷款、国际金融组织贷款、外国银行商业贷款、出口信贷以及对外发行债券等。1996年及以前还包括对外发行股票。该指标是我国利用外资的重要部分。

外商直接投资 指外国企业和经济组织或个人(包括华侨、港澳台胞以及我国在境外注册的企业)按我国有关政策、法规，用现汇、实物、技术等在我国境内开办外商独资企业、与我国境内的企业或经济组织共同举办中外合资经营企业、合作经营企业或合作开发资源的投资(包括外商投资收益的再投资)，以及经政府有关部门批准的项目投资总额内企业从境外借入的资金。

外商其他投资 指除对外借款和外商直接投资以外的各种利用外资的形式。包括企业在境内外股票市场公开发行的以外币计价的股票（目前主要是在香港证券市场发行的H股和在境内证券市场发行的B股）发行价总额，国际租赁进口设备的应付款，补偿贸易中外商提供的进口设备、技术、物料的价款，加工装配贸易中外商提供的进口设备、物料的价款。

对外承包工程 指各对外承包公司以招标议标承包方式承揽的下列业务：(1)承包国外工程建设项目；(2)承包我国对外经援项目；(3)承包我国驻外机构的工程建设项目；(4)承包我国境内利用外资进行建设的工程项目；(5)与外国承包公司合营或联合承包工程项目时我国公司分包部分；(6)对外承包兼营的房屋开发业务。对外承包工程的营业额是以货币表现的本期内完成的对外承包工程的工作量，包括以前年度签订的合同和本年度新签订的合同在报告期内完成的工作量。

对外劳务合作 指以收取工资的形式向业主或承包商提供技术和劳动服务的活动。我国对外承包公司在境外开办的合营企业，中国公司同时又提供劳务的，其劳务部分也纳入劳务合作统计。劳务合作营业额按报告期内向雇主提交的结算数(包括工资、加班费和奖金等)统计。

对外设计咨询 指以服务成果向业主收费的技术服务项目。包括承担地形地貌测绘，地质资源勘探与普查，建设区域规划，提供设计文件、图纸、生产工艺技术资料和工程技术经济咨询，工程项目的可行性考察、研究和评估，进行技术指导和培训人员等；也包括承担国(境)内利用外资建设工程项目中的设计咨询项目内收取外币部分。

旅游者人数

(1)入境国际旅游者人数：指来中国参观、访问、旅行、探亲、访友、休养、考察、参加会议和从事经济、科技、文化、教育、宗教等活动的外国人、华侨、港澳同胞和台湾同胞的人数。不包括外国在我国的常驻机构，如使领馆、通讯社、企业办事处的工作人员;来我国常住的外国专家、留学生以及在岸逗留不过夜人员。

(2)出境居民人数：指大陆居民因公务活动或私人事务短期出境的人数。公务活动出境居民人数包括在国际交通工具上的中国服务员工，因私出境居民人数不包括在国际交通工具上的中国服务员工。

(3)国内旅游者人数：指我国大陆居民和在我国常住1年以上的外国人、华侨、港澳台同胞离开常住地在境内其他地方的旅游设施内至少停留一夜，最长不超过6个月的人数。

国际旅游(外汇)收入 指入境旅游的外国人、华侨、港澳同胞和台湾同胞在中国大陆旅游过程中发生的一切旅游支出，对于国家来说就是国际旅游(外汇)收入。

国际旅行社 指经营对外招徕并接待外国人、华侨、港澳同胞和台湾同胞来中国、归国或回内地旅游业务的旅行社。

国内旅行社 指负责经营招徕、组团、接待国内旅客的旅游业务，以及不对外招徕，负责经营接待国际旅行社或其它涉外部门组织的外国人、华侨、港澳同胞和台湾同胞来中国、归国或回内地的旅游业务的旅行社。

星级饭店 指已评定星级的饭店。

普通高等学校 指按照国家规定的设置标准和审批程序批准举办的，通过全国普通高等学校统一招生考试，招收高中毕业生为主要培养对象，实施高等教育的全日制大学、独立设置的学院和高等专科学校、高等职业学校和其他机构。

大学、独立设置的学院主要实施本科层次以上教育，高等专科学校、高等职业学校实施专科层次教育，其他机构是承担国家普通招生计划任务不计校数的机构。包括普通高等学校分校和批准筹建的普通高等学校等。

成人高等学校 指按照国家规定的设置标准和审批程序批准举办的，通过全国成人高等学校统一招生考试，招收具有高中毕业或同等学历的在职从业人员为主要培养对象，利用函授、业余、脱产等多种形式对其实施高等学历教育的学校。包括职工高等学校、农民高等学校、管理干部学院、教育学院、独立函授学院、广播电视大学、其他机构等。其他机构是承担国家成人招生计划任务不计校数的机构。

小学学龄儿童入学率 指调查范围内已入小学学习的学龄儿童占校内外学龄儿童总数(包括弱智儿童，不包括盲聋哑儿童)的比重。计算公式为：

小学学龄儿童入学率=已入学的小学学龄儿童数/校内外小学学龄儿童总数×100%

科技活动 指在自然科学、农业科学、医药科学、工程与技术科学、人文与社会科学领域(简称科学技术领域)中，与科技知识的产生、发展、传播和应用密切相关的有组织的活动。

可分为研究与试验发展(R&D)、研究与试验发展成果应用及相关的科技服务三类活动。该定义是联合国教科文组织考虑成员国特别是发展中国家开展科技统计工作的需要，而对科技活动所作的统计界定。

科技活动人员 指直接从事科技活动、以及专门从事科技活动管理和为科技活动提供直接服务，累计的实际工作时间占全年制度工作时间10%及以上的人员。(1)直接从事科技活动的人员包括：在独立核算的科学研究与技术开发机构、高等学校、各类企业及其他事业单位内设的研究室、实验室、技术开发中心及中试车间(基地)等机构中从事科技活动的研究人员、工程技术人员、技术工人及其它人员；虽不在上述机构工作，但编入科技活动项目(课题)组的人员；科技信息与文献机构中的专业技术人员；从事论文设计的研究生等。(2)专门从事科技活动管理和为科技活动提供直接服务的人员，包括：独立核算的科学研究与技术开发机构、科技信息与文献机构、高等学校、各类企业及其他事业单位主管科技工作的负责人，专门从事科技活动的计划、行政、人事、财务、物资供应、设备维护、图书资料管理等工作的各类人员，但不包括保卫、医疗保健人员、司机、食堂人员、茶炉工、水暖工、清洁工等为科技活动提供间接服务的人员。该指标用来反映投入科技活动人力的规模。

科学家与工程师 指科技活动人员中具有高、中级技术职称(职务)的人员和不具有高、中级技术职称(职务)的大学本科及以上学历人员。该指标用来反映投入科技活动人力的素质。

研究与试验发展(R&D) 指在科学技术领域，为增加知识总量、以及运用这些知识去创造新的应用进行的系统的创造性的活动，包括基础研究、应用研究、试验发展三类活动。国际上通常采用R&D活动的规模和强度指标反映一国的科技实力和核心竞争力。

基础研究 指为了获得关于现象和可观察事实的基本原理的新知识(揭示客观事物的本质、运动规律，获得新发现、新学说)而进行的实验性或理论性研究，它不以任何专门或特定的应用或使用为目的。其成果以科学论文和科学著作为主要形式。用来反映知识的原始创新能力。

应用研究 指为获得新知识而进行的创造性研究，主要针对某一特定的目的或目标。应用研究是为了确定基础研究成果可能的用途，或是为达到预定的目标探索应采取的新方法(原理性)或新途径。其成果形式以科学论文、专著、原理性模型或发明专利为主。用来反映对基础研究成果应用途径的探索。

试验发展 指利用从基础研究、应用研究和实际经验所获得的现有知识，为产生新的产品、材料和装置，建立新的工艺、系统和服务，以及对已产生和建立的上述各项作实质性的改进而进行的系统性工作。其成果形式主要是专利、专有技术、具有新产品基本特征的产品原型或具有新装置基本特征的原始样机等。在社会科学领域，试验发展是指把通过基础研究、应用研究获得的知识转变成可以实施的计划(包括为进行检验和评估实施示范项目)的过程。人文科学领域没有对应的试验发展活动。主要反映将科研成果转化为技术和产品的能力，是科技推动经济社会发展的物化成果。

研究与试验发展人员 指参与研究与试验发展项目研究、管理和辅助工作的人员，包括项目(课题)组人员，企业科技行政管理人员和直接为项目(课题)活动提供服务的辅助人员。反映投入从事拥有自主知识产权的研究开发活动的人力规模。

专业技术人员 指从事专业技术工作和专业技术管理工作的人员，即企事业单位中已经聘任专业技术职务从事专业技术工作和专业技术管理工作的人员，以及未聘任专业技术职务，现在专业技术岗位上工作的人员。包括工程技术人员，农业技术人员，科学研究人员，卫生技术人员，教学人员，经济人员，会计人员，统计人员，翻译人员，图书资料、档案、文博人员，新闻出版人员，律师、公证人员，广播电视播音人员，工艺美术人员，体育人员，艺术人员及企业政治思想工作人员，共十七个专业技术职务类别。用来反映科技人力资源情况。

科技活动经费筹集指从各种渠道筹集到的计划用于科技活动的经费，包括政府资金、企业资金、事业单位资金、金融机构贷款、国外资金和其他资金等。反映各社会经济主体对促进科技进步所做的努力。

政府资金 指从各级政府部门获得的计划用于科技活动的经费，包括科学事业费、科技三项费、科研基建费、科学基金、教育等部门事业费中计划用于科技活动的经费以及政府部门预算外资金中计划用于科技活动的经费等。

企业资金 指从自有资金中提取或接受其他企业委托的、科研院所和高校等事业单位接受企业委托获得的，计划用于科研和技术开发的经费。不包括来自政府、金融机构及国外的计划用于科技活动的资金。

金融机构贷款 指从各类金融机构获得的用于科技活动的贷款。

科技活动经费内部支出 指报告年内用于科技活动的实际支出，包括劳务费、科研业务费、科研管理费，非基建投资购建的固定资产、科研基建支出以及其他用于科技活动的支出。不包括生产性活动支出、归还贷款支出及转拨外单位支出。反映科技投入实际完成情况。

劳务费 指以货币或实物形式直接或间接支付给从事科技活动人员的劳动报酬及各种费用。包括各种形式的工资、津贴、奖金、福利、离退休人员费用、人民助学金等。反映改善科技人员待遇情况。

固定资产购建费 指报告年内使用非基建投资购建的固定资产和用于科研基建投资的实际支出额，即固定资产实际支出和科研基建投资实际完成额之和。固定资产是指长期使用而不改变原有实物形态的主要物资设备、图书资料、实验材料和标本以及其他设备和家具、房屋、建筑物。反映用于改善科研条件和科研手段方面的投入情况。

新产品 指采用新技术原理、新设计构思研制、生产的全新产品，或在结构、材质、工艺等某一方面比原有产品有明显改进，从而显著提高了产品性能或扩大了使用功能的产品。既包括政府有关部门认定并在有效期内的新产品，也包括企业自行研制开发，未经政府有关部门认定，从投产之日起一年之内的新产品。用来反映科技产出及对经济增长的直接贡献。

专利 是专利权的简称，是对发明人的发明创造经审查合格后，由专利局依据专利法授予发明人和设计人对该项发明创造享有的专有权。包括发明、实用新型和外观设计。反映拥有自主知识产权的科技和设计成果情况。

发明 指对产品、方法或者其改进所提出的新的技术方案。是国际通行的反映拥有自主知识产权技术的核心指标。

实用新型 指对产品的形状、构造或者其结合所提出的适于实用的新的技术方案。反映具有一定技术含量的技术成果情况。

外观设计 指对产品的形状、图案、色彩或者其结合所作出的富有美感并适于工业上应用的新设计。反映拥有自主知识产权的外观设计成果情况。

文化事业机构 指从事专业文化工作和为专业文化工作服务的独立建制的单位。不包括这些单位另外举办独立核算的其他机构和各部门的业余文化组织。该指标主要反映文化事业机构发展规模水平。

艺术表演团体 指从事戏曲、音乐、舞蹈、杂技等专业艺术表演，有独立帐户的单位，不包括半工半艺、半农半艺和民间职业剧团。

艺术表演观众人数(人次) 指售票、包场演出或民族地区免费演出的艺术表演观众人次数，不包括彩排审查和内部观摩演出的观看人次数。

等级运动员人数 指经考核正式批准授予等级运动员称号的人数。运动员等级分为国际级运动健将、运动健将、一级运动员、二级运动员、三级运动员、少年级运动员。该指标主要反映运动员队伍的技术质量水平。

等级裁判员人数 指经考核正式批准授予等级裁判员称号的人数。裁判员等级分为国际裁判、国家级裁判、一级裁判、二级裁判、三级裁判。该指标主要反映裁判员队伍的技术质量水平。

体育场 指有400米跑道(中心含足球场)，有固定道牙，跑道6条以上，并有固定看台的室外田径场地。体育场按看台容纳观众人数分为：甲级25000人以上，乙级15000–25000人，丙级5000–15000人，丁级5000人以下。该指标主要反映大中型体育场数量水平。

体育馆 指有固定看台，可供篮球、排球、羽毛球、乒乓球、体操等项目训练比赛活动用的室内运动场地。体育馆按看台容纳观众人数分为：甲级6000人以上，乙级4000–6000人，丙级2000–4000人，丁级2000人以下。该指标主要反映大中型体育馆数量水平。

卫生机构 包括医疗机构、疾病预防控制中心(防疫站)、采供血机构、卫生监督及监测(检验)机构、医学科研和在职培训机构、健康教育所等。

医疗机构 包括医院、社区卫生服务中心(站)、疗养院、卫生院、门诊部、诊所(卫生所、医务室)、妇幼保健院(所、站)、专科疾病防治院(所、站)、急救中心(站)和临床检验中心。医疗机构分为非赢利性医疗机构和赢利性医疗机构。

医院 包括综合医院、中医医院、中西医结合医院、民族医院、各类专科医院和护理院。

卫生技术人员 指卫生机构中医生、护理人员、药剂人员、检验人员等卫生技术人员。

医生 指在医疗、预防保健机构工作且取得《执业医师证书》的执业医师和执业助理医师。

社会福利事业单位 指集中收养社会孤老、残、幼的机构，包括由民政部门管理的社会福利院、儿童福利院、精神病人福利院和城镇集体举办的福利院及农村集体举办的敬老院以及优抚医院和具有收养能力的社区服务中心等。该指标主要反映我国在社会福利性单位投入的水平。

社会福利事业单位收养人数 包括民政部门管理和城镇、农村集体举办的社会福利事业单位中收养的老人、少年儿童、缺乏生活自理能力的残疾人员和精神病人。该指标主要反映收养性社会福利单位的收养能力。

社会福利企业单位 指以安置城镇有一定劳动能力的盲、聋、哑和肢体残疾人员就业为目的，享受国家减免税待遇的国有或集体企业。包括福利工厂、福利商业和服务业、假肢厂和安置农场等单位。该指标主要反映我国对残疾人照顾的特殊政策。

农村五保户 指农村中既无劳动能力，又无经济来源的老、弱、孤、残的农民，其生活由集体供养，实行保吃、保穿、保住、保医、保葬(孤儿保教)，简称“五保”，享受五保待遇的家庭叫五保户。该指标主要反映农村弱势群体的人员数量。

律师 指依法取得律师执业证书，担任法律顾问，民事(刑事、行政)案件代理人、刑事案件辩护人、办理非诉讼业务，解答法律询问，代写法律事务文书等，为社会提供法律服务的人员。

公证人员 指在公证处工作的人员总称，包括公证处主任、副主任、公证员、公证员助理(助理公证员)和其他从事辅助性工作的人员。

公证文书 指公证处根据当事人申请，依照事实和法律，按照法定程序制作的，具有法律效力的司法证明文书。根据公证书用途和使用地，公证书分为国内公证书、国内经济公证书、涉外民事公证书、涉外经济公证书四类。

调解员 指在人民调解委员会担负调解民间纠纷工作的人员，包括调解委员会的委员和调解小组的调解员。该指标主要反映从事人民调解工作的人员数量。

调解民间纠纷 指调解委员会按照法律规定，根据自愿原则，用说服教育的方法调解民间发生的有关民事权利和义务争执的件数，包括调解成功数和调解未成功数。该指标主要反映人民调解委员会的工作量。

受理劳动争议案件数 指劳动争议仲裁委员会根据国家有关规定，对劳动争议当事人的申请予以审查，符合受理条件而正式立案、准备处理的劳动争议案件数。

基本养老保险

1.参加保险人数：指报告期末按照国家法律、法规和有关政策规定参加基本养老保险的职工人数。包括不能正常缴费、已中断缴费但未终止保险关系的职工人数。

2.社会统筹基金收入：指根据国家规定，由纳入基本养老保险范围的单位，按照国家规定的缴费基数和缴费比例缴纳的社会统筹基金，以及通过其他方式取得的形成基金来源的收入，包括：单位缴纳的社会统筹基金收入、财政补贴收入、利息收入、其他收入。

3.社会统筹基金支出：指按照国家政策规定的开支范围和开支标准从社会统筹基金中支付给参加基本养老保险的离休、退休、退职人员个人的养老金、丧葬抚恤补助，以及由于保险关系转移、上下级之间调剂资金等原因而发生的支出。包括：基础性养老金、过渡性养老金、离休金、退休金、退职金、补贴、丧葬抚恤补助、其他支出。

4.社会统筹基金结余：指截止报告期末基本养老保险的社会统筹基金结余金额。包括银行存款、财政专户、债券投资和其他。

离休、退休、退职人员　指正式办理了离休、退休、退职手续，并享受相应的离休、退休、退职待遇的人员。

保险福利费用总额　指各单位在工资以外支付给职工和离休、退休、退职人员个人和用于集体的保险福利费用，不包括用于职工的劳动保护费用，由保险福利费用开支的医务人员工资，集体福利机构工作人员和病伤休息期满6个月以上人员的工资。

离休、退休、退职人员保险福利费用包括：

1.离休金：指发给离休干部的工资和按1982年国务院《关于老干部离职休养制度的几项规定的通知》发给符合规定的离休干部相当于一至两个月标准工资的生活补贴及1988年增发的生活补贴。

2.退休金：指按照国家有关规定发给退休职工的退休费和1988年增发的生活补贴。

3.退职生活费：指按照1978年国务院《关于工人退休、退职的暂行办法》发给退职人员的生活费用和1988年增发的生活补贴。以上离退休、退职人员的离退休金、退职生活费还应包括发给离退休、退职人员的生活补贴和物价补贴。

4.医疗卫生费：指离休、退休、退职人员的医疗费、住院费以及住院伙食补助等费用。

5.其他：指上述费用以外的其他保险福利费用，如丧葬抚恤救济费、交通费补贴、冬季取暖补贴等。

工业废水排放量　指经过企业厂区所有排放口排到企业外部的工业废水量。包括生产废水、外排的直接冷却水、超标排放的矿井地下水和与工业废水混排的厂区生活污水，不包括外排的间接冷却水(清污不分流的间接冷却水应计算在内)。

工业废水排放达标量　指报告期内废水中各项污染物指标都达到国家或地方排放标准的外排工业废水量，包括未经处理外排达标的，经废水处理设施处理后达标排放的，以及经污水处理厂处理后达标排放的。

工业废水排放达标率　指工业废水排放达标量占工业废水排放量的百分率，计算公式为：

$$工业废水排放达标率=工业废水排放达标量/工业废水排放量\times 100\%$$

工业废气排放量　指报告期内企业厂区内燃料燃烧和生产工艺过程中产生的各种排入大气的含有污染物的气体的总量，以标准状态(273K，101325Pa)计算。测算公式为：

$$工业废气排放量=燃料燃烧过程中废气排放量+生产工艺过程中废气排放量$$

工业SO_2排放量　指报告期内企业在燃料燃烧和生产工艺过程中排入大气的SO_2总量，计算公式为：

$$工业SO_2排放量=燃料燃烧过程中SO_2排放量+生产工艺过程中SO_2排放量$$

工业烟尘排放量　指企业厂区内燃料燃烧过程中产生的烟气中夹带的颗粒物排放量。

工业粉尘排放量　指企业在生产工艺过程中排放的能在空气中悬浮一定时间的固体颗粒物排放量。如钢铁企业的耐火材料粉尘、焦化企业的筛焦系统粉尘、烧结机的粉尘、石灰窑的粉尘、建材企业的水泥粉尘等。不包括电厂排入大气的烟尘。

工业固体废物产生量 指报告期内企业在生产过程中产生的固体状、半固体状和高浓度液体状废弃物的总量，包括危险废物、冶炼废渣、粉煤灰、炉渣、煤矸石、尾矿、放射性废物和其他废物等；不包括矿山开采的剥离废石和掘进废石(煤矸石和呈酸性或碱性的废石除外)。酸性或碱性废石指采掘的废石其流经水、雨淋水的pH值小于4或pH值大于10.5者。

工业固体废物综合利用量 指报告期内企业通过回收、加工、循环、交换等方式，从固体废物中提取或者使其转化为可以利用的资源、能源和其他原材料的固体废物量(包括当年利用往年的工业固体废物贮存量)，如用作农业肥料、生产建筑材料、筑路等。综合利用量由原产生固体废物的单位统计。

工业固体废物综合利用率 指工业固体废物综合利用量占工业固体废物产生量(包括综合利用往年贮存量)的百分率。计算公式为：

工业固体废物综合利用率=工业固体废物综合利用量/工业固体废物产生量+综合利用往年贮存量×100%

工业固体废物贮存量 指报告期内企业以综合利用或处置为目的，将固体废物暂时贮存或堆存在专设的贮存设施或专设的集中堆存场所内的数量。专设的固体废物贮存场所或贮存设施必须有防扩散、防流失、防渗漏、防止污染大气、水体的措施。

工业固体废物处置量 指报告期内企业将固体废物焚烧或者最终置于符合环境保护规定要求的场所，并不再回取的工业固体废物量(包括当年处置往年的工业固体废物贮存量)。处置方式有填埋(其中危险废物应安全填埋)、焚烧、专业贮存场(库)封场处理、深层灌注、回填矿井及海洋处置(经海洋管理部门同意投海处置)等。

工业固体废物排放量 指报告期内企业将所产生的固体废物排到固体废物污染防治设施、场所以外的数量，不包括矿山开采的剥离废石和掘进废石(煤矸石和呈酸性或碱性的废石除外)。

“三废”综合利用产品产值 指报告期内利用“三废”作为主要原料生产的产品价值(现行价)；已经销售或准备销售的应计算产品价值，留作生产自用的不应计算产品价值。

边境经济合作区 经省政府或国务院批准设立的，在边境地区一定范围内集中建设并享有一定优惠政策和配套设施的开发区。边境经济合作区以与毗邻国家对外贸易、经济技术合作为主。经省政府批准的即为省级开发区，经国务院批准设立的为国家级开发区。

经济技术开发区 经省政府或国务院批准设立的，设在内陆地区依托中心城市集中在一定地域建设，享有一定优惠政策和配套设施的开发区。经济技术开发区以招商引资、建立出口加工基地为主，成为本地招商引资，扩大开放的窗口和基地。

高新技术产业开发区 经省政府或国务院批准设立的，依托具有一定经济实力和科技力量的中心城市，享有一定优惠政策和配套设施，通过招商引资，扩大开放，发展高新技术产业开发区。

民营经济 登记注册类型为股份合作企业、其他联营企业、非国有控股的其他责任公司和股份有限公司、私营企业、内资其他企业的企业法人和有固定经营场所并持有工商营业执照，或有固定经营场所但暂时没有领取工商营业执照的个体经营户。

EXPLANATORY NOTES ON MAIN STATISTICAL INDICATORS

Administrative Division refers to the division of a dministr ative areas by the state. The Constitution of the People's Republic of China stipulates that the ad ministrative areas in China are divided as: 1) The whole country is divided into provinces, autonomous regions and municipalities directly under the central gov ernment; 2) Provinces and autonomous regions are divided into autonomous prefect ures, counties, autonomous counties and cities; 3) Autonomous prefectures are di vided into counties, autonomous counties and cities; 4) Counties and autonomous counties are divided into townships, nationality townships and towns; 5) Municip alities and large cities are divided into districts and counties, 6) The state s hall, when necessary, establish special administrative regions.

Climate refers to the natural environmental status formed by the long-term exc hange of energy and mass between the earth and the air, and is the results of in teraction of many factors. Climate is both one of the environment factors and t he important resources for the living and production activities of the human bei ng. The average values across several years of meteorological factors such as te mperature, rainfall and humidity are used as important parameters to describe th e climate of a region, while the average values (or total values) of a given yea r or month of meteorological factors reflect the key characteristics of climate for that period of time.

Natural Resources refer to material resources that could be obtained from the nature by human being and used for production and living. Natural resources in g eneral can be classified as renewable resources and non-renewable resources. Ren ewable resources refer to resources that could be renewed and recycled during a relatively short period of time, including land resource, water resource, climat e resource, biology resource and marine resource. Non-renewable resources includ e resources that could not be renewed, such as minerals and geothermal resource. Land Resource Land refers to the surface of the earth, consisting of mainly rock s and its whethering and earth. Land resource can be classified, by its utilizat ion, as land for agriculture, land for construction and unused land. Land for ag riculture includes cultivated land, plantation land, forestland, grassland and w aters. Land for construction includes land for residential purpose, for manufact uring and mining, for transportation and for water-conservancy projects. Unused land refers to land other than land for agriculture and construction, including beaches, deserts, Gobi, glaciers and rock mountains.

Area of Cultivated Land refers to area of land recl aimed for the regular cult ivation of various farm crops, including crop-cover land, fallow, newly reclaime d land and land laid idle for less than 3 years.

Area of Afforested Land refer to land for trees bam boo, bushes and mangrove, i ncluding forest-cover land, bush-covered land, sparse forest land, land planned for afforestation and nurseries of young trees.

Area of Grassland refers to areas of grassland, gra ss-slopes and grass-covered hills with a vegetation-covering rate of over 5% that are used for animal husba ndry or harvesting of grass. It includes natural, cultivated and improved grassl and areas.

Forest Resource refers to forests, trees, forestlan d and wild animals, plants and microorganism that live on forest and trees. Trees include trees and bamboo. Forest refers to the population of clusters of trees and other plants, animals and microorganism as well as the earth and climate that have interactions with t he trees.

Total Standing Stock Volume refers to the total sto ck volume of trees growing in land, including trees in forest, tress in sparse forest, scattered trees and trees planted by the side of villages, farm houses and along roads and rivers. Forest Area refers to the area of forest where trees and bamboo grow with cano py density above 0.2, including land of natural woods and planted woods, but exc luding bush land and thin forest land. It reflects the total areas of afforestat ion.

Stock Volume of Forest refers to total stock volume of wood growing in forest area, which shows the total size and level of forest resources of a country or a r egion.It is also an important indicator illustrating the richness of forest res ource and the status of forest ecological environment.

Forest Coverage Rate refers to the ratio of area of afforested land to total land area. It is a very important indicator that reflects the status of abundanc e of forest resource and ecosystem balance. Forest area includes the area of tre es and bamboo grow with canopy density above 0.2, the area of shrubby tree accor ding to regulations of the government, the area of forest land inside farm land and the area of trees planted by the side of villages, farm houses and along roa ds and rivers. The formula for calculating forest coverage rate is as follows:

Forestry coverage rate (%)= (Area of Afforested Land/Area of Total Land) x 100%

Water Resource Water exists in the nature in solid, liquid and gaseous states, is distributed in the ocean, land (including earth) and air, and constitutes th e water resource through the circulation of water. Water resource includes the s urface water and underground water that is controlled by the human being for irr igation, power-generation, water supply, navigation and cultivation. It also inc ludes rivers, lakes, wells, springs, tides, gulf and water area for cultivation. Water resource as an important natural resource is indispensable for the develo pment of the national economy.

Surface Water and Underground Water Water on earth can be divided into surface water and underground water according to its distribution. Surface water refers to moisture exists in rivers, lakes, swamps, glaciers, icecaps and so on. It is also called land water. The underground water refers to water deposited undergr ound in the cranny and the hole of saturated rock soil and in the water-eroded c ave.

Runoff refers to the water gathered at the way out of t he cross section of drai nage area either from the surface or underground after deducting the wastage of the precipitation on the land. Runoff can be divided into surface runoff, under ground runoff and within soil runoff. Surface runoff refers to water flow to the rivers, lakes, swamps, and seas on the surface of the earth. Underground runoff refers to water flow to rivers, lakes, swamps, and seas through the water-beari ng stratum of confined layer or unconfined layer.

Volume of Runoff refers to the total volume of water ru nning through a certain cross section of a river during a certain period of time, reflecting the water resource condition in a country or a region. The formula for calculating volume or runoff is as follows:

Runoff =Precipitation – Evaporation

Mineral Resources refer to useful minerals that can be used for industrial or agricultural purposes enriched in lithosphere or on earth due to the geological process. Minerals are important natural resources, and important material base f or social development.

Ensured Mineral Reserves refer to the actual mineral re serves, which equal to the proven mineral reserves (including industrial reserves and prospective reser ves) minus extracted parts and underground losses.

Drainage Area Each river has its own main stream and branches to form the water system of the river. Each river has its own catchment area, which is also calle d as the drainage area of the river.

Temperature refers to the air temperature. China uses c entigrade as the unit.

The thermometry used for weather observation is put in a breezy shutter, which i s 1.5 meters high from the ground. Therefore, the commonly used temperature refe rs to the temperature in the breezy shutter 1.5 meters away from the ground. The calculation method is as follows:

Monthly average temperature is the summation of average daily temperature of one month divided by the actual days of that particular month.

Annual average temperature is the summation of monthly average of a year divided by 12 months.

Relative Humidity refers to the ratio of actual water v apor pressure to the sa turation water vapor density under the current temperature. The statistical meth od is the same as that of temperature.

Volume of Precipitation refers to the deepness of liqu id state or solid state (thawed) water falling from the sky to the ground that has not been evaporated, infiltrated or run off. The calculation method is as follows:

Monthly precipitation is the summation of daily precipitation of a month.

Annual precipitation is the summation of 12 months precipitation of a year.

Sunshine Hours refer to the actual hours of sun irradia ting the earth. The calculation method is the same as that of the precipitation.

Total Water Resources refers to total volume of water resourc es measured as run- off for surface water from rainfall and recharge for groundwater in a given area , excluding transit water.

Surface Water Resources refers to total renewable resources w hich exist in river s, lakes, glaciers and other collectors from rainfall and are measured as run-of f of rivers.

Groundwater Resources refers to replenishment of aquifers with rainfall and surface water.

Duplicated Measurement Between Surface Water and Groundwater refers to mutual exchange between surface water and groundwater, i.e. run-off of rivers includes so me depletion with groundwater while groundwater includes some replenishment with surface water.

Comparable Prices refer to pr ices that are used to remove the factors of price change in calculating economic aggregates, so as to facilitate comparison of aggregates over time. Two methods are used for calculating economic aggregates at comparable prices: 1) Multiplyi ng the output of products by their constant prices of certain year; 2) Deflating data at current prices by relevant price indices.

Constant Price refers to the average price of a given p roduct in certain year, which is used for comparison of output value over time. As the output value at constant prices removes the factor of price changes, it reflects the trend of pr oduction development over time. Since 1949, with the changes in general price le vel, National Bureau of Statistics has issued nationally unified constant prices five times: the 1952 constant prices for 1949-1957; the 1957 constant prices fo r 1957-1971; the 1970 constant prices for 1971-1981; the 1980 constant prices fo r 1981-1990; and the 1990 constant prices have been used since 1991.

Average Annual Growth Rate Two methods for calculating average annual growth rate are applied in China, one is often called level approach, or the method of c alculating geometric average, which is derived by comparing the level of the las t year of the interval with that of the beginning year; the other is called accu mulative approach or algebraic average or equation method, which is derived by t he summation of the actual figure of each year in the interval divided by the fi gure in the base year.

Usually the results calculated by the two methods are fairly close, but they dif fered sharply when uneven economic development occurred with striking fluctuatio ns in growth.

Industrial Classification of the National Economy The new Indu strial Classifica tion of the National Economy (GB/T 4754-2002) is introduced starting from the co mpilation of 2003 annual statistics. The revision of the 1994 classification was organized by the National Bureau of Statistics taking into consideration of the International Standards of the Industrial Classification of All Economic Activi ties (ISIC/Rev.3) of the United Nations, and the new Classification was promulga ted by the National Administration of Quality Supervision, Inspection and Quaran tine on May 10, 2002. The revised version of the Industrial Classification of th e National Economy (GB/T 4754-2002) is composed of 20 major divisions, 95 divisi ons, 396 major groups and 913 groups, including 4 new major divisions, 3 new div isions, 28 major groups and 67 groups.

Registration Status of Enterprises Enterprises are clas sified into 3 categories, namely domestic-funded enterprises, enterprises with investment from Hong Ko ng, Macau and Taiwan, and enterprises with foreign investment, in the light of t he registration status of an enterprise in industrial and commercial administrat ion agencies. Domestic-funded enterprises include state-owned enterprises, colle ctive-owned enterprises, cooperative enterprises, joint ownership enterprises, limited liability corporations, share-holding corporations Ltd., private enterpr ises and other enterprises. Included in the enterprises with investment from Hon g Kong, Macau and Taiwan and enterprises with foreign investment are joint-ventu re enterprises, cooperative enterprises, sole investment enterprises and share-h olding corporations Ltd. For government agencies, institutions and social organi zations which are not requested to be registered in industrial and commercial ad ministration agencies, they are classified mainly by their sources of funds and way of management.

State-owned Enterprises refer to non-corporation econom ic units where the entire assets are owned by the state and which have registered in accordance with th e Regulation of the People's Republic of China on the Management of Registration of Corporate Enterprises. Excluded from this category are sole state-funded cor porations in the limited liability corporations.

Collective–owned Enterprises refer to economic units where the assets are owne d collectively and which have registered in accordance with the Regulation of th e People's Republic of China on the Management of Registration of Corporate Ente rprises.

Cooperative Enterprises refer to a form of collective e conomic units (enterpri ses) where capitals come mainly from employees as their shares, with certain pro portion of capital from the outside, where production is organized on the basis of independent operation, independent accounting for profits and losses, joint w ork, democratic management, and a distribution system that integrates remunerati on according to work with dividend according to capital share.

Joint Ownership Enterprises refer to economic units est ablished by two or more corporate enterprises or corporate institutions of the same or different owners hip, through joint investment on the basis of equality, voluntary participation and mutual benefits. They include state joint ownership enterprises, collective joint ownership enterprises, joint state-collective enterprises, other joint own ership enterprises.

Limited Liability Corporations refer to economic units established with invest ment from 2-50 investors and registered in accordance with the Regulation of the People's Republic of China on the Management of Registration of Corporations, e ach investor bearing limited liability to the corporation depending on its share of investment, and the corporation bearing liability to its debt to the maximum of its total assets. Limited liability corporations include exclusive state-fun ded limited liability corporations and other limited liability corporations.

Share-holding Corporations Ltd. refer to economic units registered in a ccordanc e with the Regulation of the People's Republic of China on the Management of Reg istration of Corporations, with total registered capitals divided into equal sha res and raised through issuing stocks. Each investor bears limited liability to the corporation depending on the holding of shares, and the corporation bears li ability to its debt to the maximum of its total assets.

Private Enterprises refer to profit-making economic uni ts invested and establis hed by natural persons, or controlled by natural persons using employed labour. Included in this category are private limited liability corporations, private sh are-holding corporations Ltd., private partnership enterprises and private-funde d enterprises registered in accordance with the Corporation Law, Partnership Ent erprises Law and Interim Regulations on Private Enterprises .

Other Domestic–funded Enterprises refer to domestic-fun ded economic units other than those mentioned above.

Cooperative Enterprises with Funds from Hong Kong Macau and Taiwan established by investors from Hong Kong, Macau and Taiwan with enterprises in the mainland of China in accordance with the Law of the People's Republic of China on Sino-fo reign Cooperative Enterprises and other relevant laws, where the investment or p rovision of facilities, and the share of profits and risks is stipulated in the cooperative contract.

Enterprises with Sole (exclusive) Investment from Hong Kong, Macau and Taiwan refer to enterprises established in the mainland of China with exclusive investm ent from investors from Hong Kong, Macau and Taiwan in accordance with the Law o f the People's Republic of China on Foreign-Funded Enterprises and other relevan t laws.

Share–holding Corporations Ltd. with Investment from Hong Kong, Macau and Taiwan refer to share-holding corporations Ltd. established with the approval from t he former Ministry of Foreign Trade and Economic Relations in line with relevant state regulations, where the share of investment from Hong Kong, Macau or Taiwa n businessmen exceeds 25% of the total registered capital of the corporation. In case the share of investment from Hong Kong, Macau or Taiwan is less than 25% o f the total registered capital, the enterprise is to be classified as domestic-f unded share-holding corporation Ltd.

Joint–venture Enterprises with Foreign Investment refer to enterprises jointly established by foreign enterprises or foreigners with enterprises in the mainla nd of China in accordance with the Law of the People's Republic of China on Sin o-foreign Joint Venture Enterprises and other relevant laws, where the share of investment, profits and risks is stipulated in the contract.

Cooperation Enterprises with Foreign Investment refer t o enterprises jointly e stablished by foreign enterprises or foreigners with enterprises in the mainland of China in accordance with the Law of the People's Republic of China on Sino-f oreign Cooperative Enterprises and other relevant laws, where the investment or provision of facilities, and the share of profits and risks is stipulated in the cooperative contract.

Enterprises with Sole (exclusive) Foreign Investment refer to enterprises esta blished in the mainland of China with exclusive investment from foreign investor s in accordance with the Law of the People's Republic of China on Foreign-Funded Enterprises and other relevant laws.

Share–holding Corporations Ltd. with Foreign Investment refer t o share-holding corporations Ltd. established with the approval from the Ministry of Foreign Tra de and Economic Relations in line with relevant state regulations, where the sha re of investment from foreign investors exceeds 25% of the total registered capi tal of the corporation. In case the share of foreign investment is less than 25% of the total registered capital, the enterprise is to be classified as domestic -funded share-holding corporation Ltd.

Government Agencies, Institutions and Social Organizations are classified into following categories by source of funds and way of management taking reference o f the registration status of enterprises:

(1) Government agencies: include state and party agencies, classified in princip le as state-owned. There are exceptions, such as supply and marketing cooperativ es which are classified as collective-owned.

(2) Institutions: include institutions of various types established with the app roval by organization and staffing departments of the government, but exclude in stitutions where enterprise management system is introduced. Institutions are fu rther classified as follows:

(a) Institutions whose main budget is listed in the government budget appropriat ions or extra-budget funds, or allocated from the budget of their competent gove rnment agencies. Such institutions are classified as state-owned.

(b) Institutions whose budget mainly comes from collective units. Such instituti ons are classified as collective-owned.

(c) Institutions other than those mentioned above whose source of budget is not clear. Such institutions are classified by way of management.

(3) Social organizations: include social organizations established with the appr oval from the Ministry of Civil Affairs, and organizations that are not covered by social organization management regulations such as trade unions, womens feder ations etc.. Social organizations are further classified as follows:

(a) Social organizations that are not covered by social organization management regulations of the Ministry of Civil Affairs such as trade unions, womens federa tions, communist youth leagues, youth associations, industrial and commerce asso ciations, scientists associations, overseas Chinese associations, etc., foundati ons and fund management organizations established with funds from the state, and social organizations whose funds mainly come from the budget of their competent government agencies. Such institutions are classified as state-owned.

(b) Social organizations whose budget mainly comes from collective units. Such i nstitutions are classified as collective-owned.

(c) Social organizations established by individual or a group of citizens, which are classified as private.

(d) Social organizations other than those mentioned above whose source of budget is not clear. Such organizations are classified by way of management

Gross Domestic Product (GDP) refers to the final products at ma rket prices produced by a ll resident units in a country (or a region) during a certain period of time. Gr oss domestic product is expressed in three different forms, i.e. value , income, and products respectively. GDP in its value form refers to the total v alue of all goods and services produced by all resident units during a certain p eriod of time, minus the total value of input of goods and services of the natur e of non-fixed assets; in order term, it is the sum of the value-added of all re sident units. GDP in the form of income includes the income created by all resid ent units and distributed to resident and non-resident units. GDP in the form of products refers to the value of all goods and services for final consumption by all resident units minus the net exports of goods and services during a given p eriod of time. In the practice of national accounting, gross domestic product is calculated with three approaches, i.e. production approach, income approach and expenditure approach, which reflect gross domestic product and its composition from different aspects.

Three Industries Classification of economic activities into three branches of industries is a common practice in the world, although the grouping varies to so me extent form country to country. In China economic activities are categorized into following industries:

Primary industry: refers to agriculture, forestry, animal husbandry and fishery. Secondary industry: refers to mining and quarrying, manufacturing, production an d supply of electricity, water and gas, and construction. Tertiary industry: refers to all other economic activities not included in prima ry or secondary industry.

GDP by Expenditure Approach refers to the method of mea suring the final result s of production activities of a country (region) during a given period from the perspective of final use. It includes final consumption, total capital formation and net export of goods and services, i.e.:GDP by expenditure approach = final consumption + total capital formation + net export of goods and services Final Consumption refers to the total expenditure of resident units for purcha ses of goods and services from domestic economic territory and abroad to meet th e requirements of material, cultural and spiritual life. It excludes the expendi ture of non-resident units on consumption in the economic territory of the count ry. The final consumption is broken down into household consumption and governme nt consumption.

Households Consumption refers to the total expenditure of resident households on the final consumption of goods and services. In addition to the consumption o f goods and services bought by the households directly with money, the household s consumption also includes expenditure on goods and services obtained by the ho useholds in other ways, i.e. the so-called imputed consumption expenditure, whic h includes the following: (a) the goods and services provided to the households by the employer in the form of payment in kind and transfer in kind; (b) goods a nd services produced and consumed by the households themselves, in which the ser vices refer only to the owner-occupied housing and domestic and individual servi ces provided by the paid household workers; (c) financial intermediate services provided by financial institutions; (d) insurance services provided by insurance companies.

Government Consumption refers to the expenditure on the consumption of the pub lic services provided by the government to the whole society and the net expendi ture on the goods and services provided by the government to the households free of charge or at low prices. The former equals to the output value of the govern ment services minus the value of operating income obtained by the government dep artments. The latter equals to the market value of the goods and services provid ed by the government free of charge or at low prices to the households minus the value received by the government from the households.

Total Capital Formation refers to the fixed assets acqu ired minus those dispos ed of and the net value of inventory, including the total fixed capital formatio n and the increase in inventory.

Total Fixed Capital Formation refers to the value of fi xed assets acquired min us those disposed of during a given period. Fixed assets are the assets produced through production activities with specified unit value which could be used for over one year, excluding natural assets. Total fixed capital formation can be categorized into total tangible capital formation and total intangible capital f ormation. The total tangible capital formation include the value of the construc tion projects, installation projects completed and the equipment, apparatus and instruments purchased as well as the value of land improved, the value of draugh t animals, breeding stock, animals for milk, wool and for recreational purpose, and the newly increased forest with economic value during a given period. The to tal intangible capital formation includes the prospecting of minerals, the acqui sition of computer software minus the disposal of them.

Increase in Inventory refers to the market value of the change in inventory of resident units during a given period, i.e. the difference of value between the beginning and the end of the period minus the current gains due to the change in prices. The increase in inventory can be positive or negative. A positive value indicates the increase in inventory while a negative value indicates the decrea se in stock. The inventory includes the raw materials, fuels and reserve materia ls purchased by the production units as well as the inventory of finished produc ts, semi-finished products, work-in-progress, etc.

Net Export of Goods and Services refers to the differen ce of the exports of go ods and services minus the imports of goods and services. The imports include t he value of various goods and services sold or gratuitously transferred by the r esident units to the non-resident units. The imports include the value of variou s goods and services purchased or gratuitously acquired by the resident units fr om the non-resident units. Because the provision of services and the use of them happen simultaneously, the acquisition of services by the resident units from a broad is usually treated as import while the acquisition of services by non-resi dent units in this country is usually treated as export. The export and import o f goods are calculated at FOB.

Total Population refers to the total number of peop le alive at a certain point of time within a given area.

Urban Population and Rural Population Urban population refer to all people resi ding in cities and towns, while rural population refer to population other than urban population.

Statistics on urban and rural population over the years are compiled in line wit h the regulations of statistical classification on urban and rural population st ipulated by the government, which were in effect at different times. Figures on urban/rural population for the years between the 3 censuses are adjusted in accordance with the 1990 and 2000 population census data.

Birth Rate or (Crude Birth Rate) refers to the ratio of the number of births to the average population (or mid-period population) during a certain period of tim e (usually a year), expressed in ‰. Birth rate in the chapter refers to annual birth rate. The following formula is used:

Birth Rate = (Number of Births/Average Number of Population) × 1000‰

Number of births in the formula refers to live births, i.e. when a baby has brea thed or showed any vital phenomena regardless of the length of pregnancy.

Annual average number of population is the average of the number of population a t the beginning of the year and that at the end of the year. Sometimes it is sub stituted by the mid-year population.

Death Rate (or Crude Death Rate) refers to the ratio of the number of deaths to the average population (or mid-period population) during a certain period of tim e (usually a year), expressed in ‰. Death rate in the chapter refers to annual death rate. The following formula is used: Death Rate= (Number of Deaths/Annual Average Number of Population)×1000‰

Natural Growth Rate of Population refers to the ratio o f natural increase in pop ulation (number of births minus number of deaths) in a certain period of time (u sually a year) to the average population (or mid-period population) of the same period, expressed in ‰. The following formula is applied:

Natural Growth Rate of Population = [(Number of Births-Number of Deaths)/Average Number of Population] ×1000‰

Natural Growth Rate of Population = Birth Rate-Death Rate

Gross Dependency Ratio also called gross dependency c oefficient, refers to the ratio of non-working-age population to the working-age population, express in %. Describing in general the number of non-working-age population that every 100 p eople at working ages will take care of, this indicator reflects the basic relat ion between population and economic development from the demographic perspective . The gross dependency ratio is calculated with the following formula:

$$GDR= (P_{0-14}+P_{65}+)/P_{15-64} \times 100\%$$

Where: GDR is the gross dependency ratio

P_{0-14} is the population of children aged 0-14

P_{65+} is the elderly population aged 65 and over, and

P_{15-64} is the working-age population aged 15-64

Old Dependency Ratio also called old dependency coeffic ient, refers to the rati o of the elderly population to the working-age population, express in %. It desc ribes the number of the elderly population that every 100 people at working ages will take care of. Old dependency ratio is one of the indicators reflecting the social implication of population aging from the economic perspective. The old dependency ratio is calculated with the following formula:

$$ODR=P_{65+}/P_{15-64}\times 100\%$$

Where: ODR is the old dependency ratio

P_{65+} is the elderly population aged 65 and over, and

P_{15-64} is the working-age population aged 15-64

Children Dependency Ratio also called children dependency coefficient, refers to the ratio of the children population to the working-age population, express in %. It describes the number of children population that every 100 people at working ages will take care of. The children dependency ratio is calculated with the following formula:

$$CDR=P_{0-14}/P_{15-64}\times 100\%$$

Where:CDR is the children dependency ratio

P_{0-14} is the children population aged 0-14, and

$P_{15-64}$is the working-age population aged 15-64

Economically Active Population refers to the population aged 16 and over who are capable to work, are participating in or willing to participate in economic activities, including employed persons and unemployed persons.

Employed Persons refer to the persons who are engaged in social working and receive remuneration payment or earn business income, including total staff and workers, re-employed retirees, employers of private enterprises, self-employed workers, employees in private enterprises and individual economy, employees in township enterprises, employed persons in the rural areas, and other employed persons (including teachers in the schools run by the local people, people engaged in religious profession and the servicemen, etc.). This indicator reflects the actual utilization of total labour force during a certain period of time and is often used for the research on China's economic situation and national power.

Persons Employed in Various Units refer to all the persons working in government agencies of various levels, political and party organizations, social organizations, enterprises and institutions, and receiving wages or other forms of payment. They include fully-employed staff and workers, re-employed retirees, teachers in schools run by the local people, foreigners and Chinese compatriots from Hong Kong, Macao, and Taiwan working in various units, part-time employees, employees of other units working temporarily at current posts, and employees holding the second job, but exclude staff and workers who have left their working units while keeping their labour contract (employment relation) unchanged. This indicator reflects the total number of laborers actually engaged in production or other operations in various units.

Persons Employed in Private Enterprises and Self-Employed Individuals in Urban Areas Persons employed in private enterprises refer to the persons employed in the private enterprises which have been registered at the departments of industrial and commercial administration and are situated at a county town (i.e. a town where the county government is located) for business operation or at urban areas with the level higher than a county town. The self-employed individuals in urban areas refer to persons who hold the certificates of residence in urban areas or have resided in the urban areas for a long time and have been registered at the departments of industrial and commercial administration and approved to be engaged in individual industrial or commercial business, including self-employed persons as well as helpers and hired labourers who work in the individual households engaged in industrial or commercial business.

Registered Urban Unemployed Persons refer to the persons with non-agricultural household registration at certain working ages (16-50 years for male and 16-45 years for females), who are capable of work, unemployed and willing to work, and have been registered at the local employment service agencies to apply for a job.

Registered Urban Unemployment Rate refers to the ratio of the number of the registered unemployed persons to the sum of the number of persons employed in various units (minus the rural labour force, retirees, and Hong Kong, Macao, Taiwan or foreign employees they employ) laid-off workers in urban units, owners and employees in urban private enterprises, urban self-employed individuals and the registered urban unemployed persons. The formula is as follows:

Registered urban unemployment rate = number of registered urban unemployed perso ns÷(number of persons employed in urban units - rural labour force employed - r etirees employed - Hong Kong, Macao, Taiwan or foreign employees employ + laid-o ff workers + owners and employees in urban private enterprises + self-employed i ndividuals in urban areas + registered urban unemployed persons) × 100%.

Staff and Workers refer to persons working in, and rece ive payment from units o f state ownership, collective ownership, joint ownership, share holding ownershi p, foreign ownership, and ownership by entrepreneurs from Hong Kong, Macao, and Taiwan, and other types of ownership and their affiliated units. They do not inc lude 1) persons employed in township enterprises, 2) persons employed in private enterprises, 3) urban self-employed persons, 4) retirees, 5) re-employed retire es, 6) teachers in the schools run by the local people, 7) foreigners and person s from Hong Kong, Macao and Taiwan who work in urban units, and 8) other persons not to be included by relevant regulations. (Data of 1998 and afterward refer t o fully employed staff and workers. Other related statistics such as total wage bill and average wage are adjusted since 1998 accordingly).

State-owned Units refer to economic units whose assets are owne d by the state. Included are non-corporation units registered according to Regulation of the Peo ple's Republic of China on the Registration of Enterprises and Corporations, sta te organs, institutions and social organizations at the central and local levels .

Collective Units refer to economic units registered acc ording to Regulation of the People's Republic of China on the Registration of Enterprises and Corporatio ns where the means of production are collectively owned.

Units of Other Types of Ownership refer to units regist ered with other types of ownership, including cooperative units, joint ownership units, limited companie s, share holding corporations, units invested by entrepreneurs from Hong Kong, M acao, and Taiwan, and foreign-invested units.

Fully Employed Staff and Workers refer to persons who w ork in, and receive wag es from their working units, as well as persons who have their work posts, but a re temporarily absent from work for reasons of study or on sick, injury or mater nal leave and still receive wages from their working units.

Total Wages Bill refer to the total remuneration paymen t to staff and workers i n various units during a certain period of time. The calculation of total wages is based on the total remuneration payment to the staff and workers. Therefore, all the wages and salaries and other payments to staff and workers are included in the total wages regardless of their sources, category, and forms (in kind or cash). (Total wages of staff and workers in this yearbook include only total wag es of fully employed staff and workers, excluding the living allowances distribu ted to those who have left their working units while keeping their labour contra ct/employment relation unchanged).

Average Wage refers to the average wage in money terms per person during a cert ain period of time for staff and workers in enterprises, institutions, and gover nment agencies, which reflects the general level of wage income during a certain period of time and is calculated as follows:

Average Wage = Total Wages of Staff and Workers at Reference Time /Average Numbe r of Staff and Workers at Reference Time.

Average Wage Indices refers to the ratio of average wag e of staff and workers i n the report period to that in the base period, which reflects the change of wag e of staff and workers at the different period. It is calculated as follows:

Average Wage Indices = Average Wage of Staff and Workers at Reference Time / Average Wage of Staff and Workers at Base Period x 100%

Average Real Wage Indices average real wage of staff and workers refers to the average wage of staff and workers after removing the effects of the price change s and average real wage indices of staff and workers refers to the change of rea l wage, which reflects the relative increasing or decreasing level of real wage of staff and workers, which is calculated as follows:

Average Real Wage Indices = Average Wage Indices of Staff and Workers at the Ref erence Time / Urban Consumer Price Indices at Reference Time x 100%

Total Investment in Fixed Assets in the Whole Country refers to the volume of activities in construction and purchases of fixed assets and related fees, expre ssed in monetary terms. It is a comprehensive indicator which shows the size, st ructure and growth of the investment in fixed assets, providing basis for observ ing the progress of construction projects and evaluating results of investment. Total investment in fixed assets in the whole country includes, by type of owner ship, the investment by the state-owned units, collective units, individuals, jo int ownership units, share-holding units, as well as investment by businessmen f rom foreign countries and from Hong Kong, Macau and Taiwan, and by other units.

Investment in Real Estate Development It includes the investment by the real estate development companies, commercial buildings construction companies and othe r real estate development units of various types of ownership in the constructio n of house buildings, such as residential buildings, factory buildings, warehous es, hotels, guesthouses, holiday villages, office buildings, and the complementa ry service facilities and land development projects, such as roads, water supply , water drainage, power supply, heating, telecommunications, land leveling and o ther projects of infrastructure. It excludes the activities in simple land trans actions.

Other Investment in Fixed Assets refers to the construc tion and purchases of fi xed assets with an investment of over 500,000 yuan which are not listed in the i nvestment in capital construction, investment in innovation and investment in re al estate development, as well as urban private housing projects and investment in fixed assets by enterprises, institutions and individuals in rural areas. It includes:

1) The following projects of the state-owned units with the total planned (or ac tually needed) investment of over 500,000 yuan, which are not included in the pl an of capital construction and the plan of innovation: (1) projects of oil field s maintenance and exploitation with the oil fields maintenance funds and petrole um development funds; (2) opening and extending projects with the maintenance fu nds in coal, ore and other mining enterprises and logging enterprises; (3) proje ct of reconstruction of the original highways and bridges with the highway maint enance funds in the department of communication; (4) projects of construction of warehouses with the funds of simple construction in the commercial department.

2) The investment in fixed assets by urban collective units: refer to projects o f construction and purchases of fixed assets with the planned total investment o f 500,000 yuan and over by all collective units in areas under the jurisdiction of cities and county towns (excluding investment by collective units under towns hip enterprise administration offices).

3) The projects of construction and purchases of fixed assets by the enterprises , institutions (including urban private enterprises or institutions) or individu als other than those mentioned above with total investment of 500,000 yuan and o ver, which are not included in the plan of capital construction and the plan of innovation. For individual investment, only the investment in non-housing projec ts is to be included.

4) The private investment in housing construction in the urban areas and in indu strial and mining areas: including all private housing construction under the ju risdiction of cities, county towns and industrial and mining areas, no matter wh ether the owner of the house is registered as the permanent resident in the loca lity or not.

5) The investment in rural areas: including investment in fixed assets by enterp rises, institutions and individuals in the rural areas.

Sources of Funds for Investment in Fixed Assets include fund fr om state budget, domestic loans, foreign investment, self-raised funds, and others depending on the source of investment.

(1) Fund from state budget consists of budgetary appropriation and loans from st ate budget. More specifically, it includes, from the budget of the central gover nment, capital construction fund (operation fund and non-operational fund), spec ial expenses (e.g. expenses on substituting petroleum with coal), loans from rep ayment, discount fund, expenses on innovation and trial production of new produc ts, expenses on urban construction, expenses on temporary construction by trade departments, development fund for less developed areas, as well as local budgeta ry fund transferred from the central budget.

(2) Domestic loans refer to loans of various forms borrowed by investing units f rom banks and non-bank financial

institutions during the reference period for th e purpose of investment in fixed assets, including loans issued by banks from th eir self-owned funds and deposit, loans appropriated by higher responsible autho rities, special loans by government (including loan for substituting petroleum w ith coal, special loan for reform-through-labour coal mines), loans arranged by local government from special funds, domestic reserve loan, and working loan, etc..

(3) Foreign Investment refers to foreign funds received during the reference per iod for the construction and purchase of investment in fixed assets (covering eq uipment, materials and technology), including foreign borrowings (loans from for eign governments and international financial institutions, export credit, commer cial loans from foreign banks, issue of bonds and stocks overseas), foreign dire ct investment and other foreign investment. Excluded in this category are capita ls in foreign exchanges owned by China (foreign exchanges owned by the central a nd local governments, foreign exchanges retained by enterprises, foreign exchang es by enterprises through regulating mechanism, loans in foreign exchanges issue d by the Bank of China with its own fund, etc.). In calculating the utilization of foreign capitals, foreign currencies are converted into Chinese Renminbi appl ying the current exchange rate when the foreign capitals are actually used.

(4) Self-raised funds refer to extra-budgetary funds for investment in fixed ass ets received by investing units from central government ministries, local govern ments, enterprises and institutions, including their self-raised funds.

(5) Others refer to funds for investment in fixed assets received from the sourc es other than those listed above, including capitals raised through issuing bond s by enterprises or financial institutions, funds raised from individuals and th rough donations, and funds transferred from other units.

Investment in Fixed Assets by Sector The classification of construction project s by sector is determined by the major products or the purpose of the projects w hen they are put into production or use, and by the nature of their social econo mic activities. The investment in capital construction is classified into differ ent sectors of the national economy by the nature of construction projects, whil e investment in innovation and other investment are classified according to the sector to which the whole enterprise or institution belongs. In general, one pro ject or one enterprise or institution can only be classified into one sector. In order to reflect more accurately the relation among various sectors, the branch factories of an integrated complex are classified into different sectors accord ing to the economic activities of the branch factories.

Investment in Fixed Assets by Type of Construction The construction projects in general can be classified, by the type of construction, into new construction, expansion, reconstruction, moving and restoration. However, investment by type o f construction is not applied to investment by real-estate development units, in vestment in rural areas and investment in housing by urban individuals. In capit al construction, the type of construction is determined by the nature of the pro ject. In investment in innovation, in other investment by state-owned units and investment by collective-owned units, the type of construction is determined by the condition of the whole enterprise or institutions.

(1) New construction in general refers to newly constructed enterprises, institu tions, administrative agencies or independent projects from scratch. Constructio n in the existing enterprises, institutions or agencies is not considered as new construction. In case the assets of the existing unit is quite small, and the v alue of newly added fixed assets exceeds the original value of assets by three t imes, the expansion will be considered as new construction.

(2) Expansion refers to construction of new major production workshop, branch fa ctory or independent production line within a factory or in other locations, for the purpose of increasing the production capacity (or improving efficiency) of the original products. Newly constructed houses for the operation of institution s and administrative organizations (such as the newly constructed buildings for teaching in schools, buildings for clinics or wards in hospitals, etc.) are also classified as expansion. Also included in the expansion are investments by existing enterprises or instit utions in building major production line(s) or branch factory(ies) along with so me work on innovation, for the purpose of expending the production capacity of o riginal products or producing new products.

(3) Reconstruction refers to innovation or technical transformation of the exist ing facilities (including auxiliary production equipment and welfare facilities) , without building major new workshops or branch factories. Also considered

as reconstruction is the construction of new workshops by the existing enterprises or institutions for improving the existing production capacity (improving or cha nging the variety of products to meet the market demand), rather than increasing the designed capacity of the main products.

Investment in Fixed Assets by Structure By their contents investment activitie s are classified into 3 categories, i.e. construction and installation, purchase of equipment and instrument, and other expenses.

(1) Construction and installation (work volume of construction and installation) refers to the construction of various houses and buildings and installation of various kinds of equipment and instruments. They include construction of various houses; equipment foundations, industrial kilns and stoves, and metal structure work; preparation works for project construction, and clearing up works post pr oject construction; pavement of railways and roads, drilling of mines and puttin g up of oil pipes; construction of projects of water conservancy; construction o f underground air-raid shelters and construction of other special projects; valu e of equipment for heating, sanitation, ventilation, lighting, gas, painting, et c. that are covered by the budget of housing projects; laying out of various pip elines (for steam, compressed air, petroleum, tap water and sewage) and lines fo r electric power and for communications; installation of various machinery equip ment, testing operation for pre-testing the quality of installation projects, an d land and other development work conducted by real estate developers for commer cial housing. The value of equipment installed is not included in the value of i nstallation projects.

(2) Purchase of equipment and instruments refers to the total value of equipment , tools, and instruments purchased or self-produced which come up to standards f or fixed assets by the construction units or investing enterprises or institutio ns. Equipment, tools and instruments purchased or self-produced for new workshop s by newly established or expanded units are categorized as "purchase of equipme nt and instruments" no matter whether they come up to the standards for fixed as sets.

(3) Other expenses refer to expenses occurring during the construction or purcha se of fixed assets other than those mentioned above.

Capital Construction Projects by Size The classification of size of capital con struction projects should be determined according to the total scale or total in vestment set in the approved construction plan by higher responsible authorities or in the tentative design, otherwise according to the total scale or total inv estment set in the current capital construction plan of the state, provinces, au tonomous regions, and municipalities directly under central government. Industri al projects which produce unitary products are classified according to its desig n capacity of products; projects which produce multi-products are classified by the design capacity of the major product or by the total planned investment. Sta ndards for the Classification of Construction Projects into large, medium-sized and small ones issued by the government are the base for size division of constr uction projects, which was revised five times in 1958, 1962, 1972, 1977, and 197 9 respectively and therefore, data on projects by size are not entirely comparab le from year to year.

Projects under Construction refer to projects with construction and installation activities undertaken in the reference period. All projects that have construc tion activities undertaken during the reference period are reported as projects under construction irrespective of the length of construction work. The number o f projects under construction can reflect the actual size of investment in fixed assets during a given period, and when compared with the number of projects com pleted and put into use during the same period, it demonstrates the results of i nvestment in fixed assets. Depending on the nature of construction activities, p rojects under construction can also be classified into projects under constructi on in current year, winding-up projects in current year and stopped or suspended projects in previous years (with preservation work in current year).

Projects Completed and Put into Use Industrial projects refer to the major proj ects and accessory facilities completed which result in forming production capac ity and have been checked and accepted while the living and welfare facilities h ave been completed and can ensure normal production and formally put into produc tion. Non-industrial projects refer to the major projects and accessory faciliti es completed which possess the designed capacity and have been checked, accepted and formally put into production.

Newly Increased Production Capacity (or Project Efficiency) refers to the increa se of designed capacity (or project efficiency) through investment in fixed asse ts, which reflects the accomplishment of investment in fixed assets in kind and serves as important basis for evaluating the economic efficiency of investment. The newly increased production capacity (project efficiency) are usually express ed in one of the following forms:

(1) output of products, i.e. the output that the project can produce during a gi ven period (usually a year). For instance, the capacity in coal mining is expres sed in 10,000 tons/year, the capacity in producing chemical pesticides expressed in ton/year, the capacity in producing tractors in tractor/year, etc. For some chemical products where the effective contents differ significantly, the product ion capacity is expressed as the designed effective content equivalent, such as in the case of sulphuric acid, soda ash, caustic soda, etc;

(2) raw materials processing capacity, i.e. the volume of raw materials that cou ld be processed by the project per day (or per hour), such as tons of materials processed per day by a sugar refining project or edible vegetable oil project, o r tons of urban sewage processed per day;

(3) number or capacity of major equipment increased, such as number of cotton or silk looms increased, wool spindles increased, or capacity (in kilowatts) of po wer generators increased;

(4) saved raw materials, fuels or power, which are mainly used for the efficienc y of innovation and transformation projects; and

(5) physical measures (volume, capacity, area, and length) of construction, whic h is typical for non-industrial projects, for instance, the length of new railwa ys or highways, the capacity of reservoirs, the floor space of housing projects, capacity for new students in schools or beds in hospitals, areas under new irri gation project, etc.

Features of projects sometimes call for combined use of two or more measurement to reflect the increased production capacity (or project efficiency), for instan ce, the new capacity for the production of internal combustion engines are expre ssed in sets per year and kilowatts per year simultaneously.

To standardize the nomenclature and unit of measurement for new production capac ity (or project efficiency), the National Bureau of Statistics has developed Nom enclature for New Production Capacity (Project Efficiency) and Nomenclature for Saving Raw Materials, Fuels and Power. All reporting units with investment activ ities are required to follow these two nomenclatures in reporting statistics on new production capacity (project efficiency).

Floor Space of Buildings under Construction and Completed refers to total floor space of the horizontal section of outer walls above the plinth of the building , including the effective area and the area occupied by the structure. This indi cator is one of the important indicators in physical terms to reflect the scale and accomplishment of the construction industry, and important basis for monitor ing the progress, calculating the cost, analyzing the efficiency and studying th e supply of building materials in relation with the construction projects.

Floor Space of Residential Buildings refers to the floo r space of the residenti al buildings among the total space of buildings under construction or completed. Floor Space under Construction refers to total floor space of all buildings un der construction during the reference period, including floor space of newly sta rted buildings during the reference period, floor space of construction extended from the previous period to the current period, and floor space of construction suspended during the previous period and resumed in the current period. Floor s pace of construction completed in the current period, and floor space of constru ction started and then suspended in the current period are also included in the floor space under construction of the current year.

Floor Space of Buildings Completed refers to the floor space of all buildings c ompleted in the reference period, which have been appraised and accepted (or com e up to the designed standards) and have been transferred to the owners for use. Completion Rate of Floor Space of Buildings refers to the ratio of the floor sp ace of buildings completed in certain period of time to the floor space of build ings under construction in the same period. This indicator reflects the investme nt result from the perspective of the speed of construction.

Newly Increased Fixed Assets refer to the newly increas ed value of fixed assets , constructed or purchased, that have been transferred to the investors. This is an indicator that demonstrates the results of investment in fixed assets in mon etary terms, and an important indicator to reflect the speed of construction and to calculate the efficiency of investment.

Rate of Construction Projects Completed and Put into Use refers to the ratio of the number of construction projects completed and put into use in certain perio d of time to the number of projects under construction in the same period. This reflects the investment efficiency from the perspective of the speed of projects construction.

Rate of Projects of Fixed Assets Completed and Put into Operation refers to the ratio of the newly increased fixed assets to the total investment made in the s ame period. This is a comprehensive indicator reflecting the speed of the employ ment of fixed assets and the investment efficiency at the macro-level. As the ne wly increase fixed assets is the result of a long period while the investment is completed in the current year, this indicator is expected to be used to reflect the employment of fixed assets over a long period of time.

Economically Affordable Housing refers to housing const ructed according t o the state plan for economically affordable housing. Houses of this category fe atured in low cost in construction and low prices, and therefore are affordable to mid-income or low income households. Economically affordable housing projects are developed by real estate companies under the state investment plan, with th e land provided through government allocation or tendering procedures. Developer s are exempted from land utilization fees and enjoy another 50% exemption of all other legitimate fees, while their profits are limited to less than 3%, and the completed houses are sold under the government-guided prices. This indicator he lps to analyze the investment structure of the real estate industry and the dema nd and supply of housing for mid or low income households.

Total Energy Production refers to the total production of primary energ y by all energy producing enterprises in the country in a given period of time. It is a c omprehensive indicator to show the capacity, scale, composition and development of energy production of the country. The production of primary energy includes t hat of coal, crude oil, natural gas, hydropower and electricity generated by nuc lear energy and other means such as wind power and geothermal power. However, it excludes the production of fuels of low calorific value, bio-energy, solar ener gy and the secondary energy converted from the primary energy.

Total Domestic Energy Consumption refers to the total c onsumption of energy of v arious kinds by material production sectors, non-material production sectors and households in the country in a given period of time. It is a comprehensive indi cator to show the scale, composition and development of energy consumption. The total energy consumption includes that of coal, crude oil and their products, na tural gas and electricity. However, it excludes the consumption of fuel of low c alorific value, bio-energy and solar energy. Total domestic energy consumption c an be divided into three parts:

(1)Final Energy Consumption: It refers to the total energy consumption by materi al production sectors, non-material production sectors and households in the cou ntry (region) in a given period of time, but excludes the consumption in convers ion of the primary energy into the secondary energy and the loss in the process of energy conversion.

(2)Loss During the Process of Energy Conversion: It refers to the total input of various kinds of energy for conversion, minus the total output of various kinds of energy in the country in a given period of time. It is an indicator to show the loss that occurs during the process of energy conversion.

(3)Loss: It refers to the total of the loss of energy during the course of energ y transport, distribution and storage and the loss caused by any objective reaso n in a given period of time. The loss of various kinds of gas due to gas dischar ges and stocktaking is excluded.

Elasticity Ratio of Energy Production is an indicator to show the relationship between the growth rate of energy production and the growth rate of the national economy. The formula is:

Elasticity Ratio of Energy Production = Average Annual Growth Rate of Energy Pro duction / Average Annual Growth Rate of National Economy

The average annual growth rate of the national economy can be shown by the gross national product, gross domestic product and other indicators, depending upon t he purposes or needs. The gross domestic product is used in calculation of the r atio in this chapter.

Government Revenue refers to the revenue of the gov ernment finance by mea ns of participating in the distribution of the social products, which is the financial resources for ensuring the government to function. The contents of government r evenue have been changed several times. Now it includes the following main items :

(1) Various tax revenues, including value added tax, business tax, consumption t ax, land value added tax, tax on city maintenance and construction, resources ta x, tax on use of urban land, enterprise income tax, personal income tax, tariff, stamp tax on security transactions, tax on purchase of motor vehicles, tax on a griculture and animal husbandry and tax on occupancy of cultivated land, etc.

(2) Special revenues, including revenues from the fee on sewage treatment, fee o n urban water resources, fee for the compensation of mineral resources and extra -charges for education, etc.

(3) Other revenues, including revenue from interest, revenue from the repayment of capital construction loan, revenue from capital construction projects, and do nations and grants.

(4) Subsidies for the losses of the state-owned enterprises. This is an item of negative revenue, consisting of subsidies to industrial, commercial and grain pu rchasing and supply enterprises.

Government Expenditure refers to the distribution and use of th e funds the gove rnment finance has raised, so as to meet the needs of economic construction and various causes. It includes the following main items:

(1) Expenditure for capital construction: It refers to the non-gratuitous use an d appropriation of funds for capital construction in the range of capital constr uction, outlay of capital as well as the loans on capital construction approved by the government for special purpose or policy purpose and the expenditure with discount paid in an overall way within the amount of the funds appropriated to the departments for capital construction.

(2) Innovation funds of the enterprises: They refer to the funds appropriated fr om the government budget for the enterprises to tap the latent power, upgrade th e technology and carry out innovation, including the innovation fund of the depa rtments, loan of the enterprises for innovation, subsidies on the innovation of the small fertilizer plant, small cement plant, small coal mines, small machiner y plant and small steel plant, the expenditure of interest for the loan for inno vation.

(3) Geological prospecting expenses: They refer to the expenses appropriated fro m the government budget to the geological prospecting units for the expenditure of the prospecting work, including the expenditures of the administrative agenci es for geological prospecting and their institutional units as well as the geolo gical prospecting expenditure.

(4) expenditures for science and technology promotion: They refer to the expens es appropriated from the government budget for the scientific and technological expenditure, including new products development expenditure, expenditure for int ermediate trial and subsidies on important scientific researches.

(5) Expenditure for supporting rural production: It refers to the expenditures a ppropriated from the government budget for supporting the various expenditures o f the rural collective units or households for production, including the subsidi es to the small water conservancy projects and well drilling, sprinkling irrigat ion projects run by the villages; subsidies on the rural water and soil conservi ng measures; subsidies to the small power stations run by the villages; subsidie s to the expenditure for fighting against particularly severe draughts; subsidie s on the rural waste land exclamation; fund for supporting the township enterpri ses; fund for supporting rural cooperative production organizations, subsidies t o the expenditure for popularization of the agricultural technologies and plant protection in the rural areas; subsidies to the expenditure for the protection o f grasslands and cattle and fowls; subsidies on afforestation and forest protect ion in rural areas; subsidies on the rural aquatic products industry; special fu nd for developing grain production.

(6) Operating expenses of the departments of farming, forestry, water conservanc y and meteorology etc.: They refer to the expenses appropriated from the governm ent budget for the expenditures of agricultural exclamation, farms, agriculture, animal husbandry, agricultural machinery, forestry, timber industry, water cons ervancy, aquatic products industry, meteorology, technology popularization in to wnship enterprises, popularization (demonstration) of improved

varieties, plant (cattle and fowls, forest) protection, water quality monitoring, prospecting and designing, resources investigation, cadres training, subsidies to horticulture gardens, expenditure of specialized secondary schools, subsidies on the experime nts of sowing herbage seeds by flights, expenditures of afforestation agencies a nd meteorology agencies, expenses for fishery administration and operating expen ses for agricultural administration, etc.

(7) Operating expenses of the departments of industry, transport and commerce: T hey refer to the expenses appropriated from the government budget to cover the e xpenditure on salaries and operational expenditure of the departments of industr y, transport and commerce for the expenditure of business development, including expenses for prospecting and designing, expenditures of specialized secondary s chools, expenditures of the technical training schools and expenditures for cadr es training, etc.

(8) Operating expenses of the departments of culture, education, science and pu blic health: They refer to the expenses appropriated from the government budget for the expenditures on salaries and operational expenditure of the causes of cu lture, publication, cultural relics, education, public health, traditional Chine se medical science, free medical services, sports, archives, earthquake, ocean, communications, broadcasting, film and television, family planning; expenditure for training of cadres of government, party and mass organization; expenditures for natural sciences, social sciences, associations for science and technology a nd the special expenditure for the high-tech researches. They include mainly wag es, extra wages, welfare funds, pension for the retirees, stipend, expenses for official business, expenses for equipment purchases, expenses for repairs, busin ess expenses and subsidies to the units which are unable to support their expend itures by their own earnings.

(9) Pension for the disabled or for the families of the bereaved and relief fund s for social welfare: They refer to the funds appropriated from the government b udget for the expenditures of pension for the disabled or for the families of th e bereaved and relief funds for social welfare, including the lump-sum or regula r pension paid by the departments of civil affairs to the members of martyrs fam ilies and families of those who died for the public interest, pension to the rev olutionary disabled, subsidies for permanent disability of various kinds, subsid ies to the military martyrs dependents and the demobilized servicemen, expenditu re for settling down the demobilized servicemen, operating expenses of the conso ling institutions, expenses for management and repair of the commemorative build ings for the martyrs, the expenses managed by the departments of civil affairs f or the retirees and those who have quitted their work, expenses for social relie f in rural and urban areas, operating expenses for providing relief to the areas of natural calamity and subsidies on the reconstruction after the particularly severe natural calamities, etc.

(10) Expenditure on retirees: It refers to the expenditure on retirees of govern ment agencies and institutions that are covered by the state budget.

(11) Expenses on subsidies to social security system: It refers to expenditure f rom the state budget for subsidies to social security system, including subsidie s to the social insurance fund, subsidies to promoting employment, subsidies to laid-off workers of state-owned enterprises, supplement to national social secur ity funds, etc.

(12) Expenditures for national defence: They refer to the funds appropriated fro m the government budget for the expenditures for building up national defence an d safeguarding national security, including expenses of national defence, expens es of scientific researches on national defence, expenses for building up people s militia and expenditure for special projects, etc.

(13) Administrative expenses: They include expenditure for administration, subsi dies to the parties and mass organizations, diplomatic expenditure, expenditure for public security, judicial expenditure, law court expenditure, procuratorial expenditure and subsidies to the expenses for treating the cases by the public s ecurity departments, procuratorial organs and law courts.

(14) Expenditure on policy-related subsidies: It refers to the expenditure appro priated, with the approval of the government, from the state budget for price su bsidies on such products as grain, cotton and edible oil. More specifically, it includes subsidies to the difference between the selling prices and purchasing p rices of grains, cotton and edible oil, subsidies for curtaining prices and for sugar reserve, subsidies to the difference between the selling prices and purcha

sing prices of means pf agricultural production, risk fund for grains, risk fund for non-staple food, risk fund for local production of coal, etc.

(15) Expenditure on interest of debts: It refers to expenses from the state budg et on paying interest of domestic and foreign debts.

Revenue of the central government and revenue of the local governments: refers to the revenue of the central government and that of the local governments as de fined by the decentralized taxation system starting from 1994. In accordance wit h this system, the revenue of the central government includes tariff, consumptio n tax and value added tax levied by the customs, consumption tax, income tax of the enterprises subordinate to the central government, income taxes of the local banks, foreign-funded banks and non-bank financial institutions, business tax a nd profits of railways, head offices of banks, head office of insurance company , which are handed over to the government in a centralized way, tax on city main tenance and construction, tax on purchasing motor vehicles, tonnage tax of ships , 75% of the value added tax, 94% of the tax on stock dealing (stamp tax), inter est income tax in the personal income tax, proportion of the personal income tax (other that interest income tax) to be shared by the central government, and ta x on ocean petroleum resources,. The revenue of the local governments includes b usiness tax, income tax of the enterprises subordinate to the local government, proportion of the personal income tax (other that interest income tax) to be sha red by the central government, tax on the use of urban land, tax on the adjustme nt of the investment in fixed assets, tax on town maintenance and construction, tax on real estates, tax on the use of vehicles and ships, stamp tax, slaughter tax, tax on agriculture and animal husbandry, tax on special agricultural produc ts, tax on the occupancy of cultivated land, contract tax, value-added tax on la nd, income from charges on use of state-owned land, 25% of the value added tax, 6% of the tax on stock dealing (stamp tax) and tax on resources other than the o cean petroleum resources.

Expenditure of the central government and expenditure of the local governments: according to the different functions of the central g overnment and local govern ments in the economic and social activities, the rights of affairs administratio n are classified between the central government and local governments; and the c lassification of the expenditure between the central government and local govern ments are made on the basis of the classification of the rights of affairs admin istration between them. The expenditure of the central government includes the e xpenditure for national defence, expenditure for armed police forces, the admini strative expenses and various operating expenses at the level of central governm ent, expenditure for key projects and the expenditure of the central government for adjusting the national economic structure, coordinating the development amon g different regions and exercising the macro-economic regulation and control. Th e expenditure of the local governments includes mainly the administrative expens es and various operating expenses at the level of local governments, the expendi ture for capital construction and technological innovation with the funds raised by the local government, expenditure for supporting rural production, expenditu re for city maintenance and construction and expenditure for price subsidies, etc.

Extra–budgetary revenue and expenditure Extra-budgetary fund refers to financia l fund of various types not covered by the regular government budgetary manageme nt, which is collected, allocated or arranged by government agencies, institutio ns and social organizations while performing duties delegated to them or on beha lf of the government in accordance with laws, rules and regulations. It mainly c overs following items: administrative and institutional fees, governmental funds and extra charges that are stipulated by laws and regulations; administrative a nd institutional fees approved by the State Council and provincial governments a nd their financial and planning (price management) departments; governmental fun ds and extra charges established by the State Council and the Ministry of Financ e; funds turned over to competent departments by their subordinate institutions; self-raised and collected funds by township governments for their own expenditu re; and other financial funds that are not covered in budgetary management. Soci al security funds are treated as extra-budget fund and managed for its exclusive use, given the circumstance that separate government budgetary system for socia l security is yet to be designed. Special accounts are opened by the financial d epartments in banks for the management of revenue and expenditure of extra-budge tary fund. Extra-budgetary revenue and expenditure is managed separately, namely , revenue of institutions and departments must enter into the special accounts o f the financial departments at the same administrative level, and their extra-bu dgetary expenditure is arranged in line with the extra-budget plans and appropri ated from these accounts.

Credit Funds refer to the funds issued as loans by bank ing institutions. The sources of credit funds of the banking institutions included deposits, issue of financial bonds, account-payable and temporary gathering, liabilities to int ernational financial institutions, currency in circulation, various reserves, ow ners' rights and interests and other items. The credit funds can be used in form s of loans, securities and investment, account receivable and advance payment, e ntrusted investment, gold, foreign exchange, cash on hand, government debt and a ssets in the international financial institutions.

Deposit is a form of credit by which enterprises, insti tutions, organizations or households can put money into banks and other credit institutions for safekee ping and interest earning under the principle of free withdrawal. According to d ifferent depositors, deposits are divided into enterprise deposits, treasury dep osits, deposits of government agencies and organizations, capital construction d eposits, savings deposits, rural saving deposits, entrusted deposits and other d eposits. Deposits are major sources of the credit funds of banks.

Loan is a form of credit by which banks and other credi t institutions provide funds at certain interest rate to enterprises and individuals in the light of th e principle of unconditional repayment. Loans from Chinese banks include circula ting capital loans, fixed assets loans, loans to urban and rural individuals eng aged in industrial and commercial business and agricultural loans.

Insurance Companies refer to commercial insurance compa nies of various forms re gistered by law and established in China with the approval of insurance regulato ry agencies.

Amount Insured refers to the maximum that the insurant will get for the claim of the case insured.

Premium is the fee paid by the insurant to the insurer to obta in the obligation of compensation from the insurance within the agreed terms. Settled Claim is the compensation paid by the insurer to the insurant in accor dance with the insurance contract.

Payment includes payment for death, injury or medical t reatment and mature pay ment. Payment for death, injury or medical treatment refers to the money paid to the insurant (or the beneficiary) in accordance with the life or health insuran ce contract when the insurant encounters accidents within the insured period cov ered in the contract. Mature payment refers to the mature payment to the insuran t in accordance with the life insurance contract at the end of the insured period.

Consumer Price Indices reflect the trend and degr ee of changes in prices of con sumer goods and services purchased by urban and rural residents, and is a compos ite indices derived from the urban consumer price indices and the rural consumer price indices. Consumer price indices can be used to analyze the impact of cons umer price change on actual expenditure for living cost of urban and rural residents.

Urban Consumer Price Indices reflect the trend and degr ee of changes in prices of consumer goods and services purchased by urban households during a given peri od. It can be used to observe and analyze the impact of price changes in consume r goods and services on wages (in monetary terms) of staff and workers, and prov ide basis for policy-making concerning the living cost and wages of staff and workers.

Rural Consumer Price Indices reflect the trend and degr ee of changes in prices of consumer goods and services purchased by rural households during a given peri od. It can be used to observe the impact of change in retail prices of consumer goods and service prices in rural areas on living expenditure of rural household s, and to show the changes in the living standard of peasants. It provides basis for analysis and research on condition of life in rural areas.

Retail Price Indices reflect the trend and degree o f change in retail p rices of commodities during a given period. The change in retail prices of commodities d irectly affect the living expenditure of urban and rural residents, government r evenue, purchasing power of residents and the equilibrium of market supply and d emand, and the ratio of consumption to accumulation. Therefore, the retail price indices are useful to analyze the changes of the above economic activities.

Price Indices of Means of Agricultural Production reflect the trend and degree of changes in prices of means of agricultural production during a given period. Price indices of means of agricultural production are composed of 8 categories i ncluding small farm tools, feeds, young domestic animals and poultries, semi-mec hanized farm machinery, mechanized farm machinery, chemical fertilizers, pestici des and spraying machinery, fuels for farm machinery. Compilation of these indic es help to understand the changes in prices of input into agricultural productio n and facilitate the compilation of national account statistics. Before 1994, pr ice indices of means of agricultural production was a sub-category in the in the retail price indices of commodities, and it has been compiled separately since 1994.

Indices of Producers´ Prices for Farm Products reflect the trend and degree of changes in producers' prices received by farmers when they sell farm products du ring a given period. These indices depict the change in the level and structure of producers' prices of farm products of the country and meet the needs of agric ulture statistics and national account statistics. The producers' price index of a given product is calculated through geometrical mean of individual indices of all surveyed units who sell such product, and the indices of a product category is obtained through weighted mean of price indices of all products in the categ ory. Method for calculating accumulative quarterly indices is the same as for ca lculating the distinctive quarterly indices.

Ex–factory Price Indices of Industrial Products reflect the trend and degree of changes in general ex-factory prices of all industrial products during a given period, including sales of industrial products by an industrial enterprise to al l units outside the enterprise, as well as sales of consumer goods to residents. It can be used to analyze the impact of ex-factory prices on gross output value and value-added of the industrial sector.

Indices of Purchasing Prices of Raw Materials, Fuels and Power reflect changes in the level and degree of prices paid by industrial enterprises when they purch ase production input such as raw materials, fuels and power from the market or f rom other energy or raw materials producing enterprises. These indices provide i mportant basis for measuring the material consumption of industrial enterprises after removing influence of price changes.

At present, over 900 products in 9 categories, including fuels a nd power, ferrou s metals, non-ferrous metals, chemicals, building materials, are covered in Chin a for the survey to produce indices of purchasing prices of raw materials, fuels and power.

Price Indices of Investment in Fixed Assets reflect the trend and degree of cha nges in prices of investment goods and projects in fixed assets during a given p eriod. The investment in fixed assets consists of three components, namely the i nvestment in construction and installation, the investment in purchases of equip ment and instrument, and the investment in other items. Price indices of investm ent in fixed assets are calculated as the weighted arithmetic mean of the price indices of the three components of investment in fixed assets.

Removing the factor of price change in the aggregates of investment at current p rices, this indicator shows the changes in the prices of commodities and fees in volved in the investment of fixed assets, and can be used to observe the actual size, growth, structure, and efficiency of investment in fixed assets and provid es reliable and scientific data for government planning, management, decision-ma king, and further improving the current national accounting system.

I. Urban Households

Population of urban households refer to members of the household living and sh aring economically together. All income and expenditure of the population of the household are included in the income and expenditure of the household.

Proportion of urban employment refer to the proportion of employed population to the population of urban households.

Number of dependents per urban employee refers to the ratio between number of p ersons in urban households and the number of dependents.

Total Income of Urban Households refers to the sum of w age and salary, net busi ness income, income from properties, and income from transfers of members of the households, excluding income from selling of properties and income from borrowings.

Disposable Income of Urban Households refers to the act ual income at the dispos al of members of the households which can be used for final consumption, other non-compulsory expenditure and savings. This equals to total income minus income tax, personal contribution to social security and sample household subsidy for k eeping dairies. Following formula is used:

Disposable income = total household income - income tax - personal contribution to social security - sample household subsidy for keeping dairies

Total expenditure of Urban Households refer to all expe nditure of the household s except expenditure on leading. It includes expenditure on consumption, on purc hasing or building houses, on transfers, on properties and on social security.

Consumption Expenditure of Urban Households refers to t otal expenditure of the sample households for consumption in daily life, including expenditure on eight categories such as food, clothing, household appliances and services, health ca re and medical services, transport and communications, recreation, education and cultural services, housing, miscellaneous goods and services.

Expenditure of Urban Households on Consumption of Services refers to expenditure of households on services of various kinds provided by the society.

Urban Households by Income Group All households in the sample are grouped, by per capita disposable income of the household, into groups of lowest income, low income, lower middle income, middle income, upper middle income, high income and highest income, each group consisting of 10%, 10%, 20%, 20%, 20%, 10% and 10% o f all households respectively. The lowest 5% of households are also referred to as poor households.

Engel Coefficient refers to the percentage of expenditu re on food in the total consumption expenditure, using the following formula:

Engel Coefficient = (expenditure on food / total consumption expenditure) x 100%

II. Rural Households

Rural Households refer to resident households in rural areas. Resident househol ds in rural areas are the households residing for more than one year in the area s under the jurisdiction of administration of township governments (excluding co unty towns), and in the areas under the jurisdiction of administration of villag es in county towns. Migrated households residing in the current addresses for ov er one year with their household registration in other places are included in th e resident households of their current addresses. For households with their hous ehold registration in one place but all members of the households moving away fo r living in another place for over one year, they will not be included in the ru ral households of the area where they are registered, irrespective of whether th ey still keep their contracted land.

Resident Population refers to population staying at hom e permanently or for ove r 6 months during a year and sharing life economically with the household. Membe rs of the household staying away from the household for over 6 months but keepin g a close economic relation with the household by sending the majority of income to the household are regarded as resident population of the household. Governme nt staff and workers or retirees living as close members of the household are al so considered as resident population. However, servicemen, students of secondary technical schools or schools of higher education and persons with stable jobs a nd residence outside the household (excluding those visiting relatives or seekin g medical service) are not included as resident population of the household. Res ident population is used in calculating income, consumption, accumulation on per capita basis of rural households and in analyzing composition of rural households.

Full/Semi Labour Force Full labour forcc rcfcrs to pers ons capable of work, age d 18-50 for males and 18-45 for females. Semi labour force refers to persons cap able of work, aged 16-17 and 51-60 for males and 16-17 and 46-55 for females. Pe rsons at their working ages but not capable of work are not to be included as la bour force. Persons not at working ages but participating regularly in work are included in semi labour force. For staff and workers as resident population of t he household, they are included as full or semi labour force of the household if they are in the labour force.

Total Income refers to the sum of income earned from various so urces by the rur al households and their members during the reference period, and is classified a s income from wages and salaries, income from household operations, income from properties and income from transfers.

Income from Wages and Salaries refers to income from la bour ear ned by the members of rural households employed by other units or individuals.

Income from Household Operations refers to income by the rural househol ds as un its of production and operations. Operations by rural households are classified by economic activities as agriculture, forestry, animal husbandry, fishery, manu facturing, construction, transportation, post and telecommunications, wholesale, retail and catering, social service, culture, education, health, and other hous ehold operations.

Income from Properties refers to the income received as returns by owners of fi nancial assets or tangible non-productive assets by providing capitals or tangib le non-productive assets to other institutional units.

Income from Transfers refers to the receipt by rural ho useholds and their membe rs of goods, services, capitals or rights of assets without giving or repaying a ccordingly, excluding capitals provided to them for the formation of fixed asset s. In general, it refers to all income received by rural households through redi stribution.

Cash Income refers to income received by rural househol ds and their members in the form of cash during the reference period. It is classified, by source of inc ome, into income from wages and salaries, cash income from household operations , income from properties and income from transfers

Net Income refers to the total income of rural househol ds from all sources minu s all corresponding expenses. The formula for calculation is as follows:

Net income = total income - household operation expenses - taxes and fees - depr eciation of fixed assets for production - subsidy for participating in household survey - gifts to non-rural relatives Net income is mainly used as input for re production and as consumption expenditure of the year, and also used for savings and non-compulsory expenses of various forms. "Per capita net income of farmer s" is the level of net income averaged b y population which reflects the average income level of rural households in a gi ven area.

Production Capacity of Water Supply refers to the d esigned comprehensive produc tion capacity of water facilities, covering the 4 links of water collection, pur ification, conveyance, and outflow through trunk pipelines. Increase capacity th rough transformation and innovation projects are included as well. The capacity is determined mainly on the weakest of the above-mentioned 4 links.

Length of Water Supply Pipelines at the Year–end refers to the total length of all the pipelines between the water pumps and the user's water meters, excluding pipelines newly installed but not used yet.

Annual Volume of Water Supply refers to the total volum e of water supplied by w ater-works (units) during the reference period, including both the effective wat er supply and loss during the water supply.

Consumption of Water for Residential Use refers to the water consumption of hou seholds for daily life and the water consumption of public service facilities. T he latter refers to water consumption for urban public services, including the c onsumption of government agencies and public institutions, military barracks, pu blic facilities, wholesale and retail outlets, restaurants, hotels, and other un its providing public services. Household water consumption refers to consumption of water for daily life of all households in the boundary of cities, including households of urban residents and farmers, and public water supply stations.

Percentage of Urban Population with Access to Tap Water refers to the ratio of t he urban population with access to tap water to the total urban population. The formula is:

Percentage of population with access to tap water= (Urban population with access to tap water) / (Urban population)×100%

Production Capacity of Gaswork Gas refers to the comprehensive production capac ity of the urban gasworks in gas generation, purification and delivery at the en d of the reference period, excluding capacity of the reserved facilities. In gen eral, it is determined by the designed capacity, and when actual production capa city is larger than the designed capacity, the capacity is determined by the act ual measurement on the weakest link in the production, purification and delivery .

Length of Gas Pipelines refers to the total length of p ipelines in use between the outlet of the compressor of gas-work or outlet of gas stations and the leadi ng pipe of users, excluding pipelines within gasworks, delivery stations, LPG st orage stations, refilling stations, gas-mixing stations and supply stations.

Volume of Gas Supply refers to the total volume of gas provided to users by gas -producing enterprises (units) in a year, including the volume sold and the volu me lost.

Percentage of Urban Population with Access to Gas refers to the ratio of the urban population with access to gas to the total urban population at the end of th e reference period. The formula is:

Percentage of population with access to gas = (Urban population with access to g as / Urban population) x 100%

Heating Capacity in Urban Area refers to the designed c apacity of heating enter prises (units) in supplying heating energy to urban users during the reference period.

Quantity of Heat Supplied in Urban Area refers to the t otal quantity of heat fr om steam and hot water supplied to urban users by heating enterprises (units) du ring the reference period.

Length of Heating Pipelines refers to the total length of steam or hot water pi pelines for sources of heat to the leading pipelines of the buildings of the use rs, excluding internal pipelines in heat generating enterprises.

Length of Paved Roads at the Year–end refers to the len gth of roads with paved surface including squares bridges and tunnels connected with roads by the end of the year. Length of the roads is measured by the central lines for vehicles fo r paved roads with a width of 3.5 meters and over, including roads in open-ended factory compounds and residential quarters.

Urban Bridges refer to bridges built to cross over natu ral or man-made barriers , including bridges over rivers, overpasses for traffic and for pedestrian, unde rpasses for pedestrian, etc. Both permanent and semi-permanent bridges are included.

Length of Urban Sewage Pipes refers to the total length of general drainage, tr unks. branch and inspection wells, connection wells, inlets and outlets, etc.

Daily Disposal Capacity of Urban Sewage refers to the d esigned 24 hour capacity of sewage disposal by the sewage treatment works or facilities.

Number of Vehicles under Operation at the Year–end refers to the total number o f vehicles under operation by public transport enterprises (units) at the end of the year, based on the records of operational vehicles by the enterprises (units).

Area of Urban Gardens and Green Areas refers to the tot al area occupied for gre en projects at the end of the reference period, including public green land, gre en land in residential quarters, green land attached to institutions, protection green land, production green land, roadside green land and forest in scenic spo ts. It does not include the following:

(1) Greenery and plants on roofs, balconies, indoors and vertical green areas;

(2) Forest, cultivated land, grassland, orchards and bamboo grooves that are for production purpose; and

(3) Water areas that are not included in urban master plan as green land.

Public Green Area refers to green areas open to the pub lic such as municipal, community and neighborhood parks and roadside parks, including waters within park s. Neighborhood parks should occupy an area larger than 10,000 square meters, an d the width of roadside parks should occupy an area larger than 400 square meter s, with a width of more that 8 meters.

Gross Output Value of Farming, Forestry, Animal Husbandry and Fishery refers to the total value of products of farming, forestry, animal husbandry and fishery, and total value of services rendered to support farming, forestry, animal husba ndry and fishery activities. It reflects the total scale and results of agricult ural production during a given period. Prior to 1957, Chinas gross agricultural output value included barnyard manure and handicraft products for self-consumpti on (clothes, shoes, stockings, and initial grain processing undertaken by peasan ts). Since 1958, cutting and felling of bamboo and trees by villages and other c ooperative organizations under villages have been included in forestry; value of barnyard manure has been excluded from animal husbandry; self consumed handicra fts has been excluded from sideline occupations, while the output value of indus tries run by villages and cooperative organizations under village had been incl uded in sideline occupations and the output value of fish catches by motor fishi ng boats has been added to fishery. Since 1980, the value of handicraft products made for sale by individuals in households had been added to sideline occupatio ns. Since 1984, industries run by villages and under villages have been included in the sector of industry. Since 1993, the subdivision of sideline occupations has been canceled, and the hunting of wild animals has been classified into anim al husbandry, and the gathering of wild plants and commodity industry run by rur al household have been included in farming. A new industrial classification of e conomic activities was introduced in 2003. Under the new classification, value o f services to farming, forestry, animal husbandry and fishery is included in the gross output value of agriculture, value of wood felling and transport is inclu ded in forestry, value of industrial output by rural households is not included in agriculture, and the collection of wild forest products is taken from agricul ture and included in the forestry. The first agriculture census of China reveale d some discrepancy between the production of animal products from the annual rep orts and that from the census. Efforts were made by the Rural Socio-economic Sur vey Organization of NBS to adjust the output value of animal husbandry to make t he figures from the annual reports consistent with the census data.

Gross output value of agriculture is obtained by first multiplying the output of each product or by product by its price, resulting in the output value of each single item. For a small number of products, annual output of which is not avail able or difficult to get due to the long production (growing) process involved, the output value is estimated through an indirect approach. The sum of output va lue of all products of farming, forestry, animal husbandry and fishery is then e qual to the gross output value of agriculture.

Grain Output refers to the total output in the whole coun try including grains p roduced by state farms, collective units, rural households, as well as by farms affiliated to industrial and mining enterprises and other production units. Grai n includes rice, wheat, corn, sorghum, millet and other miscellaneous grains as well as tubers and bean. Output of beans refers to dry beans without pods. The o utput of tubers (sweet potatoes and potatoes, not including taros and cassava) w as converted into that of grain at the ratio 4:1, i.e. 4 kilograms of fresh tube rs was equivalent to 1 kilogram of grain up to 1963. Since 1964 the ratio for co nversion has been 5:1. Tubers supplied as vegetables (such as potatoes) in citie s and suburbs are calculated as fresh vegetables and their output is not include d in the output of grain. Output of all other grains refers to husked grain.

Output of Oil–bearing Crops refers to the total product ion of oil-bearing crops of various kinds, including peanuts, (dry, in shell) rapeseeds, sesame, sunflow er seeds, flax seeds, and other oil-bearing crops. Soybeans, oil-bearing woody p lants, and wild oil-bearing crops are not included.

Output of Aquatic Products refers to catches of both ar tificially cultured and naturally grown aquatic products, including fish, shrimps, crabs and shellfish i n sea and inland water as well as seaweed. Freshwater plants are not included. Output of Pork, Beef, and Mutton refers to the meat of slaughtered hogs, cattl e, sheep and goats with head, feet, and offal taken away.

Number of Livestock or Poultry in Stock at Beginning (or End) refers to the tota l number of large animals, pigs, sheep, fowls, etc. raised by rural cooperative organizations, state farms, rural individuals, government agencies, schools, ind ustrial and mining enterprises, army, and urban residents at the beginning (or e nd) of the reference period. Data reporting system and data adjustment are the s ame as that in the output of pork, beef and mutton.

Regularly Cultivated Land refers to farmland among the total land resources, whi ch is exclusively used for farming and is under regular cultivation with harvest in normal years. Included are currently cultivated land, land that has been aba ndoned or put in idle for less than 3 years and could be re-used for cultivation at any time, and new-claimed land that has been put into cultivation for more t han 3 years. According to statistical coverage, it includes the gouges, dykes, r oads and ridges of field with 1 meter wide in Southern areas and 2 meters wide i n Northern areas. Excluded under this category are steep slope land over 25 degr ees under temporary cultivation, land (large or small plots) that is claimed alo ng river bends, lake sides or banks of reservoirs, as well as land that has been designated under the "Green for Grain" programmes of the state and provincial g overnments but is still temporarily under cultivation. The regularly cultivated land is the key protection land of the nation, an important indicator reflecting the comprehensive productivity of agriculture of China.

Sown Area of Crops refers to area of land sown or trans planted with crops regar dless of being in cultivated area or non-cultivated area. Area of land re-sown d ue to natural disasters is also included. This is an important indicator that ca n reflect the utilization condition of the cultivated land in China.

Irrigated Area refers to areas that are effectively irr igated, i.e. level land, which has water source and complete sets of irrigation facilities to lift and m ove adequate water for irrigation purpose under normal conditions. Under normal conditions, irrigated area is the sum of watered fields and irrigated fields whe re irrigation systems or equipment have been installed for regular irrigation pu rpose. This important indicator reflects drought resistance capacity of the cult ivated land in China.

Consumption of Chemical Fertilizers in Agriculture refers to the quantity of che mical fertilizers applied in agriculture in the year, including nitrogenous fert ilizer, phosphate fertilizer, potash fertilizer, and compound fertilizer. The co nsumption of chemical fertilizers is required in calculation to convert the gros s weight into weight containing 100% effective component (e.g. 100% nitrogen con tent in nitrogenous fertilizer, 100% phosphorous pent oxide contents in phosphat e fertilizer, 100% potassium oxide contents in potash fertilizer). Compound fert ilizer is converted with its major component. The formula is :

Volume of effective component= physical quantity x effective com ponent of certain chemical fertilizer (%)

Total Power of Farm Machinery refers to total mechanica l power of machinery us ed in farming, forestry, animal husbandry, and fishery, including ploughing, irr igation and drainage, harvesting, transport, plant protection, stock breeding, f orestry and fishery. The power of internal combustion engines is required to con vert horsepower into watts and the power of electric motors is required to be co nverted into watts. Machinery employed for non-agricultural purposes, such as th e machines used in township run and village-run industry, construction, non-agri cultural transport, scientific experiments and teaching, is excluded. Data are m ainly from agricultural machinery agencies.

Rural Employed Persons refer to rural labor forces aged over 16 years old who a re engaged in real production and management activities and receive payment in k ind or wages, including those covered within the age frame and regularly partici pating in production activities, and those who are out of the range of age frame and also participating in production activities regularly. Excluding students s tudying in other places with their permanent residence registered in local areas , servicemen and persons incapable of working; also excluding those who are wait ing for jobs and those engaged in household work. Persons employed are classifie d as rural employed persons; industrial employed persons; construction industry employed persons; transport, storage and telecommunications industries employed persons; whole sales and retail sales trade and catering industry employed perso ns and others according to the longest period of employment in major activities (or using income indicator when period of employment is the same).

Industry refers to the material production sector w hich is engaged in extraction of natural resources and processing and reprocessing of minerals and agricultur al products, including (1) extraction of natural resources, such as mining, salt production (but not including hunting and fishing); (2) processing and reproces sing of farm and sideline produces, such as rice husking, flour milling, wine ma king, oil pressing, silk reeling, spinning and weaving, and leather making; (3) manufacture of industrial products, such as steel making, iron smelting, chemica ls manufacturing, petroleum processing, machine building, timber processing; wat er and gas production and electricity generation and supply; (4) repairing of ind ustrial products such as the repairing of machinery and means of transport (incl uding cars).

Prior to 1984, the rural industry run by villages and cooperative organizations under village was classified into agriculture. Since 1984, it has been grouped into industry.

Units of industrial statistics survey corporate industrial enterprises with inde pendent accounting system.

Corporate industrial enterprises with independent accounting system refer to ent erprises engaging in industrial production activities, which meet the following requirements: ①They are established legally, having their own names, organizati ons, location, able to take civil liability; ②They possess and use their assets independently, assume liabilities, and are entitled to sign contracts with othe r units; ③They are financially independent and compile their own balance sheets . Enterprises covered in the industrial statistics in the Yearbook include followi ng categories by their registration:

State–owned Enterprises refer to industrial enterprises where the means of produ ction or income are owned by the state. Joint state-private industries and priva te industries, which existed before 1957, have been transformed into state indus tries. Statistics on these enterprises has been included in the state-owned indu stries since 1957 when separation of data was no longer necessary.

Collective–owned Enterprises refer to industrial enterp rises where the means of production are owned collectively, including urban and rural enterprises investe d by collectives and some enterprises which were formerly owned privately but ha ve been registered in industrial and commercial administration agency as collect ive units through raising fund from the public.

Share–holding Cooperative Enterprises refer to economic units set up on co operative basis, with funding partly from members of the enterprise and partly f rom outside investment, where the operation and management is decided by the mem bers who also participate in the production, and the distribution of income is b ased both on work (labour input) and on shares (capital input).

Joint-operation enterprises refer to economic units that are established by join t investment by two or more corporate enterprises or institutions of the same or different types of ownership on voluntary, equal and mutual-beneficial basis. T hey include:

a) state-owned joint-operation enterprises (joint operation between state- owned enterprises);

b) collective joint-operation enterprises (joint operation between collect ive enterprises; and

c) state-collective joint-operation enterprises (joint operation between s tate and collective enterprises).

Limited Liability Corporations refer to economic units registered in accordance with the Regulation of the People's Republic of China on the Management of Regis tration of Corporations, with capitals from 2 to 49 investors, each investor bea rs limited liability to the corporation depending on his/her holding of shares, and the corporation bears liability to its debt to the maximum of its total assets.

Share–holding Corporations Ltd. refer to economic units registered in accordance with the Regulation of the People's Republic of China on the Management of Regi stration of Corporate Enterprises, with total registered capitals divided into e qual shares and raised through issuing stocks. Each investor bears limited liabi lity to the corporation depending on the holding of shares, and the corporation bears liability to its debt to the maximum of its total assets.

Private Enterprises refer to economic units invested or controlled (by hol ding the majority of the shares) by natural persons who hire labours for profit- making activities. Included in this category are private limited liability corpo rations, private share-holding corporations Ltd., private partnership enterprise s and private sole investment enterprises registered in accordance with the Corp oration Law, Partnership Enterprise Law and Tentative Regulation on Private Ente rprises.

Enterprises with Funds form Hong Kong, Macao and Taiwan refers to all industrial enterprises registered as the joint-venture, cooperative, sole (exclusive) inve stment industrial enterprises and limited liability corporations with funds from Hong Kong, Macao and Taiwan.

Foreign Funded Enterprises refers to all industrial ent erprises registered as the joint-venture, cooperative, sole (exclusive) investment industrial enterpris es and limited liability corporations with foreign funds.

Light Industry refers to the industry that produces con sumer goods and hand too ls. It consists of two categories, depending on the materials used:

(1) Industries using farm products as raw materials. These are branches of light industry which directly or indirectly

use farm products as basic raw materials, including the manufacture of food and beverages, tobacco processing, textile, c lothing, fur and leather manufacturing, paper making, printing, etc.

(2) Industries using non farm products as raw materials. These are branches of l ight industry which use manufactured goods as raw materials, including the manuf acture of cultural, educational articles and sports goods, chemicals, synthetic fiber, chemical products for daily use, glass products for daily use, metal prod ucts for daily use, hand tools, medical apparatus and instruments, and the manuf acture of cultural and clerical machinery.

Heavy Industry refers to the industry which produces ca pital goods, and provide s various sectors of the national economy with necessary material and technical basis. It consists of the following three branches according to the purpose of p roduction or the use of products:

(1) Mining, quarrying and logging industry refers to the industry that extracts natural resources, including extraction of petroleum, coal, metal and non-metal ores.

(2) Raw materials industry refers to the industry that provides various sectors of the national economy with raw materials, fuels and power. It includes smeltin g and processing of metals, coking and coke chemistry, chemical materials and bu ilding materials such as cement, plywood, and power, petroleum refining and coal dressing.

(3) Manufacturing industry refers to the industry that processes raw materials. It includes machine building industry which equips sectors of the national econo my, industries of metal structure and cement products, industries producing mean s of agricultural production, such as chemical fertilizers and pesticides. Accor ding to the above principle of classification, the repairing trades which are en gaged primarily in repairing products of heavy industry are classified into heav y industry while these engaged in repairing products of light industry are class ified into light industry.

Gross Industrial Output Value

(1) Definition: Gross industrial output value is the total volume of final indus trial products produced and industrial services provided during a given period. It reflects the total achievements and overall scale of industrial production du ring a given period.

(2) Principles for calculation:

Statistics on industrial production follow the principle that all products produ ced by the enterprises and accepted during the reference period are to be includ ed no matter whether they are sold or not during the reference period.

Determination of final products follow the principle that all products that are included in the calculation of grow industrial output value are the final produc ts of the enterprise which have been accepted through quality check and require no further processing. If an enterprise has intermediate (semi-finished) product s to sell, these intermediate products are considered as the final products of t he enterprise.

Gross industrial output value is calculated following the principle of factory a pproach, i.e. industrial enterprise is used as the basic accounting unit in calc ulating the gross industrial output value. By this approach, value of the same p roduct is not to be double counted, and the output value of different workshops (branch factories) should not be added. However, this approach does not exclude the possibility of double counting between enterprises.

(3) Content and calculation method: The old definition of gross industrial outpu t value was modified during the national industrial census in 1995. The revised (new) definition of gross industrial output value consists of 3 components: valu e of the finished products during the reference period, income from external pro cessing, and value of change in semi-finished products at the end and at the beg inning of the reference period.

Value of the finished products during the reference period: refers to the value of all finished (semi-finished) industrial products that are produced during the reference period without the need for further processing, checked for acceptance, packed and put into the warehouse of the enterprise, including the value of o wn-produced equipment and the value of products provided to the projects under c onstruction of the enterprise, and to other non-industrial or welfare units. Val ue of finished products during the reference period is calculated by the quantit y of products produced using own materials multiplied by the average unit prices at which products are sold (excluding value-added tax). Own-produced equipment and products produced for own use are value at cost prices as in the case of ent erprise accounting. Value of finished products does not include the value of fin ished products (semi-finished products) that are produced using the materials fr om the clients who make the orders.

Income from external processing: refers to income from contracted external proce ssing of industrial products (including processing of industrial products using materials from the clients), and the income from industrial repairing work provi ded to other units. Income from external processing is calculated using informat ion from the item "products sales income" in the enterprise accounting at the pr ices excluding value-added tax.

For income from services such as processing, repairing and installation of equip ment provided to non-industrial units within the enterprise, if the accounting work of the enterprise is good enough to separate it from other records, and the share of such services is significant, it should also be included in the income from external processing.

Value of change in semi-finished products at the end and at the beginning of the reference period: refers to the value of change in semi-finished products at th e end and at the beginning of the reference period, which generally can be obtai ned from accounting records of enterprises. If the enterprise accounting exclude s the cost of semi-finished products, then it should not be included in the gros s industrial output value, and vice versa.

(4) Changes in the coverage and method of calculation of gross industrial output value Prior to 1984, the value of rural industry run by villages was classified into a griculture instead of industry. Since 1984, it has been included in the gross in dustrial output value.

Method of calculation for the gross industrial output value was modified in the industrial census in 1995. The difference in the new method as compared with the old one is outlined below:

Principle in using full value vs. processing fee: The new method stipulates that all products produced using own materials are to be calculated with full value in reporting the gross industrial output value irrespective of sophistication of production, and for external processing, it allows calculation using processing fee. In the old method, however, the use of full value or processing fee was de termined by the degree of sophistication of production in different branches of industries.

Principle in determining the value of change in semi-finished products: The new method requires that value of the change in semi-finished products should be inc luded in the gross industrial output value if it is included in the accounting r ecord of the enterprise, otherwise it should not be included. By the old method, it is determined by the type of enterprises in terms of production cycle. If th e production cycle is over 6 months, the value of change in semi-finished produc ts is included in the gross industrial output value, otherwise it is excluded.

Difference in prices: The new method uses prices excluding value-added tax in th e calculation of gross industrial output value, while the old method used prices including value-added tax.

Value–added of Industry refers to the final results of industrial production of industrial enterprises in money terms during the reference period.

Industrial value-added can be calculated by two approaches: the production appro ach, i.e. gross industrial output value minus intermediate input plus value-added tax, and the income approach, i.e. income for various factors used in the cour se of production, including depreciation of fixed assets, remuneration of labourers, net of production tax, and operating surplus. Value-added of industry in th e Yearbook is calculated by production approach as following:

Value-added of industry = gross industrial output - industrial intermediate inpu t + value-added tax

(1) Gross industrial output: refers to the total achievements of industrial prod uction during a given period. Gross industrial output includes value of finished products, income from external processing, and value of change in semi-finished products at the end and at the beginning of the reference period. Since 1995, i t was substituted by the gross industrial output value by new method.

(2) Industrial intermediate input: refers to purchased goods and paid services c onsumed during the industrial production of enterprises. Fees paid for services include fees paid for the services provided by material production sectors (indu stry, agriculture, wholesale and retail trade, construction, transport, post and telecommunications) and by non-material production sectors (insurance, banking, culture, education, scientific research, health and medical care, public

admini stration, etc.). The determination of industrial intermediate input follows the principle that the goods and services must be purchased from outside and include d in the gross industrial output, and that the goods and services are inputted i nto production and consumed (include low-value consumables) during the reference period.

Industrial intermediate input includes 5 components, namely direct consumption o f materials, industrial intermediate input in manufacturing cost, industrial int ermediate input in management cost, industrial intermediate input in marketing c ost and expenditure on interest.

Capitals Obtained refers to capital actually received b y the enterprise from in vestors that could be used as operational capitals for a long period. According to the current accounting system, capitals obtained can be classified by investo rs as state capital, collective capital, corporate capital, individual capital, capital from Hong Kong, Macau and Taiwan and foreign capital.

State capital:refers to capital which is formed through state-o wned investment into the enterprise by government agencies or institutions that could represent the state in the investment.

Collective capital: refers to capital which is formed through state-owned invest ment into the enterprise by collective institutions or units that could represen t the state in the investment.

Corporate capital: refers to capital which is formed through investment by other corporate units using assets which is at their disposal by law.

Individual capital: refers to capital which is formed through investment by indi viduals outside the enterprise or employees of the enterprise using their person al legal properties.

Capital from Hong Kong, Macau and Taiwan: refers to cap ital which is formed thro ugh investment by investors from Hong Kong, Macau and Taiwan of China using thei r assets of various forms.

Foreign capital: refers to capital which is formed through investment by foreign investors.

Total Assets refer to all economic resources, in moneta ry terms, that is owned or controlled by enterprises, including properties, creditors equity and other e conomic rights of all forms. Classified by the degree of equitability, total ass ets include circulating assets, long-term investment, fixed assets, intangible a ssets and deferred assets, and other assets. Data on this indicator can be obtai ned by the year-end figures of total assets in the Assets and Liability Table of accounting records of enterprises.

Total Working Capitals refer to capitals which can be cashed in or spent or consumed in an operating cycle of one year or over one year, including cash, all kinds of deposits, short term investment, receivable and payable payment for go ods or deposits.

Average Value of Working Capitals refers to the average value of all working capitals of the enterprise during the reference period. Original Value of Fixed Assets refers to the value of payment by the enterprise in building, purchasing installing reconstructing, expending or transforming a particular item of fixed assets. In general, it includes value of purchase, cost for packaging, transportation, installation, etc.

Annual Average of Net Value of Fixed Assets refer to av erage of the net value o f fixed assets during the reference period, calculated with the following formula:

Annual Average of Net Value of Fixed Assets = sum of net value of fixed assets at the beginning and at the end of each month from January to December / 24.

Information on this indicator can be obtained from the beginning and ending figu res of the original value of fixed assets and cumulative depreciation from the A ssets and Liability Table of enterprises.

Net value of fixed assets refers to the original value of fixed assets minus dep reciation over the years, i.e.:

Net value of fixed assets = original value of fixed assets - cumulative deprecia tion

Total Liquid Liabilities refer to enterprises' total de bt payable within an op erating cycle of one year or over one year, including short-term loans, notes an d accounts payable, advance payments received, wages and welfare funds payable, taxes and profit payable, other payables, fees received by advance payment, etc. Liquid liabilities feature in the short term of payment, immediate payment at th e request of creditors, or payable within one year.

Total Long–term Liabilities refers to the debt payable within an operating cycl e of one year or over one year. It is the capital that enterprises raised from c reditors for the long-term use of enterprises in addition to capitals put into t he enterprise by investors, and constitutes the economic liabilities that enterp rises have to repay by assets or labour services, including long-term loans, pay able liabilities, long-term payable, other long-term liabilities, etc. Compared with the liquid liabilities, the long-term liabilities feature in large volume, longer term for repayment, and larger benefits for investors.

Creditors´ Equity refers to investors ownership of net assets of the enterprise , which is equal to the total assets of the enterprise minus its total liabiliti es, including the primary input actually received at the enterprise from investo rs, capital accumulation fund, surplus accumulation fund and undistributed profi t. When the total of creditors' equity is less than zero, that indicates the lia bility of the enterprise is larger that its assets.

Sales Revenue of Industrial Products refers to the reve nue from the sales of fi nished and semi-finished products and from rendering of industrial services by industrial enterprises during the reference period.

Cost of Industrial Products Sold refers to the actual c ost of finished and semi- finished products sold and industrial services rendered by industrial enterprise s during the reference period.

Tax and Extra Charges on Sales of Products refer to the tax on city maintenance and construction, consumption tax, resources tax and extra charges for education, which should be borne by the enterprises in selling products and providing in dustrial services during the reference period.

Total Profits refer to the final achievements of produc tion and operation of th e enterprises, represented by the total profits after deducting losses (loss is expressed by the negative figure). It is the sum of profits from operation, inco me from subsidies, investment earnings, net income from activities other than op eration, and adjustment of profits and losses of previous years.

Value–added Tax Payable refers to the amount of the val ue-added tax which shoul d be paid by the enterprises during the reference period. It is the sum of tax o n sales, export rebate, and transferred tax on purchases of the current year, mi nus the tax on purchases of the current year. Value-added tax payable of small-s ize enterprises is determined by the taxable sales of the year multiplied by the tax rate.

Average Annual Number of Employed Persons Employed persons refer to all those who are employed in enterprises and receive remunerations therefrom, including c urrently working employees, retirees who are re-employed, teachers of local-run schools, as well as foreigners, staff from Hong Kong, Macau and Taiwan, part-tim e employees and persons with second job who are employed by the enterprise, and employees of other units temporarily working in the enterprises, but excluding f ormer employees who left the enterprise with their employment records still kept by the enterprises.

Average number of employed persons refers to the number of employees everyday du ring the reference period, calculated with the following fomula:

Monthly average number = sum of actual employees everyday in reference month/number of calendar dates in reference month

Quarterly average number = sum of monthly average number in reference quarter/3

Annual average number = sum of monthly average number in reference year/12

Ratio of Profits, Taxes and Interests to Average Assets reflects the profit-mak ing capability of all assets of the enterprise and is a key indicator manifestin g the performance and management and evaluating the profit-making potential of t he enterprise. It is calculated as follows:

Ratio of Profits, Taxes and Interests to Average Assets (%) = [(total profits + total taxes + interest payment) / average assets] ×100%

In the above formula, total taxes is the sum of tax and extra charges on the sal es of products and value-added tax payable; and average assets is the arithmetic mean of the sum of beginning assets and ending assets.

Ratio of Debts to Assets reflect both the operation ris k and the capability of the enterprise in making use of the capital from the creditors. It is calculated as follows:

Ratio of Debts to Assets (%) = (total debts / total assets)×100%

Both assets and debts are figures at the end of the reference period.

Turnover of Working Capital refers to the number of tim es of turnover of workin g capital in a given period of time, which reflects the speed of the turnover of working capital of industrial enterprises, and is calculated as follows:

Turnover of Working Capital=(sales revenue of products) / (average balance of to tal working capital)

In the above formula, average balance of total working capital refers to the ari thmetic mean of the sum of working capital at the beginning and at the end of th e reference period.

Ratio of Profits to Total Industrial Costs refers to th e ratio of profits reali zed in a given period to the total costs in the same period, which reflects the economic efficiency of input cost and is calculated as follows:

Ratio of Profits to Total Industrial Cost(%)=(total profits/ total costs)×100%

Total costs in the above formula is the sum of cost of products sold, marketing cost, management cost and financial cost.

Overall Labour Productivity of Industrial Enterprises reflects efficiency of pro duction and economic results of labour input of enterprises. The formula used is :

Overall Labour Productivity=(value added of industry) / (average number of staff and workers)

Ratio of Sales to Gross Output Value reflects the degre e at which industrial pr oducts are sold. It helps to analyze the linkage between production and sales an d the extent of the needs of the society that has been met by the supply of indu strial products. It is calculated as follows:

Ratio of Sales to Gross Output Value=(Industrial sales / Gross industrial output value at current prices) ×100%

Statistical Unit in Construction refers to corporat e enterprise engaged in the c onstruction of buildings and structures and in the installation of equipment. A corporate construction enterprise should have qualification certificates with in dependent accounting system, and should meet the following 3 requirements: ① be ing set up in line with relevant legal basis, having its full name, organization and location, and capable of taking civil liabilities; ② independently possess ing and using its assets and assuming its liabilities, and entitled to sign cont racts with other institutions; and ③ making independent accounts of its profits and losses, and capable of compiling its own balance sheet.

Gross Output Value of Construction refers to total of c onstruction products and services, expressed in money terms, produced or rendered by construction and ins tallation enterprises during a given period of time. It includes:

(1) Output value of construction projects, that is the value of projects covered by the project budgets;

(2) Output value of installation projects, that is the value of the installation of equipment, (excluding the value of the equipment to be installed);

(3) Output value of others, that is the output value of construction industry ex cluding that of construction projects and installation projects. It includes: ou tput value of repair of buildings and structures; output value of non-standard e quipment manufacturing; overhead expenses received by contracted enterprises to the sub-contracted enterprises and the completed output value of construction ac tivities that have no clear definition.

a. Output value of repair of buildings and structures, that is the value created through the repairs of buildings or structures, but does not include the value of buildings or structures being repaired and the value of the repair of product ion equipment;

b. Output value of manufactured non-standard equipment, that is the value of non -standard production equipment including raw materials and manufacturing cost ma de for the construction project (i.e., chemical plant; kettles or tanks used by refineries; various fillers, triangle tanks, valves used by mines), and the outp ut value of equipment manufactured by subsidiary workshops.

Value-added of Construction refers to the final result of the activities of prod uction and management of construction industry in monetary terms in the referenc e period. At present, the value-added of construction is calculated with the inc ome approach, that is to say, it is the sum of income of various production fact ors in the production process. The formula is as follows:

Value-added of Construction=depreciation of fixed assets in the year + wages pay able + welfare expenses payable + insurance premium and tax for waiting for empl oyment in the administrative expenses + taxes and surcharges on project settleme nt + profit.

Floor Space of Buildings Under Construction refers to f loor space of buildings u nder construction during the reference period, including newly started buildings , buildings started earlier and continued during the reference period, and build ings suspended earlier but restarted during the reference period, buildings comp leted during the reference period, and buildings under construction and then sus pended during the reference period.

Floor Space of Buildings Completed refers to the floor space of buildings that a re completed in the reference period in accordance with the requirements of the design, up to the standard for putting them into use, and have been checked and accepted by concerned departments as qualified ones.

Total Number of Machinery and Equipment Owned by the End of Year refers to the n umber of machines and equipment owned by the enterprises, and listed as the fixe d assets of the enterprises by the end of the year, including machinery and equi pment for construction, production and transportation and other equipment.

Total Power of Machinery and Equipment Owned by the End of Year refers to the to tal power of machinery and equipment owned by the enterprises, and listed as the fixed assets of the enterprises by the end of the year, including machinery and equipment for construction, production and transportation and other equipment.

The power of the machinery is calculated on basis of the designed or verified ca pacity, covering the power of the machinery/equipment and the separate power equ ipment serving the machinery/equipment (such as electric motors), but excluding welders, transformers and boilers. The unit used for the calculation of power is kilowatt, with horsepower converted to kilowatt by 1 horsepower=0.735 kilowatt.

Income from Settlement of Projects refers to the income receive d by the construc tion enterprise from the contracted project through settlement procedures, and o ther charges to the contractee as operational costs in addition to the value of the project, such as temporary facility fee, labour insurance premium, moving co st of construction equipment, as well as various types of claims to the contract ee.

Profit from Settlement of Projects refers to profit rea lized through settled projects. It is calculated with the following formula:

Profit from Settlement of Projects=Income from Settlement of Pro jects - Settled Cost - Settled Taxes and Other Cost

Total Revenue of Enterprises refers to the sum of incom e from production and operation of enterprises, including income from settlement of projects and other operational income, namely:

Total Revenue of Enterprises=Income from Settlement of Projects + Other Operatio nal Income

Length of Railways in Operation refers to the total length of the trunk line und er passenger and freight transportation (including both full operation and temp orary operation). The calculation is based on the actual length of the first lin e even if this line has a full or partial double track or more tracks, excluding double tracks, station sidings, tracks under the charge of stations, branch lin es, special-purpose lines and the non-payable connecting lines. The length of ra ilways in operation is an important indicator to show the development of the inf rastructure for the railway transport, and also the essential data to calculate volume of passenger freight transport, traffic density and utilization efficienc y of the locomotives and carriages.

Length of Electrified Railways refers to the length of the section of railways in operation in which the power supply lines and other equipment are installed fo r the running of electrified locomotives. The proportion of the length of electr ified railways to the total length of railways in operation is an important indicator to show the modernization of railways.

Automatic–blocking and Semi–automatic–blocking Length of Railways refer to length of railways installed with equipment to perform automatic or manual blocking o f trains. Blocking is a spacing technique by which a section of the railway only allows one train to pass at a time in the aim of ensuring the traffic safety. t he proportion of automatic/semi-automatic blocking length to the total length of railways in operation is an important indicator to show the modernization of railways.

Length of Highways refers to the length of highways whi ch are built in conformity with the grades specified by the highway engineering standard formulated by th e Ministry of Communications, and have been formally checked and accepted by the departments of highways and put into use. The length of highways includes th at of the suburb highways at large and medium-sized cities, highways passing thr ough streets at small cities and towns, and also the length of bridges and ferri es. It does not include the length of streets in big and medium-sized cities and highways built for the production purpose at factories, mines, forest areas and agricultural areas. If two or more highways go the same section of the way, the length of the section is only calculated for once and no duplication is allowed . The length of highways is an important indicator to show the development of th e highway construction and to provide essential information to calculate the tra nsport network density.

Length of Navigable Inland Waterways it is an indicator reflecting the size and development of inland water network, it refers to the length of the natural rive rs, lakes, reservoirs, canals, and ditches open to navigation during a given per iod, which enables the transport by ships and rafts. It includes the channels op en to navigation for over an accumulative 3 months in a year, yet this does not include the river courses, which are only used to float odd logs and bamboo raft s. This indicator can reflect the scale, level and development situation of the inland waterway network.

Length of Civil Aviation Routes refers to the length of all routes for regular civilaviation flights. There are usually two ways to calculate the distance betw een airports connected by the route length: One is to put the length of all air routes together, called duplicated calculation of the length of the routes; the other is not to allow the duplication in calculation when two or more routes pas sing the same section of aviation routes. The latter is usually used, as it can precisely show the size of the civil aviation network and indicate the extent of civil aviation serving the national economy and the people.

Length of Oil (Gas) Pipelines used as an indicator to show the development, scale and level of the pipeline transportation, it refers to the actual transport distance of oil (or gas) products, and is in general calculated in the length of single pipeline. If the length of the double pipelines and alternate pipeline a re included, it is called the extension length of the oil (gas) pipelines, which indicates the actual length of the pipelines built, excluding double pipelines. Freight (Passenger) Traffic refers to the volume of freight (passenger) transpor ted with various means. Freight transport is calculated in tons and passenger tr affic is calculated in the number of persons. Despite the type of freight and tr aveling distance, the freight transport is calculated in the actual weight of th e goods: and despite the traveling distance and ticket price, the passenger traf fic is calculated by the principle that one person can be counted only once in o ne travel. The passengers who travel with a half price ticket or a child ticket is also calculated as one person. The freight (passenger) traffic provides a qua ntitative measure to show how the transport industry serves the national economy and people, and is also an important indicator for planning the transport indus try and for studying the development scale and speed of the transport industry.

Freight (Passenger) Traffic Density refers to the freig ht (passenger) traffic vo lume carried by a particular means of transportation during a given period throu gh one kilometer of a specific section of transportation route. The formula is a s follows:

Freight (Passenger) traffic density= [freight ton-kilometers (passenger-kilomet ers)] / (length of route in operation)

Freight (passenger) traffic density reflects the degree of business of freight (passenger) traffic on transportation routes, and therefore provides important in formation for balancing transport capability, planning construction and upgradin g of transport routes and studying the distribution of transport network.

Freight Ton–kilometers (Passenger–kilometers) refer to the sum of the products o f the volume of transported cargo (passengers) multiplying by the transport dist ance. It is an important indicator to reflect the achievement of transportation industry. Normally, the shortest distance between the departure station and the destination station (i.e., the payable distance) is the basis to calculate the f reight ton-kilometers. This is an important indicator to show the total results of the transport industry, to prepare and examine the transport plan and to meas ure the efficiency, the labour productivity and the unit cost of transport.

The formula is as follows:

Freight ton-kilometers (passenger-kilometers) =∑{freight (passenger) traffic x distance of transportation}

Static Load of Freight Cars refers to the average cargo weight as loaded by eac h freight car under the static condition at the departure station. It is used to show the utilization extent of the loading capacity of the freight cars. The fo rmula is:

Static load (ton) of freight car=(tonnage of goods dispatched) / (number of frei ght cars loaded)

The static load of freight cars is determined by the nature and type of goods lo aded, the type of vehicles, and the technique of loading. The difference between the average marked load and the static load of freight cars reflects the utiliz ation of loading capacity of freight cars. For its calculation the following for mula is applied:

Utilization rate of capacity of freight cars(%)= [(Average static load) / (Avera ge marked load)] ×100%

Average Daily Haul of Freight Locomotives refers to the average total ton-kilometers accomplished by each freight transport locomotive over day and night during a given period of time. It includes both the weight of the goods carried and th e dead weight of the train itself. It is a comprehensive indicator reflecting th e locomotive efficiency in terms of both time and the pulling force.

Average daily haul of freight transport locomotive (ton-kilometer)=(Total ton/ki lometers of freight) / (Daily number of freight transport locomotive)

Volume of Freight Handled in Major Coastal Ports refers to the volume of cargo p assing in and out the harbor area of the major coastal ports and having been loa ded and unloaded. The volume includes that of the postal matters, registered lug gage and fuels, materials and fresh water as supplies of the ships. The volume o f freight handled may be classified by direction of flow as freight for import a nd freight for export, or by nature of cargo as freight for domestic trade and f reight for foreign trade. As an important indicator, the volume of freight handl ed by type of cargo and by main flow direction reflects the production capacity of ports.

Possession of Civil Motor Vehicles: refer to the total numbers of vehicles that are registered and received vehicles' license tags according to the Work Standar d for Motor Vehicles Registration formulated by transport management office unde r department of public security at the end of reference period. They are divided into following categories according to the structure of motor vehicles: passeng er vehicles, trucks and others; and private vehicles and vehicles for units use according to ownerships; working vehicles, non-working vehicles and special moto r vehicles according to kind of usage; large passenger vehicles, medium passenge r vehicles and small passenger vehicles, heavy trucks, light-heavy trucks and li ght trucks according to sizes of vehicles.

Business Volume of Post and Telecommunications refers t o the total amount of pos t and telecommunication services, expressed in value terms, provided by the post and telecommunications departments for the society. Post and telecommunication services can be classified as letters, parcels, remittance, issue of newspapers and magazines, fast mail service, express mail service, savings deposits, stamps for collection, public and individual telegraph service, facsimiles, long-dista nce telephone service, leasing of telephone lines, urban paging service, mobile telephone service, data transfer and transmission, etc. The accounting approach is to multiply the service products of all types with their average unit price (constant price) to get sum of business value, plus income from other services su ch as leasing of telephone lines and equipment, maintenance of telephone switchb oards and lines on behalf of customers. This indicator reflects the overall resu lts of post and telecommunications service during a given period, and is importa nt to study the composition of business service and the development of post and telecommunications service.

The formula is as follows:

Business volume of post and telecommunications=∑(Transaction of post and teleco mmunication service x constant price) + Income from leasing, maintenance and other services

Subscribers of Wireless Paging Services Wireless paging service refers the service by which telephone users send audio, digital or character signals to persons carrying small-size pagers within the designated areas through wireless paging centers. The page carriers who have registered in paging centers are counted as paging subscribers.

Mobile Telephone Subscribers refer to the persons who own mobile telephone numbers and are connected with the mobile telephone communication network through the mobile telephone switchboards, including contracted subscribers and pre-paid subscribers for intelligent network. One mobile telephone is taken as a subscriber .

Internet Users refer to the number of Chinese citizens who use Internet at least for one hour each week.

Local Telephone Subscribers refer to subscribers that are connected to the local telecommunication service provider through fix line network, including household subscribers, institutional subscribers and public telephones. They are also classified as city subscribers and rural subscribers according to locations. Before 1997, city subscribers referred to those connected to city telephone networks in county towns and cities, while village subscribers referred to those connected to village telephone stations at and below counties. Since 1997, the classification of telephone subscribers was modified on the basis of physical location of the subscribers as urban telephone subscribers and rural telephone subscribers, which is different from the previous classification of categorizing local telephones and rural telephones, while the definition of total subscribers and total number of telephones remain unchanged.

Urban Telephone Subscribers refer to number of telephone subscribers, located at municipalities, cities under the jurisdiction of province, cities at prefecture level, downtown and suburb of city at county level town and county towns (including country towns where county government located, and towns of county level according to the administrative organizational system), that are connected to the public line telephone network, including rural mineral area, forest area, military area.

Rural Telephone Subscribers refer to telephone subscribers, located at counties (towns) and villages outside the range of cities according to administrative jurisdiction.

Household Telephone Subscribers refer to telephone sets installed in the dwelling units of urban or rural residents, and registered as residence subscribers for payment, including 3 types of payment for the service: private payment, public payment and free service.

Capacity of Long Distance Telephone Exchanges refers to the rated capacity of telephone exchanges to connect long distance telephone network, including capacity of international telephone exchanges.

Capacity of Office Telephone Exchanges refers to the capacity (measured in gate) of telephone exchanges installed in the offices of telecommunication service providers for communication between fixed telephones. It includes the capacity of both manual and automatic exchanges in use and for stand-by purpose, excluding the capacity of subscribers' exchanges.

Capacity of Mobile Telephone Exchanges: refers to the capacity of the maximum services provided to subscribers at one time basing on a certain model and transacting capacity of the mobile telephone exchanges.

Total Retail Sales of Consumer Goods refer to the sum of retail sales of commodities sold by wholesale, retail, catering, publishing, post and telecommunications and other service industries to urban and rural households for private consumption and to social institutions for public consumption. Retail sales of consumer goods include:

A、Sales by wholesale and retail units:

1. of consumer goods sold to urban and rural households

2. of commodities sold to foreigners, overseas Chinese and Chinese compatriots from Hong Kong, Macau and Taiwan visiting in China

3. of commodities sold to government agencies, institutions, social organizations, military and armed police units, and commodities sold to enterprises in the form of retail sales. More specifically, they include: office facilities and articles for non-production purposes such as communications equipment, computing equipment and instruments, TV and network equipment, printing and copying equipment , audio-visual equipment and instruments, paper, notebooks,

stationeries, furnit ure, electric appliances, knitwear, sanitation and cleaning articles, cultural a nd sport articles, articles for prizes, souvenirs, etc.; transport vehicles and fuels for employees; materials, spare parts and tools for the maintenance of off ice facilities; equipment, fuels, materials and food for winter heating or summe r cooling purposes; articles and equipment for teaching purpose; Chinese and wes tern medicines and medical equipment and facilities purchased by non profit-maki ng medical institutes; non-specialized work safety articles; cooking utensils, t ableware, equipment, cleaning articles, food and fuels purchased by internal caf eterias; clothes and personal articles purchased by military or armed police uni ts for their officials and soldiers; and other equipment and articles for non-pr oduction purposes.

B、Sales of stable food, cooked dishes, beverages, tobaccos and other articles by catering units.

C、Sales of books, newspapers, magazines, audio-visual products and post produ ct s by publishing, post and telecommunications departments to urban and rural hous eholds and to enterprises, institutions, military and armed police units.

D、Sales of food, beverages, tobaccos, clothing, hats, footwear, articles for da ily use, medicines, medical and health articles, work of art, handicrafts, toys, funeral articles and other articles by other service industries.

Purchase, Sales and Stock of Commodities by Wholesale and Retail Trades refer to the total volume of commodities purchased, total volume of sales and exports, a nd the stock of commodities by wholesale and retail enterprises (establishments) of different status of registration from domestic and overseas markets. This in dictor reflects the relationship among purchase, sales and stock of commodities in the circulation of goods and reveals the existing problems.

Total Purchases of Commodities refer to the total value of purchases of commodit ies by the enterprises (establishments) from other establishments or individuals (including direct import from abroad) for the purpose of re-selling, either wit h or without further processing of the commodities purchased. This indicator is used to show the total value of purchases of commodities by wholesale and retail establishments from domestic and overseas markets. The total purchases include: (1) agricultural and industrial products purchased from producers; (2) books, m agazines and newspapers purchased from distribution departments of the publisher s; (3) commodities purchased from wholesale and retail establishments of differe nt status of registration; (4) commodities purchased from other units, such as s urplus materials purchased from government agencies, enterprises or institutions , commodities purchased from catering and service establishments, confiscated go ods purchased from customs authorities or market management agencies, second-han d goods and wastes purchased from residents; and (5) commodities directly import ed from abroad. Excluded are commodities purchased by enterprises (establishment s) for use in their own business operation, commodities obtained without buying or selling procedures, rejected commodities, etc.

Total Sales of Commodities refer to value of commoditie s sold by the establishme nts to other establishments and individuals (including direct export). This indi cator is used to show the total value of sales of commodities at domestic market s and export. The total sales include: (1) commodities sold to urban and rural r esidents and social groups for their consumption; (2) commodities sold to establ ishments in industry, agriculture, construction, transportation, post and teleco mmunications, wholesale and retail trades, catering trade and public utility for their production and operation; (3) commodities sold to wholesale and retail es tablishments for re selling, with or without further processing; and (4)commodi ties for direct export to other countries. Excluded are selling of waste packagi ng materials used by the establishments (units) themselves, commodities transfer red without buying or selling procedures, commission income from brokerage in tr ansactions whose settlement is directly handled by buyers and sellers, rejected commodities in the purchase, loss in commodities, etc.

Commodity Stock of Wholesale and Retail Enterprises refers to total commodities possessed by wholesale and retail enterprises (units) of various types of regist ration status at the end of the reference period, which reflects the commodity s tock level of various wholesale and retail enterprises and the potential for mar ket supply. It includes: (1) commodities located in storage, garages, counters, and shelves of operating units (such as sale stores, wholesale centers, and oper ating offices) of wholesale and retail enterprises; (2) commodities in the proce ss of selecting, sorting, and packing; (3) commodities not arrived but recorded as purchase in the account, i.e. commodities not arrived but payment receipts fo r the commodities from the sellers or the banks arrived; (4) commodities deposit ed in other places rather than places mentioned above, for instance: commodities in the hold of purchasers temporarily due to the refusal of payment and commodi ties not taken back after going through the formalities; (5) commodities entrust ed to other units to sell but not sold yet; (6) commodities purchased for other units but not delivered yet. Commodities not included as stock are those not own ed by the enterprises (units), those allocated to financially independent factor ies rather than wholesale and retail enterprises for processing but not taken back yet, and finally those put in stock by wholesale and retail enterprises on be half of the state material reserves units.

For the calculation of the value of commodities stock, the value is calculated at purchasing prices in agricultural goods purchasing units and wholesale units, and at the accounting prices in retail units.

Business Income of Catering Industry: refer to the total turnover of catering bu sinesses, establishments or individuals, including retail sales and other servic es income. It reflects the operational and managerial conditions and development trend of catering businesses, establishments and individuals in this sector.

Retail Sales of Commodities in Catering Industry: refer to retail sales to resid ents and social groups by catering enterprises, establishments and individual, i ncluding: (1) various food sold after cooking and processing, such as: staple fo od, cooked dishes, cold and dressed dishes and so on. (2) re-selling commodities without further processing, such as beverages, tobaccos, cooked food, fruits an d so on. (3) food and other commodities sold in affiliated shops without indepen dent accounting system.

Volume of Transaction at Consumer Goods Markets refers to the value of transacti on of all goods at consumer goods markets in the country, including both markets for farm and sideline products and for industrial consumption goods.

Volume of Transaction at Large Commodity Markets (with transacti on value over 100 million yuan) refers to markets approved by the industrial and commer cial admi nistration departments, which specialize in wholesale and retail of commodities with an annual sales of over 100 million yuan. The sum of sales of all sellers i n the markets makes up the transaction value of the markets.

Chain Enterprises (also called chain stores or chain corporations) refer to a fo rm of joint economic entities under which scattered enterprises or establishment s engaged in providing homogeneous commodities or services, with the central lea dership of core enterprise or headquarters and guided by common policies, conduc t centralized purchase and distributed selling of commodities, in order to gain better efficiency through standardized operation. Consisting of a number of bran ch stores, the chain stores have in general following features: 1) homogeneous c ommodities, 2) unique name of stores, 3) centralized purchase and delivery which is separated from distributed selling operation (most commodities are delivered from the headquarters except some items which, from logistics, quality or fresh ness considerations, might be delivered by the suppliers directly).

Chain stores have two categories:

a) Chain stores under direct management: These are formal chain stores invested or controlled by the headquarters. They operate under the direct and unified man agement from the headquarters.

b) Chain stores through license arrangement: Through contracts, chain stores (th eir owners) obtain licenses from the headquarters to use designated trade marks, names, operation know-how, and to sell the commodity developed by the headquart ers. Under this arrangement, each store in the chain is an independent legal ent ity and operates under the guidance from the headquarters.

Total Imports and Exports at Customs refer to the r eal value of commodities impo rted into and exported from the boundary of China. They include the actual impor ts and exports through foreign trade, imported and exported goods under the proc essing and assembling trades and materials, supplies and gifts as aid given grat is between governments and by the United Nations and other international organiz ations, and contributions donated by overseas Chinese, compatriots in Hong Kong and Macao and Chinese with foreign citizenship, leasing commodities owned by ten ant at the expiration of leasing period, the imported and exported commodities p rocessed with imported materials, commodities trading in border areas (excluding mutual exchange goods), the imported and exported commodities and articles for public use of the Sino-foreign joint ventures, cooperative enterprises and ventu res exclusively with foreign own investment. Also included are import or export of samples and advertising goods for whose CIF or FOB value are beyond the permi tted ceiling (excluding goods of no trading or use value and free commodities fo r export), imported goods sold in China from bonded warehouses and other importe d or exported goods. The indicator of the total imports and exports at customs c an be used to observe the total size of external trade in a country. In accordan ce with the stipulation of the Chinese government, imports are calculated at CIF , while exports are calculated at FOB

Import Export Value by Location of Chinas Foreign Trade Managing Units refers to actual value of imports and exports carried out by corporations which have bee n registered by the local customhouse and are vested with right to run import ex port business.

Import Value of Commodities by the Places of their Destination and Export Value of Commodities by the Places of their Origin in China: The former indic ator ref ers to the value of import commodities of the places of their consumption, utili zation or the places of their final destination. The latter indicator refers to the value of export commodities of the places of their origin or the places of t he commodities dispatched.

Utilization of Foreign Capitals refers to remittance, e quipment and technology f inanced from abroad, by loans, foreign direct investment and other forms underta ken by the Chinese governments at all levels, by various departments, enterprise s and other economic units.

Foreign Borrowings refer to funds borrowed from abroad through formal signing of borrowing agreements with foreign institutions, including loans of foreign gove rnments, loans of international financial institutions, commercial loans of fore ign banks, export credit, and funds raised by Chinese bonds (and shares before 1 996) issued abroad. It is an important part of China's utilization of foreign ca pitals.

Foreign Direct Investment refers to the investments ins ide China by foreign ente rprises and economic organizations or individuals (including overseas Chinese, c ompatriots from Hong Kong, Macao and Taiwan, and Chinese enterprises registered abroad), following the relevant policies and laws of China, for the establishmen t of ventures exclusively with foreign own investment, Sino-foreign joint ventur es and cooperative enterprises or for co-operative exploration of resources with enterprises or economic organizations in China. It includes the re investment o f the foreign entrepreneurs with the profits gained from the investment and the funds that enterprises borrow from abroad in the total investment of projects which are approved by the relevant department of the government.

Other Investment by Foreign Entrepreneurs refers to all forms of utilization of foreign capitals other than foreign borrowings and foreign direct investment. It includes the total value of stock shares in foreign currencies issued by enterp rises at domestic or foreign stock exchanges (now mainly consisting of H shares issued at Hong Kong Security Market and B shares issued at domestic security mar kets), rent payable for the imported equipment through international leasing arr angement, cost of imported equipment, technology and materials provided by forei gn counterparts in compensation trade and processing and assembly trade.

Contracted Projects with Foreign Countries refer to projects undertaken by Chine se contractors (project contracting companies) through bidding process. They include: (1) overseas civil engineering construction projects financed by foreign investors; (2) overseas projects financed by the Chinese government through its foreign aid programs; (3) construction projects of Chinese diplomatic missions, trade offices and other institutions stationed abroad; (4)construction projects in China financed by foreign investment; (5) sub-contracted projects to be taken by Chinese contractors through a joint umbrella project with foreign contractor (s); (6) housing development projects. The business income from international co ntracted projects is the work volume of contracted projects completed during the reference period, expressed in monetary terms, including completed work on proj ects signed in previous years.

Service Cooperation with Foreign Countries refers to the activities of providin g technology and labour services to employers or contractors in the forms of receiving salaries and wages. Labour services providing by contractual joint ventur es of Chinese international contracting corporations should be included in the s tatistics of service co-operation with foreign countries. The business income of labour service cooperation is the income in the form of wages and salaries, ove rtime pay, bonuses and other remuneration received from the employers during the reference period.

Overseas Design and Consultation Service refers to projects with charges for tec hnical services from overseas operators. It includes geographic and topographic mapping, geological resource prospecting and survey, planning of construction ar eas, provision of design documents, blueprints, materials on production process and techniques, as well as engineering, technical and economic consultation, and feasibility study, research and evaluation of projects. Also included under thi s category are the above-mentioned services of foreign-financed projects in Chin a that are paid in foreign currencies.

Number of Tourists

(1) International tourists refer to foreigners, overseas Chinese, Chinese compat riots from Hong Kong, Macao and Taiwan coming to China for sight-seeing, visits, tours, family reunions, vacations, study tours, conferences and other activitie s of a business, scientific and technological, cultural, educational and religio us nature. It does not include representatives and employees of resident institu tions of foreign countries in China such as embassies, consulates, news agencies and offices of foreign companies and organizations, nor does it include long-te rm foreign experts or students residing in China, or persons in transition witho ut spending a night in China.

(2) Chinese residents going abroad refer to Chinese residents going abroad for s hort terms for either public business or private purposes. Chinese employees wor king on international transport carriers are included in those going abroad for public business purpose, not in those for private purpose.

(3) Domestic tourists refer to residents of the mainland of China who stay for o ne night at least but no more than 6 months at tourist facilities in other place s than their permanent residence within the territory of the mainland China, inc luding foreigners, overseas Chinese and Chinese compatriots from Hong Kong, Maca o and Taiwan who have resided in China for over one year.

Foreign Exchange Earnings from International Tourism refer to the total expend itures of foreigners, overseas Chinese, Chinese compatriots from Hong Kong, Maca o and Taiwan during their stay in the mainland of China, which are earnings of f oreign exchange from international tourism from the point of view from China.

International Travel Agencies refer to travel agencies engaged in the promotio n, solicitation, organization and reception of tours to the mainland of China by foreigners, overseas Chinese, Chinese compatriots from Hong Kong, Macao and Tai wan.

Domestic Travel Agencies refer to travel agencies engag ed in the promotion, so licitation, organization and reception of domestic tourists, and in the receptio n of foreigners, overseas Chinese, Chinese compatriots from Hong Kong, Macao and Taiwan organized by international travel agencies or other departments concerne d, without their own promotion and solicitation programmes.

Star–Hotels refer to hotels rated with stars

Regular Institutions of Higher Learning refer to educational establishments set up according to the government evaluation and approval procedures, enrolling gra duates from senior secondary schools and providing higher education courses and training for senior professionals. They include full-time universities, colleges , high professional schools, high professional vocational schools and others.

Universities and colleges are mainly providing undergraduate courses; those high professional schools and high professional vocational schools are mainly provid ing professional trainings; and others refer to educational establishments, whic h are responsible for enrolling students but not covered in the total number of schools, including: branch schools of universities and colleges, and universitie s and colleges that have been proved and prepared to construct.

Institutions of Higher Learning for Adults refer to edu cational establishments, set up in line with relevant rules approved by the government, enrolling staff a nd workers with senior secondary school or equivalent education, and providing h igher education courses in many forms of correspondence, spare time, or full tim e for adults. Professionals thus trained receive a qualification equivalent to g raduates studying regular courses at regular universities, colleges and professi onal colleges. Institutions of higher learning for adults include schools of hig h education for staff and workers, schools of high education for peasants, colle ges for management cadres, pedagogical colleges, independent correspondence coll eges, Radio and TV universities and other educational establishments. Other educ ational establishments are responsible for enrolling adult students but not cove red in the number of schools.

Enrollment Rate of Primary School Age Children refers t o the proportion of schoo l age children enrolled at schools to the total number of school age children bo th in and outside schools (including retarded children, but excluding blind, dea f and mute children). The formula is:

Enrollment Rate of Primary School-age Children = (Total Primary School-age Child ren at Schools)/(Total Primary School age Children Both at and Outside Schools) x 100%

Scientific and Technological Activities (S&T Activities) refer to organized acti vities which are closely related with the creation, development, dissemination a nd application of the scientific and technical knowledge in the fields of natura l sciences, agricultural science, medical science, engineering and technological science, humanities and social sciences (referred to as scientific and technolo gical fields). S&T activities can be classified in to 3 categories: research and development (R&D) activities, application of R&D results, and related S&T servi ces. This statistical definition is made by UNICHIEF for scientific and technolo gical activities to meet the need of carrying out statistical work in this field for its member countries in particular those developing countries.

Personnel Engaged in S&T Activities refer to personnel directly engaged in S&T a ctivities, in the management of S&T activities, and in providing direct service to S&T activities, who spend over 10% of the total working hours in a year in S& T activities. (1) Personnel directly engaged in S&T activities include researche rs, engineers, technicians and other related personnel engaged in S&T activities in independent-accounting R&D institutions, institutions of higher learning, an d in research institutes, laboratories, technology development centers and centr al experiment workshops under enterprises and institutions. Also included are pe ople working in S&T research project teams, professional and technical personnel working in S&T information archiving institutes, and graduate students working on the design of their thesis. (2) Personnel engaged in the management of S&T ac tivities and in providing direct service to S&T activities include senior manage ment people responsible for S&T activities in independent-accounting R&D institu tions, S&T information archiving institutes, institutions of higher learning, an d in enterprises and institutions where S&T activities are undertaken. Also incl uded are people responsible for the planning, administration, personnel manageme nt, financial management, logistics supply, equipment maintenance, information a nd library management that are related with S&T activities. People providing indirect services are excluded, such as security, medical service, drivers, plumber s, cleaners and those providing catering and related service. This indicator ref lects the size of personnel engaged in S&T activities.

Scientists and Engineers refer to persons engaged in S& T activities who have obt ained titles of senior and middle level professional positions, and those withou t such position but have completed university or higher education. This indicator reflects the quality of personnel engaged in S&T activities.

Research and Development (R&D) refers to systematic and creative activities in t he field of science and technology aiming at increasing the knowledge and using the knowledge for new application. R&D includes 3 categories of activities: basi c research, applied research and experiments and development. The scale and inte nsity of R&D are widely used internationally to reflect the strength of S&T and the core competitiveness of a country in the world.

Basic Research refers to empirical or theoretical researchaiming at obtaining new knowledge on the fundamental principles of phenomena of observable facts to r eveal the nature and law of movement of objects and to acquire new discoveries o r new theories. Basic research takes no specific or designated application as th e aim of the research. Results of basic research are mainly released or dissemin ated in the form of scientific papers or monographs. This indicator reflects the original innovation capacity of knowledge.

Applied Research refers to creative research aiming at obtaining new knowledge o n a specific objective or target. Purpose of the applied research is to identify the possible use of results from basic research, or to explore new (fundamental) methods or new approaches. Results of applied research are expressed in the fo rm of scientific papers, monographs, fundamental models or invention patents. Th is indicator reflects the exploration of ways to apply the results of basic research.

Experiments and Development refer to systematic activit ies aiming at using the k nowledge from basic and applied researches or from practical experience to devel op new products, materials and equipment, to establish new production process, s ystems and services, or to make substantial improvement on the existing products , process or services. Results of experiment and development activities are embo died in patents, exclusive technology, and monotype of new products or equipment . In social sciences, experiment and development activities refer to the process of converting the knowledge from basic or applied researches into feasible prog rammes (including conduct of demonstration projects for assessment and evaluatio n). There are no experiment and development activities in the science of humanit ies. This indicator reflects the capability of transferring the results of S&T into technique and products, which is the materialized measurement of S&T pushing forward the economic and social development.

R&D Personnel refer to persons engaged in research, man agement and supporting ac tivities of R&D, including persons in the project teams, persons engaged in the management of S&T activities of enterprises and supporting staff providing direc t service to the research projects. This indicator reflects the size of personne l engaged in R&D activities with independent intellectual property.

Professional and Technical Personnel refer to persons engaged in professional and technical work or in the management of professional and technical activities, i.e., people with professional or technical positions who are engaged in profess ional and technical work or in the management of professional and technical acti vities, and people without professional or technical positions but are working o n professional or technical posts. They include professionals and technicians wo rking in 17 categories of technical occupations including engineering, agricultu re, scientific researches, medical service, teaching, economic research and appl ication, accounting, statistics, translation, libraries, archives, cultural and museum service, journalism and publication, lawyers, notarization service, radio and television broadcasting, handicraft and fine arts, sports, performing art, and political workers in enterprises. This indicator reflects the condition of human resources in S&T.

Funding for S&T Activities refers to funds obtained fro m various sources for S&T activities, including government funds, self-raised funds by enterprises, self- raised funds by institutions, loans from financial institutions, foreign funds a nd other funds. This indicator reflects the efforts made by various social econo mic entities in promoting the development of S&T.

Government Funds refer to funds obtained from governmen t agencies at all levels to be used for S&T activities, including fund for scientific undertakings, 3 kin ds of fund for S&T activities, fund for capital construction for scientific rese arches, science fund, funds from education expenditures by education departments for S&T activities, and extra-budget fund from government agencies for S&T acti vities.

Self–raised Funds by Enterprises refers to self-raised funds by enterprises from their own expenditure or from other enterprises and funds received by universit ies or research institutions from enterprises for scientific research or technic al development projects. Excluded in this category are funds from government age ncies, financial institutions or from foreign institutions.

Loans from Financial Institutions refer to loans from v arious financial institutions for S&T activities.

Internal Expenditures on S&T activities refer to the actual expenditures on S&T activities during the reference year, including service fees, expenditure on research activities, expenditure on research management, purchase or construction o f fixed assets not included in the investment for capital construction, expendit ure on capital construction for scientific researches, and other expenditures on S&T activities. Not included are expenditure on production activities, repaymen t of loans and transfer expenditure. This indicator reflects the real accomplish ment of input in S&T.

Service Fees refer to direct or indirect payment, in ca sh or in kind, made to pe rsonnel engaged in S&T activities as remuneration and other fees. They include, in various forms, salaries, subsidies, bonus, benefits, retirement pension, stip end, etc. This indicator reflects the improvement of treatment toward S&T person nel.

Purchase or Construction of Fixed Assets refers to the fixed assets purchased or constructed using funds other than the investment in capital construction, and the actual expenditure on capital construction for scientific researches. In oth er words, it is the sum of the actual expenditure on fixed assets and the accomp lished investment in capital construction for scientific researches. Fixed asset s refer to main materials and equipment, literatures and documents in libraries, materials for experiments, specimen, instruments, furniture, buildings and cons tructions that can be used for a long time without changing the form and shape o f those articles or constructions. This indictor reflects the input in improving the condition of S&T and the means of scientific research.

New Products refer to new products produced with new tech nology and new design, or products that represent noticeable improvement in terms of structure, materia l, or production process so as to improve significantly the character or functio n of the older versions. They include new products certified by relevant governm ent agencies within the period of certification, as well as new products designe d and produced by enterprises within a year without certification by government agencies. This indictor reflects the direct contribution of S&T output to econom ic growth.

Patent is an abbreviation for the patent right and refers to the exclusive right of ownership by the inventors or designers for the creation or inventions, give n from the patent offices after due process of assessment and approval in accord ance with the Patent Law. Patents are granted for inventions, utility models and designs. This indicator reflects the achievements of S&T and design with indepe ndent intellectual property.

Inventions refer to the new technical proposals to the products or methods or th eir modifications. This is universal core indicator reflecting the technologies with independent intellectual property.

Utility Models refer to the practical and new technical proposals on the shape a nd structure of the product or the combination of both. This indicator reflects the condition of technological results with certain technical content.

Designs refer to the aesthetics and industrially applic able new designs for the shape, pattern and color of the product, or their combinations. This indicator reflects the appearance design achievements with independent intellectual property.

Cultural Institutions refer to units, which have their own organizational system and independent accounting system and specialize in or serve cultural developme nt. They exclude other establishments run by these cultural institutions and ama teur cultural groups established by various departments. This indicator reflects the development of cultural units.

Art Troupe refers to the troupe which is engaged in dra ma, opera, music, dance, acrobatics or other art performance, opens independent accounts with banks and h as self-supporting accounting system; excluding the troupes which are engaged pa rtly in industrial or agricultural activities, partly in art performance and the professional troupes organized by the people.

Number of Audience at Art Performance refers to the num ber of attendants at comm ercial shows, completely booked shows or free shows given in minority national a reas, and does not include the number of spectators at rehearsals for examinatio n and internal shows for study.

Number of Athletes in Grades refers to the number o f athletes who have been give n titles through examination. The titles of athletes include international maste rs of sports, masters of sports, first-grade, second-grade and third-grade sport smen and young athletes. This indicator reflects skill of the athletes.

Number of Referees in Grades refers to the number of re ferees who have been give n titles after examination. They are classified as international referees, natio nal referees and referees of the first, second and third grades. This indicator reflects the skill of referees.

Stadiums refer to stadiums for track and field events with six lane 400-meter tracks around soccer fields, permanent track marks and permanent bleachers. Stadiu ms are classified according to seating capacity. They include:

Class A stadiums have the capacity of seating 25000 people each. Class B stadiums have the capaci ty of seating 15000 to 25000 people each. Class C stadiums have the capacity of seating 5000 to 15000 people each, and Class D stadiums have the capacity of sea ting fewer than 5000 people. This indicator reflects numbers of large and medium -sized stadiums.

Gymnasiums refer to indoor sports grounds with permanen t seats in which basketball, volleyball. badminton, table tennis and gymnastics competitions can be held. Gymnasiums are classified according to seating capacity. They include: Class A gymnasiums with seating over 6000 people. Class B gymnasiums with seating 4000 t o 6000 people. Class C gymnasiums with seating 2000 to 4000 people, and Class D gymnasiums with eating fewer than 2000 people. This indicator reflects the total number of large and medium-sized gymnasiums.

Health Care Institutions include: medical institutions, disease preven tion and c ontrol centers (epidemic prevention stations), blood gathering and supplying ins titutions, health supervision and inspection (check up) institutions, medicinal scientific research and on-job training institutions, health education and so on .

Medical Organizations include: hospitals, health service center s (stations) of c ommunities, nursing homes, health centers, clinics, clinics (health stations and infirmaries), maternity and child care agencies (centers and stations), special disease prevention and curing agencies (centers and stations), first aid center s (stations) and clinical inspection centers. Medical organizations are grouped by two types: profit-making and non-profit-making medical organizations.

Hospitals include: polyclinics, traditional Chinese medical hos pitals, hospitals integrated with traditional Chinese therapeutics and western therapeutics, ethi cal hospitals, various specialties hospitals and nursing hospitals.

Medical Technical Personnel refers to doctors, assistan t nurses, pharmacists, and laboratory technicians working in medical institutions.

Doctors refer to certified physicians and certified as sistant physicians with ce rtifications working in medical and health care and prevention agencies.

Social Welfare Institutions refer to institutions takin g care of old people with out children, handicapped people and orphans. They include social welfare instit utions run by civil affairs departments, children welfare institutions, social w elfare institutions for mental patients, collective-owned old peoples homes in r ural areas, convalescent homes and community service centers with the capacity o f receiving those people. This indicator reflects the input in social welfare in stitutions.

Number of People Taken in by Social Welfare Institutions refers to the number of old people, children, totally dependent handicapped people and mental patients taken in by social welfare institutions run by civil affairs departments and tho se run by collective units in urban and rural areas. This indicator reflects the capacity of social welfare institutions.

Social Welfare Enterprises are collective owned enterprises whi ch employ the bli nd, deaf-mute, and other handicapped people who are able to work in cities and t owns and enjoy exemption from state taxes, including welfare plants, welfare com mercial services, artificial limb plants and farms, etc. This indicator reflects the preferential policies toward disabled persons.

Rural Households with Livelihood Guaranteed in Five Aspects refer to the househo lds in which there are old people without child, orphans and handicapped people who are unable to work and without financial resources in rural areas. They are taken care of by the collective units and their food, clothing, housing, medical care, funeral expenses (or schooling for orphans) are guaranteed to be provided for. This indicator reflects the total number of disadvantageous groups of rura l population.

Lawyers are certified legal workers according to law, and who a re employed by le gal counseling firms to act as legal advisers, agents in criminal or civil lawsu its, or defenders in criminal lawsuits, or to handle non-litigious legal affairs , to advise on matters of law or to write legal papers for others, and provide s ervice to the public.

Notary Personnel refers to people working for notary of fices including: director s, deputy director, notaries, assistant notaries, and other people providing ass istance.

Notary Documents refer to the judicatory notary documen ts drawn up by the reques t of the party and are in accordance with facts and laws and following certain l egal proceedings. According to usage and locality, the notary documents are divi ded into following 4 types: domestic notary documents, domestic economic notary documents, foreign-related civil notary documents and foreign-related economic notary documents.

Mediators refer to workers on peoples mediation committ ees responsible for media ting in civil disputes and cases of slight infraction of the law. They include m embers of the mediation committees and mediators of mediation groups. This indic ator reflects the number of people engaged in meditation.

Mediation of Civil Disputes refers to number of cases m ade by mediation committe es in mediating in civil disputes concerning civil rights and duties through per suasion and education in accordance with the provisions of law on a voluntary ba sis, so as to solve disputes by helping the parties involved come to an agreemen t and understanding, including those unsuccessful ones. This indicator reflects the workload of the mediation committees.

Acceptance of Case refers to the decision made by the p eople's procuratorate off ice on reported cases, prosecution, impeachment, surrender, self-found criminal clues or suspects after initial investigation to confirm the act of crime and to start legal proceedings of the case as criminal case.

Number of Labour Dispute Cases Accepted refers to the n umber of cases of labour dispute submitted that, after being reviewed by the lab our dispute arbitration c ommittees in line with the relevant state regulations, are accepted and registered for treatment.

Retired or Resigned Personnel refers to people who have formally gone through th e formalities for their retirement or quitting work and enjoy the corresponding treatments.

Insurance and Welfare Funds refers to labour insurance and welfare fund paid by enterprises, organizations and institutions to their staff and workers as well a s retired and resigned persons in addition to their wages and salaries, excludi ng labour protection fees, wages paid to medical workers from insurance and welf are fund and wages paid to staff members working in collective welfare agencies and to people with over 6 months of sick-leave.

Insurance and Welfare Funds for Retired and Resigned Staff and W orkers covers:

1. Pensions for retired veteran cadres: They refer to pensions, other subsidies, and additional allowances paid to retired in line with relevant government docu ments.

2. Pensions for Retirement: They refer to living allowance; other subsidies and additional allowances paid to retired staff and workers in line with the relevan t government documents.

1. Resignation Allowances for Living Expenses: They refer to living allowance, a nd additional allowances subsidies paid to resigned staff and workers in line wi th relevant government instructions.

It also includes living subsidies and prices subsidies paid to retired and resig ned staff and workers.

2. Medical Care Allowance: refer to fee-for-service, cost of medical care and pe r diem subsidies during hospitalizations of retired and resigned staff and worke rs.

3. Others: They refer to other expenses, including other types of insurance and welfare fund, fees for funerals, traveling subsidies and heating subsidies durin g the winter time.

Waste Water Discharged by Industry refers to the volume of waste water discharge d by industrial enterprises through all their outlets, including waste water fro m production process, directly cooled water, groundwater from mining wells which does not meet discharge standards and sewage from households mixed with waste w ater produced by industrial activities, but excluding indirectly cooled water di scharged (It should be included if the discharge is not separated with waste wat er). Industrial Waste Water Meeting Discharge Standards refers to volume of industria l waste water discharge which, with or without treatment, reaches national or lo cal standards.

Ratio of Industrial Waste Water Meeting Discharge Standards refers to percentage of industrial waste water meeting discharge standards over total industrial was te water discharge. Its calculation formula is:

Industrial Waste Air Emission refers to discharge into atmosphere of waste air c ontaining pollutants generated from fuel burning and production process in enter prises within a given period of time. It is converted into standard (273K, 10132 5Pa) with the following formula:

Industrial SO_2 Emission refers to volume of sulphur dio xide emission from fuel b urning and production process in premises of enterprises for a given period of time.

Industrial Soot Emission refers to volume of soot in sm oke emitted in process of fuel burning in premises of enterprises.

Industrial Dust Emission refers to volume of dust emitt ed by production process of enterprises and suspended in the air for a given period of time, including du st from refractory material of iron and steel works, dust from coke-screening sy stems and sintering machines of coke plants, dust from lime kilns and dust from cement production in building material enterprises, but excluding soot and dust emitted from power plants.

Industrial Solid Wastes Produced refers to total volume of solid, semi-solid and high concentration liquid residues produced by industrial enterprises from prod uction process in a given period of time, including hazardous wastes, slag, coal ash, gangue, tailings, radioactive residues and other wastes, but excluding sto nes stripped or dug out in mining (gangue and acid or alkaline stones not includ ed). A stone is acid or alkaline depending on the pH value of the water below 4 or above 10.5 when the stone is in, or soaked by, the water.

Industrial Solid Wastes Utilized refers to volume of so lid wastes from which use ful materials can be extracted or which can be converted into usable resources, energy or other materials by means of reclamation, processing, recycling and exc hange (including utilizing in the year the stocks of industrial solid wastes of the previous year). Examples of such utilizations include fertilizers, building materials and road materials. The information shall be collected by the producing units of the wastes.

Ratio of Industrial Solid Wastes Utilized refers to the percentage of industrial solid wastes utilized over industrial solid wastes produced (including stocks o f the previous year). Its calculation formula is:

Stocks of Industrial Solid Wastes refers to volume of s olid wastes placed in spe cial facilities or special sites for purposes of utilization or disposal. The sites or facilities should take measures against dispersion, loss, seepage, and air and water contamination.

Industrial Solid Wastes Disposed refers to quantity of industrial solid wastes w hich are burnt or placed ultimately in the sites meeting the requirements for en vironmental protection and not salvaged or recycled (including disposition in th e year of those wastes of previous years). The disposition includes landfill (Sa fe landfills should be conducted for hazardous wastes), incineration, containmen t spaces, deep underground disposal, backfill in mining pits and disposal at sea .

Industrial Solid Wastes Discharged refers to volume of industrial solid wastes d ischarged by producing enterprises to disposal facilities or to other sites. The wastes exclude stones stripped or dug from mining (gangue and acid or alkaline waste stones not included).

Output Value of Products Made from Waste Gas, Waste Water and So lid Wastes refers current value of products with waste gas, waste water and solid wastes as main materials of production. Products sold and ready to sell shall be included whil e those produced for own use shall not be included.

Border Economic Cooperation Zone Border economic cooperation zone is authorized by provincial government or the State Council, being concentrating constructed o n the border, enjoying some preferential policies and corresponding establishment. Abutted countries are major foreign trade, economic and technology cooperati on partners of the Border Economic Cooperation Zone . A border economic cooperat ion zone authorized by provincial government is a province-level development zone, authorized by the State Council is a state-level development zone. New high technology industry development district.

Economic and Technology Cooperation Development Zone Economic and technology cooperation development zone is authorized by provincial government or the State C ouncil, locating in inland central city and being concentrating constructed, enj oying some preferential policies and corresponding establishment. The economic and technology cooperation development zone becomes local window and base of inve stment promotion & extended opening through promoting investment and establishin g export-processing bases.

New High Technology Industry Development Zone New high technology industry deve lopment zone is authorized by provincial government or the State Council, locating in central city possessing stronger economic and technological capability, en joying some preferential policies and corresponding establishment. New high tech nology industry development zone develop new high technology industry through in vestment promotion & extended opening.

Civilian Batlalion Economic Type of Registration for the joint -stock cooperative Enterprises,other joint venture Enterprise,Non-state holding other liability company and limited by shave Ltd.Private Enterprise,Domestic other enterprise legal person and has the fixed operating sites and holding the business license or has fixed management field,but do not recive business license of the self-employed households.

吉林2016统计年鉴

JILIN STATISTICAL YEARBOOK 2016

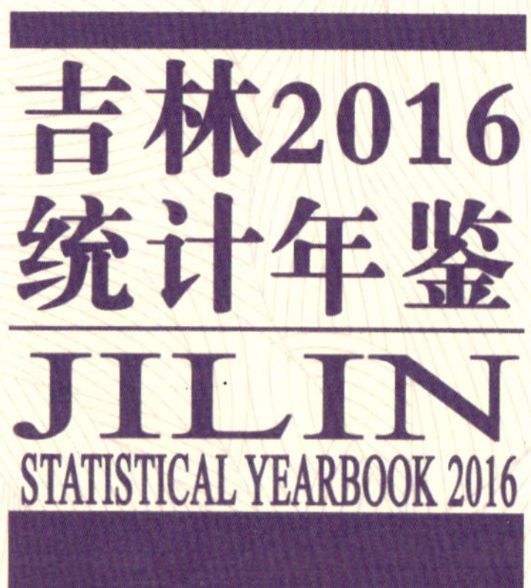

吉林省统计局 国家统计局吉林调查总队 编

COMPILED BY JILIN STATISTICAL BUREAU

SURVEY OFFICE OF THE NATIONAL BUREAU OF STATISTICS IN JILIN